TransKult: Studien zur transnationalen Kulturgeschichte, Band 3

Clemens Reisner

Cold War Games

Der Kalte Krieg in Computerspielen

(ca. 1980–1995)

BÖHLAU VERLAG WIEN KÖLN WEIMAR

Diese Publikation entstand im DFG-Graduiertenkolleg »Locating Media« und wurde unter
Verwendung der dem Graduiertenkolleg von der Deutschen Forschungsgemeinschaft zur
Verfügung gestellten Mittel gedruckt.

Es handelt sich um eine Dissertation an der Philosophischen Fakultät der Universität Siegen.

Bibliografische Information der Deutschen Nationalbibliothek:
Die Deutsche Nationalbibliothek verzeichnet diese Publikation in der
Deutschen Nationalbibliografie; detaillierte bibliografische Daten sind
im Internet über https://dnb.de abrufbar.

Umschlagabbildung: Strategic Simulations Inc., Geopolitique 1990. A Political,
Economic & Military Game of World Dominance, o.O. [1984], Frontcover.
Abgedruckt mit freundlicher Genehmigung von Ubisoft.

Umschlaggestaltung: Michael Haderer, Wien
Satz: Petra Schöppner, Siegen
Druck und Bindung: Hubert & Co BuchPartner, Göttingen
Printed in the EU

Vandenhoeck & Ruprecht Verlage | www.vandenhoeck-ruprecht-verlage.com

ISBN 978-3-412-51905-6

Inhalt

Vorwort

Meine Kindheit verbrachte ich im Zeitalter des Zweiten Kalten Krieges und endenden Systemkonfliktes in einem kleinen österreichischen Dorf unweit der ungarischen Grenze und damit am Rand des Eisernen Vorhanges. Die meiste Zeit tat ich, was Kinder eben tun, und das hieß in bzw. ab den 1980er Jahren auch – und vor allem – digitale Spiele, in meinem Fall primär auf Konsolen, zu spielen. Als wir die Erde gegen außerirdische Invasoren verteidigten, Prinzessinnen befreiten und uns im Konsolenfußball gegenübertraten – oft genug während das reale runde Leder einsam und unbespielt in der prallen Sonne vergilbte – taten wir das, wie mir später durch die Lektüre von Claus Pias klar wurde, auf Geräten, deren technologische Grundlagen viel mit demselben Systemkonflikt zu tun hatten, der die Lebensrealität selbst von uns Menschen an der Peripherie prägte.

Die Verbindung der beiden Themen begann mich zu interessieren. Nach und nach entdeckte ich, dass der Kalte Krieg selbst Inhalt einiger digitaler Spiele gewesen war und noch immer ist. Ich musste an meine Kindheit denken, daran, dass es zahlreiche Kinder und Jugendliche gegeben haben musste, die damals auf ihren Bildschirmen hatten, was die geopolitische Situation, unser ganzes Leben mit prägte. Und nicht nur das, sie spielten auch damit. Was mochten digitale Spiele auf welche Art mit dem Kalten Krieg gemacht haben? Wie ließen sie genau damit spielen? Der Wunsch wuchs, das Phänomen näher zu untersuchen. Eine entsprechende Studie könnte, so meine Hoffnung, dem vermeintlich ausgetretenen Pfad des „Die Darstellung von … in digitalen Spielen" einige lohnende Perspektiven abgewinnen, und dies nicht zuletzt, da sich mit einigem zeitlichen Abstand und besonders mit Ende dieser Epoche die Möglichkeit bot, digitale Spiele zu historisieren, sie in einer (medien-)historisch spezifischen Phase als Teil eines vergangenen populärkulturellen Ensembles zu betrachten. Die Wirkungskraft dieses Wunsches erwies sich als stark genug, um eine thematische Kehrtwende von der Gewerkschaftspolitik, die noch Gegenstand meiner Magisterarbeit gewesen war, hin zu digitalen Spielen zu vollziehen.

Der Weg von der Idee zur fertigen Dissertation lässt sich, wenngleich in einem sehr allgemeinen Sinn, mit dem Aufbau von digitalen Spielen vergleichen. Sie bestehen wesentlich aus Knotenpunkte, an welchen von den Spielenden Entscheidungen verlangt werden. Am Ende eines Spiels entbirgt sich ein möglicher Lösungsweg als Resultat dieser Entscheidungen. Selten wird dieser Weg geradlinig gewesen sein. Zumeist steckt er voller Irrtümer, Herausforderungen, Auseinandersetzungen, kleiner und großer Triumphe. Dazu gehört auch, dass die Spielerinnen und Spieler ihren Weg so gut wie nie allein gehen. Helfende Begleiterinnen und Begleiter sind selten weit, leisten entweder als ‚Sidekicks' Beistand oder geben als realweltliche Zuschauerinnen oder Zuschauer und Mitspielende Ratschläge, die nicht immer den Punkt treffen müssen, fast immer aber hilfreich sind. Dem beendeten Spiel sieht man diese verschlungenen Pfade und mehr noch die Hilfestellungen oft nicht an. Die Beteiligten wissen aber darum.

Auch in meinem Fall waren zahlreiche Menschen daran beteiligt, dass nunmehr, nach fast einer Dekade, aus den ersten vagen Ideen ein fertiges Buch wurde. Ihnen gilt mein allergrößter Dank.

Herr Prof. Dr. Ramón Reichert hat mit vielen wertvollen Anregungen und Engagement geholfen, das Projekt in seiner Anfangsphase an der Universität Wien auf den Weg zu bringen. Auch Herrn Prof. Dr. Ernst Strouhal möchte ich für die in der Frühphase so wichtige Unterstützung herzlich danken.

Eine sowohl für das Projekt als auch für mich persönlich äußerst glückliche Fügung führte mich nach der Anfangszeit in Wien an das Graduiertenkolleg „Locating Media" der Universität Siegen. Dort fand ich ein Umfeld vor, das für mich anregend und in vielerlei, nicht nur fachlicher Hinsicht bis heute prägend ist: eine Atmosphäre der unbedingten Offenheit, des fröhlichen Experiments und der kollegialen Solidarität, ohne die ich meine Aufgabe mit ziemlicher Sicherheit nicht bewältigt hätte. Ich danke allen Kollegiatinnen und Kollegiaten, den Koordinatorinnen und Koordinatoren, Postdocs, Mitarbeiterinnen und Mitarbeitern für die zahlreichen Anmerkungen und Vorschläge in den Kolloquien, die neuen Einsichten, die Bestärkung und ganz allgemein die wundervolle Zeit. Besonders hervorheben möchte ich Asher Boersma, Katharina Dihel, Matthias Meiler, Cornelius Schubert und meine Bürogenossin Judith Willkomm.

Ein ganz besonderer Dank gilt selbstverständlich meiner Betreuerin Frau Prof. Dr. Angela Schwarz. Als eine Pionierin der wissenschaftlichen Auseinandersetzung mit Geschichte in digitalen Spielen war sie für mein Dissertationsvorhaben die optimale Koordinatorin und Begleiterin. Von Beginn an hat sie es mit viel Geduld und konstruktiven, teils herausfordernden, aber stets motivierenden Anmerkungen verstanden, das Projekt auf solide Grundlagen zu stellen, auf der Bahn zu halten und zu einem so schönen Abschluss zu führen, der die Auszeichnung mit dem Historikerpreis der Dirlmeier Stiftung im April 2020 mit einschließt. Prof. Schwarz stand immer für Fragen und Gespräche zur Verfügung und gab mir das Gefühl, ehrlich an der gemeinsamen Arbeit an dem Projekt interessiert zu sein. Ich danke ihr außerdem für die Aufnahme des Bandes in die von ihr herausgegebene Schriftenreihe *TransKult: Studien zur transnationalen Kulturgeschichte* sowie die sorgfältige redaktionelle Betreuung des Manuskripts bei der Drucklegung. Meinem Zweitbetreuer Herrn Prof. Dr. Jens Schröter, der immer ein offenes Ohr für meine Anliegen und Fragen hatte und stets um reibungslose Abläufe bemüht war, möchte ich ebenfalls meinen besonderen Dank aussprechen. Ihm verdankt meine Arbeit wichtige Impulse aus dem Feld der medienwissenschaftlichen Forschung zu digitalen Spielen.

Den Kollegen und Kolleginnen am Lehrstuhl für Neuere und Neueste Geschichte der Universität Siegen, Daniela Mysliwietz-Fleiß, Heiner Stahl, Jan Pasternak und Tobias Scheidt gilt mein Dank für ihre Anregungen innerhalb und außerhalb der Kolloquien und ihre Hilfsbereitschaft in allen großen und kleinen Belangen. Insbesondere Jan Pasternak möchte ich für die geduldige und ausführliche Beantwortung all der an ihn gerichteten Fragen danken.

Peter Melichar danke ich für seine Literaturhinweise und Anmerkungen während der abschließenden Schreibphase. Yves Lamoureux und Tony Warriner haben mir bereitwillig Auskunft über ihre Tätigkeit als Spieleentwickler gegeben. Stefan Höltgen hat mich mit einer Bücherspende unterstützt. Das Computerspielemuseum in Berlin und das Centre for Computing History in Cambridge haben mir großzügigerweise den Zugang zu ihren Sammlungen ermöglicht. Danken möchte ich nicht zuletzt auch den unermüdlichen Uploadern von Archive.org, Kultboy.com und MobyGames.com (um nur einige zu nennen), den Archivarinnen und Archivaren der Computerspielgeschichte, deren Arbeit mir die meinige entscheidend erleichtert hat.

Außerdem sei all jenen ausdrücklich gedankt, die freundlicherweise den Abdruck von Bildern aus ihrem Besitz gestattet haben. Die Rechteinhaber wurden sorgfältig und aufwendig recherchiert, ihre Genehmigungen eingeholt. Nicht in allen Fällen ließ sich jedoch juristisch einwandfrei ermitteln, ob noch Rechte tangiert sind. Sollte ein solcher Fall dennoch bekannt werden, hoffe ich im Sinne der akademischen wie der breiteren öffentlichen Auseinandersetzung mit dem Thema auf das Einverständnis und die nachträgliche Einräumung der Abdruckgenehmigung ohne weitere Auflagen.

Meine Familie und meine Freunde haben mich, wie bei allen meinen Unternehmungen, auch diesmal bedingungslos mit motivierenden, bestärkenden, wenn nötig tröstenden Worten unterstützt, mir meine Zweifel genommen und mir stets das Gefühl gegeben, dass ich auf dem richtigen Weg bin. Eva Panner Frisch hat meinen Wechsel von Wien nach Siegen maßgeblich mit ermöglicht. Die ehemalige Wohngemeinschaft Sechshauser Straße hat mit ihren Besuchen mein von Zeit zu Zeit aufflackerndes Heimweh gelindert.

Schließlich gilt mein besonderer Dank Anita Winkler, Meisterin der Lösung von Problemen aller Art. Der Abschluss dieses Projektes ist auch das Resultat eines entbehrungsreichen, herausfordernden, aber immer erfüllenden gemeinsamen Weges. Die Sicht auf den nächsten Knotenpunkt ist nun frei.

Clemens Reisner
Wien, im August 2020

1. Einleitung

Im Jahr 1983 fand sich unter Hollywoods zahlreichen Produktionen mit *WarGames* ein Film, der ein Spiel in den Mittelpunkt seiner Handlung stellte. Darin wählt sich ein junger Hacker und Computerspieler irrtümlich in die kurz zuvor vollständig auf Computer umgestellte Kommandozentrale der Landesverteidigung der USA ein. Ohne zu wissen, dass er damit einen realen sowjetischen Angriff suggeriert, fordert er die künstliche Intelligenz, die das System steuert, zu einer ‚Partie' Thermonuclear War heraus. Die restliche Handlung des Films kreist um den Versuch, die Katastrophe eines Nuklearkrieges abzuwenden – was in letzter Minute auch gelingt. Am Ende hat die künstliche Intelligenz anhand des Spiels Tic Tac Toe den Unterschied zwischen Spiel und Ernst gelernt, die geopolitische Ordnung ist wieder hergestellt.

Trotz des glücklichen Ausgangs ließ der Film sein zeitgenössisches Publikum mit einem mulmigen Gefühl zurück. *WarGames* erschien nämlich im historischen Kontext einer seit den fünfziger Jahren nicht mehr so hochgradig konfrontativen weltpolitischen Situation. In diesem Kontext warf er einige unangenehme Fragen auf.

Was mochte der auch alltäglich beobachtbare Einsatz von Computern in immer mehr Lebensbereichen für die Landesverteidigung und das Gleichgewicht des Schreckens genau bedeuten? Welche Risiken brachten sie mit sich? Stellten die damals allmählich ins Bewusstsein dringenden sogenannten Hacker möglicherweise tatsächlich eine Gefahr für die geopolitische Ordnung dar? Was, wenn aus einem solchen Spiel tatsächlich einmal Ernst werden würde?[1]

Im November desselben Jahres fand abseits einer breiteren Öffentlichkeit ein anderes Spiel statt, aus dem tatsächlich beinahe ernst geworden wäre. *Able Archer* lautete der Codename dieses geheimen militärischen Planspiels. Üblicherweise folgte der Ablauf solcher Bereitschaftsübungen der NATO einer erprobten Routine. Für die Sowjetunion waren diese Planspiele der Gegenseite in der Regel offene Geheimnisse, auf die mit entsprechenden symbolischen Maßnahmen reagiert wurde. Die Übungen glichen vielfach durchexerzierten Ritualen des Kalten Krieges. Im Jahr 1983 waren aber auf sowjetischer Seite Zweifel am reinen Planspielcharakter von *Able Archer* aufgekommen.

---

1 Vgl. hierzu Matthias Röhr: „Wargames" – wie die westdeutschen Medien 1983 die Hacker entdeckten in: Matthias Röhr (Hrsg.): Stummkonzert. Kein Ton. Nirgends! Oder: Wenn 140 Zeichen nicht ausreichen... (um das zu sagen, was gesagt werden muss!), 16.08.2012, URL: http://blog.stumm konzert.de/2012/08/wargames-wie-die-westdeutschen-medien-1983-die-hacker-entdeckten/ (Stand: 01.08.2020), sowie Stephanie Ricker Schulte: "The WarGames Scenario": Regulating Teenagers and Teenaged Technology (1980–1984), in: Television & New Media, Bd. 9, Nr. 6, 2008, S. 487–513.

Die Atmosphäre zwischen den Supermächten war in der relativ kurzen Phase der
frühen achtziger Jahre von erneuter Aufrüstung und Konfrontation geprägt. Gemäß
der aufgeheizten Stimmung betrieb die Sowjetunion ein ausgedehntes Spionagepro-
gramm mit dem Codenamen Operation RYAN, das nach Anzeichen für Angriffsvor-
bereitungen des Westens suchen sollte. Die Tatsache, dass die damit betrauten Offiziere
oft genug obrigkeitshörig agierten und Informationen somit häufig nach dem Prinzip
der selbsterfüllenden Prophezeiung auswerteten, heizte die sowjetische Paranoia an.
Zusätzlich zu diesen, für ein Planspiel an sich bereits ungünstigen Voraussetzungen
wurde eine Änderung des Ablaufes von *Able Archer* vorgenommen. Die Sowjetunion
zeigte sich in der Folge alarmiert genug, um wiederum auf westlicher Seite Besorgnis
auszulösen.[2] Es bleibt dabei ungeklärt, wie weit das Planspiel von der Sowjetunion
tatsächlich als Bedrohung wahrgenommen wurde. Insbesondere ist unklar, ob sich hier
nicht die Wahrnehmung der politischen Führung und der Militärs stark voneinander
unterschied.[3] Die Irritation, die *Able Archer* hervorrief, wird aber, etwa von der Histo-
rikerin Beth Fischer, als maßgeblicher Anstoß zur Umkehr in Ronald Reagans Politik,
dem von ihr so bezeichneten Reagan Reversal, gesehen. Durch die Übung sei Reagan
klar geworden, wie sehr das sowjetische Denken von der Furcht vor einem westlichen
Angriff dominiert gewesen sei.[4] Das Planspiel hatte damit plötzlich greifbare politische
Folgen und sogar potenziell militärische Konsequenzen.

Beide Ereignisse, der Film und die Übung, sind Produkte des Kalten Krieges, genauer des Zweiten Kalten Krieges, der auf die Entspannungsphase der sogenannten
Détente der siebziger Jahre folgte und seinen Höhepunkt im Krisenjahr 1983 erreichte.[5] *WarGames* und *Able Archer* machen dabei in Bezug auf den Kalten Krieg zwei
Zusammenhänge deutlich. So wird anhand dieser Beispiele klar, dass zwischen Spielen
und der Logik des Kalten Krieges eine intime Verbindung besteht. Planspiele hatten
als Strategie der militärischen Entscheidungsfindung Anteil daran, den Kalten Krieg zu
entwerfen, zu verstehen und zu perpetuieren. Die destruktive Kraft der Atomwaffen
schloss für die meiste Zeit des Ost-West-Konfliktes nach 1945 herkömmliche Kriegsführung zwischen den Supermächten als Option militärischen Handelns aus und zwang

---

2   Vgl. für eine detaillierte Darstellung der Able Archer-Übung Arnav Manchanda: When truth is
     stranger than fiction: the able archer incident, in: Cold War History, Bd. 9, Nr. 1, 2009, S. 111–133,
     hier S. 121–127.
3   Eine mögliche Erklärung, warum Able Archer nicht eskalierte, ist in der Unterbrechung des Kom-
     munikationsflusses zwischen diesen beiden Ebenen zu sehen. Danach habe die entweder realis-
     tisch-pragmatisch oder inkompetent agierende Militärebene die verunsicherte politische Führung
     nicht vollständig informiert. Vgl. ebd., S. 126.
4   Vgl. ebd., S. 128; Beth Fischer: The Reagan Reversal, Columbia, MO 1997, S. 147f.
5   Ein weiteres Schlüsselereignis war der Abschuss der Passagiermaschine Korean Air 007 durch sowje-
     tische Streitkräfte.

beide Seiten, sich der planenden Vorausschau zu bedienen und dadurch sicherzustellen, dass die Atomwaffenarsenale niemals mobilisiert würden. Das Spiel prägte als Methode der Vorausschau somit die für den Kalten Krieg und seine Militärstrategien konstitutive Logik der gegenseitigen Abschreckung. Die militärischen Planspiele lieferten in diesem Sinn weniger Anwendungs- als Präventionswissen.[6] Dadurch, dass sich der Ernstfall des Atomkriegs in den konsequenzlosen Bereich des Spiels verschieben ließ, wurde er in der Realität handhabbar. Die Gefahr bestand allerdings jederzeit das Überschreiten der Grenze zwischen Spiel und Ernst in Form von Missverständnissen, technischem oder menschlichem Versagen und Fehlinterpretationen.[7] *Able Archer* wurde deswegen zu einem heißen Moment des Kalten Krieges, weil Indizien vorlagen, dass die Sowjetunion die Übung nicht mehr als das wahrnahm, was sie tatsächlich war, nämlich ein (Plan-) Spiel. *WarGames* handelt genau von einem solchen Kategorienfehler in der Wahrnehmung und der daraus resultierenden Überschreitung der Grenze zwischen Spiel und Ernst. Der Film verweist zugleich darauf, dass der Kalte Krieg zu wesentlichen Teilen ein konstruiertes Phänomen war, eine Mischung aus ereignisgeschichtlichen Eckpunkten und Imaginationen, Ängsten und Prognosen. Das Beispiel *WarGames* demonstriert somit, dass die Populärkultur in Zeiten des Kalten Krieges eine zentrale Rolle bei der Verhandlung von Wissen spielte, das für das Verständnis des Konflikts zentral war. Eva Horn hat gezeigt, dass dieses Verhältnis zwischen Populärkultur und Spezialwissen nicht exklusiv für die Epoche des Kalten Kriegs war, sondern in gewissem Sinne die gesamte Moderne auszeichnet.[8] Während des Kalten Krieges lagen Ernst und Unterhaltung in Bezug auf Szenarien, Prognosen, Simulationen und die Realität aber so eng nebeneinander wie selten zuvor.[9] Dies gilt umso mehr, als die Populärkultur und ihre Medien nach 1945 zunehmend gesellschaftlich und kulturell prägend geworden waren. Kaum ein anderes Unterhaltungsmedium, auch daran erinnert der Film *WarGames*, bringt diesen Zusammenhang von Spiel, Ernst, Populärkultur und Kaltem Krieg besser zum Ausdruck als das im Laufe der achtziger Jahre zum Massenmedium aufgestiegene Computerspiel.[10]

6　Zumindest auf den Atomkrieg zwischen den Supermächten beschränkt, lässt sich dies sagen.

7　Vgl. Rebecca Slayton: Arguments that Count. Physics, Computing, and Missile Defense, 1949–2012, Cambridge, MA 2013, S. 177–179.

8　Vgl. Eva Horn: Der geheime Krieg. Verrat, Spionage und moderne Fiktion, Frankfurt am Main 2007, S. 10f.

9　Vgl. David Eugster/Sibylle Marti: Einleitung. Das Imaginäre des Kalten Krieges, in: dies. (Hrsg.): Das Imaginäre des Kalten Krieges. Beiträge zu einer Kulturgeschichte des Ost-West-Konfliktes in Europa, Essen 2015, S. 3–19, hier S. 4f., 12.

10　Wie der in Frage stehende Gegenstand benannt werden soll, hängt von der Perspektive ab. Gängig sind die Bezeichnungen Videospiele, Computerspiele und digitale Spiele. Im vierten Kapitel wird näher erläutert, warum die Bezeichnung Computerspiele für diese Studie angemessen ist.

Computerspiele entstanden als kommerzielle Form während der letzten Phase des Kalten Krieges, die in etwa von 1979 bis 1991 angesetzt werden kann – eine Periode, die zugleich die Anfangszeit der privaten Nutzung von Computertechnologie markierte und nach 1945 für die Durchführung von Planspielen und Prognosen in Form von Computersimulationen zunehmend zur Schlüsseltechnologie aufgestiegen war. Sie partizipierten also genau an den Technologien und epistemischen Strategien, die auch die Lage des Kalten Krieges wesentlich mitbestimmten, und übersetzten diese in einen populärkulturellen Kontext. Ihre Funktionsweise situiert dieses Medium in der für den Kalten Krieg zentralen epistemischen Strategie des Spielens und der Simulation,[11] also in der Zone zwischen Konsequenzlosigkeit und Ernst. Sie sind somit prinzipiell in demselben Spektrum wie die eingangs genannten Beispiele angesiedelt, entwickelten aber medienspezifische Eigenheiten und Konventionen und dadurch eine spezifische Art des Umgangs mit der historischen Situation, in der sie sich befanden. Bereits auf dieser medientechnologischen Grundlage besteht also eine Verbindung zwischen Computerspielen und dem Kalten Krieg.

Computerspiele zählten überdies zu jenen Produkten der Populärkultur, die Wissen darüber, was der Kalte Krieg war bzw. wie er aufgefasst werden konnte, in die Öffentlichkeit brachten. Spiele, die den Systemkonflikt direkt adressierten, indem sie Akteure, Ereignisse oder Symbole behandelten, die mit dem Kalten Krieg verbunden waren, ihn repräsentierten und einer breiteren Öffentlichkeit erklärten, bildeten zwar eine Nische in der Gesamtheit der produzierten Titel, waren aber durchgängig präsent.[12] Computerspiele können in Bezug auf die populärkulturelle Konstruktion des Kalten Krieges somit als historische Quellen verstanden werden.

Ausgehend von diesen drei Eckpunkten, dem Kontext des Kalten Krieges, der medienspezifische Funktionsweise der Computerspiele und ihrer Teilhabe an der populärkulturellen Konstruktion des Kalten Krieges lassen sich weiterführende Fragen entwickeln. Wie machten Computerspiele den Kalten Krieg im Kontext der achtziger Jahre vorstellbar? Welchen Eindruck größerer Zusammenhänge des Kalten Krieges vermittelten sie? Auf welche spezifische Art und Weise machten sie es möglich, mit dem Kalten Krieg zu spielen und welches Wissen und welche Versionen des Kalten Krieges entstanden dabei? Wie konstruierten Computerspiele also den Kalten Krieg?

Der bereits erfolgten kritischen Auseinandersetzung mit den Inhalten von Computerspielen[13] und hier insbesondere der Frage, wie diese Geschichtsbilder,[14] darun-

---

11 Vgl. dazu z.B. Claus Pias: Computer.Spiel.Welten, 2. Aufl., Zürich 2010, S. 312.
12 Für einen Zeitraum von 1980 bis 2001 lassen sich etwa hundertfünfzig Titel finden, die diesem Kriterium entsprechen.
13 Vgl. exemplarisch Ian Bogost: Persuasive Games. The Expressive Power of Videogames, Cambridge, MA 2007.
14 Vgl. exemplarisch Angela Schwarz: „Wollen Sie wirklich nicht weiter versuchen, diese Welt zu do-

ter auch jenes des Kalten Krieges,[15] prägen, kann somit eine Perspektive hinzugefügt werden, die sich anhand des Kalten Krieges mit der Frage beschäftigt, wie diese Medien aktiv ihre jeweiligen historischen und gesellschaftlichen Kontexte mitgestalteten.[16] Computerspiele über den Kalten Krieg können mit Rolf Nohr „als *Integrationsverfahren* begriffen werden, die an der ‚Übersetzung‘ abgeschlossener Wissensbestände in die allgemeinen subjektiven und gesellschaftlichen Funktionszusammenhänge mitarbeiten.“[17] Es steht also insgesamt weniger die Frage im Vordergrund, wie Computerspiele Geschichte mitschrieben, sondern eher, wie sie in historischen Kontexten die kulturelle Verhandlung gesellschaftlicher Realität mitgestalteten, was natürlich die Geschichts- und Erinnerungskultur einschließen kann. Der Kalte Krieg bietet sich für eine Untersuchung dieser Frage nicht zuletzt deswegen an, weil er als eine abgeschlossene historische Epoche betrachtet werden kann, in der dieses Medium bereits existierte.[18]

Computerspiele, so die leitende Annahme, konnten grundsätzlich Wissen über den Kalten Krieg auf eine ihnen eigene Art in den populärkulturellen Bereich übersetzen, die anderen Produkten der Populärkultur nicht zur Verfügung stand. Diese Medienspezifik stand in enger Verbindung mit der Medialität der Computerspiele, die in doppelter Weise auf der Computersimulation beruht: Zum einen bildete sie eine funktionale

---

miniren“? Geschichte in Computerspielen, in: Barbara Korte/Sylvia Paletschek (Hrsg.): History goes Pop. Zur Repräsentation von Geschichte in populären Medien und Genres, Bielefeld 2009, S. 313–340; dies.: Game Studies und Geschichtswissenschaft, in: Klaus Sachs-Hombach/Jan-Noël Thon (Hrsg.): Game Studies. Aktuelle Ansätze der Computerspielforschung, Köln 2015, S. 398–447.

15 Vgl. Steffen Bender: Virtuelles Erinnern. Kriege des 20. Jahrhunderts in Computerspielen, Bielefeld 2012, S. 187–200; Marcus Schulzke: Refighting the Cold War: Video Games and Speculative History, in: Matthew Wilhelm Kapell/Andrew B.R. Elliott (Hrsg.): Playing with the Past. Digital Games and the Simulation of History, New York, NY 2013, S. 261–277. Vgl. auch Angela Schwarz: Per Mausklick in die Geschichte, in: Stiftung Haus der Geschichte der Bundesrepublik Deutschland (Hrsg.): Inszeniert. Deutsche Geschichte im Spielfilm, Bielefeld/Berlin 2016, S. 20–30, hier S. 25–27; Eugen Pfister: Cold War Games™. Der Kalte-Krieg-Diskurs im digitalen Spiel, in: Arbeitskreis Militärgeschichte e.V. (Hrsg.): Portal Militärgeschichte, 10.04.2017, URL: http://portal-militaergeschichte.de/pfister_coldwargames (Stand: 01.08.2020).

16 Vgl. Ramón Reichert: Government-Games und Gouverntainment. Das Globalstrategiespiel Civilization von Sid Meier, in: Rolf F. Nohr/Serjoscha Wiemer (Hrsg.): Strategie Spielen. Medialität, Geschichte und Politik des Strategiespiels, Münster 2008, S. 189–213, hier S. 189; Graeme Kirkpatrick: Computer Games and the Social Imaginary, Cambridge 2013, S. 14–21.

17 Rolf F. Nohr: Game Studies und Kritische Diskursanalyse, in: Sachs-Hombach/Thon, Game Studies, S. 373–397, hier S. 384 [kursiv im Original], vgl. auch die Grafik ebd., S. 385.

18 Vgl. Stefan Höltgen: Strange Games. Das Atomkrieg-Computerspiel der 1980er-Jahre, in: Irina Gradinari/ders. (Hrsg.): Heiße Drähte. Medien im Kalten Krieg, Bochum/Freiburg 2014, S. 39–71, der diesbezüglich richtungsweisend ist. Vgl. auch William M. Knoblauch: Strategic Digital Defense: Video Games and Reagan's „Star Wars" Program, 1980–1987, in: Kapell/Elliott, Playing with the Past, S. 279–297.

Grundlage der Medialität der Computerspiele, zum anderen stellte sie aber vor allem ein Versprechen an deren Käufer- und Nutzerschaft dar. Computerspiele waren und sind letztlich vor allem populärkulturelle Produkte und somit Spiele im herkömmlichen Wortsinn, welche die Funktionsweise der Simulation mit Unterhaltungsaspekten und der Warenförmigkeit eines populärkulturellen Produktes des späten 20. Jahrhunderts verbanden. Aus dieser medialen Infrastruktur ergab sich eine spezifische Dynamik, die zwischen Spiel und Ernst pendelte.

Ein wesentliches Merkmal dieser Voraussetzungen bestand aus dem Fokus auf die durch und in Computerspielen ermöglichten und gesetzten Prozesse und Handlungen. Sie transportierten Wissen in einen operationalen Kontext, der sich, im Gegensatz zu anderen populärkulturellen Spielen, dadurch auszeichnete, dass mit einer Maschine interagiert werden konnte, die größere Datenmengen schneller verrechnete, als es beispielsweise die menschlichen Spielleiter von Brettspielen vermochten. Sie repräsentierten und argumentierten in der Form dynamischer Systeme. Der Schlüsselaspekt bestand darin, dass der relativ niederschwellige Zugang zur Manipulation eines, mitunter durchaus abstrakten Zusammenhanges, in Form eines auf der Grundlage von Computertechnologie berechneten und prozessierten Systems in Aussicht gestellt wurde. Dies hatte mehrere Konsequenzen für die Verhandlung des Kalten Krieges in Computerspielen.

Abstrakte Größen und Akteure wie Militärtechnologien, politische Denkfiguren oder militärische Szenarien konnten die Hauptrolle spielen. Darüber hinaus konnten narrative oder audiovisuelle und textuelle Muster aus anderen Medien in Computerspiele übersetzt und in Bewegung gesetzt werden. Das bedeutete, dass in ihnen zugleich Wissensbestände aus der Populärkultur, wie beispielsweise Narrative und Handlungsmuster aus dem zeitgenössischen Actionkino, unter den Voraussetzungen der Computersimulation verhandelt werden konnten. Der Nuklearkrieg, das allgegenwärtige Tabu des (Zweiten) Kalten Krieges, wurde in ihnen als führbarer Krieg vorstellbar. Sie erlaubten es, teils spekulative militärische Technologie zu verwenden, womit das Spezialwissen über ihre Funktionsweise in die Populärkultur eingemeindet wurde. Relativ abstrakte geopolitische und staatspolitische Konzepte ließen sich in ihnen in Bezug auf ihre Wirkungsweise in globalem Maßstab erproben. Die Vergangenheit konnte durch ihre Wiederaufführung bewältigt, die Zukunft dank der Ausführung von Prognosen gestaltet werden. Zahlreiche mit dem Kalten Krieg verbundene Aspekte unterschiedlichen Maßstabes wurden in Computerspielen so als Systeme operationalisierten Wissens in die Populärkultur transportiert. Der systemische Charakter der Darstellungsform versprach die Möglichkeit, durch eigene Handlungen, mitunter aus gottgleichen zentralen Übersichtspositionen, ein ganzes System zu manipulieren und zu beeinflussen. Für die Spielenden schien der Kalte Krieg somit handelnd begreifbar zu werden. In Bezug auf die Vermittlung des Wissens von und über den Kalten Krieg wurde er potenziell zu einem Spiel im Sinne einer Versuchsanordnung. Impliziert war dadurch auch eine ideologisch neutrale, sachliche Position und Sicht.

Dieser Operationalisierung von Wissen des Kalten Krieges waren jedoch deutliche Grenzen gesetzt. Jede Simulation basiert grundsätzlich auf einer Komplexitätsreduktion, um zu einem handhabbaren Modell des jeweils zu simulierenden Gegenstandes zu gelangen. Dies gilt ebenso für Computerspiele und ihre Spielmodelle, die auf zahlreichen Vorannahmen beruhen. Im Fall von Computerspielen beruhte diese Komplexitätsreduktion nicht zuletzt wesentlich auf den Bedingungen des Spiels als Unterhaltung. Die Versionen des Kalten Krieges, die in ihnen entstanden, gingen somit auf Komplexitätsreduktionen zurück, die sich vor allem aus den Anforderungen an ein unterhaltendes Spiel ergaben und operierten unter anderen Voraussetzungen, als dies bei professionellen Computersimulationen der Fall ist. Dennoch führten die Spiele den Index der Simulation als seriöser epistemologischer Strategie und Theorie in Aktion mit sich und versprachen so ein besonderes Verhältnis zur Realität, das auf der Annahme der evidenzgebenden Kraft des Experiments fußte.[19]

In Bezug auf ihre Verarbeitung des Kalten Krieges zogen Computerspiele einen Großteil ihrer Attraktivität aus einer ähnlichen Funktionsweise, die das Wissen der Simulation zugänglich machen würde. Somit wurden in Computerspielen Aspekte und Themen des Kalten Krieges in einem populärkulturellen Kontext darstell- und bearbeitbar, die mit den Mitteln anderer populärkultureller Ausdrucksformen nicht greifbar waren. Zum einen konnte die Nähe zur Computersimulation genutzt werden, um primär spielerisch-unterhaltenden Spielmodellen Ernsthaftigkeit zu verleihen, zum anderen ermöglichte der Aspekt des Spiels überhöhende und zuspitzende Darstellungen, die sich ebenfalls aus ihrer spezifischen Medialität ergaben. Computerspiele schufen auf diese Weise charakteristische Positionen zwischen Spiel und Ernst in den Diskursen des Kalten Krieges. Sie etablierten Darstellungsmöglichkeiten des Ernstfalles, die von sich behaupten konnten, sich nicht notwendigerweise moralisch rechtfertigen zu müssen. Ihre Besonderheit lag demnach darin, dass sie den Kalten Krieg gleichzeitig aufgrund ihres Simulationscharakters aus beträchtlicher Nähe und aufgrund ihres Spielcharakters aus sicherer Distanz konstruieren konnten. Als Computersimulationen stellten sie den Blick in die grundsätzlichen Funktionsweisen des Kalten Krieges in Aussicht. Als Spiele boten sie gleichzeitig die Möglichkeit, ihn zu entschärfen. Selbstverständlich sind Computerspiele auch Produkte einer populärkulturellen Unterhaltungsindustrie und ihre Inhalte vor dem Hintergrund der damit verbundenen ökonomischen Strate-

---

19 Vgl. für diese Sichtweise Martin Warnke: Simulation wilder Spekulationen. Oder: Wie einmal Paul Baran mit einem falschen Modell das Internet erfand, in: Archiv für Mediengeschichte, Bd. 14, 2014: Modelle und Modellierung, S. 23–33, hier S. 31.

gien und Zwänge zu befragen. Das bedeutete aber nicht, dass sie automatisch unreflektiert und unkritisch gegenüber politisch-historischen Themen sein mussten. Gerade die achtziger Jahre waren für dieses Medium eine Zeit der Professionalisierung, des Experiments und der Vielfalt und vor allem der bewusst wahrgenommenen und propagierten Nähe zu ernsthaften Simulationen. Beide Aspekte, die Sachlichkeit des einen und die Konsequenzlosigkeit des anderen, ermöglichten in Bezug auf das Verständnis des Kalten Krieges eine diskursive Position der Machbarkeit, welche die Pattstellung des Systemkonfliktes durch Dynamisierung herausforderte, aber nicht durchbrach.

Als historische Quelle einer Kulturgeschichte des Kalten Krieges können Computerspiele an einem konkreten Beispiel den Vorgang der Popularisierung der Episteme der Simulation illustrieren.[20] Sie erzählen außerdem von den historischen Bedingungen der achtziger Jahre, unter denen dieser Prozess stattfand, und wie sich die Spielenden und Entwicklerinnen und Entwickler in ihrem Medium über die geopolitische Weltlage vergewisserten.

Um die Position der Computerspiele in der kulturellen Konstruktion des Kalten Krieges nachvollziehen zu können, wird vor allem auf die Spiele selbst zurückgegriffen. Sie dienten in allen verfügbaren Varianten als Ausgangsmaterialien der Analysen. In der beobachteten Entwicklungsphase des Mediums kommt dabei auch Verpackungen und Anleitungen ein hoher Stellenwert zu. In Bezug auf ihre diskursive Wirkung erweist sich die Berücksichtigung der Stimmen und Reaktionen der Entwicklerinnen und Entwickler ebenso wie der Spielerinnen und Spieler als schwierig. Stellvertretend für die Position der Spielenden bzw. die Rezeption wurde hierzu hauptsächlich auf Besprechungen in Fachmagazinen zurückgegriffen. Die Perspektive der Produzentinnen und Produzenten ließ sich vor allem über die Spiele selbst und besonders über die Handbücher oder andere spielbegleitende Materialien und vereinzelte Interviews zumindest teilweise nachvollziehen.

Die Analyse ist grundsätzlich geleitet von der Annahme, dass der Kalte Krieg keine überzeitlich gültige Bezeichnung ist, sondern in bestimmten historischen Kontexten jeweils konstruiert und mit Bedeutung versehen wurde. E wird aus dieser Perspektive als ein kulturelles Phänomen vorstellbar, d.h. dass die Rolle der Kultur und insbesondere der Populärkultur im Prozess der kulturellen Konstruktion des Kalten Krieges hervorgehoben wird (Kapitel 2). Die Möglichkeit, ihn auch als ein wesentlich populärkulturell geprägtes Phänomen zu begreifen, bildet die Leitlinie für die Erarbeitung des relevanten Kontextes der achtziger und frühen neunziger Jahre (Kapitel 3). Die genauere Ermittlung der maßgeblichen Aspekte der Funktionsweise von Computerspielen führt die historische Kontextualisierung nochmals aus einer mediengeschichtlichen Perspektive fort. Die relativ kurze Entwicklungsgeschichte weist drei relevante Phasen der Stabilisierung

---

20   Vgl. Pias, Computer.Spiel.Welten, S. 306–309.

auf: die Phase der Videospiele, der Computerspiele und der digitalen Spiele. Auf dieser Basis kann der Untersuchungszeitraum nochmals präziser auf die Phase der Computerspiele eingegrenzt und eine Zäsur um die Mitte der neunziger Jahre gesetzt werden (Kapitel 4). Aus einer eingehenden Betrachtung ihrer Funktionsweise ergibt sich ausgehend von den Wesensmerkmalen des Spiels und der Simulation eine Reihe von Analysekriterien, zuerst Modell und Architektur, die das Medium als historische Quellen analysier- und interpretierbar machen (Kapitel 5). Unter den so erarbeiteten Voraussetzungen lässt sich der Bestand relevanter Spiele dann nochmals in mehrere Bereiche unterteilen. Die entsprechenden Verbindungen zu dem beobachteten Zeitraum können so unter Beachtung der Funktionsweise gezogen werden. Computerspiele, die den Kalten Krieg zwischen ca. 1980 und 1994 thematisierten, setzten unterschiedliche Schwerpunkte durch eine Kombination aus der Verbindung zu den Kontexten des Kalten Krieges in der Populärkultur und den jeweils unterschiedlichen Spielmodellen. Computerspiele behandelten den Kalten Krieg als Wissen über militärische Technologien und Praktiken der Geheimdienstarbeit (Kapitel 6), als das Undenkbare in Form von Kriegsszenarien in globalem und individuellem Maßstab (Kapitel 7), als Vorstellungen und Modelle geopolitischer und staatspolitischer Ordnung (Kapitel 8) und schließlich als Erinnerung an vergangene Konflikte und Episoden der Epoche, was die Ereignisse von 1989 bis 1991 einschloss, sowie als Spiel mit der Historizität des Kalten Krieges (Kapitel 9).

Aufbauend auf der medienarchäologisch geprägten Sicht auf das Verhältnis von Computerspielen und Kaltem Krieg, die herausstellen konnte, dass sie qua ihrer materiellen Voraussetzungen immer schon ernst waren, da sie mit militärischen Technologien spielen lassen,[21] eröffnet der Blick auf Computerspiele über den Kalten Krieg während des Kalten Krieges damit auch die Möglichkeit, eine Geschichte derjenigen Spiele zu schreiben, die an sich selbst den Anspruch stellten, etwas politisch oder gesellschaftlich Relevantes zu sagen bzw. zu be- und verarbeiten haben.[22] Als populärkulturelle Anwendung einer seiner Schlüsseltechnologien auf sich selbst illustrieren Computerspiele über den Kalten Krieg sein Ende als das Ende des Zeitalters der Ideologien im populärkulturellen Denken des Politischen.

---

21 Vgl. Pias, Computer.Spiel.Welten; Patrick Crogan: Gameplay Mode. War, Simulation and Technoculture (Electronic Mediations, Bd. 36), Minneapolis, MN 2011; Tim Lenoir: All but War is Simulation: The Military-Entertainment Complex, in: Configurations, Bd. 8, Nr. 3, 2000, S. 289–335; Stefan Höltgen: Missbrauch von Heeresgut. Wie aus Ernst Spiel wurde, in: Retro. Computer. Spiele. Kultur, Nr. 32, 2014, S. 11–14.

22 Vgl. Damien Djaouti/Julian Alvarez/Jean-Pierre Jessel/Oliver Rampnoux: Origins of Serious Games, in: Minhua Ma/Andreas Oikonomou/Lakhmi C. Jain (Hrsg.): Serious Games and Edutainment Applications, London 2011, S. 25–43, Gundolf S. Freyermuth: Games. Game Design. Game Studies, Bielefeld 2015, S. 229–232; Bogost, Persuasive Games.

2. Populäre Kultur und Kalter Krieg – Grundlagen einer Verflechtungsgeschichte

Die Analyse von Computerspielen über den Kalten Krieg aus der Zeit selbst verlangt die Beachtung mehrerer erklärungsbedürftiger Kontexte. Einmal stellt sich die ganz grundsätzliche Frage nach der Definition der zugrundeliegenden Untersuchungsgegenstände. Computerspiele seien hierbei als ein populärkulturelles Phänomen verstanden, das mit Beginn der achtziger Jahre auf der Grundlage ihrer erstmals massenhaft erfolgten Produktion in einer breiteren Öffentlichkeit einen größeren Bekanntheitsgrad erlangte. Der Kalte Krieg wiederum bezeichnet im Allgemeinen wie in dieser Untersuchung die spezifische Qualität der Auseinandersetzung zwischen den USA und der Sowjetunion in der Periode nach dem Zweiten Weltkrieg bis 1991, in der die Eskalation dauerhaft auf Pause gestellt und auf eine charakteristische Weise eingefroren war.

Die relevanten Computerspiele weisen, zunächst auf der höchsten Abstraktionsebene, auf eine Verbindung zwischen Kaltem Krieg und Populärkultur hin. Die spezifische Epoche eignete sich offensichtlich dazu, in der Populärkultur zu erscheinen, und diese erzeugte Bilder, Narrationen, Wissen, insgesamt also verschiedene Versionen des Kalten Krieges; er trug damit selbst zu seiner Ausdeutung und Definition bei. Er ist für das vorliegende Thema also zugleich historischer Kontext und ein von der Populärkultur bearbeiteter Gegenstand. Beide gingen eine besondere Form der Verflechtung[1] ein, deren Elemente und Funktionsweise den theoretischen Rahmen für die Frage nach dem Kalten Krieg in Computerspielen liefern.

2.1. Die Konstruktion des Kalten Krieges in seiner Zeit

Der Befund, dass Geschichte ganz allgemein als Konstruktion begriffen werden kann, die sich selbst in einem spezifischen historischen und sozialen Kontext ereignet,[2] tritt in Bezug auf die als Kalter Krieg bezeichnete Epoche besonders deutlich hervor. Die Annahme eines Ost-West Konfliktes auf der Grundlage ideologischer Differenzen reicht in die Zeit vor dem Kalten Krieg zurück und wurde mit Blick auf die Oppo-

---

1 Vgl. Michael Werner/Bénédicte Zimmermann: Vergleich, Transfer, Verflechtung. Der Ansatz der Histoire croisée und die Herausforderung des Transnationalen, in: Geschichte und Gesellschaft, Jg. 28, H. 4, 2002, S. 607–636, hier S. 618–624 für die theoretischen Grundlagen.
2 Vgl. exemplarisch Hans-Jürgen Goertz: Unsichere Geschichte, Stuttgart 2001, S. 118.

sition zwischen dem russischen Zarenreich und den USA unter anderem von Alexis de Tocqueville bereits im 19. Jahrhundert formuliert.[3] Begriffsgeschichtlich wird die Prägung des Terminus Kalter Krieg als Bezeichnung für den Ost-West-Konflikt in der Epoche von 1945 bis 1991 dem US-amerikanischen Journalisten Walter Lippmann zugeschrieben.[4] Anders Stephanson hat gezeigt, dass die damit ausgedrückte Idee einer gewissermaßen eingefrorenen militärischen Konfrontation, wie das häufig der Fall ist, viel weiter in die Geschichte zurückreicht.[5] Die Tatsache, dass es nach dem Zweiten Weltkrieg im US-amerikanischen Kontext zur Reaktivierung des Begriffes kam, zeigte eine Zuspitzung innerhalb der Kontinuität des Ost-West-Konfliktes. Die Historiographie des Kalten Krieges beschäftigte sich in unterscheidbaren Phasen mit der Frage, wie diese Intensivierung der Auseinandersetzung zwischen der Sowjetunion und den USA nach 1945 zu erklären sei.[6] Der auch als traditionelle Sichtweise auf den Kalten Krieg bezeichnete Erklärungsansatz, der sich vermutlich unter dem Eindruck der Berlin-Blockade des Jahres 1948 und des Koreakrieges 1950–1953 herausbildete, stellte im Wesentlichen die These auf, dass der Expansionsdrang der Sowjetunion ihn ausgelöst habe. Diese Sichtweise war US-amerikanisch geprägt und trug anti-stalinistische Züge. Sie rückte im Laufe der fünfziger Jahre dabei von der Konzentration auf Stalin ab und wandte sich der Ideologie des Kommunismus als Erklärung für das als aggressiv eingeschätzte sowjetische Verhalten zu.[7]

Der Gedanke liegt nahe, dass diesem traditionellen Ansatz der US-amerikanischen Historiographie auf sowjetischer Seite die von Andrei Schdanow geprägte Zwei-Lager-Theorie entsprach, die ebenfalls von der Teilung der Welt in zwei unvereinbare Systeme und in diesem Fall von dem systeminhärenten Expansionsdrang der kapi-

---

3   Vgl. Bernd Stöver: Der Kalte Krieg. Geschichte eines radikalen Zeitalters 1947–1991, München 2011, S. 28.

4   Stöver führt an, dass das nicht korrekt und Herbert B. Swope als Urheber des Begriffes anzusehen sei. Vgl. ebd., S. 11. Des Öfteren wird er auch George Orwell zugeschrieben.

5   Vgl. Anders Stephanson: Fourteen Notes on the very Concept of the Cold War, in: H-Diplo Essays, New York, NY 2007, URL: http://h-diplo.org/essays/PDF/stephanson-14notes.pdf (Stand: 01.08.2020).

6   Die historische Literatur zum Kalten Krieg hat mittlerweile einen enormen Umfang erreicht. Die folgenden Ausführungen beschränken sich daher auf einen Überblick über die wichtigsten im historiographiegeschichtlichen Diskurs reflektierten Tendenzen. Sie orientieren sich dabei vor allem an: Stöver, Der Kalte Krieg, S. 16–18; Odd Arne Westad: The Cold War and the International History of the Twentieth Century, in: Melvyn P. Leffler/ders. (Hrsg.): The Cambridge History of the Cold War. Volume 1: Origins, Cambridge 2010, S. 3–8, sowie Michael Cox: The 1980s Revisited or the Cold War as History – Again, in: Olav Njølstad (Hrsg.): The Last Decade of the Cold War. From Conflict Escalation to Conflict Transformation, London 2004, S. 5–9.

7   Vgl. Westad, The Cold War, S. 3f.

talistischen Welt ausging.[8] Um die sechziger Jahre wurde die Frage nach der Schuld an der Entstehung des Konflikts nach und nach anders akzentuiert und die Rolle der USA in diesem Prozess hervorgehoben, was als revisionistische Schule der Historiographie des Kalten Krieges bezeichnet wird. Angesichts von Stellvertreterkriegen wie dem US-amerikanischen Einsatz in Vietnam erfuhren diese antiimperialistisch orientierten Erklärungsmodelle kritischer westlicher Historikerinnen und Historiker breitere Akzeptanz.[9]

Beide Ansätze, die traditionalistische und die revisionistische Sichtweise, wurden ab den siebziger Jahren unter dem Eindruck der als Détente bezeichneten Entspannungsphase der Beziehung zwischen den Supermächten in der postrevisionistischen Schule vereinigt. Ihre Vertreterinnen und Vertreter versuchten die Entstehung des Konflikts mit Missverständnissen und dem Scheitern der Kommunikation zwischen den Supermächten zu erklären. Der Kalte Krieg wurde ab diesem Zeitpunkt in der Tradition des politischen Realismus vor allem als System gesehen, das sich – wie schon in vergangenen Konstellationen – in einer Balance of Power stabilisiere und dadurch in seinen Bewegungen vorhersehbar werden sollte.[10] In den achtziger Jahren schien die Lage vor allem von der Gleichzeitigkeit diverser Erklärungsmodelle und Ansätze geprägt und glich einer „minor academic industry".[11] Die disziplinäre Diversifizierung der Historiographie des Kalten Krieges, die nach dem Ende der Sowjetunion maßgeblich vom Zugang zu bis dato unzugänglichen Quellen profitiert hatte, eröffnete eine viel differenziertere und vor allem auch dezentralisiertere, d.h. nicht ausschließlich auf die beiden Supermächte fokussierte, Sicht.[12] Einerseits konnten globalgeschichtliche Ansätze zeigen, wie sehr die Peripherien von den heißen Kriegen sowohl in Mitleidenschaft gezogen wurden als auch selbst als relevante Akteure im Konflikt der Supermächte auftraten.[13] Andererseits stellte sich heraus, wie wenig Gültigkeit das Konzept eines Kalten Krieges als Epochenprofil mitunter aus der Sicht dieser Peripherien hatte.[14] Durch eine solche globalgeschichtliche Perspektive konnte das starre Modell als eine ideologische Auseinandersetzung zweier Supermächte aufgebrochen werden. Als jüngste Entwicklung lässt sich ganz im Sinne der Relativierung der Rolle der Supermächte in der His-

---

8   Vgl. Gordon S. Barrass: The Great Cold War. A Journey through the Hall of Mirrors. Stanford, CA 2009, S. 53f.

9   Westad, The Cold War, S. 4f.

10 Vgl. Stöver, Der Kalte Krieg, S. 17; Westad, The Cold War, S. 5.

11 Cox, The 1980s Revisited, S. 7.

12 Vgl. Westad, The Cold War, S. 6.

13 Vgl. ebd., S. 7f.; Greiner, Kalter Krieg, S. 4–6.

14 Vgl. Heonik Kwon: The Other Cold War, New York, NY/Chichester 2010, S. 1–9; Odd Arne Westad: The Global Cold War, Cambridge 2007, S. 1–7.

toriographie ein Fokus auf Institutionen internationaler Politik und ihre Rolle sowie die Betrachtung der Geschichte des Kalten Krieges als Kulturgeschichte beobachten.[15]

Die hier skizzierten Ansätze lösten einander selbstverständlich nicht in einer Stufenfolge vollständig ab. Die Konjunkturen, in denen traditionelle Sichtwise, Revisionismus und Postrevisionismus jeweils als Erklärungsmodelle für die Entstehung und den Verlauf des Kalten Krieges attraktiv wurden, verdeutlichen aber, dass diejenigen, die in der Zeit selbst entstanden, von der politischen Dynamik des Konfliktes erfasst wurden.[16] Die Epochengrenze des Jahres 1991 eröffnete schließlich die Möglichkeit, den Kalten Krieg als abgeschlossene historische Periode zu betrachten. Allerdings ist die bis heute anhaltende Kontroverse um seine Periodisierung nur ein Hinweis darauf, dass die Definition bei genauerer Betrachtung alles andere als eindeutig oder selbsterklärend ist. Genannt seien an dieser Stelle nur einige wenige Grundprobleme: Wird der Kalte Krieg als Rivalität zwischen der Sowjetunion und dem Westen gesehen, müsste er dann nicht schon 1917 beginnen?[17] Zählt die Periode der Détente ebenfalls zu ihm? Hat an dieser Stelle eine neue Periode der Entspannungsphase begonnen? Oder ist die Détente als ein bloßes Zwischenspiel eines seit dem Ende des Zweiten Weltkrieges kontinuierlich andauernden Konfliktes zu bewerten? Könnte diese Sicht wiederum nicht in den achtziger Jahren im Rahmen der Reaktivierung alter Konfrontationsrhetoriken konstruiert worden sein? Und schließlich: Welche Eigenschaft des Konfliktes soll mit dem Adjektiv ‚kalt‘ genau umschrieben werden? Verbietet sich die Auffassung der darin mitschwingenden Vorstellung eines Krieges ohne kriegerische Handlungen nicht angesichts der ganz realen Folgen der zahlreichen „heißen" Stellvertreterkriege?[18]

Im Begriff des Kalten Krieges zeigen sich somit relativ schnell viele historische Ablagerungen und ungeklärte Zusammenhänge, die zunächst in einem postsowjetischen Grundkonsens, Stichwort ‚Ende der Geschichte‘, zu verschwinden drohten, die durch Ereignisse wie die Anschläge auf das World Trade Center im Jahr 2001 oder den Konflikt um die Ukraine im Jahr 2014/15 aber immer wieder den Weg zurück in öffentliche Diskussionen fanden.[19] Darüber, was er war, wie lange er dauerte, wer den Konflikt

---

15   Vgl. Jonas Brendebach/Sonja Dolinsek/Anina Falasca/Leonie Kathmann: Cold War Studies, transnationale Geschichte und internationale Organisationen, Version: 1.0, in: Docupedia-Zeitgeschichte, 14.10.2011, URL: https://docupedia.de/zg/Cold_War_Studies_-_Kommentar (Stand: 01.08.2020).

16   Vgl. Bernd Greiner: Kalter Krieg und „Cold War Studies", Version: 1.0, in: Docupedia-Zeitgeschichte, 11.02.2010, URL: https://docupedia.de/zg/Cold_War_Studies (Stand: 01.08.2020), S. 1.

17   Bernd Stöver trägt diesem Umstand Rechnung und beginnt seinen Gesamtüberblick über den Kalten Krieg mit einem Kapitel über den Zeitraum von 1917–1945, vgl. Stöver, Der Kalte Krieg, S. 28–66.

18   Ebd., S. 19; Stephanson, Fourteen Notes; Kwon, The Other Cold War, S. 6.

19   Vgl. Ellen Schrecker: Introduction. Cold War Triumphalism and the Real Cold War, in: dies.

gewann, ob es hier überhaupt einen Sieger gegeben haben kann usw., wurden und werden Auseinandersetzungen geführt. Sie sagen viel über ihre jeweiligen historischen Kontexte aus. „The cold war […] was invented by contemporaries and used from the outset, then battled over continuously by politicians and public intellectuals, in due course also by historians in the many polemics about who caused 'the war', and then used retroactively when, presumably, the obvious end had occurred."[20]

In dieser Deutung des Historikers Anders Stephanson tritt hervor, wie sehr die Epochenbezeichnung und das Verständnis des Kalten Krieges von definitorischen Kontroversen und spezifischen Konstruktionsleistungen geprägt waren und sind, die nicht nur für die Einschätzung nach der Epochengrenze gelten, die mit dem Zusammenbruch der Sowjetunion markiert wurde, sondern auch in der jeweiligen zeitgenössischen Binnensicht auf ihn Anwendung fanden. Dazu sei nochmals Stephanson zitiert, der feststellt, „the cold war was from the outset not only a US term but a US project; […] it began as a contingently articulated policy that eventually generated a system, static and dynamic at the same time".[21] Es ist vielleicht zunächst weniger entscheidend, dem Argument zu folgen, der Kalte Krieg als Konzept sei aus der US-amerikanischen Politik entstanden,[22] als die Deutung dahingehend zu verstehen, dass Begriff und Konzept in unterschiedlichen historischen Kontexten jeweils aktiv konstruiert wurden und ein System bildeten, das offensichtlich statisch genug war, um dieselben Grundvorstellungen über die Zeit zu tragen und zugleich dynamisch genug, um auf die jeweiligen historischen Kontexte zu reagieren. Der US-amerikanische Historiker John Lukacs legte beispielsweise bereits im Jahr 1961 eine Geschichte des Kalten Krieges vor.[23] Fred Halliday, ein irischer Politikwissenschaftler, veröffentlichte im Jahr 1983, also mitten im Geschehen, eine Geschichte des Zweiten Kalten Krieges, der aus seiner Sicht im Jahr 1979 begonnen hatte.[24] Beide Werke suggerieren Periodisierungen, die aus heutiger Sicht angezweifelt werden könnten. Aus der jeweiligen zeitgenössischen Binnensicht ist die Tatsache, dass diese Beispiele einen Abschluss oder eine Wiederkehr des Kalten Krieges behaupteten, jedoch bemerkenswert. Die lohnenswerte Frage lautet hier daher weniger, ob Lukacs

---

(Hrsg.): Cold War Triumphalism. The Misuse of History after the Fall of Communism, New York, NY 2004, S. 7–10.

20 Anders Stephanson: Cold War Degree Zero, in: Joel Isaac/Duncan Bell (Hrsg.): Uncertain Empire. American History and the Idea of the Cold War, Oxford/New York, NY 2012, S. 23.

21 Ebd., S. 26.

22 Dabei handelt es sich um ein Argument, das auch Craig und Logevall vorbringen und für das sie den Begriff „intermestic", ein Kompositum aus domestic und international, geprägt haben, vgl. Campbell Craig/Fredrik Logevall: America's Cold War. The Politics of Insecurity, Cambridge, MA/ London 2012, S. 10.

23 Vgl. John Lukacs: A History of the Cold War, New York, NY 1961.

24 Vgl. Fred Halliday: The Making of the Second Cold War, London 1986, insbes. S. 1–19.

und Halliday mit den von ihnen nahegelegten Periodisierungen irrten, sondern mehr, warum sie den Begriff und das Konzept zu diesen Zeitpunkten aktivierten. Warum behaupteten sie, nicht mehr oder wieder in einer Periode des Kalten Krieges zu leben? Was sagt die Antwort auf diese Frage über diese Epoche und die weiterführende Frage aus, welcher Kalte Krieg in den jeweiligen Fällen entstand? Was gab dem Denken über ihn in der westlichen Welt also seine spezifische statische Prägung und welche dynamischen Perioden und Situationen des Verständnisses der Epoche entstanden durch eine Aufrufung in bestimmten, auch medialen, Kontexten?

2.2. Statik und Dynamik des Kalten Krieges – Kultur als Vermittlerin

Vieles spricht dafür, sich den Kalten Krieg als statisches System vorzustellen. Zwei Merkmale sind besonders prägend: zum einen die Sichtweise der Supermächte auf die jeweils eigene Position innerhalb der Geschichte und ihre jeweilige spezifische ideologische Färbung, zum anderen die Epistemologie der Planung und Prognose, die sich – entstanden aus den apokalyptischen Potenzialitäten der Kernwaffen – in dementsprechenden wissenschaftlichen, politischen, militärischen und kulturellen Entwürfen geltend gemacht hat.[25] Als Auseinandersetzung politischer Systeme gedacht, fußte der Kalte Krieg auf einer Selbstwahrnehmung der Supermächte als mit historischem Mandat agierende Akteure. Die Sowjetunion sah sich im Besitz der mit wissenschaftlichen Methoden korrekt gedeuteten Gesetze der Geschichte, welche den Sieg des eigenen Gesellschaftsentwurfes verhießen und die Staatsdoktrin grundsätzlich auf eine Art der historischen Warteposition verpflichteten.[26] Die USA folgten in ihrer politischen Rhetorik phasenweise einer Variation der aus dem 19. Jahrhundert stammenden Vorstellung eines Manifest Destiny und damit ihrem eigenen Modell historischer Verheißung.[27] In Konkurrenz standen in diesem Idealbild des Kalten Krieges also zwei antagonistische Geschichtsvorstellungen.[28] Die Entwürfe und Denkarten arbeiteten sich demgemäß regelmäßig daran ab, welche der beiden Supermächte ideologisch an Boden gewann,

---

25 Vgl. Reinhart Koselleck: Vergangene Zukunft. Zur Semantik geschichtlicher Zeiten, Frankfurt am Main 2013, S. 275.

26 Vgl. Herbert Marcuse: Soviet Marxism. A Critical Analysis, New York, NY 1958, S. 63–69, 78–81; für den historischen Verlauf vgl. Vladislav Zubok: Cold War Strategies/Power and Culture – East. Sources of Soviet Conduct Reconsidered, in: Richard H. Immerman/Petra Goedde (Hrsg.): The Oxford Handbook of the Cold War, Oxford 2013, S. 305–323.

27 Vgl. Anders Stephanson: Manifest Destiny. American Expansion and the Empire of Right, New York, NY 1995, S. 122–126.

28 Vgl. Raymond L. Garthoff: The US Role in Winding Down the Cold War, in: Njølstad, The Last Decade of the Cold War, S. 179–196, hier S. 185.

ob eine wechselseitige Infiltrierung durch gefährliches, gewissermaßen ansteckendes Wissen stattfand, welche von ihnen in einem als Wettlauf gedachten Geschichtsverlauf vorne lag, ob sich überhaupt von einem solchen Wettlauf sprechen ließe usw. Atomwaffen als militärische Schlüsseltechnologie verliehen ihm hingegen die Prägung der Undurchführbarkeit des militärischen Ernstfalles, die das Denken in Wahrscheinlichkeiten und Ausblicken begünstigte. Vor allem in den Wissenschaften wurden Wahrscheinlichkeiten, Prognosen und Simulationen als epistemologische Kernstrategien zum Zweck der Vorhersage zusehends bestimmend.[29] Den Kalten Krieg zu denken, bedeutete in diesen Fällen rational und planend in die Zukunft blicken zu können, um die letzte Konsequenz der direkten militärischen Konfrontation dauerhaft zu vermeiden. Diese Form des rationalen Denkens erhielt dabei eine spezifische Gestalt, die sich vor allem durch das Auseinandertreten von Rationalität und Vernunft auszeichnete.[30]

Die Logik, die jeweils eigenen Atomwaffenbestände bis zur Zweitschlagfähigkeit aufzurüsten, um den Gegner von einem Erstschlag abzuhalten – im verräterischen Akronym MAD (mutually assured destruction) verewigt – ist das Paradebeispiel. Er fand somit überhaupt nur in der Simulation als eine direkte militärische Auseinandersetzung zwischen den Supermächten statt.[31] Die Annahme und Behauptung einer historisch bedeutenden Position implizierte die jeweilige imaginative Verortung in einem teleologisch gedachten Geschichtsverlauf. Diese scheinbar ephemeren Charakteristika der Simulation und Imagination hatten ganz reale Folgen und bildeten ein eigenständiges Epochenprofil mit dynamischen Phasen ihrer Manifestation in unterschiedlichen gesellschaftlichen Bereichen.[32]

Dem Bereich der Kultur kam dabei, wie sich argumentieren lässt, besonderes Gewicht zu. Als in ihrem Kern imaginäre und simulierte Auseinandersetzung, als Kampf der Ideen und Wahrscheinlichkeiten, der potenziell das gesamte alltägliche Leben miteinschließen konnte, bedurfte es Instanzen der Vermittlung, um den Kalten Krieg gesellschaftlich überhaupt sinnvoll erscheinen zu lassen. Kulturelle Erzeugnisse und Imaginationen, d.h. die Kultur als sinnstiftendes Element alltäglichen Lebens, spielten in

---

29　Vgl. Patrick Bernhard/Holger Nehring/Anne Rohstock: Der Kalte Krieg im langen 20. Jahrhundert. Neue Ansätze, Befunde und Perspektiven, in: Patrick Bernhard/Holger Nehring (Hrsg.): Den Kalten Krieg denken. Beiträge zur sozialen Ideengeschichte seit 1945, Essen 2014, S. 11–39, hier S. 33.

30　Vgl. Paul Erickson/Judy L. Klein/Lorraine Daston/Rebecca Lemov/Thomas Sturm/Michael D. Gordin: How Reason almost lost its Mind. The Strange Career of Cold War Rationality, Chicago, IL 2013, S. 1–21.

31　Vgl. Paul N. Edwards: The Closed World. Computers and the Politics of Discourse in Cold War America, Cambridge, MA 1996, S. 14. Das gilt allerdings nur, wenn man die Konfrontationen zwischen US-amerikanischen und sowjetischen Truppen im Zuge von Stellvertreterkriegen außer Acht lässt.

32　Vgl. Bernhard/Nehring/Rohstock, Der Kalte Krieg im langen 20. Jahrhundert, S. 14.

diesem Zusammenhang eine wesentliche Rolle als Vermittler und Spielfelder. Bereits in den späten achtziger Jahren wurde diese Bedeutung der Kultur im Systemkonflikt erkannt. Wichtige Impulse gingen hier zunächst vor allem von den Literaturwissenschaften aus.[33] Im Zuge des linguistic und des cultural turn entstanden in den Geschichtswissenschaften[34] entsprechende Ansätze. In neueren Darstellungen wurde die Kultur des Kalten Krieges aber auch in einem stärker sozialwissenschaftlich orientierten Zugriff, im Sinne der Alltagskultur, d.h. als prägender Faktor für das tägliche Leben der Betroffenen, verstanden.[35] Diese kulturgeschichtlichen Zugänge ermöglichen es, den Zusammenhang in seiner ganzen Vielschichtigkeit sowohl als ‚cold war culture' als auch als ‚cultural cold war' zu denken. Sie attestieren dem Faktor Kultur für die Epoche gesellschaftlich prägende Wirkkraft und tragen damit dem Umstand Rechnung, dass das Imaginäre und das Reale in diesen Zeiten eng zusammenrückten. „In a period as heavily mediatised as the cold war [...], cultural history is also social history."[36]

Prozesse der Vermittlung wurden also zentral. An diesen Befund schließen sich im Wesentlichen drei Fragen an, die an die Vermittlungsprozesse des Kalten Krieges in einem jeweiligen konkreten Fall zu richten sind. Welche Instanz vermittelt was? Wie, also auf welcher Grundlage und dann mit welchen Mitteln, geschieht die Vermittlung?

2.2.1. Populärkultur und Kalter Krieg

Was bisher als Faktor oder gesellschaftlicher Teilbereich mit dem Begriff Kultur bezeichnet wurde, muss im Zusammenhang mit der Vermittlungsfunktion während des

---

33 Für einen Überblick vgl. Steven Belletto/Daniel Grausam: Introduction: Culture and Cold Conflict, in: dies. (Hrsg.): American Literature and Culture in an Age of Cold War, Iowa City, IA 2012, S. 5–8.

34 Vgl. Lutz Raphael: Geschichtswissenschaft im Zeitalter der Extreme. Theorien, Methoden, Tendenzen von 1900 bis zur Gegenwart, München 2010, S. 233–236.

35 Vgl. Greiner, Kalter Krieg, S. 7–9; Patrick Major/Rana Mitter: East is East and West is West? Towards a Comparative Socio-Cultural History of the Cold War, in: dies. (Hrsg.): Across the Blocs. Cold War Cultural and Social History, London/New York, NY 2012, S. 1–18; Bernd Greiner: Angst im Kalten Krieg. Bilanz und Ausblick, in: ders./Christian Th. Müller/Dierk Walter (Hrsg.): Angst im Kalten Krieg, Hamburg 2009, S. 7–34, hier S. 17–21; David Eugster/Sibylle Marti: Einleitung. Das Imaginäre des Kalten Krieges, in: dies. (Hrsg.): Das Imaginäre des Kalten Krieges. Beiträge zu einer Kulturgeschichte des Ost-West-Konfliktes in Europa, Essen 2015, S. 3–19, hier S. 5f.; Lary May: Introduction, in: ders. (Hrsg.): Recasting America. Culture and Politics in the Age of Cold War, Chicago, IL 1989, S. 9; Annette Vowinckel/Marcus M. Payk/Thomas Lindenberger: European Cold War Culture(s)? An Introduction, in: dies. (Hrsg.): Cold War Cultures. Perspectives on Eastern and Western European Societies, New York, NY/Oxford 2014, S. 1–20, hier insbes. S. 5.

36 Vgl. Patrick Major/Rana Mitter: Culture, in: Saki R. Dockrill/Geraint Hughes (Hrsg.): Cold War History, New York, NY 2006, S. 240–263, hier S. 256.

Kalten Krieges und in Bezug auf Computerspiele etwas konkreter gefasst werden. Aufgrund der Konzentration auf die Spiele sind dabei weite Kulturbegriffe auszuschließen, die beispielsweise Kultur als den Vorgang der Schaffung von Differenzen oder, in Anlehnung an die Etymologie des Wortes, die Zurichtung der Natur für menschliche Zwecke verstehen.[37] Ein Verständnis von Kultur als zivilisatorisches Attribut verfeinerter Sitten ist ebenfalls nicht zielführend. Der zeitliche Rahmen der Periode nach 1945 und noch genauer die durch den Fokus auf die entsprechenden Computerspiele gegebene Einschränkung auf den Zeitraum ab ca. 1980 weisen darauf hin, dass für die alltägliche Sinnstiftung und Verarbeitung von Wissen des Kalten Krieges vor allem dem Begriff der Populärkultur zentrale Bedeutung zukommt. Im Zuge der sich nach 1945 schrittweise etablierenden globalen Hegemonialstellung der USA wurden insbesondere in den assoziierten westlichen Staaten US-amerikanische kulturelle Formate, Konventionen und vor allem Produktionsmethoden (in manchen Fällen wieder) importiert und in die jeweils eigene kulturelle Landschaft integriert. Diese auch als Popkultur bezeichneten Formen der Populärkultur zeichneten sich vor allem dadurch aus, dass sie einen Gegenpol zur Welt der klassischen, bürgerlich geprägten Hochkultur und zugleich zu traditionellen Konventionen eröffneten. Die Prozesse des Importes liefen zwar nicht immer friktionsfrei ab, gingen aber in vielen Fällen mit jeweils lokal vorzufindenden kulturellen Formationen Verflechtungen ein bzw. legten sich als Paradigmen der kulturellen Produktion über bereits bestehende Strukturen. Einige Kernmerkmale dieser Populärkultur nach 1945 bestehen in ihrer offenen und teils offensichtlichen Gewinnorientierung, die eine massenhafte Herstellung ihrer Produkte bedingte. Dazu trat der prinzipiell relativ offene Gestus der Inklusion, für jeden bzw. jede etwas bieten zu können, über möglichst niedrige Zugangsschwellen zu verfügen, was nicht automatisch ästhetische oder inhaltliche Minderwertigkeit impliziert. Dennoch resultierte daraus in vielen Fällen eine ästhetische Qualität des Auffälligen und Marktschreierischen, ebenso wie des Subversiven und des Tabubruches. Die Populärkultur schien für viele Beobachterinnen und Beobachter das Ephemere, das Flüchtige, das scheinbar Oberflächliche dem Tiefgründigen vorzuziehen. Sie produzierte, verkaufte und prägte dadurch Alltäglichkeit, ließ Raum für subversive kulturelle Praktiken, so wie sie hegemoniale Verhältnisse (re-)produzierte.[38] Zwischen der Populärkultur in diesem Sinn und der Politik

---

37 Vgl. Lorenz Engell/Bernhard Siegert: Editorial, in: Zeitschrift für Medien- und Kulturforschung, Nr. 1, H. 1, 2010, S. 5–9; Stephan Moebius: Kultur, Bielefeld 2009, S. 14–19.

38 Vgl. Emily S. Rosenberg: Consumer Capitalism and the End of the Cold War, in: Melvyn P. Leffler/ Odd Arne Westad (Hrsg.): The Cambridge History of the Cold War, Bd. 3: Endings, Cambridge 2010, S. 489–513, hier S. 502; Petra Goedde: Globale Kulturen, in: Akira Iriye/Jürgen Osterhammel (Hrsg.): Geschichte der Welt, Bd. 6: 1945 bis heute – Die globalisierte Welt, München 2013, S. 535–642, hier S. 572–584. Vgl. auch Victoria de Grazia: Irresistible Empire. America's Advance

bzw. dem Ost-West Konflikt bestand in dieser Periode eine facettenreiche Beziehung, die sich durch einige charakteristische Merkmale auszeichnete.

Zunächst ist festzuhalten, dass die Populärkultur ein attraktives Propagandamittel zu sein schien. Ihre propagandistische Indienstnahme wurde im Kalten Krieg als Lehre aus dem Zweiten Weltkrieg auf beiden Seiten des Eisernen Vorhangs bereits sehr früh betrieben.[39] Die Entwicklung und Durchsetzung neuer massenmedialer Infrastrukturen und Agenturen nach 1945, und hier insbesondere des Fernsehens, sowie die Erforschung der Wirkung der Massenmedien legten zudem nahe, die Populärkultur für Propagandazwecke zu nutzen.[40] Gleichzeitig machte dieser Umstand den Bereich auch potenziell subversiv, destabilisierend und damit zur Zielscheibe staatlicher Intervention und Zensur.[41] Daran anschließend wurden gerade Produkte der Populärkultur in ihrer Materialität als Ware und ihre technisch-ökonomischen Errungenschaften zum offen sichtbaren Symbol einer bestimmten Lebensweise und dadurch mit dem sozioökonomischen Gesellschaftsentwurf ihres Herstellungskontextes aufgeladen. Blue Jeans konnten so zu Indikatoren des Wohlstandes und Objekten des Systemkonfliktes werden. Die Populärkultur bildete daher selbst auf diese materielle Art und Weise einen Schauplatz des Kalten Krieges.[42] Schließlich war sie zudem eine derjenigen gesellschaftlichen Instanzen, die einer breiteren Öffentlichkeit verständlich machte, was der Kalte Krieg eigentlich war oder in einer bestimmten Phase sein oder auch nicht sein sollte und welche Position man im Systemkonflikt selbst innehatte. Sie vermochte in

---

through Twentieth-Century Europe, Cambridge, MA/London 2005, S. 458–480; Thomas Hecken: Pop. Geschichte eines Konzepts 1955–2009, Bielefeld 2009, S. 259–301, 425–433.

39   Vgl. Major/Mitter, Culture, S. 249, die zugleich darauf hinweisen, dass sich die Populärkultur den propagandistischen Erwartungen oft genug auch widersetzt und eigensinnig agiert habe; Tony Shaw: Review Essay. The Politics of Cold War Culture, in: Journal of Cold War Studies, Bd. 3, Nr. 3, 2001, S. 59–76, hier S. 59; David Caute: The Dancer Defects. The Struggle for Cultural Supremacy during the Cold War, Oxford 2003, S. 6; Thomas Lindenberger: Einleitung, in: ders. (Hrsg.): Massenmedien im Kalten Krieg. Akteure, Bilder, Resonanzen, Köln 2006, S. 9–23, hier S. 11–17.

40   Vgl. Stephen J. Whitfield: The Culture of the Cold War, 2. Aufl., Baltimore, MD 1996, S. 153–178; Lorenz Engell: Zeit und Zeichen, Welt und Wahl. Das amerikanische Fernsehen und der Kalte Krieg, in: Archiv für Mediengeschichte, Bd. 4, 2004: 1950 – Wendemarke der Mediengeschichte, S. 231–249. David Caute hält fest: „Such a contest was not an available idea – and could not become one until the emergence of the mass media and an audience unique to the twentieth century and the decades immediately preceding it: 'the general public.'" Caute, The Dancer Defects, S. 5. Vgl. auch Lindenberger, Massenmedien im Kalten Krieg, S. 11–17; Christopher Simpson: Science of Coercion. Communication Research & Psychological Warfare 1945–1960, Oxford 1994, S. 107–117.

41   Die Ära des McCarthyismus und die Black-List mit Filmschaffenden mit vermeintlich kommunistischer Gesinnung kann hierfür als paradigmatisch angesehen werden. Vgl. Thomas Doherty: Cold War, Cool Medium. Television, McCarthyism, and American Culture, New York, NY 2003, S. 6–36.

42   Vgl. Rosenberg, Consumer Capitalism, S. 493–511; Major/Mitter, Culture, S. 247f.

dieser Funktion die bereits angesprochenen Kernkonstellationen sichtbar zu machen, die entweder unsichtbar oder un- bzw. nur schwer vorstellbar waren. Damit wurde sie zur Trägerin und Vermittlerin von Spezialwissen.[43] Denk- und Wissensstrukturen der Epoche legten sich dabei nicht nur als mit hermeneutischen Methoden lösbare Rätsel und Metaphern in den Inhalten der Populärkultur nieder.[44] Vielmehr verarbeitete sie das Spezialwissen auch unverstellt und beteiligte sich so direkt an der Konstruktion des Kalten Krieges.

Die zahlreichen Zivilschutzfilme, wie der als Mischung aus Zeichentrick- und Realfilmszenen gestaltete US-amerikanische Schulfilm *Duck and Cover*, der von der Firma Archer Productions mit Unterstützung der US Civil Defense Administration erstellt und im Jahr 1951 veröffentlicht wurde, sprechen dahingehend eine deutliche Sprache. *Duck and Cover* verblüfft aus heutiger Sicht durch die äußerst eigenwillig erscheinende Verschränkung von kindlicher Zeichentrick-Ästhetik und fatalistischem Inhalt, die einen insgesamt naiven Umgang mit der nuklearen Bedrohung widerspiegelte.

Mittel und Formalia der populären Kultur, genauer des Zeichentrickfilms, gehen hier eine Verbindung mit Regierungstechniken und Zivilschutz ein, die einen Entwurf des Kalten Krieges als permanente Bedrohung und den Ernstfall des Atomkrieges als nicht genau bestimmbarer Probabilität zugrunde legen. Interessant ist an diesem Beispiel vor allem, dass populärkulturelles Wissen in die politische Ebene migrierte, man sich also der Bildsprache des Zeichentrickfilms bediente, um pädagogisch über den Ernstfall zu informieren. Im Fall des britischen Fernsehfilms *The War Game*, der von Peter Watkins im Jahr 1965 für die British Broadcasting Corporation produziert wurde, verlief der Wissenstransfer hingegen eher top-down. Wissenschaftliche Erkenntnisse über die wahrscheinlichen Folgen eines Atomkrieges wurden in diesem Film mit den formalen Mitteln der Fernsehreportage (darunter Grafiken, Text und Hand- bzw. Schulterkamera) veranschaulicht und so Spezialwissen transferiert.

The War Game wollte einer breiten Öffentlichkeit also brisantes, beunruhigendes und potenziell gesellschaftlich destabilisierendes Wissen zugänglich machen und lieferte damit einen kritischen Beitrag zu den entsprechenden Diskursen. Eine Konsequenz dieser Herangehensweise war, dass der Film zwanzig Jahre lang nicht im Fernsehen ausgestrahlt

---

43 Vgl. z.B. Eva Horn: Der geheime Krieg. Verrat, Spionage und moderne Fiktion, Frankfurt am Main 2007, die diesen Zusammenhang am Beispiel von politischem Geheimwissen der Moderne untersucht, und Bernhard/Nehring/Rohstock, Der Kalte Krieg im langen 20. Jahrhundert, S. 16f. Anders Stephanson erläutert am Beispiel von James Bond die historisch spezifische Konstruktion des Kalten Krieges und verweist damit auf den Anteil von populärer Kultur und Massenmedien. Vgl. Stephanson, Fourteen Notes, S. 3. Vgl. außerdem Roland Végsö: The Naked Communist. Cold War Modernism and the Politics of Popular Culture, New York, NY 2013, S. 4.

44 Vgl. Major/Mitter, Culture, S. 248.

wurde.[45] *The War Game* ist ein treffendes Beispiel für einen Zusammenhang, den Steven Belletto in Bezug auf das Verhältnis von Kaltem Krieg und Populärkultur, in diesem Fall dem Bereich der Literatur, mit Blick auf die USA folgendermaßen formuliert hat: „competing ideologies became increasingly obvious to average Americans *as* ideologies."[46] Sie funktionierte also nicht nur als schlichter Transmissionsriemen für staatliche Propaganda oder Regierungsanweisungen. Die populärkulturellen Produkte konnten, ob bewusst oder unbewusst, Gegendiskurse etablieren. Sie nahmen diesbezüglich als zumeist massenhaft hergestellte Kulturprodukte, die nicht oder zunächst nur in eingeschränkter Weise den hochkulturellen Prinzipien der Kanonisierung und Kodifizierung des verfeinerten und gebildeten Geschmacks unterlagen, was nicht zuletzt zu grundsätzlich offeneren Rezeptionsmöglichkeiten führte, eine spezifische sozioökonomische und diskursive Position ein.[47]

Für eine kulturhistorische Betrachtung ist der politische, sozioökonomische und ereignisgeschichtliche Kontext als diskursiver Faktor prägend, als Motivgeber und Register höchst relevant. Sozioökonomische, politische, wissenschaftliche und andere Kontexte, der Entwicklungsstand der Populärkultur und ihrer Medien und Ausdrucksformen konfligierten in einem interdiskursiven Geflecht oder Dispositiv der Rückkoppelungen und konstruierten den Kalten Krieg als populäres Wissensreservoir und Deutungsangebot historischer Situationen. Im Mittelpunkt des Interesses steht hier weniger der Versuch, am Beispiel von Computerspielen freizulegen, wie sich der Kalte Krieg als so gedachte Konstellation in der populären Kultur unbemerkt verfestigte,[48] also sich sozusagen auf das Unbewusste der Epoche zu fokussieren. Es geht vielmehr um die Frage, wie die populäre Kultur und Computerspiele als ein Teil von ihr an der Konstruktion des gesellschaftlichen Verständnisses des Ost-West-Konfliktes nach 1945 mitarbeiteten, indem dieser direkt adressiert und bearbeitet wurde. In der konkreten gesellschaftlichen Konstruktion zeigten sich dabei vielfältige Verbindungen zwischen der populären Kultur und anderen an dieser Konstruktion beteiligten Teilbereichen wie Wirtschaft, Wissenschaft, Politik usw.[49] Besonders solche Phänomene der „wechselseiti-

---

45 Vgl. James Chapman: The BBC and the Censorship of The War Game (1965), in: Journal of Contemporary History, Bd. 41, Nr. 1, 2006, S. 75–94.

46 Steven Belletto: Inventing other Realities: What the Cold War means for Literary Studies, in: Joel Isaac/Duncan Bell (Hrsg.): Uncertain Empire. American History and the Idea of the Cold War, Oxford 2012, S. 75–91, hier S. 76.

47 Vgl. Major/Mitter, Culture, S. 249.

48 Einen beliebten Untersuchungsgegenstand stellt diesbezüglich die US-amerikanische Science-Fiction der fünfziger Jahre und ihre von der Paranoia der McCarthy-Ära geprägten Bedrohungsszenarien dar. Vgl. z.B. M. Keith Booker: Monsters, Mushroom Clouds, and the Cold War. American Science Fiction and the Roots of Postmodernism, 1946–1964, Westport, CT 2001; David Seed: American Science Fiction and the Cold War. Literature and Film, Edinburgh 1999, S. 14–28.

49 Vgl. insbes. Bernhard/Nehring/Rohstock, Der Kalte Krieg im langen 20. Jahrhundert, S. 25.

gen Durchdringung ganz unterschiedlicher Lebensbereiche"[50] sind für die Analyse von Computerspielen zum Kalten Krieg interessant und relevant. In der Imagination des Kalten Krieges in seiner Epoche verband sich das Diskursive ganz essenziell mit dem Realen, wobei diese Diskursivität als ein Netz an Beziehungen verschiedener Wissensbestände untereinander beschrieben werden kann. Durch die Annahme einer solchen Konstruktion als Effekt der Zirkulation von Wissen in historischen Kontexten wird der gesellschaftliche Teilbereich der Kultur und besonders der Populärkultur zu einem politischen Faktor, insofern als darin das Epochenselbstverständnis geformt wird.[51] Die populäre Kultur kann damit als eigenständiger Teilbereich des Imaginativen und Prognostischen verstanden werden, der den Kalten Krieg mitkonstruierte und dabei mit Wissensbeständen aus der Wissenschaft, aus der Politik, dem Militär usw. operierte.

2.2.2. Popularisiertes Wissen, Interdiskurse

Wenn man der Annahme eines konstruierten Kalten Krieges folgt, wird Wissen zu einem wichtigen Element in dem damit implizierten Konstruktionsprozess. Das bedeutet, von der Annahme auszugehen, dass spezialisierte Wissensbestände aus Politik, Wissenschaft, Militär usw. in der Kultur und vice versa zu finden waren, dass also diese Bewegungen der relevanten diskursiven Elemente in bestimmten historischen Kontexten Varianten des Kalten Krieges erzeugten.

Diese Annahme entspricht einigen im Rahmen der Formulierung einer historischen Diskursanalyse vorgebrachten Grundintentionen. Die Analyse von historischen Diskursen ist geleitet vom Interesse, die praktische Hervorbringung von Realität analytisch nachzuvollziehen, indem die Limitierungen und Möglichkeiten, Aussagen treffen zu können, nachgezeichnet werden. Im Grunde beschäftigt die historische Diskursanalyse also die Frage, wie Wissen zu einem spezifischen historischen Zeitpunkt gesellschaftlich wirksam wird und soziale Realität als Grenzen und Möglichkeiten des Sagbaren[52] in bestimmten historischen Situationen konstruiert. Nach Philipp Sarasin kann sie de-

---

50 Vgl. ebd.
51 In Bezug auf die Formung von Geschichtsbildern wird der populären Kultur mittlerweile mehr Beachtung geschenkt, vgl. exemplarisch Barbara Korte/Sylvia Paletschek: Geschichte in populären Medien und Genres: Vom Historischen Roman zum Computerspiel, in: dies. (Hrsg.): History goes Pop. Zur Repräsentation von Geschichte in populären Medien und Genres, Bielefeld 2009, S. 9–60.
52 Vgl. Jürgen Link: Warum Diskurse nicht von personalen Subjekten ‚ausgehandelt' werden. Von der Diskurs- zur Interdiskurstheorie, in: Reiner Keller/Andreas Hirseland/Werner Schneider/Willy Viehöver (Hrsg.): Die diskursive Konstruktion von Wirklichkeit. Zum Verhältnis von Wissenssoziologie und Diskursforschung, Konstanz 2005, S. 65–132, hier S. 80.

finiert werden „als das Bemühen, die formellen Bedingungen zu untersuchen, die die Produktion von Sinn steuern."[53]

Eine grundsätzliche Problematik des Zugangs ergibt sich zunächst aus der Frage der Geschlossenheit von Diskursen und ihrer oft als ubiquitär und total angenommenen Wirkmächtigkeit. Die entsprechenden Bedenken äußern sich zuweilen in der Feststellung, es gäbe in letzter Konsequenz kein Außerhalb und keine Praxis, die nicht von Diskursen determiniert wäre.[54] Im Grunde betreffen diese Vorbehalte die Frage, wie innerhalb eines Diskurses Macht organisiert wird und ob und wie in einer von ihnen durchdrungenen Gesellschaft überhaupt noch Formen des abweichenden, widerständigen Handelns möglich sind. Der damit angesprochene Aspekt der Veränderbarkeit von Diskursen schließt an die Frage nach ihrer diachronen Qualität an. Wie wandeln sie sich über die Zeit, was heißt also die eingeforderte historische Situierung konkret und wie verhalten sie sich zu den Begriffen historische Situation und historischer Kontext?

Um einer zu starren Auffassung dessen, was als ein Diskurs oder eine diskursive Formation[55] zu verstehen ist, entgegenzuwirken, können solche Formationen geöffnet und darin etwaige Sub- und Gegendiskurse entdeckt werden. Diskurse wären somit weniger als völlig determinierende Strukturen und mehr als eine Art eines historisch variablen Spielraumes zu verstehen, der Strukturen für den praktischen Umgang mit Wissen bereitstellt. Insofern bleibt Platz für Reibungen und Widerstände und damit für eine Schlussfolgerung wie: „Die Geschichte von Diskursen, ist [...] erst dort wirklich interessant, wo diese am Realen scheitern."[56]

Die historische Diskursanalyse ist aus dieser Perspektive also an der Untersuchung von Ensembles aus Wissen und Macht in bestimmten historischen Kontexten interessiert. Diskurse haben ein historisches Außen, einen Kontext der Ereignisse, der als die historische Gesamtsituation bezeichnet werden kann.[57] Man geht hier von einer Seinsverbundenheit des Wissens aus, also davon, dass es Faktoren, wie beispielsweise

---

53 Philipp Sarasin: Geschichtswissenschaft und Diskursanalyse, Frankfurt am Main 2003, S. 33.

54 Vgl. Matthias Meiler: Diskurse – Medien – Dispositive oder: Die Situationen des Diskurses. Anmerkungen zur postfoucaultschen Diskussion um die Medialität von Diskursen, in: Linguistik online, Bd. 67, 2014, S. 85–131, hier S. 93–98. Vgl. auch Helge Schalk: Diskurs. Zwischen Allerweltswort und philosophischem Begriff, in: Archiv für Begriffsgeschichte, Bd. 40, 1999, S. 56–104, hier S. 101f., der ein solches Verständnis des Diskursbegriffes in der poststrukturalistischen Philosophie sieht.

55 Der Begriff stammt von Reiner Keller und schließt Akteure, Diskurse, Praktiken und Dispositive ein. Vgl. Andrea D. Bührmann/Werner Schneider: Vom Diskurs zum Dispositiv. Eine Einführung in die Dispositivanalyse, Bielefeld 2008, S. 52.

56 Sarasin, Geschichtswissenschaft, S. 60.

57 Vgl. Achim Landwehr: Historische Diskursanalye, Frankfurt am Main 2008, S. 108.

historische Ereignisse, gibt, die intersubjektiv strukturieren und institutionalisiert werden können.[58]

Das Konzept des Dispositivs ist aus einer Auseinandersetzung mit diesem Umstand entstanden. Dispositive werden als strategische Antworten auf gesellschaftliche Veränderungen oder Notlagen verstanden, die sich analytisch als Netz zwischen sprachlichen, materiellen und praktischen Elementen ziehen lassen.[59] Wie aber stellt sich die Innenansicht eines solchen Dispositivs dar und wie bilden Diskurse eine Brücke zwischen der historischen Gesamtsituation, also dem historischen Kontext, und der Situation im Sinne eines Spielraumes für individuelle Praktiken?

Dispositive sind vor allem für die Analyse von Herrschaft und Regierung hinzugezogene Modelle, was ihre Charakterisierung als strategische Antworten auf gesellschaftliche Notlagen auch nahelegt. Wenn aber, wie im vorliegenden Fall, Phänomene der populären Kultur und ihre Verbindung zu spezialisierten Wissensbeständen im Mittelpunkt des Interesses stehen, bedarf es eines präziseren Modells, da es hier nicht unmittelbar um Prozesse der Herrschaft oder Machtausübung geht. Es ist zwar alles andere als ausgeschlossen, dass sich in der populären Kultur hegemoniales Wissen ausbreitet und damit wirksam verankert, die Frage richtet sich hier aber eher danach, wie populäre Kultur, und vor allem all ihre widerständigen Diskurse und Praktiken, innerhalb eines weiteren Zusammenhanges situiert werden können.

Jürgen Links Konzept der Interdiskurse trägt Phänomenen der Migration von Wissen über gesellschaftliche Spezialisierungsgrenzen hinweg Rechnung und versucht nachzuvollziehen, wie sich Spezialwissen in Alltagsdiskursen niederschlägt. Interdiskursen kommt dabei eine vermittelnde Funktion zu, wobei ihre „Spezialität sozusagen die Nicht-Spezialität ist".[60] Sie stellen Verbindungen zwischen den Wissensbereichen her, übersetzen als „Populärreligion, Populärphilosophie, Populärgeschichte, Pädagogik, Kunst und Literatur, später dann Populärwissenschaft, Mediopolitik und Mediounterhaltung"[61] Spezialwissen in Alltagswissen. Nochmal in Links Worten: „Die wesentliche Funktion von Interdiskursen besteht demnach nicht in professionellen Wissenskombinaten, sondern in selektiv-symbolischen, exemplarisch-symbolischen, also immer ganz fragmentarischen und stark imaginären Brückenschlägen über Spezialgrenzen hinweg für die Subjekte."[62] Auf der Ebene der Elementardiskurse mischt sich somit das über Interdiskurse vermittelte Spezialwissen mit Alltagswissen.

---

58 Bührmann/Schneider, Vom Diskurs zum Dispositiv, S. 73.
59 Vgl. Gilles Deleuze: Was ist ein Dispositiv?, in: François Ewald/Bernhard Waldenfels (Hrsg.): Spiele der Wahrheit. Michel Foucaults Denken, Frankfurt am Main 1991, S. 157.
60 Link, Warum Diskurse nicht ausgehandelt werden, S. 87.
61 Vgl. ebd.
62 Vgl. ebd.

Das Konzept soll dazu dienen, historisch spezifische Verschränkungen von Wissen und Macht sichtbar zu machen, die aber nicht einseitig und top-down als hegemonialer Wissenstransfer von der Spezial- zur Elementarebene verlaufen müssen, sondern auch Beeinflussungen in umgekehrter Richtung denkbar machen.[63] Ein erster Zugang zum Verständnis von Diskursen als Spielräume für historische Situationen wäre damit gelegt. Mit dem Konzept der Interdiskurse ist eine zwischen Spezial- und Elementarwissen vermittelnde Achse verfügbar, die spezialisiertes Wissen popularisieren und Alltagswissen in den Bereich des Spezialwissens transferieren kann. Rolf Nohr hat Computerspiele als Wissensvermittler in diesem Kreislauf situiert und herausgearbeitet, wie sie zwischen Spezial- und Elementardiskursen übersetzen.[64]

Zwei der drei in der folgenden Überlegung von Sarasin vorgebrachten Eckpunkte des Verständnisses von Diskursen können also mit dem Interdiskurskonzept abgedeckt und sinnvoll ergänzt werden: „Der Geist weht eben nicht, wo er will, sondern ist ein Effekt von diskursiven Strukturen, die historisch situierbar sind, eine soziale Kontur haben und an bestimmte Medien gebunden sind."[65] Die historische Situierung der diskursiven Strukturen lässt sich mit dem Interdiskurs-Konzept nachvollziehen. Der Aspekt der Medialität klingt in Links Aufzählung interdiskursiver Elemente im Grunde aber nur als Mediounterhaltung und Mediopolitik an. Es fehlt nun noch, auf ihren Anteil an der kulturellen Konstruktion des Kalten Krieges, auf das Wie der Vermittlung, einzugehen.

2.2.3. Diskurse, Medialität und Kalter Krieg in der Populärkultur

Konstruktionsleistungen jeder Art sind ohne Medien nicht vorstellbar. In der Frage nach der Konstruktion gesellschaftlicher Realität steckt implizit immer auch die nach ihren Medien. Wo Medien sind, ist die Frage nach ihrer jeweils spezifischen Funktionsweise, ihrer Medialität nicht weit, die sich im vorliegenden Falle ausweiten lässt, wie Medien durch ihre jeweilige Medialität an der Konstruktion des Kalten Krieges mitwirken.[66]

---

63   Vgl. ebd., S. 90–94. Link spricht aber an dieser Stelle von seiner letztlichen Präferenz für Top-down-Prozesse.

64   Vgl. für diese Sicht auf Computerspiele in der Interdiskursanalyse auch Rolf F. Nohr: Game Studies und Kritische Diskursanalyse, in: Klaus Sachs-Hombach/Jan-Noël Thon (Hrsg.): Game Studies. Aktuelle Ansätze der Computerspielforschung, Köln 2015, S. 373–397, insbes. S. 384–389.

65   Sarasin, Geschichtswissenschaft, S. 37.

66   Vgl. Fabio Crivellari/Kay Kirchmann/Marcus Sandl/Rudolf Schlögl: Einleitung: Die Medialität der Geschichte und die Historizität der Medien, in: dies. (Hrsg.): Die Medien der Geschichte, Konstanz 2004, S. 9–49, hier insbes. S. 16–22.

Geleistet wurde der medienhistorische Zugang bisher vornehmlich in Einzelstudien zu Fernsehen und Kino sowie anderen Massenmedien des Kalten Krieges.[67] Es geht mithin um die Verbindung von Medien, Gesellschaft und Kultur, von Technik, Sozialem und Diskursivem und darum, wie man die Genese und historische Position eines bestimmten Mediums betrachten sollte, um seine spezifische Art der Bedeutungsproduktion, und damit die Inhalte als historische Quellen zu verstehen. Dabei soll nicht der Versuch gemacht werden, diese Fragen hier in einem umfassenden Sinn zu erörtern. Stattdessen geht es darum, der Annahme zu folgen, dass Medien über ‚Agency‘ verfügen und so die Diskurse mitentwerfen und situieren. „Es gilt, die Form aus dem Inhalt nicht mehr herauszurechnen, sondern die medientheoretische Prämisse schlechthin, nämlich das disziplinäre Axiom, dass der Ort, die technologische und soziale Rahmung sowie die Materialität der Kommunikation entscheidenden, vielleicht sogar determinierenden Einfluss auf das Kommunizierte selbst und seine Rezeption haben [...]".[68] Die Medialität eines bestimmten Mediums beschreiben zu wollen, setzt voraus, dass bereits ermittelt worden ist, was jeweils als solches verstanden wird. In vielen der gängigen historischen Perspektiven auf den Kalten Krieg ist dabei zumeist relativ klar definiert, was unter dem Begriff gefasst wird, nämlich in der Regel Massenmedien wie Zeitung, Fernsehen und Radio.[69] Gerade in Bezug auf den Kalten Krieg kann sich aber ein sehr viel weiteres Spektrum auftun, wenn Medien beispielsweise primär als Vermittler verstanden werden.

Als relativ abstrakte Idee eines wechselweise manichäisch oder dialektisch ausgedeuteten Konfliktes konkurrierender Weltentwürfe bedurfte der Kalte Krieg zahlreicher Vermittler, um gesellschaftliche Realität werden zu können. Im Kontext des sogenannten militärisch-industriellen Komplexes, der maßgeblich auch ein militärisch-industriell-wissenschaftlicher Komplex war, spielten sich Prozesse der Sichtbarmachung von Wahrscheinlichkeiten und der Berechnung zukünftiger Konflikte in Übersetzungs- und Vermittlungsprozessen unter Einsatz zahlreicher wissenschaftlich-technischer Medien ab. In den üblicherweise als Massenmedien bezeichneten Agenturen der Nachrichtenverarbeitung wurden politische Problemlagen und spekulative Entwürfe verhandelt und für eine breitere Öffentlichkeit übersetzt. Die internationale Politik verließ sich ganz

---

67 Vgl. exemplarisch Tony Shaw: Hollywood's Cold War, Edinburgh 2007; Lindenberger, Massenmedien im Kalten Krieg; Doherty, Cold War, Cool Medium; James Schwoch: Global TV. New Media and the Cold War, 1946–69, Urbana, IL/Chicago, IL 2009. Wie bereits in der Einleitung erwähnt, steht eine systematische Betrachtung der Computerspiele zu Zeiten des Kalten Krieges in Bezug auf ihren Beitrag zur kulturellen Konstruktion des Kalten Krieges noch aus, wobei einzelne Beiträge zur Thematik schon von Stefan Höltgen und William M. Knoblauch in Aufsätzen vorgelegt wurden.

68 Crivellari/Kirchmann/Sandl/Schlögl, Einleitung, S. 19.

69 Vgl. Lindenberger, Massenmedien im Kalten Krieg; Stöver, Der Kalte Krieg, S. 247–296.

maßgeblich auf vermittelnde Instanzen, wie den ‚heißen Draht' zwischen Washington und Moskau, symbolisiert durch ein rotes Telefon, der nach der Kuba-Krise eingerichtet worden war, oder George Kennans ‚langes Telegramm', das als ein Gründungsdokument der US-amerikanischen Containment-Strategie gilt. Metaphern wie der ‚Eiserne Vorhang', ein Begriff, der aus der Bühnentechnik des Theaters stammt, vermittelten in sprechenden Bildern bestimmte Vorstellungen geopolitischer Konstellationen.[70]

Was die Konstruktion des Kalten Krieges angeht, sollten Medien also nicht nur als Massenmedien im klassischen Sinn verstanden werden. Sie sind hier aber ebensowenig, und das wird auch das Beispiel der Computerspiele noch ausführlicher zeigen, nur Apparate. Die Funktionsweise einer spezifischen Medialität lässt sich in diesen Fällen wohl am besten nachvollziehen, wenn Medien jeweils als „vorübergehend konsolidierte Medienpraktiken, deren kulturelle, technische und institutionelle Stabilisierungen auf infrastrukturellen Bedingungen und Investitionen beruhten, deren Anfänge und Enden historisch nachvollzogen werden können",[71] verstanden werden.

Was herkömmlicherweise als Einzelmedium betrachtet wird, erscheint aus dieser Perspektive als stabilisiertes Ensemble, das selbst wieder Medien enthält, in und mit denen Prozesse der Vermittlung und Übersetzung stattfinden. Medien verwirklichen sich in und verwirklichen selbst Infrastrukturen, die soziotechnisch verfasst sind und bestimmte Funktionslogiken, auch der Darstellung und Darstellbarkeit, nahelegen.[72] Sie bilden so etwas wie die Unterseite der Diskurse und damit die materielle Grundlage, auf der sich historische Situationen etablieren.[73] Computerspiele sind aus dieser Perspektive somit eines der zahlreichen soziotechnischen Ensembles, die die mediale Lage während des Kalten Krieges prägten. Sie waren ihrerseits niemals ein Einzelmedium im Sinne eines Apparates, sondern sind am besten als Anwendung einer Kulturtechnik, in diesem Fall des Spielens, in jeweils bestimmten sozialen und historischen Kontexten und Graden der Stabilisierung auf diversen (digitalen) Apparaten zu verstehen, an denen wiederum eigene Genealogien und Stabilisierungen hängen. Es geht bei dem hier vorgeschlagenen Blick auf Medialität also um die Ermittlung einer Eigenlogik und ‚Agency' des Mediums, die aus dem soziotechnischen und diskursiven Zusammenhang

---

70 Vgl. Irina Gradinari/Stefan Höltgen: Vorwort-Medien im Kalten Krieg, in: dies. (Hrsg.): Heiße Drähte. Medien im Kalten Krieg, Bochum/Freiburg 2014, S. 7f.; Patrick Wright: Iron Curtain. From Stage to Cold War, Oxford 2007, S. 55–61.

71 Erhard Schüttpelz/Sebastian Gießmann: Medien der Kooperation, in: Navigationen, Nr. 1, 2015, S. 7–57, hier S. 8.

72 Vgl. Gabriele Schabacher: Medium Infrastruktur. Trajektorien soziotechnischer Netzwerke in der ANT, in: Zeitschrift für Medien- und Kulturforschung, Bd. 4, Nr. 2, 2013: ANT und die Medien, S. 129–148, hier S. 141. Hartmut Winkler: Diskursökonomie. Versuch über die innere Ökonomie der Medien, Frankfurt am Main 2004, S. 7–14.

73 Schüttpelz/Gießmann, Medien der Kooperation, S. 20, 25–29.

seiner Stabilisierung erklärt wird. Unter diesen erörterten Grundvoraussetzungen des Verhältnisses von Kontext, Diskurs und Medialität lässt sich nunmehr eine Schrittfolge für den Weg vom Kontext zur Situation und zurück ausmachen.

Um unter den ermittelten Bedingungen eines von Diskursanalyse und Medieninfrastruktur informierten Ansatzes vom historischen Zusammenhang zu den einzelnen Beispielen zu kommen, bietet sich der Begriff der Situation an. Im Grunde besteht sein analytischer Nutzen darin, dass eine Zwischenebene zwischen Subjekt und diskursiver Struktur eingezogen werden kann.[74] Die Struktur durchdringt also das Subjekt nicht vollkommen bzw. bringt es erst hervor, sondern gibt vielmehr den (Spiel-)Praktiken des Subjekts einen Rahmen, der als Ensemble von diskursiven Verbindungen mit verschiedenen Wissensbeständen unter infrastrukturellen Bedingungen der Medialität und damit einer bestimmten Darstellungslogik strukturiert ist. Der Situationsbegriff birgt das Potenzial, Strukturierung und Strukturierendes zusammenzudenken. Die Situation ist der Ort, an dem sich diskursiver Kontext und subjektive Praxis treffen und dialektisch aufeinander beziehen können.[75] Die konkrete historische Situation ist damit die Stelle, an der, nochmals mit Sarasin gesprochen, Diskursgeschichte das Potenzial hat, auf mögliche Bruchstellen blicken zu lassen, an denen der Diskurs am Realen scheitern kann.[76] Der Weg führt in diesem Sinn, und im Anschluss an das Konzept der Interdiskurse, dann von der Situation wieder zurück zum Kontext.

Bei der Konstruktion des Kalten Krieges in und mit Computerspielen geht es um die Nachzeichnung der Situierungsleistung von Computerspielen. Um zu den Situationen zu gelangen, die Computerspiele schaffen, wenn sie vom Kalten Krieg in seiner Epoche handeln, ist zunächst eine Annäherung an diese spezifischen Kontexte seiner populärkulturellen Konstruktion nötig. „Kein universalgeschichtlicher Überblick, aber die jeweils erforderlichen Verbindungen zu parallelen Entwicklungen, Zuständen, Ereignissen und Prozessen"[77] bilden hierbei den Fokus. Der Schwerpunkt der Darstellung liegt auf den Supermächten USA und Sowjetunion, er reduziert den historischen Verlauf des Kalten Krieges in der beobachteten Periode daher auf seine Hauptlinien. Bei der Betrachtung der populärkulturellen Konstruktion liegt der Fokus auf dem Westen und hier nochmals insbesondere auf den USA. Diese Einschränkung geben die Quellen vor. Die USA waren Produktionsland des überwiegenden Teils der für den Korpus relevanten Spiele, der Rest stammte, bis auf wenige Ausnahmen, aus Westeuropa und Japan. Das entspricht im Übrigen der allgemeinen Struktur des in den späten siebziger

---

74 Adele E. Clarke: Situationsanalyse. Grounded Theory nach dem Postmodern Turn, Wiesbaden 2012, S. 24f., 37–39.
75 Vgl. Meiler, Diskurse – Medien – Dispositive, S. 102–108.
76 Sarasin, Geschichtswissenschaft und Diskursanalye, S. 60.
77 Landwehr, Historische Diskursanalyse, S. 108.

Jahren enstandenen Marktes für Video- und Computerspiele. Vor allem in ihrer kommerziellen Form waren die Spiele, vor dem Hintergrund des Systemkonfliktes gesehen, ganz klar ein Medium des Westens bzw. im System der globalen Weltwirtschaft, des Nordens. Ganz generell kam den USA, und hier insbesondere den sich seit den späten siebziger Jahren etablierenden Blockbuster-Filmproduktionen Hollywoods, die Rolle eines Taktgebers für eine im beobachteten Zeitraum zusehends globalisierte Populärkultur zu.[78]

---

78   Vgl. Daniel T. Rodgers: Age of Fracture, Cambridge, MA 2011, S. 13; Rosenberg, Consumer Capitalism and the End of the Cold War, S. 502f., die den wichtigen Aspekt der Verflechtung in diesem Prozess hervorkehrt. Vgl. mit Fokus auf die Zeit unmittelbar nach dem Zweiten Weltkrieg auch David Ryan: Mapping Containment: The Cultural Construction of the Cold War, in: Douglas Field (Hrsg.): American Cold War Culture, Edinburgh 2005, S. 50–69.

3. Der populärkulturelle Kalte Krieg
in den achtziger Jahren

3.1. Rorschachtest *Missile Command*

In den frühen achtziger Jahren war Dave Theurer ein vielbeschäftigter Mann. Als Mitarbeiter von Atari gehörte er dem Leitunternehmen der damals noch jungen Videospielindustrie an. Im Jahr 1979 war sein erstes Spiel *Four Player Soccer* veröffentlicht worden, der Auftrag für das nächste ließ nicht lange auf sich warten. Ein Shooter sollte es werden, dessen Kern daraus bestand, etwas Eigenes gegen einen fremden Angriff von Außen zu verteidigen. Das Eigene sollte urspünglich durch nicht näher definierte Basen repräsentiert werden, wandelte sich in der frühen Entwicklungsstufe des Spiels zu denjenigen sechs kalifornischen Städten, in welchen sich Ataris Firmenbüros befanden, und wurde in der schließlich veröffentlichten Version zu sechs nicht näher definierten Städten.[1] Das Fremde drang in Form von Raketen in die Spielwelt ein, die sich mit gnadenloser Geradlinigkeit, eine monochrome Linie hinter sich herziehend, auf die zu verteidigenden Städte zubewegten. *Missile Command*, so der Titel von Dave Theurers zweitem Spiel, wurde im Jahr 1980 veröffentlicht und gilt heute als Klassiker und entscheidender Moment der sogenannten ersten goldenen Ära der Spielhallenspiele. *Missile Command* war zudem mit dem historischen Kontext seiner Entstehungszeit, dem Kalten Krieg in den achtziger Jahren, aufs Engste verbunden.

Das betrifft einmal die Spielmechanik von Hard- wie Software. Der als Steuerungsinstrument verwendete Trackball ähnelte militärischen Systemen zur Luftverteidigung.[2] Die Audiovisualität rief wiederum Radarbildschirme als Referenz auf. Schließlich erinnerte das Szenario der Verteidigung gegen Raketenangriffe an ein Thema, das seit der Mitte der siebziger Jahre in der internationalen Politik und den Beziehungen der Supermächte wieder präsent geworden war.[3] *Missile Command* erwies sich außerdem in seiner Wahrnehmung in der Öffentlichkeit als ein Produkt des Kalten Krieges. Die Menschen sahen in dem Spiel damals beinahe selbstverständlich eine Modellierung der realen Situation, in der sich die Welt befand. Der Ethnologe David Sudnow benutzte beispielsweise in seiner im Jahr 1983 veröffentlichten Autoethnographie über das Vi-

---

1   Vgl. Alex Rubens: The Creation of Missile Command and the Haunting of its Creator, Dave Theurer, in: Vox Media Inc. (Hrsg.): Polygon, 15.08.2013, URL: http://www.polygon.com/features/2013/8/15/4528228/missile-command-dave-theurer (Stand: 01.08.2020).

2   Vgl. Ed Halter: From Sun Tzu to Xbox. War and Video Games, New York, NY 2006, S. 143.

3   Vgl. Lawrence Freedman: The Evolution of Nuclear Strategy, New York, NY 2003, S. 369–375.

deospiel *Pilgrim in the Microworld* die militärischen Termini ABM (Anti ballistic missile) und ICBM (Intercontinental ballistic missile), um die Spielsituation von *Missile Command* zu beschreiben, ohne dass das Spiel das je selbst getan hätte.[4] Für Sudnow hatte *Missile Command* somit scheinbar selbstverständlich mit dem Kalten Krieg zu tun. Das galt schließlich auch für den Entwickler selbst. Dave Theurer berichtete von seinen regelmäßig wiederkehrenden Alpträumen der Vernichtung seiner Heimatstadt, die sich während der Arbeit an *Missile Command* intensiviert hätten.[5] Dabei ist der Wahrheitsgehalt von Theurers Anekdote im Grunde ohne Bedeutung. Sie zeigt in jedem Fall, dass sein Spiel und der Kalte Krieg sinnvoll in Beziehung gebracht werden konnten.

Missile Command ist damit ein populärkultureller Rorschachtest des Kalten Krieges in den achtziger Jahren, das sich als leitendes Beispiel für den folgenden Überblick über die populärkulturelle Konstruktion des Kalten Krieges in dieser Dekade besonders eignet. Anhand einiger seiner zentralen Aspekte können die Periodisierung des Kalten Krieges in seiner Endphase, die Statik und Dynamik seiner populärkulturellen Konstruktion und damit die Motive und Tendenzen des Verhältnisses von Populärkultur und Kaltem Krieg nachvollzogen werden. Den achtziger Jahren wird dabei im Allgemeinen der Status einer Transformationsperiode[6] der nun etwas mehr als vierzig Jahre andauernden Phase „nach dem Boom"[7] zugewiesen. Die Grenzen der Periode fallen also nicht unbedingt mit den Jahreszahlen zusammen, welche die Dekade im Kalender definieren. In vielerlei Hinsicht lässt sich von den langen achtziger Jahren ausgehen, die bis zur Ölkrise von 1973, möglicherweise in gewissen kulturellen Aspekten sogar bis in die sechziger Jahre zurück- und in die Finanzmarktkrise der jüngsten Vergangenheit hineinreichen.[8] Neben den ereignisgeschichtlichen Eckpunkten flossen auch diese wei-

---

4   Vgl. David Sudnow: Pilgrim in the Microworld, New York, NY 1983, S. 15.
5   Vgl. Rubens, The Creation of Missile Command.
6   Vgl. Kimberly R. Moffitt/Duncan A. Campbell: Introduction: The 80s as a Decade, in: dies. (Hrsg.): The 1980s. A Critical and Transitional Decade, Lanham, MD 2011, S. 1–17, hier S. 2; Angela Siebold: So nah und doch so fern? Die 1980er Jahre historisch erforschen, in: Aus Politik und Zeitgeschichte, Jg. 65, Bd. 46, 2015: 1980er Jahre, S. 3–8; Andreas Wirsching (Hrsg.): Forum. The 1970s and 1980s as a Turning Point in European History?, in: Journal of Modern European History, Bd. 9, Nr. 1, 2011, S. 8–26.
7   Vgl. Anselm Doering-Manteuffel/Lutz Raphael: Nach dem Boom. Perspektiven auf die Zeitgeschichte seit 1970, Göttingen 2010.
8   Sean Wilentz' Darstellung der Ära Reagan etwa legt eine solche Periodisierung nahe, vgl. Sean Wilentz: The Age of Reagan. A History 1974–2008, New York, NY 2009. Vgl. auch Daniel T. Rodgers: Age of Fracture, Cambridge, MA 2011, S. 1–14, insbes. S. 12f.; Philipp Ther: Die neue Ordnung auf dem alten Kontinent. Eine Geschichte des neoliberalen Europa, Berlin 2016, dessen Geschichte des Neoliberalismus in Europa bis in die unmittelbare Gegenwart reicht. Vgl. auch Lutz Raphael: Typische Jahre „nach dem Boom", in: Aus Politik und Zeitgeschichte, Jg. 65, Bd. 46, 2015: 1980er Jahre, S. 8–12, insbes. S. 12, der auch an den entscheidenden und für diesen Überblick vernachlässigten

terführenden Tendenzen in die populärkulturelle Konstruktion des Kalten Krieges in den achtziger Jahren ein.

3.2. Zweiter Kalter Krieg

3.2.1. Charakteristika einer Epoche

Das Zeitspezifische an Dave Theurers Alpträumen war unter anderem, dass er sie mit einer großen Anzahl von Menschen teilte. Die Zahl derjenigen, die den kollektiven Alptraum des Nuklearkrieges träumten, nahm im Laufe der frühen achtziger Jahre kontinuierlich zu. Das angespannte politische Klima des sogenannten Zweiten Kalten Krieges hatte dazu mehr als genügend Anlass gegeben. Der Beginn dieser Phase des Ost-West-Konfliktes nach 1945 ist vielleicht bereits mit dem Jom-Kippur-Krieg im Jahr 1973 oder mit dem Abschluss der KSZE-Akte in Helsinki im Jahr 1975 anzusetzen.[9] Der Einmarsch sowjetischer Truppen in Afghanistan im Jahr 1979 ist aber in jedem Fall als ein Auslöser zu sehen.[10] Der sowjetische Einsatz in Afghanistan fiel noch in James E. Carters Amtszeit als US-amerikanischer Präsident, an deren Ende die Spannung zwischen den Supermächten bereits sichtbar wurde.[11] Nicht zuletzt war

Aspekt der globalen Sicht auf die langen achtziger Jahre erinnert, indem er festhält, dass für die BRD der achtziger Jahre im Vergleich zu den USA und Großbritannien schwerlich von „Schlüsseljahren" und vielmehr von „Normaljahren" zu sprechen sei.

9   Vgl. Philipp Gassert/Tim Geiger/Hermann Wentker: Zweiter Kalter Krieg und Friedensbewegung: Einleitende Überlegungen zum historischen Ort des NATO-Doppelbeschlusses von 1979, in: dies. (Hrsg.): Zweiter Kalter Krieg und Friedensbewegung. Der NATO-Doppelbeschluss in deutsch-deutscher und internationaler Perspektive, München 2011, S. 7–31, hier S. 12; Bernd Stöver: Der Kalte Krieg. Geschichte eines radikalen Zeitalters 1947–1991, München 2011, hier S. 410–416.

10   Die sowjetische Führung hatte diese Maßnahme ergriffen, um das unter Druck geratene kommunistische Regime Afghanistans zu unterstützen. Der Einmarsch bildete den Auftakt zu einer zehnjährigen, äußerst verlustreichen Präsenz sowjetischer Truppen im Land. Die Sowjetunion, so die landläufige Einschätzung, erlebte in Afghanistan ihr Vietnam.Vgl. ebd., S. 418; Odd Arne Westad: The Global Cold War, Cambridge 2007, S. 372–378.

11   Die sogenannte Carter-Doktrin erklärte den persischen Golf zum unmittelbaren amerikanischen Interessensgebiet. Carter verhängte ein Embargo über den Export amerikanischen Getreides in die Sowjetunion. Er erhöhte die Rüstungsausgaben und kündigte zudem die Entwicklung einer Neutronenbombe an. Vgl. Stöver, Der Kalte Krieg, S. 412; Nancy Mitchell: The Cold War and Jimmy Carter, in: Melvyn P. Leffler/Odd Arne Westad (Hrsg.): The Cambridge History of the Cold War, Bd. 3: Endings, Cambridge 2010, S. 66–89, hier S. 85–88. Zu Reagans Haltung vgl. Raymond L. Garthoff: The Great Transition. American-Soviet Relations and the End of the Cold War, Washington, DC 1994, S. 11.

es noch Carters Beraterstab, der mit der Presidential Directive 59 eine Strategie formulierte, die sich wieder stärker auf die Führbarkeit eines potenziellen Nuklearkrieges konzentrierte.[12] Bereits ab Mitte der siebziger Jahre herrschte auf beiden Seiten des Eisernen Vorhanges Unsicherheit in der Frage, ob der jeweilige Gegner abschrecken oder einen Erstschlag vorbereiten wollte.[13] Vor allem auf konservativer Seite stellte sich im Westen zunehmend die Frage, was zu tun sei, falls der Abschreckungsmechanismus der ‚mutually assured destruction' nicht mehr greifen sollte.[14] Durch das außenpolitische Engagement der Sowjetunion verstärkte sich zudem der Eindruck, dass die gegnerische Seite das Gleichgewicht des Schreckens nicht als Pattstellung in Bezug auf die Möglichkeit begriff, weltpolitische Geltung zu erlangen.[15] Der sowjetische Einmarsch in Afghanistan brachte bezeichnenderweise die zweite Runde der SALT-Verhandlungen[16] zum Scheitern und rückte die Möglichkeit der Führbarkeit eines Krieges zwischen den Supermächten wieder stärker ins Zentrum des strategischen Denkens.[17] Die konfrontativere Haltung, die hier in ersten Ansätzen spürbar war, wurde unter Ronald Reagan, ab dem Jahr 1980 Präsident der USA, von Beginn an zur offiziellen Linie. Reagans Politik und vor allem seine Rhetorik entwarfen die Sowjetunion als ideologischen Erzfeind der USA, das häufig zitierte ‚Empire of Evil'. Der Kalte Krieg wurde dadurch, nach einer Phase der Entspannung, wieder zu einer auf Pause gestellten Auseinandersetzung, erlebte in diesem Sinn also ein Comeback.[18] Unter dem Schlagwort der Reagan-Doktrin reaktivierte die US-amerikanische Außenpolitik das Denken in Interessenssphären. In

---

12 Vgl Campbell Craig/Fredrik Logevall: America's Cold War. The Politics of Insecurity, Cambridge, MA/London 2012, S. 303–310; Robert Service: The End of the Cold War. 1985–1991, London 2015, S. 47; Olav Njølstad: The Carter Legacy: Entering the Second Era of the Cold War, in: ders. (Hrsg.): The Last Decade of the Cold War. From Conflict Escalation to Conflict Transformation. London 2004, S. 196–225, hier S. 199.

13 Vgl. Nicholas Thompson: Nuclear War and Nuclear Fear in the 1970s and 1980s, in: Journal of Contemporary History, Bd. 46, Nr. 1, 2011, S. 136–149, hier S. 140f.; Olav Njølstad: The Collapse of Superpower Détente, 1975–1980, in: Leffler/Westad, Cambridge History of the Cold War, Bd. 3, S. 135–156, hier S. 145–149.

14 Vgl. Freedman, The Evolution of Nuclear Strategy, S. 355–377.

15 Vgl. Westad, Global Cold War, S. 282f.; Craig/Logevall, America's Cold War, S. 306–311; Freedman, The Evolution of Nuclear Strategy, S. 330.

16 Die Abkürzung stand für Strategic Arms Limitation Talks. SALT 1 war im Jahr 1972 unterzeichnet worden und führte zu einer Begrenzung der strategischen Nuklearwaffen sowie der Defensivwaffen. SALT 2 scheiterte an der Ratifizierung durch den US-Senat, vgl. Stöver, Der Kalte Krieg, S. 400, 410; Craig/Logevall, America's Cold War, S. 302, 310.

17 Vgl. Freedman, The Evolution of Nuclear Strategy, S. 341; Stöver, Der Kalte Krieg, S. 410.

18 Dabei hätte Reagan selbst wohl darauf bestanden, dass der Kalte Krieg nie ausgesetzt worden war, vgl. Anders Stephanson: Cold War Degree Zero, in: Joel Isaac/Duncan Bell (Hrsg.): Uncertain Empire. American History and the Idea of the Cold War, Oxford/New York, NY 2012, S. 19.

den USA selbst erwischte Reagan mit seinen Appellen an die Stärke der Nation und
den Warnungen vor der Verschlagenheit des sowjetischen Erzrivalen offenbar einen
Zeitpunkt, an dem die Öffentlichkeit dafür empfänglich war.[19] Von den Friedensbewegungen wurde die offensive Rhetorik Reagans allerdings kritisch aufgenommen.[20]
Im Ostblock machte zudem die Krise in Polen, die im Jahr 1981 in der Einsetzung
einer Militärregierung unter Wojciech Jaruzelski gipfelte, interne Probleme des Sowjetsystems sichtbar, was ebenfalls zur Wahrnehmung eines Endes der Entspannungsphase beitrug. Die Umsetzung des NATO-Doppelbeschlusses schließlich war ein ganz
konkreter Ausdruck der erneuten Verschärfung des Kalten Krieges.[21] Die hinter dem
Beschluss stehende Stationierung von Kurzstreckenraketen in Westeuropa, die im Jahr
1983 als Antwort auf eine Nachrüstung und Modernisierung sowjetischerseits erfolgt
war, ließ Europa mehr denn je zum potenziellen Schauplatz eines nuklearen Schlagabtausches werden. Gegen diese Entwicklungen wurden hauptsächlich in den Metropo-
len der westlichen Welt von einer wachsenden Anzahl von Kriegsgegnern und Friedens-
aktivisten deutlich sichtbare Zeichen des Protests gesetzt.[22]

Es darf bezweifelt werden, dass auf der Führungsebene auf beiden Seiten des Eisernen Vorhanges jemals ein konkretes Interesse daran bestanden hatte, tatsächlich einen
Nuklearkrieg zu führen.[23] Dass eine solche Auseinandersetzung die Vernichtung der
menschlichen Zivilisation zur Folge haben würde, war der Mehrheit der politischen
Akteurinnen und Akteure in den achtziger Jahren wie schon in den Dekaden davor
bewusst. Was aber dennoch nicht ausgeschlossen werden konnte, war der Faktor des
Zufalls, des Unfalls und der Risiken, die sich aus der Notwendigkeit ergaben, die Intentionen des Gegners korrekt einschätzen zu müssen. Auf dem Spiel stand also erneut
eine Eskalation wider Willen im Kontext der erhöhten Spannungen und geänderten
Strategien. Das Jahr 1983, in dem sich, neben der Implementierung des NATO-

---

19   Neben den direkt auf die Beziehungen der Supermächte bezogenen Ereignissen hatte die Geisel-
      nahme US-amerikanischer Bürgerinnen und Bürger im Zuge der iranischen islamischen Revolution
      des Jahres 1979 ebenfalls den Boden für Reagans Politik bereitet. Carter, Reagans Vorgänger, wurde
      im Umgang mit der Situation in der US-amerikanischen Öffentlichkeit weithin als durchsetzungs-
      schwach wahrgenommen und verstärkte den bereits durch die Rezession der siebziger Jahre und das
      bereits erwähnte sowjetische außenpolitische Engagement u.a. in Angola und Äthiopien entstande-
      nen Eindruck US-amerikanischer Schwäche. Dieser Umstand schuf Platz und Möglichkeiten für
      Reagans Rhetorik des starken Mannes. Vgl. Mitchell, The Cold War and Jimmy Carter, S. 66–71.
20   Vgl. Tony Judt: Postwar. A History of Europe since 1945, London 2007, S. 590–592; Stöver, Der
      Kalte Krieg, S. 429–436.
21   Vgl. Judt, Postwar, S. 421–429; Freedman, The Evolution of Nuclear Strategy, S. 369.
22   Fred Inglis: The Cruel Peace. Everyday Life and the Cold War, New York, NY 1991, S. 324–330;
      Gassert/Geiger/Wentker, Zweiter Kalter Krieg, S. 7.
23   Vgl. Thompson, Nuclear War, S. 141.

Doppelbeschlusses, der Abschuss des Passagierflugzeuges Korean Air 007 durch sowjetische Streitkräfte und das bereits erwähnte Missverständnis rund um die NATO-
Übung *Able Archer* ereigneten, gilt als Krisenjahr, das diese Gefährlichkeit der Situation
des Zweiten Kalten Krieges veranschaulichte.[24]

Missile Command, Dave Theurers spielgewordener Alptraum eines nuklearen Angriffes, schien diese politischen Entwicklungen abzubilden. Die Geschosse, welche die
Spielenden darin abzuwehren hatten, schienen denjenigen MIRV-Raketen zu entsprechen, die den politischen Diskurs um die Führbarkeit eines Nuklearkrieges und das
mögliche Scheitern der Abschreckung mit angestoßen hatten.[25] Aber auch die Geschichte rund um Theurers Alpträume ist, ungeachtet ihres Wahrheitsgehaltes, mit dem
historischen Kontext der Entstehungszeit von *Missile Command* verknüpft.

3.2.2. Angst und das Undenkbare

Theurers Alpträume verweisen auf Angst als zentralen Begriff in den Diskursen des
Zweiten Kalten Krieges.[26] Im Empfinden und dem Ausdruck von Angst fanden die
politischen Entscheidungsträgerinnen und -träger, die Zivilgesellschaft und die populärkulturellen Äußerungen einen gemeinsamen Nenner. Die zeitgenössischen populärkulturellen Adressierungen des Kalten Krieges konnten zwischen Besorgnis, Alarmismus, Rationalität, Empörung und Sensationslust wechseln. Typischerweise speisten
sich diese Empfindungen aus der mehr oder weniger direkten Veranschaulichung der
Folgen eines tatsächlich geführten Nuklearkrieges. Das damit verbundene Wissen
war bereits spätestens seit den siebziger Jahren immer offensichtlicher aus dem Bereich staatlicher und militärischer Planungspolitik in die Öffentlichkeit gedrungen und
wurde rezipiert und diskutiert.[27] Das Nachrichtenmagazin *Der Spiegel* etwa veröffent-

---

24 Vgl. Benjamin B. Fischer: The Soviet-American War Scare of the 1980s, in: International Journal of
    Intelligence and Counterintelligence, Bd. 19, Nr. 3, 2006, S. 480–518, hier S. 483.
25 Die Abkürzung steht für Multiple Independently Targetable Reentry Vehicle. Raketen dieses Typs konn-
    ten vor dem Aufprall in mehrere Sprengkörper zerlegt werden, was die Verteidigung entscheidend er-
    schwerte, Einfluss auf das strategische Denken nahm und die in den SALT-Verhandlungen erzielten Er-
    gebnisse der Limitierung unterminierte. Vgl. Freedman, The Evolution of Nuclear Strategy, S. 334–338.
26 Vgl. Susanne Schregel: Konjunktur der Angst. „Politik der Subjektivität" und „neue Friedensbewe-
    gung", 1979–1983, in: Bernd Greiner/Christian Th. Müller/Dierk Walter (Hrsg.): Angst im Kalten
    Krieg, Hamburg 2009, S. 495–521, hier S. 505–518.
27 Vgl. Freedman, The Evolution of Nuclear Strategy, S. 328f. Dass Szenarien des Dritten Weltkrieges
    oder einer atomaren Auseinandersetzung zwischen den Supermächten, also das Undenkbare des
    Kalten Krieges, öffentlich diskutiert und präsentiert wurden, war dabei nicht zeitspezifisch oder aus-
    schließlich für die Periode des Zweiten Kalten Krieges charakteristisch. Die Frage der Zugehörigkeit

lichte im Jahr 1982 einen Artikel, der über ein geplantes US-amerikanisches Manöver mit dem Codenamen „Exercise Ivy League/Rex 82a" informierte und dabei eine relativ detaillierte Beschreibung des Ablaufes lieferte, welche geeignet war, die oben genannten Emotionen zu aktivieren:

> „Bei ‚Ivy League 82' werden zwar keine Truppen bewegt – der Atomkrieg findet im Computer statt. Aber das elektronische Manöver soll wirklichkeitsnah wie selten zuvor über die Bühne gehen. Ausgangspunkt der Übung: ein strategischer, atomarer Angriff der UdSSR gegen die USA. Einen solchen Atom-Angriff aber, so haben die Militärs beschlossen, werden sie mit einem atomaren Gegenschlag beantworten. Auf Befehl des im gepanzerten ‚Doomsday Jet' über der Erde kreisenden US-Präsidenten kommt es zur ‚begrenzten nuklearen Freigabe' einer bestimmten, geheimgehaltenen Anzahl atomarer Waffen. Dieses Szenario beschreibt die sechsseitige ‚Kurzfassung einer bedeutsamen militärischen Übung', deren Inhalt in Washington bekannt wurde."[28]

Die Rückkehr Herman Kahns als Bestsellerautor war ein Beispiel für dieses Klima. Kahn, der sich im Umkreis der RAND Corporation als Futurologe einen Namen gemacht hatte, war in den frühen sechziger Jahren einer breiteren Öffentlichkeit durch seine Monographie *Thinking about the Unthinkable* bekannt geworden. Darin spielte er Szenarien eines führbaren Atomkrieges durch. Kahns Denken zeichnete sich dabei durch eine Form der Rationalität aus, die typisch für den Kalten Krieg war.[29] Im Jahr 1984 veröffentlichte er mit *Thinking about the Unthinkable in the 1980s* eine aktualisierte Variante seines frü-

---

der Stadt Triest hatte bereits unmittelbar nach dem Zweiten Weltkrieg dementsprechende Ängste geschürt, das Collier's Magazine veröffentlichte anlässlich des Krieges in Korea eine Ausgabe, die sich ausschließlich mit einem hypothetischen Dritten Weltkrieg befasste, und Kinofilme wie die Literaturverfilmung On the Beach aus dem Jahr 1959, Fernsehserien wie The Twilight Zone, die ebenfalls im Jahr 1959 erstmals ausgestrahlt worden war, sowie andere fiktionale, populärkulturelle Formen, darunter auch Spiele wie das Kartenspiel Nuclear War hatten den Spekulationen bereits seit den fünfziger Jahren ein konkretes Gesicht gegeben. Dazu kam noch populärwissenschaftliche Literatur wie Thinking about the Unthinkable, Herman Kahns Studie über den Atomkrieg, die erstmals in den sechziger Jahren veröffentlicht wurde. Vgl. zum Dritten Weltkrieg im Collier's Magazine Greiner, Angst im Kalten Krieg, S. 7–16, zu Triest Judt, Postwar, S. 142.

28 US-Atommanöver: Für Europa geheim, in: Der Spiegel, Jg. 34, Nr. 5, 01.02.1982, S. 14f.

29 Wenig überraschend wird er deswegen oftmals als ein realweltliches Vorbild für die Figur des Dr. Strangelove in Stanley Kubricks gleichnamigem Film gesehen, der zumindest das Konzept der Doomsday machine Kahns On Thermonuclear War entnommen hat. Vgl. Paul Erickson/Judy L. Klein/Lorraine Daston/Rebecca Lemov/Thomas Sturm/Michael D. Gordin: How Reason almost lost its Mind. The Strange Career of Cold War Rationality, Chicago, IL 2013, S. 87; Claus Pias: „One-Man Think Tank". Herman Kahn, oder wie man das Undenkbare denkt, in: Zeitschrift für Ideengeschichte, H. 3, 2009, S. 5–17.

heren Buches. Was das Buch dabei so prägnant für den Zweiten Kalten Krieg machte, waren die Denkfigur und der Begriff des Undenkbaren. Kahn sah das Undenkbare des Nuklearkrieges vor allem in einer Herausforderung, der man sich zu stellen hatte. Das Undenkbare musste folglich sogar gedacht werden. Das US-amerikanische Verteidigungs- ministerium kam dieser von Kahn postulierten politischen Pflicht beispielsweise nach, indem es in regelmäßigen Abständen die Publikation *Soviet Military Power* veröffentlichte. Das mit zahlreichen Illustrationen versehene Heft gab dem Undenkbaren ein konkretes Gesicht, indem es einer breiten Öffentlichkeit eine vermeintlich akkurate Übersicht über neueste sowjetische Waffensysteme und Militärdoktrinen lieferte.[30]

Beide Beispiele standen in scharfer Opposition zu den Friedensbewegungen und Atomkriegsgegnern der Zeit, die sich das Undenkbare des Atomkrieges zuallererst als etwas vorstellten, das vor allem deswegen undenkbar war, weil das Ausmaß des da- durch implizierten Leids die menschliche Vorstellungskraft überstieg. Undenkbar war in diesem Fall synonym mit unvorstellbar, d.h. es sollte, wenn überhaupt, dann nur zur Abschreckung gedacht werden.[31] Das Buch *The Fate of the Earth* des US-amerika- nischen Journalisten und Autors Jonathan Schell aus dem Jahr 1982 kann als direkter Gegenentwurf zu Kahn verstanden werden. Der Atomkrieg kannte bei Schell keine Sieger, weswegen unbedingte Abrüstung nötig war.[32] Schell erweiterte seine Argumen- tation in der Folge um ökologische Perspektiven. Der Begriff des nuklearen Winters wurde in dieser Argumentationslinie zentral. Er war insbesondere durch die Initiativen des Astronomen Carl Sagan in eine breitere Öffentlichkeit gelangt und von den Frie- densbewegungen rezipiert worden.[33]

---

30 Der Journalist Tom Gervasi veröffentlichte eine kritische Ausgabe von Soviet Military Power, in welcher er minutiös auf die zahlreichen Fehldarstellungen einging. Das Bild, das er von der Publikation zeichnete, stellte sie als relativ unverhohlene Propaganda und gezielte Desinformation dar. Vgl. Tom Gervasi: Soviet Military Power. The Pentagon's Propaganda Document, Annotated and Corrected, New York, NY 1988.

31 Vgl. Kathrin Fahlenbrach/Laura Stapane: Mediale und visuelle Strategien der Friedensbewegung, in: Christoph Becker-Schaum/Philipp Gassert/Martin Klimke/Wilfried Mausbach/Marianne Zepp (Hrsg.): „Entrüstet Euch!" Nuklearkrise, NATO-Doppelbeschluss und Friedensbewegung, Pader- born 2015, S. 229–247, hier S. 235f.; E.P. Thompson: Protest and Survive, London 1980, in: Wil- son Center (Hrsg.): Wilson Center Digital Archive. International History Declassified, URL: http:// digitalarchive.wilsoncenter.org/document/113758 (Stand: 01.08.2020), S. 30f.

32 Vgl. Jonathan Schell: The Fate of the Earth, New York, NY 1982, S. 181–231. Das Buch schließt mit dem Satz: „Either we will sink into the final coma and end it all or, as I trust and believe, we will awaken to the truth of our peril, a truth as great as life itself, and, like a person who has swallowed a lethal poison but shakes off his stupor at the last moment and vomits the poison up, we will break through the layers of our denials, put aside our fainthearted excuses, and rise up to cleanse the earth of nuclear weapons." Ebd., S. 231.

33 Vgl. Thomas Brandstetter: Der Staub und das Leben. Szenarien des nuklearen Winters, in: Archiv für Mediengeschichte, Bd. 5, 2005, S. 149–156.

3.2.3. Denken in Szenarien

Beide Positionen hatten trotz ihrer grundsätzlich unterschiedlichen Forderungen gemeinsam, dass sie ihre Argumente in Szenarien führten.[34] Das ist verständlich, wenn man bedenkt, dass das, worüber hier gesprochen wurde, zuvor noch nie tatsächlich passiert war, die einzigen diesbezüglichen Erfahrungswerte zu diesem Zeitpunkt, abgesehen von den Atombombenabwürfen auf Hiroshima und Nagasaki und diversen Testzündungen, im Grunde aus militärischen Planspielen und Simulationen bestanden.[35] Tatsächlich war die planende Vorausschau mithilfe von Szenarien bereits in den siebziger Jahren in eine Art Metaphase eingetreten, in der dieses Mittel, das antizipierte, dass die Gegenseite ebenfalls in Szenarien dachte, zu Strategien führte, die das Rüstungsverhalten des Gegners mittels gezielter Desinformation beeinflussen wollten.[36] Ein solches Denken ließ sich unmittelbar an die Populärkultur anschließen,[37] denn für das Thema Nuklearkrieg bot diese die Möglichkeit, den jeweils gewünschten Aussagegehalt plastisch darzustellen und vor allem zu emotionalisieren.

Dadurch brach insbesondere in der ersten Hälfte der achtziger Jahre in einiger Regelmäßigkeit der Dritte Weltkrieg als Rückkoppelung zwischen militärischem, politischem und populärkulturellem Wissen aus. Der Film *WarGames* dramatisierte ein Szenario technischen Versagens und sensibilisierte sein Publikum für den Faktor des

---

34 So heißt es gleich eingangs bei Schell: „I have attempted to piece together an account of the principal consequences of a full-scale holocaust. Such an account, which in its nature must be both technical and gruesome, cannot be other than hateful to dwell on, yet it may be only by descending into this hell in imagination now that we can hope to escape descending into it in reality at some later time." Schell, Fate of the Earth, S. 5.

35 Für eine kurze Geschichte der militärischen Planspiele vgl. Matthew Connelly/Matt Fay/Giulia Ferrini/Micki Kaufman/Will Leonard/Harrison Monsky/Ryan Musto/Taunton Paine/Nicholas Standish/Lydia Walker: „General I have fought as many Nuclear Wars as you have": Forecasts, Future Scenarios, and the Politics of Armageddon, in: The American Historical Review, Bd. 117, Nr. 5, 2005, S. 1431–1460; Philipp von Hilgers: Kriegsspiele. Eine Geschichte der Ausnahmezustände und Unberechenbarkeiten, München 2008, insbes. S. 43–112.

36 Vgl. Connelly/Fay/Ferrini/Kaufman/Leonard/Monsky/Musto/Paine/Standish/Walker, General, S. 1455f.

37 Hier bestand eine Wechselwirkung. Es wurde etwa darauf hingewiesen, wie professionelle Film- und TV-Macher wie John Ford und Rod Serling bereits in den sechziger Jahren konsultiert worden waren, um Szenarien für professionelle Kriegsspiele zu entwerfen. Vgl. ebd., S. 1450. Vgl. ebenfalls Thomas B. Allen: War Games. Inside the Secret World of the Men Who Play at Annihilation, London 1989, S. 93f.; Sebastian Deterding: Living Room Wars: Remediation, Boardgames, and the Early History of Video Wargaming, in: Nina B. Huntemann/Matthew Thomas Payne (Hrsg.): Joystick Soldiers: The Politics of Play in Military Video Games, London 2009, S. 21–39, hier S. 28f., in Bezug auf Entwicklerinnen und Entwickler von Hobby-Kriegsspielen, die ebenfalls konsultiert wurden.

Zufalls, was die technischen Systeme des Kalten Krieges betraf. In Kino und Fernsehen stand zudem eine Reihe von verfilmten Atomkriegsszenarien auf dem Programm.[38] Die vermutlich bekanntesten Beispiele sind die Fernsehfilme *Threads*, eine britische Produktion aus dem Jahr 1984, und der US-amerikanische Film *The Day After* aus dem Jahr 1983. Beide Filme verwoben die nukleare Eskalation dramaturgisch mit Einzelschicksalen, wobei vor allem *Threads* eine dokumentarische Ästhetik pflegte, die sich, ähnlich wie der bereits erwähnte Film *The War Game* aus dem Jahr 1965, mittels des Einsatzes dokumentarfilmischer Verfahren um einen verstärkten Realitätseffekt bemühte.[39] Einige Fernsehspiele versuchten ebenfalls mittels dokumentarischer Verfahren Dringlichkeit zu erzeugen und gleichzeitig den Anspruch zu stellen, sachlich zu informieren.[40] Stilisierter und in gewisser Weise dramatisch zugespitzter setzten sich Spielfilme wie die US-amerikanische Produktion *Testament* aus dem Jahr 1983 und der britische Animationsfilm *When the Wind Blows* aus dem Jahr 1986 mit dem Sujet auseinander. Sie transportieren eine noch deutlichere Antikriegsbotschaft. Die Neuauflage der klassischen TV-Serie *The Twilight Zone*[41] näherte sich dem Thema hingegen mit der ihr eigenen, ironischen Haltung, die sich eher darauf verlegte, die Absurdität der nuklearen Situation herauszuarbeiten.[42]

---

38   Vgl. zum Genre der Atomkriegsfilme Tobias Nanz/Johannes Pause: Das Undenkbare filmen. Einleitung, in: dies. (Hrsg.): Das Undenkbare filmen. Atomkrieg im Kino, Bielefeld 2013, S. 7–25, hier S. 7–17; Richard A. Schwartz: Cold War Culture. Media and the Arts, 1945–1990, New York, NY 2000, S. 9–11.

39   Vgl. Johannes Pause: Will the Survivors watch TV? Peter Watkins' The War Game (1965), in: Nanz/ders., Das Undenkbare filmen, S. 53–85, hier S. 80–81, der Threads in eine Reihe mit dem bereits erwähnten The War Game stellt, dem späteren Film jedoch ein geringeres Maß an Selbstreflexivität zugesteht. Unterfüttert wurde dieser Realitätsanspruch häufig noch durch den Verweis auf die konzipierende Mitwirkung militärisch-politischer Fachleute, wie sie auch in entsprechenden Buchveröffentlichungen anzutreffen war. Vgl. General Sir John Hackett et al.: The Third World War: August 1985, London 1978; Shelford Bidwell: World War 3. A Military Projection founded on today's facts, Feltham 1978.

40   Vgl. zum Beispiel die Fernsehproduktion Countdown to Looking Glass aus dem Jahr 1984. Noch 1998 wurde mit der Sendung Der Dritte Weltkrieg eine in dieser Tradition stehende deutsch-amerikanische Produktion realisiert.

41   Die Wiederkehr dieser Serie in den Jahren 1985 bis 1987 ist bemerkenswert und sagt viel über das Profil des Zweiten Kalten Krieges aus. Einige Episoden des Originals, das von 1959 bis 1965 lief, können als Transferriemen der Logik des Kalten Krieges in die Populärkultur schlechthin gelten, vgl. Schwartz, Cold War Culture, S. 339.

42   Eine von Wes Craven, der als Regisseur einiger ikonischer Horrorfilme bekannt wurde, inszenierte Geschichte in A Little Peace and Quiet, einer Episode der ersten Staffel der Fernsehserie The Twilight Zone, erzählt die Geschichte einer US-amerikanischen Hausfrau, die ein Artefakt findet, das es ihr ermöglicht, die Zeit um sie herum anzuhalten. In der Pointe dieser Erzählung friert die Protagonistin die Zeit ein, unmittelbar bevor sowjetische Interkontinentalraketen die USA erreichen, und ist damit verdammt, ihr restliches Leben in diesem Schwebezustand zu verbringen.

Dieses emotionale Spektrum, das die Auseinandersetzung mit dem Undenkbaren des Nuklearkrieges eröffnete, fand sich zeitgleich in der Popmusik. Kate Bushs *Breathing* schilderte das Szenario eines Nuklearkrieges aus der Perspektive eines ungeborenen Kindes im Mutterleib. Die Band Frankie goes to Hollywood inszenierte im Musikvideo zu *Two Tribes* einen Ringkampf zwischen zwei äußerlich an Reagan und Tschernenko angelehnten Charakteren und der Song *Vamos a la playa* der italienischen Band Righeira vermaß das emotionale Spektrum der nuklearen Situation der achtziger Jahre, indem er den dekadentypischen elektronisch geprägten, optimistisch-hedonistischen Disco-Sound auf die textliche Schilderung der Folgen eines Nuklearkriegs prallen ließ. Mit der ihm eigenen, deutlich satirischen Stoßrichtung vermischte Weird Al Yankovic im Song *Christmas at Ground Zero* die Emotionalität eines Weihnachtssongs mit der Beschreibung der Folgen eines nuklearen Schlagabtausches und erzielte einen ähnlichen Effekt.[43]

Computerspiele sind mit Blick auf die Vermittlung des Undenkbaren des Kalten Krieges neben Brettspielen als zentrale Medien, vielleicht sogar als Leitmedien anzusehen. Zahlreiche Computerkriegsspiele, die ihre Vorläufer in entsprechenden Brettspielen und letztlich in militärischen Planspielen hatten, modellierten einen hypothetischen Konflikt zwischen der NATO und dem Warschauer Pakt. *Missile Command* erschien ohnehin wie der videospielgewordene Alptraum des Nuklearkrieges.

Angesichts der ständig präsenten Angst vor dem Ernstfall entstanden in der Populärkultur somit unterschiedliche Varianten des Undenkbaren. Oft zeichneten sie eine emotionale Situation der Ausweglosigkeit und des Schreckens, um zu illustrieren, dass der nuklearen Eskalation unbedingt vorgebeugt werden musste, oder sie begegneten dem Undenkbaren mit einem analytischen Blick. In jedem Fall spiegelte die Populärkultur die Spannungen des Zweiten Kalten Krieges wider und beteiligte sich aktiv an seiner Konstruktion.

3.2.4. Populärkultur und Politik

Die populärkulturelle Konstruktion des Zweiten Kalten Krieges befand sich damit stets in unmittelbarer Nähe zur Politik. Diese Nähe trat bereits durch Ronald Reagans Vergangenheit als Schauspieler ins Bewusstsein. Die Rückkoppelung zwischen Populärkultur und Politik reichte jedoch noch tiefer.

---

43   Hiermit sind nur einige exemplarische Beispiele genannt. Für eine ausführlichere Liste mit zahlreichen Beispielen nicht nur aus den achtziger Jahren vgl. etwa Songs about Nuclear War, in: Wikimedia Foundation (Hrsg.): Wikipedia. The Free Encyclopedia, 26.11.2019, URL: https://en.wikipedia.org/wiki/Songs_about_nuclear_war (Stand: 01.08.2020).

Missile Command, um bei dem Leitbeispiel zu bleiben, war für die Firma Atari entwickelt worden, die seit dem Jahr 1976 dem Medienkonzern Time Warner gehörte. Es war damit nicht nur ein Spiel, sondern vor allem auch ein populärkulturelles Produkt und somit Teil einer Kulturindustrie, die sich genau in der Zeit in einem Prozess tiefgreifender Umstrukturierung befand.[44]

Wie für viele andere gesellschaftliche Bereiche war die Populärkultur der langen achtziger Jahre von einem politischen Richtungswechsel berührt worden, der wahlweise als neoliberal oder neokonservativ bezeichnet wurde. Auslöser dieser von den USA und Westeuropa ausgehenden neoliberalen Revolution[45] bildeten mehrere in die siebziger Jahre zurückreichende Tendenzen, die eine grundlegende Krise der wirtschaftlichen Nachkriegsordnung anzeigten. Diese manifestierte sich als Kombination aus geschmälerten Gewinnaussichten und der Anhäufung überschüssigen Kapitals.[46] Eines der zentralen Anliegen neoliberaler Wirtschaftspolitik in den USA bestand folgerichtig darin, Investitionsmöglichkeiten für die Finanzwirtschaft zu schaffen. Die zu diesem Zweck als Maßnahme gesetzte Verknappung der Geldmenge führte zu einer Rezession und zugleich zu einem erhöhten Bedarf an Krediten. Gleichzeitig waren Deregulierungsvorgänge und die Aufkündigung etablierter arbeitsrechtlicher Standards zu beobachten.[47] Das potenzielle Einsatzfeld neoliberaler Politik wurde dabei zusehends global bzw. trachtete danach, global zu werden, indem diese Politik gezielt auf den Abbau von

---

44 Vgl. David Desmondhalgh: The Cultural Industries, London 2013, S. 93–112.

45 Der Begriff Neoliberalismus ist dabei grundsätzlich problematisch. Im angelsächsischen Raum spricht man mit Blick auf die politische Ausrichtung der maßgeblichen Akteure oftmals von Neokonservatismus. Gerade in den achtziger Jahren waren dies aber zwei Seiten derselben Medaille. Vgl. Doering-Manteuffel/Raphael, Nach dem Boom, S. 67; Ther, Die neue Ordnung, S. 22–26, der vom Neoliberalismus als „moving target" spricht und sich ebenfalls für die Trennung von Rhetorik und Praxis des Neoliberalismus ausspricht.

46 Die von den USA nach dem Zweiten Weltkrieg sukzessive aufgebauten und mit weitreichenden Investitionen bedachten Industriestaaten Westeuropas und Japans begannen zunehmend zu Konkurrenten auf dem internationalen Parkett zu werden. Zudem erwies sich das Prinzip des Interessenausgleichs zwischen Arbeiter- und Unternehmensseite, hier vor allem die Garantie der Lohnanpassung und die steigenden Forderungen der Beschäftigten, als zunehmend unrentabel. Zusätzlich war die Menge an verfügbaren Dollars, vor allem auch durch die Praxis des Hortens sogenannter Eurodollars, in einem Ausmaß gestiegen, dem keine realwirtschaftlich adäquate Leistung entgegenstand. Als Resultat stieg die Inflation an. Die als Ölkrise bezeichnete Reaktion der zur OPEC zusammengeschlossenen wichtigsten ölfördernden Staaten auf diese Inflation des Dollars, die darin bestand, die Ölpreise zu erhöhen, ließ, global gesehen, die Dollarreserven noch stärker anwachsen. Vgl. Thomas W. Zeiler: Offene Türen in der Weltwirtschaft, in: Akira Iriye/Jürgen Osterhammel (Hrsg.): Geschichte der Welt, Bd. 6: 1945 bis heute – Die globalisierte Welt, München 2013, S. 183–357, hier S. 286; Giovanni Arrighi: The World Economy and the Cold War, 1970–1990, in: Leffler/Westad, The Cambridge History of the Cold War, Bd. 3, S. 23–45, hier S. 26f.

47 Vgl. David Harvey: A Brief History of Neoliberalism, Oxford 2005, S. 23–26.

Handels- und Investitionsbeschränkungen setzte. Für diejenigen Entwicklungsländer, die in den siebziger Jahren mehr oder weniger von ausländischem Kapital abhängig geworden waren, bedeutete das, sich diesen Deregulierungsmaßnahmen unterwerfen zu müssen, um den Kapitalfluss aufrecht zu erhalten.[48] Die Folgen dieser wirtschaftspolitischen Kernstrategien des Neoliberalismus erwiesen sich außerdem als schwerwiegende Belastung für die sozialistischen Staaten, die keineswegs autonom von den Abhängigkeiten und Konjunkturen der Weltwirtschaft agieren konnten.[49]

Da sich die Populärkultur nach 1945 durch eine industriell organisierte Seite auszeichnete, wurde sie von diesen Entwicklungen ebenfalls erfasst. Die zunehmende Globalisierung erweiterte die potenziellen Absatzmärkte beträchtlich, und die immer stärkere Monetarisierung machte die Produkte der Populärkultur zunehmend zu Investitionen, die Gewinne liefern sollten. Um dies gewährleisten zu können, bediente sich die Kulturindustrie ihrerseits neoliberaler Praktiken.[50] Diese Kommerzialisierung betraf in zunehmendem Maße die Massenmedien. Exemplarisch sei auf das Format des Musikvideos verwiesen, das sich zwischen Marketing und Kunst bewegte und mit der Gründung des Senders Music Television (MTV) im Jahr 1981 eine adäquate Plattform erhielt.[51] Der Durchbruch der Videotechnologie, die ihre erste wirkliche Stabilisierung mit der Durchsetzung des VHS-Standards außerhalb Japans ab 1980 erreichen konnte, bot die Möglichkeit zur Vervielfältigung und senkte zugleich die Produktionskosten, was zu einer Demokratisierung der Produktionsbedingungen und einem Anwachsen des Videomarktes führte. Es erweiterte zudem das Medium Fernsehen um den Aspekt der Speicherung und förderte durch die Institution der Videothek die individualisierte Programmgestaltung.[52] Im Fernsehen, insbesondere im Bereich der politischen Berichterstattung, machte sich der Einfluss populärkultureller Prinzipien ebenfalls bemerkbar. Das als Infotainment bezeichnete Phänomen der sowohl auf Unterhaltung als auch auf

---

48 Vgl. Zeiler, Offene Türen, S. 290–294. David Harvey weist außerdem darauf hin, dass die Petrodollars der OPEC Staaten, vermutlich nicht zuletzt durch informellen Zwang, nach 1973 über US-amerikanische Investmentbanken abgewickelt und in Entwicklungsländern investiert wurden. Vgl. Harvey, Neoliberalism, S. 28f.

49 Vgl. Arrighi, The World Economy, S. 39f., der darauf hinweist, dass sich die Sowjetunion und einige Ostblockstaaten unter denjenigen Nationen befanden, die sich während der siebziger Jahre am höchsten verschuldet hatten.

50 Dies galt nicht zuletzt für die Videospielindustrie, die, hier bereits zukunftsweisend, Kreativarbeit glorifizierte und bestimmte Tätigkeiten in Billiglohnländer verlagerte. Vgl. David Harvey: The Condition of Postmodernity, Cambridge 1990, S. 186.

51 Zur Geschichte des Musikvideos vgl. Martin Lilkendey: 100 Jahre Musikvideo. Eine Genregeschichte vom frühen Kino bis YouTube, Bielefeld 2017, insbes. S. 77–86, 160–163.

52 Vgl. Desmondhalgh, Cultural Industries, S. 112–114; Asa Briggs/Peter Burke: A Social History of the Media. From Gutenberg to the Internet, Cambridge 2014, S. 261f.

Information abzielenden medialen Aufbereitung von Wissen ließ letztes Endes die Art und Weise, wie Politik selbst betrieben und kommuniziert wurde, nicht unberührt und nahm durch die steigende Verbreitung des Fernsehens und noch einmal rasanter durch die Verbreitung des Privatfernsehens eine globale Form an.[53]

Im Kalten Krieg der achtziger Jahre beeinflussten sich Politik und Populärkultur also gegenseitig, lieferten einander Diskurse, Plattformen und Darstellungsstrategien. Die Populärkultur machte Politik und umgekehrt. Reagan und seine Berater zeichneten das Bild einer sowjetischen Bedrohung und militärischen Übermacht, der sich die USA vor allem durch eine Erhöhung der Rüstungsausgaben entgegenzustellen hätten,[54] nicht zuletzt mithilfe der Populärkultur. Die Strategic Defense Initiative, kurz SDI, welche die Entwicklung eines laserbasierten Raketenabwehrschildes vorsah, lieferte ein Beispiel für diesen Zusammenhang. Abgesehen von der eher geringen Möglichkeit zu ihrer Realisierung[55] war SDI ein Szenario mit konkreten, auch populärkulturellen Repräsentationen und dadurch ganz realer politischer Wirkung. Allein das öffentliche Nachdenken über die perfekte Defensivwaffe reichte aus, um die sowjetische Gegenseite nervös zu machen.[56] Computerspiele, die SDI behandelten, griffen in ihrer spielmechanischen Umsetzung dabei oftmals auf das Prinzip von *Missile Command* zurück.[57] Hier schließt

---

53   Vgl. Todd Gitlin: Blips, Bytes and Savy Talk, in: Nicolaus Mills (Hrsg.): Culture in an Age of Money. The Legacy of the 1980s in America, Chicago, IL 1990, S. 29–47; Briggs/Burke, A Social History of the Media, S. 216–221. Für eine Darstellung der Diskussionen über die Einführung des Kabelfernsehens in Deutschland vgl. außerdem Peter M. Spangenberg: Der unaufhaltsame Aufstieg zum ‚Dualen System‘. Diskursbeiträge zu Technikinnovation und Rundfunkorganisation, in: Irmela Schneider/Christina Bartz/Isabell Otto (Hrsg.): Medienkultur der 70er Jahre, Wiesbaden 2004, S. 21–41, hier S. 37.

54   Dieses Bild sowjetischer Überlegenheit war bereits in den siebziger Jahren durch die Einschätzungen des Team B gezeichnet und vorbereitet worden. Vgl. Craig/Logevall, America's Cold War, S. 311; Greg Grandin: Kissinger's Shadow. The Long Reach of America's Most Controversial Statesman, New York, NY 2015, S. 165–169.

55   Kritische zeitgenössische Wissenschaftlerinnen und Wissenschaftler stellten SDI in Bezug auf seine Realisierbarkeit ein wenig schmeichelhaftes Zeugnis aus. Vgl. Rebecca Slayton: Discursive Choices: Boycotting Star Wars Between Science and Politics, in: Social Studies of Science, Bd. 37, Nr. 1, 2007, S. 27–66, hier S. 33–35. Vgl. zu den strategischen Implikationen Freedman, The Evolution of Nuclear Strategy, S. 394–397.

56   Dabei mochte diese Nervosität der Sowjets nicht nur aufgrund der Tatsache entstanden sein, dass SDI potenziell das Gleichgewicht des Schreckens gefährden könnte, sondern auch dadurch, dass der Umfang des Unternehmens einen gewaltigen Vorsprung in der Informations- und Computertechnologie, den Schlüsseltechnologien der Dekade, suggerierte.

57   Zu den SDI-Computerspielen vgl. William M. Knoblauch: Strategic Digital Defense: Video Games and Reagan's „Star Wars" Program, 1980–1987, in: Matthew Wilhelm Kapell/Andrew B.R. Elliott (Hrsg.): Playing with the Past. Digital Games and the Simulation of History, New York, NY 2013, S. 284–291.

sich also ein Kreis: Ein Beispiel für eine politisch-populärkulturelle Rückkoppelung des Kalten Krieges ist gefunden. *Missile Command* und SDI, das Spiel und das politische Großprojekt verfolgten den Grundgedanken der Defensive unter den Bedingungen des nuklearen Ernstfalles. Beide Instanzen dieses Gedankens setzten das politische Klima des Zweiten Kalten Krieges massenwirksam um, indem sie Rückkoppelungen bildeten. SDI wurde durch Rückgriffe auf Konventionen der Populärkultur popularisiert und *Missile Command* konnte von seiner Nähe zu tatsächlichen Militärtechnologien und der Angst vor dem Ernstfall profitieren. Szenarien des Undenkbaren unter den Bedingungen der Populärkultur der achtziger Jahre und die Verschränkung von Populärkultur und Politik bildeten somit Kernbereiche der Konstruktion des Zweiten Kalten Krieges.

3.3. Détente der achtziger Jahre

3.3.1. Übergänge in die Phase der Entspannung

Es mochte daran liegen, dass *Missile Command* über ein simples, aber süchtigmachendes Spielprinzip verfügt oder an dem Umstand, dass es den Nerv der Zeit traf: Das Spiel entwickelte sich jedenfalls zu einem kommerziellen Erfolg.[58] Die Verwertungslogik der Populärkultur diktierte geradezu, dass eine Fortsetzung entwickelt werden musste. *Missile Command 2* wurde tatsächlich entworfen, existiert sogar als Prototyp, ging aber nie in die Massenproduktion. Die Website MobyGames führt dafür als Grund an: „It was supposed to be a two-player-variant in which two opponents defend and attack simultaneously. According to designer Rich Adam they never managed to make the concept fun."[59] Wieder erwies sich *Missile Command* bzw. in diesem Fall *Missile Command 2* als eng mit seinem historischen Kontext verbunden. Die schwierige Einführung eines kooperativen Modus in das Spiel mit der nuklearen Raketenabwehr spiegelte die Entwicklung des Kalten Krieges in der zweiten Hälfte der achtziger Jahre wider.

Nachdem die Spannungen zwischen den Supermächten im Krisenjahr 1983 einen Höhepunkt erreicht hatten, begann sich die Lage danach zu beruhigen. Bereits 1984 wurde eine Änderung in Reagans Rhetorik bemerkbar, die Bemühungen zur Abrüstung

---

58 Vgl. Marty Goldberg/Curt Vendel: Atari Inc. Business Is Fun, Carmel, NY 2012, S. 520–523.

59 Vgl. Nutzer ‚Jo ST'/,Alaka'/,Kabushi'/,Pseudo_Intellectual'/,Servo'/,Jeanne': Missile Command, in: Blue Flame Labs (Hrsg.): MobyGames, Rubrik: Games, URL: http://www.mobygames.com/game/missile-command_ (Stand: 01.08.2020).

und Kooperation zeigte.[60] Die Gründe hierfür sind nicht abschließend zu ermitteln. Eine häufig vorgebrachte Theorie sieht den Umstand, dass sich für Reagan durch die Krisen des Jahres 1983 die sowjetische Furcht vor einem Nuklearkrieg offenbarte, er hierin also eine Gemeinsamkeit mit dem Erzfeind entdeckte, als eine Ursache für den Wechsel zu einer kooperativeren Politik.[61] Die Annäherung zwischen den Supermächten nach der Phase des Zweiten Kalten Krieges verlief dabei alles andere als reibungslos. Der sowjetische Boykott der Olympischen Spiele in Los Angeles im Jahr 1984 war einer der sichtbarsten Rückschläge.[62] Garthoff bezeichnet die Beziehungen der Supermächte zum Zeitpunkt des Amtsantrittes von Konstantin Tschernenko als Generalsekretär der KPdSU im Jahr 1984 dementsprechend als ein „mismatch between a policy of detente and a reality of confrontation".[63] Hinter der nach wie vor eher konfrontativen Fassade begannen sich allerdings die bilateralen Kontakte und diplomatischen Initiativen zu intensivieren.[64] Nachdem die INF-Verhandlungen zur Begrenzung von Mittelstreckenraketen abgebrochen worden und die START-Initiative ihrerseits ergebnislos geblieben waren, entwickelten sich Gipfeltreffen und Konferenzen nunmehr wieder zu Möglichkeiten der Kommunikation und Kooperation.[65] Mit der Wahl Michail Gorbatschows zum Generalsekretär der KPdSU im Jahr 1985 hatten diese Tendenzen einer Entspannungspolitik schließlich auch auf sowjetischer Seite ein Gesicht erhalten. Der Aufstieg Gorbatschows sowie seine persönliche Haltung und Personalpolitik ermöglichten es, dass kritische und reformerische Tendenzen in der sowjetischen Politik nach und nach Raum erhielten.[66] Unter den Leitbegriffen Neues Denken, Glasnost und Perestroika verfolgte Gorbatschow eine Politik, die es sich zum Ziel setzte, das sowjetische System grundlegend zu reformieren. Die Eckpfeiler dieser Erneuerungsbewegung bestanden aus einer Politik der Öffnung des öffentlichen Diskurses, also einer Lockerung der Zensur, und der Förderung von mehr Eigenständigkeit. Ein wesentlicher Ansatzpunkt für die neue politische Ausrichtung war dabei überdies der Zustand der sowjetischen Wirtschaft, die unter anderem durch den jahrzehntelangen Zwang zu hohen Militäraus-

---

60   Vgl. Garthoff, The Great Transition, S. 142–145; Stöver, Der Kalte Krieg, S. 433.

61   Vgl. Fisher, Reagan Reversal, S. 102–143.

62   Garthoff liefert eine Aufzählung der einzelnen Ereignisse in der Phase der Wiederannäherung, vgl. Garthoff, The Great Transition, S. 148–151.

63   Ebd., S. 168.

64   Vgl. ebd., S. 156–168.

65   Vgl. Stöver, Der Kalte Krieg, S. 439f.

66   Vgl. Archie Brown: The Gorbachev Revolution and the End of the Cold War, in: Leffler/Westad (Hrsg.): The Cambridge History of the Cold War, Bd. 3, S. 244–267, hier S. 246, 249. Wie in Bezug auf Reagan scheint es auch an dieser Stelle wichtig, festzuhalten, dass nicht eine einzelne Person in ihren Möglichkeiten und ihrer politischen Wirksamkeit überhöht werden sollte.

gaben in nunmehr ganz offensichtliche Schwierigkeiten geraten war.[67] Um Spielraum für wirtschaftliche Reformen zu schaffen, bedurfte es unter anderem eines graduellen Rückzugs der Sowjetunion aus ihren diversen außenpolitischen Verpflichtungen. In Bezug auf die Staaten des Ostblocks führte diese Politik letztlich zum Ende der sogenannten Breschnew Doktrin, die nach der Zerschlagung des Prager Frühlings im Jahr 1968 die Staaten des Warschauer Paktes zur gegenseitigen Unterstützung im Falle von Aufständen in einem Mitgliedsland verpflichtet hatte. Ein neues Prinzip der Nichteinmischung und Eigenständigkeit trat an ihre Stelle.[68] In den Beziehungen zum Westen, insbesondere den USA, forderte Gorbatschow neues Denken, die Beendigung des Kalten Krieges und die Förderung friedlicher Koexistenz zwischen den Supermächten. Aus dieser Perspektive erschien es logisch, sich um Abrüstung zu bemühen.

Um die Mitte der achtziger Jahre herrschten also günstige Voraussetzungen für eine solche Entspannung, die konkret in der zweiten Hälfte der Dekade in eine Reihe von Gipfeltreffen mündeten.[69] Bei jenem in Genf im Jahr 1985 wurden diplomatische Gespräche auf höchster Ebene aufgenommen und die Frage der Abrüstung wieder auf das Tableau gebracht.[70] Im darauffolgenden Jahr festigte sich die Verhandlungsbasis auf dem Gipfeltreffen in Reykjavik, das in Bezug auf konkrete Abrüstungsbemühungen allerdings ergebnislos blieb. Im Jahr 1987 wurde schließlich in Washington, als sichtbarer Erfolg, der INF-Vertrag über den Abbau von Kurz- und Mittelstreckenraketen unterzeichnet. Das Treffen in Moskau im Jahr 1988 bewirkte wenig Konkretes, signalisierte aber, dass sich die Beziehungen zwischen den Supermächten merklich gebessert hatten und markierte einen Höhepunkt des internationalen Ansehens vor allem Gorbatschows.[71] Auf dem Gipfeltreffen in Malta im Jahr 1989 wurde der Kalte Krieg dann sogar, zumindest rhetorisch, beendet.[72]

Die Wende in den Beziehungen der Supermächte, deren Beginn mit dem Gipfel von Genf und dem Amtsantritt von Michail Gorbatschow als Generalsekretär der KPdSU und seiner Politik des Neuen Denkens öffentlich markiert war, wurde auf der Ebene der

67 Vgl. Stephen G. Brooks/William C. Wohlforth: Economic Constraints and the Turn towards Superpower Cooperation in the 1980s, in: Njølstad, The Last Decade of the Cold War, S. 83–118, hier S. 88–90.

68 In Anlehnung an Frank Sinatras Hit My Way wird es auch als Sinatra-Doktrin bezeichnet. Vgl. Brown, The Gorbachev Revolution, S. 253f.; Service, The End of the Cold War, S. 316; Vladislav M. Zubok: A Failed Empire. The Soviet Union in the Cold War. From Stalin to Gorbachev, Chapel Hill, NC 2009, S. 322–324.

69 Vgl. Brown, The Gorbachev Revolution, S. 250f., 265.

70 Vgl. Garthoff, The Great Transition, S. 147; Stöver, Der Kalte Krieg, S. 439f.

71 Vgl. Brown, The Gorbachev Revolution, S. 262; Garthoff, The Great Transition, S. 351–353.

72 Vgl. ebd., S. 264; Don Oberdorfer: From the Cold War to a New Era. The United States and the Soviet Union, 1983–1991, Baltimore, MD/London 1998, S. 374–386.

Populärkultur erst nach und nach sichtbar. Die Gleichzeitigkeit der „policy of detente" und „reality of confrontation"[73] schlug sich auch in der Populärkultur nieder.

3.3.2. ‚Gorbimania' und ‚worthy villains'

Wie in der konfrontativen Phase stellte die Populärkultur auch für die Diskurse der politischen Annäherung und Entspannung eine Plattform dar. Im Jahr 1984 hielt Ronald Reagan eine Rede, in der er auf Frieden und Zusammenarbeit zwischen den Supermächten fokussierte und hierfür ein Bild zeichnete, das in weiterer Folge Bekanntheit erlangte:

> „Just suppose with me for a moment that an Ivan and an Anya could find themselves, oh, say, in a waiting room, or sharing a shelter from the rain or a storm with a Jim and Sally, and there was no language barrier to keep them from getting acquainted. Would they then debate the differences between their respective governments? Or would they find themselves comparing notes about their children and what each other did for a living?"[74]

Diese Fragen sprachen vor allem zwei Aspekte an, die für die populärkulturelle Verarbeitung der Entspannungsphase der zweiten Hälfte der achtziger Jahre wesentlich waren. Zum einen markierten sie ein nach und nach spürbares Interesse der westlichen, insbesondere US-amerikanischen Öffentlichkeit an der Sowjetunion. Dazu zählte der erneute Aufschwung der Sowjetologie, die um das Jahr 1985 ihren Höhepunkt erlebte.[75] Der Film *Moscow on the Hudson*, ein populärkulturelles Beispiel für dieses Interesse, konzentrierte sich auf das Schicksal eines während einer Tournee durch die USA übergelaufenen, sowjetischen Zirkusmusikers und seine Probleme, sich in der US-amerikanischen Gesellschaft zurechtzufinden. Der Komiker Yakov Smirnoff, der 1977 tatsächlich aus der Sowjetunion in die USA emigriert und durch seine Verwendung der als

---

73   Vgl. Garthoff, The Great Transition, S. 168.

74   Ronald Reagan: Address to the Nation and Other Countries on United States-Soviet Relations 16.01.1984, in: The U.S. National Archives and Records Administration: Ronald Reagan Presidential Library & Museum (Hrsg.): Ronald Reagan. Presidential Library & Museum, Rubrik: Presidential Speeches. Major Speeches, 1964–1989, URL: https://www.reaganlibrary.gov/research/speeches/11684a (Stand: 01.08.2020).

75   Vgl. Stephen E. Hanson: Sovietology, Post-Sovietology, and the Study of Postcommunist Democratization, in: Demokratizatsiya. The Journal of Post-Soviet Democratization, Bd. 11, Nr. 1, 2003, S. 142–149, hier S. 143.

‚Russian reversal' bekannten Komikroutine bekannt geworden war, erschien dabei wie die realweltliche Verkörperung dieses Plots.[76] Und im Song *Nikita* von Elton John, in dem er die unglückliche, weil aufgrund der Systemgrenze unerfüllt gebliebene Liebe zu einer sowjetischen Grenzsoldatin besingt,[77] heißt es an einer Stelle: „And if there comes a time, guns and gates no longer hold you in, and if you're free to make a choice, just look towards the West and find a friend." *Der Spiegel* schrieb im Jahr 1987 sogar vom Phänomen des Soviet Chic, das die USA erfasst habe und sich vor allem um einen auch populärkulturell ausgetragenen Kult um die Figur Michail Gorbatschows drehe.[78]

Die Aufmerksamkeit für Gorbatschow führt zu einem weiteren Aspekt der populärkulturellen Détente der achtziger Jahre, der sich als die zunehmende Popularisierung politischer Entscheidungsträger beschreiben lässt. An sich durchaus ein genereller Zug der Zeit, zeigte sich diese Entwicklung insbesondere an der öffentlichen Wahrnehmung der Figur Gorbatschows als Friedensstifter und Reformator. Das Schlagwort Gorbimania bringt diese Tendenz auf einen Begriff.[79] Als ein Beispiel unter vielen für dieses öffentliche Bild Gorbatschows mag die im Jahr 1987 ausgestrahlte Episode *Letter to Gorbachev* der Fernsehserie *Golden Girls* gelten, in der eine der Protagonistinnen einen Brief an Gorbatschow verfasste, er somit als greifbare Person erschien.

Ronald Reagan verdankte nach weitläufiger Meinung seinen Erfolg ohnehin zum Großteil seinen medienwirksam inszenierten Auftritten.[80] In Gorbatschow fand er einen in dieser Hinsicht würdigen Gegenpart. Die Entspannungspolitik der zweiten Hälfte der achtziger Jahre wurde folgerichtig in verstärktem Ausmaß in und mithilfe der Massenmedien kommuniziert und betrieben.[81] Gorbatschows und Reagans Übereinkunft im Jahr 1988, jeweils an die Bürgerinnen und Bürger des anderen Landes

---

76　Vgl. Russian Reversal, in: Wikimedia Foundation (Hrsg.): Wikipedia. The Free Encyclopedia, 25.10.2019, URL: https://en.wikipedia.org/wiki/Russian_reversal (Stand: 01.08.2020).

77　Laut Wikipedia-Eintrag zum Song beruht der Text auf einer Begebenheit, die sich abspielte, als John in Berlin wohnte, vgl. Nikita (Lied), in: Wikimedia Foundation (Hrsg.): Wikipedia. The Free Encyclopedia, 11.09.2019, URL: https://de.wikipedia.org/wiki/Nikita_(Lied) (Stand: 01.08.2020).

78　Vgl. Valeska von Roques: „Die Vorfreude hob mich vom Bürgersteig", in: Der Spiegel, Jg. 41, Nr. 50, 07.12.1987, S. 134–138.

79　Vgl. Nicholas Guyatt: The End of the Cold War, in: Richard H. Immerman/Petra Goedde (Hrsg.): The Oxford Handbook of the Cold War, Oxford 2013, S. 605–623, hier S. 606; Arnold L. Horelick: The West's Response to Perestroika and Post-Soviet Russia, Santa Monica, CA 1995, S. 2f. Das Magazin Time berichtete im Jahr 1997, Gorbatschow sei als Werbeträger für die US-amerikanische Fast-Food Kette Pizza Hut gewonnen worden, allerdings nur im Westen, da er in Russland mittlerweile unpopulär geworden sei, vgl. Tony Karon: Gorbachevs Cheesy Legacy, in: Time USA LLC, 03.12.1997, URL: http://content.time.com/time/nation/article/0,8599,9972,00.html (Stand: 01.08.2020).

80　Vgl. Alan Nadel: Flatlining on the Field of Dreams, New Brunswick 1997, S. 8.

81　Vgl. Schwartz, Cold War Culture, S. 310; Garthoff, The Great Transition, S. 325.

gerichtete Neujahrsansprachen zu halten, zeugte ebenso davon wie Gorbatschows Ankündigung der Vernichtung sämtlicher Nuklearwaffen bis zum Jahr 2000, die er im
Fernsehen verlauten ließ, noch bevor er sie der amerikanischen Gegenseite vorstellte.[82]
Dass sich die Öffnung der Grenze zwischen Ost- und West-Berlin letzten Endes einem
auf einer Pressekonferenz und damit über das Fernsehen kommuniziertem Missverständnis zu verdanken war, schien diesbezüglich nur folgerichtig.[83]

Der im Jahr 1988 erschienene Actionfilm *Red Heat* stellte einen Höhepunkt der
US-amerikanisch-sowjetischen Freundschaft in der Populärkultur dar. Darin gehen
ein sowjetischer und ein US-amerikanischer Polizist gemeinsam gegen eine Gruppe
von Drogenschmugglern vor. Auf der Basis dieses gemeinsamen Feindes lässt der Film,
der im Übrigen die erste US-amerikanische Produktion mit einer Drehgenehmigung
für die Sowjetunion war, den Protagonisten die Möglichkeit, ihre jeweiligen Eigenheiten kennenzulernen, sich daran zu reiben und letztlich einen Weg zur Kooperation zu
finden.[84] Ist *Red Heat* als ein populärkultureller Höhepunkt der politischen Tendenz
zur Kooperation zu sehen, so kann der im Jahr 1990 veröffentlichte Film *The Fourth
War* als ein möglicher Endpunkt gelten. Hier fand der Kalte Krieg als militärische
Auseinandersetzung im Actionfilmformat nur mehr als Privatkrieg zwischen einem
US-amerikanischen Vietnam- und einem sowjetischen Afghanistanveteranen an der
deutsch-tschechoslowakischen Grenze statt. Die tatsächliche Auseinandersetzung zwischen den Supermächten bzw. der Wunsch nach der Eskalation war in *The Fourth War*
bereits eindeutig als absurd, wenn nicht sogar geisteskrank gekennzeichnet.

Wenngleich in der zweiten Hälfte der Dekade also ein auch populärkulturell spür-
barer Zug zur Entspannung feststellbar war, bestanden dennoch Streit- und Reibungs-
punkte durchgängig weiter fort. Die Menschenrechtslage in der Sowjetunion bildete
einen von ihnen, die Frage der Entwicklung und des Zwecks des SDI-Programmes,
die Unterstützung der Contras in Nicaragua durch die Reagan-Administration, einige
Spionagevorfälle und ganz allgemein die Frage der Technikspionage waren andere.[85]
Der Kalte Krieg lief also trotz der Entspannungsphase weiter, wenngleich etwas weniger
zugespitzt als noch in der ersten Hälfte der Dekade.[86] Trotz dieser Durchgängigkeit

---

82 Vgl. Service, The End of the Cold War, S. 161.
83 Vgl. Mary Elise Sarotte: 1989. The Struggle to Create Post-Cold War Europe, Princeton, NJ/Oxford
    2009, S. 38–45.
84 Vgl. Tony Shaw: Hollywood's Cold War, Edinburgh 2007, S. 289; Schwartz, Cold War Culture,
    S. 258.
85 Vgl. Service, The End of the Cold War, S. 204f.; Garthoff, The Great Transition, S. 149–151.
86 Vgl. z.B. Craig/Logevall, America's Cold War, S. 337f., die darauf hinweisen, dass im Wahlkampf
    nach Reagans zweiter Amtszeit nach wie vor antikommunistische Haltungen eine große Rolle spiel-
    ten.

der Konfrontation ist aber für die Phase der Entspannung der späten achtziger Jahre entscheidend, dass die politischen Akteurinnen und Akteure zu der Einsicht gelangten, der Kalte Krieg könnte als ein Zustand thematisiert werden, der für das Verhältnis der Supermächte nicht zwingend sei. Allein so zu denken, konnte aber misstrauische Gegenreaktionen provozieren.

Das gescheiterte Projekt *Missile Command 2* wies darauf hin, wie kompliziert es war, Kooperation, vor allem auch im populärkulturellen Sinn, attraktiv zu gestalten, wie gefangen in etablierten Mustern selbst Teile der Populärkultur diesbezüglich waren.

Im Jahr 1984, unmittelbar auf das Krisenjahr 1983 folgend, erschien mit *Red Dawn* einer derjenigen Hollywoodfilme, der alte Konfrontationsmuster vielleicht am offensichtlichsten reaktivierte.[87] In dem von John Milius inszenierten Actionfilm wird das Szenario einer sowjetisch-kubanischen Invasion und Okkupation der USA und des Widerstandskampfes einer Gruppe von amerikanischen Teenagern gegen die Besatzungsmacht durchgespielt. Gewissermaßen die Billigvariante eines ähnlichen Plots lieferte der Actionfilm *Invasion U.S.A.* aus dem Jahr 1985 mit Chuck Norris in der Hauptrolle, der die Invasion zudem, die Dramatik steigernd, in die Weihnachtszeit verlegte. Die Filme der *Rambo*-Reihe begleiteten den Kalten Krieg in seiner letzten Phase durchgehend. Im zweiten Film von 1985 und im dritten von 1988 vollzog sich die vor der Folie der Reagan-Doktrin bedeutsame Verwandlung des titelgebenden Protagonisten vom gebrochenen Vietnamveteranen zum Helden neuer Stellvertreterkriege u.a. im von der Sowjetunion besetzten Afghanistan.[88] Tom Clancy, einer der Hauptchronisten des Kalten Krieges in der Unterhaltungsliteratur, blieb ebenfalls eher unbeeindruckt von den Entspannungstendenzen auf politischer Ebene. Mit dem Roman *Red Storm Rising* veröffentlichte er noch im Jahr 1986 ein beinahe klassisch zu nennendes Szenario des Dritten Weltkrieges.[89] Die Verfilmung seines im Jahr 1984 veröffentlichten Romans *Jagd auf Roter Oktober* sechs Jahre später kann zudem als eines der letzten filmischen Beispiele für ein Szenario des Konfliktes gelten.

Als Gründe für diese Persistenz der Konfrontation zwischen den Supermächten in der Populärkultur sind mehrere Faktoren denkbar. Zum einen bewegte sich die tagesaktuelle Politik so schnell, dass selbst die darin involvierten Entscheidungsträgerinnen und -träger mitunter Mühe hatten, Schritt zu halten und im Rückblick berich-

---

87 Vgl. Shaw, Hollywood's Cold War, S. 271–273.

88 Vgl. ebd., S. 267–269; Agnete Christiansen: Teenage Soldiers of World War III, in: Irinia Gradinari/Stefan Höltgen (Hrsg.): Heiße Drähte. Medien im Kalten Krieg, Bochum/Freiburg 2014, S. 171–191.

89 Nach eigener Aussage war Clancy von Brettspielen inspiriert worden. Vgl. Tom Clancy: Red Storm Rising, New York, NY 1986, o.P. (Author's Note).

teten, sich von den Ereignissen beinahe überwältigt gefühlt zu haben.[90] Die großen populärkulturellen Produkte konnten hier, wie angenommen werden kann, schon allein aufgrund ihrer Produktionsdauer nur verspätet reagieren. Zudem zeigten sich, zugleich auf dem Parkett der internationalen Politik, in der Implementierung der Kooperationsinitativen die Folgen des jahrzehntelang gepflegten Misstrauens. Vorschläge zur Abrüstung mussten vor dem Hintergrund des Musters der gegenseitigen Abschreckung geradezu eine hinter den entsprechenden Vorschlägen steckende, tiefere, zumeist als feindlich angenommene Absicht signalisieren und somit fragwürdig erscheinen.[91] Friedens- und Kooperationsangebote mussten also von den in der Logik des infiniten Regresses geschulten Akteuren erst als solche erkannt und vor allem ernst genommen werden. An diesem Misstrauen hatte nicht zuletzt die Populärkultur selbst mitgearbeitet. Auf einem im Jahr 1987 in den USA veranstalteten Kongress, auf dem sowjetische und US-amerikanische Filmemacher unter anderem über die Darstellungsklischees der vergangenen vierzig Jahre diskutierten, hielt der US-amerikanische Regisseur Franklin Schaffner an die sowjetische Delegation gewandt, resümierend fest: „We outstereotyped you".[92] Der in diesem Zitat ausgedrückte Überhang sowjetischer Stereotypen in US-amerikanischen Filmen, die Online-Zeitschrift *The AV-Club* bezeichnete dies als „villain gap",[93] soll aber nicht bedeuten, dass auf sowjetischer Seite keine klischeehaften Darstellungen existierten. Nicht zuletzt lieferte der als russische Antwort auf *Rambo* beworbene Film *Im Alleingang* diesbezüglich Einschlägiges. Allein die Tatsache, dass auf dem Kongress über dieses Thema diskutiert wurde, zeigte aber, dass, angestoßen durch das Klima der Kooperation, in den späten achtziger Jahren zumindest eine Form der Diagnose begann. Aus vielen Beispielen, darunter Tom Clancys Werke, sprach aber dennoch ein hoher Grad an Misstrauen, gerade gegenüber den Entwicklungen auf dip-

---

90   Bezogen auf die Wiedervereinigung Deutschlands erwähnten prominente russische und US-amerikanische Zeitzeugen in ihren Erinnerungen beispielsweise wiederholt den Faktor der Geschwindigkeit. Vgl. William C. Wohlforth: Oral History: The Princeton Conference. The Unification of Germany, in: ders. (Hrsg.): Cold War Endgame. Oral History. Analysis. Debate, University Park, PA 2003, S. 49–77. Vgl. auch David Remnick: Lenin's Tomb. The Last Days of the Soviet Union, New York, NY 1994, S. 493–530, insbes. S. 503. Zubok gibt zudem einen Hinweis auf den „ad-hocism" von Gorbatschows Politik, der ebenfalls hierzu beigetragen haben mag, vgl. Zubok, A Failed Empire, S. 313.

91   Vgl. ebd., S. 290–294; Garthoff, The Great Transition, S. 368–372, der hier eine Zusammenfassung der letzten Phase der Interaktion zwischen Reagan und Gorbatschow liefert und die Schwierigkeit der Kooperation betont.

92   Aljean Harmetz: U.S. and Soviet Film Makers Debate Stereotypes, in: New York Times, 25.03.1987, S. 19.

93   Vgl. Ignatiy Vishnevetsky: The villain gap: Why Soviet movies rarely had American bad guys, in: Onion Inc. (Hrsg.): A.V. Club, 31.03.2016, URL: http://www.avclub.com/article/villain-gap-why-soviet-movies-rarely-had-american--234481 (Stand: 01.08.2020).

lomatischer Ebene.[94] In Bezug auf die Szenarien seiner Romane ist allerdings ebenfalls festzuhalten, dass die Konfrontation zwischen den Supermächten, so sie sich, wie in *Red Storm Rising*, überhaupt als Krieg ereignete, konventionell geführt wurde, d.h. dass keine Nuklearwaffen zum Einsatz kamen. Dies galt letztlich auch für *Red Dawn*, *Invasion U.S.A.* und die Filme der *Rambo*-Reihe. *By Dawns Early Light*, die im Jahr 1990 veröffentlichte Verfilmung des Romans *Trinity's Child* von 1983, ist eines der letzten Beispiele, die den Nuklearkrieg zwischen den USA und der Sowjetunion thematisierten. Hatte der Roman, der auf dem Höhepunkt des Zweiten Kalten Krieges erschienen war, noch das Szenario eines sowjetischen Angriffes auf die USA gezeichnet, war es in der Verfilmung nun eine Gruppe abtrünniger sowjetischer Politiker, die versuchten, einen Nuklearkrieg zwischen den Supermächten zu provozieren. In dieser Modifikation des Plots drückte sich die Änderung der weltpolitischen Lage aus. Es war nunmehr bereits der Prozess der Kooperation zwischen den USA und der Sowjetunion, der durch eine dritte, terroristische Partei bedroht wurde, die sich in alte Zeiten des Konfliktes zurückwünschte.

Solche Szenarien mochten zunächst diametral gegen die Entspannung gerichtet erscheinen. Es ließe sich aber ebenso argumentieren, dass die populärkulturellen Szenarien konventionell geführter militärischer Auseinandersetzungen bei aller Konfrontationsrhetorik die Eingemeindung des Gegners, der Sowjetunion, in einen gemeinsamen populärkulturellen Bezugspunkt und das Vokabular des Actionfilms zeigten und damit eine Grundlage für die Bearbeitung der Kooperation in diesem Medium schufen. Robert Charthoff, der Produzent von *Rocky IV*, ein Film der mit seinem Antagonisten ebenfalls klar dem sowjetischen Stereotyp folgte, sagte über die relativ flache und klischeebeladene Darstellung, die er prinzipiell für bedauernswert hielt: „You need worthy villains."[95]

In der Populärkultur kam die Détente der zweiten Hälfte der achtziger Jahre also mit Verzögerung an. Die Sowjetunion blieb ein wohlerprobter und deswegen lukrativer populärkultureller Antagonist, der schwer aufzugeben war und nur graduell von nichtstaatlichen kriminellen Gruppierungen wie beispielsweise politischen Terroristen, abgelöst wurde. Das Scheitern der Fortsetzung zu *Missile Command* zeigte, dass sich die Populärkultur recht gut auf das Prinzip der Konfrontation eingestellt hatte. Der Umstand, dass *Missile Command 2* deswegen nicht erschienen war, weil Kooperation nach Meinung der Entwickler schlicht keinen Spaß machte, illustrierte zudem die Dominanz des Prinzips der Individualität.

---

94 Vgl. z.B. den Plot des 1988 veröffentlichten Romans The Cardinal of the Kremlin, in dem die USA entdecken, dass die Sowjetunion ebenfalls an einem Raketenabwehrschild arbeitet.

95 Vgl. Harmetz, U.S. and Soviet Film Makers.

3.3.3. Individualität und Freiheit

Das ideologische Leitprinzip des Neoliberalismus der achtziger Jahre drückte sich im Schlagwort des freien Marktes aus, dem eine Betonung der Leitwerte von Freiheit und Individualismus zugrundelag. Folgt man dem Argument von David Harvey sowie Lutz Raphael und Anselm Döring-Manteuffel muss aber zusätzlich von einer Trennung zwischen der Programmatik und Pragmatik des Neoliberalismus ausgegangen werden, die sich gerade im gesellschaftspolitischen Bereich auswirkte.[96] Die Betonung individueller Freiheit wurde in der politischen Praxis durch den Rückgriff auf sowohl konservative wie auch an den Alternativbewegungen der sechziger und siebziger Jahre orientierten Elemente ergänzt, was für eine breitere Legitimierung neoliberaler Maßnahmen, aber auch für teilweise widersprüchliche Situationen sorgte.[97] Die neoliberale Fokussierung auf den Begriff der Freiheit konnte beispielsweise pragmatisch an gesellschaftliche Tendenzen anschließen, die nicht unbedingt im Bereich und der Tradition konservativer Politik lagen. Die persönliche Entfaltung und das Erkämpfen eines individuellen Lebensstils hatten schließlich ebenso zu den Kernforderungen der gegenkulturellen Bewegungen der späten sechziger Jahre gezählt.[98]

Die Epoche und ihre Populärkultur befanden sich also in einem Schnittfeld aus neokonservativer und neoliberaler Politik, die Prozesse der Individualisierung, Liberalisierung und zunehmenden Globalisierung einschloss.[99] Im Zentrum dieses Schnittfeldes befand sich die Forderung nach der Freisetzung individueller Kräfte und Potenziale und ihrer Ökonomisierung rund um die Kernbegriffe Freiheit und Markt. Das neoliberale Gesellschaftsmodell erhob das Streben nach individuellem Erfolg und Reichtum zur gesellschaftlichen Grundkondition. Idealiter sollte sich die Gesellschaft aus ökonomisch tätigen und denkenden Individuen zusammensetzen, die auf einem freien Markt, der den Erfolg der Besten sicherstellen sollte, miteinander konkurrierten. Paradigmatisch und vielzitiert ist diesbezüglich Margaret Thatchers Äußerung, es existiere „no such thing as society."[100]

---

96 Vgl. Harvey, Neoliberalism, S. 19; Doering-Manteuffel/Raphael, Nach dem Boom, S. 66.

97 Vgl. Charles L. Ponce de Leon: Review: The New Historiography of the 1980s, in: Reviews in American History, Bd. 36, Nr. 2, 2008, S. 303–314, hier S. 305. Vgl. Rodgers, Age of Fracture, S. 31.

98 Vgl. Ponce de Leon, The New Historiography, S. 313f.; Rodgers, Age of Fracture, S. 15–40.

99 Vgl. Ponce de Leon, The New Historiography, S. 308; Rodgers, Age of Fracture, S. 10–14.

100 Margaret Thatcher: Interview for Woman's Own (23.09.1987), zit. nach Harvey, Neoliberalism, S. 23. Es lohnt sich dabei darauf hinzuweisen, dass gerade in Europa die Umsetzung neoliberaler Ideen nicht reibungslos verlief bzw. oftmals, wie bei Thatcher selbst, begleitet war von einer national-konservativen Kehrseite, bzw. in anderen Staaten, wie Frankreich nur zögerlich implementiert wurde. Vgl. Doering-Manteuffel/Raphael, Nach dem Boom, S. 63, sowie Ther, Die neue Ordnung auf dem alten Kontinent, S. 47–57. Generell ist festzuhalten, dass der Ablauf solcher ideologischen Umwälzungen wie der neoliberalen nicht ohne Gegendiskurse denkbar ist.

Realiter funktionierte der vollkommen freie und unregulierte Markt zwar zu keiner Zeit, entsprechend orientierte politische Maßnahmen führten aber zur ganz realen Destabilisierung gewachsener Übereinkünfte und einer Polarisierung vieler Gesellschaften entlang der Einkommensverhältnisse.[101] Dem Konzept individueller Freiheit kam zentrale Tragweite zu, es erwies sich als gesellschaftlich wirkmächtig und persistent. Nicht zuletzt dürfte dies damit zusammenhängen, dass die Idee individueller Freiheit als Distinktionsmerkmal gegenüber den sozialistischen Regimen in Anschlag gebracht werden konnte.[102]

Das Paradigma des ökonomisch agierenden, freien Individuums hinterließ neben den politischen und ökonomischen Implikationen zudem Spuren im kulturellen Leben und der Populärkultur. Die Stärkung der Finanzwirtschaft räumte ihren Informationsangeboten und ihrer Terminologie beispielsweise erhöhte gesellschaftliche und damit populärkulturelle Relevanz ein. Ökonomische Studien wurden zu Bestsellern,[103] Aktienkurse auf den Fernsehbildschirmen zur Normalität[104] und die Idee des schnellen Reichtums mitsamt seinen Schattenseiten ein häufig angesprochenes Sujet in populärkulturellen Diskursen. Diese Kultur der Monetarisierung wurde dabei durch die Sozialfigur des Yuppie, also des ‚young urban professional‘, des jungen, erfolgreichen und zumeist in der Finanzindustrie tätigen Individuums, verkörpert. Der prototypische Lebensstil der Yuppies, wie er in der zeitgenössischen Literatur mit Tom Wolfes *The Bonfire of Vanities* (1987) und Brett Easton Ellis *American Psycho* (1991) als vielleicht bekanntesten Beispielen, charakterisiert wurde, wies auf den Aspekt der individuellen Wahlfreiheit hin.[105] Der Trend zu persönlichen Beratungen, Coachings und Ratgeberliteratur ebenso wie der in den Fitnessbooms zum Ausdruck kommende Wunsch zur Optimierung des eigenen Körpers illustrierten diesen Aspekt der Individualität, der, wie gesagt, durchaus mit den Selbstverwirklichungsforderungen der Alternativkulturen

---

101 Das Staatsbudget der USA wies in Reagans Amtszeit nicht zuletzt wegen der Rüstungsausgaben, entgegen der ideologischen Vorgaben des Neoliberalismus, ein hohes Defizit auf, vgl. Ponce de Leon, The New Historiography. Zur Polarisierung der Gesellschaften vgl. Harvey, Neoliberalism, S. 15–19; Ther, Die neue Ordnung auf dem alten Kontinent, S. 89–122.

102 Vgl. Stephanson, Cold War Degree Zero, S. 31.

103 Vgl. Rodgers, Age of Fracture, S. 72.

104 Diesen Zusammenhang stellen Doering-Manteuffel und Raphael in Bezug auf die Durchsetzung des Privatfernsehens in Europa/Deutschland her und führen weiter aus, dass dies vor allem angesichts der Tatsache, dass immer mehr der zentralen Lebensbereiche, etwa die Pensionsvorsorge, einer Monetarisierung unterlagen, eine schlüssige Entwicklung darstellte. Vgl. Doering-Manteuffel/Raphael, Nach dem Boom, S. 64f.

105 Jason Bateman, dem Protagonisten in American Psycho, gelingt es auf der Grundlage seines Reichtums und der damit verbundenen Wahlmöglichkeiten, sich über das Gesetz zu stellen und mit mehrfachem Mord davonzukommen. Vgl. zur Kultur und Wahrnehmung der Yuppies Hendrik Hertzberg: The Short Happy Life of the American Yuppie, in: Mills, Culture in an Age of Money, S. 66–83. Vgl. allgemein Raphael, Typische Jahre, S. 11f.

der vorangegangenen Dekaden und zeitgenössischen Bürgerbewegungen in genealo-gischer Verbindung stand.[106] Die Organisation der Populärkultur nach Aspekten der Materialität und Warenförmigkeit schuf dabei ein reiches Angebot an Waren und da-mit die Voraussetzung dafür, eine entsprechende finanzielle Lage vorausgesetzt, wählen zu können.[107]

Auf der Grundlage einer sich globalisierenden Weltwirtschaft konnten diese Motive der Individualität, der Warenförmigkeit und Wahlfreiheit zunehmend internationale Geltung erlangen und zu politischen Faktoren im Rahmen des Systemkonfliktes werden.

3.3.4. Populärkultur und ‚Soft Power‘ am Beispiel der Informationstechnologien

Im Kalten Krieg wurde der kulturelle Faktor, darunter der Einfluss der Populärkultur, im Gegensatz zu militärischer oder politischer Durchsetzungskraft mitunter als ‚soft power‘ bezeichnet. Der Begriff berührt das bereits seit den späten sechziger Jahren of-fensichtliche Problem des Mangels an Konsumgütern und Möglichkeiten für die ma-terielle Selbstentfaltung in realsozialistischen Gesellschaften. In den achtziger Jahren wurde dieses Problem aufgrund der fortschreitenden ökonomischen Stagnation des sowjetischen Systems und der Betonung von Individualität, Freiheit und Warenför-migkeit in den Populärkulturen des Westens besonders dringlich.[108]

Videospiele wie *Missile Command* stellten ein treffendes Beispiel für die westliche Dominanz im Bereich der soft power während der achtziger Jahre dar. Sie bildeten weithin sichtbare Signale für die Durchdringung von Gesellschaft und Populärkultur mit den Medien und Apparaten der Informationstechnologie. In ökonomischen, wis-senschaftlichen und militärischen Kontexten traten die Implementierung von Compu-tersystemen und ihre gesellschaftlichen Konsequenzen schon spätestens seit Beginn der siebziger Jahre klar hervor. Die Computerisierung von Arbeits- und Produktionspro-zessen wurde als ein Grund für die krisenhaften Entwicklungen des wirtschaftlichen Strukturwandels der siebziger Jahre gesehen.[109] Die Finanzwirtschaft fand in den In-

---

106 Vgl. Rodgers, Age of Fracture S. 81–90; Ther, Die neue Ordnung auf dem alten Kontinent, S. 49, der hier eine Angleichung von Neoliberalismus und Bürgerbewegungen in Bezug auf die Forderung nach weniger Staat feststellt.

107 Vgl. Alan Bilton: Matter and Mammon: Fiction in the Age of Reagan, in: Kimberly R. Moffitt/ Duncan A. Campbell (Hrsg.): The 1980s. A Critical and Transitional Decade, Lanham, MD 2011, S. 417–437, hier S. 420.

108 Vgl. Craig/Logevall, America's Cold War, S. 326f.; Major/Mitter, Culture, S. 247f.; Emily S. Ro-senberg: Consumer Capitalism and the End of the Cold War, in: Leffler/Westad, The Cambridge History of the Cold War, Bd. 3, S. 489–513, hier S. 502–511.

109 Vgl. Annette Schuhmann: Der Traum vom perfekten Unternehmen. Die Computerisierung der

formationstechnologien sogar ihre ideale Infrastruktur, die versprach, räumliche und zeitliche Distanzen überwinden zu können und einen freien Fluss immaterieller, purer Information zu erzeugen.[110] Bis zum Ende der siebziger Jahre waren bereits in beinahe allen US-amerikanischen Waffensystemen Computer integriert, eine Entwicklung die durch den Mikrochip nochmals wesentlich beschleunigt wurde.[111] SDI war dabei ein Symbol für die Erwartungen, die an ihren Einsatz im militärischen Bereich gestellt wurden.

An der Wende zu den achtziger Jahren ließ sich eine Verbreitung der Nutzung von Computer- und Informationstechnologie beobachten. Computer wandelten sich von Instrumenten spezialisierter Arbeitswelten hin zu Konsumgütern, die zugleich im privaten Bereich Verwendung fanden. Heimcomputer, Personal Computer, wurden als personalisierte und personalisierbare Werkzeuge verkauft, die für ihre Verbreitung und Demokratisierung sorgen sollten.

Spätestens im Jahr 1984 war mit der Veröffentlichung des Apple Macintosh der Heimcomputer als massenkulturelles Produkt etabliert.[112] Die damit verbundenen kulturellen und sozialen Vorstellungen und Imaginationen bewegten sich zwischen zwei zentralen Positionen. Sie umfassten die Vorstellung und Forderung nach der Durchdringung der Gesellschaft mit entsprechendem Anwendungswissen, also die Idee der computer literacy mitsamt den dazugehörigen pädagogischen Forderungen. Damit in enger Verbindung standen Zukunftsvisionen einer postindustriellen Gesellschaft und der Überwindung des Zwanges zu körperlicher Arbeit, aber auch eher vage Vorstellungen von allgemeiner gesellschaftlicher Dynamisierung und einem durch die neuen Technologien bevorstehenden gesellschaftlichen Wandel. Im letztgenannten Aspekt führten die Informationstechnologien durchaus dystopische Szenarien mit sich. Das betraf die Befürchtung, der von George Orwell im Roman *1984* (1948) erdachte Überwachungsstaat könne durch deren Einsatz als Überwachungsmedien Wirklichkeit werden, ebenso die Vorstellung, die herrschende Ordnung würde durch die neuen Möglichkeiten dezentralisiert und damit destabilisiert. Die kommende Informationsgesellschaft und die Einführung des Computers in den Konsumbereich schienen also

---

Arbeitswelt in der Bundesrepublik Deutschland (1950er- bis 1980er-Jahre), in: Zeithistorische Forschungen/Studies in Contemporary History, Bd. 9, H. 2, 2012, S. 231–256, hier S. 249–252; Briggs/Burke, A Social History of the Media, S. 232–234; Desmondhalgh, Cultural Industries, S. 100f.

110 Vgl. Harvey, The Condition of Postmodernity, S. 160–164, 285.

111 Paul N. Edwards: The Closed World. Computers and the Politics of Discourse in Cold War America, Cambridge, MA 1996, S. 286.

112 Vgl. Ted Friedman: Electric Dreams. Computers in American Culture, New York, NY 2005, S. 102–121; Briggs/Burke, A Social History of the Media, S. 243f.; Paul E. Ceruzzi: A History of Modern Computing, Cambridge, MA 2003, S. 273–276.

durchaus ambivalent aufgenommene Veränderungen zu bringen.[113] Der Eindruck, dass ein gesellschaftlicher Umbruch bevorstehe oder im Gange sei, dem man sich zu stellen habe, war während der achtziger Jahre mit Blick auf die potenzielle Wirkung von Informationstechnologien, ob diese nun positiv oder negativ antizipiert wurden, in jedem Fall ausgeprägt.

Dies betraf aber nicht nur die Gesellschaften des Westens. Die sogenannte Informationsrevolution war ein globales Phänomen, das Zentren und Peripherien hervorbrachte.[114] Auf sowjetischer Seite wurde ihre Wichtigkeit für die gesellschaftliche Modernisierung und Dynamisierung sowie die ökonomische Leistungsfähigkeit des Staates ebenfalls erkannt.[115] Vor allem unter Gorbatschow wurden Maßnahmen ergriffen, um die Informatik im Schulunterricht zu implementieren und die entsprechende Infrastruktur aufzurüsten.[116] Eigene sowjetische Personal Computer wurden hergestellt. Das Vorhaben, eine sowjetische Variante der Informationsgesellschaft herbeizuführen, scheiterte dann an mangelndem Know-how, da nach dem Einmarsch in Afghanistan die Exportrestriktionen und -kontrollen der Schlüsseltechnologien, zuvorderst Mikrochips und Mikroprozessoren, von US-amerikanischer Seite wieder verschärft wurden. Die Liste der vom Coordinating Committee for East West Trade Policy, kurz CoCom,[117] mit Exportrestriktionen belegten Technologien war dabei aber nicht unbedingt vollumfänglich auch für die Staaten des Ostblocks gültig. Die Staaten Westeuropas beteiligten sich überhaupt nicht an den Handelsbeschränkungen.[118] Insbesondere Ungarn entwickelte sich, aufgrund seiner in wirtschaftlichen Fragen relativ liberalen Ausrichtung, zu einem Zentrum für Computertechnologie im Ostblock und einer Drehscheibe für den

---

113 Vgl. Briggs/Burke, Social History of the Media, S. 233f.; Jochen Steinbicker: Zur Theorie der Informationsgesellschaft. Ein Vergleich der Ansätze von Peter Drucker, Daniel Bell und Manuel Castells, Wiesbaden 2011, S. 12–19, sowie, mit einem Schwerpunkt auf Deutschland, Jürgen Danyel: Zeitgeschichte der Informationsgesellschaft, in: Zeithistorische Forschungen/Studies in Contemporary History, Bd. 9, H. 2, 2012, S. 186–211, hier S. 193–202. Seymour E. Goodman: The Information Technologies and Soviet Society: Problems and Prospects, in: IEEE Transactions on Systems, Man, and Cybernetics, Bd. 17, Nr. 4, 1987, S. 529–552, hier S. 547f. Zum Diskurs der Überwachung in Deutschland vgl. Nicolas Pethes: EDV im Orwellstaat. Der Diskurs über Lauschangriff, Datenschutz und Rasterfahndung um 1984, in: Irmela Schneider/Christina Bartz/Isabell Otto (Hrsg.): Medienkultur der 70er Jahre, Wiesbaden 2004, S. 57–75, hier. S. 63–68; Friedman, Electric Dreams, S. 81–120.
114 Vgl. Zeiler, Offene Türen, S. 319f.; Armand Mattelart: Kleine Geschichte der Informationsgesellschaft, Berlin 2003, S. 102–116.
115 Vgl. Goodman, The Information Technologies, S. 540f.
116 Vgl. ebd., S. 537–539.
117 Vgl. Zeiler, Offene Türen, S. 207.
118 Vgl. Wilfried Loth: Staaten und Machtbeziehungen im Wandel, in: Akira Iriye/Jürgen Osterhammel (Hrsg.): Geschichte der Welt, Bd. 6: 1945 bis heute – Die globalisierte Welt, München 2013, S. 15–158, hier S. 141.

Kontakt mit dem Westen.[119] Die Exportrestriktionen konnten zudem nicht verhindern, dass sich in der Sowjetunion eine Heimcomputer-Szene bildete.[120] Die Sowjetunion hatte sich über Schmuggel, Schwarzmarkt und die Praxis des Reverse Engineering Zugang zu den maßgeblichen Technologien verschafft. Diese Tatsache veranlasste wiederum einige Akteurinnen und Akteure auf westlicher Seite offen über die Sinnhaftigkeit der Exportbeschränkungen nachzudenken, schienen die Restriktionen doch wenig effektiv. Aus westlicher, insbesondere US-amerikanischer, Perspektive drohte die Sowjetunion zum Konkurrenten auf potenziellen Exportmärkten zu werden. Die Lücke im Bereich der für private Nutzerinnen und Nutzer verfügbaren Informationstechnologie vermochte der kommunistische Staat jedoch zu keiner Zeit zu schließen.[121]

Dass der Personal Computer sich dort nicht in demselben Ausmaß wie im Westen etablieren konnte, eröffnete die Möglichkeit, diese technologische Lücke kulturell als Unterschied zwischen dem westlichen Verständnis des PCs als Ware und damit als Unterhaltungsinstrument und Werkzeug individueller Selbstverwirklichung und dem sowjetischen PC als Arbeitsinstrument zu kommunizieren. In Bezug auf die populärkulturelle Konstruktion des Kalten Krieges kam der Informationstechnologie, und damit den Computerspielen, die Rolle eines Markers für technischen Vorsprung und individuelle Entfaltung zu. Als Illustration hierfür mag der Einstieg einer im US-amerikanischen Computermagazin *Byte* im Jahr 1984 erschienen Reportage über den sowjetischen Heimcomputer Agat dienen:

„The average Soviet citizen would be startled to hear about personal computers. A computer? In the house? Ne voz moshna – impossible! In Russia, the language does not even have a word for 'private', the manufacturing emphasis is definitely not on consumer goods, the thought of having a dishwasher is a flight of fancy, and the thought of having your own computer certainly is Peter Pan time."[122]

Der PC wird in dieser Passage als ein mit der sozioökonomischen Realität der Sowjetunion völlig unvereinbares Produkt eingeführt. Die Reportage informiert so nicht nur über den Stand der dortigen Informationstechnologie, sondern verrät vor allem, dass sie aus US-amerikanischer Sicht mit den epochenprägenden, kulturellen Prinzipien der Individualität und Wahlfreiheit und damit mit westlichen Werten verflochten waren.

---

119 Vgl. Magyarsoft, in: The Economist, 19.11.1983, S. 78.
120 Vgl. Zbigniew Stachniak: Red Clones: The Soviet Computer Hobby Movement of the 1980s, in: IEEE Annuals of the History of Computing, Bd. 37, Nr. 1, 2015, S. 12–23.
121 Vgl. Goodman, The Information Technologies, S. 530.
122 Leo D. Bores: AGAT: A Soviet Apple II Computer, in: BYTE. The small systems journal, Bd. 9, Nr. 12, 1984, S. 134–140, hier S. 135.

3.4. Revolutionen und Zusammenbruch

3.4.1. Ende des Kalten Krieges – Ende seiner Denkmuster?

Missile Command war in seiner ursprünglichen Version ein Arcade- und damit ein Spielhallenspiel und wurde auf der Hardware eines Spielautomaten gespielt, was bedeutete, dass es sich durch den Einwurf von Münzen starten ließ. Entsprechend der kommerziellen Ausrichtung solcher Spiele war *Missile Command* darauf ausgelegt, prinzipiell ewig, jedenfalls solange zu laufen, wie die Fähigkeiten der Spielerinnen und Spieler oder die Funktionalität der Hardware es erlaubten. Wollte man das Spiel als eine Modellierung der Situation des Zweiten Kalten Krieges sehen, wie das ja viele zeitgenössische Beobachter und Beobachterinnen getan haben, so schien dieser Aspekt der Zeitlichkeit darauf hinzudeuten, dass es zu den Merkmalen des Systemkonfliktes gehörte, dass sein Ende schwer bis unmöglich zu denken war. War *Missile Command* beendet, war nicht wie üblich ‚game over‘, sondern ‚the end‘ auf dem Bildschirm zu lesen. Darin wurde mitunter ein Kommentar zur Ausweglosigkeit der Situation des Kalten Krieges gesehen. Mit dem Zusammenbruch der Verteidigungslinien schien in *Missile Command* nicht nur ein Spiel, sondern die ganze Spielwelt zu Ende zu gehen. Das Spiel demonstrierte somit auch das Ende des Systemkonfliktes als Teil des Undenkbaren. Das entsprach einer gängigen Sicht auf den Kalten Krieg in seiner letzten Phase.

Der Zusammenbruch des Ostblocks und der Sowjetunion ereignete sich als rasche Aufeinanderfolge mehrerer Erhebungen im Zeitraum zwischen 1989 und 1991, die in den Staaten des Ostblocks ihren Anfang nahm. Trotz der Entspannung um die Mitte des Jahrzehnts stellten die Ereignisse der Jahre 1989 und 1991 eine weitgehende Überraschung dar. Gorbatschow hatte schließlich zu keiner Zeit die Auflösung der Sowjetunion als politisches Ziel formuliert, sondern vielmehr eine gesellschaftspolitische Reform und die friedliche Koexistenz mit dem Westen im „gemeinsamen Haus Europa" angestrebt.[123] Seine Reformpolitik, insbesondere die Zurücknahme der Breschnew Doktrin, die Lockerung der Zensur und das Zugeständnis nationaler Eigenständigkeit der Sowjetrepubliken, setzte jedoch eine politische Dynamik frei, die schließlich zur Desintegration der Sowjetunion und des Ostblocks führte und im Jahr 1991 mit der Auflösung der Sowjetunion ihren Abschluss fand.[124]

---

123 Vgl. Michail Gorbatschow: Perestroika. Die zweite russische Revolution. Eine neue Politik für Europa und die Welt, München 1989, S. 252–254.
124 Vgl. Stephen Kotkin: Armageddon Averted. The Soviet Collapse 1970–2000, Oxford/New York, NY 2008, S. 58–112.

In den meisten Fällen drängte eine seit Jahren, wenn nicht Jahrzehnten, schwelende Unzufriedenheit an die tagespolitische Oberfläche. Die Risse, die dadurch sichtbar wurden, verliefen oft genug entlang unterdrückter Erinnerungen, Identitäten und Konflikte und zeigten somit eine Rückkehr der Geschichte an.[125] So war es beispielsweise in Ungarn, wo die Rehabilitation von Imre Nagy, und damit implizit des Aufstandes von 1956, im Jahr 1989 eine wichtige Station des Endes der kommunistischen Herrschaft markierte.[126] Über die Staaten des Ostblocks griff die Welle der Revolutionen schließlich auf die Sowjetunion über und manifestierte sich zunächst in Unabhängigkeitsdeklarationen einzelner Teilrepubliken, die vereinzelt noch gewaltsam niedergeschlagen wurden, schließlich aber Russland selbst erfassten. Am 21. Dezember 1991 gab Gorbatschow, ab 1990 in der Funktion des neu geschaffenen Amtes des Staatspräsidenten, die Auflösung der Sowjetunion bekannt, nachdem er sich gegen einen Putschversuch im August desselben Jahres nur mithilfe seines Konkurrenten und Präsidenten der russischen Teilrepublik, Boris Jelzin, hatte wehren können. Formal hörte die Sowjetunion am 31.12.1991 auf zu existieren.[127]

Im Rückblick erschien vor allem die Tatsache bemerkenswert, dass dieser Prozess des Zusammenbruchs eines ganzen Gesellschaftssystems, mit Ausnahme der Ereignisse in Rumänien, gemessen an historischen Beispielen ähnlicher Größenordnung verhältnismäßig friedlich und unblutig verlaufen war.[128] Vielleicht noch auffälliger war der Umstand, dass politische Entscheidungsträgerinnen und -träger ebenso wie Beobachterinnen und Beobachter von diesen Entwicklungen größtenteils überrascht worden waren.[129]

---

125 Vgl. Remnick, Lenin's Tomb, S. 36–51; Vladimir Tismaneanu: The Revolutions of 1989: Causes, Meanings, Consequences, in: Contemporary European History, Bd. 18, Nr. 3, 2009, S. 271–288; David Satter: It Was a Long Time Ago, and It Never Happened Anyway. Russia and the Communist Past, New Haven, CT/London 2012, S. 29–48.

126 Vgl. Andreas Oplatka: Hungary 1989: Renunciation of Power and Power-Sharing, in: Wolfgang Mueller/Michael Gehlen/Arnold Suppan (Hrsg.): The Revolutions of 1989. A Handbook, S. 77–113, hier S. 80–84; Stöver, Der Kalte Krieg, S. 443.

127 Vgl. ebd., S. 459–462; Zubok, A Failed Empire, S. 330–333.

128 Vgl. Adam Roberts: An 'incredibly swift transition': reflections on the end of the Cold War, in: Leffler/Westad (Hrsg.): The Cambridge History of the Cold War, Bd. 3, S. 513–535, hier S. 532; Tismaneanu, The Revolutions of 1989, S. 274. Dabei dürfen natürlich die Ereignisse auf dem Tiananmen-Platz nicht unerwähnt bleiben, die, neben den Ereignissen in Rumänien, dieses Bild der friedlichen Revolution trüben.

129 Vgl. Craig/Logevall, America's Cold War, S. 342; Tismaneanu, The Revolutions of 1989, S. 274; Christopher I. Xenakis: What Happened to the Soviet Union? How and Why American Sovietologists Were Caught by Surprise, Westport, CT 2002, S. 16–20; David Arbel/Ran Edelist: Western Intelligence and the Collapse of the Soviet Union. 1980–1990. Ten Years that did not Shake the World, London/Portland, OR 2003, S. 176–180, 207–248. Vgl. auch Roberts, An 'incredibly swift

In den Ereignissen von 1989 bis 1991 schien sich das Prinzip der Kontingenz der Geschichte zu zeigen und zu bestätigen. Dies schuf einen Bedarf an Erklärungen. Francis Fukuyama lieferte mit seiner bekannten und kontroversen These des Endes der Geschichte unmittelbar nach bzw. beinahe parallel zu den Ereignissen ein neokonservativ geprägtes Angebot zur Orientierung und narrativen Schließung.[130] Aus dieser triumphalistischen Perspektive schien am Ende des Kalten Krieges der Westen, schienen insbesondere die USA, der klare Gewinner zu sein, dessen politisches und ökonomisches System nunmehr globale Gültigkeit erlangt und den Wettstreit der modernen Ideologien zu seinen Gunsten entschieden hatte.[131] Demgemäß wäre die Geschichte, als Auseinandersetzung zwischen den großen Ideologien der Moderne, an diesem Punkt zu ihrem Ende gekommen. Nach den Geschehnissen von 1989–1991 erfolgte dann der Umbau der sozialistischen Staaten in einer solchen Geschwindigkeit, dass es schien, als arbeite man in Bezug auf Fukuyamas These an einer selbsterfüllenden Prophezeiung.[132]

Dieser triumphalistischen Sicht standen skeptische Stimmen gegenüber, die in Bezug auf die politische Stabilisierung postsozialistischer Gesellschaften durchaus auch Bedenken äußerten. Das Ende der Sowjetunion gab aus dieser Perspektive nicht unbedingt Anlass zu bedingungsloser Freude, sondern generierte, ganz im Sinne der Logik der Gefahr des Unvorhergesehen, Befürchtungen darüber, was als nächstes passieren würde oder könnte.[133] Aus solchen Stimmen sprach die Logik des Misstrauens und der Täuschung, die so signifikant für den Kalten Krieg gewesen war und nach dem Ende der Sowjetunion weiter bestehen blieb. Hier kam schließlich auch die Frage nach dem Ende des Kalten Krieges ins Spiel, die sich auf mehrere Arten beantworten lässt. Eine mögliche Sichtweise besteht darin, das Jahr 1989 als Ende des Konfliktes zu sehen. Die militärische Konfrontation war zu diesem Zeitpunkt durch die Abrüstungsverhand-

---

transition', S. 515–518, der einen Überblick über diejenigen Stimmen gibt, die zumindest eine größere strukturelle Veränderung in der Sowjetunion und den Ländern des Ostblocks vorhergesehen hatten, und der damit diesem Narrativ widerspricht.

130 Vgl. Francis Fukuyama: The End of History and the Last Man, New York, NY 2006, S. XI–XXIII.

131 Vgl. Ellen Schrecker: Introduction. Cold War Triumphalism and the Real Cold War, in: dies. (Hrsg.): Cold War Triumphalism. The Misuse of History after the Fall of Communism, New York, NY 2004, S. 7–10; Bruce Cumings: Time of Illusion: Post-Cold War Visions of the World, in: ebd., S. 71–99, hier S. 77–89.

132 Zur Geschwindigkeit vgl. Rodgers, Age of Fracture, S. 247–255; Ther, Die neue Ordnung auf dem alten Kontinent, S. 30–33.

133 Eine an die Zeiten des Kalten Krieges erinnernde Episode ereignete sich im Jahr 1995 und kann als Beleg für die Persistenz der Bedrohung gelesen werden, vgl. Schrecker, Introduction, S. 16. Vgl. außerdem Cumings, Time of Illusion, S. 89–95; Tismaneanu, The Revolutions of 1989, S. 277; G. John Ikenberry: The restructuring of the international system after the Cold War, in: Leffler/ Westad, The Cambridge History of the Cold War, Bd. 3, S. 535–556, hier S. 538–544; Horelick, The West's Response, S. 1–7.

lungen so gut wie beendet und das sowjetische System bis zur Unkenntlichkeit um-
gestaltet, so dass eine mit den Jahrzehnten zuvor nur mehr schwer vergleichbare Lage
herrschte, mithin also die Voraussetzungen, um von einem Kalten Krieg in diesem Sinn
sprechen zu können, nicht mehr gegeben waren.[134] Es ließe sich aber gleichermaßen
argumentieren, dass einige seiner Denkmuster und -figuren den Zusammenbruch der
Sowjetunion überdauerten.[135] Und schließlich entwickelte sich mit wachsender zeit-
licher Entfernung und mitunter befördert durch die teils extreme sozioökonomische
Spaltung der postsozialistischen Gesellschaften,[136] die durch die Strukturreformen entstanden war, zudem eine nostalgische Sicht auf das untergegangene sowjetische bzw.
realsozialistische Gesellschaftssystem, die im Deutschen mit der Wortschöpfung ‚Ostal-
gie‘ umschrieben wird.[137]

3.4.2. Sinngebung und der Verlust der Wahrscheinlichkeit

Für das Verhältnis der Populärkultur zu den Ereignissen der Jahre 1989 bis 1991 sind
die bereits angesprochene Geschwindigkeit und Unvorhersehbarkeit ebenfalls ausschlaggebende Faktoren. Die Episode um Günter Schabowski hatte gezeigt, wie sehr
Medien Politik machten bzw. die Politik sich der Massenmedien bediente. Es waren vor
allem die tagesaktuellen Berichte in Rundfunk und Printmedien, die mit den Ereignissen noch Schritt halten konnten und das öffentliche Bedürfnis befriedigten, die Vorgänge zu verstehen.[138] Es scheint, als wäre der kommerzielle Film hierzu entweder nicht
fähig oder nicht willens gewesen. Stattdessen erschienen kurz nach bzw. zum Teil fast
zeitgleich mit den Umbrüchen von 1989 und dem Putsch von 1991 Reportagen und
Quellensammlungen.[139] Bezeichnenderweise findet sich in einer Liste zum Kalten Krieg
in der Populärkultur, die vom Magazin *The A. V. Club* erstellt wurde, in Bezug auf die
Verarbeitung der Abläufe in audiovisuellen Medien kein direkter Verweis. Die Liste enthält als Endpunkt die Erwähnung der Berichterstattung des Nachrichtensenders CNN

---

134 Vgl. Brown, The Gorbachev revolution, S. 262.
135 Vgl. Steven Belletto: No Accident, Comrade. Chance and Design in Cold War American Narratives,
Oxford 2012, S. 129–145, zum Aspekt des Weiterlebens des Kalten Krieges in der Literatur. Vgl.
auch Ikenberry, The Restructuring of the International System, S. 555f.
136 Vgl. Ther, Die neue Ordnung auf dem alten Kontinent, S. 89–122.
137 Vgl. Serguei Alex Oushakine: „We're nostalgic but we're not crazy": Retrofitting the Past in Russia, in:
The Russian Review, Bd. 66, Nr. 3, 2007, S. 451–482; Satter, It Was a Long Time Ago, S. 95–111, 128f.
138 Vgl. Sarotte, 1989, S. 38–45.
139 Vgl. beispielsweise David Remnicks Reportage Lenin's Tomb, die im Jahr 1993 erschien und den
Pulitzer Preis erhielt; Tina Delavre: Der Putsch in Moskau. Berichte und Dokumente, Frankfurt am
Main/Leipzig 1992.

über den zweiten Golfkrieg, der hier für ein neues Paradigma der Kriegsführung und -berichterstattung steht.[140] Es scheint, als wäre die Geschichte so unvermittelt und unangekündigt in das System des Kalten Krieges eingedrungen, dass sich ihre populärkulturelle Verarbeitung auf die mehr oder weniger in Echtzeit erfolgende Berichterstattung in den Nachrichtenmedien beschränkt habe. Zumindest scheint dies für die westliche, vor allem US-amerikanische Sicht auf 1989/1991 zu gelten.[141] In der Sowjetunion finden sich zumindest während der Phase der Glasnost-Politik kritische Werke,[142] die vermuten lassen, dass auch auf den Zusammenbruch der Sowjetunion reagiert worden war.

In Deutschland, wo das Geschehen konfrontativer als in anderen Ländern verlaufen und damit offener sichtbar gewesen war und nicht, wie beispielsweise in Polen, die Form von politischen Verhandlungen und des graduellen Überganges angenommen hatte,[143] erschienen bereits unmittelbar nach deren Ende erste sogenannte Nachwendefilme.[144] Global betrachtet hielt sich die Populärkultur in Bezug auf die Dramatisierung der Ereignisse allerdings offenbar zurück. Die oft genug triumphalistisch gefärbten Bewertungen stammten eher von einzelnen Kommentatorinnen und Kommentatoren bzw. Nachrichtenmedien.[145] Möglicherweise erwiesen sich die Ereignisse in einem solchen Ausmaß ‚larger than life‘, dass eine auf kommerzielle Verwertbarkeit gerichtete Dramatisierung zu dem Zeitpunkt nicht erfolgversprechend anmutete.

Die bereits erwähnte Übersicht des Magazins *The A.V. Club* über den Kalten Krieg in der Populärkultur verzeichnet, neben dem Verweis auf die CNN-Reportagen, außerdem einen Eintrag eines populärkulturellen Produktes dieser allerletzten Phase des Kalten Krieges, das sich, in prophetischer Weise, mit dem Ende der Sowjetunion auseinandersetzte. Der Song *Train on Fire* der sowjetischen Rockgruppe Akvarium aus dem Jahr 1988 wird darin als hellsichtiges Porträt der sowjetischen Gesellschaft kurz vor ihrem Ende ange-

---

140 Vgl. A.V. Club: The Cold War. A Pop-Culture Timeline, in: Onion Inc. (Hrsg.): A.V. Club, URL: http://www.avclub.com/special/cold-war/timeline (Stand: 01.08.2020).

141 Die sowjetisch-britische Koproduktion Soviets wurde z.B. ebenfalls in Form mehrerer Kurzdokumentationen veröffentlicht.

142 Dabei kann Tengis Abuladses Die Reue aus dem Jahr 1984 als paradigmatisch gelten. Vgl. zu Wirkung und Position des Films im sowjetischen System und der Glasnost-Politik Remnick, Lenin's Tomb, S. 44–46.

143 Philipp Ther: 1989 – Eine verhandelte Revolution, Version 1.0, in: Docupedia-Zeitgeschichte, 11.02.2010, URL: http://docupedia.de/zg/1989 (Stand: 01.08.2020).

144 Vgl. Ralf Schenk: Die DDR im deutschen Film nach 1989, in: Aus Politik und Zeitgeschichte, Nr. 44, 2005, S. 31–38, der feststellt, dass diese frühen filmischen Auseinandersetzungen relativ schnell in Vergessenheit gerieten. In den frühen zweitausender Jahren wurden die DDR und die ‚Wende‘ wieder verstärkt Gegenstand filmischer Auseinandersetzungen.

145 Bruce Cumings formulierte es wie folgt: „The end of the Cold War thus prompted a spate of melodramatic literature seeking to give meaning to this evidently cataclysmic event, a genre which we might label 'the end of the Cold War and me'." Cumings, Time of Illusion, S. 76. Vgl. auch ebd., S. 76f.

führt.[146] Damit ist die Popmusik angesprochen, ein Teilbereich der Populärkultur, der den Zusammenbruch tatsächlich begleitete oder sogar mit vorbereitet hatte. Im Besonderen gelten drei Songs als musikalische Untermalung oder Soundtrack der Wende. *Wind of Change* der deutschen Band The Scorpions, *I am looking for freedom* des US-amerikanischen Sängers und Schauspielers David Hasselhoff, der damit im Jahr 1989 sogar auf der Berliner Mauer auftrat, sowie *Rockin' in the Free world* des kanadischen Musikers Neil Young. Letzteres dürfte im Übrigen einen Fall der politischen Umdeutung eines vom Künstler anders intendierten Songs darstellen.[147] Die Videos zu *Wind of Change* und *Rockin' in the Free world* haben dabei gemeinsam, dass sie offensichtlich aus den Nachrichtenmedien stammendes Bildmaterial zeigten, das sich unter anderem auf die Wende bezog. Es hat den Anschein, als ob in diesem Fall die Ereignisse selbst durch eine Dramatisierung und Fiktionalisierung nicht mehr zu übertreffen gewesen wären. Der Rückgriff auf die ‚Realität' bzw. auf dokumentarische Darstellungen genügte offensichtlich.

Das Prinzip des infiniten Regresses bot nach dem Ende des Kalten Krieges weiterhin Möglichkeiten für seine populärkulturelle Verarbeitung. Paradigmatisch für das an der Logik der Täuschung geschulte Misstrauen kann das 1995 veröffentlichte Buch *The Perestroika Deception* des übergelaufenen KGB Agenten Anatoli Golitsyn gelten. An den in den achtziger Jahren veröffentlichten Vorgänger *New Lies for Old* anknüpfend, entwickelte Golitsyn darin die These, dass der Zusammenbruch der Sowjetunion ein gewaltiges, vom KGB eingefädeltes Täuschungsmanöver gewesen sei.[148] Die damit aufgeworfene Frage, ob der Kalte Krieg damit zu Ende sei oder nicht vielmehr im Verborgenen weiterlaufe, wurde von der Populärkultur aufgenommen. Zumeist führten die dementsprechenden Narrative kriminelle Vereinigungen von ehemaligen sowjetischen Funktionsträgern ein, die sich anschickten, die fragile postsowjetische Ordnung zu destabilisieren.[149] *Goldeneye* (1995), der erste nach der Wende gedrehte Film der James Bond-Reihe, basiert im Grunde auf einem solchen Plot. Gleichzeitig wurde der populärkulturelle Kalte Krieg mit diesem zentralen Beispiel von einer seiner markantesten Symbolfiguren beendet. Die im Jahr 1998 erstmals ausgestrahlte Episode *Simpson Tide* der US-amerikanischen Fernsehserie *The Simpsons,* in der Lenin als Untoter wieder aufersteht, ironisierte bereits das Motiv des im Verborgenen weiterlaufenden Kalten Krieges und begrub es damit gleichzeitig.

---

146 Vgl. A.V. Club, The Cold War.

147 Wie das bereits bei der Vereinnahmung von Bruce Springsteens Song Born in the USA durch Ronald Reagan der Fall gewesen war. Vgl. Dave Marsh: Bruce Springsteen, Hamburg 2009, S. 157.

148 Vgl. Anatoliy Golitsyn: The Perestroika Deception. The world's slide towards the 'Second October Revolution' [Weltoktober], London/New York, NY 1995, insbes. S. XVII-XXVI.

149 Vgl. Fukuyama, The End of History, S. 36, zur Fragilität der postsowjetischen Ordnung, die viele, wie er ausführt, auch durch nationalistische bzw. faschistische Tendenzen bedroht sahen.

Neben der populärkulturellen Form seiner Reaktualisierung wurde die Epoche nach ihrem Ende schließlich zudem in nostalgischer Form in der Populärkultur behandelt. Die Sehnsucht nach der alten Ordnung konnte sich dabei zum einen auf die geopolitisch und ideologisch relativ klare Bipolarität der Konfrontation beziehen, somit also auch die politische Unübersichtlichkeit der Gegenwart auf dieser Grundlage diagnostizieren, zum anderen wurde ein nostalgischer Blick auf die untergegangene sozialistische Gesellschaft geworfen, die mitunter als Reaktion auf die sozioökonomischen Folgen der Strukturanpassungen verstanden werden kann.[150]

3.4.3. Populärkultur und postmodernes Geschichtsverständnis

Dass die neoliberale Revolution der „langen" achtziger Jahre auch eine Form der Wiederkehr war und damit ein besonderes Verhältnis zur Vergangenheit und Geschichte unterhielt, zeigte sich bereits an ihrer Bezeichnung und dem dadurch ausgedrückten Rückgriff auf entsprechende Theorietraditionen.[151] Der Umgang mit Vergangenheit und Geschichte war aber ebenso in der pragmatischen Umsetzung neoliberaler Politik entscheidend, die außerdem durch den Appell an althergebrachte Werte einer imaginierten, nationalen Kultur durchgesetzt wurde.[152] Der bewusste Rückgriff auf Geschichte zur Legitimation aktueller Anliegen korrespondierte mit einer während der achtziger Jahre allgemein festzustellenden kulturellen und populärkulturellen Faszination für dieses Themenfeld.[153]

Dieser Rekurs auf die Vergangenheit folgte häufig der Logik der als Postmoderne bezeichneten Strömung.[154] Die vielleicht zentrale Konsequenz einer postmodernen

---

150 Vgl. Oushakine, „We're nostalgic but we're not crazy", S. 451f.; Satter, It Was a Long Time Ago, S. 95–111, 128f.

151 Mitunter wird, insbesondere in wirtschaftswissenschaftlichen Betrachtungen, ebenso von Neoklassik gesprochen.

152 Vgl. Doering-Manteuffel/Raphael, Nach dem Boom, S. 68f.

153 Vgl. Rodgers, Age of Fracture, S. 221.

154 Unter diesem Begriff sammeln sich kulturelle und geistige Strömungen, die zunächst am deutlichsten in der Architektur sichtbar wurden und dann vor allem Kunst und Kultur sowie die Philosophie betrafen. Sie können in ihrer Gesamtheit an dieser Stelle nicht einmal annähernd adäquat abgebildet werden. Vgl. für eine detaillierte Darstellung vor allem Harvey, The Condition of Postmodernity, Frederic Jameson: Postmodernism. Or, the Cultural Logic of Late Capitalism, Durham 1991. Es steht zudem in Frage, inwiefern überhaupt von einer eigenen Periode gesprochen werden kann bzw. sollte. Jedenfalls scheint der Begriff Postmoderne aber nützlich, um bestimmte ästhetische und mediale Strategien zusammenfassend zu beschreiben, die in den achtziger Jahren auf einer breiteren, populärkulturellen Basis wirksam zu werden begannen, deren Genealogien aber bis in die fünfziger und sechziger Jahre zurückreichen. Vgl. Alan Nadel: Containment Culture. American Narratives, Postmodernism and the Atomic Age, Durham/London 1995, S. 297–300, 155–204.

Sicht ist die von Jean François Lyotard vorgebrachte und hier in aller notwendigen Knappheit auszuführende These des Endes der großen Erzählungen in der Geschichtsschreibung.[155] Der Kalte Krieg, insbesondere die Situation der atomaren Aufrüstung und wechselseitigen Abschreckung, wird dabei oftmals als einer der Urgründe postmoderner Theorie angesehen.[156] Als Undenkbares eröffnete der Nuklearkrieg die Möglichkeit die Realität, und damit die Geschichte, unter den Voraussetzungen der Kontingenz und des infiniten Regresses zu denken. Ersteres entspricht der kritischen Auseinandersetzung mit den großen Erzählungen, die das Vergangene als eine Abfolge von kausalen Reaktionen begreifen. Postmodernes Denken führte hingegen Zufall und Kontingenz als Leitprinzipien in die Geschichtsschreibung ein. Der Aspekt des infiniten Regresses, der die prinzipielle Undurchsichtigkeit der Intentionen des jeweiligen Gegenübers in der atomaren Abschreckungssituation bezeichnete, entsprach dem philosophischen Prinzip der Dekonstruktion.[157] Die Erzählung wurde folgerichtig zu einer zentralen Analyse- und Darstellungsstrategie: „The forms of narrative are revealed not simply as being an aesthetic means of representing an already present (albeit problematic) reality in time, but rather as being a fundamental means of constituting reality as temporal to begin with. With this conception, there is not first action in time, and then narrative, but rather the other way around."[158] Für das Verständnis von Geschichte hatten solche postmodernen Positionen die Konsequenz, dass große Erzählungen, auch als solche identifizier- und analysierbar wurden.[159] Das Verhältnis von Geschichte und Vergangenheit, also der historischen Darstellung und ihrer in der Vergangenheit liegenden Referenzpunkte, erwies sich als von narrativen Strategien geprägt.[160] Die großen Erzählungen verloren dadurch scheinbar ihre allumfassende Gültigkeit.[161]

---

155 Vgl. Hans-Jürgen Goertz: Unsichere Geschichte, Stuttgart 2001, S. 105; Peter Engelmann: Einführung: Postmoderne und Dekonstruktion. Zwei Stichwörter zur zeitgenössischen Philosophie, in: ders. (Hrsg.): Postmoderne und Dekonstruktion. Texte französischer Philosophen der Gegenwart, Stuttgart 1990, S. 5–33, hier S. 11–13; Jean-François Lyotard: Randbemerkungen zu den Erzählungen, in: ebd., S. 49–53.

156 Vgl. Tony Jackson: Postmodernism, Narrative and the Cold War Sense of an Ending, in: Narrative, Bd. 8, Nr. 3, 2000, S. 324–338, hier S. 327; Steven Belletto: Inventing other Realities: What the Cold War means for Literary Studies, in: Joel Isaac/Duncan Bell (Hrsg.): Uncertain Empire. American History and the Idea of the Cold War, Oxford 2012, S. 75–91, hier S. 84–86; Nadel, Containment Culture, S. 13–53.

157 Vgl. Jackson, Postmodernism, S. 326.

158 Ebd., S. 334.

159 Vgl. als bekanntestes Beispiel Hayden White: Metahistory. Die historische Einbildungskraft im 19. Jahrhundert in Europa, 2. Aufl., Frankfurt am Main 2008, S. 15–57.

160 Vgl. Goertz, Unsichere Geschichte, S. 117f.

161 Vgl. ebd., S. 103–118.

Im Lauf der achtziger Jahre berührten solche theoretischen Erkenntnisse zunehmend die populärkulturelle Praxis. Postmoderne bedeutete hier mit den Zeichen als (vor allem visuellen) Oberflächen spielen zu können, ohne zu viele Gedanken darauf verwenden zu müssen, was sie jeweils bezeichneten. Für die populärkulturelle Sicht auf Geschichte hatte dies die Konsequenz, dass in postmodern geprägten Zugriffen die Zeit gewissermaßen gefaltet werden konnte, die Vergangenheit also als individuelle Ausdrucksform im Hier und Jetzt beliebig einsetzbar gedacht wurde.[162] Der postmoderne Umgang folgte dabei einer Logik des Bastelns und Zusammensetzens, der Geschichte als Warenlager und ihrer Darstellung als Pastiche und Spiel.[163] Der Philosoph Jean Baudrillard nahm im Jahr 1978 einen von dieser Logik geprägten Trend zum Historischen im zeitgenössischen Kino wahr: „In dieser Leere fließen die Phantasmen einer versunkenen Geschichte zusammen, in ihr sammelt sich das Arsenal der Ereignisse, Ideologien und Retro-Moden – nicht so sehr deshalb, weil die Leute daran glauben oder darauf noch irgendeine Hoffnung gründen, sondern einfach, um die Zeit wiederaufleben zu lassen, in der es wenigstens Geschichte gab [...]. Alles ist gut, um nur dieser Leere zu entkommen."[164] Die Aussage verdeutlicht zugleich die dezidiert kulturkritisch geprägte Seite der Auseinandersetzung mit der Postmoderne, als deren Hauptvertreter Baudrillard galt.[165] In dieser Variante postmodernen Denkens drohte die Realität von ihrem Abbild ununterscheidbar zu werden und dahinter zu verschwinden.[166]

Die Reaktivierung des Kalten Krieges in der ersten Hälfter der achtziger Jahre trug insbesondere im Westen mitunter Züge eines postmodernen Geschichtsverständnisses. In der reformorientierten Politik in der Sowjetunion der zweiten Hälfte der Dekade wurde Geschichte hingegen als Aufarbeitung einer bis dahin unterdrückten und verschwiegenen Vergangenheit wieder ganz konkret zu einem politischen Faktor.[167]

---

162 Vgl. für diese Überlegung bzw. diese Formulierung Rodgers, Age of Fracture, S. 224.

163 In Bezug auf die Architektur, in der die Postmoderne sich als Stil früher als in anderen Kunstgattungen bemerkbar machte, wird Las Vegas häufig als das Musterbeispiel für einen postmodernen Umgang mit vergangenen Elementen, in diesem Fall Baustilen und Monumenten, angeführt. Vgl. Harvey, The Condition of Postmodernity, S. 66–99; Jameson, Postmodernism, S. 2, 16–25; John Docker: Postmodernism and Popular Culture. A Cultural History, Cambridge 1994, S. 273–285.

164 Jean Baudrillard: Kool Killer, Berlin 1978, S. 50.

165 Zentrale These ist der Siegeszug der Simulation, vgl. z.B. Jean Baudrillard: Agonie des Realen, Berlin 1978, S. 10–16.

166 Vgl. Philipp Felsch: Der lange Sommer der Theorie. Geschichte einer Revolte 1960–1990, München 2015, S. 155–160.

167 Vgl. Remnick, Lenin's Tomb, S. 36–51.

3.5. Computerspiele und Kalter Krieg

In und um *Missile Command* bündelten sich also einige zentrale Grundmotive des populärkulturellen Kalten Krieges in seiner letzten Phase. Das Spiel handelte von der Angst vor dem Undenkbaren des Nuklearkrieges, von aktuellen Waffensystemen, seiner Entstehungszeit und den Szenarien, die sie hervorriefen. Als Videospiel im Allgemeinen ist *Missile Command* zudem geradezu ein Symbol einer Periode und ihrer Kultur, die von Materialität, individuellem Reichtum und individueller Leistung, Konkurrenzkampf und postindustriellen Arbeitsverhältnissen fasziniert war.[168] Gleichermaßen stand es für die Verheißungen und Gefahren der Informationstechnologien, ihrer massenhaften Verbreitung und populärkulturellen Wirkung. *Missile Command* lässt zudem, insbesondere was die Geschichte seiner gescheiterten Fortsetzung betrifft, auf die Phase der Kooperation und neuerlichen Détente ab der Mitte der achtziger Jahre blicken. Sein Endbildschirm wiederum lässt sich mit den Ereignissen der Wende der Jahre 1989 bis 1991 in Verbindung bringen. Es funktioniert kurzum tatsächlich als ein Rorschachtest des Kalten Krieges, dies hauptsächlich deswegen, weil *Missile Command* niemals aktiv behauptet hatte, explizit vom Kalten Krieg zu handeln. Das Spiel enthielt genügend Referenzen, um dies nahezulegen, so dass Spielerinnen und Spieler das so wahrnehmen konnten.[169] Der Umstand, dass dies auf die meisten tatsächlich zutraf, verdeutlicht wiederum das aufgeheizte Klima während des Zweiten Kalten Krieges. *Missile Command* selbst funktionierte aber letztlich wie ein klassisches Videospiel, das den Reaktionstest und die Jagd nach Punkten in den Vordergrund stellte und die repräsentative Funktion der Spielwelt als sekundär erachtete.

Im selben Jahr wie *Missile Command* wurde 1980 mit *Nukewar* ein weiterer Titel veröffentlicht, der sich dem Nuklearkrieg widmete. Im Gegensatz zu *Missile Command* ließ *Nukewar*, was den Realitätsbezug seines Spielmodells betraf, allerdings keine Zweifel aufkommen. Es markierte sich selbst als eine Form der Computersimulation und etablierte eindeutige Referenzen zu realen Zusammenhängen und Elementen wie etwa Waffensystemen der Zeit. Noch eindeutiger zeigte *Nukewar* also an, dass sich Computerspiele als Teil der Populärkultur bereits ab dem Jahr 1980 aktiv an der populärkulturellen Konstruktion des Kalten Krieges beteiligt hatten.

Die Erfassung der medialen, ökonomischen und kulturellen Spezifika der Computerspiele kann bei einem zentralen Unterschied zwischen beiden Spielen ansetzen. Im

---

168 Vgl. Charles Bernstein: Play It Again, Pac-Man, in: Mark J.P. Wolf (Hrsg.): The Medium of the Video Game, Austin, TX 2001, S. 155–169.

169 Insbesondere in den Versionen für die Heimvideospielsysteme ist explizit von einem fremden Planeten als Schau- bzw. Spielplatz die Rede.

Gegensatz zu *Missile Command* war sich *Nukewar*, das auf Heimcomputern, zuerst dem Apple II, erschien, seines Status als Computersimulation bewusst, und die Entwicklerinnen und Entwickler des Spiels versuchten, es dementsprechend zu platzieren. Es ist damit charakteristisch für eine um das Jahr 1980 herum einsetzende, mediengeschichtlich konturierbare Phase innerhalb der Evolution von Video-, Computer- und digitalen Spielen, die zugleich den Endpunkt für die vorliegende Periodisierung liefern kann.

4. Computerspiele – Medium, Medienpraktiken, Simulation

4.1. Eine kurze Geschichte der Computersimulation als Unterhaltungsmedium

Anlässlich seines Besuches des EPCOT Centers in Walt Disney World[1] am 3. März 1983 hielt Ronald Reagan eine an die amerikanische Jugend gerichtete Rede. Mit einer Rhetorik, die sichtlich die Absicht verriet, sich den Lebenswelten der Jugendlichen mit respektvoll distanzierter und bewundernder Konzilianz, zugleich paternalistischer Führung zu nähern, kam er darin auch auf Videospiele zu sprechen:

„I want you to have the training and the skills to meet the future. Even without knowing it, you're being prepared for a new age. Many of you already understand better than my generation ever will the possibilities of computers. In some of your homes, the computer is as available as the television set. And I recently learned something quite interesting about video games. Many young people have developed incredible hand, eye, and brain coordination in playing these games. The Air Force believes these kids will be outstanding pilots should they fly our jets. The computerized radar screen in the cockpit is not unlike the computerized video screen. Watch a 12-year-old take evasive action and score multiple hits while playing 'Space Invaders,' and you will appreciate the skills of tomorrow's pilot. Now, don't get me wrong. I don't want the youth of this country to run home and tell their parents that the President of the United States says it's all right for them to go ahead and play video games all the time. [Laughter] Homework, sports, and friends still come first. What I am saying is that right now you're being prepared for tomorrow in many ways, and in ways that many of us who are older cannot fully comprehend."[2]

---

1   Experimental Prototype Community of Tomorrow, eine von Walt Disney als Modellstadt der Zukunft konzipierte Attraktion, die auch, in Anlehnung an ähnliche Konzepte historischer Weltausstellungen, eine Leistungsschau der Menschheitsgeschichte und der Kulturen der Welt mit Ausblick auf zukünftige Entwicklungen einschloss. Vgl. Susan Adamo: Journey to the Center of EPCOT, in: Video Games, Bd. 1, Nr. 7, 1983, S. 57–60.

2   Ronald Reagan: Remarks during a Visit to Walt Disney World's EPCOT Center Near Orlando, Florida, March 8, 1983, in: Gerhard Peters/John T. Woolley (Hrsg.): The American Presidency Project, URL: https://www.presidency.ucsb.edu/documents/remarks-during-visit-walt-disney-worlds-epcot-center-near-orlando-florida (Stand: 01.08.2020).

Reagans Ausführungen nahmen manche medienhistorische Betrachtung bereits vorweg, indem sie auf die Verzahnung von Computerspielen mit militärischer Technologie hinwiesen. Tatsächlich ist diese Beziehung ein in mehreren Studien behandelter Aspekt der Kultur und Medialität von Computerspielen, der bis heute auch im öffentlichen Diskurs immer wieder angesprochen wird.[3] Das Wesen und der Ursprung der Computerspiele werden dabei in der Regel mit den militärisch-technischen Entwicklungen des Kalten Krieges in Verbindung gebracht.[4] Folgt man jedoch Reagans Aussage über die betreffende Passage hinaus und betrachtet, in welchem Kontext seine Äußerungen standen, deutet sich an, dass sich mit der Ankunft der Spiele auf dem Massenmarkt noch mehr zu verändern schien als die Transformation jugendlicher Spielerinnen und Spieler in Pilotinnen und Piloten der Air Force. Reagan sprach zudem das wirtschaftliche und pädagogische Potenzial der Informationstechnologie, die Zukunft und letztlich, wenngleich implizit, den in den achtziger Jahren wieder erstarkenden Systemwettstreit an.[5] Computerspiele firmierten nach Reagans Einschätzung eindeutig höher als bloßer Zeitvertreib, aber auch höher als der verlängerte Arm des Militärs in die Unterhaltungsindustrie. Seine Aussagen spannten ein Bedeutungsspektrum des Phänomens auf, das direkt zur theoretischen Auseinandersetzung mit Spielen und dem Spielen führt.

Was Spielen ausmacht und vor allem, wie es sich zu anderen sozialen Aktivitäten verhält, war und ist Gegenstand zahlreicher Erklärungsansätze und Theorien. Weitgehende Einigkeit besteht darüber, dass es den ganz grundlegenden menschlichen und vielleicht sogar tierischen Eigenschaften zuzurechnen ist. Bei dem Soziologen George Herbert Mead ist es, genauer ,play', eine von drei grundlegenden menschlichen Aktivitäten neben Arbeiten und künstlerischen Tätigkeiten.[6] Noch früher postulierte Friedrich Schiller, der Mensch sei nur da ganz Mensch, wo er spielt.[7] Der Historiker Johan Huizinga hielt in seinem grundlegenden Werk *Homo ludens* fest, „[i]m Spiel haben wir es mit einer für jedermann ohne weiteres erkennbaren, unbedingt primären

---

3   Vgl. exemplarisch Claus Pias: Computer.Spiel.Welten, 2. Aufl., Zürich 2010; Patrick Crogan: Gameplay Mode. War, Simulation and Technoculture, Minneapolis, MN 2011.

4   Vgl. Aphra Kerr: The Business and Culture of Digital Games, London 2006, S. 13f.

5   Vgl. zu diesem Aspekt Red Hot Games, in: ACE Magazine, Nr. 36, 1990, S. 20–22.

6   Vgl. George Herbert Mead: The Relation of Play to Education. Address delivered at the Chicago Commons. May 1, 1896, in: Lloyd Gordon Ward (Hrsg.): The Mead Project, Toronto 2007, URL: https://brocku.ca/MeadProject/Mead/pubs/Mead_1896.html (Stand: 01.08.2020).

7   Friedrich Schiller: Theoretische Schriften. Über die ästhetische Erziehung des Menschen in einer Reihe von Briefen, 1793–1794, 15. Brief, zit. nach Claus Pias: Wirklich problematisch. Lernen von „frivolen Gegenständen", in: Christian Holtorf/ders. (Hrsg.): Escape! Computerspiele als Kulturtechnik, Köln 2007, S. 255–271, hier S. 255–265, der den Satz und die Spieltheorie Schillers mit zeitgenössischen politischen Vorstellungen in Verbindung bringt.

Lebenskategorie zu tun, mit einer Ganzheit, wenn es je etwas gibt, was diesen Namen verdient."[8]

Aus dieser grundlegenden Natur des Spielens ergibt sich, dass es mit den gesellschaftlichen Bedingungen, unter denen gespielt wird, zusammenhängen muss. Spielen erscheint demgemäß entweder als eine die Sozialisierung vorbereitende Probehandlung,[9] als ein von der gesellschaftlichen Wirklichkeit abgetrennter Freiraum mit prägender kultureller Kraft[10] oder als Arena der Wiederaufführung gesellschaftlicher Verhältnisse.[11] Insbesondere der Aspekt der Probehandlung, der bewussten Abtrennung von den Konsequenzen sozialer Realität, macht es zugleich zu einem fixen Bestandteil epistemischer Verfahren.[12] Heinrich Popitz nennt „Spielen mit dem Eigensinn der Sache, mit dem Anderssein des Anderen"[13] einen Schlüsselaspekt im Prozess des Erwerbs von Wissen. Als abgesonderte Tätigkeit, die sich vor allem durch ihre Konsequenzlosigkeit auszeichnet, scheint es geradezu eine Opposition zur gesellschaftlichen Realität zu eröffnen. Nachzuvollziehen ist dieser Sinngehalt des Spielens vielleicht am besten über das Oppositionspaar Spiel und Ernst. An diesem Punkt kommt die in Bezug auf den sozialen Kontext folgenreiche definitorische Unterscheidung zwischen ‚play' und ‚game' zu tragen. „Cultures conveniently provide pre-packaged sets of possibilities that allow the individual to experience play: games."[14] ‚Play', die universelle Tätigkeit des Spielens, lässt sich von game, dem Spielen als materielle oder regelhafte Anordnungen und Infrastrukturen, unterscheiden.[15] ‚Play' muss sich dabei nicht notwendigerweise im Rahmen eines games ereignen.[16] Die Unterscheidung ist ein erster Schritt zur Historisierung, sowohl des Gegenstandes Spiel/Spielen selbst als auch der theoretischen Auseinandersetzung mit ihm.

Roger Caillois setzt an dieser Unterscheidung in Form einer Kritik des von Huizinga postulierten Universalcharakters des Spiels an und wendet sich in seiner eigenen

---

8   Vgl. Johan Huizinga: Homo Ludens. Vom Ursprung der Kultur im Spiel, 18. Aufl., Hamburg 2001, S. 11.

9   Vgl. Mead, The Relation of Play.

10 Vgl. Huizinga, Homo Ludens, S. 15–20; Peter L. Berger/Thomas Luckmann: Die gesellschaftliche Konstruktion der Wirklichkeit, 23. Aufl., Frankfurt am Main 2010, S. 28f.

11 Vgl. Clifford Geertz: Deep Play: Notes on the Balinese Cockfight, in: Daedalus, Bd. 134, Nr. 4, 2005, S. 56–86, hier S. 79; Thomas M. Malaby: Beyond Play: A New Approach to Games, in: Games and Culture, Bd. 95, Nr. 2, 2007, S. 95–113.

12 Vgl. Natascha Adamowsky: Spiel und Wissenschaftskultur. Eine Anleitung, in: dies. (Hrsg.): „Die Vernunft ist mir noch nicht begegnet". Zum konstitutiven Verhältnis von Spiel und Erkenntnis, Bielefeld 2005, S. 11–31, hier S. 15.

13 Heinrich Popitz: Spielen, Göttingen 1994, S. 24.

14 Vgl. Mihaly Csikszentmihalyi/Stith Bennett: An Exploratory Model of Play, in: American Anthropologist, Bd. 73, Nr. 1, 1971, S. 45–58, hier S. 47.

15 Vgl. Pias, Wirklich problematisch, S. 256f.

16 Vgl. v.a. Adamowsky, Spiel und Wissenschaftskultur, S. 20.

Arbeit einer Klassifikation des Spielens zu, die stärker von den Games ausgeht und Glücks-, Geschicklichkeits-, Rollen- und Rauschspiele zu unterscheiden vermag.[17] Die Unterscheidung zwischen play und game eröffnet somit einen dynamischen Zugriff auf den Untersuchungsgegenstand in seinem gesellschaftlichen Kontext. Marshall McLuhan merkt mit dieser Stoßrichtung an, „games become faithful models of a culture".[18] Ähnlich stellt auch Clifford Geertz mit seiner Beschreibung des balinesischen Hahnenkampfes dar, wie das Spiel als abgetrennte Entität auf einer bestimmten materiellen und kodifizierten Grundlage zum gesellschaftlich-kulturellen Teilbereich mit Implikationen der Übung, der Reproduktion oder Herausforderung gesellschaftlicher Ordnung werden kann.[19] Claus Pias zeigt auf, wie die Unterscheidung zwischen play und game zur Historisierung der wissenschaftlich-philosophischen Auseinandersetzung genutzt werden kann. In einem kurzen Überblick über die Geschichte der Theorien des Spiels gibt er zu bedenken, dass sie zumeist nicht von den Spielen handelt, sondern vom Spielen, d.h. nicht vom game, sondern von der anthropologischen Konstante play, die sie hinzuziehen, um auf eine Krise ihres Entstehungskontextes zu reagieren. Entsprechende Theorien, wie etwa die von McLuhan oder Geertz, würden games also immer noch vom play her denken und unterschätzen, welche prägende Kraft games in ihrer Materialität entwickeln könnten.[20] Als regelgeleitete Modellierung von Realität, die ein Probehandeln ermöglicht, finden sich games, Spiele, als Mittel der Erkenntnis, zumal in Zeiten des Kalten Krieges in der strategischen Planung, der ökonomischen Theoriebildung und Konfliktforschung sowie anderen sozialwissenschaftlichen Zusammenhängen.[21] Reagans Äußerung scheint diese Kapazität der Computerspiele zumindest teilweise anzusprechen. Die Apparate, Technologien und Arrangements solcher als professionell zu bezeichnenden Games wurden und werden dabei immer auch als Einladungen zum play verstanden.[22] Von professionell durchgeführten Kriegsspielen wird beispielsweise berichtet, wie sich in ihrem Umfeld eine ungezwungene Atmosphäre

---

17 Vgl. Roger Caillois: Die Spiele und die Menschen. Maske und Rausch, München/Wien 1958, S. 18–46.

18 Marshall McLuhan: Understanding Media. The Extensions of Man. Critical Edition, hrsg. v. W. Terrence Gordon, Berkeley, CA 2003, S. 316.

19 Vgl. Geertz, Deep Play, S. 78–86.

20 Vgl. Pias, Wirklich problematisch, S. 255–257, 267–269.

21 Vgl. Paul Erickson/Judy L. Klein/Lorraine Daston/Rebecca M. Lemov/Thomas Sturm/Michael D. Gordin (Hrsg.): How Reason almost lost its Mind. The Strange Career of Cold War Rationality, Chicago, IL/London 2013, S. 133–159. Für die ab den achtziger Jahren zu beobachtende Anwendung der Spieltheorie in soziologischen und biologischen Zusammenhängen vgl. William Poundstone: Prisoners' Dilemma. John von Neumann, Game Theory, and the Puzzle of the Bomb, New York, NY 1993, S. 231–255.

22 Vgl. Adamowsky, Spiel und Wissenschaftskultur, S. 20f.

entfaltet,[23] und sogar die Suche nach dem Urmoment der Computerspiele findet in der Regel Konstellationen, in denen sich das Spiel als Überschuss einer Versuchsanordnung darstellt.

Zentral ist hier allerdings, dass es weder nur darum gehen sollte, games zu verwenden, um das play zu verstehen, noch darum, das play primär zu setzen, um games zu erklären. Einer historischen Betrachtung des Spielens und der Spiele könnte es eher darum gehen zu beobachten, in welchem Verhältnis die beiden jeweils zueinanderstehen bzw. in welches Verhältnis eine Gesellschaft zu einem jeweiligen historischen Zeitpunkt game und play setzt, was jeweils als game ausgesondert und was zum play erklärt wird. Thomas Malaby hebt genau diesen Aspekt hervor, indem er festhält, dass Gesellschaften in bestimmten sozialen und historischen Situationen etwas zum Spiel erklären und es damit scheinbar aus der Ebene der Ernsthaftigkeit heben und von der gesellschaftlichen Realität abgrenzen. Es ist aber genau diese Abgrenzung, die Spiele mit der Gesellschaft und ihrem historischen Kontext verbindet. Als „semibounded and socially legitimate domain of contrived contingency that generates interpretable outcomes"[24] haben diese eine gesellschaftliche Funktion und können damit in einem jeweiligen historischen Kontext verstanden werden. Es bietet sich somit an, Spielen als jeweils historisch situierte Konfiguration von game und play, Materialität und Praktiken, und mithin als eine Kulturtechnik zu denken.[25]

Der Computer bzw. die digitale Technologie stehen somit in einer langen Reihe von Spielinfrastrukturen. Spiele und Spielen haben sich ab einem gewissen historischen Zeitpunkt die Computertechnologie als Plattform gewählt:[26] Man kann mit Brian Sutton-Smith sagen, „games are problems in adaptation computer games specifically adress the problem that is the computer."[27] Pias argumentiert, gerade in Bezug auf Computerspiele gelte, dass ihre technisch-materielle Anordnung und die daraus folgende Epistemologie der Simulation und nicht ihre Inhalte das eigentlich Bemerkenswerte an ihnen seien.[28] Die Materialität, die technische Grundlage des Computerspiele(n)s wird somit für das Phänomen ganzheitlich bestimmend, und es entwickelt aus ihr seine ge-

---

23 Vgl. Thomas B. Allen: War Games. Inside the Secret World of the Men who Play at World War III, London 1989, S. 8.

24 Vgl. Malaby, Beyond Play, S. 96.

25 Vgl. Geoffrey Winthrop-Young: Cultural Techniques: Preliminary Remarks, in: Theory, Culture & Society, Bd. 30, Nr. 1, 2013, S. 3–19, hier S. 4–7; Erhard Schüttpelz: Die medienanthropologische Kehre der Kulturtechniken, in: Archiv für Mediengeschichte, Bd. 6, 2006, S. 87–111.

26 Vgl. Jesper Juul: Half-Real. Video Games between Real Rules and Fictional Worlds, Cambridge, MA 2005, S. 5.

27 Brian Sutton-Smith, zit. nach: Henry Lowood: Videogames in Computer Space: The Complex History of Pong, in: IEEE Annals of the History of Computing, Bd. 31, Nr. 3, 2009, S. 5–19, hier S. 5.

28 Vgl. ebd.; Pias, Computer.Spiel.Welten, S. 306–312.

sellschaftliche Tragweite. Computerspiele vom game her zu denken, eröffnet vielfältige Möglichkeiten für eine technisch orientierte Genealogie.[29] Diese genealogische Verortung von Computerspielen, die auch zum (Kalten) Krieg und seinen Technologien führt, ist mehr als plausibel, vernachlässigt jedoch ein wenig die kommerziellen und subkulturellen Wurzeln des Spielens mit dem Computer, erlaubt also keinen genaueren Blick auf die medienhistorische Binnenperspektive.[30] Die Mediengeschichtsschreibung hat dabei mittlerweile ein häufig US-amerikanisch zentriertes Musternarrativ der Geschichte und Entwicklung der Computerspiele geschaffen, das laufend ergänzt wird. Seine Eckpunkte machen die Ursprünge der Computerspiele in Wissenschaft, Ingenieurswesen, Counterculture, Spielwaren- und Spielhallengeschäft fest, verzeichnen nach rasantem ökonomischem Aufstieg dann einen Zusammenbruch im Jahr 1983, dem eine Phase der Konsolidierung und zunehmenden Professionalisierung gefolgt sei, die im Wesentlichen bis heute anhalte.[31]

Das Spielen mit digitaler Technologie ereignete und ereignet sich in drei Hauptkonstellationen. Der Computer als universelle Maschine ermöglicht das Spielen als eine Art der Anwendung. Spielkonsolen entstanden aus dem Versuch, eine Möglichkeit zu finden, mit dem Fernsehgerät spielen zu können. Arcade-Maschinen, also Spielautomaten, sind gewissermaßen die Fortsetzung des Flippers und ähnlicher analoger Vergnügungsmaschinen mit anderen technischen Mitteln.[32] Es erscheint also fraglich, ob es sich bei Computerspielen überhaupt jemals um ein Einzelmedium gehandelt hat. Zwar kann man davon ausgehen, dass die digitale Technologie bis zu einem gewissen Grad eine plattformübergreifende Funktions- und Darstellungslogik bedingt, über die jeweilige historische Kontextualisierung des Spielens mit ihr ist damit aber noch nichts gesagt. Angesichts dessen erscheint es sinnvoll, nach Effekten und Prozessen der Stabilisierung in der Evolution der Computerspiele als einer Kombination von Technik, Industrie und Kultur zu suchen.[33] Es stellt sich die Frage, welche Praktiken ihnen zu welchem historischen Zeitpunkt eingeschrieben, welche Erwartungen und Vorstellun-

29   Vgl. ebd.; Crogan, Gameplay Mode, S. 1–18.

30   Vgl. Claus Pias: ‚Children of the revolution'. Video-Spiel-Computer als Kreuzungen der Informationsgesellschaft, in: ders. (Hrsg.): Zukünfte des Computers, Zürich 2005, S. 217–241, der hier seine Sicht erweitert.

31   Vgl. exemplarisch Randy Nichols: The Video Game Business, London 2014, S. 14.

32   Zu dieser Dreigliedrigkeit der Plattformen des digitalen Spiels vgl. Stephen Kline/Nick Dyer-Witheford/Greig de Peuter: Digital Play. The Interaction of Technology, Culture and Marketing, Montreal 2003, S. 90–94; Pias, ‚Children of the revolution', S. 238–240.

33   Vgl. Erhard Schüttpelz/Sebastian Gießmann: Medien der Kooperation, in: Navigationen, Nr. 1, 2015, S. 7–57, hier S. 8. Aus der Perspektive der Cultural Studies, aber mit einer ähnlichen Stoßrichtung bzw. einem ähnlichen Erkenntnisinteresse, gehen Kline et al. vor. Vgl. Kline/Dyer-Witheford/de Peuter, Digital Play. Vgl. auch Kerr, Business and Culture, S. 1–8.

gen mit ihnen verbunden bzw. an sie gerichtet waren, wie die Spielerinnen und Spieler selbst über ihr Spiel dachten, kurz wie sich das Verhältnis von play und game jeweils darstellte. Dabei ergibt sich eine Stabilisierungssequenz, die unter Rückgriff auf die häufig umstrittenen Grundbezeichnungen Videospiele, Computerspiele und digitale Spiele charakterisiert werden kann.[34] Diese Begriffe lassen sich als Bezeichnungen für Stabilisierungsphasen innerhalb eines relativ kurzen Zeitraumes von ungefähr zwanzig Jahren nutzen, in dem die relevanten Entwicklungen sehr rasch aufeinanderfolgten und sich in den meisten Fällen überlagerten. Die in Frage stehenden Stabilisierungsprozesse entsprechen also nicht unbedingt einer Abfolge von sich jeweils vollständig ablösenden Entwicklungsstufen, sondern eher einer jeweils graduellen Verfestigung von sich durchaus auch synchron überlagernden Konstellationen und Elementen. Das Hauptaugenmerk wird im folgenden Überblick auf die Phase von ca. 1980 bis ca. 1994 gelegt, in der das Verhältnis von play und game in eine spezifische Konstellation kam, die unter anderem für Reagans Äußerung einen Kontext liefert. In dieser Phase lässt sich tatsächlich von Computerspielen sprechen.

4.2. Video-, Bildschirm-, Telespiele

Die Geschichte der Computerspiele hat viele Anfänge.[35] Eine populäre Gründungserzählung nennt als erstes Computerspiel beispielsweise *Tennis for Two*, das von dem Physiker William Higinbotham im Jahr 1958 anlässlich eines Besuchertages im Brookhaven National Laboratory in Upton, New York, entworfen wurde.[36] Eine weitere erzählt, wie man Großrechnern das Spielen beigebracht hat.[37] Der Ingenieur Ralph Baer, Erfinder der Magnavox Odyssey und damit als Vater der Spielkonsolen bezeichnet, hatte militärische Fördergelder verwendet, um eine Möglichkeit zu entwickeln, mit dem TV-Gerät zu spielen.[38] Eine andere Gründungserzählung führt in den universitären Kontext. Im Jahr 1961 hatte Steve Russell aus dem Umkreis des Tech Model Railroad Club, der Keimzelle der Hackerkultur, am Massachusetts Institute of Technology

---

34 Vgl. Pias, ‚Children of the revolution', S. 222, der diese Unterscheidung macht.

35 Vgl. Graeme Kirkpatrick: Computer Games and the Social Imaginary, Cambridge 2013, S. 69.

36 Vgl. exemplarisch Tristan Donovan: Replay. The History of Video Games, Lewes 2011, S. 8f. Wie bereits erwähnt, ist die Suche nach dem definitiven Ursprung wohl müßig, da angenommen werden darf, dass gespielt wurde und wird, wo es Computer gibt.

37 Vgl. ebd., S. 4–6; Jens Schröter: Computer/Simulation. Kopie ohne Original oder das Original kontrollierende Kopie?, in: Gisela Fehrmann/Erika Linz/Eckhard Schumacher/Brigitte Weingart (Hrsg.): Originalkopie. Praktiken des Sekundären, Köln 2004, S. 139–156, hier S. 141.

38 Vgl. dazu Pias, ‚Children of the revolution', S. 223; Donovan, Replay, S. 7f., der Thomas T. Goldsmith und Estle Ray Mann, Angestellte der Firma DuMont, als Pioniere nennt.

den universitätseigenen Großrechner PDP-1 ‚zweckentfremdet‘, indem er damit das Spiel *Space War!* programmiert hatte.[39]

Für die Frage nach der medialen Evolution der Video-, Computer- und digitalen Spiele ist es hingegen interessanter und aufschlussreicher, die Form der Stabilisierung dieser frühen Phase zu bestimmen, statt sich auf die Suche nach einem Ursprung zu begeben. Hierzu kann eine Beobachtung in Bezug auf den Spielautomaten *Pong*, eines der prägenden Spiele dieser Phase, dienen. *Pong*, im Jahr 1972 veröffentlicht, markierte nach weitläufiger Meinung den Startpunkt für Videospiele als kommerzielles Produkt und verhalf der Produktionsfirma Atari unter der Führung von Nolan Bushnell zu durchschlagendem Erfolg. Die Firma ist das Musterbeispiel für die frühe Phase der Entwicklung des Mediums.[40] Ataris Strategie entsprach dabei grundsätzlich einer Zusammenführung bereits bekannter Prinzipien unter kommerziellen Vorzeichen. Mit Claus Pias gesprochen: „Bushnell musste nur zusammenfügen, was bereit lag.“[41] Atari hatte zunächst begonnen mit der Entwicklung von *Computer Space*, das auf dem Prinzip von Russells *Space War!* basierte. *Space War!* wurde damit aus der exklusiven Umgebung der Großrechner der Universitäten herausgeführt und einer, allerdings zunächst nur mäßig interessierten Öffentlichkeit präsentiert. Bushnell hatte als an der University of Utah ausgebildeter Ingenieur das Spiel in diesem universitären Kontext kennengelernt. Die Idee *Space War!* der nichtuniversitären Öffentlichkeit zugänglich zu machen, bestand zu der Zeit schon seit längerem, sie wurde in Ansätzen sogar bereits umgesetzt.[42] Spezifisch für Ataris Zugang war dabei die Übersetzungsarbeit, welche die Firma leistete, indem sie Computertechnologie und ihr soziokulturelles Umfeld, bereits vorliegende Konzepte und die notwendige Sensibilität für ökonomische Zusammenhänge bündelte.[43] Das Geschäft mit *Pong*, Ataris zweitem Spiel, erwies sich dann, im Gegensatz zu *Computer Space*, als äußerst lukrativ. Die Firma konnte expandieren und errichtete eine Firmenstruktur, die einer Kombination aus Labor und Manufaktur ähnelte. In Ataris Fir-

---

39   Ebd., S. 9–11.
40   Kerr weist u.a. darauf hin, dass sich die Entwicklung digitaler Spiele an der Firma Atari als Musterbeispiel ablesen lässt. Vgl. Kerr, Business and Culture, S. 17.
41   Vgl. Pias, ‚Children of the revolution‘, S. 227.
42   Vgl. Marty Goldberg/Curt Vendel: Atari Inc. Business Is Fun, Carmel, New York, NY 2012, S. 41f.; John Markoff: What the Dormouse said. How the Sixties Counterculture Shaped the Personal Computer Industry, New York, NY 2005, S. 86f. Vgl. auch Jessie C. Herz: Joystick Nation. How Videogames Ate Our Quarters, Won Our Hearts, and Rewired Our Minds, Boston, MA 1997, S. 7. Laut ihr hatte Russell eine kommerzielle Anwendung kurz in Betracht gezogen.
43   Vgl. z.B. Steven L. Kent: The Ultimate History of Video Games, New York, NY 2001, S. 46–48. Pong, also digitales Ping-Pong, tauchte als Spielprinzip zuerst auf der Magnavox Odyssey auf, was Bushnell gewusst haben dürfte. Jedenfalls gelang es ihm, durch eine außergerichtliche Einigung als erster Lizenznehmer zu äußerst günstigen Konditionen das Spielprinzip verwenden zu dürfen.

menräumen versammelten sich hauptsächlich akademisch ausgebildete Ingenieure, die Spielkonzepte entwickelten, die gleich an Ort und Stelle, auch materiell, von anfangs häufig unterbezahlten Arbeitskräften[44] umgesetzt wurden.[45] Die Unternehmenskultur war in dieser Phase geprägt vom gegenkulturellen Kosmos der *Space War!*-Generation. Die Ingenieure verstanden sich als Kreativarbeiter, teilweise vielleicht sogar als Künstler, und die Unternehmensleitung kam diesem Selbstverständnis entgegen, indem sie ein relativ offenes Arbeitsklima schuf bzw. entstehen ließ.[46] Atari repräsentierte in dieser Zeit im Kern somit eine Firmenpolitk und -ethik, die später als spezifische Arbeits- und Unternehmenskultur des Silicon Valley bekannt werden sollte.[47] Dazu gehörten außerdem durchlässige Grenzen zwischen den Abteilungen. Diese Firmenarchitektur drückte das Bestreben aus, Innovation einzuhegen und sich damit geistiges Eigentum schneller als die Konkurrenz sichern zu können.[48] Der ‚kreative‘ Umgang mit Patentsicherungen und Lizenzvergaben war in diesem Zusammenhang ein weiterer entscheidender Faktor der Stabilisierung. *Pong* lag beispielsweise ein Spielprinzip zugrunde, das auch in der davor erschienenen Konsole Magnavox Odyssey verwendet worden war. Zudem bestand für Atari beim Erscheinen von *Pong* noch ein Vertrag mit der Firma Bally.[49] Um *Pong* im Alleingang produzieren zu können, schloss Atari eine Lizenzvereinbarung mit Magnavox zu sehr günstigen Konditionen ab und erreichte, dass es von den vertraglichen Verpflichtungen mit Bally ausgenommen wurde.[50] *Pong* ist also insofern paradigmatisch für diese Phase, als es zeigt, wie Videospiele zum Geschäft, zur Spielware und zum Unterhaltungsmedium wurden. Henry Lowood beschrieb überdies seine Struktur pointiert, „[n]ot a single line of software code was involved in the construction

---

44 Vgl. Kent, Ultimate History, S. 51f.

45 Vgl. Goldberg/Vendel, Business is Fun, S. 37.

46 Gegenstand der Mythenbildung ist etwa die liberale Drogenpolitik Ataris. Vgl. Kent, Ultimate History, S. 56; Donovan, Replay, S. 30; Goldberg/Vendel, Business is Fun, S. 101f.

47 Zu diesem Aspekt vgl. u.a. Donovan, Replay, S. 31; Nick Dyer-Witheford/Greig de Peuter: Games of Empire. Global Capitalism and Video Games, Minneapolis, MN 2009, S. 12f.

48 Vgl. Kent, Ultimate History, S. 57, der beschreibt, dass sich sogar eine Art Think-Tank gebildet hatte.

49 Vgl. Goldberg/Vendel, Business Is Fun, S. 75.

50 Vgl. Donovan, Replay, S. 24–27; Kent, Ultimate History, S. 45. Atari gelang es jedoch nicht, obwohl ein entsprechender Versuch über eine Patentierung gemacht wurde, sich Pong vor allem für den Heimmarkt, d.h. als Spielkonsolenversion, exklusiv zu sichern. Das hatte später zur Folge, dass der Markt von einer Unmenge an Konsolen, die das Spielprinzip von Pong anboten, überflutet wurde. Vgl. ebd., S. 60f. Die Hersteller der bereits erwähnten Konsole Odyssey hatten diesbezüglich versucht, durch auf den Fernsehbildschirm zu befestigende Plastikfolien, die das immer gleich bleibende Pong-Prinzip mit einer variierenden Rahmung ausstatteten (Fußball, Duell im Wilden Westen usw.), für Abwechslung zu sorgen. Vgl. auch Herz, Joystick Nation, S. 15.

of Pong,"[51] denn die Architektur des Automaten beruhte auf einer fest verdrahteten Logikschaltung, die das Spiel auf einem modifizierten TV-Bildschirm ausgeben konnte. *Pong* war also kein Computerspiel im technischen Sinn. Mit der Verwendung und Umfunktionierung von Fernsehbildschirmen gelang es Atari somit, eine kostengünstige Form für die Produktion von Spielautomaten zu finden und die Vermarktungschancen enorm zu erhöhen.[52]

An Atari und *Pong* lassen sich die Charakteristika der Stabilisierungsphase der Video-, Bildschirm- oder Telespiele aufzeigen. Die Hardware entsprach einer fest verdrahteten Blackbox, die bestenfalls fähig war, eine Handvoll Spiele abzuspielen, zumeist aber nur auf eines beschränkt blieb. Die Spielhallen und der Heimkonsolenmarkt waren die Leitsektoren und die Spielerinnen und Spieler wurden hauptsächlich als Konsumentinnen und Konsumenten betrachtet. Innovation und Imitation, Sicherung geistigen Eigentums und Lizenzierungen bildeten das ökonomische und juristische Rückgrat der Industrie. Insgesamt schien der Aspekt der Visualität das innovative Moment darzustellen. Die Begriffe Bildschirm-, Tele- und Videospiel bringen diesen Zusammenhang zum Ausdruck. Higinbothams *Tennis for Two* entsprang dem Gedanken der Leistungsschau, also dem Anschaulichmachen von Computertechnologie. Russell merkte an, dass eine Hauptmotivation zur Entwicklung von *SpaceWar!* in der Kapazität des von ihm verwendeten Rechners PDP-1 lag einen optischen Output zu liefern.[53] Baer konzentrierte sich ohnehin auf die Modifikation des Fernsehers als Spielgerät. Ataris Verwendung von Fernsehbildschirmen, die auch die technische Grundlage ihrer ersten Automaten bildete, lässt sich hier einreihen.

Auf dieser Grundlage wurden Videospiele spätestens zu Beginn der achtziger Jahre zu einem populärkulturellen Phänomen. Zentral war der Aspekt, dass mit und auf denjenigen Bildschirmen, welche entweder als Fernseher zum Mobiliar beinahe jedes durchschnittlichen Wohnzimmers gehörten oder Forschungsergebnisse visualisierten (bzw. später zur Radartechnologie ausgeweitet worden waren) und als Output von Universitätsgroßrechnern im Einsatz waren, in Echtzeit interagiert und gespielt werden konnte.[54] *SpaceWar!* war im Gegensatz zum Videospiel *Pong* auch in technischer Hinsicht ein reines Computerspiel. Die Spielpraktiken orientierten sich hauptsächlich an Mustern der Zugänglichkeit, Kompetivität und der Reaktionstests im Kreise der Familie oder gegen Freunde, in Bars oder Wohnzimmern. Ökonomisch, kulturell und sozial zeichnete sich diese Stabili-

---

51   Vgl. Lowood, Videogames in Computer Space, S. 15.
52   Vgl. Goldberg/Vendel, Business is Fun, S. 37.
53   Vgl. Lowood, Videogames in Computer Space, S. 7.
54   Vgl. Rebecca Slayton: Arguments that Count. Physics, Computing, and Missile Defense, 1949–2012, Cambridge, MA 2013, S. 19; Pias, ‚Children of the Revolution', S. 221–226; Nick Montfort/Ian Bogost: Racing the Beam. The Atari Video Computer System, Cambridge, MA 2009, S. 9, 14.

sierungsphase dadurch aus, dass Videospiele primär als Spielwaren bzw. technische Aktualisierungen von Unterhaltungsmaschinen wie Flipperautomaten etc. verstanden wurden.

Die Veröffentlichung von *Pong* ist, wie Lowood vorschlägt, als grundlegende Zäsur zu sehen. Das Spiel etablierte als fest verdrahtete Blackbox das Paradigma der Videospiele. Die Figur Bushnells etwa, mit seiner Sozialisierung im universitären Kontext der *SpaceWar!*-Enthusiasten, wies dabei bereits auf die Möglichkeit hin, Computerspiele ihrerseits als kommerzielle Form zu denken.[55]

4.3. Computerspiele ca. 1980–1994

4.3.1. Boom und Rezession auf dem Videospielemarkt

Der Übergang von der Stabilisierungsphase der Videospiele zur Phase der Computerspiele setzte konkret bereits Mitte der siebziger Jahre ein. Auf rein technischer Ebene war zunächst der Mikroprozessor einer der maßgeblichen Akteure.[56] Spielkonsolen waren durch die Verbauung von Mikroprozessoren, erstmals in der von der Firma Fairchild entwickelten Konsole Channel F, keine fest verdrahteten Apparaturen mehr, die jeweils nur ein Spiel ermöglichten, sondern wurden zu Plattformen, auf denen unterschiedliche Spiele, die als Steckmodule ausgeliefert wurden, laufen konnten.[57] Atari veröffentlichte im Jahr 1977, in dem auch eine Reihe von Heimcomputern auf den Markt kam,[58] die ebenfalls mit Steckmodulen arbeitende Konsole VCS (Video Computer System) 2600.[59] Spielkonsolen und -automaten übernahmen also das aus dem Computerbereich bereits bekannte Prinzip der Trennung von Hard- und Software.[60] Spätestens mit dem Erscheinen des Programms *VisiCalc* für den Apple II war dabei deutlich geworden, dass in der Software der entscheidende Faktor für Erfolg auf dem Heimcomputermarkt lag.[61]

---

55   Atari entwickelte ab 1979 auch Heimcomputer. Vgl. Goldberg/Vendel, Business is Fun, S. 462–467.

56   Vgl. Paul E. Ceruzzi: A History of Modern Computing, Cambridge, MA 2003, S. 217–224.

57   Vgl. Scott Gallagher/Seung Ho Park: Innovation and Competition in Standard-Based Industries: A Historical Analysis of the U.S. Home Video Game Market, in: IEEE Transactions on Engineering Management, Bd. 49, Nr. 1, 2002, S. 67–82, hier S. 70. Die Firma Fairchild war hier Vorreiter. Auf der Magnavox Odyssey konnten zwölf Spielvarianten gespielt werden, sie wies jedoch keine auf Mikrochips basierte Architektur auf, vgl. auch Goldberg/Vendel, Business is Fun, S. 160.

58   Vgl. Ceruzzi, Modern Computing, S. 263f.

59   Vgl. Montfort/Bogost, Racing the Beam, S. 10–15.

60   Vgl. ebd., S. 12–14, Ceruzzi, Modern Computing, S. 209.

61   Vgl. ebd., S. 268.

Spiele als Anwendungen bzw. als Software zu produzieren, versprach zunächst für die Videospielindustrie ein ertragreiches Geschäft. Schließlich erwies sich diese Entwicklung aber als ein Auslöser für eine strukturelle Umwälzung der Industrie, die sich wiederum am Beispiel Atari gut nachvollziehen lässt. Im Jahr 1976 war Atari vom Medienkonzern Warner Communications übernommen worden. Mit der Einsetzung einer neuen Unternehmensführung wandelte sich die soziale Struktur des Unternehmens. Die Bruchlinie zwischen Firmenführung und Belegschaft verlief dabei hauptsächlich entlang der Frage, ob die Leistung der Entwicklerinnen und Entwickler ausreichend gewürdigt würde. Die diesbezüglichen Zerwürfnisse führten zum Austritt einer Gruppe von Spieleentwicklern, die eine eigene Firma, Activision, gründeten und für die Konsole Atari VCS 2600 Spiele zu produzieren begannen. Damit verlor Atari die Oberhoheit und die Kontrolle über die Spieleproduktion für seine Plattform. Die Möglichkeit, als sogenannter Third Party-Entwickler Spiele für die Plattform einer anderen Firma zu produzieren, blieb nicht auf Activision beschränkt.[62]

Als Anwendungen oder Software lösten sich die Spiele somit aus der Verklammerung mit der Hardware, ihre Entwicklerinnen und Entwickler gewannen danach an Individualität und Prestige. Ein Artikel im Magazin *JoyStik* hielt im Jahr 1983 unter dem Titel „The fleeting fame of the video game designer" etwa fest: „Some companies won't even admit who designs their games; a few will, with coaxing, attribute a title to a single author. And then there's Activision, a company that promotes its designers in television ads as if they were rock idols."[63]

Zunächst führte die mit Activision begonnene Entwicklung zu einer Flut an billig produzierten Spielen und einer graduellen Übersättigung des Videospielmarktes.[64] Es hatte sich eine Blase gebildet, die um den Jahreswechsel 1982/83 platzte, ein Ereignis, das als erster großer US-amerikanischer Videogame-Crash[65] bezeichnet wird. Zur Erklärung der Ursachen liegen mehrere Deutungen vor, wobei die hier nachgezeichnete Flutung des Marktes mit Produkten aus dem Bereich der Third Party-Entwicklung nur einen Faktor darstellt. Eine weitere Erklärungslinie sieht etwa in der wachsenden Popularität von Heimcomputern den entscheidenden Grund für das Platzen der Videospielblase.[66] Wenngleich sich also über die Gründe und Ursachen für den Crash

---

62   Vgl. Donovan, Replay, S. 65–75; Kent, Ultimate History, S. 192–195; Kline/Dyer-Witheford/de Peuter, Digital Play, S. 97; Montfort/Bogost, Racing the Beam, S. 99–101.

63   Danny Goodman: The Fleeting Fame of the Video Game Designer, in: JoyStik, Bd. 1, Nr. 6, 1983, S. 54.

64   Vgl. Donovan, Replay, S. 96–97; Dyer-Witheford/de Peuter, Games of Empire, S. 13f.

65   Die Übersättigung des Marktes durch Pong-Einzelkonsolen hatte um das Jahr 1977 zu einer ähnlichen Situation geführt, vgl. Herz, Joystick Nation, S. 15.

66   Vgl. Kirkpatrick, Computer Games and the Social Imaginary, S. 57f.; Donovan, Replay, S. 101–103, der z.B. auf die Einführung des Videorekorders als weiteren Faktor verweist.

von 1983 diskutieren lässt, sind seine Auswirkungen einigermaßen evident. Er war vor allem insofern folgenreich, als er signalisierte, dass Videospiele das Ende ihres kommerziellen Potenzials erreicht zu haben schienen.[67]

Europa und Japan, neben den USA die dominierenden Märkte für Videospiele, waren dabei nicht in demselben Ausmaß wie die USA von der Krise erfasst worden. Nach dem Zusammenbruch konnten japanische Firmen, allen voran Nintendo, die führenden Positionen auf dem Konsolenmarkt einnehmen, und Spielkonsolen wurden nach und nach zu einem vor allem japanisch geprägten Produkt.[68] In Europa gab es weniger dramatische Auswirkungen als in den USA, da hier, nach einem anfänglichen Boom von *Pong*-Konsolen, ohnehin vor allem auf Heimcomputern gespielt wurde.[69] Ein Artikel der im Jahr 1983 im Wochenmagazin *Der Spiegel* erschien und sich mit dem Videogame-Crash auseinandersetzte, hielt fest:

> „Mitten in der Krise, und aus der helfen auch die Erfolge aus dem deutschen Markt nicht heraus, müssen sich die Produzenten von Spielkonsolen nun auch noch zusätzlicher Konkurrenz erwehren – der Heimcomputer. Nachdem deren Preise bis auf 200 Dollar gesunken sind, kaufen sich spielfreudige Naturen immer häufiger einen der leistungsfähigen Kleinrechner – die nämlich zaubern bessere Bilder auf die Mattscheibe und erlauben schnellere und vielfältigere Spielzüge."[70]

Vor allem am Beispiel Europas, in diesem Fall der Bundesrepublik, lässt sich der große Einbruch von 1983 nicht als eindeutige Zäsur und Grund eines Umbruches verstehen, sondern womöglich vielmehr als Beschleuniger einer damals bereits laufenden Entwicklung. Heimcomputer standen zu diesem Zeitpunkt längst vielfach zur Verfügung. Bereits im Jahr 1974 war der Altair, der vielleicht erste kommerziell vertriebene Heimcomputer, auf den Markt gekommen. Der Durchbruch erfolgte mit dem Apple II, der 1977 angeboten wurde, und dem IBM PC von 1981. Vor allem bei Computerspielerinnen und -spielern blieben lange der Commodore 64 und in Großbritannien der ZX-Spectrum aufgrund ihres günstigen Anschaffungspreises populär.[71] Diese soziotechnische Grundlage brachte spezifische Medienpraktiken des Computerspiels hervor.

---

67 Vgl. Kent, Ultimate History, S. 241–258.

68 Vgl. Donovan, Replay, S. 165–179; Kent, Ultimate History, S. 345–366; Herz, Joystick Nation, S. 131–139.

69 Vgl. Donovan, Replay, S. 111f.; Kirkpatrick, Computer Games and the Social Imaginary, S. 58.

70 Goldrand verblaßt, in: Der Spiegel, Jg. 37, Nr. 48, 28.11.1983, S. 217.

71 Vgl. Jeremy Reimer: Total share: 30 years of personal computer market share figures, in: Wired Media Group (Hrsg.): ars technica, 15.12.2005, URL: https://arstechnica.com/features/2005/12/total-share/ (Stand: 01.08.2020) zu Spectrum und Commodore.

4.3.2. Medienpraktiken des Computerspiels

Mit der Verbreitung von Heimcomputern und Computerspielen kam das Verhältnis von game und play in eine spezifische Konfiguration. Videospiele stellten die Spielenden hauptsächlich Reaktions- und Geschicklichkeitsaufgaben, die entweder durch die direkte Interaktion mit der Maschine oder durch die Maschine vermittelte Interaktion mit einem oder einer Mitspielenden zu bewältigen waren.[72] Die Medienpraktiken des Videospielens, das, was die Spielenden mit Videospielen taten, drehten sich somit hauptsächlich um die Aspekte des Wettbewerbs und der (Reaktions-)geschwindigkeit.[73] Computerspiele führten hingegen einige Aspekte unter spielerischen Vorzeichen ein, die genealogische Verbindungen mit den Praktiken des Programmierens, Hackens und der Counterculture, also der gegenkulturellen Bewegungen der sechziger und siebziger Jahre, etablierten. Kirkpatrick bringt diese Entwicklung auf den Punkt, wenn er festhält: „Computer games are the outcome of a revival of play in connection with a new technology."[74]

Das Spielen in und mit Computern basierte somit wesentlich auf einem Verständnis des Spielerischen, wie es von den, vor allem US-amerikanischen, gegenkulturellen Bewegungen geprägt worden war. Spielen war in dieser Sicht hierarchiefrei, lustbetont, befreiend und dennoch pädagogisch.[75] Dieses Verständnis traf nun auf Computertechnologie, die lange Zeit als relativ arkanes Instrument derjenigen politischen, ökonomischen und kulturellen Strukturen galt, gegen welche diese Bewegungen aufbegehrt hatten.

Der Heimcomputer war an der Kreuzung dieser Phänomene aus dem Wunsch heraus entstanden, die Möglichkeiten der Computertechnologie einer weiteren Öffentlichkeit nahezubringen und dadurch zu demokratisieren.[76] Die Pioniere der Heimcom-

---

72   Pias spricht hier von zeitkritischen Spielen mit genealogischen Verbindungen zur Radartechnologie, insbesondere dem SAGE-System und den Reaktionstests. Vgl. Pias, Computer.Spiel.Welten, S. 13–118. Vgl. außerdem für eine zeitgenössische Perspektive, die das Potenzial der Videospiele für die Psychologie hervorkehrt, Marshall B. Jones: Video Games as Psychological Tests, in: Simulation & Gaming, Bd. 15, Nr. 2, 1984, S. 131–157.

73   Diese Definition von Medienpraktiken folgt im Prinzip Nick Couldrys Aufforderung danach zu fragen, was Menschen tatsächlich mit Medien tun, und bemüht sich um ein diskursiv-genealogisches Verständnis der Medienpraktiken des Computerspiels. Zur tiefergehenden Auseinandersetzung mit der Thematik vgl. Mark Dang-Anh/Simone Pfeifer/Clemens Reisner/Lisa Vilioth: Medienpraktiken situieren, erforschen reflektieren. Eine Einleitung, in: dies. (Hrsg.): Medienpraktiken. Situieren, erforschen, reflektieren. Navigationen. Zeitschrift für Medien- und Kulturwissenschaften, Jg. 17, H. 1, 2017, S. 7–37, hier S. 14–17 zu den theoretischen Positionen zu Medienpraktiken.

74   Kirkpatrick, Computer Games and the Social Imaginary, S. 67.

75   Vgl. Fred Turner: Why Study New Games?, in: Games & Culture, Bd. 1, Nr. 1, 2006, S. 1–4.

76   Vgl. Gary Alan Fine: Fantasy Games and Social Worlds: Simulation as Leisure, in: Simulation & Gaming, Bd. 12, Nr. 3, 1981, S. 252–279, hier S. 256; Frederick L. Goodman: The Computer as Plaything, in: Simulation & Gaming, Bd. 15, Nr. 1, 1984, S. 65–73, hier S. 69, 73.

puterentwicklung näherten sich dabei der Arbeitsmaschine Computer auf durchaus spielerisch lernende und experimentierende Art und Weise, was vor allem die Programmierung betraf. Die Medienpraktik des Programmierens war bereits in den sechziger Jahren bedeutsam geworden.[77] Mit der zunehmenden Trennung von Hard- und Software entstand der Berufsstand des ‚Software Engineers‘, eine Bezeichnung, die auf den Ursprung des Programmierens als physische Manipulation der Hardware von Großrechnern verweist.[78] Das Beispiel *Pong* belegt, dass der Ingenieur als Spieleentwickler die Phase der Videospiele prägte. Computerspiele führten hingegen die programmierende Person, die längste Zeit eine ‚ephemere Gestalt‘, weder eindeutig dem Ingenieurwesen noch der Mathematik zuzuordnen, als verantwortlich für die Spieleentwicklung und zugleich den Entwurf der Narration ein.[79] Laut den Erwartungen, die an die demokratisierende Wirkung der Hardware gerichtet wurden, sollte dabei in der Medienpraktik des Programmierens die Grenze zwischen Nutzerinnen und Nutzern auf der einen und Entwicklerinnen und Entwicklern auf der anderen Seite verschwimmen. Computerspiele verkörperten als Produkte und medienpraktische Haltung diesen Gedanken. Sie versprachen die spielerische Aneignung umfassender, auch gesellschaftlich relevanter Gestaltungsmöglichkeiten.[80] Die Möglichkeit, als Nutzerin oder Nutzer selbst die Maschine programmieren zu können, signalisierte letztlich die Öffnung der Blackbox des Konsumproduktes Videospiel bzw. des Großrechners.

SpaceWar! etwa hatten Spielende – viele von ihnen professionell mit der Arbeit an Computern befasst – als Gemeinschaftsprojekt selbst durch zahlreiche Modifikationen laufend erweitert. Die Rolle und Funktionen von Nutzung, Produktion und die Medienpraktiken des Spielens und Programmierens fanden sich also zumeist in einer Person vereint. In der *SpaceWar!*-Gemeinschaft wurde eine spielerische Haltung geradezu zum Ethos des Umgangs mit der Computertechnologie, die technische Versiertheit der Spielerinnen und Spieler ermöglichte die Weiterentwicklung des Spiels.[81] Dieser spielerische Umgang mit Technologie interessierte zugleich Personen aus dem Umfeld der gegenkulturellen Bewegungen, so etwa Stewart Brand, der für den *Rolling Stone*

---

77   Vgl. David Gugerli: Der Programmierer, in: Alban Frei/Hannes Mangold (Hrsg.): Das Personal der Postmoderne, Bielefeld 2015, S. 17–33, hier S. 21.

78   Vgl. Slayton, Arguments that Count, S. 4, 19.

79   Vgl. Gugerli, Der Programmierer, S. 18.

80   Vgl. Kirkpatrick, Computer Games and the Social Imaginary, S. 61–68; Fred Turner: From Counterculture to Cyberculture. Stewart Brand, the Whole Earth Network and the Rise of Digital Utopianism, Chicago, IL/London 2006, S. 132–140; Jürgen Danyel: Zeitgeschichte der Informationsgesellschaft, in: Zeithistorische Forschungen/Studies in Contemporary History, Bd. 9, H. 2, 2012, S. 186–211, hier S. 196–199.

81   Außerdem entstanden mit Lunar Lander und Hunt the Wumpus bzw. Adventure weitere Spiele aus demselben Geist. Vgl. hierzu z.B. Herz, Joystick Nation, S. 5–12.

enthusiastisch über die Gemeinschaft der *SpaceWar!*-Begeisterten berichtete.[82] Die im Rahmen der sich bereits ankündigenden neoliberalen Revolution erstarkende Rhetorik des unternehmerischen Selbst bot für solche spielerisch erprobende Ansätze zudem die geeignete gesellschaftliche Atmosphäre. Heimcomputer waren in diesem Zusammenhang die idealen Medien, um zwischen Unternehmergeist, Profiterwartungen und der Hoffnung zu agieren, der Gesellschaft durch einen spielerischen Umgang mit Technologie die Kenntnisse ihrer Anwendung zu vermitteln.[83]

Die scheinbare Aufhebung der Grenze zwischen Entwicklung und Spielen führte in Kombination mit der immer häufiger anzutreffenden Definition des Spieleentwicklers als Autor, inklusive aller damit verbundenen Vorstellungen von monetärem und sozialem Erfolg, oftmals zu der Erwartungshaltung, es als Amateurdesigner gewissermaßen vom Kinderzimmer in die Chefetage schaffen zu können. Gerade in den frühen achtziger Jahren rankte sich um solche Erfolgsgeschichten teils noch nicht einmal volljähriger Entwicklerinnen und Entwickler ein beinahe als mythisch zu bezeichnendes diskursives Geflecht, das neoliberale Vorstellungen des Unternehmertums mit der sozialen Figur digitaler Wunderkinder verschränkte.[84] Der Entwickler Chris Crawford, zum damaligen Zeitpunkt Mitarbeiter von Atari, zählte im Jahr 1982 unter dem Titel „So you want to write a computer game" für das Magazin *Computer Gaming World* demgemäß einige Gründe auf, warum sich eine Spielerin oder ein Spieler dafür entscheiden könnte, selbst Spiele zu entwickeln: „There's certainly plenty of motivation to write a computer game. Perhaps you have heard stories of the fabulous wealth awaiting the designer of a successful game. Perhaps you have read magazine articles about those wild and glamorous fellows who design the games. Or perhaps you are motivated by the simple pleasure of making people happy with your own creativity."[85] In Crawfords Darstellung gibt es also viele gute Gründe, selbst ein Spiel zu entwickeln und im Grunde keine, die dagegen sprachen. Er brachte damit die Verknüpfung von Freiheit, Kreativität und Unternehmertum auf den Punkt, die sich in den zeitgenössischen Diskursen um Computerspiele rankte.

---

82   Stewart Brand: Spacewar. Fanatic Life and Symbolic Death Among the Computer Bums, in: Rolling Stone, 07.12.1972, in: URL: http://www.wheels.org/spacewar/stone/rolling_stone.html (Stand: 01.08.2020).

83   Vgl. Richard Barbrook/Andy Cameron: The Californian Ideology, in: Dr. Richard Barbrook (Hrsg.): Imaginary Futures. From Thinking Machines to the Global Village, Rubrik: The HRC Archive, URL: http://www.imaginaryfutures.net/2007/04/17/the-californian-ideology-2/ (Stand: 01.08.2020). Vgl. außerdem Turner, From Counterculture to Cyberculture, S. 104–118, 128–140.

84   Vgl. Dyer-Witheford/de Peuter, Games of Empire, S. 24; Investment Package, in: Personal Computer Games, Nr. 1, Summer 1983, S. 8–12; Goldene Äpfel, in: Der Spiegel, Jg. 37, Nr. 31, 01.08.1983, S. 136.

85   Chris Crawford: So you want to write a computer game, in: Computer Gaming World, Bd. 2, Nr. 2, 1982, S. 10f., hier S. 10.

Im Gegensatz zum Paradigma der Videospiele verstand die deutlich offenere Plattform der Heimcomputer ihre Nutzerinnen und Nutzer letztlich als potenzielle Anwenderinnen und Anwender, Spiele hauptsächlich als Anwendungen, eben als Software. Typischerweise enthielten die Fachmagazine der Computerspielphase ‚listings‘, also einen abgedruckten Code, der nach Eingabe ein Spiel startete. Die Hoffnung bestand dabei auch darin, den Begeisterten in einer Engführung von Spielen und Programmieren, ‚computer literacy‘, das Rüstzeug für die kommende Informationsgesellschaft vermitteln zu können.[86] Wenngleich in der tatsächlichen professionellen Praxis der Spieleentwicklung immer noch hauptsächlich die maschinennahe Programmiersprache Assembler verwendet wurde, ermöglichten die Variationen von BASIC, das seit seiner Entwicklung im Jahr 1964 mehr oder weniger zum Standard für die Programmierung von Heimcomputern geworden war,[87] eine aktive Beteiligung der Nutzerinnen und Nutzer an der Spieleentwicklung.[88]

Das erstmals im Jahr 1973 erschienene Buch *101 BASIC Computer Games* von David Ahl, einem Pionier des pädagogischen Einsatzes von Computertechnologie,[89] führt zu Beginn eine Auflistung der darin als Code abgedruckten Spiele an, die sehr anschaulich vermittelt, was es bedeutete, Spiele als Anwendungen zu sehen. Die erste Seite des Inhaltsverzeichnisses, das aus einer Spieleliste besteht, sei hier ausführlich zitiert:

„Play acey-ducey with the computer
Computer constructs a maze
Computer guesses animals and learns new ones from you
Ancient game of rotating beans in pits
Guess a mystery 3-digit number by logic
Prints any message on a large banner
Baseball game
Basketball game

---

86   Vgl. aus zeitgenössischer Sicht Sherry Turkle: Die Wunschmaschine. Vom Entstehen der Computerkultur, Hamburg 1984, S. 113–169; Geoffrey R. Loftus/Elizabeth F. Loftus: Mind at Play. The Psychology of Video Games, New York, NY 1983, S. 112–153, bes. S. 122–125 zur Frage der ‚computer literacy‘. Vgl. außerdem für Großbritannien Neil Selwyn: Learning to love the Micro: The Discursive Construction of 'Educational' Computing in the UK. 1979–89, in: British Journal of Sociology of Education, Bd. 23, Nr. 3, 2002, S. 427–443.

87   Vgl. John Szczepaniak: A basic history of BASIC on its 50th birthday, in: Informa PLC (Hrsg.): gamasutra, 01.05.2014, URL: http://www.gamasutra.com/view/news/216469/A_basic_history_of_BASIC_on_its_50th_birthday.php (Stand: 01.08.2020).

88   Vgl. ebd.

89   Vgl. Michael Swaine/Paul Freiberger: Fire in the Valley. The Birth and Death of the Personal Computer, 3. Aufl., Dallas, TX/Raleigh, TX 2014, S. 27–29.

Match wits in a battle of numbers vs. the computer
Decode a matrix to locate enemy battleship
Computer prints your card and calls the numbers
Blackjack (very comprehensive), Las Vegas rules
Blackjack (standard game)
Destroy a gunboat from your submarine
Fly World War II bombing missions
Plot a bouncing ball
Bowling at the neighbourhood lanes
3-round Olympic boxing match
Roll dice vs. the computer to draw a bug
Guess a mystery 5-digit number vs. the computer
Throw darts
You're the matador in a championship bullfight
Computer drawing of the Playboy bunny
Compose your speeches with the latest buzzwords
Calendar for any year
Drive a Group 7 car in a Can-Am road race
Computer imitates a cashier
Game of checkers
Dilute kryptocyanic acid to make it harmless
Silly arithmetic drill
Eat a cookie avoiding the poison piece (2 or more players)
Fight the Civil War
Play craps (dice), Las Vegas style
Negotiate a 3-D cube avoiding hidden landmines
Prints 1-page diamond patterns
Summarizes dice rolls
Computer tries to guess digits you select at random
Penny arcade dog race
Take objects from a pile--try to end with an even number
Same as EVEN--computer improves its play
Solitaire logic game--change a row of Xs to 0s".[90]

Diese Liste verblüfft zunächst dadurch, dass sie eine Verwandtschaft zwischen völlig disparaten Aktivitäten und Situationen nahelegt. Baseball, Stierkampf, der amerikani-

---

90   David H. Ahl: 101 BASIC Computer Games, Maynard, MA 1975, S. 3.

sche Bürgerkrieg, das Verdünnen von Säure und antike Bohnenrotationsspiele finden in der Hardware des Computers plötzlich eine gemeinsame Grundlage. Sie belegt, wie sehr die Faszination für das Spiel mit dem Computer darauf beruhte, dass er als universelles Werkzeug gesehen wurde. Videospiele wie *Pong* konnten dabei ohne weiteres in diese Aufzählung integriert werden. Der Computer schien beinahe alles darstellen und simulieren zu können, darunter eben auch Spiele jeder Art, was Videospiele und Spielhallenspiele einschloss. Das US-amerikanische Computermagazin *Byte* brachte diesen Umstand im Jahr 1981 auf eine knappe aber aussagekräftige Formel, indem es den Heimcomputer als „the coinless Arcade" bezeichnete: „Strictly speaking the Coinless Arcade does not exist. But in a way, it does: in the software available for many of today's microcomputers."[91]

Die Öffnung der Blackbox der Videospiele und Großrechner schien also eine weitgehende Demokratisierung der Produktionsmittel bewirkt zu haben. Sie bereitete zugleich den Boden für Raubkopien und die Entfernung des Kopierschutzes für Software zum Zweck der Herstellung von Kopien, sogenanntes ,cracking', und ebnete somit alternative, oft genug illegale Distributionswege. Der rege Austausch von kopierter Software und Spielen auf dem Schulhof wurde schnell Teil der Medienpraktiken des Computerspiels und erregte mitunter sogar die Aufmerksamkeit des Gesetzgebers.[92] Diese illegalen Vertriebswege schufen Möglichkeiten, an Spiele zu gelangen, die offiziell im jeweiligen Land entweder verboten oder nicht erschienen waren. Aus den Praktiken des ,cracking' entwickelte sich wiederum eine eigene Subkultur mit distinktiven Konventionen. Beide Aspekte weisen darauf hin, dass die Medienpraktiken des Computerspielens potenziell selbst Bereiche berührten, die an die subversiven, selbstermächtigenden Seiten der Hacker-Kultur und ihre Grundsätze anschlossen.[93]

Schließlich konnte Computerspielen ebenso eine Medienpraktik des Mimikry nach Caillois sein. Denn Computerspiele ermöglichten Rollenspiele und die Immersion in eine synthetische Welt. Die Spielgenres der Adventures und Rollenspiele stehen für diesen Aspekt, der eine genealogische Verbindung zu Brettrollenspielen wie *Dungeons and Dragons* hat.[94] Diese immersiven Medienpraktiken der Computerspiele schienen zudem die postmodernen Befunde einer Vorherrschaft der Simulation zu bestätigen, da

91 Gregg Williams: The Coinless Arcade, in: BYTE. The small systems journal, Bd. 6, Nr. 12, 1981, S. 36f.

92 Vgl. Norbert: Allgemeingut, in: Der Spiegel, Jg. 36, Nr. 32, 06.08.1984, S. 49.

93 Vgl. Pias, ,Children of the Revolution', S. 218–222, 238–240; Turner, From Counterculture to Cyberculture, S. 136–140.

94 Vgl. Brad King/John Borland: Dungeons and Dreamers. The Rise of Computer Game Culture from Geek to Chic, Emeryville, CA 2003, S. 1–8; Donovan, Replay, S. 49–63.

die Möglichkeit – und Gefahr – im Raum stand, sich realitätsvergessen in den virtuellen Welten zu verlieren.[95]

In der Hardware des Heimcomputers bündelten sich also Medienpraktiken und Diskurse des Gestaltens, Spielens, Experimentierens, der Demokratisierung und der Offenheit, ebenso des Unternehmertums. Die universelle Maschine für den Hausgebrauch konnte auf dieser Grundlage zugleich für die Spieleindustrie ein neues Paradigma etablieren.

4.3.3. Der Heimcomputer als Paradigma

Nach dem Einbruch im Jahr 1983 begann sich die Industrie um das Paradigma der Heimcomputer neu zu ordnen. Die Hardware war immer günstiger und leistungsfähiger geworden – das bekannteste Beispiel ist hier sicherlich der Commodore 64 – und wurde dadurch für eine breitere Nutzerschaft zusehends attraktiver.

Die Käufer und Käuferinnen eines Heimcomputers konnten um einen häufig geringen Aufpreis eine Maschine erwerben, die im Vergleich zu Spielkonsolen über ein deutlich erweitertes Leistungsspektrum verfügte. Dass der Plattform in dieser Phase eine paradigmatische Stellung für die gesamte Industrie zukam, wird aus der folgenden Passage aus dem *Telespiele Report '84* ersichtlich, einem Kaufratgeber, der sich an die deutsche Kundschaft richtete. Unter der Überschrift „Grundsätzliche Überlegungen" gab der Autor darin zu bedenken: „Eine der wichtigsten grundsätzlichen Überlegungen ist die, daß man sich darüber klar wird, daß das Telespielen bzw. Videospielen eigentlich ein Computerspielen ist und daß der Trend dahingeht, eigene Anwendungen, eigene Spiele zu entwickeln."[96] Als Spieleplattform blieb der Heimcomputer für die nächsten Jahre die dominante Größe auf dem globalen Spielemarkt.[97]

Diese Verschiebung lässt sich exemplarisch wieder am Beispiel der Firma Atari veranschaulichen. Nach dem Crash sollte Atari zunächst mit klassisch neoliberalen Maßnahmen, darunter die drastische Reduktion der Belegschaft und die Auslagerung von

---

95   Vgl. Hubert Law-Yone: Simulation/Gaming in a Postmodern World, in: Simulation & Gaming, Bd. 31, Nr. 1, 2000, S. 93–99, der das Argument vorbringt, dass das konsequenzlose Spielen im postmodernen Sinn grundsätzlich nicht mit der Simulation als Erkenntnismittel vereinbar sei, Simulationen in diesem ernsthaften Sinn also im postmodernen Zeitalter höchstens durch Simulationen von Simulationen bedroht seien, also der Entwertung des realweltlichen Erkenntniswertes durch Simulationen zweiter Ordnung.

96   Gilbert Obermair: Telespiele Report '84, München 1983, S. 12.

97   Vgl. Nichols, The Video Game Business, S. 27.

Teilen der Produktion nach Südostasien, wieder auf Kurs gebracht werden.[98] Schließlich entschloss sich der Mutterkonzern Warner Communications dazu, den mit der Herstellung von Spielkonsolen und Heimcomputern befassten Teil des Tochterunternehmens abzustoßen. Erworben wurde dieser Teil der Firma von Jack Tremiel, dem in Unfrieden geschiedenen ehemaligen Leiter der Firma Commodore, der Atari ebenfalls eine radikale Verschlankungskur verordnete und auf die Produktion eines Heimcomputers, des Atari ST, setzte.[99] Die Marke Atari, deren Wert darin lag, dass sie faktisch synonym mit Videospielen war, schien nach Meinung der neuen Geschäftsleitung, also unter den Bedingungen der Industrie nach dem Crash, am gewinnbringendsten in Verbindung mit einem Heimcomputersystem nutzbar zu sein.

Diese Reorientierung brachte neue Anforderungen an die Spieleentwicklung mit sich. Donovan spricht von einer „new era of complexity".[100] Die Nutzerinnen und Nutzer von Heimcomputern waren anspruchsvoller, die Hardware gleichzeitig offener für Modifikationen, Raubkopien und dergleichen geworden, was die Spielstudios zur Restrukturierung und Professionalisierung zwang. Zum einen begann sich im Zuge der Tendenz zur Third Party-Entwicklung das Selbstverständnis der Entwicklerinnen und Entwickler als Autorinnen und Autoren sowie Künstlerinnen und Künstler noch stärker durchzusetzen.[101] Die Firma Electronic Arts konzentrierte ihre Vetriebskonzepte in dieser Zeit etwa stark auf diesen Aspekt. Die Tendenz ist auch daran ablesbar, dass sich das Royalties-System zu etablieren begann. Es sah vor, dass Spieleentwicklerinnen und -entwickler nicht mehr unbedingt Angestellte einer Firma sein mussten, sondern ihre Spielideen als Einzelpersonen an Produktionsfirmen verkauften, die ihrerseits nur mehr aus einem in zusehends spezialisierten Abteilungen organisierten Kernteam bestanden, welches die eingekauften Ideen praktisch umsetzte.[102] Auf dieser Grundlage bildete sich die bis heute für die Spieleindustrie charakteristische Architektur aus ‚developers', den Entwicklerinnen und Entwicklern, und ‚publishers', den veröffentlichenden Studios, heraus. Bereits im Jahr 1984, also nur zwei Jahre nach dem schon zitierten Beitrag aus dem Jahr 1982, äußerte sich Chris Crawford in der für dasselbe Magazin verfassten Replik „So you still want to write a computer game" in auffällig anderer Weise über die

---

98 Vgl. Kent, Ultimate History, S. 267; Harvey, The Condition of Postmodernity, S. 186.

99 Letztlich trug Tremiel auf diesem Weg eine Fehde mit seinem ehemaligen Unternehmen aus, das mit dem Commodore Amiga ebenfalls ein neues Heimcomputersystem veröffentlicht hatte, vgl. ebd. S. 268.

100 Donovan, Replay, S. 141.

101 Vgl. ebd., S. 93; Bill Kunkel: The Great Game Designer Talent Hunt, in: Electronic Games, November 1984, S. 21–23; Frank Baeseler: So wird man ein Spielemacher, in: Telematch, Nr. 4, 1985, S. 50f.

102 Vgl. Don Daglow: Over the river and through the woods. The changing role of computer game designers, in: Computer Gaming World, Nr. 50, 1988, S. 18, 42, hier S. 42.

Möglichkeiten für aufstrebende Hobbyentwicklerinnen und -entwickler als noch zwei Jahre zuvor:

> „We are seeing a transition from a cottage industry to the big-time. Three years ago an individual working at home could revolutionize the industry. But, times are changing; it's getting harder for that to happen. I believe that the individual working at home can create a successful game only by (a) working full-time on the effort, or (b) obtaining the assistance of a support organization. Prospective game designers who find this disheartening should console themselves that it is at least a measure of the maturation of our industry."[103]

Nach einer relativ kurzen Phase der Offenheit und Diversifizierung mit einer charakteristisch durchlässigen Grenze zwischen Amateur- und Professionellenseite begann sich die Spieleentwicklung um die Mitte der achtziger Jahre also wieder als Computerspielindustrie zu stabilisieren. Spieleprogrammierung war spätestens ab diesem Zeitpunkt mit dem Ziel verbunden, möglichst viele Plattformen bedienen zu können. Die Industrie stabilisierte sich somit weniger um ein einzelnes Gerät als um die Essenz des Spiels, seinen Code. Entwicklerseitig wurde die maximale Transportierbarkeit des Codes auf so viele Plattformen wie möglich angestrebt.

Korrespondierend mit dieser Professionalisierung der Industrie, die Spieler- und Entwicklerseite wieder stärker auseinanderdividierte, formierte sich ab der Mitte der achtziger Jahre eine distinktive Kultur, in der Computerspiele einen eigenständigen Status erhielten und weder nur als Anwendung noch ausschließlich als Spielzeug gesehen wurden. In Bezug auf Großbritannien stellte beispielsweise Kirckpatrick fest, dass die BASIC-Listings in repräsentativen Magazinen um das Jahr 1985 nach und nach verschwanden, dafür aber der Begriff des ‚gameplay' aufkam, der mehr oder weniger als Schlüsselbegriff der Gaming-Kultur fungierte. Es kristallisierten sich Diskurse heraus, die Spiele und ihre Nutzergemeinde immer häufiger als eigenständige kulturelle Formation, Kirkpatrick spricht in Anlehnung an Pierre Bourdieus Konzept von einem sozialen Feld, abzugrenzen.[104]

Um die Mitte der achtziger Jahre betraten zudem die japanischen Firmen Nintendo und in weiterer Folge Sega den zu diesem Zeitpunkt weitgehend totgesagten globalen

---

103 Chris Crawford: So you still want to write a computer game, in: Computer Gaming World, Bd. 4, Nr. 2, 1984, S. 11.

104 Vgl. Graeme Kirkpatrick: Constitutive Tensions of Gaming's Field: UK gaming magazines and the formation of gaming culture 1981–1995, in: Game Studies. The international journal of computer game research, Bd. 12, Nr. 1, 2012, URL: http://gamestudies.org/1201/articles/kirkpatrick (Stand: 01.08.2020); Kirkpatrick, Computer Games and the Social Imaginary, S. 70–97.

Konsolenmarkt.[105] Nintendos Erfolg in diesem Prozess der Wiederbelebung der Spielkonsolenindustrie beruhte auf einer rigorosen Qualitätskontrolle und der Etablierung eines Quasimonopols, was die Produkte von Third Party-Entwicklung betraf, mithin also einer Lösung des Problems, das Atari Anfang der achtziger Jahre in Schwierigkeiten gebracht hatte. Nintendo bestand auf einem zeitlich gebundenen, exklusiven Anspruch auf Spiele, die für die damalige Hauptplattform, das Nintendo Entertainment System, kurz NES,[106] entwickelt wurden. Diese Wiederkehr der Videospiele um die Mitte der achtziger Jahre, die in etwa zeitgleich mit der von Kirkpatrick beobachteten Formierung der Gaming-Kultur erfolgte, beruhte, wie er zu bedenken gibt, ebenfalls wesentlich auf der Idee, das Prinzip der Heimcomputer für Fernsehgeräte nutzbar zu machen und so in die Wohnzimmer zu tragen.[107] Die Bezeichnungen Famicom, Family Computer und NES tragen die diesbezügliche Vision von Konsolen als Minicomputer und Home Entertainment Center im Namen. Der bereits zitierte *Telespiele Report '84* stellte einige Spielkonsolen vor, die sich programmieren ließen bzw. mit Peripheriegeräten zu Heimcomputern erweitert werden konnten.[108] Ein Beispiel für diesen Ansatz liefert Nintendos kurzlebige Erweiterung des NES durch ein Modem, die es unter anderem für Börsengeschäfte nutzbar machen sollte.[109]

Zudem waren, ebenfalls um die Mitte des Jahrzehnts, die Heimcomputer der 16-Bit Generation erschienen, darunter der Commodore Amiga, deren Erfolg und bis in die Gegenwart reichende Kultstatus ihrerseits auf der potenziellen Vielfalt ihrer Einsatzmöglichkeiten beruhten. Mit dem Aufkommen dieser neuen Generation von Spielkonsolen und Heimcomputern, deren grundlegende Charakteristika sich vielleicht am treffendsten mit dem Begriff Multimedia erfassen lassen, und der graduellen Herausbildung des Gamers bzw. des Gamings als sozialer Figur bzw. Medienpraktik begann eine Tendenz, die bereits in Richtung des Übergangs von Computerspielen zu digitalen Spielen weist.

---

105 Vgl. Martin Picard: The Foundation of Geemu: A Brief History of Early Japanese Video Games, in: Game studies. The international journal of computer game research, Bd. 13, Nr. 2, 2013, URL: http://gamestudies.org/1302/articles/picard (Stand: 01.08.2020), der die Entwicklung in Japan nachzeichnet und dabei ohne eine Erwähnung des Zusammenbruchs von 1983 auskommt.

106 In Japan lautete der Name Famicom.

107 Vgl. Kirkpatrick, Computer Games and the Social Imaginary, S. 59.

108 Vgl. Obermair, Telespiele Report '84, S. 19–89.

109 Vgl. Kirkpatrick, Computer Games and the Social Imaginary, S. 59; Danny Bivens: Nintendo's Expansion Ports. Famicom Modem and NES Teleplay Modem, in: NINWR, LLC. (Hrsg.): NintendoWorldReport, 26.10.2011, URL: http://www.nintendoworldreport.com/feature/27666/nintendosexpansion-ports-famicom-modem-and-nes-teleplay-modem (Stand: 01.08.2020); Mit dem eigenen Terminal direkt an der Börse handeln, in: Frankfurter Allgemeine Zeitung, 26.09.1987, S. 18.

4.3.4. Übergänge vom Computerspiel zum digitalen Spiel

Zunächst konnte man jedoch selbst in der Mitte der achtziger Jahre noch von Computerspielen sprechen, die auf Grundlage der neuen technischen Möglichkeiten nach und nach das Prinzip Multimedia systematisch integrierten. Buchstäblich sichtbar wurde dies durch die Betonung von Visualität. Die Generation der 16-Bit Heimcomputer arbeitete mit grafischen Benutzeroberflächen und konnte am effizientesten mittels objektorientierten, modularisierten Programmiersprachen gesteuert werden.[110] Die Tendenz der programmiersprachlichen Modularisierung weist bereits auf die Entwicklung des Produktionsmittels Game Engine hin, das in technischer Hinsicht für den Übergang zur Stabilisierungsphase der digitalen Spiele entscheidend war.[111] Hinter der Idee dieser Engines standen, wie sich argumentieren lässt, nicht nur technische Voraussetzungen, sondern sie bildet auch die zunehmende Stabilisierung der Gaming-Kultur ab. Ab Mitte der achtziger Jahre fanden die Spielgenres immer festere und wiedererkennbare Formen. Zusammen mit zahlreichen Fachmagazinen, die sich nun erstmals exklusiv mit Computerspielen beschäftigten, entwickelte die Computerspielkultur Formen der Selbstreferenz und Idiosynkrasie.

Das Spiel *Doom*, das bekannteste Spiel des Entwicklerstudios id Software und ‚die‘ Referenz für das Genre der Ego-Shooter, bündelte die wesentlichen Faktoren dieser Kultur der Stabilisierungsphase digitaler Spiele. Mit seiner Mischung aus anarchischem Humor und Gewalt kann das Spiel für eine eigenständige Ästhetik einer stabilisierten Gaming-Kultur stehen. Zudem setzte sich mit *Doom* das gestalterische Paradigma des First Person Shooters durch, im Prinzip also die Sicht der Spielenden auf einen

---

110 Solche grafischen Benutzeroberflächen wurden einer breiteren Nutzerschaft erstmals durch den Apple Macintosh bekannt, vgl. Ceruzzi, Modern Computing, S. 276; Jimmy Maher: The Future Was Here. The Commodore Amiga, Cambridge, MA 2012, S. 1–9.

111 Vgl. Mike Thomsen: History of the Unreal Engine, in: IGN (Hrsg.): IGN, 14.06.2012, URL: http://www.ign.com/articles/2010/02/23/history-of-the-unreal-engine?page=1 (Stand: 01.08.2020). Game Engines sind im Wesentlichen eine modularisierte Produktionssoftware, die die Möglichkeit bietet, auf vorgefertigte Komponenten und Systeme zurückzugreifen. Sie entbindet damit die Spielehersteller von der Notwendigkeit, jedes Spiel von Grund auf neu zu entwerfen. Die Vorgaben und Muster beziehen sich vor allem auf physikalische Regeln, Kollisionsabfragen usw. Die auf Heimcomputern weitverbreiteten ‚editor games‘ waren Vorläufer von Game Engines. Die Einführung dieser Engines lieferte anschließend die Möglichkeit dafür, auf ihrer Grundlage Mods – eine Abkürzung für ‚modifications‘, also Modifizierungen – eines jeweiligen Spiels zu erstellen, die von Veränderungen von Details bis hin zu kompletten Neubearbeitungen – ‚total conversions‘ – reichten. Vgl. David B. Nieborg/Shenja van der Graaf: The mod industries? The industrial logic of non-market game production, in: European Journal of Cultural Studies, Bd. 11, Nr. 2, 2008, S. 177–195, hier S. 182–185.

Fluchtpunkt in den Raum hinein.[112] Dieses Darstellungsdispositiv erlangte in weiterer Folge genreübergreifende Relevanz und entfaltete eine solche Wirkkraft, dass es mittlerweile mitunter synonym mit digitalen Spielen an sich gesetzt wird. Des Weiteren ist *Doom* nach dem Prinzip der Modularisierung aufgebaut. Die Firma id ermöglichte und förderte nach der Veröffentlichung des Titels, der als Shareware-Download erfolgte, das Modding des Spiels.[113] Ganz offensichtlich stand der Code in diesem Fall vor der Plattform. *Doom* hob sich dadurch von einer weiteren, für diese Stabilisierungsphase entscheidenden Entwicklung ab, nämlich der Verwendung der CD bzw. CD-ROM. Für die Produktionspraxis digitaler Spiele bedeutete das neue Speichermedium zunächst, dass die Entwicklerinnen und Entwickler über ein Vielfaches des bisherigen Speicherplatzes verfügen konnten. Da die Spiele gerade in Bezug auf ihre grafische Darstellung immer aufwendiger und damit größer geworden waren und mitunter auf mehreren Disketten ausgeliefert werden mussten, stellte die Einführung der CD-ROM eine entscheidende Verbesserung dar. Gleichzeitig stärkte die Verfügbarkeit von mehr Speicherplatz die bereits im Entstehen begriffene Tendenz zu cinematischen und realitätsgetreuen audiovisuellen Darstellungen. Die CD-ROM war somit ,das' Speichermedium der Multimedialität schlechthin und führte ihre eigenen Versprechen mit sich.[114] *Doom* schien sich mit seiner brutalen Geradlinigkeit der Ästhetik von eher epischen und cineastischen Ansätzen, die synonym mit Multimedialität und CD-ROMs wurden, bewusst zu widersetzen.[115] Letztlich sollte sich das neue Speichermedium aber weitgehend durchsetzen.

Seine Einführung im Heimkonsolenbereich Mitte der neunziger Jahre und der Eintritt des Medienkonzerns Sony in den Spielkonsolenmarkt im Jahr 1994 rekonfigurierte die Industrie im Grunde in den bis zur Mitte der zweitausender Jahre gültigen Zustand und bildet für diesen kurzen Überblick die entscheidende Zäsur.[116] Seit Beginn der neunziger Jahre entwickelte sich die digitale Spieleindustrie zu einer ausgereiften Un-

112 Vgl. Gundolf S. Freyermuth: Games. Game Design. Game Studies, Bielefeld 2015, S. 92–94. Vgl. auch Stephan Günzel: Von der Zeit zum Raum. Geschichte und Ästhetik des Computerspielmediums, in: Rabbit Eye – Zeitschrift für Filmforschung, Nr. 2, 2010, S. 90–108, hier S. 96–102.

113 Vgl. David Kushner: Masters of Doom. How Two Guys Created an Empire and Transformed Pop Culture, New York, NY 2004, S. 158–174.

114 Vgl. Freyermuth, Games, S. 83–85; Donovan, Replay, S. 237–247; James W. Cortada: The Digital Hand, Bd. 2: How Computers Changed the Work of American Financial, Telecommunications, Media, and Entertainment Industries, Oxford 2006, S. 415.

115 Vgl. Kushner, Masters of Doom, S. 144f.

116 Seit einigen Jahren ist die Industrie in eine Phase des digitalen Vertriebs und Online-Spielens eingetreten, die sich erst nach und nach stabilisiert. Randy Nichols nennt diese Periode „The Networked Epoch". Vgl. Nichols, The Video Game Business, S. 14.

terhaltungsindustrie.[117] In Kombination mit vernetztem Spielen, also der Integration der Internettechnologie und den dazugehörigen Cyberspace- und Hypertext-Diskursen in das Gaming, kann ab hier, also ungefähr ab 1994, von digitalen Spielen als Sammelbegriff für eine spezifische kulturelle Konfiguration des Spielens mit Computertechnologie gesprochen werden.[118] Die davor liegende Phase der Computerspiele erhält somit eine spezifische Kontur. War die Anfangszeit der Videospiele noch im Paradigma der Spielhalle verankert und die spätere Periode der digitalen Spiele von einer zunehmend ausdefinierten Kultur des Spielens mit digitaler Technologie bestimmt, lässt sich das Paradigma der Computerspiele in der Evolution des Mediums als derjenige Zeitraum bestimmen, in der seine Faszination insbesondere davon ausging, dass es einen spielerischen Zugang zu Computertechnologie versprach.

4.4. Die Computersimulation als Unterhaltungsmedium

Um das Jahr 1994, und damit ungefähr zur selben Zeit als die Diskurse des Internetzeitalters und des Digitalen eine weitere Öffentlichkeit erreichten,[119] ging in Bezug auf das Spielen mit digitaler Technologie also etwas zu Ende und etwas Neues entstand. Das Jahr markiert den Endpunkt der Stabilisierungsphase der Computerspiele, die von der Phase der digitalen Spiele abgelöst wurde. Wie allgemein üblich, und trotz der notwendigen Verkürzungen der Darstellung in diesem kurzen Zeitraum dichtgedrängter Entwicklungen gut ersichtlich, überlagerten sich die herausgearbeiteten Zeitabschnitte in Bezug auf einzelne zentrale Elemente. Die Grundvoraussetzungen für die Phase digitaler Spiele, darunter das Prinzip Multimedia und die Entstehung einer eigenständigen Gaming-Kultur, bildeten sich bereits Mitte der achtziger Jahre heraus. Anfang der neunziger Jahre fanden sie mit dem Speichermedium CD-ROM, der zunehmenden Verwendung von Game Engines und der beginnenden Vernetzung über das Internet zu einer relativ stabilisierten Form. Gleichzeitig blieben einige Grundmotive aus der Phase der Videospiele erhalten.

Aber alle diese Tendenzen trafen auf ein Verständnis des Spielens mit Computertechnologie als Computerspiel, das ich hier als zentralen Aspekt der in Frage stehenden Zeit von ca. 1980 bis 1994 zugrunde legen möchte. Dieser Ansatz stellt eine Möglich-

---

117 Vgl. Steven L. Kent: Super Mario Nation, in: Mark J.P. Wolf (Hrsg.): The Medium of the Video Game, Austin, TX 2001, S. 35–48, hier S. 47.

118 Vgl. Matthias Fuchs: Gamen, in: Heiko Christians/Matthias Birkenbach/Nikolaus Wegmann (Hrsg.): Historisches Wörterbuch des Mediengebrauchs, Köln 2014, S. 288–296, hier S. 290–292.

119 Vgl. Thomas Haigh: We have never been digital. Reflections on the intersection of computing and the humanities, in: Communications of the ACM, Bd. 57, Nr. 9, 2014, S. 24–28, hier S. 25f.

keit des historisch differenzierten Blickes auf die Evolution eines Mediums dar, dessen relative Neuheit und Aktualität wohl dazu geführt hat, dass eine solche präzisere Historisierung in der Darstellung seiner Entwicklung des Öfteren unbeachtet geblieben ist. Video-, Computer- und digitale Spiele sind aber mittlerweile, nicht nur aus einem medienarchäologischen bzw. genealogischen Blickwinkel gesehen, alt bzw. historisch genug, um die Frage zu rechtfertigen, welche soziotechnischen Konfigurationen sich zu einem bestimmten historischen Zeitpunkt durch das Spielen mit Computertechnologie ergaben.

Es wurde bereits, mit einiger Berechtigung, argumentiert, dass Computerspiele als ein Unterhaltungsmedium zu verstehen sind, das eng mit den Entwicklungen einer Zeitenwende verbunden ist, die, je nach Perspektive, als Postfordismus, Postmoderne, Spätkapitalismus oder Entstehung der Informationsgesellschaft bezeichnet worden ist.[120] Tatsächlich kann die Spieleindustrie für den Moment der Verbindung von gegenkulturellen Bewegungen und Unternehmertum stehen, der heute als Arbeits- und Betriebsethos großer Technologieunternehmen des Silicon Valley wie Apple und Google bzw. Alphabet geläufig ist. Die instabilen und oftmals ungeregelten Arbeitsverhältnisse, ihre sich nach und nach herausbildende globale Struktur des Auslagerns der Hardwareproduktion in Billiglohnländer und nicht zuletzt der Rohstoffakquise im globalen Süden machen die digitale Spieleindustrie zudem zu einem Spielfeld der Globalisierung unter neoliberalen Grundsätzen.[121] Die geographischen Zentren der Spieleindustrie waren im Westen inklusive Japan angesiedelt, der globale Süden fungierte hauptsächlich als Werkbank. Computerspiele kündeten vom technischen Fortschritt der westlichen Gesellschaften und waren als Musterprodukt der Konsumkultur und der Informationsgesellschaft überdies unmittelbarer Bestandteil des Ost-West-Konfliktes. Der Osten hatte aber letztlich nichts Adäquates entgegenzusetzen.[122]

Wenn es einen Begriff oder ein Konzept gibt, der oder das die Position der Computerspiele in diesem Kontext zum Ausdruck bringt, so ist dies wohl jener bzw. jenes der Simulation. Die technologischen Entwicklungen der zweiten Hälfte des 20. Jahrhunderts hatten eine Bedeutungsverschiebung mit sich gebracht, die den semantischen

---

120 Vgl. v.a. Dyer-Witheford/de Peuter, Games of Empire; Kline/Dyer-Witheford/de Peuter, Digital Play; Nichols, The Video Game Business.

121 Vgl. ebd., S. 146f.

122 Die Geschichte der digitalen Spiele in der ehemaligen Sowjetunion und dem Ostblock wird gegenwärtig ständig erweitert, ist aber weitgehend noch zu schreiben. Der Fall Tetris als bekanntestes Beispiel demonstriert nicht nur, dass Computerspiele in der Sowjetunion existierten, sondern auch wie verflochten Westen und Osten in Bezug auf Computerspiele waren. Die Geschichte digitaler Spiele aus dieser Sicht konsequent als Verflechtungsgeschichte zu schreiben, bleibt vorerst noch ein Desiderat. Vgl. Donovan, Replay, S. 199–211.

Gehalt des Begriffs als Ausdruck der Täuschung graduell um die Möglichkeit der Simulation als Welterfahrung erweitert.[123] Zunächst in der relativ abgeschiedenen Welt der Großrechner und Forschungsinstitutionen des militärisch-industriellen Komplexes angesiedelt, war sie als epistemologisches Instrument spätestens mit dem Aufkommen der Heimcomputer in eine breitere Öffentlichkeit gelangt.[124] Es lässt sich davon ausgehen, dass die Computersimulation als Erkenntnismittel zu Beginn der achtziger Jahre gesellschaftlich und kulturell bereits bekannt und verankert war. Die Soziologin Sherry Turkle untersuchte in der Zeit beispielsweise die Konsequenzen ihres Einsatzes an US-amerikanischen Universitäten, während Jean Baudrillard seine für die postmoderne Philosophie der Dekade zentralen Thesen wesentlich am Begriff der Simulation und der Simulakra ausrichtete.[125] Zentral für die Phase der Computerspiele scheint nun zu sein, dass mit dem Spielen an und mit Heimcomputern das ‚game‘ der Simulation zu einem Feld des ‚play‘ erklärt wurde.[126] Wie bereits ausgeführt, zeigt sich dieser Aspekt und Sinngehalt zunächst sehr anschaulich anhand der Tatsache, dass Computerspiele, insbesondere in ihrer frühen Phase, zunächst einfach auf dem Computer dargestellte, mithin also simulierte Spiele waren, was Brett-, Karten-, Glücks-, aber eben auch Videospiele mit einschließen konnte. Im Laufe ihrer Nutzung als Spielplattformen wurde deutlich, dass Heimcomputer spezifischere Möglichkeiten der Spielgestaltung boten, die sich bewusst an den Konventionen der Computersimulation ausrichteten.[127] Die im Zuge der wachsenden Popularität von Heimcomputern steigende Komplexität der Spielinhalte und die in gewissem Sinn seriöseren neuen Spielkonzepte bringen diesen Zusammenhang zum Ausdruck.[128] Mitunter, und teilweise bereits in zeitgenössischen Diskursen, wurde hier

---

123 Vgl. Nicola Glaubitz/Henning Groscurth/Katja Hoffmann/Jörgen Schäfer/Jens Schröter/Gregor Schwering/Jochen Venus: Eine Theorie der Medienumbrüche 1900/2000, Siegen 2011, S. 110.

124 Um ein auf Kriegsspiele bezogenes Beispiel zu nennen: In den sechziger Jahren war die erste US-amerikanische populärkulturelle Darstellung eines professionell-militärisch geführten Kriegsspiels in einem Comic erschienen. Vgl. Sharon Ghamari-Tabrizi: Simulating the Unthinkable: Gaming Future War in the 1950s and 1960s, in: Social Studies of Science, Bd. 30, Nr. 2, 2000, S. 163–223, hier S. 189–191. Im Jahr 1987 veröffentlichte der amerikanische Autor Thomas B. Allen das Buch War Games, das sich ausschließlich den militärischen Kriegsspielen widmete und dabei auf den Einsatz von Computern konzentrierte.

125 Vgl. Sherry Turkle: Simulation and its Discontents, Cambridge, MA 2009; Baudrillard, Agonie des Realen.

126 Vgl. Pias, Computer.Spiel.Welten, S. 299–309, der zudem argumentiert, dass mit dem Computer die games das play bestimmen, der Begriff der Computerspiele also weiterreichende Implikationen hat.

127 Vgl. Gregg Williams: Editorial. New Games. New Directions, in: BYTE. The small systems journal, Bd. 6, Nr. 12, 1981, S. 6–10, der im Editorial einen Ausblick auf mögliche Entwicklungen in der Zukunft gibt und damit die Erwartungen ausdrückt, die an das Spielen mit Heimcomputern gestellt wurden.

128 Vgl. Donovan, Replay, S. 140f.; Ted Friedman: Electric Dreams. Computers in American Culture, New York, NY 2005, S. 121–157.

von einem Genre der Simulationsspiele gesprochen, also Spielen, die bewusst mit der Wissenstechnik Computersimulation spielen lassen wollen.[129] Diese Simulationsspiele, von Fußballmanagern bis zu Finanzmarktsandkästen, können als typisch für die Stabilisierungsphase der Computerspiele gelten. Sie können gerade deswegen dazu dienen, diese Phase zu konturieren, da gesellschaftlich und kulturell lange Zeit, zumindest bis zu den ersten Formationsprozessen der Gaming-Kultur um die Mitte der achtziger Jahre, nicht vollständig klar war, welche Kategorie solche Simulationsspiele bildeten. Diese Unsicherheit hing auch mit dem Status des Heimcomputers zusammen, mit den Erwartungen, die an ihn herangetragen wurden und sich an seine Spiele richteten.

Bereits den Videospielen, die nicht selten mit dem Glücksspiel oder anderen randständigen Spielformen wie Flipper genealogisch verbunden waren, wurde mit Misstrauen begegnet, das sich im Wesentlichen auf die Unsicherheit hinsichtlich ihrer Wirkung auf die Spielenden, und hier vor allem auf Kinder und Jugendliche, bezog.[130] Die damit verbundenen Diskurse verlängerten sich danach in die Phase der Computerspiele. Wie Dmitri Williams über die Berichterstattung amerikanischer Printmedien über Video-, Computer- und digitale Spiele von 1970 bis 2000 festhält, fokussierte ein Teil der Diskurse in wechselnden Konjunkturen auf die, insbesondere die Darstellung von Gewalt betreffende, abstumpfende Wirkung, das Suchtpotenzial der Videospiele sowie den durch das Videospielen drohenden Verlust etablierter Kulturtechniken.[131] In Kontrast zu dieser Position wurden Computerspiele mitunter schon als Unterhaltungsmedien der Machbarkeit und des Modellierens begrüßt. Dem Spiel mit der Plattform Heimcomputer wurde pädagogisches Potenzial zugeschrieben, das sich nicht zuletzt mit der Vorstellung eines Trainings für die Herausforderungen des Informationszeitalters verband.[132] Angesichts extremer Inhalte konnte genau dieses Potenzial zur umso größeren Gefahr werden.

Die gesellschaftliche Wahrnehmung von Computerspielen und ihre kulturelle Wirkkraft bewegten sich also an der Schnittstelle des Simulationsbegriffes zwischen Täuschung und Modellierung. Die Frage lautete zum einen, mit welchen Verlusten die Modellierung von Welt erkauft worden war, und zum anderen, wie sehr man sich als Nutzerin oder Nutzer einer Blackbox und damit dem Weltverständnis der Programmiererinnen und Programmierer auslieferte.[133]

---

129 Vgl. J.R. Parker/Katrin Becker: The Simulation-Game Controversy: What is a Ludic Simulation, in: International Journal of Gaming and Computer-Mediated Simulations, Bd. 5, Nr. 1, 2013, S. 1–12, hier S. 7.

130 Vgl. Dmitri Williams: The Video Game Lightning Rod. Constructions of a New Media Technology, 1970–2000, in: Information, Communication & Society, Bd. 6, Nr. 4, 2003, S. 523–550.

131 Vgl. ebd., S. 537–543.

132 Vgl. ebd., S. 539; Selwyn, Love the Micro, S. 438.

133 Vgl. Turkle, Simulation and its Discontents, S. 3–43.

Es lässt sich daher resümieren, dass Computerspiele am künstlerischen und unter-
haltungskulturellen, eben spielerischen Ende dieses Spektrums der Simulation ange-
siedelt sind. Sie sind keine Symptome eines postmodernen Zustandes der „Agonie des
Realen".[134] Vielmehr stabilisieren sie play und game in einem Zwischenbereich von
Unterhaltung und Simulation.[135] Dies trat gerade in der hier untersuchten Zeit der
Computerspiele als Wesensmerkmal unmissverständlich hervor.

In der konturierten historischen Phase sind sie und ihre Inhalte somit am besten als
Medien zu erfassen, welche die Funktions- und Darstellungslogik der Simulation, die
mittels prozessualer Rhetorik[136] argumentiert, spielerisch umsetzten.[137]

---

134 So lautete der Titel des im Merve Verlag erschienenen Werks. Vgl. Baudrillard: Agonie des Realen.
135 Vgl. Goodman, The Computer as Plaything, S. 69; Steve G. Hoffman: How to Punch Someone
     and Stay Friends: An Inductive Theory of Simulation, in: Sociological Theory, Bd. 24, Nr. 2, 2006,
     S. 170–193, hier S. 175f., der Simulation als Alltagshandlung im Kontext des Boxens untersucht
     und zu ähnlichen Schlüssen gelangt.
136 Vgl. Ian Bogost: Persuasive Games. The Expressive Power of Videogames, Cambridge, MA 2007,
     S. 28f.; Katie Salen/Eric Zimmerman: Rules of Play. Game Design Fundamentals, Cambridge, MA
     2004, S. 427f.
137 Vgl. Parker/Becker, The Simulation-Game Controversy, S. 1–10.

5. Ein Zugang zur Analyse von Computerspielen

5.1. Quelle Computerspiel

Videospiele, Computerspiele und digitale Spiele stehen immer in einem bestimmten kulturellen, soziotechnischen und gesellschaftlichen, mithin also auch historischen Kontext. Rolf Nohr postuliert, dass „Computerspiele eingebunden sind in die Diskurse, Dispositive und Regelungssysteme ihrer sie hervorbringenden Kultur, und dass sie herausgehobene massenmediale Phänomene sind, an denen sich bestimmte Diskursformationen verdichten – seien es die den Spielen innewohnenden Narrative oder die über sie geführten Diskurse."[1] Sie können demnach für Fragen wie die vorliegende nach der kulturellen Konstruktion des Kalten Krieges als Quellen herangezogen und in diesem Sinne interpretiert werden.[2]

Ausgehend von einer spezifischen Medialität von Computerspielen, ein Faktor, der für jede Art von historischen Quellen in Betracht gezogen werden sollte,[3] stellt sich die Frage, wie diese Interpretation der Spiele konkret ablaufen sollte. Aus den bisherigen medienhistorischen Betrachtungen lässt sich ableiten, dass insbesondere für die Computerspielphase der Begriff und das Konzept der Simulation adäquate Ansatzpunkte für eine Analyse von Computerspielen als historische Quellen bieten.[4] Die Simulation ist in ihrem Kern ein Mittel der Prognose und Berechnung, das sich bewusst als eine gezielt reduzierte Version der Realität versteht. Eine funktionale Simulation zeichnet sich demgemäß nicht dadurch aus, dass sie ein möglichst lückenloses Duplikat der Realität liefert,

---

1   Rolf F. Nohr: Die Natürlichkeit des Spielens. Vom Verschwinden des Gemachten im Computerspiel (Medien'Welten, Bd. 10), Münster 2008, S. 9. Vgl. auch ders.: Game Studies und Kritische Diskursanalyse, in: Klaus Sachs-Hombach/Jan-Noël Thon (Hrsg.): Game Studies. Aktuelle Ansätze der Computerspielforschung, Köln 2015, S. 373–397, hier S. 384–387.

2   Dies gilt in Anlehnung an die von Angela Schwarz festgestellte Möglichkeit, Computerspiele als Quelle zu verstehen: „nicht als Informationsbasis zur Rekonstruktion vergangenen Lebens, sondern als ein Medium dafür, wie sich Menschen zu einem konkreten Zeitpunkt eine bestimmte, für sie vergangene Zeit vorstellten und ein Bild davon entstehen ließen." Angela Schwarz: Game Studies und Geschichtswissenschaft, in: Sachs-Hombach/Thon, Game Studies, S. 398–447, hier S. 399, 407.

3   Vgl. Fabio Crivellari/Kay Kirchmann/Marcus Sandl/Rudolf Schlögl: Einleitung: Die Medialität der Geschichte und die Historizität der Medien, in: dies. (Hrsg.): Die Medien der Geschichte, Konstanz 2004, S. 9–49, hier S. 17–22.

4   Vgl. Gonzalo Frasca: Simulation vs. Narrative. Introduction to Ludology, in: Mark J.P. Wolf/Bernard Perron (Hrsg.): The Video Game Theory Reader, New York, NY 2003, S. 221–235, hier S. 223; Ian Bogost: Unit Operations. An Approach to Videogame Criticism, Cambridge, MA 2006, S. 98.

sondern, dass die Parameter der Komplexitätsreduktion so gesetzt wurden, dass möglichst
akkurate und aussagekräftige Prognosen über den simulierten Gegenstand getroffen werden können. Ihre Repräsentationsleistung ist somit verbunden mit der Reduktion von
Komplexität und der vorausschauenden Berechnung auf dieser Grundlage. „Simulationen sind Modelle, die der Kontrolle des Originals dienen sollen".[5] Mit Manuel Delanda
lässt sich festhalten, dass sie auf diese Art einen Möglichkeitsraum bereitstellen, der sich
aus den Kapazitäten, Möglichkeiten und Tendenzen der darin modellierten Gegenstände
errechnet.[6] In den Game Studies wurde vor allem von ludologischer Seite auf die Simulation als theoretisch-methodisches Konzept zurückgegriffen.[7] Insbesondere Gonzalo
Frasca und in weiterer Folge Ian Bogost verstehen digitale Spiele als ihre Varianten. Zu
simulieren bedeutet dabei laut Frasca, „to model a source system through a different
system which maintains for somebody some of the behaviors of the original system."[8]
Bogost arbeitete seine Definition auf dieser Grundlage aus. Für ihn ist eine Simulation
„a representation of a source system via a less complex system that informs the user's understanding of the source system in a subjective way."[9] Beide Definitionen bemühen sich
um ein Verständnis des zugrundeliegenden epistemologischen Prinzips. Jason Gregorys
vor allem aus der produktionstechnischen Perspektive entwickelte Definition erlaubt es
hingegen, Computerspiele in einem funktionalen Sinn als Simulationen zu begreifen.
Sie sind, laut Gregory, „soft real-time interactive agent-based computer simulations."[10]
In Computerspielen wird also mithilfe eines Computers ein vereinfachtes Modell der
Realität erstellt, das in Echtzeit miteinander interagierende (menschliche und nichtmenschliche) Akteure einschließt und somit der dynamischen Variante einer Simulation
entspricht. Computerspiele generieren ein dynamisches System aus der Verbindung zwi-

---

5   Vgl. Jens Schröter: Computer/Simulation. Kopie ohne Original oder das Original kontrollierende
     Kopie?, in: Gisela Fehrmann/Erika Linz/Eckhard Schumacher/Brigitte Weingart (Hrsg.): Original-
     kopie. Praktiken des Sekundären, Köln 2004, S. 139–156, hier S. 141.
6   Vgl. Manuel Delanda: Philosophy and Simulation. The Emergence of Synthetic Reason, New York,
     NY 2011, S. 3–6.
7   Im Zuge der Formierung der Disziplin der Game Studies um die Jahrtausendwende wurde ein
     Methodenstreit zwischen Narratologen und Ludologen geführt, der sich im Wesentlichen darum
     drehte, ob digitale Spiele primär als Texte oder eine Form des Spiels zu betrachten und zu analysieren
     seien. Wie heftig diese Auseinandersetzung tatsächlich geführt wurde, ist nicht hinreichend geklärt,
     vermutlich handelt es sich zu einem guten Teil um einen Gründungsmythos. Dennoch verhalf der
     Methodenstreit der wichtigen Frage, ob digitale Spiele vor allem als Texte oder eigenständige Medien
     zu verstehen sind, zu Relevanz. Vgl. Gundolf S. Freyermuth: Games. Game Design. Game Studies,
     Bielefeld 2015, S. 209–212.
8   Frasca, Simulation vs. Narrative, S. 223.
9   Bogost, Unit operations, S. 98.
10   Jason Gregory: Game Engine Architecture, 2. Aufl., Boca Raton, FL/London/New York, NY 2014,
     S. 9.

schen Modell und Nutzerinnen und Nutzern.[11] Dieses System hat die Eigenheit, Deadlines zu folgen, d.h. es fußt auf einer numerischen Simulation, die in einer Schleife, dem ‚game loop‘, den Zustand des Systems regelmäßig reaktualisiert, unabhängig davon, ob eine Interaktion mit den Nutzerinnen und Nutzern stattgefunden hat oder nicht.[12] Computerspiele sind deswegen als softe Simulationen anzusehen, weil der Zusammenbruch des Game Loop in der Regel keine entscheidenden oder schwerwiegenden Folgen in der Realität hat.[13] Diese Konsequenzlosigkeit ist ein genuin spielerisches Moment, das aber Simulationen als Unterhaltung noch nicht unbedingt von wissenschaftlichen oder anderen ernsthaften Formen unterscheidet.[14] Das entscheidende Kriterium liegt darin, wie und ob die Nutzerinnen und Nutzer einer bestimmten Simulation das zugrundeliegende Modell mit seinem realweltlichen Vorbild abgleichen. Dieser Prozess erkenntnisgenerierender Abgleichung ist für sie im Falle von soften Simulationen, wie es Computerspiele sind, optional. Bei ernsthaften aus der Wissenschaft oder anderen Bereichen stellt diese Abgleichung aber den essenziellen letzten Schritt eines Erkenntnisprozesses dar.[15] Eine Simulation kann zum Unterhaltungsmedium werden, wenn die Entwicklerinnen und Entwickler des verwandten Modells die Entscheidung über seine epistemische Nutzung in die Hände der Spielenden legen und diesen Faktor bei der Gestaltung des Modells berücksichtigen, die in diesem Fall den Anforderungen und Affordanzen des Spiels unterliegt. Diese Annahme folgt grundsätzlich Rolf Nohrs These, „dass die Naturalisierung des Spiels also nicht nur auf der Ebene des Symbolischen wie Medialen zu verorten, sondern einerseits bereits im Spiel selbst vorangelegt ist und andererseits innerhalb einer Aneignungs-Kultur auch extern im sozialen Handeln betrieben wird.“[16]

---

11 Vgl. ausführlich dazu Nohr, Die Natürlichkeit des Spielens, S. 183–216.

12 Vgl. Gregory, Game Engine Architecture, S. 10; J.R. Parker/Katrin Becker: The Simulation-Game Controversy: What is a Ludic Simulation, in: International Journal of Gaming and Computer-Mediated Simulations, Bd. 5, Nr. 1, 2013, S. 1–12, hier S. 4f.

13 Vgl. ebd. Jeder, der einen Systemabsturz oder Ähnliches in einem entscheidenden Moment eines laufenden Spiels erlebt hat, mag dies zwar bezweifeln, mit einer Kernschmelze, die Gregory als Beispiel für eine mögliche Konsequenz des Versagens einer nicht soften Simulation nennt, ist das aber zugegebenermaßen schwerlich vergleichbar.

14 Vgl. Nohr, Die Natürlichkeit des Spielens, S. 16f. Es gäbe hier auch die Möglichkeit darüber zu reflektieren, wie viel Spiel, im Sinne von Unterhaltung, in wissenschaftlichen Simulationen steckt, d.h. also die Frage zu stellen, wie viel Spaß ihre Nutzerinnen und Nutzer vielleicht haben.

15 Vgl. Eric Winsberg: Science in the Age of Computer Simulation, Chicago, IL 2010, S. 16f. Insbesondere in Bezug auf den Vorgang der Validation, der in der wissenschaftlichen Praxis nicht immer geradlinig ist und vielfältige Prozesse des Abgleichens einschließt, liegt hier eine Nähe zwischen wissenschaftlichen und spielerischen Simulationen vor, vgl. ebd., S. 19–25.

16 Nohr, Die Natürlichkeit des Spielens, S. 184. Vgl. auch ebd., S. 188–216, wo zusammenfassend die hier entscheidende Frage gestellt wird, inwiefern widerständiges Handeln im Rahmen eines Computerspieles überhaupt möglich ist.

An diesem Punkt der Gestaltung des Modells eröffnet sich die Frage des Verhältnisses, das Computerspiele zur gesellschaftlichen Realität unterhalten, nochmals etwas
differenzierter. Ein Computerspiel mag auf audiovisueller und narrativer Ebene eine
vordergründig völlig unrealistische oder abstrakte Welt entwerfen. Entscheidend für
die Frage des Realismus auf der Ebene der Spielwelt ist zunächst die Konsistenz des Modells, ob das Spiel also ein Modell entwirft, dessen Funktionsweise Grundparametern
unterliegt, die über seine Dauer konsistent gültig sind. Auf dieser Grundlage können
die Nutzerinnen und Nutzer dieses Modells dann spielerisch Probehandeln und werden
damit Teil der Simulation. Sollte eine Referenz auf die außerspielerische Welt das Ziel
eines Computerspiels sein, sind die Entwicklerinnen und Entwickler gefordert, dies
für die Nutzung entsprechend darzulegen. Realismus als Referenz auf außerspielerische
Zusammenhänge und Realismus als innerspielerische Operationalisierung eines kon-
sistenten Modells überlagern sich in diesem Fall, wobei die nutzerseitige Abgleichung
von Simulation und Realität produzentenseitig nicht abschließend determiniert werden kann.[17] Diese Prozesse des Realitätsbezuges zwischen innerspielerischer Konsistenz
und außerspielerischer Referenz führen zu zwei Produktions- und Rezeptionspraktiken
von Computerspielen, dem Modellieren und dem Bauen.

5.2. Bauen und Modellieren als Produktions- und Rezeptionspraktiken

Computerspiele können einen Realitätsbezug herstellen, indem sie das Erscheinungsbild ihrer Spielobjekte möglichst akkurat an ihren realweltlichen Entsprechungen, so
es solche gibt, orientieren. Alle hierfür eingesetzten audiovisuellen Elemente[18] haben
die Grundeigenschaft, dass sie erst gebaut werden müssen. Das bedeutet, ihre Audiovisualität ist, abgesehen von mitunter integrierten Fotografien und Videosequenzen,
in Bezug auf ihre Indexikalität nicht mit fotografischen oder anderen audiovisuellen
Medien vergleichbar. Fotorealismus in den Spielen hängt insgesamt wesentlich mit den
Möglichkeiten der grafischen Darstellung und damit letztlich mit der Rechnerkapazi-
tät zusammen.[19] Der Aspekt audiovisueller Entsprechung mit der Realität ist für die
Behauptung des Realitätsbezuges in dem Fall zudem nicht so entscheidend wie das
gesamte Spielsystem, d.h. die Eigenschaften der Spielobjekte, ihr Verhältnis zueinander

---

17   Vgl. Nohr, Die Natürlichkeit des Spielens, S. 94–103, 215f.

18   Vgl. Jesper Juul: Half-Real. Video Games between Real Rules and Fictional Worlds, Cambridge, MA
     2005, S. 133–139.

19   Vgl. Friedrich Kittler: Computergrafik. Eine halbtechnische Einführung, in: Herta Wolf (Hrsg.):
     Paradigma Fotografie. Fotokritik am Ende des fotografischen Zeitalters, Frankfurt am Main 2002,
     S. 178–195, hier S. 182–185.

und zu den Spielenden sowie die diesem System zugrundeliegenden Informationen.[20] Insofern alle Elemente, die eine Referenz zur außerspielerischen Realität etablieren, seien es visuelle Darstellungen oder Datenbanken mit für das Spielsystem relevanten Informationen in Computerspielen, gebaut und räumlich angeordnet werden, können sie somit am besten als architektonische Medien verstanden werden.[21] Sie sind modellierte und modellierende Medien, transportieren Sinn und Realitätsbezug über Modelle. Architektur und Modell stehen als Aspekte der Medialität der Computerspiele in einem Wechselverhältnis zueinander, das sich aus den spezifischen Funktionen des Modells im Rahmen der Simulation ergibt. Mit Ian Bogost ist grundsätzlich davon auszugehen, dass Computerspiele ihre Akteure und Elemente in ein Verhältnis zueinander stellen und dieses als Simulation dynamisieren.[22] In Eric Winsbergs Analyse der Epistemologie der Simulation stellt sich diese Dynamisierung als eine Stufenfolge des Modellierens dar.[23] Hier findet sich Martin Warnkes Äußerung bestätigt, die Simulation weise eine Nähe zum Experiment, das Modell eine Nähe zur Theorie auf.[24] Eine Simulation ist demzufolge ein zum Zweck des Erkenntnisgewinns dynamisiertes Modell, gewissermaßen eine Theorie in Aktion. Somit befindet sich das Modell im Kern der Simulation. Was aber ist das Verhältnis von Modell und Architektur?

Ein Modell muss, um als solches zu gelten, Modell von etwas und für etwas sein.[25] Das Modell muss, wie Bernd Mahr festhält, zudem überhaupt erst als solches wahrgenommen werden, was dazu führt, dass im Grunde fast jedes Objekt diesen Status erlangen kann. Entscheidend ist, dass es einem Erkenntnisprozess dienlich ist, der sich

---

20 Vgl. hierzu u.a. Cindy Poremba: JFK Reloaded. Documentary Framing and the Simulated Document, in: Loading..., Bd. 3, Nr. 4, 2009, URL: http://journals.sfu.ca/loading/index.php/loading/article/view/61 (Stand: 01.08.2020); Tracy Fullerton: Documentary Games. Putting the Player in the Path of History, in: Zach Whalen/Laurie N. Taylor (Hrsg.): Playing the Past. History and Nostalgia in Video Games, Nashville, TN 2008, S. 215–238.

21 Vgl. Wolfgang Schäffner: Elemente architektonischer Medien, in: Zeitschrift für Medien- und Kulturforschung, Bd. 1, Nr. 1, 2010: Kulturtechnik, S. 137–149. In Bezug auf Computerspiele wurde Architektur als narrative Strategie identifiziert, vgl. Henry Jenkins: Game Design as Narrative Architecture, in: Noah Wardrip-Fruin/Pat Harrigan (Hrsg.): First Person. New Media as Story, Performance and Game, Cambridge, MA 2004, S. 118–130, und als Metapher verstanden, vgl. Stefan Günzel: Video Game Space as Architectural Metaphors, in: Andri Gerber/Brent Patterson (Hrsg.): Metaphors in Architecture and Urbanism. An Introduction, S. 3–12.

22 Vgl. Bogost, Unit Operations, S. 98.

23 Vgl. Eric Winsberg: Sanctioning Models. The Epistemology of Simulation, in: Science in Context, Bd. 12, Nr. 2, 1999, S. 275–292, hier S. 280.

24 Vgl. Martin Warnke: Simulation wilder Spekulationen. Oder: Wie einmal Paul Baran mit einem falschen Modell das Internet erfand, in: Archiv für Mediengeschichte, Bd. 14, 2014: Modelle und Modellierung, S. 23–33, hier S. 31.

25 Vgl. Reinhard Wendler: Das Modell. Zwischen Kunst und Wissenschaft, Paderborn 2013, S. 48.

zwischen Induktion aus dem Kontext des Wissensbestandes, in dem sich ein als Modell gesetztes Objekt befindet (von etwas), und Deduktion aus dem Verhalten dieses Objekts als Modell (für etwas) entfaltet. Um als Modell gelten zu können, muss ein Objekt also die Eigenschaft besitzen, Problemstellung und -lösung in sich zu vereinen. Bernd Mahr nennt den Informationsgehalt, den es dadurch zu transportieren vermag, den Cargo.[26]

Der Zusammenhang zwischen Architektur und Modell wird auf Basis dieser Ausführungen klarer. Es ist entscheidend für die Bedeutungsproduktion durch Modelle, in welchen Kontext sie gestellt werden, also welche Architektur um sie herum konstruiert wird, wie es letztlich als ein numerisches Gerüst und System von Handlungsanweisungen und Algorithmen kontextualisiert, als Modell von etwas präsentiert und als solches für etwas dynamisiert und welcher Cargo dadurch nahegelegt wird.[27] Was hier also als Architektur verstanden wird, entspricht in gewissem Sinn dem Konzept des Paratextes, also jener Elemente, die den Text rahmen und die Rezeption vorstrukturieren.[28] Diese Kontextualisierung im Fall von Computerspielen als eine Form der Architektur zu begreifen, erscheint vor allem deswegen sinnvoll, da sie sich als System von Öffnungen und Schließungen darstellt, das vom Offline-Spielraum (durch Werbeplakate, Spielanleitungen, Verpackungstexte und -abbildungen) in den Online-Spielraum (audiovisuelle Referenzen, Texte usw.) und zurückreicht.[29] Die produzentenseitig gesetzte kontextualisierende Architektur legt also nutzerseitig eine spezifische Lesart des Modells nahe. Dieser Prozess verläuft aber nie reibungslos. Zum einen verfügen Modelle über einen Eigensinn, der oftmals zu nicht vorhergesehenen Ergebnissen führen kann,[30] zum anderen gilt es zu bedenken, dass der finale, relevantes Wissen generierende Modellierungsschritt bei den Nutzerinnen und Nutzern der Simulation liegt.[31]

Das Modellieren ist in Computerspielen also zum einen eine Repräsentationsstrategie, die als Architektur angeordnete Elemente mit dem Spiel- bzw. Simulationssystem zu einem sinnvollen Ganzen, zu einer Spielwelt, zusammenfügt. Die Spielarchitektur folgt

26   Vgl. Bernd Mahr: Cargo. Zum Verhältnis von Bild und Modell, in: Ingeborg Reichle/Steffen Siegel/Achim Spelten (Hrsg.): Visuelle Modelle, Paderborn 2008, S. 17–41, hier S. 32; Bernd Mahr: Formalisierende Anordnung. Notat, Zeichen und Modell, in: Archiv für Mediengeschichte, Bd. 14, 2014: Modelle und Modellierung, S. 115–129, hier S. 126.

27   Vgl. auch Wendler, Das Modell, S. 111.

28   Vgl. Thomas Elsässer/Malte Hagener: Filmtheorie. Zur Einführung, Hamburg 2007, S. 57f.

29   Vgl. Schäffner, Elemente architektonischer Medien, S. 139; Günzel, Video Game Space, S. 11f. Zur Unterscheidung zwischen Online- und Offline-Raum des Computerspiels vgl. James Newman: The Myth of the Ergodic Videogame. Some thoughts on player-character relationships in videogames, in: Game Studies the International Journal of Computer Game Research, Bd. 2, Nr. 1, 2002, URL: http://www.gamestudies.org/0102/newman/ (Stand: 01.08.2020).

30   Vgl. Wendler, Das Modell, S. 37.

31   Winsberg, Science in the Age of Computer Simulation, S. 19–28.

dabei oftmals den Logiken der Intermedialität und der Remediation.[32] Zum anderen bezeichnet das Modellieren eine Art der Rezeption dieser Spielwelt, wobei die Abgleichung mit etwaig nahegelegten realweltlichen Referenzen optional für die Spielenden ist.[33]

5.3. Der Simulationsraum als Spielraum

Computerspiele können also als eine Form der Simulation betrachtet werden, die einen Möglichkeitsraum für Modelle und Modellierungsprozesse bereitstellt. Sie sind zudem Produkte der Unterhaltungskultur. Wenn sie, dem Alltagsverständnis des Wortes entsprechend, Spiele darstellen, die auf der erörterten medialen und technischen Grundlage stattfinden, ist zu klären, auf welche Art dann ludische Elemente wie Spielregeln, Spielziele und Gewinnbedingungen aus dem Möglichkeitsraum der Simulation einen Spielraum machen. Es kann dabei vorausgesetzt werden, dass den Entwicklerinnen und Entwicklern bekannt ist, dass ein Computerspiel ein Spiel ist und entworfen wird, um Spielen im Sinne des ‚play‘ zu ermöglichen, dass also Faktoren wie Spielspaß, Spannung, Motivation, Wiederspielwert und Ähnliches in der Gestaltung mitbedacht werden müssen. Jesper Juul charakterisiert den Einfluss des Spielerischen auf die Spieleentwicklung folgendermaßen: „game design is about designing rules so that the actual strategies used by the players are enjoyable to execute."[34] Die Eigenschaft „enjoyable" spricht den Aspekt des ‚play‘ an. Echtzeitsimulationen, wie es Computerspiele nach Jason Gregorys Definition sind, eröffnen die Möglichkeit, in den laufenden (Simulations-)betrieb einzugreifen, indem sie mit menschlichen und nichtmenschlichen Akteuren interagieren, die Parameter des Gesamtmodells verändern oder nichtmenschliche Akteure arrangieren. Dadurch entsteht ein Spielraum, der das spielerische Potenzial und den Eigensinn der Modelle freisetzt. Diese Art von Raum kennzeichnet aber zugleich den wissenschaftlichen oder professionellen Einsatz von Modellen, trägt also nicht wesentlich zur Klärung des Spielcharakters von Computerspielen bei.[35] Für ihr Verständnis ist entscheidend, dass sie sich sowohl als Spiele deklarieren, als auch die Versprechen der Computersimulation mitführen.[36]

---

32 Vgl. Jens Schröter: Intermedialität. Facetten und Probleme eines aktuellen medienwissenschaftlichen Begriffs, in: montage AV. Zeitschrift für Theorie und Geschichte audiovisueller Kommunikation, Bd. 7, Nr. 2, 1998: Lust am Dokument, S. 129–154; Jay David Bolter/Richard Grusin: Remediation. Understanding New Media, Cambridge, MA 2000, S. 21–50.

33 Vgl. Nohr, Die Natürlichkeit des Spielens, S. 94–103.

34 Juul, Half-Real, S. 91.

35 Vgl. Wendler, Das Modell, S. 25; Winsberg, Sanctioning Models, S. 282f.

36 Vgl. Claus Pias: Wirklich problematisch. Lernen von „frivolen Gegenständen", in: Christian Holtorf/

Als Games ist ihre Verbindung zur Realität dabei, aufgrund ihres Simulationscharakters, einigermaßen evident bzw. vielfach festgestellt worden.[37] In Bezug auf den
Aspekt des ‚play‘ stellte und stellt sich allerdings wiederholt die Frage, welche Implikationen für einen möglichen Realitätsbezug der Computerspiele der Umstand hat,
dass sie als Spiele jederzeit aufhebbar und der Welt sozialer bzw. allgemein realer Konsequenzen enthoben, also nicht ernst sind.[38] Auf dieser Ebene wird nun das Element
der Spielregeln entscheidend. Sie definieren Handlungsmöglichkeiten und geben die
Gewinnbedingungen vor. Wie Jesper Juul herausgearbeitet hat, nehmen Regeln deshalb in der Definition dessen, was ein Spiel ist, eine zentrale Stelle ein. „Rules specify
limits and affordances“,[39] d.h. sie legen eine bestimmte Art des Spielens nahe. Gonzalo
Frasca erweitert seine Sicht auf Spiele als Simulationen durch die Einbeziehung von
Regeln, die die Simulation strukturieren.[40] Die produzentenseitigen Rahmungen
durch Regeln, Gewinnbedingungen und Handlungsmöglichkeiten betreffen somit
unmittelbar den Modellierungsaspekt und damit den Realitätsbezug von Computerspielen. Ian Bogost sowie Katie Salen und Eric Zimmermann sprechen diesbezüglich
von einer „procedural rhetoric“ und tragen mit dieser Bezeichnung dem Umstand
Rechnung, dass Computerspiele in Prozessen und durch sie Sinn stiften, was für Code
und Software generell gilt.[41]

Zur Besonderheit des Spiels bzw. des Spielerischen zählt außerdem, dass es emergente Züge aufweist, damit im Grunde nicht eingegrenzt oder abschließend bestimmt
werden kann. In gewissem Sinne liegt das Spielerische somit immer quer zu den gegebenen Handlungsanweisungen und aufgestellten Regeln. In Bezug auf den Regelaspekt
von Computerspielen ist, wie bei anderen Spielen, zumindest eine weitere Unterscheidung nötig, die zwischen denjenigen Regeln, die das Spiel setzt, und jenen, nach denen

---

ders. (Hrsg.): Escape! Computerspiele als Kulturtechnik, Köln 2007, S. 255–271, hier S. 257; Josef
   Köstlbauer: The Strange Attraction of Simulation: Realism, Authenticity, Virtuality, in: Matthew
   Wilhelm Kapell/Andrew B.R. Elliott (Hrsg.): Playing with the Past. Digital Games and the Simula-
   tion of History, New York, NY 2013, S. 169–185, hier S. 170–173.

37 Vgl. Hubert Law-Yone: Simulation/Gaming in a Postmodern World, in: Simulation & Gaming, Bd.
   31, Nr. 1, 2000, S. 93–99, hier S. 96–98, der diesen Zusammenhang hervorkehrt, um Simulationen
   als Versuchsanordnungen von dem postmodernen Verständnis der Simulation abzugrenzen; Parker/
   Becker, The Simulation-Game Controversy, S. 8–10.

38 Vgl. Nohr, Die Natürlichkeit des Spielens, S. 71–74.

39 Juul, Half-Real, S. 58.

40 Vgl. Frasca, Simulation vs. Narrative, S. 228–233.

41 Vgl. Bogost, Persuasive Games, S. 28–44. Vgl. auch Alexander Galloway: Gaming. Essays on Algorithmic Culture, Minneapolis, MN 2006, S. 2, der gleich einleitend festhält: „Video games are
   actions.“ Vgl. auch Katie Salen/Eric Zimmerman: Rules of Play. Game Design Fundamentals, Cambridge, MA 2004, S. 427f.

es tatsächlich gespielt wird, d.h. den von den Spielerinnen und Spielern ausgehandelten Regeln, differenziert.[42]

Der Realitätsbezug von Computerspielen ergibt sich insgesamt also daraus, dass sie etwas in prozessualer Form als Spielraum repräsentieren. Espen Aarseth hält dazu fest, sie seien „a representation of space that is not in itself spatial but symbolic and rule based".[43] Das ‚play‘, ihr Spielanteil, zeigt sich als Affordanz und Rahmung durch Regeln und Gewinnbedingungen und den daraus entstehenden Spielräumen und -situationen, außerdem als analytisch nur schwer einzuholender Überschuss der Handlungen der Spielenden in diesen Spielsituationen. Die Eigensinnigkeit der Modelle speist sich in Computerspielen also auch aus dem Spielaspekt. Die Entwicklerinnen und Entwickler können eine bestimmte Lesart, einen bestimmten Cargo des Modells allerhöchstens durch kontextuelle Rahmungen unter den Bedingungen des Spiels nahelegen.

Computerspiele stiften somit Sinn in der Schnittmenge von spielerischen Affordanzen, angewandt auf die Modellierungsprozesse der Simulation und Strategien der plausibilisierenden Kontextualisierung ihrer Modelle. In der konkreten Analyse lässt sich die Rahmung der Situation, das produzentenseitige Spielangebot, nachvollziehen. Spiele und ihre Entwicklerinnen und Entwickler folgen spezifischen Affordanzen und legen Realitätsbezüge in Form von Spielsituationen nahe, die in Bezug auf ihre Interpretation niemals abschließend determinierbar sind.

Die gestalterischen Grenzen, die sich aus den Affordanzen des ‚play‘ und den technischen Möglichkeiten ergeben, sowie die daraus folgenden Konsequenzen für die Simulation, ermöglichen einen Ansatzpunkt für die Analyse.[44] An dieser Richtschnur lässt sich nachvollziehen, welche Aussagen und Realitätsbezüge sich in Computerspielen zwischen Regeln, Kontextualisierungen und Modellen ergeben. Dieser Ansatz befindet sich in unmittelbarer Nähe zu dem Programm, das Frasca und Bogost ausgearbeitet haben. Er betont, dass sich in dem Medium Elemente der Plausibilisierung und des konkreten Realitätsbezuges mit spielerischen Elementen vermischen und so letztlich eine spezifische Emotion erzeugt wird.

---

42 Vgl. Britta Neitzel: Spielerische Aspekte digitaler Medien – Rollen, Regeln, Interaktionen, in: Caja Thimm (Hrsg.): Das Spiel: Muster und Metapher der Mediengesellschaft, Wiesbaden 2010, S. 107–127, hier S. 117f.

43 Espen Aarseth: Allegories of Space. The Question of Spatiality in Computer Games, in: Friedrich von Borries/Steffen P. Walz/Matthias Böttger (Hrsg.): Space Time Play. Computer Games, Architecture and Urbanism: The Next Level, Basel 2007, S. 44–56, hier S. 45.

44 Vgl. auch Markku Eskelinen: The Gaming Situation, in: Game Studies. The International Journal of Computer Game Research, Bd. 1, Nr. 1, 2001, URL: http://www.gamestudies.org/0101/eskelinen/ (Stand: 01.08.2020).

5.4. Die Analyse historischer Spielsituationen des Kalten Krieges – Vorgehen und Quellengrundlage

Die Medialität der Computerspiele kombiniert somit Elemente des Spiels und der Simulation und transportiert so eine epistemologische Technologie und Strategie aus dem Bereich des Spezialwissens in den Bereich des populären Wissens.[45] Das Medium etabliert auf dieser Grundlage die Anbindung an die umgebende gesellschaftliche Realität ihrer historischen Kontexte. Insbesondere in der Phase der Computerspiele waren sie ein geeignetes Medium, um zeittypische Denkfiguren und Rhetoriken populärkulturell zu verhandeln.[46] Zusammenhänge wie Ursache und Wirkungsrelationen in potenziell unbegrenzt großen Maßstäben, etwa als Korrespondenz zwischen einer Einzelhandlung und einem globalen System, erfahren in ihnen durch ihre persönliche Nachvollziehbarkeit im Rahmen eines interaktiven Modellierungsprozesses eine gänzlich andere Emotionalisierung und damit Dringlichkeit als beispielsweise in Spielfilmen. Den seit den frühen achtziger Jahren wieder verstärkt beobachtbaren Globalisierungsprozessen wurde damit beispielsweise eine reizvolle populärkulturelle Darstellungsmöglichkeit gegeben. Was das Modell darstellen oder sein soll, kann dabei von den abstraktesten Systemen (*Tetris*) bis hin zum gesamten Planeten (*Sim Earth*) reichen. Der bewusste selbstreferenzielle Hinweis auf den ‚play‘-Aspekt ermöglichte es dabei immer wieder, eine recht weite moralisch-ethische Bandbreite der Spielinhalte zu erkaufen. Die diesbezügliche Schlüsselstrategie besteht aus dem, insbesondere im Zusammenhang mit kontroversen Spielinhalten, häufig geäußerten Verweis, es handle sich ‚nur um ein Spiel‘. Die Kontroversen entzündeten sich dabei oft an der Nähe des Spiels zur Simulation als erkenntnis- und letztlich auch wahrheitsgenerierender Technologie.[47] Computerspielen wurde und wird zugetraut, Aussagen sowohl im Modus der Simulation als auch der Unterhaltung treffen zu können. Sie sind insofern vielleicht als eine Art der Mimesis von Simulation oder Simulation von Simulation zu begreifen.[48] Sie sollten aber nicht als reine Transmissionsriemen verstanden werden, die entsprechende Diskurse und Denkfiguren verlustfrei in den Bereich der Populärkultur diffundieren. Das verhindert bereits der Spielaspekt ihrer Medialität. Sie sind vielmehr Plattformen, um diese Diskurse in populärkultureller Form in entsprechenden Spielsituationen zu verhandeln.

---

45   Claus Pias: Computer.Spiel.Welten, 2. Aufl., Zürich 2010, S. 306–312; Patrick Crogan: Gameplay Mode. War, Simulation and Technoculture, Minneapolis, MN 2011, S. 19–36.

46   Dazu zählt etwa die Rhetorik des freien Marktes, die ganz wesentlich auf Komplexitätsreduktion beruht. Vgl. Daniel T. Rodgers: Age of Fracture, Cambridge, MA 2011, S. 42f.

47   Vgl. Winsberg, Science in the Age of Computer Simulation, S. 26.

48   Vgl. Schröter, Computer/Simulation, S. 146; Law-Yone, Simulation/Gaming, S. 98.

Der Weg zur Beantwortung der Frage, welche Variante des Kalten Krieges im jeweiligen Fall entsteht, führt über die Offenlegung der interdiskursiven Anschlüsse der Architektur, der Elemente und der Funktionsweise des Spielmodells und schließlich des Cargos. Zum einen ist zu fragen, welche Interpretation des Modells durch die architektonischen Anordnungen intermedialer, audiovisueller, textueller, narrativer und sonstiger Elemente nahegelegt wird. Der analytische Fokus liegt hier auf der Rahmung oder dem Gerüst des jeweiligen Spiels, das im Sinne des Paratextes zugleich in den Offline-Spielraum reichen kann bzw. ein dynamisches Verhältnis zwischen Offline- und Online-Spielraum schafft. Gleichermaßen sind hier die Situierung der Spielerinnen und Spieler, also die Perspektiven, in die sie versetzt werden, der ,Point of View' und der ,Point of Action', d.h. der Blick auf die Ereignisse und die Handlungsposition im Spiel, und ihr Verhältnis zueinander, von analytischem Interesse.[49]

Auf die Betrachtung der Spielarchitektur folgt die Analyse des Spielmodells, also die jeweils spezifischen Merkmale, die Regeln, Gewinnbedingungen und Handlungsmöglichkeiten des Spielraumes. Als Leitfaden der Analyse können die Fragen danach dienen, was die Spielenden machen können, tun dürfen, was ihnen nicht erlaubt ist und wie sie erfolgreich sind. Diese Elemente verhalten sich zum Modell auf spezifische Art und Weise, so dass sich untersuchen lässt, was die jeweiligen Handlungsmöglichkeiten für den verhandelten Gegenstand bedeuten.[50] In dieser Schnittmenge von Architektur und Spielmodell entsteht schließlich eine jeweils spezifische prozessuale Rhetorik und damit ein Cargo in Bezug auf einen Teilaspekt des Kalten Krieges. In ihrer Gesamtheit gehen Architektur und Spielmodell somit in einer jeweils distinkten Spielsituation auf, in der historischer Kontext, interdiskursive Anschlüsse, Medialität und nicht zuletzt die technischen Grundlagen der medialen Infrastrukturen zusammenlaufen. Die Hauptfrage lautet demnach, welchen Cargo das jeweilige Spiel in Bezug auf einen Teilaspekt des Kalten Krieges transportierte und welche Version des Kalten Krieges jeweils entstand.

Von Interesse ist also die Position von Computerspielen in der kulturellen Konstruktion des Kalten Krieges in seiner letzten Phase und kurz nach dem Zusammenbruch der

---

49 Vgl. Britta Neitzel: Point of View und Point of Action – Eine Perspektive auf die Perspektive in Computerspielen, in: Repositorium Medienkulturforschung, Nr. 4, 2013, S. 2–20, DOI: https://doi.org/10.25969/mediarep/622 (Stand: 01.08.2020), hier S. 9. Vgl. auch Max Kanderske: Das Spiel mit der Perspektive. Blick und Handlung im perspektivkritischen Spiel, in: onlinejournal kultur & geschlecht, Ausgabe 15, 2015, S. 1–20, URL: https://kulturundgeschlecht.blogs.ruhr-uni-bochum.de/wp-content/uploads/2015/08/kanderske_perspektive.pdf (Stand: 01.08.2020), der einen perspektivkritischen Typ von Spiel ausmacht, in dem Spielhandlung und Perspektivierung zusammenfallen.

50 Als ,serious games' wären dann solche Spiele zu verstehen, in welchen Modell und Realität bewusst eng geführt werden. Vgl. Freyermuth, Games, S. 230–232.

Sowjetunion. Die wichtigsten primären Quellen bilden die Spiele selbst. Die Spielaus-wahl erfolgte hauptsächlich mithilfe von Online-Datenbanken und orientierte sich an dem Auswahlkriterium einer direkten, audiovisuellen und textuellen bzw. narrativen Adressierung des Ost-West-Konfliktes nach 1945. Nach Ablagerungen der Logik des Kalten Krieges in Computerspielen wurde somit nicht gesucht.

Die Konzentration auf Online-Datenbanken erschien durch den Umstand gerecht-fertigt, dass sich das Gedächtnis des in Frage stehenden Mediums hauptsächlich auf solchen Plattformen organisiert. Gedruckte Spieleverzeichnisse sind, von Jahres- oder Verkaufslisten in Spielemagazinen – zudem in den meisten Fällen online einsehbar – einmal abgesehen, nicht bekannt. In Bezug auf das vorliegende Thema stellt die On-line-Enzyklopädie Wikipedia Vorsortierungen unter der Kategorie „Cold War video games"[51] bereit. Auch die Spieledatenbank MobyGames enthielt unter dem Schlagwort ,cold war' eine Sammlung relevanter Spiele, die aber mittlerweile nur noch archiviert verfügbar ist.[52] Diese Listen bildeten den Startpunkt der Quellenrecherche.[53] Im Um-gang mit der Plattform MobyGames wurde zur Ermittlung der für den Quellenkorpus relevanten Spiele ein mehrstufiges Verfahren angewandt, das sich nicht auf die Suche nach dem Kernbegriff ,cold war' beschränkte, sondern, aufgrund der angenommenen Unvollständigkeit der Beschlagwortung, außerdem die Durchsicht der gesamten Jah-resproduktionslisten nach passenden Titeln einschloss. Darüber hinausgehende Hin-weise ergaben sich aus privaten Gesprächen, Funden in Fachmagazinen und weiteren Online-Recherchen. Wie schnell ersichtlich wird, kann die durch diese Vorgehensweise generierte Spieleliste keinerlei Anspruch auf Vollständigkeit stellen, wobei ein solcher Anspruch, gerade angesichts der im beobachteten Zeitraum zahlreichen, von Ama-teurprogrammiererinnen und -programmierern entwickelten Spiele schwer einzulösen wäre. Es wird jedoch angenommen, dass die so zusammengestellte Spieleliste repräsen-tativ genug ist, um allgemeine Aussagen zuzulassen. Die beschriebene Suchsystematik

---

51 Vgl. Category: Cold War video games, in: Wikimedia Foundation (Hrsg.): Wikipedia. The Free Encyclopedia, 18.05.2013, URL: https://en.wikipedia.org/wiki/Category:Cold_War_video_games (Stand: 01.08.2020).

52 Vgl. Historical conflict: Cold War, in: Blue Flame Labs (Hrsg.): MobyGames, URL: http://www.mobygames.com/game-group/historical-conflict-cold-war (Stand: 23.04.2019), archiviert in: Inter-net Archive. Wayback Machine, 23.04.2019, URL: https://web.archive.org/web/20190423145353/https://www.mobygames.com/game-group/historical-conflict-cold-war (Stand: 01.08.2020).

53 Es ist nicht auszuschließen, dass in der Zwischenzeit neuere, bessere Datenbanken zur Geschichte digitaler Spiele entstanden sind. Von entsprechenden Projekten war laufend zu lesen. Mittlerweile ist etwa die thematisch einschlägige Coldwar Games Datenbank veröffentlicht worden. Vgl. Flo-rian Greiner (Hrsg.): Coldwar Games, URL: https://coldwar-games.de/index.php?title=Hauptseite (Stand: 01.08.2020). Zum Zeitpunkt der für diese Arbeit grundlegenden Recherche schienen die genannten Ressourcen jedoch am verlässlichsten.

lieferte das früheste Ergebnis für das Jahr 1980 und wurde bis in das Jahr 2001 aus-
gedehnt, um Tendenzen, die über den Untersuchungszeitraum hinausreichen, nachvollziehen zu können. Wird auf noch aktuellere Spiele Bezug genommen, so stammen
die entsprechenden Beispiele aus der bereits erfolgten wissenschaftlichen Auseinandersetzung mit dem Thema oder von Hinweisen in einschlägigen Publikationen. Diese
Vorgehensweise ergab einen reichen Bestand an relevanten Spielen. Die Gesamtanzahl
der recherchierten Spiele bis zum Jahr 2001 beläuft sich auf 153 Titel.

Computerspiele über den Kalten Krieg erschienen auf allen gängigen Plattformen,
wobei ein Überhang in Richtung Heimcomputer festzustellen ist und Spielautomaten
eine eher marginale Rolle einnehmen. Dies steht im Zusammenhang mit dem Umstand, dass mit Strategie- und Simulationsspielen zwei Genres prominent im Korpus
vertreten sind, die in enger Verbindung zur Plattform der Heimcomputer standen und
immer noch stehen. Darüber hinaus ist der Kalte Krieg in allen maßgeblichen Genres
anzutreffen. Die genaue Definition von Spielgenres ist dabei ein ungelöstes Problem,
die Genrebegriffe erweisen sich als fluide und sind stark abhängig von jeweiligen technischen und gestalterischen Entwicklungen sowie persönlichen Präferenzen.[54] Bedient
man sich aber Claus Pias' fundamentaler Unterscheidung, so lässt sich sagen, dass der
Kalte Krieg sowohl in zeit- wie in entscheidungs- und konfigurationskritschen Spiel-
typen anzutreffen ist.[55] Was die Produktionsländer betrifft, so lässt sich, wiederum mit
Einschränkungen, da einige Entwicklerstudios nicht mehr ermittelt werden konnten,
festhalten, dass der überwiegende Teil der relevanten Spiele im Westen produziert
wurde. Von diesen stammen die meisten, nämlich 87 Titel, aus den USA, gefolgt von
Großbritannien mit 28 und Japan mit 6 Spielen. Der Rest verteilt sich zum einen auf
westeuropäische Produktionsländer, vor allem Frankreich, Deutschland und Spanien.
Zum anderen wurden kurz nach dem Zusammenbruch der Sowjetunion einige wenige
Titel in ehemaligen Ostblockstaaten, hier vor allem in Polen, produziert.

Aus dieser Auswahl lassen sich somit bereits zwei grobe Erkenntnisse gewinnen. Augenscheinlich war es zum einen in erster Linie Sache des Westens, den Kalten Krieg in
Computerspielen entstehen zu lassen. Dieser Umstand scheint gerade vor dem Hintergrund, dass die digitale Spieleindustrie erst spät und auf Umwegen über staatliche Pro-
jekte und private Hobbyszenen ihren Weg in den Ostblock und die Sowjetunion fand,
nicht verwunderlich. Nicht ausgeschlossen ist aber, dass die entsprechenden Spiele dort
rezipiert und gespielt wurden.[56] Zum anderen war und ist der Kalte Krieg für die Com-

---

54 Vgl. Benjamin Beil: Genrekonzepte des Computerspiels, in: GamesCoop (Hrsg.): Theorien des
    Computerspiels. Zur Einführung, Hamburg 2012, S. 13–31.

55 Zu dieser Unterscheidung vgl. Pias, Computer.Spiel.Welten, S. 11.

56 In der Spieleszene der DDR etwa dürften Raubkopien westlicher Spiele keine geringe Rolle gespielt
    haben. Vgl. Jens Schröder: Auferstanden aus Platinen. Die Kulturgeschichte der Computer- und

puterspielindustrie offensichtlich ein eher randständiges Sujet. Das lässt sich an einem einfachen Rückschluss demonstrieren. Das Jahr 1989 weist mit zwanzig einschlägigen Titeln die meisten innerhalb eines Jahres veröffentlichten Spiele zum Thema auf. Im Verhältnis zur Gesamtproduktion des Jahres, die MobyGames mit 1.838 Spielen beziffert,[57] ist dies aber mit wenig mehr als 1% ein verschwindend geringer Anteil. Das heißt, abgesehen von den Vorbehalten, nicht alle Spiele zum Thema erfasst zu haben, kann dennoch angenommen werden, dass es sich mit dem Kalten Krieg um ein Nischenthema in der Computerspielindustrie handelte. Es blieb bemerkenswerter Weise dennoch durchgängig und bis in die unmittelbare Gegenwart präsent.

Computerspiele hatten also offensichtlich seit ihren frühesten Tagen etwas über den Kalten Krieg, und das bedeutete in der Periode von 1980 bis 1991 über die aktuelle politische Lage, zu sagen. Der Kalte Krieg schlug sich nicht nur implizit, wie in *Missile Command*, in den Spielmodellen nieder, sondern Computerspiele adressierten den Systemkonflikt zudem direkt und unverstellt. Sie fungierten also nicht bloß als unbewusste populärkulturelle Träger der politisch-gesellschaftlichen Großwetterlage, sondern agierten als aktive Kommentatoren, die sich medienspezifischer Mittel bedienten und in markt- und kulturspezifischen Abhängigkeiten befanden.

Computerspiele setzten sich mit der Militärtechnologie der Zeit und mit Formen der Spionage bzw. Geheimdienstarbeit auseinander. Sie behandelten das zentrale Konzept des Undenkbaren in Form eines hypothetischen, konventionellen und nuklearen Krieges zwischen den Supermächten ebenso wie als Infiltration des feindlichen Territoriums. Computerspiele sprachen überdies Konzepte und Formen der Regierung, mithin geo- und staatspolitische Ordnungsvorstellungen der Epoche an. Schließlich traten sie als Medien der Erinnerung in Erscheinung, indem sie die Vergangenheit des Kalten Krieges im Kontext seiner erinnerungs- und geschichtskulturellen Diskurse behandelten. Diese hatten gerade im Zweiten Kalten Krieg der achtziger Jahre, der häufig als eine unerwartete Wiederkehr der überwunden geglaubten Konfrontation der Supermächte wahrgenommen wurde, vor allem in Bezug auf den Vietnamkrieg Konjunktur.

In diesen Kategorien finden sich bereits einige typische kulturelle Konstellationen, wie sie beispielsweise Roland Végsö in *The Naked Communist* herausgearbeitet hat.

Videospiele unter besonderer Berücksichtigung der ehemaligen DDR, Stuttgart 2010, S. 95f. und Angela Schwarz: „Tor in eine komplett neue Welt"? Computerspiele(n) in der DDR – eine Annäherung, in: Jahrbuch für Historische Kommunismusforschung 2021, Themenheft Zwischen Sozialdisziplinierung und Vergnügen: Politik und Praktiken des Spielens im Staatssozialismus, hrsg. von Juliane Brauer/Maren Röger/Sabine Stach, Berlin (im Druck für 2021).

57   Vgl. Game Browser 1989, in: Blue Flame Labs (Hrsg.): MobyGames, URL: http://www.mobygames.com/browse/games/1989/list-games/ (Stand: 01.08.2020).

Er kommt zu einer Unterteilung in „the world, the enemy, the secret und the catastrophe".[58] Das Andere, das Geheime, das Globale und das Undenkbare sind zugleich für die Analyse der kulturellen Konstruktion des Kalten Krieges in Computerspielen brauchbare Ordnungsvektoren. Diese Kategorien schließen sich dabei nicht gegenseitig aus. Viele ihrer Elemente sind oftmals in ein und demselben Spiel zu finden. Sie stellen jedoch eine plausible Möglichkeit der Ordnung bereit. Indem sich Computerspiele in diese Themenfelder begaben, berührten sie populärkulturelle und vor allem auch politische Diskurse der letzten Phase des Systemkonflikts. Fragen der Geheimhaltung und Funktionsweise militärischer Technologie, der Tätigkeit der Geheimdienste angesichts der Neuerungen der Informationstechnologien, der Geschichte des Kalten Krieges als Erinnerung, insbesondere an den heißen Krieg in Vietnam, auch als Grundlage für Spekulationen und Zukunftsszenarien, der Möglichkeit soldatischen Heldentums und gelungenen Regierens und des Undenkbaren fanden sich in Computerspielen wieder.

Die somit zugrunde gelegten Ordnungskriterien orientieren sich aber nicht ausschließlich am Kontext der Kultur der Epoche, sondern lassen sich außerdem im Sinne einer Stufenfolge der grundsätzlichen Funktionsweisen lesen und verweisen damit bereits auf die medialen Eigenheiten des Kalten Krieges in den Spielen. In dieser Lesart sprechen die mit militärischem und geheimdienstlichem Wissen befassten Spiele den Umstand an, dass das Medium Handlungen in alltäglich nicht zugänglichen Räumen oder Bereichen ermöglicht. Das Undenkbare weist auf softe Simulationen hin. Die in ihnen ermöglichten Handlungen sind also insofern undenkbar, als sie zu schwerwiegende Konsequenzen hätten, um sie in der Realität auszuführen. Die Ordnung der Welt akzentuiert hingegen die Eigenschaft von Computerspielen, es den Spielenden zu ermöglichen, diese Handlungen aus einer realiter unmöglichen Position tätigen zu können. Die Kategorie „Spielarten der Erinnerung" bildet aus dieser Perspektive einen Endpunkt der Synthese dieser Elemente und verweist noch einmal ganz allgemein darauf, dass Computerspiele Sinn, in diesem Fall historischen Sinn, stiften können. Insofern sind sie als eigenständige historische Quellen zu verstehen. Als Produkte einer in den späten siebziger Jahren entstandenen Unterhaltungsindustrie, die, insbesondere in den achtziger und frühen neunziger Jahren begannen, sich auf einer spezifischen medialen Grundlage aktiv an den sie umgebenden Diskursen zu beteiligen und diese mitzuprägen.

Der Spielekorpus wurde nach diesen thematischen Kriterien aufgeteilt, wobei es, wie bereits erwähnt, häufig zu Überschneidungen kommt. Die Kategorien sind am

---

58 Roland Végsö: The Naked Communist. Cold War Modernism and the Politics of Popular Culture, New York, NY 2013, S. 2.

besten als Konzentration auf bestimmte Aspekte zu verstehen. Für jedes Kapitel fungiert jeweils ein Spiel als Musterbeispiel, das den genannten Aspekt besonders prägnant zum Ausdruck bringt und auf das deswegen tiefergehend fokussiert wird. Die Auswahl der Hauptbeispiele folgte also nicht primär chronologischen Kriterien. Verkaufszahlen waren für die Veröffentlichungen des beobachteten Zeitraumes nicht ermittelbar und kamen somit als Auswahlkriterium ebenfalls nicht in Frage. Deswegen wurden relativ subjektive Kriterien angelegt, um die Musterbeispiele auszuwählen. Das Spiel *F-19* wurde aufgrund des Bekanntheitsgrades der Herstellerfirma MicroProse, die als Simulationsspielspezialist bekannt ist, und der Eindeutigkeit des spekulativen Status des in Frage stehenden Fluggerätes und der dadurch entstehenden Spannung zwischen Realität, Simulation und Fiktion, ausgewählt. *The Fourth Protocol* rückte aufgrund seiner Position in einem Medienverbund aus Roman, Film und Spiel und seiner interessanten Ausgestaltung in den Fokus. *Raid over Moscow* wurde aufgrund seines Bekanntheitsgrades und seines langanhaltenden Status als Skandalspiel als geeignetes Beispiel angesehen. Für *Nukewar* sprachen das frühe Erscheinungsdatum und die Herstellerfirma Avalon Hill, die auf die Verwandschaft mit dem Brettspiel- und Planspielbereich verweist. *Balance of Power* wurde wegen seines singulären Status gewählt, was sein Spielsystem ebenso wie den Bekanntheitsgrad des Entwicklers Chris Crawford betrifft. Die Auswahl von *Crisis in the Kremlin* beruht auf der Singularität des Spielinhalts, der die Spielenden die Regierung der Sowjetunion in ihren letzten Jahren übernehmen lässt. *19 Part One: Boot Camp* rückte ins Blickfeld, da es den speziellen Fall der Versoftung eines Popsongs darstellt, anhand dessen sich die Reibungen, die sich hier aus der medienspezifischen Position des Computerspiels in diesem erinnerungskulturellen Medienverbund ergeben, gut nachvollziehen lassen. Die Auswahl des Spiels *Trinity* fußte auf dem Bekanntheitsgrad des Entwicklers Brian Moriarty und seiner spezifischen Annäherung an die Thematik des Kalten Krieges. Auch für das letzte Beispiel, *KGB*, gilt, dass es aufgrund der Kombination von Form und Inhalt eine herausgehobene Stellung einnimmt.

Die folgenden Kapitel werden durch die mithilfe der erarbeiteten Methodik durchgeführte Analyse dieser Einzelbeispiele eröffnet. Ist ihr jeweiliger Cargo erarbeitet, soll in einem weiteren Schritt die Dynamik des ermittelten grundsätzlichen Zusammenhanges im beobachteten Zeitraum anhand weiterer, in einem breiteren Überblick zusammengefasster Beispiele, erörtert werden. Dieser weiter gefasste Querschnitt bemüht sich um eine zeitliche Ordnung aller in das thematische Feld passenden Titel und legt das Hauptaugenmerk auf etwaige Veränderungen während des beobachteten Zeitraums.

Die Spiele wurden, soweit möglich, als physische Kopie besorgt und als emulierte Version, wie sie beispielsweise im Spielearchiv des Internet Archive (Wayback Machine) zu finden sind, gespielt. Konnte ein Spiel weder in physischer noch in emulierter Version ausfindig gemacht werden, wurde auf Videos von Spieldurchläufen, die hauptsächlich auf der Videoplattform YouTube zu finden sind, zurückgegriffen. In Bezug auf die Spielhandbücher, die gerade im hier behandelten Zeitraum eine wichtige, oft vernachlässigte Quelle darstellen, wurde, so keine physische Kopie organisiert werden konnte, auf online verfügbare Dateien zurückgegriffen. Die kontextualisierenden Materialien beziehen sich hauptsächlich auf Forschungsliteratur, schließen aber als eine weitere Hauptquelle Fachmagazine und Fanzines ein, die auf Webseiten wie dem Internet Archive oder der Seite kultpower.de oder anderen in digitaler Form zugänglich und vor allem in Bezug auf die Rezensionen relevant sind. Dazu kamen noch andere populärkulturelle Medien, hauptsächlich Filme und Romane, die jeweils einen für die Analyse relevanten Kontext des Kalten Krieges berührten. Darüber hinaus wurden Erwähnungen vereinzelter Spiele in über den Spezialbereich der Computerspielkultur hinausreichenden Publikationen bzw. Dokumenten hinzugezogen. Insbesondere die Bescheide der deutschen Bundesprüfstelle für jugendgefährdende Schriften (BPjS) sind für die diskursive Wirkung der Spiele aufschlussreiche Quellen. Da es sich bei Computerspielen um Produkte einer sich globalisierenden Populärkultur handelt, wurde für das Quellenmaterial keine länderspezifische Einschränkung vorgenommen. Schließlich sollten selbst die spärlichen, vereinzelt jedoch greifbaren Einschätzungen von Spielerinnen und Spielern in Form von Leserbriefen, Einträgen in Internetforen, Erinnerungen, die in Talkbacks zu Let's plays geäußert werden, wenn möglich eingebunden werden. Ähnlich wie bei den Verkaufszahlen und den Stimmen der Entwicklerinnen und Entwickler war eine systematische Einbindung solcher Quellen aufgrund der zeitlichen Nähe der untersuchten Periode überraschend spärlichen Datenlage nicht möglich.

6. Der Kalte Krieg als Spiel mit militärischem und geheimdienstlichem Spezialwissen

6.1. Militärsimulation und Geheimdienstspiele

In die erste Gruppe fallen jene Spiele, die bestimmte Formen des Spezialwissens zugänglich machen wollten. Das Versprechen, den Spielerinnen und Spielern Zugang zu Wissensbereichen zu ermöglichen, die ihnen im alltäglichen Leben verschlossen blieben, zählte dabei zu den Basisfunktionen.

Seit ihren frühesten Tagen warben Computerspiele damit, dass sie den Spielenden ermöglichten, in die Rolle einer oder eines anderen zu schlüpfen, etwa in einer historischen Situation anwesend zu sein oder eben eine Maschine bzw. ein Instrument zu bedienen, was ihnen in ihren alltäglichen Erfahrungen entzogen war. Gerade in der herausgearbeiteten Phase der Computerspiele wurde dieses Merkmal oft hervorgekehrt. In einem gewissen Sinn gilt dieses Merkmal also für Computerspiele im Allgemeinen. Was die Spiele der vorliegenden Gruppe aber abhebt, ist der Umstand, dass hier unter den Bedingungen des Kalten Krieges ein verstärkender Effekt vorlag, der vor allem in zwei Arten von Spielen zu finden war.

Einmal handelte es sich hierbei um Simulationsspiele, die mit Modellen realweltlicher Kriegsmaschinen des Kalten Krieges spielen ließen. Die vorliegenden Beispiele zeichnen sich dadurch aus, dass die darin modellierte Technologie häufig entweder geheim war oder nur als Prototyp bzw. Gedankenexperiment real existierte. Der Stealth Fighter, das im ersten Beispiel behandelte Kampfflugzeug, galt als eine solche streng geheime Militärtechnologie, um die sich zahlreiche, auch populärkulturelle Spekulationen rankten. In Spielen wie *High Frontier* wurde hingegen die Strategic Defense Initiative (SDI) thematisiert und damit ein maßgeblich von Ronald Reagan propagiertes, militärisches Gedankenexperiment in die relativ konkrete Form eines Computerspiels gebracht. In beiden Fällen funktionierten Computerspiele als Medien der Implementierung spekulativen militärtechnologischen Wissens des Kalten Krieges in der Populärkultur. Daneben gab es noch zahlreiche Spiele, die real existierende Militärtechnologie in spekulativen Szenarien eines heißen Kalten Krieges simulierten. Zentral ist in allen Beispielen jedenfalls der Aspekt des Zugangs zum Spezialwissen der Funktionsweise von Militärtechnologie im historischen Kontext ihres in der Realität ausgesetzten Einsatzes.

Die Spiele der zweiten Gruppe, also jene, die einen Zugang zu der Arbeit von Geheimdiensten versprachen, folgten einer grundsätzlich ähnlichen Stoßrichtung der

Operationalisierung geheimen oder spekulativen Spezialwissens.[1] Auch in diesen Fällen transportierten Computerspiele, neben populärkulturell etablierten Darstellungskonventionen, eine popularisierte Form des Spezialwissens über die Funktionsweise geheimdienstlicher Arbeit, deren Geschichte insbesondere für den Aspekt der Signal Intelligence (SIGINT) bis heute teilweise im Verborgenen liegt.[2] In der Operationalisierung von Technologie finden beide Bereiche außerdem insofern eine Gemeinsamkeit, als sich die Geheimdienstarbeit wie der militärische Bereich seit den späten siebziger Jahren mit dem technologischen Fortschritt auf dem Gebiet der Informationsverarbeitung konfrontiert sah, was sich zugleich auf ihre populärkulturelle Darstellung auswirkte und Anlass zu öffentlichen Spekulationen gab.

Der so verstandene Aspekt der Geheimhaltung bildet ein gemeinsames Merkmal für eine Gruppe von Spielen, die in etwa 72 Titel und damit fast die Hälfte des gesamten Korpus ausmacht. Dabei beläuft sich der Anteil derjenigen Spiele, die Militärtechnologie simulieren, auf 61 Titel. Die restlichen 11 Titel sind den Geheimdienstspielen zuzurechnen. Charakteristisch für die Medienspezifik der Computerspiele ist hier, dass das Verhältnis von Spiel, Simulation und Realität, d.h. Technologie und Kaltem Krieg, auf eine Art und Weise dynamisiert werden konnte, welche die Hierarchie und Trennschärfe zwischen diesen Bereichen potenziell verwischte.

6.2. Computerspiele als Einsatzort von Militärtechnologie

Simulationsspiele, die sich der Spielbarmachung von Kriegsgerät widmen, bilden eine feste Größe des hier untersuchten Korpus an Computerspielen über den Kalten Krieg. In der Mehrzahl handelt es sich um Simulationen von Kampfflugzeugen, mitunter Panzern und U-Booten sowie, als Besonderheit der achtziger Jahre, der SDI, also eines niemals realisierten Raketenabwehrschildes.[3] Im Mittelpunkt der folgenden Analysen stehen also die Modellierung von Kriegsmaschinen des Kalten Krieges und die daraus resultierenden Spielsituationen.

Man könnte annehmen, es ginge in diesen Beispielen ausschließlich um die direkte Verlängerung militärischer Logik und militärischer Simulationen über den Computer-

---

1   Zum Verhältnis von Fiktion und politischem Geheimnis vgl. Eva Horn: Der geheime Krieg. Verrat, Spionage und moderne Fiktion, Frankfurt am Main 2007, S. 26–39.

2   Vgl. Richard Aldrich: Intelligence, in: Saki R. Dockrill/Geraint Hughes (Hrsg.): Palgrave Advances in Cold War History, New York, NY 2006, S. 210–240, hier S. 211; Raymond L. Garthoff: Foreign Intelligence and the Historiography of the Cold War, in: Journal of Cold War Studies, Bd. 6, Nr. 2, 2004, S. 21–56, hier S. 22–29.

3   Letzteres Beispiel verlässt den engen Rahmen des Simulationsgenres.

bildschirm in das Spiel- oder Wohnzimmer. Diese Einschätzung trifft bis zu einem gewissen Grad zu. Militärische Simulationsspiele sprachen aber auch ganz allgemein die Frage an, wie sich Realismus unter den Bedingungen der Simulation als Unterhaltungsmedium erzielen ließ und welcher Kalte Krieg letztlich durch diesen Zugriff entstand. Insofern geht es um die Plausibilisierung und in gewissem Sinne Eingemeindung von Spezialwissen, das nicht allein aus einem Alltagsverständnis heraus nachvollziehbar ist. Es geht ebenso um die Simulation der Simulation, konkret also darum, wie etwa ein spekulatives Kampfflugzeug mit den Mitteln des Simulationsspiels plausibilisiert und authentifiziert wurde.[4] Im Folgenden steht das Spiel *F-19 Stealth Fighter*, das diesem spekulativen Kampfflugzeug gewidmet ist, als Musterbeispiel im Mittelpunkt der Analyse. Der unmittelbar folgende Abschnitt widmet sich dem Produktionskontext. Darauf folgt ein genauerer Blick auf Spielarchitektur und -modell. Die Analyse orientiert sich in diesen beiden Abschnitten also eher an formalen Kriterien. Im dritten Unterkapitel steht hingegen der Begriff der Cargo im Vordergrund. In diesem letzten Analyseabschnitt wird die aus Architektur und Modell resultierende Spielsituation und die dadurch entstandene Variante des Kalten Krieges herausgearbeitet. Auf dieser Grundlage folgt ein Überblick über ähnlich orientierte Titel im beobachteten Zeitraum, der zeigen soll, welche Versionen des Kalten Krieges auf diese Art und Weise entstanden und wie sich diese in den historischen Kontext einfügten.

6.2.1. *F-19 Stealth Fighter* – Die Steuerung der Spekulation

Der Stealth Fighter ist ein treffendes Beispiel für Militärtechnologie als Spezialwissen. Die Entwicklung des Kampfjets, der letztlich unter der Typenbezeichnung F-117a im zweiten Golfkrieg öffentlichkeitswirksam neue Maßstäbe in Bezug auf Präzision setzen sollte,[5] gilt als eines der großen offenen Geheimnisse der Militärtechnologie der achtziger Jahre. Bereits 1976 erhielt die Firma Lockheed von der DARPA[6] den Zuschlag zum Bau eines Prototyps für einen Kampfjet, der mit den gängigen Radarsystemen der Zeit nicht erfassbar sein sollte. 1978 vergab die United States Air Force schließlich offiziell

---

4   Vgl. Josef Köstlbauer: The Strange Attraction of Simulation: Realism, Authenticity, Virtuality, in: Matthew Wilhelm Kapell/Andrew B.R. Elliott (Hrsg.): Playing with the Past. Digital Games and the Simulation of History, New York, NY 2013, S. 169–185, hier S. 170–173.

5   Ihren ersten Einsatz hatte die F-117a im Rahmen der ‚operation just cause' in Panama allerdings nur als Präzisionsbomber, da in Panama keine Radarstationen vorhanden waren. Vgl. Jay Miller: Lockheed's Skunk Works. The First Fifty Years, Arlington, VA 1993, S. 172f.

6   DARPA steht für Defense Advanced Research Projects Agency, bezeichnet also die Abteilung für Forschung und Entwicklung des US-amerikanischen Verteidigungsministeriums.

den Auftrag zur Produktion. Die dahinterstehende Technologie, unter der Bezeichnung Stealth bekannt, ging in Lockheeds Konzept pikanterweise unter anderem auf einen theoretischen Entwurf des sowjetischen Physikers und Mathematikers Pyotr Ufimtsev zurück.[7]

Die Stealth-Technologie steht paradigmatisch für die Rüstungswelle des Zweiten Kalten Krieges, ihre Ursachen und ihre Verschränkung mit der Informationstechnologie. Nach den Erfahrungen des Vietnam-Krieges und des Jom-Kippur-Krieges, die offenbar hatten, dass die US-amerikanischen Kampfflugzeuge nicht ausreichend auf die sowjetischen Radarabwehrtechnologien vorbereitet waren, hatte sich die amerikanische Regierung ab Mitte der siebziger Jahre auf Lösungen dieses Problems konzentriert. Dies stand vermutlich auch im Zusammenhang mit der Modifikation der Flexible Response-Doktrin unter Präsident Carter, die nun im Ernstfall die gezielte Ausschaltung der sowjetischen Führungsebene vorsah. Ein solcher Präzisionsschlag gegen die sowjetischen Nervenzentren musste die Möglichkeit miteinkalkulieren, den gegnerischen Luftraum penetrieren zu können, wozu die Stealth-Technologie beitragen sollte. Ihre praktische Implementierung beruhte im Fall der F-117a nach Aussage des Projektleiters Ben Rich vor allem in den frühen Stadien wesentlich auf dem Einsatz von Computerprogrammen, die halfen, theoretische Entwürfe und Formeln in ingenieurtechnisches, praktisches Wissen zu übersetzen.[8] Was also mit Regierungsmandat zunächst unter dem Codenamen Have Blue später Senior Trend in den geheimen Fertigungsstätten von Lockheed in Burbank, Kalifornien entwickelt und getestet wurde, galt spätestens ab 1977 als ein strengstens gehütetes Staatsgeheimnis.[9]

Dennoch drangen einigermaßen kontinuierlich genügend Informationen nach außen, um die Stealth-Technologie zu einem offenen Geheimnis zu machen.[10] Carters Verteidigungsminister Harold Brown verkündete beispielsweise bereits 1980 öffentlich, dass die Entwicklung erfolgreich verlaufe.[11] Davor führten einige Fachpublikati-

---

7   Vgl. Miller, Lockheed's Skunk Works, S. 159–173; Ben R. Rich/Leo Janos: Skunk Works, New York, NY 1994, S. 16–41.

8   Vgl. Fred Kaplan: The Wizards of Armageddon, New York, NY 1983, S. 356–386; Thomas G. Mahnken: Technology and the American Way of War since 1945, New York, NY 2010, S. 160–166; Rich/Janos, Skunk Works, S. 20–22; Bernd Stöver: Der Kalte Krieg. Geschichte eines radikalen Zeitalters 1947–1991, München 2011, S. 159–161.

9   Vgl. Rich/Janos, Skunk Works, S. 43–45. Der mit der Leitung der Entwicklungen betraute Ben Rich führt dazu aus: „At one point I had to memorize the combinations of three different security safes just to get work done on a daily basis", ebd., S. 44; vgl. Miller, Lockheed's Skunk Works, S. 162.

10 Fraglich ist dabei, ob es sich hierbei um gezielte Leaks mit der Absicht, den Gegner zu verunsichern, gehandelt haben könnte.

11 Vgl. Mahnken, Technology, S. 162.

onen den Stealth Fighter bereits in ihren Listen.[12] Zeitungsberichte über Abstürze bei Testflügen, kritische Berichte über die gesundheitsgefährdenden Arbeitsbedingungen in den Skunk Works und spekulative Artikel in populären Wissenschaftsmagazinen und Luftfahrtfachzeitschriften taten ein Übriges, um einer breiteren Öffentlichkeit zu verdeutlichen, dass ein Tarnkappenjäger gebaut wurde.[13] Offen blieb, wie das Flugzeug genau aussehen und wozu genau es fähig sein würde.

Die Populärkultur füllte diese Wissenslücken mit ihren eigenen Spekulationen über den Stealth Fighter. Beispielsweise fand er sich, allen peniblen Sicherheitsvorkehrungen zum Trotz und zur Überraschung der Verantwortlichen, im Jahr 1986 als Plastikbausatz unter vielen amerikanischen Weihnachtsbäumen wieder. Die Firma Testors hatte ein spekulatives Modell als Bausatz unter der ebenfalls spekulativen Typenbezeichnung F-19[14] veröffentlicht, das sich zu einem der meistverkauften Plastikbausätze überhaupt entwickeln sollte.[15] Das Modell gab dem mysteriösen Flugzeug eine Form, die der Beschreibung der F-19 in Tom Clancys Roman *Red Storm Rising* ähnelte. Testors gelang es damit, den Bedarf nach Bildern, nach einem konkreten Aussehen des Stealth Fighters zu befriedigen.[16]

An diesem Diskurs des offenen Geheimnisses nahm nun auch das von der US-amerikanischen Firma MicroProse produzierte Computerspiel *F-19 Stealth Fighter* teil. Das Spiel wurde 1988 in der DOS-Version, am selben Tag, an dem der echte Stealth Fighter, die F-117a, der Öffentlichkeit vorgestellt wurde, in den Handel gebracht. 1990 folgten Amiga und Atari ST-Versionen des Spiels. *F-19 Stealth Fighter* ist eine vor allem in grafischer Hinsicht verbesserte Variante des bereits 1987 für den Commodore 64 und ZX Spectrum erschienenen Titels *Project Stealth Fighter*.[17] Die wechselreiche Geschichte des Stealth Fighters reflektierend wurde mit dem Titel *Nighthawk. F-117a*

---

12   Vgl. ebd., S. 162f.; Invisible Airplane bombs Washington, in: New Scientist, Nr. 1219, 1980, S. 837.

13   Vgl. z.B. Königliches Geheimnis, in: Der Spiegel, Jg. 40, Nr. 30, 21. Juli 1986, S. 87–90; Fest verschlossen: Bei der Entwicklung des hochgeheimen Kampfflugzeugs F-19 sind viele Arbeiter auf mysteriöse Weise erkrankt, in: Der Spiegel, Jg. 42, Nr. 39, 28.09.1988, S. 180–184; T.A. Heppenheimer: Stealth – first glimpses of the invisible aircraft under construction, in: Popular Science, Bd. 229, Nr. 3, 1986, S. 74–80.

14   Die Annahme war, dass die Typenbezeichnung regulär zwischen den existierenden F-18 und F-20 platziert werden könnte.

15   Vgl. Patricia Trenner: A Short (Very Short) History of the F-19, in: Air & Space Magazine, Januar 2008, URL: http://www.airspacemag.com/military-aviation/a-short-very-short-history-of-the-f-19-23036383/ (Stand: 01.08.2020).

16   Mat Irvine: Models make a stealthy impact, in: New Scientist, Nr. 1557, 1987, S. 61f.; Rich/Janos, Skunk Works, S. 78f.

17   Die folgende Analyse bezieht sich auf eine Neuauflage des Spiels, die im Jahr 1994 von der Firma Kixx als DOS Version auf CD-ROM in Europa veröffentlicht wurde.

– *Stealth Fighter 2.0* im Jahr 1991 bereits der Nachfolger veröffentlicht, der nunmehr den echten Stealth Fighter, die F-117a, steuerbar machte.[18]

MicroProse zählte vor allem im Bereich der Simulationsspiele zu den größten und bekanntesten Produktionsfirmen der achtziger und neunziger Jahre und wird im Wesentlichen mit zwei Namen in Verbindung gebracht. John Wilbur Stealey Sr., auch Wild Bill genannt, Geschäftsführer und ehemaliger Major der Airforce, und Sid Meier, Spieleprogrammierer und Entwickler einer Reihe weithin bekannter Spiele, darunter der einfluss- und erfolgreiche Titel *Civilization*, hatten MicroProse gemeinsam gegründet. Diese Konstellation verweist auf die enge Verflechtung von militärischem Detailwissen und Fertigkeiten der Spielegestaltung, die MicroProse auszeichnen sollte. Militärsimulationen der Firma galten für das Jahrzehnt, in dem das Unternehmen in seiner ursprünglichen Form bestand, als mustergültige Vertreter ihrer Art. Als Alleinstellungsmerkmale wurden in Fankreisen häufig die liebevoll gestalteten und äußerst detailreichen Handbücher sowie die narrative Rahmung und Einbettung des jeweils simulierten Kriegsgerätes in aktuelle militärische Zusammenhänge genannt.[19]

Im Kontext von Spielzeugen, Modellbausätzen, Zeitungsartikeln und Darstellungen in fiktionaler Literatur, die gemeinsam ein spekulatives Bild und eine Gestalt des Tarnkappenjägers erzeugten, hatte das Spiel *F-19 Stealth Fighter*, die Rolle den geheimnisumwobenen Stealth Fighter steuerbar zu machen, also ein Modell dieses Flugzeugs in Form einer Computersimulation zu entwerfen. Das Spiel leistete somit Übersetzungsarbeit, indem es eine Militärtechnologie der geheimen militärischen Forschung an populäre Diskurse anschloss, nacherlebbar und benutzbar machte. Es schuf also einen operativen Raum für den Stealth Fighter.[20] Wie ging es dabei vor?

18　Vgl. Nutzer ‚Olivier Masse'/‚Charly2.0'/‚NGC 5194'/‚ektoutie'/‚Terok Nor': F-19 stealth fighter, in: Blue Flame Labs (Hrsg.): MobyGames, Rubrik: Games, URL: http://www.mobygames.com/game/f-19-stealth-fighter (Stand: 01.08.2020); F-19 stealth fighter, in: Wikimedia Foundation (Hrsg.): Wikipedia. The Free Encyclopedia, 18.05.2013, URL: http://en.wikipedia.org/wiki/F-19_Stealth_Fighter (Stand: 01.08.2020).

19　Vgl. Scott Mace: „Wild" Bill, MicroProse Flying High, in: InfoWorld, Bd. 7, Nr. 49, 1985, S. 1, 8. Zum Ruf von MicroProses in Fankreisen vgl. z.B. das Forum zu F-19 Stealth Fighter auf kultboy.com, Nutzer ‚docs-ter'/‚Druid2000'/‚Swiffer25'/‚Atari7800'/'Rektum'/‚StephanK'/‚Commodus'/‚hubu'/‚Spielenarr': Einträge, in: Michael Schmitzer (Hrsg.): Kultboy.com, Rubrik: Spiele-Datenbank. F-19 Stealth Fighter. Project Stealth Fighter, 28.04.2013/06.01.2013/23.06.2011/03.04.2011/23.03.2008/02.11.2007, URL: http://www.kultboy.com/testbericht-uebersicht/1963/ (Stand: 01.08.2020), sowie die Kommentare zur Image Gallery: Flying a stealth fighter – 80's style in F-19 stealth fighter, in: CBS Interactive (Hrsg.): Techrepublic, 30.04.2008, URL: http://www.techrepublic.com/pictures/image-gallery-flying-a-stealth-fighter-80s-style-in-f-19-stealth-fighter/1/ (Stand: 01.08.2020).

20　Jens Schröter: Computer/Simulation. Kopie ohne Original oder das Original kontrollierende Kopie?, in: Gisela Fehrmann/Erika Linz/Eckhard Schumacher/Brigitte Weingart (Hrsg.): Originalkopie. Praktiken des Sekundären, Köln 2004, S. 139–156, hier S. 150.

Spielarchitektur – Individualisierung und Plausibilisierung

Ein allgemeines Wesensmerkmal der Architektur von Simulationsspielen ist das Bemühen, ihre Modelle durch ausführliche Kontextualisierung zu plausibilisieren. Die Architektur der meisten Simulationsspiele baut dementsprechend auf einem umfangreichen Apparat von rahmenden und vorbereitenden Informationen auf. Paradigmatisch waren diesbezüglich die zumeist sehr umfangreichen Handbücher. *F-19 Stealth Fighter* bildete hier keine Ausnahme. Dem Spiel lagen ein ausführliches Handbuch sowie Karten und ein Tastatur-Overlay[21] bei. Damit reichte seine Architektur entschieden in den Offline-Raum. Da *F-19* mit einer sehr elaborierten Steuerung und vielfältigen Konfigurationsmöglichkeiten ausgestattet war, werden die Spielenden vor Spielbeginn im Normalfall einen Joystick an ihren Computer angeschlossen, das Overlay über die Tastatur gelegt und das Handbuch sowie die ebenfalls mitgelieferten Übersichtskarten in Reich- bzw. Sichtweite platziert haben.

Die Lektüre des Handbuches war unerlässlich für den Spielfortschritt, der Joystick, ebenfalls beinahe unverzichtbar für ein gelingendes Spiel, musste konfiguriert, die Tastaturbelegung memoriert werden, Plug and Play, das Einlegen des Speichermediums und sofortiges Beginnen des Spiels, ohne sich mit den Grundvoraussetzungen auseinandergesetzt zu haben, war bei Simulationsspielen zumeist nicht vorgesehen bzw. zielführend. Dadurch begann auch die Kontextualisierung von *F-19* bereits deutlich im Offline-Raum, teilweise schon auf der Verpackung, aber vor allem im Handbuch. Hier fand sich auf den ersten Seiten ein Typenblatt des Stealth Fighters inklusive technischer Spezifikationen und Grundrisszeichnungen sowie, als tatsächliche Einleitung, eine Beschreibung einer fiktiven Mission des Stealth Fighters in Prosaform. Bevor das Spiel hochgefahren wurde, waren die Spielenden also idealiter bereits recht ausführlich über den fiktiven Flugzeugtyp informiert, der hier spielbar gemacht wurde.

Die Architektur des Online-Spielraumes von *F-19 Stealth Fighter* besteht im Wesentlichen aus zwei großen Abschnitten: den Flugmissionen und ihren Rahmungen. Die Rahmungen dienen dabei der Einleitung und Ausleitung (Briefing und Debriefing) sowie der Konfiguration von Missionen und damit ebenfalls der Kontextualisierung und Plausibilisierung des Spielmodells. Am Beginn des Online-Spiels steht eine Serie von Konfigurationsbildschirmen. Diese ermöglichen die Auswahl der Mission und ihre Konfiguration, etwa die Bestimmung des Schwierigkeitsgrades, liefern Informationen zur aktuellen Mission und den Gegnern in Form von Übersichtskarten und die Möglichkeit, die Bewaffnung des Flugzeuges individuell zu bestimmen. *F-19 Stealth Fighter* ordnet seine Spielstruktur dabei wie erwähnt nach Missionen, die in bestimmten

---

21 Dabei handelt es sich um einen Papierbogen, der die Tastaturbelegung kennzeichnet und über die Tastatur gelegt werden kann.

Regionen, sogenannten ‚Kriegstheatern‘, stattfinden und strukturiert diese wiederum entlang der Konfliktintensität, indem das Spiel zwischen Kaltem Krieg, limitiertem Krieg und offenem Krieg unterscheidet. Die Konflikttheater bestehen dabei aus einer Auswahl zeitgenössischer Krisenherde und spekulativer Szenarien.

Durch diese Spielarchitektur entsteht der Eindruck einer allgegenwärtigen US-amerikanischen Streitmacht, ein globaler Blick, der im Grunde die jeweiligen geographischen Gegebenheiten in militärische Problemzonen verwandelt.[22] Die Auswahl der Schauplätze musste, da der Stealth Fighter zur Zeit der Entwicklung des Spiels nur als Spekulation existierte, ebenfalls auf Spekulationen basieren. Mit dem Persischen Golf und Libyen wurden aber damals aktuelle Krisenherde gewählt und Nord- sowie Zentraleuropa waren die Brennpunkte hypothetischer sowjetischer Invasionen Europas, wie sie in Planspielen, aber auch in populärer Literatur durchgespielt wurden. Somit ist in *F-19 Stealth Fighter* Europa erneut der Schauplatz für eine hypothetische Auseinandersetzung zwischen den Supermächten.[23] Neben dem Eindruck der globalen Übersicht wurde durch diese Auswahl aktueller Krisenherde als spielbare Kriegstheater bereits der operative Raum des Stealth Fighter vorausschauend definiert. Das Nebeneinanderstellen aktueller Krisenherde und spekulativer Szenarien schuf eine Kontinuität, die der Glaubwürdigkeit der hypothetischen Konflikte zugutekam.

Die rahmenden Passagen dienen zugleich einer spezifischen Strategie der Personalisierung. Die grafische Aufbereitung der Einleitungs- und Ausleitungsbildschirme der Missionen erwecken den Eindruck einer persönlichen Involvierung des Spielenden in den Kreis der professionellen Militärpiloten. Dies geschieht einmal durch die Platzierung entsprechend kodierter Referenzen, die auf populäre Erzählungen des Soldaten- bzw. Pilotentums verweisen. Spielername, Punktezahl und militärischer Rang werden auf Klemmbrettern verzeichnet, die Vorbesprechung der Missionen erfolgt mittels eines Diaprojektors (vgl. Abbildung 1), unmittelbar vor dem Beginn einer Mission ist ein Becher mit dampfendem Kaffee und Fliegersonnenbrillen[24] im Bild platziert (vgl. Abbildung 2).

---

22 Vgl. Patrick Crogan: Gameplay Mode. War, Simulation and Technoculture, Minneapolis, MN 2011, S. 57.

23 Die Entwicklerinnen und Entwickler konnten nicht wissen, wie richtig sie damit lagen, den nordafrikanischen Staat als potenzielles Einsatzgebiet des Tarnkappenjägers zu wählen. Die F-117a sollte eigentlich im Zuge der Bombardierung Tripolis im Jahr 1986 eingesetzt werden. Caspar Weinberger, Reagans Verteidigungsminister, revidierte den entsprechenden Befehl allerdings in letzter Minute, da er den Stealth Fighter zum damaligen Zeitpunkt noch nicht öffentlich bekannt machen wollte. Vgl. Rich/Janos, Skunk Works, S. 96.

24 Es könnte sich dabei um den Aviator Typ der Marke Ray Ban handeln, der zu diesem Zeitpunkt bereits einige poulärkulturelle Konnotationen mit sich führte. Vgl. Aviator Sunglasses, in: Wikimedia Foundation (Hrsg.): Wikipedia. The Free Encyclopedia, 18.05.2013, URL: https://en.wikipedia. org/wiki/Aviator_sunglasses (Stand: 01.08.2020).

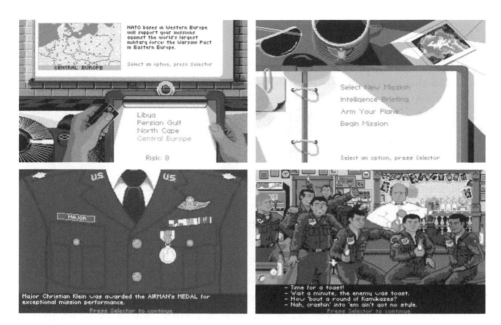

Abb. 1–4: Screenshots aus den einzelnen Spielabschnitten

Die Nachbesprechung der Missionen umfasst eine animierte Darstellung der Flugroute und der Aktionen der Spielerinnen und Spieler auf einer Übersichtskarte, die Darstellung eines Jacketts, auf dem die Orden, die sich die Spielenden bis dahin verdient haben, angeheftet sind (vgl. Abbildung 3), sowie kurze animierte Sequenzen, in welchen die Figur eines Piloten – das Spiel suggeriert, dass es sich um die eigene Spielfigur handelt – nach der Landung im Cockpit sitzend zu sehen ist, der danach mit anderen Piloten vor der Außenwand des Officers Club steht und schließlich den erfolgreichen Missionsabschluss in einer Bar feiert (vgl. Abbildung 4). Diese Szenerie mit ihrer Betonung soldatischer Kameradschaft scheint direkt populären Filmen wie *Top Gun* (1986) entnommen. Je nach Missionsverlauf variieren Teile dieser animierten Sequenzen in Darstellung und Text. Diese rahmenden Elemente evozieren zudem eine Ästhetik des Geheimnisses. Die Informationen, die Spielende in den Missionsbesprechungen erhalten, werden fortwährend als ‚classified‘ bezeichnet, entsprechende Schriftzüge dazu sind sichtbar platziert.

Die Inkorporationsstrategie des Spiels umfasst neben diesen offensichtlichen Verweisen eine Strategie der Platzierung und Perspektivierung der Spielerinnen und Spieler. Durch die Perspektivierung in den Mission Briefings und im eigentlichen Missionsraum verlängert das Spiel seinen Spielraum, ähnlich entsprechenden Mustern in First Person Shootern, in den Offline-Raum. Der Avatar ist hier nur in Teilen sichtbar, beispielsweise als Hand, die den Diaprojektor bedient. Eine Vervollständigung und

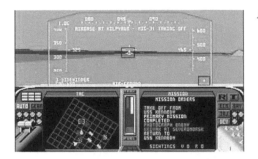

Abb. 5: Screenshot aus der Cockpit-Perspektive

Schließung der Position der Spielenden ergibt sich nur durch die Verlängerung in den Offline-Raum und den damit verbundenen zentralperspektivischen Blick. Der Inkorporationseffekt resultiert aus der Konstruktion einer Perspektive, die über die zentralperspektivische Blickführung eine Kontinuität zwischen Offline- und Online-Raum herstellt. Erscheint ein Klemmbrett auf dem Bildschirm, soll den Spielenden suggeriert werden, sie halten dasselbe in ihren Händen, wird das Mission Briefing als Diaprojektion inszeniert, sollen sie glauben, sie bedienen den Projektor. Im Debriefing werden sie hingegen in die Position versetzt, beobachten zu können, wie sie durch die in den Missionen ausgeführten Aktionen die Geschichte ihrer eigenen Pilotenkarriere schreiben. Die oben erwähnte Darstellung des mit Orden behängten Jacketts macht den Avatarkörper zum Speichermedium für vollbrachte spielerische bzw. militärische Leistungen. Auch die animierten Szenen des Debriefing mit der Pilotenfigur, die als Avatar verstanden werden kann, durchbrechen den zentralperspektivischen Point of View. Im Kreis der Kameraden ist der Avatar dabei, je nach Leistung der Spielenden, Adressat anerkennender oder abwertender Kommentare.

Im Gegensatz zum Debriefing stellt das Spiel durch die Beibehaltung des zentralperspektivischen Point of View im Mission Briefing eine Kontinuität zwischen den rahmenden Passagen und den Missionen her, da die Standardperspektive in den Missionen, der Point of Action, ebenfalls ein zentralperspektivischer Blick aus dem Cockpit ist (vgl. Abbildung 5).

Im Cockpit blicken die Spielenden auf die für die Navigation der F-19 essenziellen Parameter und Informationen in Form von Armaturen, Hebeln, Bildschirmen und des HUD.[25] Die Verwendung nicht mit Texturen versehener, somit sozusagen ‚nackter‘ Polygone[26] zur Darstellung des Außenraumes der Missionen führt zu einem hohen Ab-

---

25   HUD steht für Head-up-Display, das Informationen zur Flughöhe, Geschwindigkeit, das Fadenkreuz und die aktuelle Waffenauswahl enthält.

26   Das sind Grundelemente plastischer Darstellungen, die in der weiteren Entwicklung mit grafischen Details, Texturen, versehen wurden.

straktionsgrad zugunsten eines räumlich-plastischen Effekts. Die Kontinuität, welche die Zentralperspektive hier zwischen dem weitgehend abstrakten Missionsraum und den in der grafischen Darstellung konkreteren Rahmungen des Mission Briefing stiftet, steigert den Inkorporationseffekt, indem die den Online- und Offline-Raum verbindende Blickachse beibehalten wird. Die Spielenden haben die Möglichkeit, in diesen Abschnitten kontinuierlich aus der Egoperspektive am Spielgeschehen teilzunehmen.

In Verbindung mit der Hauptaufgabe des Spiels, die F-19 zu navigieren, bietet der Missionsraum eine zusätzliche Möglichkeit in bzw. auf den Raum zu blicken. Mithilfe von mehreren hinter, neben und vor dem Flugzeug positionierten Kameraperspektiven lässt sich das Cockpit verlassen und Zugang zu einer realweltlich quasi unmöglichen Perspektive des Gesamtüberblicks erhalten. Diese Option ist zunächst von spielerischem Nutzen, da sie, besonders während der Luftkämpfe, für eine bessere Übersicht und Orientierung sorgt. Die Möglichkeit, von außen auf den Missionsraum und vor allem auf das eigene Fluggerät zu blicken, dient rein ästhetischen Zwecken, heißt es doch schon im Handbuch zum Spiel, „the scene can be quite thrilling".[27] Abgesehen von dieser Option des Gesamtüberblicks, die den Weg durch den Missionsraum zugleich als Reise durch eine Landschaft erscheinen lässt, ist die Umgebung funktional und abstrakt gestaltet und ganz auf die spielerischen Aufgaben und Anforderungen der Navigation ausgerichtet. Der Raum ist mit visuellen Markern wie Eckpunkten, Zielen, geographischen Informationen und dergleichen versehen. Im Cockpit schaffen zwei Bildschirme Übersicht, indem sie zum einen den Blick auf das Geschehen in Form von zwei Varianten einer Karte (Satellit und Raster) und zum anderen eine Vergrößerung naheliegender Objekte ermöglichen. Im Grunde stellt sich der Missionsraum als eine navigierbare Datenbank dar. Für die Spielenden erscheint die F-19 damit potenziell als Mittel zur totalen Übersicht und Auslesemöglichkeit der Raumwahrnehmung der tatsächlichen und hypothetischen Schlachtfelder des Zweiten Kalten Krieges. Der Stealth Fighter wird durch diese Strategie der Verschränkung von Personalisierung und Plausibilisierung zu einem individualisierten Kampfgerät. Das Handbuch notiert diesbezüglich: „Not since 1916 have fighter pilots gone off alone to duel the enemy. Now that bygone era of the lone wolf hero is possible again, in a very modern, high-tech environment."[28]

Die in der Passage aufgerufene Figur des „lone wolf" trägt dabei gerade in Bezug auf Kampfpiloten historische und besonders populärkulturelle Konnotationen mit sich, die bis in den Ersten Weltkrieg zurückreichen und in Bezug auf den US-amerikanischen Kontext wohl vor allem den Zweiten Weltkrieg ansprechen. Im Kalten Krieg wa-

27   MicroProse Software Ltd.: F-19 Stealth Fighter. Computer Simulation, Tetbury 1988, S. 15.
28   Ebd., S. 174.

ren sowohl einzeln bemannte Abfangjäger und der Luftkampf zwischen heldenhaften Piloten wie auch andere soldatische Einzelhandlungen tendenziell suspendiert. Bevor die Interkontinentalraketen die Situation des Kalten Krieges bestimmt hatten, waren Bomber und ihre Piloten als Träger von Atomwaffen wichtige Akteure. Den Abwurf einer Atombombe als heroischen Akt darzustellen, erwies sich jedoch nicht zuletzt angesichts der seit Hiroshima und Nagasaki bekannten Konsequenzen als problematisch. Kampfflieger waren angesichts der Situation der nuklearen Abschreckung hingegen eher Unsicherheitsfaktoren und Symptome eines aus den Fugen geratenen Gleichgewichts. Abgesehen von den Stellvertreterkonflikten insbesondere in Korea und Vietnam ließen sich heroische Kampfpiloten gerade noch als Geheimagenten imaginieren, wie das Beispiel des mit der U2 abgestürzten Gary Powers[29] zeigte. Voraussetzung bildete hierbei die Unsichtbarkeit, die garantieren sollte, dass das System der gegenseitigen Abschreckung nicht gefährdet wurde. Dieses Agieren in der Unerkanntheit war verknüpft mit technologischen Neuerungen, die dasselbe ermöglichen sollten. Seit den späten siebziger Jahren wurde im Zuge der informationstechnologischen Neuerungen an solchen Technologien gearbeitet und somit die populärkulturelle Spekulation befeuert. Der Film *Firefox* aus dem Jahr 1982, dessen Plot sich um die Entführung des Prototyps eines sowjetischen Kampfflugzeuges dreht, das diese technologischen Voraussetzungen der Unsichtbarkeit erfüllt und damit eine Bedrohung darstellt, ist ein Beispiel für diese Diskurse. Die im Spiel erdachte F-19 und die damit imaginierte technische Grundlage der Unsichtbarkeit fügte sich hier ein und zeigte die Möglichkeit der Rückkehr der Figur eines heroischen einzelkämpferischen Kampfpiloten in den Kalten Krieg an. Damit etablierte das Spiel auch einen Brückenschlag zu Filmen wie *Top Gun* und *Iron Eagle* (1986), die sich ebenfalls auf die Figur des heroischen Kampfpiloten konzentrierten. Auch in *Firefox* begibt sich ein einzelner Held auf gefährliche Mission.

Der Reiz, ein Spiel über die *F-19* zu produzieren, lag für die Entwicklerinnen und Entwickler also offensichtlich zum einen in der Möglichkeit über die Funktionsweise des Flugzeuges spekulieren zu können, zum andern auch darin, für die Spielenden eine Möglichkeit zu schaffen, sich in die realweltlich unmögliche Rolle eines heldenhaften Piloten des Kalten Krieges zu versetzen.

Spielmodell – Stealthy Flying
Als Flugsimulationsspiel stellt *F-19 Stealth Fighter* den Spielenden die Hauptaufgaben, die Steuerung des gleichnamigen Flugzeuges und seiner Waffensysteme zu erlernen, um sich selbst in feindlicher Umgebung bewegen zu können, in Richtung definier-

---

29 Die U2 schien durch ihre Flughöhe unantastbar, bis 1960 erstmals eine U2-Maschine auf einem Flug über sowjetischem Territorium abgeschossen wurde. Vgl. Stöver, Der Kalte Krieg, S. 172f.

ter Missionsziele zu navigieren und gegnerische Ziele auszuschalten. Das bedeutet in manchen Missionen, diese Ziele unbemerkt zu fotografieren. Feuern und Fotografieren fällt hier, was die Spielmechanik der Unsichtbarkeit als Bedingung für den Erfolg einer Mission betrifft, zusammen. Das ist bereits ein erster Hinweis auf die spezifische Charakteristik des Spielmodells, die darin besteht, unerkannt zu bleiben. Dieses Merkmal resultiert aus der Tatsache, dass *F-19 Stealth Fighter* bestimmte Erwartungshaltungen und Spekulationen über die Funktionsweise und die Einsatzmöglichkeiten der Stealth Technologie plausibilisieren wollte.

In Bezug auf die Handlungsmöglichkeiten und -limitierungen, also das Modell der F-19 als Spielmodell, versucht das Spiel demgemäß eine prozessuale Rhetorik des Stealthy Flying zu etablieren. Zunächst erscheint die Palette, wie es für Simulationsspiele typisch ist, äußerst umfangreich. Der häufig geäußerten Annahme folgend, dass die Anzahl der Konfigurations- und Handlungsmöglichkeiten positiv mit dem Realitätsgrad der Simulation korreliert, wird die Steuerung der F-19 kleinteilig aufgelöst. Neben der richtungsgebenden Basisnavigation mit Joystick oder Maus ist die Tastatur mit diversen Befehlen wie Ausfahren und Einfahren des Fahrgestells, Lösen und Aktivieren der Bremse, Wechsel zwischen den Waffensystemen, den Kameraperspektiven, den Kartendarstellungen usw. belegt. Grundlegende Aufgaben wie das Starten und Landen des Flugzeuges bilden für unerfahrene Spielende bereits Zugangsschwellen, die vom Spiel sogar bis zu einem gewissen Grad anerkannt werden, da es die Möglichkeit zu erleichternden Modifikationen bietet. Diese beinhalten zum Beispiel die Wahl zwischen realistischen, semirealistischen und unrealistischen Arten zu landen, wobei letztere Variante die Unversehrtheit des Fluggerätes garantiert.

Neben der Beherrschung der Steuerbefehle ist zur Bewältigung der Hauptaufgabe der Navigation und des gezielten Ausschaltens feindlicher Ziele die Lokalisierung der entsprechenden Positionen im Missionsraum unerlässlich. Die gestellten Aufgaben entwickeln sich in einem Aktionsraum zwischen Sehen und Gesehen werden. Wie bereits erläutert, bietet *F-19 Stealth Fighter* eine Vielzahl an Perspektiven und Modifikationen der Sicht an. Dazu gehört neben den Kameraperspektiven auf das und aus dem eigenen Fluggerät auch ein in der Mitte des Cockpits platzierter Balken, der die Sichtbarkeit des eigenen Flugzeugs für feindliche Radarstationen und Flugzeuge anzeigt. Die Navigation ist somit bestimmt von einer Dynamik des Austarierens der eigenen Position und des Abgleichens von Information, ihre Grundregeln verlangen einen stabilen, ausbalancierten Flug in relativ niedriger Flughöhe. Die Übersichtskarten, Kameraperspektiven, der Richtungsweiser am HUD sowie die Signale aus dem Missionsraum selbst versorgen die Spielenden laufend mit Informationen über eigene und feindliche Positionen und Distanzen. Sie haben nun zwischen den vielfachen Möglichkeiten des Blicks in den Raum so zu wählen und dabei die eigene Sichtbarkeit im Auge zu behalten, dass, vor allem in Luftkampfsituationen, eine Antizipation der Ereignisse möglich wird. Patrick Crogans These, dass Flugsimulationen einer Dynamik der Vorausschau folgen, bestätigt sich hier.[30] Es gilt, sich durch den Wechsel zwischen Übersicht, Sicht in den Raum und Detailsicht der Kamera (Zoom) einen Vorteil zu verschaffen, den Feind zu erkennen und einzuschätzen, bevor er im eigenen, sozusagen ungefilterten Sichtfeld des HUD erscheint. Die weiteren zentralen Bestandteile des Spielmodells bestehen im Wesentlichen aus Varianten des Luftkampfes inklusive entsprechender Ausweichmanöver sowie der Landungsroutine.

Das Kernstück und Alleinstellungsmerkmal des Spielmodells besteht aber darin, unerkannt durch den Spielraum zu navigieren. Zusätzlich enthält es das ludische Element des Sammelns von Punkten. Je mehr die Spielenden erreichen, umso höher steigt ihr militärischer Rang. Punkte erhalten sie einmal für die Erfüllung der Aufträge, außerdem für Stealthy Flying, also die Bewältigung der Missionen unter optimaler Ausnutzung der Charakteristika der F-19. Das Spielmodell verknüpfte also die letztlich spekulative Funktionsweise und Steuerbarkeit der F-19 mit spielerischen Elementen und legte damit eine Vorstellung der Kriegsführung nahe, die im Kontext der Suspendierung heroischer Kampffliegerei durch die geopolitische Situation der gegenseitigen nuklearen Abschreckung und ihrer Ermöglichung durch technologische Neuerungen bedeutsam war.

Spielsituation – der limitierte Kalte Krieg
Stealthy Flying, das zentrale Merkmal des Spielmodells, ist maßgeblich mit dem Spielmodus Kalter Krieg, eine der wählbaren Spielweisen, verknüpft. Im Handbuch wird dieser Modus folgendermaßen charakterisiert:

> „Flying without being detected is paramount. If you are detected, you must destroy the radar or plane which saw you. However, the more you use weapons, especially against any other targets, the greater the scandal, and the less successful your mission. In fact, many missions in the Cold War involve photo reconnaissance, flying secret materials in or out, or surgically 'removing' a single specific target. In the Cold War stealthy flying is crucial."[31]

Durch die Verknüpfung von Spielmodell und Zielvorgaben wird also eine spezifische Version des Stealth Fighter und zugleich des Kalten Krieges erzeugt: Der Kalte Krieg sei eine verdeckte Angelegenheit, Stellvertreterkriege gleichen oder glichen in der

---

30   Vgl. Crogan, Gameplay Mode, S. 55–58.
31   MicroProse, F-19, S. 26.

Kriegsführung mit den Mitteln der Stealth-Technologie präzisen chirurgischen Eingriffen. Dieser Zusammenhang kann als ein Cargo des Spielmodells begriffen werden. Der Kalte Krieg wird in *F-19 Stealth Fighter* somit als ein geheimer Präzisionskrieg imaginiert, der an bestimmte Vorstellungen der Funktionsweise einer militärischen Technologie geknüpft ist, die durch das Spiel einen operativen Raum erhält. Die zahlreichen populärkulturellen Imaginationen des Stealth Fighters werden mittels der Medialität des Computerspiels um die Möglichkeit erweitert, mit der F-19 als Simulationsmodell spielen zu können, wodurch die Stealth-Technologie personalisiert und plausibilisiert wird. Das geschieht vor allem durch die Erzeugung der Perspektive einer Heldenerzählung, die mit der technischen Funktionsweise des Tarnkappenjägers und der so erreichten Möglichkeit der Unsichtbarkeit verschränkt wird.

Dabei spielt es im Grunde keine Rolle, dass die tatsächliche Funktionsweise des Stealth Fighters dem Spielmodell nicht entsprach. Wie die Rezensionen in der Fachpresse oder Äußerungen von Spielerinnen und Spielern zeigen, erfüllte es offensichtlich dennoch alle Kriterien, um als realistische Flugsimulation wahrgenommen zu werden.[32] In einer Rezension der Zeitschrift *Amiga Format* findet sich die diesbezüglich bemerkenswerte Äußerung „it's as if the plane was built for a game".[33] Zwar war der tatsächliche Stealth Fighter, die F-117a, zum Zeitpunkt der Veröffentlichung der Rezension bereits bekannt, und der Autor geht auf den Unterschied zwischen der fiktiven F-19 und der realen F-117a, die in dieser Version ebenfalls wählbar ist, explizit ein. Das Zitat impliziert jedoch, dass zu diesem Zeitpunkt bis zu einem gewissen Grad bereits eine Umkehrung in der Kausalkette zwischen realem Vorbild und Spielmodell stattgefunden hatte. Spekulation und reales Vorbild existieren im Spielraum nebeneinander, die Tatsache, dass die F-19 tatsächlich nur hierfür konstruiert wurde, verschwamm mit dem Modell der realen F-117a, so dass es dem Rezensenten erwähnens- und bemerkenswert erschien, dass der Stealth Fighter so gut spielbar ist, als wäre das konkrete Vorbild nicht eine modellierte Fiktion. Der gute Ruf der Herstellerfirma MicroProse, die Implementierung von für das Genre typischen Gestaltungselementen und eine entsprechende kontextualisierende Spielarchitektur schufen in diesem Fall mit den Mitteln der Simulation[34] ein Modell der F-19, das durch den spielerischen Zugriff plausibilisiert wurde. Das Spiel war so in den Diskursen des offenenen Geheimnisses um den Stealth Fighter

---

32 Vgl. hierzu exemplarisch die Übersicht im Eintrag zu F-19 Stealth Fighter in der Datenbank Moby-Games, MobyGames: F-19 Stealth Fighter Reviews, in: Nutzer ‚Olivier Masse'/‚Charly2.0'/‚NGC 5194'/‚ektoutie'/‚Terok Nor': F-19 Stealth Fighter. Reviews, in: Blue Flame Labs (Hrsg.): Moby-Games, Rubrik: Games, URL: http://www.mobygames.com/game/f-19-stealth-fighter/mobyrank (Stand: 01.08.2020).

33 Trenton Webb: F-19 Stealth Fighter, in: Amiga Format, Nr. 16, 1990, S. 48f., hier S. 49.

34 Vgl. Schröter, Computer/Simulation, S. 141–143.

sowie den hiermit verknüpften Diskursen einer Auseinandersetzung zwischen den Supermächten situiert, die durch die neuen Technologien wieder als tatsächlich führbar
imaginiert wurde. Die Spielsituation, die *F-19 Stealth Fighter* etabliert, schien sagen zu
wollen, dass die Stealth-Technologie im Sinne ihrer populärkulturellen Imaginationen
funktionierte und einsatzbereit war. Der Kalte Krieg wurde im vorliegenden Fall somit
zu einem Spielraum für die Operationalisierung geheimer Militärtechnologie.

Der operative Raum wird aber vom Spiel nicht nur bereitgestellt, es scheint vielmehr,
als ob die Technologie, das Modell der F-19 sich ihren operativen Raum selbst schafft.
Dieser Umstand wird nochmals akzentuiert durch die aus heutiger Sicht recht abstrakt
gehaltene grafische Darstellung des Missionsraumes, die aus der Funktionalisierung des
Raumes für die imaginierte Funktionsweise des Stealth Fighter resultiert. Die nackten
Polygone, aus denen der Außenraum zusammengesetzt ist, schaffen vor allem Plastizi-
tät und sollen die Orientierung erleichtern, während die detailliertere Darstellung des
Cockpits als Zentrale der Informationsverarbeitung vor allem gute Lesbarkeit garantieren soll.

Die *Stealth Fighter*-Spiele, das hier besprochene *F-19 Stealth Fighter* sowie der einige
Jahre jüngere Vorgänger *Project Stealth Fighter*, boten in Bezug auf den Kalten Krieg
somit einen Blick in die Zukunft und gleichzeitig einen Abschluss. Der Kalte Krieg
wurde durch Innovationen der Militärtechnologie führbar, ohne sofort zu eskalieren.
Seine Unabwägbarkeiten, die Zufälle und Unfälle und ihre Risiken waren ausgesetzt.
F-19 Stealth Fighter sprach damit die militärischen Fantasien seiner Entstehungszeit,
wie die SDI, zuvorderst aber natürlich die Stealth-Technologie an. *F-19 Stealth Fighter*
trug durch seine Plausibilisierung und Operationalisierung der Stealth-Technologie ein
Stück dazu bei, dass sie als funktionierende Geheimhaltung und damit siegbringende
Technologie vorstellbar wurde. Es bleibt allerdings offen, ob diese Eingemeindung des
offenen Geheimnisses in die populäre Kultur von den offiziellen Stellen bewusst gedul-
det worden und dies als eine Ablenkung vom tatsächlichen Stealth Fighter, der F-117a,
intendiert war. Der Eintrag zu *Project Stealth Fighter* in der dem Heimcomputer Commodore 64 gewidmeten Online-Enzyklopädie C64-wiki, behauptet jedenfalls, dass sich
„die Sowjetunion" mehrere Kopien des Spiels beschafft habe.[35]

F-19 Stealth Fighter ergänzte den bereits vor dem Spiel erhältlichen Plastikbausatz
und die Gerüchte in der Presse und anderen Medien um ein Modell, also eine in Bewegung versetzte Theorie, unter spielerischen Bedingungen. Den Spielenden bot sich
durch die damit verbundenen Darstellungs- und Präsentationsstrategien eine Personalisierung des Stealth Fighters. Offline- und Online-Spielraum mobilisierten die ganze

---

35 Vgl. Project Stealth Fighter, in: C-64 Wiki, URL: https://www.c64-wiki.de/wiki/Project_Stealth_
Fighter (Stand: 01.08.2020).

Authentizitätsautorität des Genres der Simulationsspiele, die im Jahr 1987 zum Zeitpunkt der Veröffentlichung des Spiels bereits etabliert waren. Abgesehen davon war die Computersimulation im professionellen Bereich ebenfalls schon seit längerem zum Einsatz gekommen und gesellschaftlich als autoritative Wissenstechnik, nicht zuletzt im Bereich des Pilotentrainings, bekannt. Das Spiel hatte ganz klar den Anspruch, eine zumindest plausible Spekulation der Funktionsweise der Tarnkappentechnologie zu liefern. In Kombination mit dem Ruf von MicroProse als Spezialist für realitätsgetreue Simulationsspiele kann zudem davon ausgegangen werden, dass der Titel zumindest als ernsthafter Versuch einer Spekulation über die technischen Daten und Möglichkeiten des Stealth Fighter rezipiert wurde.

Das Spiel legte nahe, dass der Stealth Fighter das unerkannte Fliegen und damit den Kalten Krieg als einen Präzisionskrieg möglich machte, was vor allem im Zusammenhang mit Vorstellungen des führbaren Krieges der Supermächte signifikant war. Der Kalte Krieg erschien in *F-19 Stealth-Fighter* somit als Raum der Operationalisierung von Militärtechnologie, d.h. primär als der Ort, der ihren Einsatz ermöglichte. Tatsächlich wurde der Stealth Fighter nie während des Kalten Krieges eingesetzt – erst nach seinem Ende, er wurde also realiter nie in dem Ausmaß ein Kampfflugzeug des Systemkonfliktes, wie es die Spekulationen nahegelegt hatten. Der Tarnkappenjäger funktionierte dennoch als ein Symbol der technischen Neuerungen der späten siebziger und achtziger Jahre und der damit verbundenen Sorgen, Hoffnungen und Fantasien. So erfolgte, als Teil dieser Spekulationen, eine Einordung der Stealth-Technologie in den populärkulturellen Kanon, indem das Motiv des heldenhaften Piloten auf einer medialen Grundlage benutzt wurde, die einen Wissensvorsprung versprach. Wie ernst das vom Spiel vermittelte Wissen über die Funktionsweise des Stealth Fighter wirklich genommen wurde, lässt sich zwar nicht mit Sicherheit sagen, es darf aber angenommen werden, dass erfahrene Simulationsspielerinnen und -spieler um die Limitierungen des Genres wussten und die Darstellung und Funktionsweise der F-19 dementsprechend als eine gelungene, wenngleich eindeutige Spekulation bewerteten, die weniger an der militärtechnologischen Realität als an anderen Simulationsspielen zu messen war.

6.2.2. Von *S.D.I.* bis *MiG* – Modellierungen von Militärtechnologien des Kalten Krieges in Computerspielen

Das Prinzip, das für den Kalten Krieg in *F-19 Stealth Fighter* galt, fand sich in Variationen in mehreren Spielen der achtziger Jahre. Eines der frühesten Beispiele stellt das Spiel *B1 Nuclear Bomber* dar. Es wurde 1980 von der Firma Avalon Hill veröffentlicht, die eigentlich für digitale und analoge Kriegsspiele bekannt war. *B1 Nuclear Bomber* wurde vielleicht aufgrund dieses Rufes der Produktionsfirma oftmals als Kriegsspiel eingestuft. Es ist zudem rein textbasiert, bietet also keine weitere Form der Visualität, was zunächst nicht an einen Flugsimulator denken lässt. Tatsächlich ist die Art der Steuerung dem Genre der Kriegsspiele entnommen. Die Aufgabe, die titelgebende B1 sicher zu ihrem Abwurfziel zu navigieren, wird hier rundenbasiert und durch die Eingabe entsprechender Befehle (Ausweichen, Attackieren, Störsignale senden usw.) in das Textfeld gelöst. Spielarchitektur und Spielmodell zeigen aber, dass die Militärtechnik, also das titelgebende Flugzeug, die Hauptrolle spielt, es sich daher um eine frühe Flugsimulation handelt. Der Kalte Krieg erschien in *B1 Nuclear Bomber* eindeutig als operativer Raum der Militärtechnologie, seine Eskalation, die zu Beginn des Spiels durch den fast beiläufig eingespielten Text „hot war" angezeigt wird, setzt die Technologie erst in Bewegung. Im Übrigen handelte es sich, wie im Fall von *F-19 Stealth Fighter*, auch bei der hier spielbaren B1 um einen Prototyp bzw. eine zum Zeitpunkt des Erscheinens des Spiels noch nicht zur Serienreife gelangten Technologie. Die B1 war als Lösung für dasselbe militärstrategische Problem des Kalten Krieges konzipiert wie die F-19, das darin bestand, eine Möglichkeit zu finden, unerkannt Bomben in feindliches Gebiet zu transportieren, wobei seit dem Abschuss der U2 klar war, dass ein Ausweichmanöver in die Höhe keine Option mehr darstellte.[36]

Nach diesem Muster, den Kalten Krieg als operativen Raum für spekulative oder tatsächliche Militärtechnologie zu verstehen, erschien über den gesamten beobachteten Zeitraum, und in der Regel korrespondierend mit militärtechnologischen Neuerungen, eine Vielzahl von Spielen. Simulationsspiele mit militärischer Technologie machen sogar einen Großteil des behandelten Korpus aus. Die Beispiele beinhalten Technologie sowohl der Luft-, See- als auch der Landstreitkräfte. Gemeinsam ist ihnen, dass sie den eskalierten Kalten Krieg, also die direkte militärische Konfrontation zwischen NATO bzw. USA und Warschauer Pakt bzw. der Sowjetunion, als Spielraum und damit als Operationsraum für Militärtechnologie verstanden.[37]

Genau in dieser Ermöglichung spielerischer Erprobung von spekulativer Militärtechnologie, welche die über den beobachteten Zeitraum laufend verbesserten visuellen Darstellungsmöglichkeiten nutzte, liegt der spezifische Beitrag der Computerspiele zu diesem Teilbereich des populären Verständnisses des Kalten Krieges. Computerspiele sind hier als die mit den Mitteln des Spiels popularisierte Form dynamischer Modelle

---

36 Die ersten Pläne für den B1-Bomber entstanden bereits in den sechziger Jahren. Nachdem die Entwicklung in den siebziger Jahren gestoppt worden war, wurde sie unter Reagan wieder aufgenommen. Vgl. Rockwell B-1, in: Wikimedia Foundation (Hrsg.): Wikipedia. The Free Encyclopedia, 12.05.2006, URL: https://de.wikipedia.org/wiki/Rockwell_B-1 (Stand: 01.08.2020).

37 Vgl. z.B. Jet Fighter: The Adventure aus dem Jahr 1988, A-10 Tank Killer aus dem Jahr 1989, M1 Tank Platoon aus dem Jahr 1990 und das noch im Jahr 1995 veröffentlichte Spiel Fighter Wing.

zu verstehen. Diese Modelle beruhten auf technischen Eckdaten, die nicht notwendigerweise serienreifer, realer Technologie entsprechen mussten. Die modellierte Technologie wurde durch die Spiele aber insofern real, als sie an eine Kontinuität der Simulation und Simulationsspiele anschließen konnte. Die jeweilige Militärtechnologie wurde plausibel und vorstellbar, indem sie zum Computerspiel und damit in bekannte, populärkulturelle Konventionen eingebettet wurde.

Besonders deutlich wird dieser Zusammenhang in denjenigen Computerspielen, die sich dem – kritisch auch als „Star Wars" bezeichneten – militärischen Großprojekt der Reagan-Administration, der Strategic Defense Initiative (SDI), widmeten. Spiele wie *Missile Command* hatten bereits ein Bild der Funktionsweise von Raketenabwehrsystemen geliefert und nicht zuletzt Anschlussmöglichkeiten für die SDI geschaffen. Das Spiel *High Frontier*, eine Auftragsarbeit für die gleichnamige Lobbyistengruppe, die Propaganda für die Umsetzung des SDI Systems machte, nutzte als vielleicht markantestes Beispiel diese von *Missile Command* vorgezeichnete Möglichkeit für eine Versoftung der SDI. Im Jahr 1987 veröffentlicht, präsentierte es zu einem Zeitpunkt, als die Umsetzbarkeit von SDI öffentlich bereits erfolgreich angezweifelt worden war und die Beziehung zwischen den Supermächten in eine eindeutige Entspannungsphase überging, ein retrofuturistisches Bild ihrer Funktionsweise.[38] Das Spiel ist somit auch ein Beispiel für die Gleichzeitigkeit von Entspannung und Konfrontation.[39] Jedenfalls verfuhr es nach dem herausgearbeiteten Muster der Operationalisierung von geheimer bzw. spekulativer Technologie. Da niemand ahnen konnte, wie oder ob das SDI-System jemals funktionieren würde und sich gerade an diesem Punkt die Kontroversen entzündeten,[40] konnten Computerspiele ihre mediale Nähe zur Simulation nutzen, um ein plausibilisiertes Bild der Funktionsweise der SDI zu zeichnen.

Militärische Simulationsspiele des Kalten Krieges entwarfen den Kalten Krieg somit als Raum der Operationalisierung von Militärtechnologie. In den Spielen bestimmten die Möglichkeiten der Technik die Situation und somit die Art des Krieges. Der Kalte Krieg kannte darin limitierte Eskalationen. Dies stellte im historischen Kontext des Zweiten Kalten Krieges eindeutig einen politischen Aspekt von Spielen dar, die sich ansonsten gerne betont unpolitisch gaben.

In etwa mit den Ereignissen der Jahre 1989 bis 1991 begann sich das Feld der Simulationsspiele der Militärtechnologie des Kalten Krieges um solche Titel zu erweitern,

---

38   Vgl. William M. Knoblauch: Strategic Digital Defense: Video Games and Reagan's „Star Wars" Program, 1980–1987, in: Matthew Wilhelm Kapell/Andrew B.R. Elliott (Hrsg.): Playing with the Past. Digital Games and the Simulation of History, New York, NY 2013, S. 287–289.

39   Es bietet zudem die Möglichkeit, die sowjetische Seite zu spielen.

40   Vgl. Rebecca Slayton: Discursive Choices: Boycotting Star Wars Between Science and Politics, in: Social Studies of Science, Bd. 37, Nr. 1, 2007, S. 27–66, hier S. 39.

Abb. 6: Screenshot des zentralen Auswahlmenüs
im Spiel *MiG-29 Fulcrum*

die sich der Simulation von sowjetischem Kriegsgerät widmeten. Die Technologie der anderen, der sowjetischen Seite spielerisch ausprobieren zu dürfen, versprach wohl, ein durch Simulationsspiele bis dahin nicht bedientes Segment mit einigem Neuigkeitswert zu eröffnen. Ermöglicht wurde dies sicherlich auch durch das zunehmend kooperative Klima der zweiten Hälfte der Achtziger Jahre. Im Prinzip fand sich in diesen Fällen also eine beinahe logische Erweiterung des bereits herausgestellten Musters, demzufolge Computerspiele versprachen, unmittelbaren Zugang zu spekulativem, unbekanntem oder nur theoretisch bekanntem Wissen zu schaffen.

Den Anfang machte der damals neueste Typ der Kampfflugzeuge aus der MiG-Serie, die MiG-29. Ihre Entwicklung hatte in den späten siebziger Jahren begonnen, die ersten Einsätze erfolgten in den achtzigern. Das sowjetische Kampfflugzeug blieb dabei Gegenstand westlicher Spekulationen bis es erstmals im Jahr 1986, unter anderem im Rahmen von Flugshows, der (westlichen) Öffentlichkeit präsentiert wurde. Dass aktuelle sowjetische Kampfflugzeuge einem westlichen Publikum derart offen vorgestellt wurden, war davor zuletzt in den dreißiger Jahren vorgekommen und drückte die Atmosphäre der Entspannung aus, von der nun auch Computerspiele profitierten.[41]

Die Spielarchitektur der betreffenden Beispiele wies dabei zumeist eine sowjetische Ästhetik auf – oder eine, die als solche wahrgenommen werden sollte. Das Bildschirmfoto aus dem Spiel *MiG-29 Fulcrum*, das im Jahr 1990 von der britischen Firma Domark veröffentlicht wurde, zeigt ein solches sowjetisiertes Ensemble mit dem roten Stern und Buchstaben, die dem kyrillischen Alphabet angenähert sind (vgl. Abbildung 6).

Die Anordnung der ausgewählten Gegenstände erfolgt hierin beinahe spiegelbildlich zu entsprechenden Darstellungen in Simulationsspielen westlicher Militärtechnologie, d.h., durch die Aufnahme sowjetischen Militärgerätes in die Reihe der Simulations-

---

41   Vgl. Mikojan-Gurewitsch MiG-29, in: Wikimedia Foundation (Hrsg.): Wikipedia. The Free Encyclopedia, 19.09.2019, URL: https://de.wikipedia.org/wiki/Mikojan-Gurewitsch_MiG-29 (Stand: 01.08.2020); Mikoyan MiG-29, in: Wikimedia Foundation (Hrsg.): Wikipedia. The Free Encyclopedia, 28.11.2019, URL: https://en.wikipedia.org/wiki/Mikoyan_MiG-29 (Stand: 01.08.2020).

spiele erfolgte eine Eingemeindung in die westlich-populärkulturelle Logik, die der Sowjetunion nun mehr als die klassische Rolle als bloßes Feindbild zugestand. In Bezug auf den Kalten Krieg hatte dies hohen Symbolwert, da dadurch signalisiert wurde, dass das sowjetische Militär einen eigenständigen Platz in der idealisierten Welt der Simulationsspiele zugeteilt bekam und damit über einen eigenständigen operativen Raum verfügte. Aus solchen spielerischen Umsetzungen sowjetischer Militärtechnologie sprach also bereits das Klima der Kooperation zwischen den Supermächten und das Ende des Kalten Krieges. In der Besprechung von *MiG-29 Fulcrum* in der deutschen Fachzeitschrift *Aktueller Software Markt* hielt der Rezensent unter dem Titel „Glasnost in den Lüften" beispielsweise fest: „Vielleicht trägt ja auch der Blick aus der anderen Perspektive ein bißchen zur Entspannung bei, wenigstens bei Computerspielen."[42] Bezeichnenderweise sind die Gegner in *MiG-29 Fulcrum* bereits Terroristen und nicht etwa NATO-Truppen. Daraus spricht wiederum das Klima der Kooperation, das nicht etwa das Ende der Sowjetunion skizzierte, sondern an friedlicher Koexistenz interessiert war. Auch in diesem, gemessen an der gesamten politischen Lage selbstverständlich kleinen Teilbereich der Simulationsspiele, fand somit so etwas wie eine Verbrüderung im Geiste der simulativen Sachlichkeit statt.

6.3. Spionage – Computerspiele mit HUMINT und SIGINT

6.3.1. Geheimdienstarbeit in der Epoche

Das Versprechen, nicht alltägliches Wissen vermitteln zu können, zeigte sich überdies in jenen Computerspielen, die sich der Geheimdienstarbeit während des Kalten Krieges widmeten. Sie lieferten eine Form der Simulation von Geheimwissen, in der es um das Wissen ging, sich Wissen oder vielmehr Information zu beschaffen und zu bewerten. Dieser Vorgang der Informationsbeschaffung und -bewertung war beinahe schon konstitutiv für das Bild des Kalten Krieges nach 1945 insgesamt.[43] Spätestens nachdem im Jahr 1949 bekannt geworden war, dass die Sowjetunion über die Atombombe verfügte, ergab sich die Notwendigkeit, stets darüber informiert sein zu müssen, was der jeweilige Gegner tat bzw. antizipieren zu können, was zu tun er in der Lage sein konnte. Konkret machte das die Beschaffung von Information durch Geheimdienste notwendig, die auf sowjetischer und britischer Seite bereits eine längere Tradition hatten, auf

---

42 Dirk Fuchser: Glasnost in den Lüften, in: Aktueller Software Markt, Nr. 1, 1991, S. 132.
43 Vgl. Horn, Der geheime Krieg, S. 311–317.

US-amerikanischer Seite aber erst nach dem Zweiten Weltkrieg systematisch aufgebaut wurden.[44] In der Situation der militärischen Pattstellung des Kalten Krieges entwickelte sich die Geheimdienstarbeit somit zur einzig möglichen Form der direkten operativen Kriegsführung zwischen den Supermächten.[45] Das Prinzip der Verhinderung militärischer Eskalation mittels gegenseitiger Abschreckung konnte durch die Geheimdienstarbeit unterwandert ebenso wie gestützt werden.

HUMINT, Human Source Intelligence, also die geheimdienstliche Arbeit im Feld, und hier besonders ‚covert action‘, also verdeckte Operation, konnte ein erhöhtes Risiko für das Gleichgewicht des Schreckens darstellen. SIGINT, Signal Intelligence, also das Sammeln, Speichern und Auslesen von Information mit Methoden der Bild- und Signalaufzeichnung, lässt sich hingegen als der praktische Vollzug des infiniten Regresses des Kalten Krieges[46] verstehen, also des beständigen Versuchs, die Wahrheit hinter einer potenziellen Fassade zu entlarven, der selbst immer neue Fassaden erzeugt. Insofern arbeiteten die Geheimdienste an der ständigen Reaktualisierung und damit Stabilisierung des Gleichgewichts des Schreckens.[47]

Grundlegend für das Handwerk der Geheimdienstarbeit als analytischer Arbeit und hier vor allem der SIGINT, dem Arbeitsbereich von Nachrichtendiensten wie der NSA, ist die Interpretation von Daten, letztlich also die Unterscheidung von Signal und Rauschen, das Filtern und Trennen von wertvoller und wertloser Information einer Datenlage oder Situation.[48] Die Geschichte der Geheimdienstarbeit ist damit zunächst in einem elementaren Sinn auch eine Mediengeschichte, die nach 1945 wesentlich von den Möglichkeiten der Computertechnologie geprägt war. Als Suchmaschine fügte sich Computertechnologie in das Spiel des infiniten Regresses ein, indem die Informationsmenge wie die Möglichkeiten des analytischen Zugriffes stiegen.[49]

In dieses Spiel war, auch dies ist ein Teil der Mediengeschichte der modernen Geheimdienstarbeit, die Populärkultur involviert. Wenn es darum ging, Szenarien zu entwerfen, verdeckte Operationen zu planen oder die Arbeit der Geheimdienste selbst aufzudecken, war sie ein mehr oder weniger gleichberechtigter Partner der Geheim-

---

44   Vgl. Jefferson Adams: Strategic Intelligence in the Cold War and Beyond, London/New York, NY 2015, S. 5–13; Tim Weiner: CIA. Die ganze Geschichte, Frankfurt am Main 2009, S. 48–62.

45   Horn, Der geheime Krieg, S. 311.

46   Adams definiert SIGINT als „deriving information from the interception of electromagnetic waves." Adams, Strategic Intelligence, S. 8. Zum infiniten Regress des Kalten Krieges vgl. Tony Jackson: Postmodernism, Narrative and the Cold War Sense of an Ending, in: Narrative, Bd. 8, Nr. 3, 2000, S. 324–338, hier S. 328f.; Roland Végsö: The Naked Communist. Cold War Modernism and the Politics of Popular Culture, New York, NY 2013, S. 2.

47   Vgl. Aldrich, Intelligence, S. 226, 229f.

48   Vgl. Horn, Der geheime Krieg, S. 315–317.

49   Vgl. David Gugerli: Suchmaschinen. Die Welt als Datenbank, Frankfurt am Main 2009, S. 15.

dienstagenturen.[50] „Fiktionen sind [...] die luzideste Möglichkeit, in der Moderne über das politische Geheimnis zu sprechen",[51] hält Eva Horn fest. Die Populärkultur lieferte, häufig unter aktiver Mitarbeit ehemaliger Geheimdienstmitarbeiter, die, wie etwa Everett Hunt, John le Carré und Frederick Forsyth, scheinbar mit Vorliebe als Romanciers tätig wurden, Vorstellungen der Geheimdienstarbeit und der Macht von Geheimdiensten, die mehr oder weniger präzise den im Detail ohnehin unbekannten Tatsachen entsprachen.[52]

Dass Computerspiele über die Geheimdienstarbeit im Kalten Krieg häufig Versoftungen von Spionageromanen waren, ist vor diesem Hintergrund also wenig überraschend. Eine eindeutige Zuordnung zu einem Genre ist in den meisten Fällen nicht möglich. Das dürfte auch damit zusammenhängen, dass hier die klassischen Themen der Spionage-Fiktion und damit die analytischen und die operativen Bereiche der Geheimdienstarbeit angesprochen werden. Die unterschiedlichen Tätigkeiten, die darin involviert sind, lassen sich nur schwer in einem einzigen Genre zusammenfassen. Dennoch sind Spionagespiele häufig den Adventures, Pias spricht von entscheidungskritischen Spielen,[53] zuzuordnen. Das Attribut „entscheidungskritisch" trifft in diesem Fall tatsächlich den spielerischen Kern, da Computerspiele über Geheimdienstarbeit in erster Linie mit den Techniken des Durchsuchens von Datenbeständen, letztlich von Datenbanken, spielen lassen. Die Entscheidung über den Informationswert einzelner Daten wird hier also zum ordnenden Prinzip. Wie zuvor stellt sich die Frage, wo und wie die Spiele dabei Komplexität reduzierten und welche Spielsituationen des Kalten Krieges dadurch entstanden. *The Fourth Protocol* dient hierbei als Musterfall. Wie im vorhergehenden Kapitel folgen auf eine Darstellung des Produktionskontexts des Spiels zwei eher an den Formalia orientierte Analyseabschnitte, bevor in einem letzten Teil anhand des Begriffes Cargo auf die Variante des Kalten Krieges, die durch die Verarbeitung dieses Teilaspektes entsteht, fokussiert wird. Das darauffolgende Kapitel wendet sich der Dynamik des herausgestellten Musters anhand mehrerer, über den beobachteten Zeitraum verteilter Beispiele zu.

---

50 Der US-amerikanische Spielfilm Argo aus dem Jahr 2012 sprach beispielsweise die enge Verbindung der Unterhaltungsindustrie mit der CIA an. Die ans Licht gekommenen Vorgänge rund um die Autorisierung und Vorbereitung des Films Zero Dark Thirty zeigen ebenfalls verschwimmende Grenzen zwischen diesen beiden Bereichen. Vgl. auch Christopher Moran: Ian Fleming and the Public Profile of the CIA, in: Journal of Cold War Studies, Bd. 15, Nr. 1, 2013, S. 119–146, hier S. 121.

51 Horn, Der geheime Krieg, S. 10f.

52 Vgl. Adams, Strategic Intelligence, S. 85–104.

53 Vgl. Claus Pias: Computer.Spiel.Welten, 2. Aufl., Zürich 2010, S. 119–189.

6.3.2. *The Fourth Protocol* – Vereinigung von HUMINT und SIGINT

Das Spiel *The Fourth Protocol* wurde von der britischen Firma The Electronic Pencil für die Plattformen Commodore 64, Amstrad CPC und PCW, ZX-Spectrum und DOS entwickelt und im Jahr 1985 von der ebenfalls britischen Firma Hutchinson Computer Publishing erstmals veröffentlicht. Es ist Bestandteil eines sich über mehrere Medien erstreckenden Verbundes. Die Grundlage bildete der 1984 veröffentlichte Roman *The Fourth Protocol* des ehemaligen Mitarbeiters des britischen Auslandsgeheimdienstes MI6 und Journalisten Frederick Forsyth, der sich zu diesem Zeitpunkt bereits als Verfasser von Spionageromanen einen Namen gemacht hatte. Das Buch diente als Vorlage für das Spiel und eine britische Verfilmung unter der Regie von John Mackenzie, die im Jahr 1987 in die Kinos kam. *The Fourth Protocol* entstammte somit in allen seinen Formaten einem britischen Kontext.

Der Plot beginnt seinerseits mit einer nationalen Angelegenheit, die globale Tragweite entwickelt. Im Zentrum steht John Preston, Mitarbeiter des britischen Geheimdienstes, der einem sowjetischen Komplott auf der Spur ist. Die sowjetische Geheimoperation mit dem Decknamen Aurora wurde dabei von niemand Geringerem als Kim Philby, dem bekannten britischen Spion und Überläufer, erdacht. Der sowjetische Plan sieht vor, durch die Detonation einer Atombombe in Großbritannien, die wie ein Unfall aussehen sollte, die öffentliche Meinung für die Seite der linken Kräfte innerhalb der sozialdemokratischen Labour Party zu gewinnen und damit einen Regimewechsel in den nächsten britischen Parlamentswahlen herbeizuführen, an dessen Ende die Etablierung einer marxistisch-leninistisch orientierten britischen Regierung stehen sollte. In einer Parallelbewegung folgt der Roman Philby bzw. der sowjetischen Seite, wie sie Operation Aurora in Bewegung bringt und Preston, wie er das Komplott aufdeckt. Der Plot kulminiert schließlich in der Entschärfung der Bombe. Seinen Titel leitet der Roman von einem fiktiven vierten Zusatzprotokoll zum Atomwaffensperrvertrag von 1968 ab, welches die Verbreitung von Atomwaffen auf nichtmilitärischen Wegen, z.B. als Frachtlieferung, verbot. Die sowjetische Operation Aurora setzt sich genau über dieses fiktive vierte Zusatzprotokoll hinweg.

The Fourth Protocol untermauert mit diesem Plot Eva Horns These von der Fiktion als luzidester Möglichkeit, über das politische Geheimnis zu sprechen. Fiktion und historisch belegte Tatsachen gehen hier eine Verbindung ein und in einem Szenario auf, das prinzipiell genauso Roman wie geheimdienstliche Prognose sein könnte. Forsyth ist sich dessen bewusst und streut laufend Passagen ein, in denen er sich scheinbar von der Ebene des Erzählers entfernt und Metakommentare zur Funktionsweise und Praxis geheimdienstlicher Arbeit liefert. Diese Erzählstrategie schließt häufige Seitenhiebe auf seiner Meinung nach massenmedial verbreitete populäre Missverständnisse und Irrtümer ein. Der Autor tritt offen als Spezialist und Eingeweihter auf und platziert seinen Roman damit, wie angenommen werden darf, aus gezieltem ökonomischem Kalkül in dem von Horn identifizierten Graubereich zwischen Fiktion und Realität. Der Roman *The Fourth Protocol* schließt folgerichtig Praktiken des Ver- und Entschlüsselns, der Beschaffung und Deutung von Information sowie der Infiltration ein, also im Grunde sämtliche geheimdienstlich relevanten Tätigkeitsbereiche.

Am Ende des Plots, der einer Suchbewegung vom Kleinen ins Große und zurück gleicht, ist die Weltpolitik auf eine innerbritische Angelegenheit zusammengeschrumpft. Protagonist und Antagonist, John Preston und Kim Philby, belegen beide die Brillanz und Funktionsfähigkeit des britischen Geheimdienstes und seiner Mitarbeiter. Die CIA, der populärkulturell mitunter beinahe mythisch überhöhte US-amerikanische Geheimdienst, kommt dabei als handelnder Akteur interessanterweise so gut wie nicht vor.

Besonders dieser letzte Punkt ist symptomatisch für die Geschichte der Geheimdienste in den langen achtziger Jahren. Spätestens seit der Watergate Affäre genossen sie im Allgemeinen und vor allem in der US-amerikanischen öffentlichen Meinung keinen sonderlich guten Ruf.[54] In der Populärkultur schlug sich dieser Umstand vielleicht am deutlichsten sichtbar im Genre der kritischen Politthriller nieder, das in den siebziger Jahren in Kino und Literatur eine Blütezeit erlebte.[55] Die konservative Wende in den USA zu Beginn der achtziger Jahre brachte vor diesem Hintergrund eine Rehabilitierung der Geheimdienstarbeit mit sich. Konkret bedeutete dies, dass Strukturen geschaffen wurden, die an die Periode des ersten, sozusagen klassischen Kalten Krieges in den fünfziger Jahren erinnerte. So wurde beispielsweise unter der Präsidentschaft Ronald Reagans die Position des Direktors der CIA gestärkt.[56] Außerdem zeigte sich dieser neue Ansatz an den verstärkten operativen Zugriffen einschließlich verdeckter Aktionen in Südamerika und Afghanistan.[57] Bereits unter Präsident Carter war der Einsatz neuer Informationstechnologien für die Geheimdienstarbeit gefördert worden,[58] so dass im Laufe der achtziger Jahre Technik- und Industriespionage zu zentralen

---

54 Vgl. Aldrich, Intelligence, S. 213; Frederick P. Hitz: The Great Game. The Myth and Reality of Espionage, New York, NY 2004, S. 166–168.

55 Vgl. Richard A. Schwartz: Cold War Culture. Media and the Arts, 1945–1990, New York, NY 2000, S. 296–299; Tony Shaw: Hollywood's Cold War, Edinburgh 2007, S. 249–262.

56 Zur CIA unter Reagan und dem Team B vgl. Weiner, CIA, S. 495–498, 466–468; Adams, Strategic Intelligence, S. 113; Aldrich, Intelligence, S. 213; zum Wiedererstarken der CIA in der öffentlichen Wahrnehmung „Der Geheimdienst hat sich gut erholt", in: Der Spiegel, Jg. 38, Nr. 1, 02.01.1984, S. 94–101.

57 Vgl. Greg Grandin: Empire's Workshop. Latin America, the United States, and the Rise of the New Imperialism, New York, NY 2006, S. 87–121; Adams, Strategic Intelligence, S. 58–62, 111–113.

58 Vgl. Weiner, CIA, S. 475.

Konfliktfeldern in der geheimdienstlichen Auseinandersetzung zwischen Ost und West aufsteigen konnte.[59] Insbesondere in der ersten Hälfte der Dekade spitzte sich der Krieg der Geheimdienste wieder zu.[60]

The Fourth Protocol lässt sich in diesen Kontext der Rehabilitierung und Reaktualisierung von Geheimdiensten und ihrer Arbeit während des Zweiten Kalten Krieges einordnen. Seine Hauptfiguren liefern sich, durchweg kurz vor der Rente stehend, ein letztes geopolitisch entscheidendes Gefecht unter Ausschluss der Öffentlichkeit und damit in klassischer geheimdienstlicher Manier. Forsyth wollte somit an die Routiniertheit, Qualität und den Professionalismus, kurz die popularisierten Tugenden britischer Geheimdienstarbeit erinnern.[61] Mit seinen Seitenhieben auf Friedensbewegungen und falsche Darstellungen der Geheimdienstarbeit in populären Medien schien Forsyth mahnend daran erinnern zu wollen, die Geheimdienste nicht zu vernachlässigen. Professionelle Geheimdienstarbeit wurde in *The Fourth Protocol* somit zum Stabilisator des Kalten Krieges, ein in der Populärkultur verbreitetes Motiv.[62]

Der tatsächliche Einfluss der Geheimdienstarbeit auf die Politik in Zeiten des Kalten Krieges ist aber, insbesondere für den Bereich der SIGINT, bestenfalls in Ansätzen nachweisbar.[63] Als es darum ging, den Untergang der Sowjetunion zu prognostizieren, hatten sämtliche Geheimdienste auf voller Linie versagt. Insofern bildeten Geheimdienstarbeit und Kalter Krieg vielleicht tatsächlich eine symbiotische Beziehung.

Spielarchitektur – Informationsmedien

Ähnlich wie die zuvor behandelten Beispiele eröffnet *The Fourth Protocol* seinen Spielraum bereits im Offline-Raum. Neben dem eigentlichen Handbuch enthält das Spiel ebenfalls ein sogenanntes *MI5 Investigator's Handbook*, dessen Gestaltung an ein geheimes Aktendossier erinnern soll (vgl. Abbildungen 7 und 8). Mit diesen Beilagen wird ein Gutteil der für das Spiel relevanten kontextuellen Informationen geliefert. Sie beinhalten beispielsweise ein Glossar wichtiger geheimdienstlicher Begriffe und handelnder

---

59   Vgl. ebd., S. 508–510.

60   Vgl. Robert Service: The End of the Cold War, 1985–2001, London 2015, S. 183, 258–259; Raymond L. Garthoff: The Great Transition. American-Soviet Relations and the End of the Cold War, Washington DC 1994, S. 282f.

61   Der britische Geheimdienst hatte zumindest eine relativ lange Tradition, aus der durchaus auch Kompetenz abgeleitet wurde, vgl. Adams, Strategic Intelligence, S. 7; Hitz, The Great Game, S. 4–6.

62   Vgl. auch Horn, Der geheime Krieg, S. 373, wo es auf Literatur bezogen heißt: „Der ‚human factor‘, den das Gros der Kalte-Kriegs-Spionageliteratur beschwört, erweist sich dabei als die irrationale Kehrseite des spieltheoretischen Rationalismus, aber beide verbindet ihr Bewusstsein davon, dass dieser Krieg eine Fiktion ist, die vor allem damit beschäftigt ist, sich selbst zu erhalten." Vgl. auch Hitz, The Great Game, S. 81–96; Adams, Strategic Intelligence, S. 85–104.

63   Vgl. Aldrich, Intelligence, S. 211.

Abb. 7–8: Das für den Spielverlauf wichtige
‚Investigator's Handbook‘

Defect   Intelligence jargon for an agent changing sides or shifting allegiance. Also called 'turning' an agent.
Department of the Environment (DoE)   Large Government department responsible for town planning, buildings, parks and ancient monuments etc.
Department of Trade (DoT)   Government department responsible for trade, imports and exports, etc.
Deputy Director General (DDG)   A rank in both MI5 and MI6 for heads of sections.
DI (Detective Inspector)   A rank in the CID.
Director General (DG)   The rank of the head of MI5.

Economic and Trade Security Section   Section of the DoT concerned with the control of sales of sensitive commercial products to foreign powers.
EEC (European Economic Community)   A European trading partnership of eleven nations.
Emergency Telephone Number   999 is dialed to summon the emergency services: fire, police, ambulance.
Establishments (Estabs)   Personnel and administrative section of a Government department.

False Flag   Where an agent is recruited to work for a specific country which he/she favours but is in fact duped since the information is passed to a third power which the agent does not support. In other words, the recruiter is operating under a 'false flag'.
FBI (Federal Bureau of Investigation)   American national police force which has additional responsibilities for counter-intelligence.
'5' (Five)   Intelligence nickname for MI5.
Flannery, Sir Martin   Cabinet Secretary.
Flat-foot   A policeman.
Foreign Office (FO)   (More correctly Foreign & Commonwealth Office.) Government department responsible for foreign affairs, diplomacy, embassies and MI6.
Forsyth, Frederick   Born in 1938, England. Highly successful author of political thrillers. Noted for the accuracy of his information. Possibly has contacts within the intelligence community.
Fox, Allen   Senior CIA liaison officer in London.
Freedom of Information Act   Britain doesn't have one.
Friends   MI5 jargon for MI5 personnel.
Funnies   Civil service jargon for the intelligence services and all pertaining to them.

Garden Girls   The secretaries at No. 10 Downing Street (who work in a room facing a garden).
GCHQ (Government Communications Headquarters   The electronic espionage centre of the UK, based at Cheltenhan, Gloucestershire.
Glen Diamonds   Four diamonds brought back by the Earl of Margate from South Africa in 1905. They were stolen along with the NATO documents.
Gordon Street   An MI5 building in Gordon St. Preston works here.
Grades in the Civil Service   The mainstream administrative Civil Service has the following grade structure:
Clerical grades: Clerical Assistant (CA), Clerical Officer (CO).
Executive grades: Executive Officer (EO), Higher EO (HEO), Senior EO (SEO), Principal (P), Senior Principal (SP).
Senior grades: Assistant Secretary (AS), Under Secretary (US), Deputy Secretary

Personen. Es findet sich darin zudem ein Eintrag über den Autor der Romanvorlage, der nahelegt, dass Forsyth über Verbindungen zu Geheimdiensten verfügt haben könnte. Das Spiel versucht an dieser Stelle und auf diese Weise also die für Spionageliteratur so charakteristische Vermischung von Fiktion und Realität zu erzeugen. Das *Investigator's Handbook* enthält außerdem „one time decoding pads", Dechiffrierungstabellen, die an verschiedenen Stellen im Spiel zur Entschlüsselung eines Codewortes zum Einsatz kommen. Schließlich wird der Plot in den Handbüchern vollständig erläutert. Zu Spielbeginn sind die Spielenden also bereits über ihre Spielfigur, John Preston, über Operation Aurora und ihre Aufgabe informiert. Gespielt wird somit bereits ab dem Öffnen der Verpackung und dem Lesen des Handbuches.

Der Online-Spielraum ist dann in drei Episoden gegliedert, die den Plot des Aufdeckens der Verschwörung und des Auffindens und Entschärfens der Bombe als eine Bewegung von einem Innen- in einen Außen- und schließlich wieder einen Innenraum organisieren.[64] Die erste Episode und damit der Einstieg in den Online-Spielraum beginnt, indem die Spielenden sozusagen am Schreibtisch von John Preston Platz nehmen (vgl. Abbildung 9). Die Spieloberfläche ordnet dabei Werkzeuge der Informationsgewinnung und -sortierung als Icons an, die das bildlich darstellen, was sie bezeichnen. Es

---

64   Die verschiedenen Versionen unterscheiden sich nicht wesentlich voneinander.

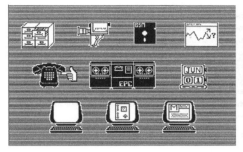 

Abb. 9: Screenshot des in Prestons Büro angesiedelten ersten Spielabschnittes

Abb. 10: Screenshot des zweiten Spielabschnittes

finden sich ein Telefon, ein Aktenschrank, ein zentraler und ein persönlicher Rechner, eine Filmkamera und eine Graphentafel. Das Spiel remediatisiert damit die Medien der Geheimdienstarbeit.[65] Die Spielenden steuern keinen Avatar, sondern sind als Cursor, als Hand, die sich der zur Verfügung gestellten Instrumente bedient, auf dem Bildschirm präsent. Relevante Informationen erscheinen als Textfenster, die sich über den zentralen Bildschirm legen. Diese Fenster dienen ebenso als Eingabemöglichkeit für Spielbefehle. In der ersten Episode wird somit eine Spielerperspektive, ein Point of Action, des Gesamtüberblicks suggeriert, die in den beiden nächsten Episoden beibehalten wird.

Die zweite Episode spielt im Außendienst in den Straßen Londons. Wieder blicken die Spielenden auf eine in Form von Icons dargestellte Palette von Handlungsmöglichkeiten (vgl. Abbildung 10). Dieses Mal allerdings bezeichnen diese den Körper der Spielfigur und seine Handlungsmöglichkeiten wie ‚Blicken‘, ‚Öffnen‘, ‚Nehmen‘, ‚Sprechen‘ usw. Abermals erscheinen relevante Informationen wie der aktuelle und aufzusuchende Standort, Schilderungen der Umgebung und Beschreibungen untersuchter Gegenstände in Textfenstern.

Die dritte, finale Episode spielt in einem von KGB Agenten verteidigten Warenhaus, dem Versteck der Bombe, die es zu entschärfen gilt.Hier wird der Grundriss des Gebäudes in Vogelperspektive schematisch abgebildet, die Spielenden müssen ein Einsatzkommando durch die Eingabe entsprechender Befehle koordinieren sowie durch das Haus führen, um zur Bombe zu gelangen. Die Spielfiguren werden als abstrahierte menschliche Gestalten dargestellt, die sich durch das Warenhaus bewegen (vgl. Abbildung 11). Der Raum, in dem sich die Bombe befindet, ist dabei, zumindest in der Version für den ZX-Spectrum, durch eine verkleinerte Darstellung einer Sicht in den

---

65   Vgl. Jay David Bolter/Richard Grusin: Remediation. Understanding New Media, Cambridge, MA 2000, S. 21–50.

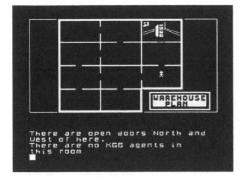

Abb. 11–13: Screenshots des dritten
Spielabschnittes

Raum aus der Egoperspektive markiert (vgl. Abbildung 12). Dieser Spielabschnitt endet vor der zu entschärfenden Bombe, die ebenfalls aus der Egoperspektive dargestellt wird (vgl. Abbildung 13).[66]

Die Visualität ist, den Konventionen seiner Entstehungszeit entsprechend, auf halbem Weg situiert zwischen Textadventure, mit einer maximal abstrahierten, nur aus Text bestehenden Oberfläche und Point and Click-Adventure, mit einer gegenständlich visuell dargestellten Spielwelt. Die Instrumente werden durch relativ realistisch gehaltene Icons dargestellt, die Spielumgebung bleibt aber zumeist abstrakt und wird nur in Textform beschrieben. Das Spiel nutzt diese Zweiteilung, um eine Dramaturgie des Fortschreitens vom Gesamtüberblick zum ganz konkreten Blick auf den zentralen Gegenstand, die Bombe, auch visuell zu inszenieren. Die Medien der Informationsgewinnung und die Bombe erhalten eine gegenständliche grafische Darstellung. Die Spielenden selbst werden aber, bis auf die abstrahierte menschliche Figur im dritten Abschnitt, im Online-Spielraum nicht durch eine Spielfigur repräsentiert.

---

66   Die Versionen des Spiels scheinen sich in Bezug auf die Gestaltung dieses letzten Abschnitts voneinander, insbesondere in Bezug auf die Visualität, zu unterscheiden. Die vorliegende Beschreibung orientiert sich vor allem an der Version für den ZX-Spectrum.

Spielmodell – Dramaturgie des Informationsgewinns

The Fourth Protocol stattet die Spielenden mit einem Handlungsregister aus, das dem Genre der (Text-)Adventures entspricht. Das bedeutet zunächst, dass das Spiel voranschreitet, indem die Spielwelt nach Hinweisen durchsucht wird, die ein Weiterkommen ermöglichen. Die Handlungsmöglichkeiten beschränken sich deswegen größtenteils auf Identifizierungs- und Kommunikationspraktiken wie etwa Telefonieren, Lesen, Speichern, Durchsuchen. Die Bewegungsmöglichkeiten der Figur sind primär auf die Annäherung an relevante Objekte ausgerichtet und damit ihrerseits begrenzt.

Im Hinblick auf das Spielmodell bestätigt sich die bereits in Bezug auf die Spielarchitektur festgestellte dramaturgische Verengung im Verlauf der drei Episoden. Wie die Spielerperspektive verengt sich auch der Aktionsradius nach und nach, bis am Ende das hochspezialisierte und gleichzeitig in Bezug auf die Entscheidungsfindung maximal simple Handlungsregister des Entschärfens einer Bombe verbleibt.

Zu Beginn steht den Spielenden der Schreibtisch John Prestons als Arbeitsplatz eines Geheimdienstmitarbeiters, wie ihn das Spiel imaginiert, zur Verfügung. Die gängigen Medien der Informationsbeschaffung und Kommunikation, ein Telefon, ein Aktenschrank, aber auch Menschen, fünfzig Agentinnen und Agenten, die zur Beobachtung verdächtiger Personen abgestellt werden können, sind dabei einsetzbar. Die Basisoperationen bestehen in diesem Abschnitt aus dem Sammeln, Bewerten und Ablegen oder Verwerfen von Information. Um den ersten Abschnitt erfolgreich abschließen zu können, ist eine undichte Stelle, ein Maulwurf in den eigenen Reihen zu finden. *The Fourth Protocol* verzeichnet den Fortschritt in Prozenten, wobei ein Abschnitt dann als gelöst gilt, wenn 100 Prozent erreicht wurden. Bei einem ungünstigen Verlauf und falschen Entscheidungen erfolgen Bestrafungen zunächst in Form von mahnenden Memos des Vorgesetzten sowie im Entzug von Agenten. Wiederholen sich diese zu oft, kann das zum Scheitern des Abschnitts führen. Die zentrale Handlungsanweisung für die Spielenden lautet, Informationen zu sammeln. Diese können sie entweder selbst beschaffen, indem sie Agentinnen und Agenten delegieren und Akten aus dem Zentralarchiv anfordern, oder sie werden in Form von Memos oder Telefonanrufen zugespielt. Entscheidend für die Entlarvung der undichten Stelle und damit die Erfüllung der zentralen Aufgabe ist es, relevante Informationen von irrelevanten unterscheiden zu können. Das bedeutet in der Regel, die richtigen Hinweise, zumeist Namen, in die zur Verfügung stehenden Instrumente der Informationsbeschaffung einzugeben, um weitere Hinweise zu erhalten. Das Spiel erstreckt sich dabei permanent aus dem Online- in den Offline-Raum und wieder zurück. Konkret betrifft dies das bereits erwähnte *Investigator's Handbook*, da die darin enthaltene Codetabelle verwendet werden muss, um den Zugangscode zum Zentralcomputer zu entschlüsseln und somit auf das zentrale Aktenverzeichnis zugreifen zu können. Dieser Schritt, damit auch die Verwendung des *Investigator's Handbook*, ist obligatorisch, eine Lösung des Spiels ist ansonsten nicht möglich. Das Modell sieht also vor, dass die Spielenden zwischen den Spielräumen springen, mitunter aus ganz pragmatischen Gründen, wie etwa um die zu memorierenden Telefonnummern handschriftlich zu notieren und sie schneller abrufbar zu machen. Durch die Verschränkung von Online- und Offline-Raum zu einem übergreifenden Spielraum verstärkt sich der bereits durch die körperlose Spielerposition suggerierte Eindruck, sich im Büro des Geheimdienstmitarbeiters John Preston zu befinden. Haben die Spielenden den Eindruck, ausreichend Informationen gesammelt zu haben, können sie durch einen Telefonanruf Kontakt zu ihrem Vorgesetzten herstellen, der einige zentrale Fragen stellt, deren korrekte Beantwortung dann den ersten Abschnitt beendet.

Der zweite Abschnitt liefert eine Variation dieses Modells, vergrößert aber den Aktionsradius. Die zentrale Handlungsanweisung ist wieder das Sammeln und Bewerten von Informationen. Wieder ist die Spielfigur körperlos, und die Spielenden navigieren mithilfe von Icons durch bzw. in Textfeldern. Das Handlungsregister unterscheidet sich im zweiten Abschnitt aber insofern von der ersten Episode, als hier der eigene Körper als das Instrument der Geheimdienstarbeit fungiert. Die Spielenden können navigieren, Gegenstände ansehen, benutzen und ablegen sowie kommunizieren, wobei auch ein Telefon zur Verfügung steht. Die gewonnene Information sowie die Beschreibung des Spielraumes und seiner Gegenstände erfolgt wieder über Textfenster. Da aber die Handlungsoptionen nicht mehr, wie im ersten Abschnitt, den zur Verfügung gestellten Kommunikations- und Informationsmedien entsprechen, sondern aus körperlichen Praktiken bestehen, die sich potenziell auf alle Gegenstände des Spielraumes anwenden lassen, erweitert sich der Aktionsradius und damit die Komplexität entscheidend. Wurde im ersten Abschnitt das Verlassen des Büros als Besonderheit und als Spielabschnitt im Spielabschnitt präsentiert, kann nun in der zweiten Sequenz das eigene Büro als ein Ort von vielen betreten und durchsucht bzw. benutzt werden. Um zwischen den Orten zu navigieren, steht die Option zur Verfügung, Züge und U-Bahnen zu benutzen. Die Aufgabe der zweiten Sequenz besteht darin, der Spur von Informationen zu folgen, um das Gebäude ausfindig zu machen, in dem die Bombe, um die sich Operation Aurora dreht, versteckt ist. Am Ende dieses Abschnitts wird nach dem Namen des Gebäudes gefragt, das gestürmt werden soll und in dem der dritte Spielabschnitt stattfinden wird. Wiederum ist die korrekte Antwort auf eine Frage die Lösung, die zugleich die Sequenz beendet.

Den dritten Spielabschnitt leitet eine kurze Beschreibung der Situation ein. Die Spielenden befinden sich, unterstützt von einem Team, kurz vor dem Zugriff auf das Gebäude, in dem sich die Bombe und mehrere KGB-Agenten befinden. Die Sequenz beginnt mit der Bewaffnung des eigenen Teams, indem jeweils Mann für Mann eine Waffe zugewiesen werden muss. Der Rest besteht aus dem Eindringen in das Warenhaus und dem Auffinden und Entschärfen der Bombe. Die Spielenden sind zunächst wiederum körperlos und weisen den einzelnen Mitgliedern des Teams auf dem Aktionsfeld, das als Grundriss des Gebäudes erscheint, diejenigen Positionen zu, an denen sie das Gebäude betreten sollen. Anschließend erscheint die eigene Spielfigur in eben diesem Grundriss. Hier kann zwischen allen Mitgliedern des Teams gewechselt werden. Die Aufgabe besteht darin, den gekennzeichneten Raum und damit die Bombe zu erreichen und dabei alle feindlichen Agenten auszuschalten. Das Handlungsregister basiert dieses Mal nicht auf Icons, sondern, wie in einem Textadventure, auf der Eingabe von Befehlen in Form von Verben in ein Textfeld unterhalb der Darstellung des Grundrisses des Warenhauses, das auch die jeweiligen Situationsbeschreibungen enthält. Diese Befehle umfassen die Möglichkeit, den Namen eines jeweiligen Teammitglieds einzugeben, um seine Position einzunehmen, das Abfeuern der Waffe und die Bewegung der Figur. Der Spielabschnitt ist dann erfolgreich absolviert, wenn alle feindlichen Kräfte ausgeschaltet worden sind.

Die letzte Sequenz sieht vor, dass die Spielenden, nachdem sie den Raum mit der Bombe betreten haben, einen Aktenschrank durch die Eingabe eines zuvor erworbenen Codes öffnen und damit die Bombe freilegen. Als Höhepunkt stehen sie vor der Aufgabe, diese zu entschärfen. Dies geschieht durch die Eingabe einer Zahlenfolge, die das Innenleben der Bombe freilegt, welches aus drei verschiedenfarbigen Drähten besteht. Indem in der letzten Aktion der korrekte Draht durchtrennt wird, kann das gesamte Spiel erfolgreich beenden werden. Auch hier werden die Befehle durchgängig in ein Textfeld eingegeben. Das Handlungsregister wird, wie für Textadventures der Zeit durchaus üblich, nicht explizit erläutert, ergibt sich aber aus einem intuitiven Verständnis und dem Befolgen entsprechender Hinweise, aus Genrekonventionen und gegebenenfalls einem Verfahren des ‚trial and error‘. Ist die Spielsituation beispielsweise zugespitzt auf das Durchtrennen des korrekten Drahtes, liegt die Eingabe des Befehls „cut wire" nahe.

Analog zur visuellen Gestaltung, die von der relativ abstrakten, auf Icons basierten Darstellung des Handlungsregisters ausgeht und in einer der Wahrnehmung der Zeit entsprechend realistisch anmutenden Abbildung der Bombe gipfelt, weist das Spielmodell seinerseits eine Dramaturgie der Zuspitzung auf. Am Ende sind keine vielfältigen Handlungsoptionen mehr nötig. Gestützt auf die gesammelte Information sollte es den Spielenden an dieser Stelle möglich sein, die Bombe mit nur einer einzigen Handlung, dem Durchtrennen des korrekten Drahtes, zu entschärfen und so das Spiel erfolgreich zu beenden.

In seiner Gesamtheit scheint *The Fourth Protocol* eine Freiheit der Bewegungs- und Informationsbeschaffung zu suggerieren und zu versprechen, die de facto den relativ engen Begrenzungen des Spielmodells unterliegt. Dem Hauptziel entsprechend, das daraus besteht, aus dem Rauschen relevante Informationen zu filtern, etabliert das Spielmodell einen Spielraum der Unübersichtlichkeit, den die Spielenden durchschreiten, indem sie Ordnung schaffen. Im Grunde stellt das Modell also eine Verräumlichung der Unterscheidung von Rauschen und Signal bzw. des Filterns eines Signals aus dem Rauschen dar.

Spielsituation – die Versöhnung von HUMINT und SIGINT
Seinem Leitthema entsprechend, signalisiert *The Fourth Protocol* bereits durch seine Spielarchitektur das Versprechen, Zugang zu geheimem Wissen verschaffen zu können. Die visuelle Gestaltung der Handbücher als Geheimdossiers, die Verwendung von Elementen wie der Codetabelle und dem Glossar des geheimdienstlichen Fachjargons tragen hierzu bei und verdeutlichen, dass sich das versprochene Geheimwissen um die Arbeits- und Funktionsweise von Agenten und Geheimdiensten dreht. *The Fourth Protocol* steht damit in einer Tradition der fiktionalen Aufbereitung von Spionage, die ihre Attraktivität aus dem Versprechen bezogen hat, einen Blick hinter die Kulissen geben zu können.[67] Das Spiel erreicht dies, neben den bereits erwähnten Elementen, durch die Verbindung von Offline- und Online-Raum. Einige zentrale Elemente sind hier die Codeliste, die in der Anleitung formulierte Aufforderung, selbst eine Karte anzufertigen, und die körperlose Perspektive im Online-Raum, die einen Point of Action etabliert, welcher den Point of View letztlich auf den Offline-Körper, den Leib der Spielenden zurücklenkt.

Das Spielmodell operationalisiert Geheimdienstarbeit als Informationsgewinnung in Form der Unterscheidung zwischen Signal und Rauschen und dem Treffen von Entscheidungen auf Basis der gewonnenen Information. Diese Art der Operationalisierung ist in Bezug auf die populärkulturelle Aufbereitung von Geheimdienstarbeit zunächst beinahe als kontraintuitiv zu bezeichnen, da sich die gängigen Erzählungen um Figuren wie James Bond als bekanntestem Beispiel durch einen Fokus auf die operative Geheimdienstarbeit im Feld auszeichnen und sich so auch im kulturellen Gedächtnis abgelagert haben.[68] In einer in der Zeitschrift *Computer Gamer* erschienenen Rezension des Spiels merkte der Rezensent folgerichtig an, „If you thought that being a spy was all glamour like James Bond, then think again",[69] im Magazin *Zzap* hieß es, man sei in *The Fourth Protocol* „more of a detective than a spy".[70] Beide Einschätzungen

---

67   Vgl. Moran, Ian Fleming and the Public Profile, S. 144–146, der herausarbeitet, dass die James Bond-Romane die öffentliche Wahrnehmung der CIA in der Frühzeit des Kalten Krieges prägten, da die Agentur ihrerseits nicht aktiv daran arbeitete – was er als „filling a vacuum" bezeichnet.

68   Vgl. Schwartz, Cold War Culture, S. 296–298.

69   G.R.H.: Strategy, in: Computer Gamer, Nr. 19, 1986, S. 66.

70   Test. The Fourth Protocol, in: Zzap64 Magazine, Nr. 4, 1985, S. 96–98, hier S. 96.

bringen eine spezifische Erwartungshaltung gegenüber fiktionalen Spionagegeschichten und ihre Brechung durch das Spielmodell von *The Fourth Protocol* zum Ausdruck. Die Spielenden schreiten innerhalb der einzelnen Sequenzen wie im gesamten Spiel, mit Ausnahme des letzten Abschnittes, voran, indem sie als Handlungsgrundlage Informationen bewerten und sammeln. Der Plot bzw. der dramaturgische Bogen folgt ebenso dieser Logik der Aufklärung und kulminiert in der Entschärfung der Bombe, die sich als eine einzige Handlung (Durchtrennen eines Drahtes) auf Grundlage der bis dahin gesammelten Information (Durchtrennen des Drahtes mit der richtigen Farbe) darstellt. In diesem Moment wird auch die visuelle Darstellung relativ konkret.

Für die Geheimdienstarbeit der Informationsgewinnung und -verarbeitung sind die eingesetzten Hilfsmittel einigermaßen zentral. Im ersten Spielabschnitt sind die entsprechenden Medien diejenigen des Büros, also Telefon, PC, Aktenschrank. In der zweiten Episode wird der eigene Körper in Medien der Informationsgewinnung und -verarbeitung aufgeteilt. *The Fourth Protocol* enthält damit auch Varianten der Remediation.[71] In den ersten beiden Sequenzen steht dabei als zentraler Wissensspeicher ein Mainframe Computer zur Verfügung. Im ersten Abschnitt wird dieser Computer auch als Icon zentral auf dem Bildschirm dargestellt, ohne dass die Spielenden ihn direkt anklicken bzw. aktivieren können. Der Zugriff ist nur über einen Telefonanruf und die Eingabe eines Codeworts möglich. Als Icon fungiert der Zentralrechner zugleich als Symbol und erzeugt einen historischen Index. Er verdeutlicht nochmals, dass *The Fourth Protocol* Geheimdienstarbeit unter den Bedingungen der massenhaften Speicherung von Information behandelt, zeigt also an, dass die Geheimdienste von den Entwicklungen auf dem Sektor der Informationstechnologien nicht unberührt geblieben waren.[72] Die Handlungsvorgaben und Gewinnbedingungen des Spielmodells spiegeln diesen historischen Index ebenfalls wider, da die Informationsgewinnung, die als Hauptaufgabe definiert ist, zu einem guten Teil als Navigation durch Datenbanken zu absolvieren ist.

Für die Spielsituation bedeutet dies vor allem, dass der informationstechnologische und der menschliche Faktor der Geheimdienstarbeit, die im Spiel als Voranschreiten von SIGINT zu HUMINT und schließlich operativer Arbeit modelliert wird, in ein Verhältnis gebracht werden. Dieses Verhältnis gab dem Kalten Krieg in *The Fourth Protocol* eine Kontur. Der Kalte Krieg erschien in dem Spiel zum einen ganz grundsätzlich als eine Auseinandersetzung, die sich darum dreht, die Absichten des Gegners zu

---

71   Insbesondere Effekte der „hypermediacy" sind hier entscheidend. Vgl. Bolter/Gruisin, Remediation, S. 31–50.

72   Es ließe sich spekulieren, ob sich hier nicht eine Art Metakommentar verbirgt, da der große, etwas behäbig wirkende Mainframe Rechner, der im Spiel zu sehen ist, scheinbar einigermaßen mühelos, so die Botschaft, von einem Heimcomputer emuliert werden kann.

verstehen und zu deuten bzw. die davon abhängt, dass Informationen gewonnen und gedeutet werden. Durch sein Spielmodell machte *The Fourth Protocol* zum anderen eine subtilere Feststellung, die den menschlichen Faktor in der Geheimdienstarbeit und ihren Stellenwert im Konflikt der Supermächte betraf. Populärkulturelle Fiktionen der Spionagearbeit im Kalten Krieg führten diesen menschlichen Faktor häufig als Korrektiv eines rational und modellhaft gedachten Konfliktes ein. Agentinnen und Agenten stellten, so gesehen, so etwas wie die Fußsoldaten des Kalten Krieges dar und zwar insofern, als sie einen wesentlich theoretisch entworfenen Konflikt operationalisieren und damit unberechenbare Problemlagen schaffen, aber auch erst mit ihnen umgehen konnten.[73] In Bezug auf diejenigen Aspekte der Geheimdienstarbeit, die sich mit der Sammlung und Bewertung von Informationen befassen, befindet sich der menschliche Faktor am auslesenden und interpretierenden Ende einer Operationskette. In den entsprechenden Erzählungen wurde durch den Hinweis auf die menschliche Beteiligung an der SIGINT häufig das Element der Intuition in eine weitgehend maschinisierte Datensammlungsroutine eingeführt. Die menschliche Intuition konnte dabei durchaus zu Aktionen des heroischen Widerstandes gegen sturen Rationalismus und Automatismus führen. Kein technisches System, so die dahinterliegende Moral, sollte ohne menschliches Korrektiv dauerhaft bestehen.[74]

Wesentlich für solche Erzählungen ist, dass der Protagonist sich in Opposition zu einem System befindet, das er entweder aushebelt oder von außen korrigiert. In *The Fourth Protocol* wird im Gegensatz dazu und gemäß der Medialität der Computerspiele der menschliche Faktor mit technischen Systemen der Informationsgewinnung versöhnt. In ihrer Perspektive, ihrem Point of Action, wie über dem Gesamtbestand aller verfügbaren Informationen schwebend, manövrieren die Spielenden durch Datenbanken auf der Suche nach relevantem Wissen. Menschliche Intuition ist hier nicht Korrektiv, sondern fester Bestandteil eines arbeitsteiligen Mensch-Maschine Systems. Bedient sich im ersten Abschnitt die menschliche Spielfigur aller gängigen technischen Informations- und Kommunikationsmedien, wird im zweiten Abschnitt hingegen der menschliche Körper als technisches Medium der Datensammlung verstanden.

In Anschluss an die Romanvorlage ist das Spiel an dem historischen Zeitpunkt, als der Kalte Krieg in eine Entspannungsphase trat, was aber pikanterweise gerade den Geheimdiensten lange Zeit nicht wirklich bewusst war bzw. von ihnen nicht akzeptiert wurde, ein Plädoyer für Geheimdienstarbeit und Wachsamkeit. Als Computerspiel nutzte *The Fourth Protocol* genau dasjenige Medium, das in Bezug auf den menschlichen Faktor

---

73 Vgl. Horn, Der geheime Krieg, S. 338, 373.

74 Dies arbeitet z.B. Horn in ihrer Analyse von Three Days of the Condor heraus, vgl. ebd., S. 317–321. Letztlich war das auch die Grundaussage des Films WarGames.

die klassische Geheimdienstarbeit zu entwerten schien, für dieses Plädoyer und spiegelte so die Funktionsweise des Computers auf das Bild der Geheimdiensttätigkeit zurück. Letztlich existieren in der Welt von *The Fourth Protocol* keine Ambiguitäten. Es gibt nur Signal oder Rauschen, Information, die das Spiel vorantreibt oder solche, die es behindert und sogar beenden kann. Diese Klarheit ist im vorliegenden Fall vielleicht bereits in der Romanvorlage angelegt, wie eine Rezension in der *New York Times* nahelegt, die zum Schluss kam: „Most of the Fourth Protocol is pure unadulterated Plot – unsullied by well-developed characters, moral insights or interesting prose."[75] Das informationsgeleitete Voranschreiten der Rahmenhandlung strukturiert die Handlung der Erzählung.

Diese Geradlinigkeit und die Versöhnung von technischen und menschlichen Zugängen zur Geheimdienstarbeit machten *The Fourth Protocol* in seinem historischen Kontext bemerkenswert. In den achtziger Jahren hatten die westlichen Geheimdienste, wie bereits festgehalten, in Bezug auf ihr öffentliches Image eine turbulente Zeit hinter sich. Spätestens seit der Watergate-Affäre war Spionagearbeit in der populären Kultur zunehmend aus kritischer Perspektive dargestellt und betrachtet worden. Richard Nixon hatte seinerseits noch während seiner Amtszeit verkündet, die CIA nicht sonderlich zu schätzen.[76] Verdecktes Agieren als Mittel der Politik war also insgesamt in Verruf geraten. Zu Beginn der achtziger Jahre hatte sich die CIA restrukturiert und damit begonnen, wieder stärker operativ tätig zu werden. Vor dem Hintergrund der Verschärfung des Kalten Krieges sowie informationstechnologischer Innovationen waren die Fragen der Auswertung der gegnerischen Intentionen und der Verhinderung von Industrie- und Technikspionage evident geworden. Die zunehmend interventionistisch ausgerichtete Außenpolitik der Reagan-Administration beflügelte die verstärkte Wiederaufnahme geheimdienstlicher Aktivitäten zusätzlich. 1985, im sogenannten ‚Year of the Spy', erreichten diese Aktivitäten in Bezug auf ihre öffentliche Sichtbarkeit einen Höhepunkt, als in den USA die Spionageaktivitäten mehrerer Personen, mehrheitlich amerikanische Staatsbürger, die unter anderem an die Sowjetunion Informationen weitergegeben hatten, aufgedeckt wurden und an die Öffentlichkeit gelangten.[77] Die Populärkultur folgte dieser Konjunktur und begann, sich wieder verstärkt in einem affirmativen Sinn für Agenten und Geheimdienste zu interessieren.[78] Bis in die

---

75   Vgl. Michiko Kakutani: Books of the Times, in: New York Times, 30.08.1984, S. 20.

76   Vgl. Weiner, CIA, S. 407f.

77   Vgl. Adams, Strategic Intelligence, S. 71. Zur Technikspionage vgl. Weiner, CIA, S. 508–510. Zu den Ereignissen des ‚Year of the Spy' vgl. Milt Bearden/James Risen: The Main Enemy. The Inside Story of the CIA's Final Showdown with the KGB, New York, NY 2003, S. 3–197; Ed Magnuson: Very serious losses, in: Time, Nr. 24, 17.06.1985, S. 6–10.

78   Im Jahr 1984 erschien beispielsweise Tom Clancy's The Hunt for Red October. Vgl. auch Adams, Strategic Intelligence, S. 93f.

siebziger Jahre war die Verarbeitung von geheimdienstlichem Spezialwissen in der Populärkultur durchaus problematisch gewesen und hatte Restriktionen in Bezug auf die Geheimhaltung unterlegen.[79] In den achtziger Jahren waren hingegen eine gewisse Öffnung im Hinblick auf die Darstellung der Funktionsweisen geheimdienstlicher Arbeit und in einzelnen Fällen die öffentliche Verwendung geheimdienstlich generierter Information zu beobachten.[80]

Indem *The Fourth Protocol* seinen Plot vor allem um eine undichte Stelle im Geheimdienst aufbaute und diese mit einem sowjetischen Komplott verknüpfte, zeigte sich im Kontext der erhöhten Spionageaktivitäten, des Imageverlustes der CIA während der siebziger Jahre sowie des Verlustes des guten Rufes britischer Spionagearbeit ein vertrauensfördernder Effekt. Nur gute und altbewährte Geheimdienstarbeit, so schienen Spiel und Roman sagen zu wollen, schützt den Westen vor den ganz realen und nicht zu unterschätzenden Bedrohungen durch eine in den achtziger Jahren nach wie vor expansiv orientierte Sowjetunion. Und der britische Geheimdienst, verkörpert von John Preston, war qua seiner Geschichte und Erfahrung in besonderem Maße geeignet, diese solide Geheimdienstarbeit zu leisten. Das Spiel *The Fourth Protocol* versöhnte dabei Technik und Agent, etablierte ein arbeitsteiliges Mensch-Maschine-Geheimdienstsystem und erdete damit die Geheimdienstarbeit unter den Voraussetzungen der informationstechnologischen Neuerungen.

Computerspiele wie dieses vollzogen eine Art der populärkulturellen Aktualisierung. Computerisierte Systeme und Informationstechnologien schienen in ihnen in der Geheimdienstarbeit prinzipiell einsetzbar, da die Spielenden als das nötige menschliche Korrektiv auftraten. Computerspiele konnten aufgrund ihrer medialen Basis und Verankerung in der Computersimulation versprechen oder signalisieren, Computertechnologie zugänglich zu machen und in gewisser Weise zu entschärfen, indem sie ihre Funktionsweisen in nachvollziehbare Handlungen übersetzten. In Filmen wie *WarGames* oder *Day of the Condor* waren Computersysteme und Aspekte der SIGINT

---

79 Vgl. Moran, Ian Fleming and the Public Profile, S. 121f. Eisenhowers Pressekonferenz nach dem Abschuss des U2-Spionageflugzeugs im Jahr 1960, in der er von der Notwendigkeit von Geheimdienstarbeit sprach, nachdem zuvor versucht worden war, den Vorfall zu verdecken, gilt als die erste diesbezügliche Äußerung eines US-amerikanischen Präsidenten. Vgl. Adams, Strategic Intelligence, S. 39f.

80 Vgl. ebd., S. 109, der ausführt, dass Reagan nach dem Abschuss von Korean Air 007 in seinen öffentlichen Statements Transkriptionen abgefangenen Funkverkehrs verwendet hatte, um zu beweisen, dass es sich nicht um einen von den USA provozierten Vorfall gehandelt hatte. Damit hatte Reagan SIGINT-Material in die Öffentlichkeit gebracht, was unüblich war. Vgl. außerdem die Ausführungen über Tom Clancy, dem ob seiner detaillierten Beschreibungen des Öfteren nachgesagt wurde, über geheimes Wissen zu verfügen. Er bestritt dies und verwies auf regulär erhältliche Fachliteratur als Quelle. Vgl. ebd., S. 93f.

noch in einem kritischen Licht erschienen. Analog zum neuerlichen Erstarken der
Spionage auch in der Populärkultur, die, vor allem in der ersten Hälfte der achtziger
Jahre, in zahlreichen Fällen als Technikspionage auftrat, gab es durch die entsprechenden Computerspiele somit populärkulturelle Angebote, sich in Geheimdienstarbeit auf
neuestem technischen Stand in einem affimativen Sinn zu üben. Die verschiedenen
und verteilten Überwachungstechnologien der Spionage konvergierten dabei in der
Position der Spielenden. Für die Agenten als Spielfiguren hatte dies die Konsequenz,
dass, wie in den Rezensionen zu *The Fourth Protocol* angedeutet, das klassische Bild des
Spions als Frontkämpfer des Kalten Krieges in gewissem Sinn aufgeweicht wurde. In
Spielen wie *The Fourth Protocol* kündigte sich somit eine neue Perspektive hinsichtlich
populärkultureller Verarbeitung von Geheimdienstarbeit an, die auf einer über mehrere
Informationsmedien verteilten Subjektivität beruhte.

6.3.3. *Hacker II, The Cardinal of the Kremlin, The Third Courier* – Geheimdienstarbeit und Kalter Krieg in Computerspielen

Geheimdienstarbeit ist gleichermaßen ein blinder Fleck in der Historiographie des Kalten Krieges wie eine fixe Größe und eines der meistbehandelten Themen in der Geschichte seiner populärkulturellen Darstellungen. Insbesondere populärkulturelle Erzählungen, die auf HUMINT, d.h. verdeckte Operationen und im Feld durchgeführte
Geheimdienstarbeit, fokussieren, sind zahlreich und haben ein populäres, idealisiertes
Bild des Meisterspions à la James Bond und seines Handlungsrepertoires geformt.[81]

Diese Motivik wurde auch von Computerspielen übernommen und konnte im Wesentlichen über sämtliche Spielprinzipien und Mechaniken gelegt und in ihnen an-
gereichert werden. Als offensichtlichste Beispiele existieren einige Versoftungen von
James Bond-Filmen und -Romanen, darunter das früheste Beispiel *James Bond 007* aus
dem Jahr 1983. Das Spiel *Spy's Demise*, das im Jahr 1982 veröffentlicht wurde, ließ die
Spielerinnen und Spieler ebenfalls in die Rolle eines Spions schlüpfen, in diesem Fall
ein Agent, der einen Weg aus der sowjetischen Botschaft in Pjöngjang finden muss.
Der Form und Spielmechanik nach lud *Spy's Demise* ein für seine Entstehungszeit relativ herkömmliches Geschicklichkeitsspiel mit der Spionagethematik auf. Auch das
1984 in Großbritannien veröffentlichte Buch *Computer Spy Games*, das BASIC-Spiele-

---

81   Vgl. nochmals Horn, Der geheime Krieg, S. 338–373, die zu dem Schluss kommt, dass der mensch-
     liche Faktor als Kontrapunkt der spezifischen, szenarienförmigen Rationalität des Kalten Krieges
     auftritt, was sich etwa in der Versoftung von The Fourth Protocol bestätigt hat. Vgl. auch Moran,
     Ian Fleming and the Public Profile, S. 134f.: Er arbeitet den menschlichen Faktor in den James
     Bond-Romanen als Abgrenzungsmerkmal zwischen SIS und CIA heraus.

Abb. 14: Titelbild des Buches
Computer Spy Games

listings enthält, verschränkte gängige Spielmechaniken mit der populären Motivik der Geheimdienstarbeit.

In Fällen wie diesem stellten Computerspiele einen Anschluss an Erzählungen von Meisterspionen her. Die Spielelistings sind mit Zeichnungen von Spionen in Trenchcoats illustriert, aus einem relativ simplen Zahlenordnungsspiel wird so ein „SpyQTest".[82] Auf dem Titelbild kommt die angesprochene Verbindung in erster Linie durch die visuellen Markierungen des Trenchcoats und die dunkle, nur durch die Scheinwerfer des Autos im Bildhintergrund erhellte Szenerie zum Ausdruck (vgl. Abbildung 14). Die gezückte Waffe markiert die Figur im Bildvordergrund als Mann der Tat und ruft das Bild des Geheimagenten als im Verborgenen agierenden Frontkämpfer auf, der in einer Linie mit Privatdetektiven und anderen verdeckten Ermittlern steht. In diesem Fall, wie das Bild zeigt, ist er buchstäblich über Leichen gegangen und hinterlässt dabei, der Handschuh deutet

---

82   Vgl. Jenny Tyler/Chris Oxlade: Computer Spy Games, London 1984, S. 8.

dies an, keine Spuren. Das Titelbild schafft eine Verbindung zu der Figur des Spions der fünfziger Jahre und zur Ästhetik des Film noir. Es existieren zahlreiche Filme aus dieser Periode, die des Öfteren insbesondere um die kommunistische Infiltration der USA behandeln.[83] Das Titelbild ist somit ein Rückgriff auf den gewissermaßen klassischen ersten Kalten Krieg und das entsprechende Bildgedächtnis des Spions im Trenchcoat.

Das galt in gewissem Sinn auch für Spiele wie *The Fourth Protocol.* Wie die genauere Betrachtung dieses Titels gezeigt hat, ist in Computerspielen grundsätzlich die Möglichkeit gegeben, außerdem SIGINT populärkulturell zu thematisieren und zu operationalisieren. Das zentrale und spezifische Moment, das Computerspiele hier etablieren, besteht darin, dass sie das entsprechende Geheimwissen der Geheimdienstarbeit modellieren, indem sie die Medien der Informationsgewinnung auf die Position der Spielenden hin zentrieren, diese sich also in einer Allmachtsposition im Auge des Signalsturms befinden und ihnen die Aufgabe gestellt wird, Information von Rauschen unterscheiden zu müssen. Computerspiele erzählten so von der Einführung der Informationstechnologie in die Geheimdienstarbeit, operationalisierten insbesondere Aspekte der SIGINT und versöhnten sie mit einem populären Bild des Spions als Frontsoldaten des Kalten Krieges, also der HUMINT.

Dieses Grundprinzip ist ebenfalls im Spiel *Hacker II,* das im Jahr 1986 von der Firma Activision für beinahe alle damals gängigen Plattformen veröffentlicht wurde, zu beobachten. Das Muster der Operationalisierung von Informationsbeschaffung wurde darin aber, im Gegensatz zu *The Fourth Protocol,* das im Milieu des britischen Geheimdienstes spielt, sozusagen privatisiert und auf eine für seine Entstehungszeit aktuelle Sozialfigur angewandt. Die Spielerinnen und Spieler nahmen die Rolle eines Hackers ein, der von der US-amerikanischen Regierung rekrutiert wird, um einen von russischen Terroristen entworfenen Geheimplan zum Sturz der US-Regierung aus einem sibirischen Gebäudekomplex zu entwenden. Wenngleich dieser Hacker als Spielfigur etabliert wird und von den Spielenden individuell benannt werden kann, bleibt die Figur dennoch körperlos. Die zentrale Aufgabe besteht darin, einen Roboter durch das Gebäude in Sibirien zu steuern, um die Pläne zu stehlen. Um unentdeckt zu bleiben, stehen den Spielenden, die im Online-Spielraum als Cursor repräsentiert werden, mehrere Überwachungskameras und eine zentrale Karte zur Verfügung.

Geheimdienstliche Arbeit wird also auch in *Hacker II* als Steuerung von Medien der Informationsbeschaffung, hier u. a. eines hypothetischen Infiltrationsroboters, im Feld operationalisiert, die in der Position der Spielenden konvergieren. Abbildung 15 zeigt diese Position inmitten der Kommandozentrale eines aus Kameras und dem erwähnten Roboter bestehenden Überwachungssystems. Bemerkenswert erscheint hier zunächst

---

83   Vgl. Stephen J. Whitfield: The Culture of the Cold War, 2. Aufl., Baltimore, MD 1996, S. 131–141.

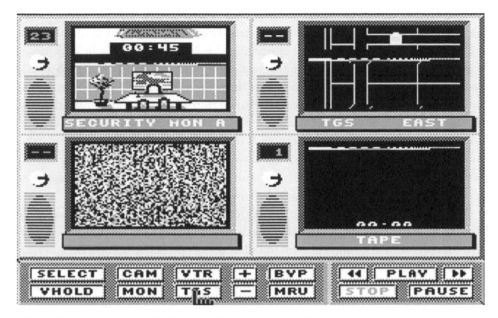

Abb. 15: Screenshot des zentralen Spielbildschirms von *Hacker II*

die sachliche Visualität, die sich voll und ganz in den Dienst der erzeugten Illusion stellt, die Spielenden würden die Rolle eines Hackers einnehmen, der auf dem eigenen Rechner von der US-amerikanischen Regierung kontaktiert und mit einer Mission betraut werde. Nur drei Jahre, nachdem der Film *WarGames* Bedenken angesichts einer möglichen Bedrohung durch mit jugendlichem Leichtsinn agierende Hacker formuliert hatte, präsentierte sich nun ein Hacker als Held, als Fachmann und gewissermaßen auch als Söldner. Verdeutlicht wurde dadurch ein von staatlicher Seite nicht mehr einzuholender Wissensvorsprung privater Nutzerinnen und Nutzer im Umgang mit Informationstechnologie. Im Gegensatz zu John Preston, der Hauptfigur in *The Fourth Protocol*, repräsentierte die Spielfigur in *Hacker II* somit nicht die Ehrenrettung der Geheimdienste alter Schule, sondern vielmehr die Zukunft einer auf Informationstechnologien gestützen Geheimdienstarbeit. In dem jüngeren Titel standen sich mit einem rekrutierten Hacker und einem Terroristen nicht mehr staatlich gestützte Akteure gegenüber, vielmehr wurde die Welt von privat agierenden Personen bedroht bzw. gerettet. Das Spiel befand sich damit auch im Kontext von Narrativen, die sich, wie etwa Tom Clancy's Roman *Red Storm Rising*, mit einer Bedrohung der geopolitischen Balance durch terroristische Kräfte befassten.

Die Filme der James Bond-Reihe hatten dieses narrative Muster bereits relativ früh aufgenommen. Der Themenkomplex Spionage und Technik bzw. Figur des Hackers verweist zudem auf das Genre der Technothriller, wobei Computerspiele hier einen besonderen Reiz aus der Tatsache ziehen konnten, dass sie auf derselben technischen Basis stattfanden, die oftmals Thema der entsprechenden Narrative war. *Hacker II* demonstrierte dies gleich zu Spielbeginn, indem es die Spielenden glauben ließ, die US-amerikanische Regierung nehme mit ihnen über ihren Rechner Kontakt auf. Solche Szenarien signalisierten überdies, dass der Kalte Krieg zum Zeitpunkt der Veröffentlichung des Spiels als Weltordnung und Realität ausreichend stabilisiert und normalisiert war, um überhaupt bedroht werden zu können. Hierin spiegelte sich die Phase der Entspannung ebenso wie die Tatsache wider, dass sowohl populärkulturelle wie, soweit bekannt, tatsächliche geheimdienstliche Analysen und Prognosen nur in Ausnahmen den Systemkollaps und den Zusammenbruch der Sowjetunion kommen sahen.[84]

Auch das Spiel zu Tom Clancy's 1988 veröffentlichtem Roman *The Cardinal of the Kremlin* baute auf dieser Unverrückbarkeit des Kalten Krieges auf. Im zugrundeliegenden Szenario wird aufgrund einer Information des titelgebenden Spions, des *Cardinal of the Kremlin*, nicht nur bekannt, dass die Sowjetunion ihrerseits an einem laserbasierten Verteidigungssystem nach Art der US-amerikanischen SDI arbeite, sondern bereits einen Vorsprung in der Entwicklung des Systems habe. Im Roman wird die sowjetische Verteidigungsanlage durch afghanische Mudjaheddin teilweise zerstört. Der Rest des Plots handelt davon, wie der ,Cardinal' sicher aus der Sowjetunion in die USA gebracht wird. Das Spiel konfrontiert die Spielenden hingegen mit mehreren parallel stattfindenden Entwicklungen: der Entdeckung und Zerstörung der sowjetischen Anlage mit dem Codenamen „bright star", der Entwicklung der US-amerikanischen Anlage mit dem Codenamen „tea clipper", den politischen Verhandlungen zwischen den USA und der Sowjetunion und dem Aufbau eines umfassenden US-amerikanischen Spionagenetzwerkes. Das Spiel definiert dabei die Verhinderung eines dritten Weltkrieges als Spielziel.

Im Gegensatz zu *The Fourth Protocol* und *Hacker II* gibt *The Cardinal of the Kremlin* jeglichen Anspruch auf die Etablierung einer einzelnen Spielfigur auf und lässt die Spielenden mehrere unterschiedliche Positionen im US-amerikanischen Geheimdienst einnehmen. Sie agieren so in einer zentralen Kommandoposition gleichzeitig als Tea Clipper Project Leader, CIA Chairman, NSA Director, US-Negotiator, FBI und Archer – ein afghanischer Mudjaheddin.

Auch *The Cardinal of the Kremlin* ermöglicht den Spielern und Spielerinnen eine Reihe von Medien der Informationsbeschaffung und -verarbeitung, von Datenbanken bis hin zu einzelnen Agenten, zu steuern. Das Spiel transportierte so eine Theorie der

---

84   Vgl. Adams, Strategic Intelligence, S. 120, der festhält, dass sich die CIA in der letzten Phase des Kalten Krieges mit dem Fernsehsender CNN einen Informationswettkampf lieferte.

Praxis der Geheimdienstarbeit, die zugleich eine Theorie des Kalten Krieges war. Dieser benötigte in der Welt des Spiels zu seiner Stabilisierung im Hintergrund offensichtlich viel unsichtbare Geheimdienstarbeit. Die Versoftung verzichtete im Übrigen auf die Einführung der Figur des Jack Ryan, dem Protagonisten des Romans. Die Medialität des Computerspiels ermöglichte Maßstabswechsel von der globalen Übersichtsposition zur Situation im Feld und konnte so denselben Plot wie der Roman aus dieser verschränkten Perspektive erzählen, die nicht unbedingt nur einen einzelnen Protagonisten benötigte. Eine Verfilmung von *Cardinal of the Kremlin* war angedacht, wurde aber nicht umgesetzt. Eine Erklärung hierfür wäre, dass der Plot mit seinen weitreichenden Implikationen filmisch nur schwer umsetzbar und dramatisierbar gewesen wäre. Ein weiterer, vielleicht noch plausiblerer Grund könnte darin liegen, dass der Roman im Jahr 1988 veröffentlicht wurde und ein auf Konfrontation und Kriegsgefahr orientiertes Narrativ im Klima des Umbruchs kommerziell nicht unbedingt aussichtsreich erschien. Die Versoftung erschien im Jahr 1990 und enthielt ein Vorwort von Tom Clancy, das auf die veränderte globale geopolitische Lage nach 1989 einging: „Headlines may declare the end of the 'Cold War', yet the work of the Soviet, and American, intelligence agencies quietly goes on. Espionage and covert actions are necessary tools to confront terrorism and the all too real potential of war."[85]

Das Ende des Kalten Krieges war nach Clancys Meinung aus Sicht der Geheimdienstarbeit sozusagen kein allzugroßes Drama und angesichts neuer Krisenherde wie dem Irak schon gar kein Grund, Geheimdienste als obsolet zu betrachten. Geheimdienstarbeit, vor allem SIGINT, wies in *Cardinal of the Kremlin* mit dem Kalten Krieg über den Kalten Krieg hinaus. Der Kalte Krieg der Spione als Frontkämpfer, der Fokus auf die HUMINT, verabschiedete sich langsam aus den Szenarien der entsprechenden Spiele und die Geheimagenten erschienen zusehends als nostalgische Elemente der Erinnerung an diese Epoche. Diese Veränderung der Darstellung spiegelte vermutlich das Klima der Entspannung zwischen den Supermächten wider, welches bis zum Zusammenbruch der Sowjetunion durchaus eine friedliche Koexistenz der Systeme im Bereich des Möglichen sah. Der populärkulturellen Spionagearbeit war letztlich die alte Front des Kalten Krieges mehr und mehr abhandengekommen. Die Veränderung resultierte aber sicherlich auch aus dem Aufstieg der Informationstechnologie und den Möglichkeiten der Datenverarbeitung, die eine Veränderung der Geheimdienstarbeit mit sich brachten, so dass der Arbeit im Feld eine anders gelagerte Bedeutung zukam und diese sich jetzt folgerichtig mehr auf Technikspionage verlegte. Die Figur des Spions im Trenchcoat stand in der Populärkultur, je näher das Ende des Kalten Krieges rückte, immer mehr für die nunmehr eindeutig vergangene Zeit der ersten

---

85 Tom Clancy: Foreword, in: Cardinal of the Kremlin Player's Guide, S. 5.

Konfliktphase der fünfziger Jahre, die von vielen als eigentlicher Kalter Krieg gesehen wurde.

Erkennen ließen sich diese Tendenzen bereits im Spiel *Border Zone*, einem Textadventure, welches die Firma Infocom im Jahr 1987 veröffentlichte. Die Spielerinnen und Spieler nehmen darin in einem Plot um ein geplantes Attentat auf den US-amerikanischen Botschafter im fiktiven Ostblockstaat Frobnia die Rollen von drei Personen, darunter zwei Geheimagenten, ein. Das Setting war zwar fiktional, aber, nicht zuletzt durch die Verpackungsbeigaben, die u.a. einen bebilderten Touristenführer für Frobnia enthalten, stark mit der Motivik des Kalten Krieges aufgeladen. Die darin verwendeten Fotografien und die Ikonografie insgesamt erinnerten an die fünfziger Jahre und situierten so den Kalten Krieg und die Geheimagenten als seine Frontkämpfer in der historischen Vergangenheit.

Diese Transformation des Sujets der Geheimagenten und Geheimdienstarbeit von tagespolitischen Aktualitäten zu nostalgischen Elementen der Geschichte des Kalten Krieges wurde im 1990 erschienenen Spiel *The Third Courier* noch offensichtlicher. Sein Plot handelt von der Wiederbeschaffung gestohlener Geheimpläne der NATO in Berlin. Wie in *The Fourth Protocol* konzentrierten sich Spielmechanik und Architektur auf die Verknüpfung von HUMINT und SIGINT. Im Handbuch wurde die betreffende Position der Spielenden folgendermaßen charakterisiert: „Outside of occasional electronic contact, you're on your own. But then, you've always liked it that way."[86] Diese Positionierung schuf eine bewusste Individualisierung der Spielfigur und Aktivierung des Bildes vom Spion als einsamen Helden dar, der der Informationstechnologie unter die Arme greifen musste. In der Form des elektronischen Kontakts erschien die Informationstechnologie andererseits geradezu als Ermöglichung dieser Individualität des Protagonisten. Die Spielmechanik entsprach dem für das Genre der Adventures typischen Aufbau und stellte die Spielenden vor die Aufgabe, durch die Entschlüsselung bzw. Beschaffung von Informationen mithilfe von Medien der Geheimdienstarbeit Rätsel zu lösen und damit das Narrativ voranzutreiben. Mechanik und Architektur hoben also den Aspekt der HUMINT hervor. Durch diese Konstellation stellte sich bereits ein nostalgischer Effekt ein.

Der Erscheinungszeitpunkt des Spiels verdeutlichte, dass es von einem Kalten Krieg der Spione handelte, der in der Vergangenheit lag. So wurde es auch rezipiert. In seiner Besprechung von *The Third Courier* schrieb das deutsche Spielemagazin *Aktueller Software Markt* beispielsweise: „In dem Game wird der Spieler in die Rolle eines CIA-Agenten mit Sitz in Berlin (West) versetzt, der noch während der Phase des sogenannten

---

86   Patricia Wright/Jeff Hoff: The Third Courier. Mission Overview: IBM PC, Tandy, Amiga, Apple IIGS and Atari ST, o.P. (Vorwort).

‚Kalten Krieges' sein Unwesen treiben darf, ein Stadium, das die beiden Blöcke heute schon abgeschüttelt haben dürften."[87] Der Rezensent ordnete den Kalten Krieg also bereits klar als eine vergangene Epoche ein, was ein Jahr vor dem Zusammenbruch der Sowjetunion und nach dem Ende des Ostblocks wohl ganz der allgemeinen gesellschaftlichen Stimmung entsprach – zumal im wiedervereinten Deutschland, in dem die Phase der Teilung schnell als Vergangenheit behandelt wurde. Das britische Magazin *Advanced Computer Entertainment* hielt zu *The Third Courier* fest: „Although the Berlin Wall is now no more, the game gives a rare opportunity to experience the frustrations which must have occurred daily for Berliners until last year."[88] Das Spiel entwarf also ein Bild der Funktionsweise von Geheimdienstarbeit und damit des Kalten Krieges, das zum Zeitpunkt seines Erscheinens und vielleicht sogar bereits zum Beginn der Entwicklung[89] bereits historisch geworden war.

Das Adventure *Berlin 1948*, das im Jahr 1989 erschien, wechselte schon ganz bewusst in den Modus der Nostalgie und situierte seine Spionagegeschichte über die Suche eines Agenten der CIA nach einer Atombombe während der Blockade Berlins im Jahr 1948. Das Intro des Spiels platziert die Spielenden in einem Kinosaal, wo sie einer dem Format der Wochenschau nachempfundenen Vorführung beiwohnen. Die in Schwarz-Weiß gehaltene und mit Filmkratzern versehene visuelle Darstellung unterstreicht den historisierenden Effekt. Darauf folgt eine Einführung in den historischen Kontext, genauer die Situation am Anfang des Kalten Krieges und die Ereignisse, die zur Blockade Berlins führten, die ebenfalls historisch konnotierte Elemente wie Fotografien enthält. Gleich zu Beginn wurde hier also an vergangene Zeiten erinnert, das Spielmodell, das dem bereits bekannten Muster des Sammelns und Verwertens von Information folgt, in der Vergangenheit situiert. *Berlin 1948* ist somit ein Beispiel für den bewussten Wechsel in den Modus der Nostalgie und die Aufnahme des Geheimdienstsujets in die Erinnerungskultur des Kalten Krieges.

HUMINT und verdeckte Operationen, die so vielleicht oder vielleicht auch nicht tatsächlich stattgefunden hatten, jedenfalls aber populärkulturell mit der Bedeutung der Front des Kalten Krieges aufgeladen waren,[90] entwickelten sich also selbst zu einem Medium der Erinnerung an den Kalten Krieg. Geheimdienstarbeit als SIGINT, d.h. das Zusammenziehen der Überwachungs- und Informationsverarbeitungsmedien im

---

87 Torsten Blum: Von Bananen, Trabbis und überhaupt, in: Aktueller Software Markt, Nr. 1, 1990, S. 107.

88 Pat Winstanley: Ace New Worlds, in: ACE Magazine, Nr. 34, 1990, S. 83f., hier S. 84.

89 In der bereits zitierten Besprechung des Spiels in ASM mutmaßte der Redakteur, dass die Geschichte The Third Courier nicht zuletzt deswegen eingeholt habe, weil Computerspiele sehr lange Entwicklungszeiten hätten, vgl. Blum, Von Bananen, S. 107.

90 Vgl. Horn, Der geheime Krieg, S. 311.

Fluchtpunkt der Spielfigur bzw. der Spielenden, blieb hingegen in Computerspielen – *The Cardinal of the Kremlin* deutete dies ja bereits an – aktuell und wanderte bis in jüngere Großproduktionen, etwa *Call of Duty 4*, welche die Ikonographie und Funktionsweise der Luftkriegsführung remediieren, die einer weiteren Öffentlichkeit durch die Kriege im Kosovo und dem Irak bekannt geworden sind.

In Bezug auf die Thematik der Geheimdienstarbeit vollzogen Computerspiele somit den Wechsel in den Modus der Nostalgie nach dem Ende des Kalten Krieges mit. Ihre Medialität ermöglichte ihnen aber gleichzeitig schon relativ früh, den Wandel der Geheimdienstarbeit als Zusammenspiel von HUMINT und SIGINT darzustellen und damit bereits über den Kalten Krieg hinauszuweisen. Sie erwiesen sich so als ein populärkulturelles Medium, das die Mahnung ernst nahm, die John le Carré, der vielleicht bekannteste Autor von Spionageromanen, in einem Essay für die deutsche Wochenzeitschrift *Der Spiegel* anlässlich der Ereignisse von 1989 ausgesprochen hatte. Mitnichten, so le Carré darin, bedeute das Ende des Kalten Krieges zugleich das Ende der Attraktivität von Geheimdienstarbeit als Stoff für die Literatur. Um die Lage nach seinem Ende beschreiben zu können, benötigten die Autorinnen und Autoren allerdings „weit mehr Informationen als je zuvor. [...] Gefordert sind: präziseres Denken, umfassenderes Wissen, Information sowohl wie Spannung, Provokation sowohl wie Unterhaltung."[91] Die Notwendigkeit, dieses Mehr an Informationen zu liefern, die le Carré hier forderte, entstand vermutlich nicht zuletzt aufgrund des Einsatzes von Informationstechnologien in der Geheimdienstarbeit, was sich auf ihre populärkulturelle Verarbeitung nachdrücklich auswirken sollte. Computerspiele konnten sich dieser Herausforderung nicht zuletzt wegen ihrer medientechnischen Grundlage relativ rasch stellen.

6.4. Spielbares Spezialwissen

Computerspiele handelten vom Spezial- und Geheimwissen des Kalten Krieges, indem sie militärische Technologie steuerbar machten und die Arbeit von Geheimdiensten und Agentinnen und Agenten modellierten. In Bezug auf den gesamten Korpus machen solche, die einen Zugang zu Militärtechnologien versprachen, einen großen Anteil aus. Titel, die auf Geheimdienstarbeit fokussierten, bilden eher eine Randgruppe. In Bezug auf den Faktor des Geheim- und Spezialwissens stand die Operationalisierung der entsprechenden Technologien und Arbeitsweisen im Vordergrund. Der Kalte Krieg wurde in den Spielen beiden Typs zum Betätigungs- und Spielfeld für tatsächlich spe-

---

91   John le Carré: Lebewohl dem Kalten Krieg, in: Der Spiegel, Jg. 43, Nr. 47, 20.11.1989, S. 247f., hier S. 248.

kulative, also noch nicht serienreife Technologie, oder für Formen des Wissens, die der Alltagserfahrung entzogen waren.

Die Spielerinnen und Spieler solcher Simulationsspiele konnten sich so in die Cockpits und Steuerzentralen spekulativer oder hochspezialisierter Kriegsmaschinen versetzen lassen. Ihr um die Mitte der achtziger Jahre schon weitgehend etablierte Status als authentische Darstellung ließ einen unbestreitbaren Rest an glaubwürdiger Verbindung mit der Realität, der sogar spekulative Technologie mit Plausibilität aufladen konnte. Dass Simulationsspiel und Realität nicht deckungsgleich waren, war Herstellern wie Spielenden dabei sicherlich bewusst. Entscheidende Kriterium bildete eine gelungene und in den richtigen Punkten durchgeführte Komplexitätsreduktion, welche die grundsätzliche Funktionsweise des jeweils simulierten Gerätes nicht allzu offensichtlich ins Irreale zog.

Die Firma MicroProse, die das hier als Musterbeispiel behandelte Spiel *F-19 Stealth Fighter* produziert hatte, stand genau für dieses Versprechen und diese Konstellation. Auf dieser Grundlage errichteten Spiele wie *F-19 Stealth Fighter* populärkulturell orientierte Erzählungen individuellen Heldentums. Solche Erzählungen waren im Kontext des Zweiten Kalten Krieges insofern bedeutsam, als die, aufgrund der Übermächtigkeit großer technischer Systeme, die den Systemkonflikt als solchen auch entscheidend definiert hatten, tendenzielle Suspendierung individueller soldatischer Heldentaten nunmehr aufgehoben werden konnte und gerade mit militärischer Technik eine Verknüpfung möglich wurde. Computerspiele waren hierfür geradezu ideal, da sie durch ihre Medialität des Modellierens den Spielenden erlaubten, Technologien als Experiment zu erproben und zudem Skalierungseffekte mit sich brachten, die es gestatteten, große Systeme wie die SDI auf den Blickwinkel eines oder einer Einzelnen herunterzubrechen.

Was Computerspiele somit taten und für sich in Anspruch nahmen, bestand zunächst schlicht darin, über Funktionsweisen aufzuklären. Was als Effekt denkbar wurde, war jedoch eine Propagierung der hinter den Waffensystemen, insbesondere der Stealth-Technologie und SDI, stehenden politischen Haltung des wieder führbaren Systemkonfliktes, also die dadurch angedeutete bzw. implizierte Aufhebung der nuklearen Pattstellung. Dass es den Simulationscomputerspielen aber zumindest nicht primär um diese Aspekte ging, zeigten Spiele wie *MiG-29 Fulcrum,* die analog zum Tauwetter der späten achtziger Jahre begannen, auch sowjetische Militärtechnologie in den Simulationsspielbereich einzugemeinden.

Es scheint also, als wären die betreffenden Computerspiele und ihre Entwicklerinnen und Entwickler diesbezüglich nicht primär an einer Einschätzung der Epoche interessiert gewesen, sondern vielmehr an der Modellierung unterschiedlicher und möglichst neuer unbekannter Technologie. Notwendigerweise übernahmen sie aber häufig, zumindest in Bezug auf die Bewertung des Kalten Krieges, deren politisch-ideologischen Gehalt. Dieses Wissen wurde in Computerspielen in die Logik bzw. geopolitische Konstellation eingefügt und erschien damit als zum Kalten Krieg gehörend, wie dieser auch zur Bedingung und zum Urgrund des entspechenden Wissens wurde. Die Plausibilisierung konnte dabei an die Medialität der Simulation anschließen. Durch die Eingemeindung in das Genre der Simulationsspiele und die Herstellung einer entsprechenden Kontinuität zwischen bereits in der Realität vorhandener und spekulativer Technologie erfuhr diese Plausibilisierung nochmals eine besondere Form der Authentifizierung. In Bezug auf das in Computerspielen verhandelte Wissen über Geheimdienstarbeit waren Anschlüsse an andere populärkulturelle Konventionen, insbesondere entsprechende Romane und Filme, zu beobachten. Das Spezifische dieses Mediums zeigte sich hier als Ermöglichung der konsequenten und personalisierten Operationalisierung von SIGINT zu einem Zeitpunkt, als Geheimdienstarbeit wieder etwas populärer wurde. Die spezifische Medialität der Computerspiele ermöglichte eine Verschmelzung der verschiedenen Informationssammlungsmedien im Fluchtpunkt der Spielenden, die eine allmächtige Handlungsperspektive einnahmen. Sie erwiesen sich als eine populärkulturelle Antwort auf die Informationstechnologien in der Geheimdienstarbeit und die damit verbundenen Herausforderungen, und zwar in einem Medium, das diesen Informationsmedien nahestand.

Am Ende des Kalten Krieges bzw. um die Zeit des Zusammenbruchs der Sowjetunion entstand in den Simulationsspielen die Möglichkeit, die Technologie des Feindes aufzunehmen und sie somit in die spezifische diskursive Konstellation einzubürgern. Sowjetische Militärtechnologie wurde in den Bereich des Simulationsspiels und seiner Versprechen aufgenommen. Damit spiegelten Computerspiele ihrerseits das Klima der Entspannung kurz vor den Ereignissen von 1989 und 1991 wider. Im Versprechen der Simulationsspiele steckte somit eine Art des Transnationalismus, der tendenziell Länder- und Systemgrenzen überschritt und Einigkeit im Anspruch und im Prinzip der korrekten Modellierung fand. Dennoch waren die Spiele nie völlig frei von politischen Implikationen, worauf mitunter, allerdings zumeist nur in Nebensätzen, sogar hingewiesen wurde. Technologien wie SDI waren schließlich in der Realität des Zweiten Kalten Krieges äußerst problematisch für das geopolitische Sicherheitsprinzip der gegenseitigen Abschreckung und wurden kontrovers diskutiert. Europa und insbesondere Deutschland waren in diesem Zusammenhang als primäres Kampfgebiet eines hypothetischen dritten Weltkriegs und damit potenzielles Einsatzfeld von neueren technologischen Innovationen auch durch deren Modellierung als Simulationsspiel unmittelbar diskursiv betroffen.

Was die Geheimdienstarbeit in Computerspielen betraf, wurde die Figur des Spions nach und nach selbst ein Medium der Erinnerung an den Kalten Krieg. Zunächst noch Frontkämpfer und menschlicher Faktor in einem von Nuklearwaffen und damit maschinenhafter Rationalität bestimmten Konflikt, wandelten sich Geheimagenten und Spione in der populärkulturellen Wahrnehmung zusehends zu Informationsexperten. Das Handwerk der Geheimdienstarbeit sah sich also, auch im populärkulturellen Sinn, durch das Aufkommen von Informationstechnologien herausgefordert. Daneben waren Geheimhaltung und verdeckte Operationen durch das politische Klima der siebziger Jahre, und hier vor allem durch den Watergate-Skandal, in Verruf gekommen. In den achtziger Jahren nahm die Spionageaktivität wieder zu und kulminierte um die Mitte des Jahrzehnts, während des sogenannten ‚Year of the Spy'. In populärkultureller Hinsicht begann sich die klassische Figur des Spions allerdings schon als Auslaufmodell zu erweisen und zusehends zu einem Symbol für eine bestimmte historische Periode des klassischen Kalten Kriegs zu entwickeln. Diese Figur, auch in der Rolle des Informationsexperten, hielt sich allerdings und wurde, nicht zuletzt durch die in Computerspielen gegebenen Möglichkeiten, weiter popularisiert, wobei das Spektrum der populärkulturellen Geheimdienstarbeit um Aspekte der Informationssammlung und -bewertung erweitert wurde. Diese bereits in den frühen Beispielen angelegte Versöhnung von HUMINT und SIGINT avancierte zum Stilmittel, das bereits mit dem Kalten Krieg, insbesondere seiner geheimdienstlichen Technologie, über ihn hinauswies.

7. Das Undenkbare Spielen

7.1. Der Kalte Krieg als Eintritt des Ernstfalls

Die Spiele dieser Kategorie zeichneten sich nicht hauptsächlich dadurch aus, dass sie versprachen, eine der Öffentlichkeit entzogene Information oder Technologie zugänglich zu machen. Es ging den hier vorgestellten Beispielen stattdessen eher um die Aktualisierung und Operationalisierung des gesellschaftlich prägenden Gedanken- und Planspiels einer direkten Konfrontation der Supermächte, also um die Eskalation der Spannungen als Ernstfall des Kalten Krieges.

Die Abgrenzung zu den Szenarien der vorherigen Gruppe ist nicht immer scharf zu ziehen, zumal manche der Simulationsspiele mit militärischer Technologie in einem hypothetischen dritten Weltkrieg angesiedelt waren. Die Technologie stand aber in diesen Fällen eindeutiger im Mittelpunkt. Das entscheidende Merkmal der vorliegenden Gruppe der Spiele mit dem Undenkbaren liegt hingegen auf der Fokussierung auf die Eskalation bzw. die direkte Konfrontation. Dieses Unvorstellbare hatte wieder, vor allem in der ersten Hälfte der achtziger Jahre, Konjunktur. Die bereits erörterten politischen Ereignisse hatten ein Klima geschaffen, in dem erneut mit allem gerechnet werden musste. In der populären Kultur waren im Zuge dessen Diskurs- und Denkfiguren entstanden, die sich der Erzählung von entsprechenden Szenarien des heißen Krieges zwischen den Supermächten in unterschiedlichen Wahrscheinlichkeitsgraden verschrieben.

Es fand sich in Computerspielen einmal vor allem in konfigurationskritischen Grand Strategy Wargames, also Kriegsspielen, sowie zeitkritischen Actionspielen. Zwanzig Titel und damit in etwa ein Siebentel des Gesamtkorpus sind dieser Art von Eskalationsspielen zuzurechnen. Wargames sind mit ihrer genealogischen Verbindung zu Generalstabsspielen und ihrer popularisierten Variante als Brettspiele ein Genre, das die Verbindung von Computerspielen und militärischem Wissen ganz besonders deutlich zu Tage treten ließ.[1] Das Beispiel *Nukewar* aus dem Jahr 1980 zeigt diese genealogische Verbindung. Es verweist zugleich auf die ludischen Elemente, die in Computerkriegsspiele integriert wurden, und deren Auswirkungen auf die Version des Kalten Krieges. Beispiele wie *Conflict: Europe* zeigen den schmalen diskursiven Grad, den solche Spiele über das

---

1   Vgl. Sebastian Deterding: Living Room Wars: Remediation, Boardgames, and the Early History of Video Wargaming, in: Nina B. Huntemann/Matthew Thomas Payne (Hrsg.): Joystick Soldiers: The Politics of Play in Military Video Games, London 2009, S. 21–39, hier S. 29–31.

Undenkbare einer Konfrontation der Supermächte beschritten. Die Frage, ob und wie Nuklearwaffen in die Spielsysteme integriert worden waren, wurde hier entscheidend.

Raid over Moscow kann hingegen als paradigmatischer Vertreter von Actionspielen, die das Unvorstellbare thematisierten, stehen. Es weist auf die Spezifik dieser relativ kleinen Gruppe hin, welche Spielsituationen des Kalten Krieges als individualisierten, soldatischen Krieg entwarfen. Nur zehn Titel fallen in diese Kategorie. Die Spiele dieser Gruppe bereiteten die Eskalation in Anlehnung an die Stilmittel des Actionkinos auf, die sie mit den medialen Möglichkeiten des Computerspiels umsetzten und dadurch in einigen Punkten modifizierten und erweiterten. Das Undenkbare bestand hier weniger in einer konkreten Prognose als in einer Fantasie, die sich aber dennoch auf kontroversem Boden bewegte. Beide Varianten versprachen Computertechnologie als Medium der Vorausschau und Prognose in populärkulturelle Kontexte zu übertragen.

Im Folgenden wird zunächst auf das Undenkbare der militärischen Konfrontation der Supermächte etwas ausführlicher eingegangen. Darauf folgt eine Betrachtung derjenigen Spiele, die es modellierten, indem sie es als das Vordringen eines Einzelkämpfers in feindliches Gebiet imaginierten. Die Analyse bewegt sich also von der Ebene des Generalstabes mit seiner charakteristischen Übersicht über ein Schlachtfeld zur subjektiven Sicht eines Soldaten. Sie soll unter anderem zeigen, dass Computerspiele es schafften, zwischen diesen Ebenen zu vermitteln und so einen spezifischen Blick auf das Unvorstellbare des Kalten Krieges zu werfen.

7.2. Computerspiele als (Generalstabs-)Spiele mit Szenarien des Krieges

7.2.1. Kriegsspiele als epistemisches Element

Ihrer Genealogie nach sind Computerkriegsspiele Nachfahren militärischer Spiele, etwa der Sandkastenspiele preussischer Generäle und ihrer kommerzialisierten unterhaltungsmedialen Varianten.[2] Die Kommerzialisierung dieser militärischen und mathematischen Wissenstechniken verlief weitgehend parallel zu ihrer Verwendung in professionellen Kontexten. Der britische Autor H.G. Wells, um nur ein besonders bekanntes Beispiel zu nennen, war selbst begeisterter Kriegsspieler und entwarf auch eigene Spielszenarien.[3] Von frühester Zeit an kannte das Kriegsspiel also zwei Seiten und schloss

---

2   Vgl. Claus Pias: Computer.Spiel.Welten, 2. Aufl., Zürich 2010, S. 203–228; Deterding, Living
     Room Wars, S. 23–31.

3   Sein Roman War of the Worlds kann wohl mit einiger Berechtigung als Kriegsspielszenario in Pro-

für den Ernstfall planende Generäle und Wissenschaftler wie Hobbyspielerinnen und -spieler in einer Gemeinschaft der Kriegsspielenden zusammen.[4] In diesem Wissensverbund waren und sind die Grenzen zwischen Spiel und Ernst auf charakteristische Art und Weise durchlässig bzw. kontextabhängig. Je nach historischem und situativem Kontext stellte das Kriegsspiel eine epistemische Strategie oder ein Unterhaltungsmedium dar. Worum es sich im jeweiligen Fall handelte, bestimmten die Entwicklerinnen und Entwickler und in letzter Konsequenz die Spielenden selbst.[5] Der Anthropologe und Spielforscher Brian Sutton-Smith hält in seinem Standardwerk über das Spielen *The Ambiguity of Play* in Bezug auf Nuklearkriegsspiele in diesem Sinne treffend fest: „Thermonuclear war games, it appears, can be either a hobby or deadly serious."[6] Er eröffnete damit die Möglichkeit, den Nuklearkrieg als real Undenkbares sowohl als seriöses wie unterhaltendes Spiel gesellschaftlich wirksam und existent werden zu lassen. Der Nuklearkrieg konnte buchstäblich wirklich beides, Unterhaltung und Ernst sein.

Während des Kalten Krieges waren Kriegsspiele auch angesichts der mangelnden Erfahrung der politisch-militärischen Entscheidungsträger, was den Einsatz von Atomwaffen anging, zu einem zentralen epistemischen Instrument geworden.[7] Sie versprachen, wissenschaftlich abgesichertes, politisch und militärisch orientierendes Wissen generieren zu können. Solche Kriegsspiele unterhielten dabei ein enges Verhältnis zur Geschichtsschreibung. Im professionell-militärischen Kontext dienten historische Daten und Zusammenhänge als Informationsgrundlage, auf deren Basis Vorausschauen und Prognosen durchgeführt wurden. Für kommerzielle Kriegsspiele waren und sind histo-

---

saform gelesen werden. In The World Set Free setzte er sich mit einer hypothetischen Superwaffe und ihren potenziellen Auswirkungen auf die Kriegsführung auseinander und griff damit in gewisser Weise der Situation des Kalten Krieges vor. Vgl. Eva Horn: Die apokalyptische Fiktion. Weltende und Zukunftsmodellierung im Kalten Krieg, in: Patrick Bernhard/Holger Nehring (Hrsg.): Den Kalten Krieg denken. Beiträge zur sozialen Ideengeschichte seit 1945, Essen 2014, S. 43–63, hier S. 44–46.

4   Vgl. Thomas B. Allen: War Games. Inside the Secret World of the Men who Play at World War III, London 1989, S. 68, 93–113. Im Fall von Computerkriegsspielen stellt sich die Frage, ob das Spiel rein militärischer Logik folgt, gar nicht erst. Das jeweilige Spiel ist somit Bestandteil eines Wissensverbundes, dessen Teilnehmerinnen und Teilnehmer sich gewisse Methodiken und Praktiken teilen. Vgl. auch Deterding, Living Room Wars, S. 28f.

5   Sharon Ghamari-Tabrizi beschreibt Wargaming als explizit intuitive und kreative (play) Tätigkeit. Vgl. Sharon Ghamari-Tabrizi: Simulating the Unthinkable: Gaming Future War in the 1950s and 1960s, in: Social Studies of Science, Bd. 30, Nr. 2, 2000, S. 163–223, hier S. 188–194.

6   Brian Sutton-Smith: The Ambiguity of Play, Cambridge, MA/London 1997, S. 7.

7   Vgl. Matthew Connelly/Matt Fay/Giulia Ferrini/Micki Kaufman/Will Leonard/Harrison Monsky/Ryan Musto/Taunton Paine/Nicholas Standish/Lydia Walker: „General I have fought as many Nuclear Wars as you have": Forecasts, Future Scenarios, and the Politics of Armageddon, in: The American Historical Review, Bd. 117, Nr. 5, 2005, S. 1431–1460, hier S. 1432f.; Ghamari-Tabrizi, Simulating the Unthinkable, S. 163.

rische Szenarien und vergangene Schlachten gerade häufig gewählte Sujets. Geschichte ist hier also Datenlieferant für Spielszenarien und authentifiziert das Spielerlebnis. Auf dieser Grundlage wird in Kriegsspielen synthetische Geschichte geschrieben, die entweder in Bezug auf die Nachstellung vergangener Schlachten kontrafaktisch verläuft oder aus einer historischen Datenlage die Geschichte einer möglichen Zukunft extrapoliert.[8] Die synthetische Geschichte möglicher Zukünfte korrespondiert dabei mit der Geschichte der technischen Entwicklung der Kriegsspiele und den daraus resultierenden Varianten der Modellierung. Hier zeigt sich der Eigensinn des Modells, das durch seine Vorgaben und Möglichkeiten die Geschichte synthetischer Geschichte mitschreibt.[9]

Dass die Kriegsspiele und die synthetische Geschichte, die sie schrieben, aber keine bloßen Spiele blieben, sondern ernstzunehmende Erkenntnisse lieferten, belegt die Tatsache, dass die Aufzeichnungen über die zahlreichen fiktionalen Schlachten aufbewahrt wurden und Archive der synthetischen Geschichte des Krieges zwischen den Supermächten füllten.[10] Aus Sicht ihrer vor allem militärisch ausgebildeten Kritikerschaft schienen diese seriösen Spiele dennoch das praktische, also handwerkliche militärische Erfahrungswissen außer Acht zu lassen und damit aus der Kriegsführung der Zukunft mehr oder weniger herauszurechnen. Kriegsspiele führten so die grundsätzliche Frage nach der Wertung und Gewichtung von Praxis und Theorie in Form der Auseinandersetzung zwischen Militär und Wissenschaft mit sich.[11] Da diese Opposition für die Kulturgeschichte des Kalten Krieges zentral ist, konnten Kriegsspiele regelrecht als Symbole der Logik des Nuklearkrieges gelten. Ihre diskursive Position bündelte die Kälte wissenschaftlicher Rationalität mit der Realitätsvergessenheit politisch-militärischer Entscheidungsträger, die mit dem Leben der Betroffenen buchstäblich zu spielen schienen.[12]

---

8   Vgl. Claus Pias: Synthetic History, in: Archiv für Mediengeschichte, Bd. 1, 2001: Mediale Historiographien, S. 1–8.
9   Vgl. Ghamari-Tabrizi, Simulating the Unthinkable, S. 195.
10   Vgl. Allen, War Games, S. 5, 51.
11   Vgl. Ghamari-Tabrizi, Simulating the Unthinkable, S. 189; Allen, War Games, S. 296f.; Paul Erickson/Judy L. Klein/Lorraine Daston/Rebecca M. Lemov/Thomas Sturm/Michael D. Gordin (Hrsg.): How Reason almost lost its Mind. The Strange Career of Cold War Rationality, Chicago, IL/London 2013, hier S. 142; Philipp von Hilgers: Kriegsspiele. Eine Geschichte der Ausnahmezustände und Unberechenbarkeiten, München 2008, S. 56–71, der ein taktisches Kriegsspiel beschreibt, das durch die Ausweitung der Zuständigkeiten des Kriegsspiels auch für taktische Manöver entsprechenden Auseinandersetzungen Vorschub geleistet hatte.
12   Vgl. Erickson/Klein/Daston/Lemov/Sturm/Gordin, How Reason Almost Lost its Mind, S. 44–50. Zur Emotionalität und Subjektivität der Angst als Gegenfigur zur Rationalität des Kalten Krieges vgl. Susanne Schregel: Konjunktur der Angst. „Politik der Subjektivität" und „neue Friedensbewegung", 1979–1983, in: Bernd Greiner/Christian Th. Müller/Dierk Walter (Hrsg.): Angst im Kalten Krieg, Hamburg 2009, S. 495–521, hier S. 518–520.

Dass in den militärischen Führungsebenen gespielt wurde, war einer breiteren US-amerikanischen Öffentlichkeit dabei erstmals in den sechziger Jahren durch die Darstellung eines Kriegsspiels im Comic *Steve Canyon* vermittelt worden.[13] Im zivilen Bereich hatte sich zudem eine Hobbyistenszene gebildet, die Kriegsspiele, in der Regel historischen Inhalts, als Brettspiele betrieben. Diese Brettspielszene und ihre Fangemeinde, von der auch Impulse für einen Zweig früher Computerspiele ausgingen, etablierte sich bereits in den siebziger Jahren.[14]

In den achtziger Jahren hatte der Wissensverbund des Kriegsspiels also bereits eine gewisse Tradition und wurde ebenfalls von der Verbreitung der Informationstechnologie erfasst. Computer boten zum einen die Möglichkeit, die relativ aufwendige Berechnung der für die Spielsituation relevanten Daten wesentlich zu erleichtern, deren Menge zu erhöhen und den Spielfluss zu beschleunigen. Zum anderen konnten sie selbst als Akteure im Spiel agieren. Im professionellen Bereich waren die computergesteuerten Spieler SAM und IVAN, die jeweils die US-amerikanische und sowjetische Perspektive in den betreffenden Kriegsspielen einnahmen, Symbole für die Möglichkeiten der Computerisierung.[15] In der Frühphase kommerzieller Computerkriegsspiele zählten insbesondere die US-amerikanischen Firmen Avalon Hill und Strategic Simulations Incorporated (SSI), die Versoftungen von Brettspielen auf den Markt brachten, zu den führenden Anbietern.

Computer ermöglichten als Hilfsmittel zwar eine Beschleunigung und Verfeinerung von Kriegsspielen.[16] Die aus kritischer Perspektive häufig an sie gerichtete, grundsätzliche Frage nach der Reduktion von Komplexität und den etwaigen dadurch vergessenen oder verdrängten Faktoren und Verzerrungen ihrer Ergebnisse und Schlussfolgerungen wurde durch die Digitalisierung jedoch nicht gelöst. Sie stellte sich vielmehr für diejenigen Computerkriegsspiele, die einen hypothetischen Konflikt zwischen den USA und der Sowjetunion bzw. der NATO und dem Warschauer Pakt behandelten, angesichts der Undenkbarkeit und Präzedenzlosigkeit des Nuklearkrieges in verschärftem Maße.

---

13 Vgl. Ghamari-Tabrizi, Simulating the Unthinkable, S. 189f.
14 Vgl. Deterding, Living Room Wars, S. 27f.
15 Vgl. William Schwabe: SAM and IVAN: Automated Agents for Analytical War Gaming, Santa Monica, CA 1988, in: RAND Corporation (Hrsg.): RAND Corporation, Rubrik: Published Research. Papers, URL: http://www.rand.org/pubs/papers/P7443.html (Stand: 01.08.2020), insbes. S. 1–3. Auf Kriegsspiele als gesellschaftliche Fantasie geht der Aufsatz übrigens ein: „Unlike the computer program in the movie War Games, these programs are in no way connected to operational command-control systems. RSAS was, for good reasons, never intended for that purpose." Ebd., S. 3.
16 Vgl. Williams, Editorial, S. 8–10. Im Kontext der Brettspiel-Szene bedeuteten Computer nichts anderes als eine effiziente Möglichkeit, die spielbestimmenden Parameter zu berechnen. Vgl. auch Allen, War Games, S. 284–286, 309, wo sich andeutet, dass Kriegsspiele in den achtziger Jahren durch Computer als Hilfsmittel wieder stärker in der militärischen Planung eingesetzt wurden.

Das bereits erwähnte Spiel *Nukewar* wird nachfolgend als Beispiel der Analyse dienen. Diese verwendet das etablierte Muster, indem zunächst der Produktionskontext
im Vordergrund steht und nach der Erarbeitung der formalen Merkmale der Rückschluss auf das Spiel in seinem historischen Kontext und die dadurch entstandene Version des Kalten Krieges vorgenommen wird.

Die weiterführenden, über den beobachteten Zeitraum gezogenen Analysen fallen
für den Aspekt des Undenkbaren als Generalstabsspiel etwas umfangreicher aus. Dies
zeigt bereits, dass es sich bei der Kategorie des Undenkbaren der direkten Konfrontation, insbesondere in seiner nuklearen Dimension, um einen Schlüsselaspekt der Computerspiele über den Kalten Krieg handelte.

7.2.2. *Nukewar* – Spiel mit dem Ernstfall

Das Spiel *Nukewar* ist nicht nur eines der frühesten Beispiele für die Thematisierung
des Kalten Krieges als Computerkriegsspiel, sondern des Kalten Krieges in Computerspielen generell. Es wurde im Jahr 1980 auf mehreren Plattformen, darunter dem Apple II, veröffentlicht und 1983, unter anderem für den Commodore 64, neu aufgelegt.
Produziert wurde *Nukewar* von der US-amerikanischen Firma Avalon Hill, einer zu
diesem Zeitpunkt bereits etablierten Produktionsfirma von Brettspielen, vor allem strategischen Kriegsspielen, und steht somit für die ersten Gehversuche einer etablierten
Brettspielfirma im Heimcomputer-Bereich.

Die Änderung der geopolitischen Konstellation der späten siebziger und frühen
achtziger Jahre und ihre Auswirkungen auf die Strategien der Supermächte bilden den
Kontext des Spiels. Die Periode erneuter Spannungen zwischen den USA und der Sowjetunion hatte zudem Konsequenzen für die Art und Weise, in der der atomare Ernstfall
gedacht wurde. Auf dem Spiel stand der Grundsatz, dass das strategische Nachdenken
über den Ernstfall des Atomkrieges, die gegenseitige Abschreckung und damit Prävention, in den Vordergrund stellen sollte. Zumindest im Westen hatte er für die entsprechenden Strategien der NATO einigermaßen durchgehend gegolten.[17] Der Aufbau der
Atomwaffenarsenale war dementsprechend hauptsächlich zu dem Zweck erfolgt, diese
Waffen niemals wirklich verwenden zu müssen. In dieser Zeit wurde der Atomkrieg
nun vermehrt wieder als durchaus führbarer und gewinnbarer Krieg imaginiert.[18] Die

---

17   Beatrice Heuser: Victory in a Nuclear War? A Comparison of NATO and WTO War Aims and
      Strategies, in: Contemporary European History, Bd. 7, Nr. 3, 1998, S. 311–327, hier S. 313.
18   Vgl. Fred Kaplan: The Wizards of Armageddon, New York, NY 1983, S. 385–391; Lawrence Freed-
      man: The Evolution of Nuclear Strategy, New York, NY 2003, S. 355–406; Fred Inglis: The Cruel
      Peace. Everyday Life and the Cold War, New York, NY 1991, S. 395–398.

unter Präsident Carter im Jahre 1980, also ein Jahr nach dem sowjetischen Einmarsch in Afghanistan, erlassene Presidential Directive 59[19] offenbarte diese strategische Ausrichtung. Wenngleich darin die Vermeidung eines atomaren Schlagabtausches, der, wie in dem Dokument eingeräumt wird, keinen Sieger kennen kann, noch immer als oberster Grundsatz formuliert wird, heißt es darin dennoch: „if deterrence fails initially, we must be capable of fighting successfully so that the adversary would not achieve his war aims and would suffer costs that are unacceptable, or in any event greater than his gains, from having initiated an attack."[20]

Zwar war der Single Integrated Operational Plan[21] nach wie vor darauf ausgerichtet, Vergeltungsschläge zu ermöglichen, und zwar selbst dann, wenn die Sowjetunion den nuklearen Schlagabtausch eröffnen würde. Zu dieser an sich bereits lange bekannten Strategie trat aber in der Presidential Directive 59 der Faktor der Flexibilisierung, des kurzfristigen Einbezuges nuklearer Optionen abseits langfristig im Voraus geplanter Strategien: „to allow rapid construction of plans that integrate strategic force employment and general purpose force employment with theater nuclear force employment and general purpose force employment for achieving theater campaign objectives and other national objectives when pre-planned response options are not judged suitable in the circumstances."[22] Sowohl die NATO also auch der Warschauer Pakt unternahmen zudem seit der Berlin Krise von 1961 sich wechselseitig verstärkende Planungen im Bereich konventioneller Kriegsführung, die sich ab Mitte der siebziger Jahre intensiviert hatten.[23]

Die Formulierung „if deterrence fails" trug den Kern der geänderten Strategien des Zweiten Kalten Krieges der späten siebziger und frühen achtziger Jahre in sich. Diese strategischen Diskussionen hatten, das zeigen vor allem der NATO-Doppelbeschluss und die darauffolgenden Friedensbewegungen und -demonstrationen, konkrete politische Folgen. Insbesondere die Definition dessen, was und wer als Sieg und Gewinner

---

19 Dabei handelt es sich um eine Variante einer Executive Order, also einer Art Weisung, die sich in Absprache mit dem National Security Council vor allem auf Fragen der nationalen Sicherheit bezieht.

20 William Burr: Jimmy Carter's Controversial Nuclear Targeting Directive PD-59 Declassified. Document 12, in: The National Security Archive (Hrsg.): The Nuclear Vault. Resources Form the National Security Archive's Nuclear Documentation Project, 14.09.2012, URL: https://nsarchive2. gwu.edu/nukevault/ebb390/ und https://nsarchive2.gwu.edu/nukevault/ebb390/docs/7-25-80%20 PD%2059.pdf (Stand: 01.08.2020), S. 1.

21 Die als SIOP abgekürzte Vorgabe bildete die Generalstrategie der USA in Bezug auf den Atomkrieg. Vgl. Connelly/Fay/Ferrini/Kaufman/Leonard/Monsky/Musto/Paine/Standish/Walker, General, S. 1447.

22 Burr, Controversial Nuclear Targeting Directive, S. 2.

23 Vgl. A. Ruiz Palmer: The NATO-Warsaw Pact competition in the 1970s and 1980s: a revolution in military affairs in the making or the end of a strategic age?, in: Cold War History, Bd. 14, Nr. 4, 2014, S. 533–573, hier S. 567–571.

einer hypothetischen Konfrontation der Supermächte gelten konnte, spielte in diesem politischen Zusammenhang eine wichtige Rolle. Die Annahme, einen nuklearen Schlagabtausch gewinnen zu können, war nie offizielle NATO Strategie geworden, die im Wesentlichen seit den späten sechziger Jahren dem Prinzip der Flexible Response folgte. Die öffentliche Meinung in Westeuropa, dem potenziellen Schlachtfeld einer atomaren Auseinandersetzung, stellte sich mehrheitlich entweder entschieden hinter die Strategie der Abschreckung oder trat überhaupt für die Abrüstung ein. Für den Warschauer Pakt gibt es Hinweise, dass die marxistisch-leninistische Staatsdoktrin die Möglichkeit zum Sieg in einem Nuklearkrieg offenlassen musste.[24]

Das Nachdenken über den Ernstfall durchzog also das gesellschaftliche Klima und betraf damit letztlich auch die Populärkultur, darunter Karten- und Brettspiele.[25] Wenngleich die populärkulturelle Darstellung des Undenkbaren schon immer parallel zur politischen und militärischen Geschichte des Kalten Kriegs existiert hatte, bestand die Besonderheit dieses Verhältnisses während des Zweiten Kalten Krieges in Folgendem: „it was not however until the early 1980s that the argument about winnable nuclear war really surfaced."[26] Im Zusammenspiel mit der zeitspezifischen Stimmung der Angst und den Forderungen der Friedensbewegung wird somit der spezifische historische Kontext deutlich, der für Spiele wie *Nukewar* relevant ist. Computerspiele, die eine militärische Konfrontation zwischen den Supermächten thematisierten, berührten insbesondere in der ersten Hälfte der achtziger Jahre ein gesellschaftlich äußerst sensibles Thema.

Spielarchitektur – Ästhetik der Axiomatik

Das charakteristische und prägende Merkmal der Architektur von *Nukewar* ist seine audiovisuelle Schlichtheit, die sicherlich den technischen Möglichkeiten der Entstehungszeit des Spiels geschuldet ist. Dennoch scheint *Nukewar* ein Beispiel für eine diesbezüglich besonders reduzierte Variante zu sein. Obwohl das Spiel in seiner ersten Version auf dem Apple II und damit auf einer Plattform erschien, deren Hardware die Möglichkeit bot, Farben zu verwenden, ist *Nukewar* vollständig in Schwarz-Weiß gehalten.[27] Die zur Gestaltung des Online-Spielraumes verwendeten audiovisuellen Elemente beschränken sich auf weiße Buchstaben und Ziffern auf schwarzem Hintergrund

---

24   Vgl. Heuser, Victory in a Nuclear War, S. 326f.; Robert Service: The End of the Cold War, 1985–2001, London 2015, S. 24f., der davon ausgeht, dass die Sowjetunion immer an einen möglichen Sieg in einem Nuklearkrieg geglaubt hatte.
25   Allen, War Games, S. 98–101.
26   Inglis, The Cruel Peace, S. 396.
27   Zu den technischen Möglichkeiten des Apple II vgl. Paul A. Ceruzzi: A History of Modern Computing, Cambridge, MA 2003, S. 264f.

Abb. 16: Screenshot am Ende eines
Spieldurchganges von *Nukewar*

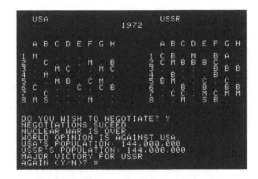

und einige Soundeffekte (vgl. Abbildung 16). Die insgesamt ebenfalls eher spärlichen kontextualisierenden Elemente sind auf der Verpackung und im Handbuch zu finden. Die Rahmung und Kontextualisierung des Spielgeschehens beginnen also auch in diesem Fall bereits im Offline-Spielraum. Zunächst finden sich dort einige Illustrationen, die Raketen, ein U-Boot und eine mobile Raketenabschussrampe in Aktion zeigen.

Es handelt sich hierbei um Darstellungen, die einen relativ sachlichen Eindruck des zur Führung eines Nuklearkrieges nötigen Kriegsgerätes vermitteln. Es sind realistisch gehaltene Zeichnungen einer Rakete und eines U-Bootes in Aktion, also den spätestens seit den siebziger Jahren entscheidenden Waffensystemen des hypothetischen Nuklearkrieges. Für das Spielsystem in *Nukewar* stellen sie ebenfalls die zentralen Waffengattungen dar. Die Bilder sparen dabei die Darstellung von Menschen ganz aus. Es ist die militärische Technik im Einsatz, die unter, wie die Abbildungen suggerieren, realen Bedingungen in die zentrale Position aufrückt.

Das Handbuch geht dann näher auf die Spielsituation selbst ein und stellt der Beschreibung der Spielmechanismen folgende Charakterisierung des Spiels voran:

„NUKEWAR is a semi-serious simulation of the choices facing the leaders of democratic nations as they attempt to provide strategic defenses for their countries in the nuclear age. The key assumption in this simulation is that strategic nuclear war will occur as the arms race causes continued stockpiling of nuclear weapons. This makes for a lively game, but let us hope that we can prevent nuclear war from happening in real life!“[28]

Zwei Aspekte sind vor dem Hintergrund des durch die audiovisuelle Gestaltung des Online-Spielraumes evozierten sachlich-axiomatischen Eindrucks an diesem Einlei-

---

28   Microcomputer Games Inc., Division of The Avalon Hill Game Co.: Nukewar. Nukewar Rules, Baltimore, MD 1980, o.P.

tungstext bemerkenswert. Zum einen zielt das Spiel auf Verallgemeinerung ab. Es lässt die Spielenden die Rolle des Regierungsoberhauptes eines beliebigen Staates einnehmen, mit der einzigen Einschränkung, dass es sich nur um eine westlich-demokratische Nation handeln dürfe. Zum anderen legt es in diesem Einleitungstext seine grundsätzlichen Vorannahmen, also die Art der Komplexitätsreduktion offen und bezeichnet sich selbst als quasi-ernsthaft, als „semi-serious". Indem sie so das Erkenntnisinteresse ihres Spiels definierten, situierten die Entwicklerinnen und Entwickler *Nukewar* in der Fangemeinde von Kriegsspielen.[29] Laut dieser Eigencharakterisierung handelte es sich bei *Nukewar* um ein Kriegsspiel als Versuchsanordnung, das versprach, in spielerischer Art und Weise Aufschluss über die Herausforderungen für Regierungen angesichts der Verfügbarkeit von Nuklearwaffen zu geben. Der Titel lässt die Spielenden somit bereits im Offline-Spielraum eine Beobachterperspektive einnehmen, aus welcher der Nuklearkrieg als Versuchsanordnung gestaltet und in Aktion mit angesehen werden kann.

Dieser Grundsatz setzt sich beim Eintritt in den Online-Spielraum fort, der zu Beginn die Möglichkeit einräumt, den eigenen und den gegnerischen Staat zu benennen. Wie bereits erwähnt, ist *Nukewar* visuell durchgängig in Schwarz-Weiß gehalten und beschränkt sich auf die Verwendung von Buchstaben und Ziffern. Der Bildschirm zeigt die zwei gegnerischen Staaten, die jeweils von den Spielenden und dem Computer kontrolliert werden, als Matrizen, wie sie auch dem Spiel *Schiffe Versenken* zugrunde liegen. Darin verzeichnete Buchstaben stehen für Städte und verschiedene Typen militärischer Basen. Am unteren Bildschirmrand befindet sich eine Kommandozeile zur Eingabe von Befehlen. In dieser Kommandozeile erscheinen Meldungen über relevante Aktionen des Gegners, wie etwa Kriegserklärungen oder Einladungen an den Verhandlungstisch. Als einzige rahmende Information nennt das Spiel, am oberen Bildschirmrand zwischen den Matrizes platziert, die für den Spielzug aktuelle Jahreszahl und den Status der Auseinandersetzung, der entweder „Cold War" oder „Hot War" lauten kann.

Durch die visuelle Nüchternheit und die im Handbuch deklarierte Transparenz bei den Vorannahmen des Modells impliziert die Spielarchitektur damit vor allem Seriosität. Der Name des von den Spielenden zu kontrollierenden Staates kann frei gewählt werden, was sie, zumal sonstige rahmende Informationen weitgehend fehlen, noch stärker in die Position eines Beobachtenden bei einem Experiment versetzt. Die Entwicklerinnen und Entwickler weisen dadurch, ganz ihren einleitenden Grundbemerkungen entsprechend, den Anspruch von sich, mit *Nukewar* eine konkrete Nation oder den Konflikt zwischen den USA und der Sowjetunion zu repräsentieren. Stattdessen gewinnt *Nukewar* den Charakter des Axiomatischen. Für die Versuchsanordnung spielt es keine Rolle, welcher Staat hier regiert wird. Es geht vielmehr um die Beobachtung der

---

29   Vgl. Allen, War Games, S. 99.

scheinbar ehernen Gesetze des Nuklearkriegs, die durch das Spielmodell wertfrei offen-
gelegt werden sollen. Ein Indiz dafür, dass *Nukewar* so verstanden werden will, stellt die
Eigencharakterisierung als „semi-serious simulation" dar. Das Spiel sollte offensichtlich
nicht ‚nur' als solches verstanden werden. Das Handbuch liefert zumindest einen Hinweis darauf, dass die Spielenden, im Gegensatz zur implizierten Neutralität, in jedem
Fall einen Staat des Westens regieren. An einer Stelle wird erläutert, dass eine abgege-
bene Kriegserklärung scheitern kann, denn für sie gelte: „(You have a democracy, after
all!)"[30] Die Chance, dass der Computer den Krieg erklärt, erhöht sich hingegen laut
Handbuch mit jedem Zug. Der im Einleitungstext versprochene Einblick in „choices
facing the leaders of democratic nations"[31] bezieht sich primär auf die jeweils gesteuerte
Nation. Abgesehen von der Wertfreiheit, die die Möglichkeit suggeriert, die Namen
der gegeneinander antretenden Staaten frei auszuwählen, wird somit nahegelegt, dass
in *Nukewar* der Ost-West-Konflikt nachgespielt wird.

Das Spiel transportiert außerdem eine Vorstellung dessen, was der Kalte Krieg ist,
und bietet hierzu eine Theorie an, die sich bemerkenswerterweise ausschließlich auf
Waffentechnologien und den heißen Krieg als nuklearen Ernstfall konzentriert. Es
kennt eine Stufenfolge der Entwicklung von Waffentechnologie, die an bestimmte Jahreszahlen gebunden ist und stellt die These des notwendigen Umschlagens von Aufrüstung zu Konflikt, von ‚Cold War' zu ‚Hot War', auf. Der Kalte Krieg, der im Spiel
auch direkt als solcher benannt wird, bezeichnet in *Nukewar* ein Stadium des Auf- und
Wettrüstens, das sich notwendigerweise im heißen Krieg entlädt.

Es wurde also bereits in diesen rahmenden Elementen, so spärlich, reduziert und auf
wertfreie, fast wissenschaftliche Axiomatik abzielend sie auch erscheinen mochte, die,
vor allem für die konservative Politik der Zeit typische Frage adressiert, was passieren
könnte, „if deterrence fails", wenn also die traditionellen Abschreckungsmechanismen
nicht mehr greifen würden. Die Antwort lieferte *Nukewar* in der Form eines „lively
game".

Spielmodell – die Notwendigkeit der Konfrontation
Das Spielmodell von *Nukewar* entspricht, wie bereits die beiden Matrizen zeigen, aus
denen der Spielraum aufgebaut, ist im Wesentlichen einer Variation des Prinzips des
Spiels *Schiffe Versenken*. Bekanntermaßen dreht sich dieses um das Aufdecken und
damit Treffen gegnerischer Koordinaten in einer Matrix. Die maßgebliche Variation,
die *Nukewar* einführt, ist die Möglichkeit, Spionage zu betreiben und das gegnerische
Spielfeld vor einem Angriff ein Stück weit aufzudecken. Die beiden Matrizen reprä-

---

30   Microcomputer Games Inc., Nukewar, o.P.
31   Ebd.

sentieren hierbei zwei Staatsgebiete, auf denen Städten[32] und verschiedenen Typen von Militärbasen[33] sowie unbekanntem oder ländlichem Gebiet, repräsentiert durch eine Leerstelle, Koordinaten zugewiesen werden. Das Spielprinzip von *Nukewar* ist in zwei Phasen aufgeteilt. Es zielt darauf ab, sich in einer ersten Phase des ‚Cold War‘ einen möglichst genauen Überblick über Schlüsselpositionen des Gegners und damit potenzielle Angriffsziele zu verschaffen sowie die eigene Angriffs- und Verteidigungskapazität auf- und auszubauen. In der zweiten Phase, die durch einen Angriff eingeleitet und als ‚Hot War‘ bezeichnet wird, soll der Gegner durch die Zerstörung einer kritischen Anzahl von Schlüsselpositionen zur Aufgabe gezwungen werden. Die Aktionen, die das Spiel dafür zur Verfügung stellt, unterscheiden sich in den Phasen ‚Cold und Hot War‘. In beiden bestehen diese Aktionen aus der Eingabe eines Befehls, zumeist abgekürzt als einzelner Buchstabe, in die Befehlsleiste. In der Phase des Kalten Krieges besteht die Möglichkeit, Basen in der eigenen Matrix zu platzieren. Die Verfügbarkeit der einzelnen Basentypen ist dabei an den zeitlichen Verlauf gebunden, den das Spiel ebenfalls verzeichnet. Wie bereits erwähnt, kennt *Nukewar* einen historischen Verlauf, der in groben Zügen den realen Verlauf der Entwicklung der Waffentechnologie repräsentiert. ‚Anti-ballistic missile bases‘ sind beispielsweise erst nach 1970 wählbar.[34] Standardmäßig können Spielende in jedem Spielzug zwei Basen platzieren und einen oberflächlichen Einblick in die Matrix des Gegners erhalten. Neben diesen Aktionen bietet die Phase des Kalten Krieges die Möglichkeit der Spionage. Diese erlaubt es, einen größeren Teil der gegnerischen Matrix aufzudecken, reduziert aber die Anzahl der im Spielzug platzierbaren Basen von zwei auf eins. In dieser Phase steht es den Spielenden schließlich offen, einen Krieg zu beginnen. Als besonderes Merkmal ist, wie bereits erwähnt, die Möglichkeit vorgesehen, dass das Spiel die Ausführung dieses Befehls verweigert. Dieses Element des Zufalls kann sich zudem in Form eines nuklearen Unfalls zeigen, der eine oder mehrere Basen auslöscht.

Ein Wechsel der Spielsituation ergibt sich durch das Umschlagen vom Kalten auf den heißen Krieg. Die Seite, die den Krieg beginnt, erhält durch den Erstschlag einen Startvorteil in Bezug auf Geschwindigkeit und Wirksamkeit der eingesetzten Waffen. In der Phase des heißen Krieges stehen die Aktivierung der Basen und die Mobilisierung

---

32 ‚Cities‘, in der Matrix als Buchstabe C verzeichnet.

33 Raketenbasis, ‚missile base‘, in der Matrix als Buchstabe M verzeichnet; Bomberbasis, ‚fighter-bomber base‘, in der Matrix als Buchstabe B verzeichnet; U-Boot Basis, ‚missile submarine base‘, in der Matrix als Buchstabe S verzeichnet und Raketenabwehrbasis, ‚anti-ballistic missile base‘, in der Matrix als Buchstabe A verzeichnet.

34 ABM Systeme waren in der Sowjetunion ab 1971 und in den USA nur kurzfristig von 1975–1976 in Betrieb. Vgl. Thomas G. Mahnken: Technology and the American Way of War since 1945, New York, NY 2008, S. 79–85.

der zur Verfügung stehenden Waffen im Mittelpunkt des Spielgeschehens. Nach der Aktivierung einer Basis durch die Eingabe der entsprechenden Koordinaten steht den Spielenden, je nach Basistyp, eine bestimmte Anzahl an Waffen und damit potenziellen gegnerischen Zielen zur Verfügung. Je nach Waffentyp ergeben sich dabei verschiedene Vorteile und Schwerpunkte offensiver oder defensiver Natur. Nach Eingabe der Koordinaten werden die dadurch ausgewählten Ziele in der Matrix des Gegners attackiert.

Beendet wird das Spiel durch Verhandlungen bzw. durch Aufbrauchen der Waffenbestände oder Zerstörung aller Basen. In der Regel jedoch endet es mit vom Gegner initiierten Friedensverhandlungen, welche die Spielenden annehmen oder ablehnen können. Ihnen steht jedoch die Möglichkeit, dem Gegner Friedensverhandlungen anzubieten, nicht zur Verfügung.

Nukewars Gewinnbedingungen sehen vor, dass der Sieger anhand der nach dem nuklearen Schlagabtausch verbliebenen Bevölkerung ermittelt wird. Das hat in Bezug auf die Spieldynamik zur Folge, dass der Schutz der eigenen Städte Priorität genießt und das im Gegenzug die Städte des Gegners bevölkerungsreiche und damit prioritäre Angriffsziele darstellen. Diesen Punkt betreffend hat das Spiel die Weltgemeinschaft als regulative Instanz integriert.[35] Ihre Bewertung der Kampfhandlungen kann gegebenenfalls einen numerischen Sieg in eine moralisch-politische Niederlage verwandeln, die gleichbedeutend mit einer Spielniederlage ist. Zudem gibt es keinen Sieger, wenn die verbliebene Bevölkerungszahl unter einer bestimmten Marke liegt.

Aus diesem Spielmodell resultiert eine Dynamik des Aufschaukelns, die dem Kipppunkt zwischen ‚Cold War‘ und ‚Hot War‘ zu verdanken ist. Vor dem Umschlagen des Kalten in einen heißen Krieg, was jederzeit in Form eines Überraschungsangriffs der Gegenseite erfolgen kann, haben die Spielenden idealerweise ihre Landesverteidigung adäquat in Stellung gebracht und sich möglichst genaue Informationen über die Verteilung der gegnerischen Schlüsselpositionen verschafft.

Spielsituation – die Spielbarmachung des Undenkbaren

Anhand des Zusammenspiels von Architektur und Spielmodell des Spiels *Nukewar* lassen sich die Eigenheiten des Undenkbaren in einem Nuklearkrieg, wie es in Computerspielen behandelt wird, musterhaft beobachten. Der entscheidende Unterschied zwischen Kriegsspielen und Szenarien des Undenkbaren in professionellen Kontexten und in ihrer in *Nukewar* vorliegenden Form als Produkt der populären Unterhaltungskultur liegt in der Auswertung, den Gewinnbedingungen und dem Abschluss des Spiels. Professionelle Kriegsspiele beinhalten konkrete und komplexe Regeln für die Auswertung

---

35 Dieses Element weist eine gewisse Nähe zu entsprechenden Kontrollpositionen in professionellen Kriegsspielen auf. Vgl. Schwabe, SAM and IVAN, S. 1f.

ihres Verlaufes.[36] Gerade in ihrer Unabgeschlossenheit liegen Nutzen und Zweck der im professionellen Kontext betriebenen Kriegsspiele. Es sind die Überraschungseffekte, welche sich aus den Verläufen ergeben, die neue Erkenntnisse generieren und die synthetische Geschichte vieler möglicher Kriegsszenarien schreiben.[37] Welche Partei siegreich aus einer Konfrontation hervorgeht, ist in diesem Fall mitunter sogar von untergeordnetem Interesse.[38] Die vollständig computergesteuerten Kriegsspiele zwischen den die USA und die UdSSR repräsentierenden Akteuren SAM und IVAN sind ein Beispiel für diese Interessenslage professionell betriebener Kriegsspiele. In diesen Varianten spielt der Computer gegen sich selbst oder einen anderen Computer. Menschen nehmen hier nur als Auslöser, Beobachter, Chronisten und Kontrollinstanzen teil.[39] Dass zur Unterhaltung betriebene Kriegsspiele ernsthafte Erkenntnisse und solche professioneller Art unterhaltende Situationen generieren können, ist dabei alles andere als ausgeschlossen. Der, zumal angesichts des Nuklearkrieges, wesentliche Unterschied scheint aber darin zu bestehen, dass der Unterhaltung dienende Computerkriegsspiele primär existieren, um am Ende des Spielverlaufes einen eindeutigen Sieger zu ermitteln.[40]

Die Kriegsspiele des Kalten Krieges sind dadurch eine Variante des Spieltheorie-Narrativs der Epoche, das Steven Belletto anhand von in erster Linie literarischen und filmischen Beispielen diskutiert hat.[41] Sie betrachten den Kalten Krieg primär als Auseinandersetzung zwischen den Supermächten in einem geopolitischen Raum, der von Motiven der Abschreckung und, angesichts der Irrationalität des Atomkrieges, dem möglichst rationalen Handeln der Akteurinnen und Akteure geprägt ist. Die Spieltheorie kam besonders in der Frühzeit des Kalten Krieges zum Einsatz, um die Handlungsmuster der Situation der nuklearen Abschreckung erklär- und simulierbar zu machen und die optimalen Handlungsstrategien zu ermitteln. Das sogenannte „Gefangenendilemma"[42] ging als griffige Beschreibung der nuklearen Situation sogar in die Populärkultur ein. Es ging der Spieltheorie also um die vorausschauende Kontrolle von Kontingenz, und professionelle Kriegsspiele funktionierten in diesem Sinn. Die Grundannahmen der Spieltheorie, insbesondere die Prämisse der völlig rational agierenden Spielenden, waren dabei als spezifische Form der Rationalität des Kalten Krieges be-

---

36 Vgl. Ghamari-Tabrizi, Simulating the Unthinkable, S. 169.
37 Vgl. Pias, Synthetic History, S. 3f.; von Hilgers, Kriegsspiele, S. 79–92.
38 Vgl. Ghamari-Tabrizi, Simulating the Unthinkable, S. 192.
39 Vgl. Allen, War Games, S. 323–339.
40 Vgl. ebd., S. 93–113. Dazu ist einschränkend zu bemerken, dass die Praxis des Computerdurchlaufes anscheinend auch bei Hobbyspielenden vorkommt.
41 Vgl. Steven Belletto: No Accident, Comrade. Chance and Design in Cold War American Narratives, Oxford 2012, S. 101–129.
42 Vgl. ebd., S. 101–128; William Poundstone: Prisoner's Dilemma. John Neumann, Game Theory, and the Puzzle of the Bomb, New York, NY 1993, S. 90–92, 129–131.

ginnend in den sechziger Jahren einer umfassenden Kritik und Revision unterworfen, die vor allem die Komplexität menschlicher Entscheidungsfindung in nichtartifiziellen sozialen Situationen hervorhob.[43] In den achtziger Jahren ließ sich aber gleichzeitig eine Wiederkehr alter Konfrontationsrhetoriken beobachten, die sich, vor allem im populärkulturellen Bereich, als eine den vermeintlich veralteten, spieltheoretischen Paradigmen entsprechende Reduktion von Komplexität in Bezug auf die geopolitische Situation zeigte. Die Betonung der prinzipiellen Führbarkeit des Atomkrieges und der Möglichkeit eines Sieges implizierte, dass der Ost-West-Konflikt, spieltheoretisch gesprochen, als Nullsummenspiel betrachtet wurde,[44] in dem die Verluste der einen Seite der Gewinn der anderen sind. Wie vor allem die Friedens- und Abrüstungsbewegungen des Zweiten Kalten Krieges betonten, war es problematisch, den Atomkrieg als einen derart ausgeglichenen Schlagabtausch zu sehen, denn der Sieger in einer solchen Konfrontation erhielt einen bis zur Unkenntlichkeit zerstörten Preis. Brett- und Computerspiele wie *Nukewar* boten nun die Möglichkeit, aus der atomaren Konfrontation ein Nullsummenspiel und einen führ- und gewinnbaren Krieg zu machen. Darin lag ihre potenziell skandalöse Wirkung in Bezug auf die öffentlichen Diskurse um das Undenkbare. *Nukewar* bewerkstelligte dies durch die Einführung der Zahl der Restbevölkerung als ‚utility‘, also als Auszahlungseinheit, am Ende des Spiels.[45] Hier werden Anklänge an die Positionen Herman Kahns vernehmbar.[46] Diese Anlehnung an die sozusagen klassische populäre Version der Spieltheorie, die vielleicht auch in *Nukewars* axiomatischer Ikonographie sichtbar wird, hat wiederum Auswirkungen auf die Art der Komplexitätsreduktion, die das Spiel einsetzt. An der Komplexitätsreduktion und der Art und Weise wie *Nukewar* seinen Gewinner ermittelt und seine Spielenden situiert, lässt sich der Cargo der Spielsituation in Bezug auf den Kalten Krieg beschreiben.

Die Spielenden gerieten in *Nukewar* in die Beobachterpoisition bei einem Experiment in synthetischer Geschichte, der Kalte Krieg zu einer notwendigen Vorbedingung eines heißen Krieges. Das Spiel drängt zum nuklearen Schlagabtausch. Das Handbuch erklärt, dass, je länger man selbst damit warte, ein gegnerischer Erstschlag umso wahrscheinlicher werde. Mit jedem Zug wird mehr über die feindlichen Positionen bekannt, und dieses Wissen über die gegnerischen Stellungen macht den Angriff unabwendbar. *Nukewar* braucht den Krieg, um als Spiel überhaupt funktionieren zu können. Die Frage ist hier nicht einmal mehr, was zu tun ist, wenn die Abschreckung nicht mehr

---

43 Vgl. Erickson/Klein/Daston/Lemov/Sturm/Gordin, How Reason Almost Lost its Mind, S. 168–172, Belletto, No Accident, S. 116–119.

44 Vgl. Poundstone, Prisoner's Dilemma, S. 51–55, 78–80, 143. Vgl. auch Inglis, The Cruel Peace, S. 395–399.

45 Vgl. Poundstone, Prisoner's Dilemma, S. 51.

46 Vgl. Belletto, No Accident, S. 112.

funktioniert. Dass die Abschreckungsmechanismen der Mutual Assured Destruction nicht funktionieren werden, ist in *Nukewar* zur Gewissheit geworden. Die Frage lautet stattdessen, was die Spielenden als Staatschefs bis zum Erstschlag getan haben werden bzw. wann sie den günstigsten Moment für einen Erstschlag sehen. Die Komplexitäts- reduktion des Geschäfts der Staatsführung folgt dieser spielmechanischen Vorgabe und wird auf den Aufbau von Waffenkapazitäten und Militärbasen sowie auf die Informa- tionsgewinnung über den Stand der feindlichen Aufrüstung beschränkt. Die hier prä- sentierte synthetische Geschichte nimmt dabei den bekannten Verlauf der Entwicklung der Waffentechnologie des Kalten Krieges als gegeben, also als Datengrundlage an, da die Verfügbarkeit bestimmter Waffentypen an das Erreichen einer Jahreszahl gebunden ist. *Nukewar* führt somit eine Theorie und eine Geschichte des Kalten Krieges mit sich. In die axiomatische Ikonographie spieltheoretischer Matrizen gegossen, offenbart sich hier ein Kalter Krieg aus vergangenen Zeiten, in welchen der Rüstungswettlauf die bipolar gedachte Geopolitik bestimmte und die Gedanken an einen atomaren Prä- ventivkrieg, zuletzt zu Beginn des Koreakrieges geäußert, widerhallten.[47] Die Tatsache, dass die nach der Einstellung der Kampfhandlungen verbliebene Bevölkerungsanzahl über Sieg oder Niederlage bestimmte, ist in diesem Zusammenhang eine fast logische Konsequenz. Strategen wie Herman Kahn hatten im Zuge ihrer Gedankenspiele zur Führbarkeit des Atomkrieges Hochrechnungen über die wahrscheinliche Opferzahl angestellt und damit denjenigen, die den Nuklearkrieg für führbar hielten, Munition geliefert.[48] Auch die Bewertung der Kampfhandlungen durch die Weltgemeinschaft am Ende des Spiels unterstreicht dieses klassische Bild des Kalten Krieges. Vermutlich als Spielelement eingeführt, um zu verhindern, dass sich die Spielstrategien exzessiv auf die Vernichtung gegnerischer Städte richten, signalisiert die Tatsache, dass die Weltgemein- schaft nur als eine Art Punkterichter fungiert, die drückende Bipolarität des Kalten Krieges in *Nukewar* und die Ohnmacht anderer Parteien. Der Konflikt kommt durch Kapitulation, totale Vernichtung oder Munitionsverbrauch zu seinem Ende. Einmal in Gang gesetzt, lässt der Atomkrieg den Spielenden keine andere Wahl, als ihn zu Ende zu bringen. Eine spielerseitige Kapitulation ist nicht vorgesehen.

Dieses sozusagen klassische Bild des Kalten Krieges, das *Nukewar* erzeugte, wurde durch zwei Elemente modifiziert, die mit der Medialität des Computerspiels in Zu- sammenhang stehen. Der Computer versprach für ernste wie unterhaltende Kriegs- spiele gleichermaßen eine Steigerung der Komplexität. Dies konnte sich zum einen

---

47   Vgl. Craig Campbell/Fredrik Logevall: America's Cold War. The Politics of Insecurity, Cambridge, MA/London 2012, S. 118–122; Kaplan, The Wizards of Armageddon, S. 39; Freedman, The Evolu- tion of Nuclear Strategy, S. 72–85.
48   Vgl. Belletto, No Accident, S. 112.

darin ausdrücken, dass der Computergegner als kühl und perfekt rational agierende Intelligenz perzipiert wurde. Da *Nukewar* im Handbuch nahelegt, dass die Spielenden ein demokratisches Staatswesen befehligen und der Computer das Gegenstück hierzu kontrolliert, bilden die Attribute nichtmenschliche Rationalität und nichtdemokratisches Staatswesen ein Amalgam. Damit schien *Nukewar* suggerieren zu wollen, dass sowjetische Staatsführer wie ein Computer, somit also unmenschlich und emotionslos agieren. Durch die Einführung eines solchen rational agierenden Gegners wurden die spieltheoretischen Grundierungen des klassischen Modells des Kalten Krieges, die ja auch von rational agierenden Spielenden ausgegangen waren, in *Nukewar* durch die Medialität des Computerspiels umgesetzt.

Nukewar führte zudem den Zufall als zentrales Spielelement ein. Der Zufall ist nun, wie Steven Belletto ausgeführt hat, im Kontext der Kultur des Kalten Krieges kein unbelastetes Konzept. Bellettos zentrale These lautet, der Zufall sei eines der zahlreichen Motive, mit denen der kulturelle Kalte Krieg geführt wurde.[49] Dabei wurde als bevorzugte Strategie der demokratische Westen, der den Zufall als Teil der Realität akzeptiert hat, dem sozialistischen Osten gegenübergestellt, der, da er per Staatsdoktrin über die Gesetze der Geschichte verfüge, keine Zufälle kennt und diese demgemäß nicht in das Leben seiner Bürgerinnen und Bürger lässt. Der Zufall war somit Merkmal und Symbol der Demokratie. In *Nukewar* tritt der Zufall als Umschlagen vom ‚Cold‘ zum ‚Hot War‘ auf. Dieser Moment ist unvermeidlich, aber nicht vorhersehbar. Außerdem können Militärbasen durch Unfälle, die sich ebenfalls nach dem Zufallsprinzip ereignen, zerstört werden, und die Treffervorhersage der eigenen und feindlichen Nuklearraketen ist nicht vollständig möglich. Zudem kann die Kriegserklärung von Seiten der Spielenden am Widerspruch aus den eigenen Reihen scheitern, der als ein dem demokratischen System inhärenter Faktor erscheint. Das Unvorhergesehene ist somit zentrales Element des Spiels und fungiert als Symbol der Demokratie. Das Beispiel *Nukewar* zeigt, dass Computerspiele die Möglichkeit bieten, Zufälle und Unfälle als emergente Elemente systematisch zu integrieren.[50]

Eine zeitgenössische Rezension zu *Nukewar* in der Zeitschrift *Creative Computing* hob dieses Merkmal hervor. Der Rezensent diskutierte unter anderem den Aspekt der Zeitlichkeit im Zusammenhang mit der Frage, inwiefern der Computer andere Möglichkeiten als das Brettspiel böte und inwieweit die besprochenen Beispiele diese ausnutzten. Er hielt fest: „Nukewar uses time only to the extent that the player never knows when the machine will make its onslaught. At least there's some tension in these two.“[51] Die aus

---

49 Vgl. ebd., S. 10.
50 Vgl. ebd., S. 22f.
51 Archibald: Computer Warfare. Five Games from Avalon Hill, in: Creative Computing Magazine,

der Zeitlichkeit und Unvorhersehbarkeit resultierende Dramatik wurde somit typisch als für die Medialität des Computer(-kriegs-)spiels beschrieben. Die Bezeichnung des Computers als „the machine" verweist auf den Aspekt der Datenverarbeitung, also den Computer als Arbeitsmaschine für Kriegsspiele. Zum Zeitpunkt seiner Veröffentlichung und nicht zuletzt, weil die Produktionsfirma eine Brettspielfirma war, wurde *Nukewar* somit an den Vorteilen gemessen, die Computertechnologie gegenüber Brettspielen bot.

Der Kalte Krieg, den *Nukewar* entwarf, erschien im Wesentlichen als Vorstufe eines notwendigerweise eintretenden Nuklearkrieges. Er bewegte sich also unausweichlich zum Ernstfall, zum Undenkbaren hin. Selbstverständlich gibt der Gegenstand des Spiels, das ein Modell eines hypothetischen Nuklearkriegs sein möchte, diese Unausweichlichkeit vor. Das Handbuch erkaufte sich die Möglichkeit, das Undenkbare zu thematisieren, durch den Verweis auf den Spielcharakter von *Nukewar*. Die Spielarchitektur betonte den axiomatischen Charakter des Modells und ermöglichte durch diesen rationalen, im Grunde leidenschaftslosen Blick ebenfalls die Thematisierung eines Tabus des Kalten Krieges. Durch die Kombination der Komplexitätsreduktion des Spielmodells mit den Elementen der Spielarchitektur entstand zudem ein spezifischer Sinngehalt des Ernstfalles des Kalten Krieges. Zunächst ist dieser Ernstfall in *Nukewar* auf zwei Staaten beschränkt, spiegelt also die bipolare Weltordnung wider. Die Weltgemeinschaft tritt am Ende des Spiels bloß als Schieds- und Punkterichter auf. Die Unvermeidbarkeit des Ernstfalles spitzt die Form der Regierung auf die Vorbereitung auf diesen Ernstfall zu. Der im Handbuch versprochene Blick auf die Regierungsrealität des Kalten Krieges ist somit in einer Schleife der Unvermeidbarkeit des Nuklearkrieges gefangen, aus der es kein Entkommen mehr gibt. Einzig die Kapitulation nach der Eskalation, die dem Computergegner vorbehalten bleibt, bietet eine Möglichkeit, diesen Kreislauf aus Aufrüstung und Eskalation zu durchbrechen. Die nach dem nuklearen Schlagabtausch verbliebene Bevölkerung fungiert als ein Instrument, um den Gewinner zu ermitteln und den Gewinn kalkulierbar zu machen. Dass zu diesem Zweck nur mehr die Bevölkerung und nicht etwa erobertes Gebiet oder Infrastruktur verbleibt, verweist auf die weithin akzeptierte Tatsache, dass der Nuklearkrieg kein Eroberungskrieg sei und in Bezug auf die Frage, was eine siegreiche Partei eigentlich gewonnen hätte, eine im Grunde absurde Antwort, nämlich die Herrschaft über einen vernichteten Planeten, geben müsse. Das Spiel zeichnete dieses Bild, weil es dies als Spiel konnte. Der Kalte Krieg, reduziert auf seine Eskalationsdynamik, wurde damit „a lively game [...] we can prevent [...] in real life".[52]

Bd. 7, Nr. 6, 1981, S. 36–40, hier S. 38. Er bezieht sich hier auf Nukewar und das bereits behandelte Spiel B1 Nuclear Bomber derselben Produktionsfirma.

52   Microcomputer Games Inc., Nukewar, o.P.

Der Nuklearkrieg war, um wieder auf die eingangs zitierte Aussage von Brian Sutton-Smith zurückzukommen, in diesem Fall eindeutig als ein Hobby markiert, als ein reizvolles Problem, das zu einem unterhaltsamen Spiel führen sollte. *Nukewar* erkaufte sich damit die Möglichkeit, ein Thema auszuführen, das in der Realität tabu war. Im Wesentlichen transportierte das ‚game‘ von *Nukewar* den Kalten Krieg als Gedankenspiel, den es mit den Mitteln des Computerspiels in populärkulturelle Zusammenhänge übersetzte.

Als Bestandteil der Wissensgemeinschaft der Kriegsspielenden fühlte es sich allerdings auch verpflichtet, eine akkurate Komplexitätsreduktion zu liefern, also Ergebnisse zu generieren, die Rückschlüsse auf die Realität erlauben sollten, in diesem Sinn eben mehr als ein Spiel zu sein. Dies implizierte für die Rezipientinnen und Rezipienten etwa die Möglichkeit, es sich als Training zu denken, als Vorbereitung auf reale Entwicklungen, was die Selbstbezeichnung als Simulation durchaus nahelegte. Im Kontext des beginnenden Zweiten Kalten Krieges, drei Jahre vor *Able Archer*, war *Nukewar* damit ein Spiel, das umso problematischer wurde, je deutlicher es sich als Simulation auswies. Was also für die Entwicklerinnen und Entwickler eine Möglichkeit darstellte, das Reizthema des Entstehungskontextes anzusprechen und zu simulieren – nämlich der Rekurs auf das Spiel und die Simulation – war für die Spielenden selbst und vor allem für ihre Wahrnehmung durch andere, potenziell ein Problem. Titel wie *Nukewar* waren Reaktualisierungen der Diskurse um ‚push-button warfare‘, den ferngesteuerten Krieg und seine Fallstricke. In der US-amerikanischen Presse schien diese diskursive Figur vor allem im Zeitraum von 1945 bis zum Ende der sechziger Jahre Konjunktur gehabt zu haben. In den siebziger und achtziger Jahren schien ‚push-button warfare‘ aus der öffentlichen Diskussion weitgehend verschwunden und tauchte erst wieder im Zuge des Golfkrieges auf.[53] Computerspiele sprachen aber auch während der achtziger Jahre die Frage des Krieges auf Knopfdruck an bzw. schienen, wie die Brettspiele vor ihnen, das geeignete Medium zu sein, dieses Thema zu adressieren.

7.2.3. Von *NATO Commander* bis *Conflict: Europe* – „heißer" Krieg der Supermächte in Computerspielen

Kriegsspiele, die den Kalten Krieg als einen heißen Krieg zwischen den Supermächten bzw. NATO und Warschauer Pakt modellierten, stellen neben den Simulationsspielen von Militärtechnologie, das zweitgrößte Kontingent des hier behandelten Korpus

---

53 Vgl. Rachel Plotnik: Predicting push-button warfare: US print media and conflict from a distance, 1945–2010, in: Media Culture & Society, Bd. 34, Nr. 6, 2012, S. 655–672, hier S. 660.

dar. In diesen Spielen wird der Ernstfall, also das Undenkbare der militärischen Auseinandersetzung zwischen den Supermächten, aus der Perspektive des militärischen Führungsstabes durchgespielt. Szenarien eines heißen Krieges sind zwar oft ebenfalls Grundlagen für Titel, die Kriegsgerät simulieren. Die Besonderheit der hier behandelten Kriegsspiele liegt aber im vergrößerten Maßstab, in der Generalstabsperspektive, die dem ferngesteuerten Krieg spielerische Experimente mit der Eskalation des Kalten Krieges als push-button warfare, versprachen.

Am Spiel *Nukewar* lässt sich die Position ablesen, in die sich Computerspiele in Bezug auf ihren historischen Kontext begaben. Indem das Undenkbare, in diesem Fall die Anwendung strategischer Atomwaffen, bedeutete, die im klassischen Abschreckungsszenario zu ruhen hatten, präsentierte das Spiel eine besondere Instanz des Ernstfalles unter den Bedingungen einer gescheiterten MAD-Doktrin. *Nukewar* läutete mit dem spielbaren Undenkbaren des Nuklearkrieges für Computerspiele eine Periode von etwa fünf Jahren ein, während der es wieder zunehmend denkbar wurde, einen solchen Krieg zu führen. Damit war es auf der Höhe der Zeit. Spätestens mit der Stationierung von Mittelstreckenraketen im Zuge der Umsetzung des NATO-Doppelbeschlusses war deutlich geworden, dass sich die strategischen Debatten der achtziger Jahre um die Frage der Nuklearwaffen kurzer und mittlerer Reichweite, also um die Auswirkung taktischer Nuklearwaffen auf die Strategie drehen würde.[54] Die Frage, wie Computerspiele mit der Möglichkeit des Einsatzes von Nuklearwaffen umgingen, machte Computerkriegsspiele des Kalten Krieges in seiner zweiten Phase problematisch. *Nukewar* formulierte dahingehend die für das Genre grundlegende Problematik: Wie sollte das jeweilige Spiel vor dem Hintergrund der realen Bedrohungen und Ängste während des Zweiten Kalten Krieges den als nicht führbar gedachten Konflikt führbar machen? Wie sollte aus einem dritten Weltkrieg als Abschreckungshypothese ein Spiel mit Gewinnbedingungen, somit ein Nullsummenspiel, werden?

Nukleare Zurückhaltung

In der ersten Hälfte der achtziger Jahre erschienen einige Kriegsspiele, die dieses in *Nukewar* definierte Grunddilemma berührten. Wie *Nukewar* imaginierten diese Spiele den Kalten Krieg der Supermächte in seiner heißen Phase als herkömmlichen Krieg. Sie handelten vom Dritten Weltkrieg und seinem hypothetischen Verlauf und bildeten ein Subgenre der Kriegsspiele, die sich auch mit vergangenen heißen Kriegen des Kalten Krieges, hauptsächlich in Korea und Vietnam, beschäftigten. Computerspiele,

---

54 Vgl. Thomas E. Halverson: The Last Great Nuclear Debate. NATO and Short-Range Nuclear Weapons in the 1980s, Houndmills/London/New York, NY 1995, S. 134–143; Freedman, The Evolution of Nuclear Strategy, S. 365–369.

die eine Eskalation des Konflikts zwischen NATO und Warschauer Pakt ansprachen, befanden sich somit am populärkulturellen Ende desselben Spektrums, in dem auch professionelle militärische Kriegsspiele zu finden waren. Sie befassten sich mit dem Schreiben der synthetischen Geschichte eines hypothetischen Konfliktes[55] und wiesen außerdem gewisse formale Kriterien auf, die sie in die Tradition von Kriegsbrettspielen stellten. Dazu zählten die zumeist rundenbasierten Spielsysteme und die Unterteilung des Spielfeldes in hexagonale Flächen.[56]

NATO Commander, das von Sid Meier entworfen und von der auf Simulations- und Kriegsspiele spezialisierten Firma MicroProse erstmals im Jahr 1983 veröffentlicht wurde, entsprach beispielsweise diesem Muster. Es versammelt die für seine Entstehungszeit maßgeblichen Szenarien des Dritten Weltkrieges.[57] Europa wird darin von den Truppen des Warschauer Paktes angegriffen. Das Feld, auf dem die Truppen bewegt werden können, ist hexagonal aufgebaut. Im Einzelspielermodus befehligen die Spielenden dabei immer die Streitkräfte der NATO und der Computer die Truppen des Warschauer Paktes. Im Zwei-Spieler Modus stehen den menschlichen Spielenden beide Seiten zur Verfügung. *NATO Commander* hat eine funktionale, relativ schmucklose, audiovisuelle Oberfläche, die hauptsächlich mit symbolischen Darstellungen arbeitet. Es remedialisiert jedoch in seiner Spielarchitektur, insbesondere im Handbuch, Nachrichtenmedien seiner Entstehungszeit, wie beispielsweise Meldungen von Presseagenturen.[58] In Bezug auf die zentrale Frage des Einsatzes von Atomwaffen verfügt das Spiel über mehrere Mechanismen der Einschränkung. Bevor sie eingesetzt werden können, bedarf es einer Genehmigung, wobei die Bedingung für ihre Verwendung aus einer militärisch aussichtslosen Situation oder einem Erstschlag des Warschauer Paktes besteht. Das Spiel enthält zudem ein doppelgleisiges Punktesystem, das zwischen einer militärischen und politischen Bewertung unterscheidet und beide Aspekte zu einer Gesamtpunktezahl aufrechnet. Der Einsatz von Atomwaffen mag zwar militärisch gerechtfertigt sein, führt aber dennoch zu Abzügen politischer Punkte. Mit diesen Spielmechanismen schränkt *NATO Commander* die strittige und potenziell kontroverse Frage des Einsatzes von Atomwaffen ein.

In den von der Firma Strategic Simulations Incorporated veröffentlichten Spielen *Reforger 88* und der *When Superpowers Collide*-Serie, die aus den Titeln *Germany 1985*, *RDF 1985*, *Baltic 1985* und *Norway 1985* besteht, kommen Atomwaffen hingegen gar

---

55 Vgl. Allen, War Games, S. 79–91.
56 Vgl. Deterding, Living Room Wars, S. 29–33; Allen, War Games, S. 96.
57 Vgl. Palmer, The NATO-Warsaw Pact competition, S. 568; Allen, War Games, S. 81–86; Freedman, The Evolution of Nuclear Strategy, S. 365–369. Zu den drei grundsätzlichen Strategien der NATO für den Ernstfall vgl. Halverson, The Last Great Nuclear Debate, S. 17.
58 Vgl. Al Duffy/Sid Meier: NATO Commander, 1984, o.P. (Überschrift: News Summary).

nicht erst vor. *Reforger 88* ist nach der gleichnamigen NATO-Übung am Fulda Gap, also der strategisch für eine hypothetische Auseinandersetzung der Supermächte in Europa zentralen Einfallstelle im Umfeld der hessischen Stadt Fulda, benannt. Es konzentriert sich auf den kurzen Zeitraum einer Woche nach dem Eintritt des Ernstfalles, den das im Jahr 1984 erschienene Spiel im Jahr 1988 ansetzt. Die *When Superpowers Collide*-Serie, die von 1982 bis 1985 erschien, hat ebenfalls diesen hypothetischen Konflikt zum Inhalt und lässt die Spielenden ihn in unterschiedlichen Szenarien an verschiedenen Schauplätzen nachvollziehen. Das Handbuch zu *Germany 1985* vermerkte zur heiklen Frage der Einsetzbarkeit von Nuklearwaffen unter der Überschrift „Mines and Nuclear Contamination" beiläufig: „These options are designed for use in future scenarios that will be created for this game, and have no effect in this present scenarios."[59] Offensichtlich war in diesen Spielsystemen kein Platz für Nuklearwaffen, die jede Kampfhandlung zwischen Truppenverbänden sofort aufheben und damit das Spiel beenden konnten. Ebenso geht aber aus dem Satz hervor, dass Szenarien, die Nuklearwaffen integrierten, für zukünftige Titel grundsätzlich angedacht waren. Der Verzicht auf entsprechende Waffensysteme in den vorliegenden Spielen könnte dem Kontext des Zweiten Kalten Krieges geschuldet gewesen sein.

Die in der ersten Hälfte der achtziger Jahre erschienenen Computerkriegsspiele über den hypothetischen Konflikt zwischen den Supermächten hatten also gemeinsam, dass sie Nuklearwaffen nicht oder nur eingeschränkt einsetzbar machten. Sie brachen das nukleare Tabu in der Regel also nicht, sondern schienen sich stattdessen auf den Simulationsaspekt eines hypothetischen herkömmlichen Krieges zwischen NATO und Warschauer Pakt zu konzentrieren. Abgesehen von den moralischen Überlegungen, die der Grund für diese Zurückhaltung gewesen sein mochten, bedeuteten Nuklearwaffen auch, ganz pragmatisch aus der Designperspektive gedacht, ein Dilemma für die Spielsysteme. Einem nuklearen Schlagabtausch mangelte es, aufgrund der zerstörerischen Kraft der Waffen, in der Regel an strategischer und vor allem taktischer Tiefe.[60] Was die übrigen Eckpunkte betrifft, integrierten die populären Computerkriegsspiele jedoch die gängigen Hypothesen ihrer Entstehungszeit und schrieben damit an der Version der synthetischen Geschichte der Zukunft, wie sie in der ersten Hälfte der 1980er Jahre imaginiert wurde, mit. Als Kriegsschauplatz kam beinahe ausschließlich Europa in den Fokus. Das entsprach spätestens seit dem NATO-Doppelbeschluss den Ängsten der Bevölkerung und der Friedensbewegung,

---

59   Strategic Simulations Inc.: Player Manual. When Superpowers Collide. Germany 1985, Mountain View, CA 1981, S. 10. Die Spiele der Reihe bauten mehr oder weniger auf demselben Grundprinzip bzw. Spielmodell auf, so dass die entsprechende Passage als repräsentativ für alle Teile gelten kann.

60   Thomas Allen zitiert ein Gespräch mit einem Spielentwickler, der über den Atomkrieg ausführte, „[it] has only two data points – Hiroshima and Nagasaki." Allen, War Games, S. 99.

ebenso wie den tatsächlichen Strategien und Prognosen.[61] Alle hier vorgestellten Titel gingen zudem von der zahlenmäßigen Überlegenheit des Warschauer Paktes und seiner Strategie des Überrollens der NATO-Truppen in Westeuropa aus.[62]

Mit *Theatre Europe*, einer Produktion der britischen Firma Personal Software Services, erschien im Jahr 1985 ein Computerkriegsspiel, das mit diesem Muster brach. Auf den ersten Blick wirkte es wie ein relativ unauffälliger Vertreter seiner Art. In einem wohlbekannten Szenario befehligen die Spielenden wahlweise die Truppen der NATO oder des Warschauer Paktes in den ersten dreißig Tagen eines hypothetischen Konfliktes auf europäischem Boden. Die Besonderheit lag neben der Tatsache, dass wahlweise Elemente eines Geschicklichkeitsspiels in seine Strategiespielmechanik integriert werden konnten, vor allem darin, dass es Nuklearwaffen verfüg- und einsetzbar machte.

Theatre Europe schien auf den Punkt bringen zu wollen, worum die anderen Computerkriegsspiele nur kreisten, nämlich die Verwendung von taktischen und strategischen Nuklearwaffen auf dem Schlachtfeld der unmittelbaren Zukunft. Es nutzte das Kriegsspielgenre um eine Aussage zu treffen, die, noch expliziter als bei den anderen hier vorgestellten Beispielen, mit dem politischen Klima seiner Entstehungszeit verbunden war. Das Erscheinungsdatum weist darauf hin, dass mit seiner Entwicklung mitten im Zweiten Kalten Krieg begonnen worden war. Aus dem Handbuch des Spiels ist der Anspruch der möglichst akkuraten Repräsentation eines möglichst wahrscheinlichen Szenarios und damit ein Qualitätsanspruch ablesbar, der typisch für Simulationsspiele zu sein scheint. Ein gutes Simulationsspiel zeichnete sich dadurch aus, dass es sinnvolle Komplexitätsreduktionen vornahm, die durch eine akkurate und in der Realität begründete Datenlage gerechtfertigt waren. Im vorliegenden Fall schloss dies Nuklearwaffen in ihrer ganzen moralischen und letztlich auch spielmechanischen Problematik mit ein:

„The nuclear aspect of the game presented many problems. We felt it was unrealistic for the game to have no nuclear attacks, but we did not want the game to degenerate into nuclear 'ping-pong'. The threat of nuclear attacks will limit the players options and we feel this is how it should be. You will find that nuclear strike capability is a two-edged sword. It gives you great power in attack or defence, but each use will make the start of an all-out nuclear war more likely. [...] We do not believe a computer game should be used as a platform to make political statements and have bent over backwards (in some cases with sunglasses on) to be impartial in our treatment of

---

61 Vgl. Palmer, The NATO-Warsaw Pact competition, S. 544f.; Freedman, The Evolution of Nuclear Strategy, S. 381–383.

62 Vgl. Heuser, Victory in a Nuclear War, S. 313–320; Palmer, The NATO-Warsaw Pact competition, S. 568; Freedman, The Evolution of Nuclear Strategy, S. 365–369.

the subject. We will leave you with one final problem: Identify the planet described below: Two thirds of the planet's population are starving to death. Some of the remaining third destroy foodstocks to maintain prices. The planet's population is also split into two armed camps, who between them have the nuclear equivalent of 3.5 TONS of TNT for EVERY man, woman and child on the planet."[63]

Außerdem stand in einer Art Disclaimer ganz am Ende des Handbuches zu lesen: „Whilst the producers of Theatre Europe have taken every care in researching this program to ensure the accuracy of details, we must stress that the events depicted in this conflict simulation are entirely fictitious – They must never be allowed to happen, the danger is that they might!"[64]

In diesen Passagen ähnelten die Beschreibungen den entsprechenden Stellen im Handbuch zu *Nukewar*. Auch *Theatre Europe* begab sich in die für Computerspiele charakteristische Position des neutralen Beobachters, der für sich beanspruchte, lediglich tatsächliche Zusammenhänge aufzuzeigen. Der Einsatz von Nuklearwaffen war dabei für die Entstehungszeit relativ aufwendig inszeniert. Ob es sich also um einen abschreckenden, realitätsgetreuen oder voyeuristischen Zugang handelte, ist letztlich nicht zu beantworten. Die Überlegung liegt aber nahe, dass *Theatre Europe* mindestens zwei diskursive Positionen und damit Absatzmärkte zu bedienen versuchte. Zum einen enthielt das Spiel den für viele Spielende sicherlich reizvollen Tabubruch des nuklearen Krieges. Zum anderen versprach es eine sachlich möglichst genaue und gewissermaßen leidenschaftslose und unpolitische Simulation, was vermutlich potenzielle Kundinnen und Kunden aus der Gemeinschaft der Kriegsspielenden ansprechen sollte. Die Entwicklerinnen und Entwickler selbst zogen sich auf die Position zurück, nur zeigen zu wollen, was im Ernstfall passieren könnte. Im Klima des Zweiten Kalten Krieges stellte dies für eine breitere Öffentlichkeit allerdings keine akzeptable Diskursposition dar, da der Nuklearkrieg aus dieser Sicht durch seine im Spiel demonstrierte Machbarkeit verharmlost wurde. Das Spiel landete in Deutschland auf dem Index. „Nach Meinung des Antragstellers", heißt es in der Entscheidung der Bundesprüfstelle für jugendgefährdende Schriften (BPjS), „wird mit dem verfahrensgegenständlichen Spiel erstmals der Atomkrieg zu einem Spielinhalt gemacht. […] Krieg sei zu einem Spiel verkommen, bei dem es lediglich um taktisch-strategische Überlegungen gehe. Maßstäbe jugendlicher Spielanwender müßten dadurch zwangsläufig in Mitleidenschaft gezogen werden."[65] In seinem Herstellungsland Großbritannien wurde

---

63 P.S.S.: The Ultimate Conflict Simulation. Theatre Europe. Wargamers Series. Instruction Booklet, Coventry 1985, S. 12f.

64 Vgl. ebd., S. 16.

65 BPjS, Entscheidung Nr. 2675 (V) vom 26.09.1986, bekanntgemacht im Bundesanzeiger Nr. 181 vom 30.09.1986, S. 3.

Abb. 17: Verpackung des Spiels *Conflict: Europe*

das Spiel zudem aufgrund der Möglichkeit, Atomwaffen zu verwenden, kontrovers von der Friedensbewegung und der Boulevardzeitung *The Sun* aufgenommen.[66]

Theatre Europe zeigt, dass für Computerspiele die vom hypothetischen Konflikt zwischen dem Warschauer Pakt und der NATO handelten, der Einsatz von Nuklearwaffen eine entscheidende Frage war. Das Spiel markierte dabei in Bezug auf diese Frage einen Höhe- und Umschlagpunkt in der Mitte der achtziger Jahre.

Spiel mit dem Ernstfall

In der zweiten Hälfte der achtziger Jahre, in der sich das Klima zwischen den Supermächten allmählich von Konfrontation zu Kooperation und Abrüstung wandelte, schien sich das Spektrum der Spiele, die den Ernstfall thematisierten, stärker aufzufächern. Je mehr sich die Wahrscheinlichkeit einer nuklearen Eskalation in der Realität verringerte, umso unbekümmerter und provokativer wurden die Varianten in den Spielen.

Der Produktionszyklus der Spiele, die auf das Klima der zweiten Hälfte der achtziger Jahre reagierten oder in diesem Kontext entstanden, schien dabei in den späten achtziger Jahren an sein Ende gekommen zu sein. *Theatre Europe* war so gesehen durchaus seiner Zeit voraus. Deswegen hatte es wohl auch eine gewisse Logik, dass das Spiel in einer Neuauflage unter dem Titel *Conflict: Europe* im Jahr 1989 erschien.

Conflict: Europe war im Wesentlichen eine insbesondere in audiovisueller Hinsicht an die aktuellen technischen Möglichkeiten angepasste Variante von *Theatre Europe*. Das Spiel wies eine aufwendigere und detailliertere audiovisuelle Präsentation und ei-

---

66 Vgl. Theatre Europe, in: Wikimedia Foundation (Hrsg.): Wikipedia. The Free Encyclopedia, 29.09.2019, URL: https://en.wikipedia.org/wiki/Theatre_Europe (Stand: 01.08.2020).

nige Modifikationen der Spielmechanik auf. Das grundsätzliche Spielmodell wurde aber übernommen. So enthält das Handbuch bis auf leichte Modifikationen passagenweise einen weitgehend identischen Text; auch die Möglichkeit, Atomwaffen einzusetzen, das kontroverse Hauptmerkmal des Vorgängers, blieb erhalten.

Allerdings wies nicht zuletzt die Gestaltung der Verpackung mit dem Motiv eines kybernetischen Soldaten, der über ein verwüstetes Schlachtfeld läuft, bereits im Offline-Spielraum deutlich darauf hin, dass sich Entwicklerinnen und Entwickler mit *Conflict: Europe* ganz bewusst in den Bereich der Fiktion begaben. Obgleich das Handbuch wie bei *Theatre Europe* noch davon spricht, dass die Spielenden anhand des Spiels den hypothetischen Konflikt studieren könnten und die bereits zitierte Passage der Charakterisierung des Planeten Erde beinahe unverändert enthalten blieb, wies die Verpackungsgestaltung eindeutig darauf hin, dass der Nuklearkrieg hier maßgeblich aus kommerziellen Erwägungen integriert wurde, man also mit der Anziehungskraft des Undenkbaren spekuliert hatte.

Dieser Umstand fiel im Übrigen auch der zeitgenössischen Fachpresse und hier insbesondere deutschen Journalistinnen und Journalisten auf. In der Besprechung der MS-DOS Version des Spiels in der Ausgabe der Zeitschrift *Aktueller Software Markt* vom April des Jahres 1990 hielt der Rezensent fest:

> „CONFLICT EUROPE, damit wir uns nicht mißverstehen, ist ein wohl durchdachtes und ansprechendes Strategie-Programm, das auch auf die Gefahren einer atomaren Auseinandersetzung verweist (im Titelbild und Vorspann). Dennoch müssen sich die Macher etwas von dem heißen Thema versprochen haben (siehe auch die Verpackungsgestaltung!), sonst hätte man das strategische Geschehen einfach ins Space-Alien-Zeitalter oder nach Waterloo verlagert."[67]

Aus dieser Passage ist der besondere Status des Nuklearkrieges als synthetischer Geschichte, zumal in Zeiten des Systemkonfliktes, ersichtlich. Selbst wenn sie sich als Spiel markierte, lag die hinter der Simulation der nuklearen Eskalation stehende Realität weder weit genug in der Vergangenheit noch in der Zukunft, um als Spielinhalt gerechtfertigt zu erscheinen. Die synthetische Geschichte des Kalten Krieges als eskaliertem Nuklearkrieg besaß offensichtlich noch im Jahr 1990 genug Strahlkraft, um nicht unwidersprochen zu bleiben. Besprechungen der im Jahr 1989 veröffentlichten Atari-ST Version bezeichneten es ebenfalls als geschmacklos und aufgrund der Thematik furchterregend, wenngleich bereits eingeschränkt wurde, dass die Wahrscheinlichkeit

---

67 Manfred Kleimann: Konvertierungen auf einen Blick, in: Aktueller Software Markt, Nr. 4, 1990, S. 54–58, hier S. 58.

Abb. 18: Auswahlmenü des Spiels *Nuclear War*

des vorgestellten Szenarios angesichts der weltpolitischen Ereignisse sehr gering sei.[68] *Conflict: Europe* nutzte also das Klima der Entspannung, um die Eskalation mit den neuesten technischen Mitteln auf die Spitze zu treiben.

Das ebenfalls im Jahr 1989 erschienene Spiel *Nuclear War* verfuhr im Grundsatz ähnlich wie *Conflict: Europe*, trieb den Nuklearkrieg aber mit satirischen Mitteln auf die Spitze. Die Spielenden konnten aus einer Gruppe von Anführern der Gegenwart oder der jüngeren Vergangenheit auswählen, um in die Rolle eines Regierungsoberhauptes zu schlüpfen und sich einen nuklearen Schlagabtausch mit drei anderen Staatsoberhäuptern zu liefern.

In den Darstellungskonventionen erinnert das Spiel an die damals populäre britische TV-Sendung *Spitting Image*, was einen satirischen Blick auf die politischen Entscheidungsträger eröffnete, die als überzeichnete Comic-Figuren, als Karikaturen und Witzfiguren auftraten. Die Namen der Regierungschefs sind humoristische Varianten ihrer dennoch leicht erkennbaren realweltlichen Vorbilder (Ronny Raygun, Gorbachef, Infidel Castro usw.). Das Spielsystem ist ganz auf die nukleare Eskalation ausgerichtet.

Die Gewinnbedingung besteht darin, den nuklearen Schlagabtausch als Nation zu überleben, wobei die am Ende eines Spiels verbliebene Bevölkerung und Infrastruktur zu einer Punktezahl aufgerechnet werden. Dass es sich um Satire handelt, ist aufgrund der Spielarchitektur, nicht zuletzt der Introsequenz offensichtlich, die den Bombenritt aus Stanley Kubricks *Dr. Strangelove* nachstellt. Aber auch spielmechanische Elemente wie die Möglichkeit, Kühe als Geschosse einzusetzen, weisen darauf hin, dass es *Nuclear War* primär darum ging, die Absurdität des Nuklearkrieges mit satirischen Mitteln offen zu legen. Das Spiel ist im Übrigen die Versoftung eines gleichnamigen Kartenspiels von 1965, das eine ähnliche satirische Ausrichtung hatte. Es konnte damit an den älteren Bedeutungsgehalt anschließen und ihn für die achtziger Jahre aktualisieren.[69] Neben den verbesserten technischen Möglichkeiten, die in der zweiten Hälfte der achtziger Jahre im Bereich der Heimcomputer Einzug hielten und *Nuclear War* seine satirischen Darstellungen ermöglichten, lässt sich annehmen, dass es die Entspannung

68 Vgl. Anatol Locker: Conflict Europe, in: Power Play, Nr. 11, 1989, S. 50; Manfred Kleimann: Was wäre wenn?, in: Aktueller Software Markt, Nr. 10, 1989, S. 88.

69 Vgl. Nutzer ‚Tomer Gabel‘/‚mobster_lobster‘: Nuclear War, in: Blue Flame Labs (Hrsg.): MobyGames, Rubrik: Games, URL: http://www.mobygames.com/game/nuclear-war (Stand: 01.08.2020).

zwischen den Supermächten war, die dem Spiel eine einigermaßen unverfängliche diskursive Position für seine überspitzte Variante der nuklearen Eskalation bot.

Beide Spiele, *Conflict: Europe* und *Nuclear War*, lagen der deutschen Bundesprüfstelle für jugendgefährdende Schriften zur Prüfung vor, die Verfahren wurden aber eingestellt. Wenngleich die Gründe für die Einstellung nicht mehr ermittelbar sind, lässt sich aufgrund der Tatsache, dass beide Spiele wenige Jahre zuvor eindeutig dem Indizierungsmuster entsprochen hätten, schlussfolgern, dass das Thema des eskalierten Nuklearkrieges zur Zeit ihrer Veröffentlichung an Brisanz verloren hatte.

Das erstmals im Jahr 1990 veröffentlichte Kriegsspiel *Command H.Q.* brachte die historische Phase der Überlagerung von realen Befürchtungen und hypothetischen Spielszenarien zu einem Abschluss. Der Konflikt zwischen NATO und Warschauer Pakt wurde darin in eine Reihe mit anderen historischen Konflikten wie dem Zweiten Weltkrieg gestellt und erhielt mit dem Jahr 1987 ein definitives Datum.[70] Hatten Spiele wie die *When Superpowers Collide*-Serie noch auf ein in der Zukunft liegendes Datum für den hypothetischen Konflikt verwiesen, lag ein zwischen den Hauptkontrahenten USA und UdSSR ausgetragener Dritter Weltkrieg und damit auch der heiß gewordene Kalte Krieg, hier in der Vergangenheit. In *Command H.Q.* wurde ein hypothetischer Konflikt dessen Aktualisierungspotenzial zum Veröffentlichungszeitpunkt des Spiels bereits ausgelaufen war, zur Geschichte einer möglichen Zukunft und damit endgültig zu synthetischer Geschichte. Das Handbuch konnte in diesem Fall konstatieren: „With the recent developments in the Communist bloc, it has become apparent that the 'World War III' thought to be imminent from 1950 to 1988 will never occur."[71] Und es schien wichtig festzuhalten, „World War III did not happen because, when crises occurred, world leaders displayed acumen superior to that of the glorified bureaucrats ruling in 1914."[72] Der Kalte Krieg wurde hier als langer Frieden und kooperative Meisterleistung festgeschrieben. Er erhielt also schon die Form einer historischen Erzählung, deren Teil nunmehr auch die Szenarien eines dritten Weltkriegs geworden waren. Beinahe beiläufig weist das Handbuch darauf hin, dass in *Command H.Q.* Nuklearwaffen verwendet werden können. Anlass zu Erklärungen wie in *Theatre Europe* oder *Nukewar* bot dieser Umstand aber offensichtlich nicht mehr.[73]

Neben der kommerziell motivierten Radikalisierung der Darstellung in *Conflict: Europe*, dem Ernstfall als Satire in *Nuclear War* und seiner Historisierung in *Command H.Q.* kamen in der zweiten Hälfte der achtziger Jahre einige Spiele auf den Markt, die,

---

70   Beatrice Heuser geht davon aus, dass sich die sowjetische Strategie in diesem Jahr in Richtung Entspannung veränderte. Vgl. Heuser, Victory in a Nuclear War, S. 322.
71   Sandy Petersen/Douglas Kaufman: Command H.Q. Rules of Play, Hunt Valley, MD 1990, S. 69.
72   Ebd., S. 68.
73   Ebd., S. 43, 45.

wohl aufgrund ihrer Produktionszeit, den weltpolitischen Ereignissen hinterherhinkten und gewissermaßen von der Geschichte überholt wurden. In *Red Lightning* aus dem Jahr 1989 ging der Kalte Krieg ungebrochen weiter. Das von der Firma Strategic Simulations Incorporated entwickelte und veröffentlichte Spiel aktualisierte ihr mittlerweile bewährtes spielmechanisches Muster, präsentierte inhaltlich aber zum wiederholten Mal einen Konflikt zwischen NATO und Warschauer Pakt in Zentraleuropa, den das Spiel nunmehr in die neunziger Jahre verlegte. Wie bei seinen Vorgängern spielten Nuklearwaffen in *Red Lightning* keine Rolle. Der restliche Bestand verfügbarer Waffen wurde um aktuelle Militärtechnologie ergänzt. Das zugrundeliegende Szenario, welches in einer hypothetischen Zukunft stattfindet, erwies sich im Jahr 1989 als deutlich obsolet. Der Rezensent des Magazins *Amiga Joker* fragte, nachdem er die Aktualität des Spielszenarios angezweifelt hatte, folgerichtig: „Red Lightning also ein weiteres Opfer von Michail Gorbatschows Perestroika-Politik?"[74]

Die erstmals im Jahr 1988 veröffentlichte Versoftung von Tom Clancys Roman *Red Storm Rising* drehte sich ebenfalls um einen hypothetischen dritten Weltkrieg zwischen den USA und der UdSSR. Obwohl es sich bei dem Spiel eigentlich um eine U-Boot Simulation handelt, lässt sich argumentieren, dass hier das zugrundeliegende Sequenzen die eigentliche Hauptattraktion bildet. War der Roman in seinem Erscheinungsjahr 1986 noch einigermaßen brisant, war das Spiel, das den weiteren Weltkrieg in mehreren Szenarien ins Jahr 1996 verlegt, damit nicht mehr wirklich zeitgemäß. Das im Handbuch enthaltene Vorwort von Tom Clancy bemühte sich noch darum, dem Konfrontationsszenario Aktualität zu verleihen, indem es die Möglichkeit des Scheiterns des Friedens- und Abrüstungsprozesses thematisierte.[75] Und die Besprechung des Spiels in der deutschen Zeitschrift *Aktueller Software Markt* zeigte sich immerhin empört wegen des Szenarios, das in realiter „jedenfalls bald zum atomaren Holocaust eskalieren"[76] würde. Die englischen Besprechungen fielen allerdings schon wesentlich entspannter aus,[77] auch die deutschen der in den Folgejahren erschienenen Versionen des Spiels registrierten „die (mittlerweile ja total überholte) Hintergrundgeschichte"[78] und gaben sich ganz generell eher unbeeindruckt.[79]

---

74 Werner Hiersekorn: Red Lightning, in: Amiga Joker, Nr. 12, 1989, S. 37.

75 MicroProse: Red Storm Rising. Nuclear Attack Submarine Combat Operations, Hunt Valley, MD 1988, S. 3.

76 Thorsten Blum: Gnadenlos, in Aktueller Software Markt, Nr. 12, 1988, S. 76.

77 Vgl. beispielsweise Red Storm Rising, in: Commodore User, 1988, S. 30f.; Trenton Webb: Red Storm Rising, in: ST Format, Nr. 5, 1989, S. 33. Dazu ist noch zu bemerken, dass die deutsche Presse generell wesentlich sensibler auf Spiele mit Eskalationsszenarien reagierte, als dies bei der englischen und amerikanischen Presse der Fall war. Dies ist vermutlich nicht zuletzt damit zu erklären, dass Deutschland in beinahe jedem hypothetischen Konflikt das Schlachtfeld war.

78 Max Magenauer: Red Storm Rising, in: Amiga Joker, Nr. 10, 1990, S. 44.

79 Vgl. Nutzer ‚Shawn McDonie'/,80'/‚William Shawn McDonie'/‚Terok Nor': Red Storm Rising. Re-

Die Versoftung des vom Schicksal einer US-amerikanischen Panzereinheit in einem dritten Weltkrieg handelnden Planspiel-Romans *Team Yankee* von Robert Coyle kann als ein weiteres Opfer der Perestroika und Entspannung verstanden werden. Die Produktion des britischen Studios Oxford Digital Enterprises, die zuvor auch *Hunt for Red October* versoftet hatten, konnte wohl, nachdem der Roman erst 1987 erschienen war, von Anfang an kaum mit den historischen Entwicklungen mithalten. „Bei etwas mehr an prophetischer Gabe des Autors", schrieb der Rezensent in der Januar Ausgabe des *Aktuellen Software Markt* von 1991, „hätte diese hervorragend in Szene gesetzte Simulation vielleicht in der arabischen Wüste gespielt",[80] womit er auf den Zweiten Golfkrieg anspielte. Stimmen, die sich wie in der Besprechung des Spiels im deutschen Magazin *Power Play* aus moralischen Gründen am Spielszenario stießen, bildeten eher die Ausnahme.[81]

Selbst nach dem Zusammenbruch der Sowjetunion im Jahr 1991 wurde der Kalte Krieg in Computerspielen weiterhin als synthetische Geschichte eines hypothetischen Konfliktes behandelt. Des Öfteren nahmen aber fiktive Nationen oder einfach nur die Farben Rot und Blau den Platz der Sowjetunion und der USA ein, mitunter ersetzte auch Russland die UdSSR.[82] Spätestens seit den Revolutionen von 1989 waren diese Computerspiele mit militärischen Planspielen aber kaum noch gefährlich oder kontrovers. Die populärkulturelle Variante der synthetischen Geschichte des Krieges zwischen den Supermächten in Computerspielen wurde somit im Sinne einer „Marke Kalter Krieg" selbst ein Teil der Geschichte des Kalten Krieges.[83] Das mit dem eskalierten Krieg zwischen den USA und der Sowjetunion verbundene Schaudern vor dem Ende menschlicher Zivilisation hat sich als Emotion fest in die entsprechenden Szenarien eingebrannt und ist, wie beispielsweise das aus dem Jahr 2006 stammende Spiel *Defcon* belegt, verbunden mit der Erinnerung an und die Wahrnehmung des Kalten Krieges selbst. Seine synthetische Geschichte ist fixer Bestandteil seiner tatsächlichen Geschichte als Geschichte einer Epoche, in der Simulation und Realität zusammenzufallen drohten.

---

views, in: Blue Flame Labs (Hrsg.): MobyGames, Rubrik: Games, URL: http://www.mobygames.com/game/amiga/red-storm-rising/mobyrank (Stand: 01.08.2020).

80   Dirk Fuchser: Amis gegen Russen, in: Aktueller Software Markt, Nr. 1, 1991, S. 54.

81   Vgl. Volker Weitz: Hilfe die Russen kommen. Team Yankee, in: Power Play, Nr. 12, 1990, S. 38.

82   Vgl. The Final Conflict aus dem Jahr 1990, Conflict aus dem Jahr 1989 und Third World War aus dem Jahr 1994.

83   Vgl. Eugen Pfister: Cold War Games™. Der Kalte-Krieg-Diskurs im digitalen Spiel, in: Arbeitskreis Militärgeschichte e.V. (Hrsg.): Portal Militärgeschichte, 10.04.2017, URL: http://portalmilitaergeschichte.de/pfister_coldwargames (Stand: 01.08.2020).

7.3. Invasion im Alleingang und der soldatische Kalte Krieg

7.3.1. Invasion und Infiltration als populäre Motive

Spielszenarien, die sich auf die Infiltration bzw. Invasion eines feindlichen Gebietes konzentrieren, stellen eine Kombination der bisher behandelten Typen und eine Variation des Ernstfalles des Kalten Krieges in Computerspielen dar. Sie sind, wie der Nuklearkrieg, ein Teilbereich des Undenkbaren und damit ein Tabuthema. Wie im Fall der Szenarien des Nuklearkrieges wurden auch Invasions- und Infiltrationsfantasien in der Populärkultur ausgelebt und durchgespielt. Die Motive, die entstanden, wenn das Undenkbare als Invasion oder Infiltration gedacht wurde, waren aber kategorial anders gelagert als Szenarien eines nuklearen Schlagabtausches. Die größtmögliche Übersicht, nach der die Generalstabsperspektive strebte, wich hier dem subjektiven Blick des Fußsoldaten und Einzelkämpfers, der dennoch vor dem Hintergrund des globalen Systemkonfliktes agierte.

Das Drama, das durch diese Änderung des Blickwinkels entstand, fokussierte zumeist auf den Einsatz körperlicher Kampfhandlungen, um einzelne Aufträge zu erfüllen, die dem Muster des soldatischen Kampfes herkömmlicher Kriegsführung entsprachen und zum Resultat hatten, dass die Eskalation auf höchster Ebene verhindert werden konnte. Dies entsprach einem dramaturgischen Muster des Actionkinos der achtziger Jahre, in dem immer öfter privat agierende Spezialisten von zumeist verzweifelten Regierungen angeheuert wurden, um in deren Auftrag die Welt zu retten.[84]

Dass der Ernstfall eines heißen Krieges zwischen den Supermächten zugleich als Invasion und Infiltration gedacht wurde, war in den militärischen Planungen der NATO und des Warschauer Paktes bereits seit Mitte der sechziger Jahre evident.[85] Für die Sowjetunion, deren strategisches Denken auch von historischen Erfahrungen, insbesondere des Zweiten Weltkriegs, geprägt gewesen war, sollte der Ostblock unter anderem eine Pufferzone gegen solche Invasionen darstellen. Die Kernstrategie der militärischen Planungen des Warschauer Paktes für den Ernstfall enthielt selbst den Aspekt der Invasion in Form des schnellen Vordringens auf westeuropäisches Gebiet, um den atomaren Erstschlag der Gegenseite zu verhindern.[86] Dieses Kernszenario einer Einmarsches von Truppen des Warschauer Paktes an mehreren neuralgischen Punkten Westeuropas wie der hessischen Stadt Fulda oder der norwegisch-russischen Grenze fand sich, wie bereits gezeigt, in Computer-

---

84 Das gilt etwa für die Filme Rambo II und III sowie die Fernsehserien MacGyver und Knight Rider.
85 Vgl. Palmer, The NATO-Warsaw Pact competition, S. 535–536, 543.
86 Vgl. ebd., S. 546–553.

kriegsspielen wieder. Das Eindringen feindlicher Mächte in das eigene Staatsgebiet wurde
also auf beiden Seiten des Eisernen Vorhangs als Bedrohung gesehen.[87]

Die Form der Invasion, die hier von Interesse ist, bezieht sich aber nicht primär auf
Militärstrategien, sondern ist vor allem in den Szenarien des populären Actionkinos
der achtziger Jahre zu finden. Ein sowjetisches Vordringen auf US-amerikanisches Territorium ist ein beinahe schon traditionell zu nennendes Sujet in der Populärkultur,
das in dem Jahrzehnt in Form von Szenarien offener Invasion, wie beispielsweise im
Film *Red Dawn*, (re-)aktiviert wurde.[88] In diesen Darstellungen wird die Perspektive
des Invasionsszenarios häufig eingeengt auf ein heroisches Individuum. Analog zum
populären Bild der operativen Geheimdienstarbeit handelt es sich um Einzelmissio-
nen und die Einführung des soldatischen Prinzips des Kampfes Mann gegen Mann in
den Kalten Krieg. Dieses Muster ist in einigen Spielen zu finden und wird zumeist in
eine Spielmechanik übersetzt, die Pias zeitkritisch nennt. Spiele dieses Typs setzen Reaktionsgeschwindigkeit und die Fähigkeit voraus, in wechselnden Situationen schnell
Entscheidungen treffen zu können, und fokussieren damit auf Aspekte der Bewegung
und Kinästhesie, wie sie aus dem Actionkino bekannt sind.

Im Folgenden wird das vor allem in den zeitgenössischen Diskursen berüchtigte
Spiel *Raid over Moscow* als herausragendes Beispiel der nach dem etablierten Muster
durchgeführten Analyse dienen. Der weitere Überblick, der in diesem Fall wieder etwas
knapper gehalten ist, soll zeigen, wie das Motiv der Invasion im Alleingang zu einer
fixen Größe der Computerspiele über den Kalten Krieg wurde, die schließlich sogar
über den Kalten Krieg hinauswies.

7.3.2. *Raid over Moscow* – Durchsetzung des Gleichgewichts

Das Spiel *Raid over Moscow* wurde erstmals 1984 für den Commodore 64 und danach
auch für andere Plattformen veröffentlicht. Es stammte von der US-amerikanischen
Firma Access Software, die sich insbesondere durch das Spiel *Beach Head*, das die Spielenden in die Lage versetzte, eine militärische Landung auf einer fiktiven karibischen
Insel durchzuführen, einen Namen gemacht hatte.

Raid over Moscow ist ein typisches populärkulturelles Produkt des Zweiten Kalten
Krieges. Für den Kontext des Spiels ist wiederum entscheidend, dass sich auf beiden

---

87   Vgl. Heuser, Victory in a Nuclear War, S. 320f.
88   Neben Red Dawn und Invasion U.S.A. findet sich dieses Motiv beispielsweise auch in der Serie
      Amerika. Vgl. Richard A. Schwartz: Cold War Culture. Media and the Arts, 1945–1990, New York,
      NY 2000, S. 10.

Seiten des Eisernen Vorhanges die Vorstellung eines führbaren Atomkrieges wieder stärker etablieren konnte. Neben den Varianten und Szenarien eines Schlagabtausches der Supermächte auf strategischer Ebene entstanden parallel um die Mitte der achtziger Jahre populärkulturelle Darstellungen, die eine solche Auseinandersetzung aus der Sicht eines Einzelkämpfers imaginierten. Dazu zählen etwa die Filme der *Rambo*-Reihe, die in ihrem dritten Teil das Einsatzgebiet des Titelhelden nach Afghanistan verlegte und ihn damit gegen die dort agierende sowjetische Armee ins Feld schickte. Ein weiteres Beispiel ist der US-amerikanische Film *Red Dawn*, der den Widerstandskampf einer Gruppe amerikanischer Jugendlicher nach der Invasion der USA durch sowjetische und kubanische Truppen inszeniert. Die eindeutig als Antwort auf diese westlichen Blockbuster konzipierte, sowjetische Produktion *Im Alleingang*, in der ein sowjetischer Soldat einen dritten Weltkrieg verhindert, folgt einer ähnlichen Logik des Einzelkämpfers.

Wesentlich für diese Beispiele ist, dass sie Variationen eines sogenannten ‚closed world drama‘ darstellen. Unter der Voraussetzung, dass der Kalte Krieg vor allem als Auseinandersetzung zweier abgeschlossener Systeme, eben geschlossener Welten, gedacht wurde, ist das Element der Durchdringung ihrer Außengrenzen insofern dramatisch, als dadurch potenziell die Ordnung und Balance des gesamten Systems gefährdet wird.[89] Diese Motivlage verband sich mit der Tatsache, dass der Kalte Krieg als Konflikt zwischen den Supermächten in der Regel nicht mit konventionellen Vorstellungen des Soldatentums aufgeladen wurde. Der Aspekt individueller Kampfhandlungen trat für die längste Zeit seiner Dauer hinter den systemischen Charakter der auf großen Waffensystemen beruhenden Planungen zurück. Das Soldatentum bildete die Kehrseite dieses systemischen Charakters, verkörperte den menschlichen Faktor der Kriegsführung mit all seinen Instinkten und Intuitionen, die angesichts des Fokus auf militärische Technologien und mathematisch optimierte Planungen verloren zu gehen schienen oder verloren zu gehen drohten.[90]

Für die Verhandlung des Soldatischen in der US-amerikanischen Populärkultur während des Kalten Krieges dieser Zeit erwiesen sich besonders die Nachwirkungen des Vietnamkrieges als prägend. Dies erfolgte vor allem insofern, als der US-amerikani-

---

89 Vgl. Paul N. Edwards: The Closed World. Computers and the Politics of Discourse in Cold War America, Cambridge, MA 1996, S. 307.

90 Exemplarisch für diese Opposition ist die äußerst kritische Wahrnehmung der Methoden von Robert McNamara, dem Verteidigungsminister unter John F. Kennedy, durch das Militär. Vgl. Kaplan, The Wizards of Armageddon, S. 248–257. Vgl. auch Ghamari-Tabrizi, Simulating the Unthinkable, S. 163–170, die zu dem Schluss kommt, dass letztlich Intuition im Kontext der Kriegsspiele ebenfalls einen wichtigen Faktor bildete. Vgl. auch Daniel Ellsbergs Schilderung eines Gesprächs mit Curtis LeMay in Daniel Ellsberg: The Doomsday Machine. Confessions of a Nuclear War Planner, New York, NY 2017, S. 112f.

sche Einsatz in Vietnam im Allgemeinen als Niederlage galt und dieser Umstand dem aus dem Zweiten Weltkrieg stammenden heroischen (Selbst-)Bild US-amerikanischer Soldaten einen Schlag versetzt hatte. Den angeführten Beispielen aus dem Actionkino, die weitgehend auf der Linie der neokonservativen Politik der Reagan-Administration lagen, ging es darum, den Kalten Krieg als klassischen Krieg zu imaginieren. Dadurch erlaubten solche Filme einen historischen Brückenschlag zu Formen des Heroismus, die nach dem Vietnamkrieg verloren schienen.[91] Filme wie *Red Dawn* illustrierten und untermauerten durch die Mobilisierung soldatischer Tugenden und des einzelkämpferischen Heroismus die These des führbaren Kalten Krieges, der sich tatsächlich gewinnen ließ.[92] Der menschliche Faktor konnte in solchen soldatischen Szenarien, wie im sowjetischen Beispiel *Im Alleingang*, aber auch eingreifen, um den Status quo der gegenseitigen Abschreckung durch die Pattstellung im Bereich der großen Waffensysteme zu bewahren.

Raid over Moscow ist vor diesem Hintergrund, das wurde bereits in zeitgenössischen Stimmen deutlich, als ein kontroverses Spiel zu beurteilen. In Finnland löste es nach seiner sehr erfolgreich verlaufenen Veröffentlichung eine kleinere Krise in den finnisch-sowjetischen Beziehungen aus.[93] Auch zeitgenössische Rezensionen und Leserbriefe arbeiteten sich an der Frage ab, ob die Spielinhalte nicht zu weit gingen. Der Spielejournalist Heinrich Lenhardt blickte in einem im Jahr 2015 veröffentlichten Beitrag für die deutsche Website *Videospielgeschichten.de* auf die Kontroversen um und die Rezeption von *Raid over Moscow* zurück. Dabei zitierte er sich selbst und verwies auf den Schluss, zu dem er in seiner Rezension des Spiels für die Zeitschrift *Happy-Computer* im Jahr 1985 gekommen war:

> „In dreister Manier wird bei diesem Programm ein sorgsam gepflegtes Feindbild verwendet: die ‚rote Gefahr' des kriegslüsternen Sozialismus. [...] Es ist eine Zweischneidigkeit, die bei mehreren Brutalo-Spielen auffällt: Die übelsten Vertreter dieses Genres, Beach Head, Raid over Moscow und das neue Beach Head II, zeichnen sich allesamt durch erstklassige Grafik und abwechslungsreichen Spielverlauf aus. [...] Selbst wenn das Ganze grafisch noch so toll aufgemacht ist, bleibt es eine

---

91 Vgl. Tom Engelhardt: The End of Victory Culture. Cold War America and the Disillusioning of a Generation, Amherst, MA 1998, S. 274–280.

92 Vgl. Agnete Christiansen: Teenage Soldiers of World War III, in: Irinia Gradinari/Stefan Höltgen (Hrsg.): Heiße Drähte. Medien im Kalten Krieg, Bochum/Freiburg 2014, S. 171–191, hier S. 177; Tony Shaw: Hollywood's Cold War, Edinburgh 2007, S. 273–275.

93 Vgl. Tero Pasanen: Gaming the Taboo in the Finlandization Era Finland: The Case of Raid Over Moscow, in: Dawn Stobbart/Monica Evans (Hrsg.): Engaging with Videogames: Play, Theory and Practice, Leiden 2014, S. 121–131.

Zumutung, wenn in einem ‚Spiel' Angehörige eines Volkes gezielt niedergemetzelt werden.“[94]

Der Beschluss der Bundesprüfstelle, die *Raid over Moscow*, wenig überraschend, auf den Index setzte, begründete diesen Schritt unter anderem folgendermaßen:

„Das vorliegende Spiel zwinge den Spieler, sich programmbedingt an einem aggressiven, militärischen Atomkrieg zwischen den beiden Supermächten zu beteiligen. Im Gegensatz zu den bisher bekannten Computerspielen habe in diesem Spiel der Spieler einen Entscheidungsspielraum, der ihn veranlasse, bewußt die Kriegshandlungen durchzuführen. Nur ein unbewußtes, reflexhaftes Spielen sei hier nicht möglich. Allerdings sei dem Spieler auch nicht die Möglichkeit einer unmilitärischen Konfliktlösung gegeben.“[95]

Die Indizierung wurde 2010 nach 25 Jahren aufgehoben. Selbst Lenhardt kommt aus heutiger Sicht zu einer Neubewertung:

„Ich stelle doch mit einigem Erstaunen fest, wie sehr mich damals das Handlungsweltbild empörte. Dem jungen Lenhardt würde ich aus heutiger Sicht zu etwas ‚ist doch nur ein Spiel'-Gelassenheit raten. Andererseits: In einer Zeit, als nukleare Mittelstreckenraketen in Deutschland stationiert wurden, wirkte das realistisch anmutende Atomkriegsthema gar nicht lustig. Gezockt hatte ich Raid over Moscow natürlich trotzdem, da spielerische Abwechslung und Herausforderung beachtlich sind.“[96]

Lenhardts Betonung der Gebundenheit der Skandalwirkung des Spiels an den spezifischen historischen Kontext seiner Entstehungszeit belegt ebenso wie die Beurteilung der BPjS, die das Fehlen einer nicht-militärischen Konfliktlösung bemängelte, dass sich *Raid over Moscow* hervorragend eignet, um die Implementierung des Undenkbaren als soldatisch-einzelkämpferische Aktion in Computerspielen der achtziger und frühen neunziger Jahre zu veranschaulichen und zu analysieren.

---

94 Heinrich Lenhardt, in: Happy-Computer, Bd. 11, 1985, zit. nach ders.: Raid over Moscow für den Commodore 64 – Die Russen kommen, in: André Eymann (Hrsg.): Videospielgeschichten.de, 06.02.2015, URL: https://www.videospielgeschichten.de/raid-over-moscow-die-russen-kommen/ (Stand: 01.08.2020).

95 BPjS, Entscheidung Nr. 3497 vom 08.08.1985, bekanntgemacht im Bundesanzeiger Nr. 162 vom 31.08.1985, S. 3.

96 Lenhardt, Raid over Moscow.

Architektur – die globale Suizidmission

Die audiovisuelle Aufbereitung von *Raid over Moscow* zählt zu den aufwendigen Beispielen seiner Entstehungszeit. Der Rezensent des Magazins *Computer and Videogames*
resümierte in seiner Besprechung: „There's no doubt that Raid over Moscow is an ext-
remely slick games program. It's very playable, the graphics and sound are of the high-
est quality and the packaging rivals anything on the market."[97] Rahmenhandlung und
Aufbau vermitteln den Eindruck, dass es sich bei *Raid over Moscow* um das spielerische
Äquivalent eines Actionfilms handelt.[98]

Das Spiel entwarf in seiner Rahmenhandlung ein Szenario, das typisch für Kriegsspiele ist. Es handelt von einem Konflikt der Supermächte, der von der Kommandoebene in die Soldatenperspektive verlagert wird. Die Rahmenhandlung ist während des
Titelbildschirms, der ansonsten als zentrales Interface fungiert, das den Punktestand
angibt und den Schwierigkeitsgrad wählen lässt, als Text aufrufbar. Spielerinnen und
Spieler erfahren hier, dass sie sich in der nicht genauer datierten unmittelbaren Zukunft befinden, in der die Initiativen zur atomaren Abrüstung zur Unterzeichnung
des SALT IV Abkommens geführt haben, das die Supermächte zur Abrüstung ihrer
gesamten Atomwaffenbestände verpflichtet. Die USA sind dieser Forderung nachge-
kommen und verlagern anschließend die militärischen Planungen auf die Entwicklung
eines laserbasierten Verteidigungssystems, bestehend aus mehreren im Weltraum statio-
nierten Basen. Diese Weltraumstationen beherbergen mehrere Staffeln von Tarnkap-
penjägern, Stealth Fightern und ihre Mannschaften. Zu Beginn des Spielszenarios ist
die Inbetriebnahme des US-amerikanischen Verteidigungssystems noch einige Monate
entfernt, eine der Fliegerstaffeln aber bereits bemannt und einsatzfähig. Die Sowjetunion hat sich hingegen nicht an das Abkommen gehalten und in drei Städten Atomwaffenbestände verborgen gehalten. Die Konfrontation, auf welche diese Situation des
nuklearen Ungleichgewichts geradezu drängt, wird durch eine Krise am Persischen
Golf ausgelöst. Um den Rückzug US-amerikanischer Truppen aus der Krisenregion
zu erzwingen, zündet die Sowjetunion Atomraketen. Den Spielenden kommt nun die
Aufgabe zu, die US-amerikanische Fliegerstaffel in die sowjetischen Kommandozen-

---

97 Moscow, in: Computer + Video Games, Nr. 12, 1984, S. 43.

98 Vgl. Ingo Irsigler/Gerrit Lembke/Willem Strank: Fuzzy, hybrid und pornografisch. Elf Thesen zum
    Actionfilm, in: dies. (Hrsg.): Actionkino. Moderne Klassiker des populären Films, Berlin 2014,
    S. 7–22, hier insbes. These 2: „Der Actionfilm ist ein Hybridgenre", S. 11, und These 9: „Actionfilme
    sind reaktionär", S. 17f., die darauf verweisen, dass der Actionfilm zum einen Schnittpunkte mit
    anderen Genres, im Fall von Raid over Moscow die Multiperspektivität, systematisch ermöglicht, so-
    lange sie in der Figur des Helden konvergieren und sich dadurch auszeichnet, dass den Protagonisten
    in der Regel die im Grunde einfache Aufgabe gestellt wird, eine alte Ordnung wiederherzustellen.
    Vgl. auch Harvey O'Brien: Action Movies. The Cinema of Striking Back, London/New York, NY
    2012, S. 1–4.

tralen zu dirigieren, die Zündung weiterer Atomraketen zu verhindern und in letzter Konsequenz bis nach Moskau vorzudringen, um die sowjetische Verteidigungszentrale auszuschalten.

Dieses Spielszenario rief mindestens zwei dramaturgische Prinzipien des Actionkinos auf, indem für die Erfüllung der Aufgabe ein Zeitrahmen vorgegeben und die Mission an einer Stelle als „virtual suicide mission" deklariert wurde. Zeitdruck und persönliche Aufopferung im Angesicht eines überlegenen Feindes werden dem Spielgeschehen als strukturierende Rahmung vorgegeben.[99] Dieser Feind ist mit den Sowjets bzw. der Sowjetunion in *Raid over Moscow* eindeutig benannt. Nicht nur der Titel, sondern auch einige visuelle Markierungen wie Hammer und Sichel und die Basilius-Kathedrale machen das unmissverständlich klar.

Für die Spielstruktur und die Situierung der Spielenden ist wesentlich, dass gewechselt wird zwischen Sequenzen der globalen Übersicht, in welchen sie nicht in das Geschehen eingreifen können, und denen eines lokalen Aktionsraumes, in welchem ihnen ein Handlungsregister zur Verfügung steht. Eine Korrespondenz zwischen globaler Übersicht und lokaler Aktion wird über den Spielbildschirm, der in zwei Bereiche geteilt ist, hergestellt. Die oberen zwei Drittel des Bildes liefern eine grafische Darstellung des aktuellen Geschehens. Das untere Drittel des Bildschirms besteht aus diversen Zusatz- und Hintergrundinformationen in Textform. Diese Informationen variieren je nach Situation, enthalten aber durchgängig die noch bis zur Detonation und damit für die Beendigung des Spiels verbleibende Zeit.

Die Position der Spielenden ist inmitten der Verknüpfung von Übersicht und subjektiver Sicht situiert. Sie deutet sich bereits im Offline-Spielraum an. Das Handbuch weist den Nutzenden auf der ersten Seite die folgende, global situierte Rolle zu, die an militärische Strategiespiele erinnert: „As squadron commander of the U.S. Defense Space Station, you will lead your commandos on a virtual suicide mission."[100] Die zentrale Abbildung auf der Verpackung des Spiels (vgl. Abbildung 19) etablierte hingegen eine subjektive Perspektive, die den Darstellungen in Flugsimulationsspielen, wie sie bereits anhand des Beispiels *F-19 Stealth Fighter* besprochen wurden, ähnelte. Es situiert die betrachtende Person in der Position eines Piloten in einem Cockpit, dessen rechte Hand, den Steuerknüppel umfassend, noch im Bild ist. Mit den Augen des Piloten blicken die Spielenden auf die im Fluchtpunkt des Bildes platzierte Basilius-Kathedrale. Die Maschine befindet sich also im Anflug auf den Roten Platz in Mos-

---

99   Vgl. Irsigler/Lembke/Strank, Fuzzy, hybrid und pornografisch, S. 11, 17, die betonen, dass Actionhelden litten, aber nicht stürben und Actionfilme von stressinduzierter Spannung geprägt seien.

100 Access Software Inc. & US Gold Ltd.: Loading Instructions, 1985, o.P., archiviert in: Internet Archive, 10.02.2015, URL: https://archive.org/details/agm_Raid_Over_Moscow (Stand: 01.08.2020).

Abb. 19: Frontcover der Verpackung von *Raid over Moscow*

kau. Die Szene spielt nachts. Moskau ist weitgehend menschenleer, die Kathedrale ist von einem sphärischen Glühen umgeben. Auf die Spielenden kommt ein feindliches Kampfflugzeug zu, ein weiteres führt über der Kathedrale, im Bildhintergrund sichtbar, ein Wendemanöver durch. Durch die globale Perspektive der Beschreibung im Handbuch und die lokale, subjektive Perspektive des Titelbildes wird der Point of View der Spielenden zwischen globaler und lokaler Perspektive bereits im Offline-Spielraum nahegelegt. Im Online-Spielraum wird diese Perspektive als Point of Action näher definiert.

Das Spiel beginnt mit einer Szene der globalen Übersicht, die alle beteiligten Akteure, die Weltraumstation, das Staatsgebiet der USA und das der Sowjetunion sowie die gekennzeichneten Abschuss- und Zielorte beinhaltet (vgl. Abbildung 20). Hier wird das bereits im Handbuch beschriebene Szenario audiovisuell umgesetzt. Die Spielenden können beobachten, wie eine Rakete von sowjetischem Territorium aus gezündet wird. Daraufhin zeigt das untere Drittel des Bildschirms Informationen über den Abschuss- sowie Zielort und die verbleibende Zeit bis zur Detonation an. Ein Eingreifen in das Geschehen ist zu diesem Zeitpunkt nicht möglich. Es handelt sich also um eine kontextualisierende und erzählende Sequenz, die in ihrer Funktion vergleichbar ist mit den Videosequenzen späterer Spiele. Der nächste Bildschirm zeigt den Hangar der Raumstation in isometrischer Perspektive (vgl. Abbildung 21). Eine menschliche Figur nähert sich einem Flugzeug und steigt ein. Ab diesem Zeitpunkt können Spielerinnen und Spieler in das Geschehen eingreifen.

Die erste Aufgabe besteht darin, das Flugzeug aus dem Hangar zu manövrieren. Das untere Drittel des Bildschirms liefert Angaben zur Höhe und Position des Fluggeräts, die der Sequenz den Anschein eines Flugsimulationsspiels geben. Gelingt es, den Hangar zu verlassen, folgt nochmals die Darstellung der globalen Übersicht, die den Anflug des eigenen Flugzeugs auf die Sowjetunion und den gleichzeitigen Anflug der sowjetischen Raketen auf ihre US-amerikanischen Ziele zeigt. Die Spielenden können hier nicht handeln, die Sequenz hat wieder ausschließlich rahmenden Charakter. Das untere Bildschirmdrittel klärt wiederum über das eigene Ziel, jenes der Raketen und über die verbleibende Zeit auf. Der Anflug auf die sowjetischen Abschusszentren bildet den Kern der folgenden Spielsequenzen. In einer zunächst seitlichen Perspektive, die das eigene Flugzeug sowie gegnerische Fahrzeuge zeigt, dringen sie in sowjetisches Ge-

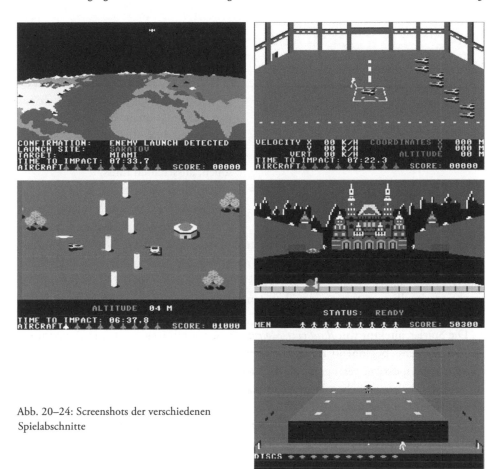

Abb. 20–24: Screenshots der verschiedenen
Spielabschnitte

biet vor (vgl. Abbildung 22). Ist das Abschusszentrum erreicht, schaltet die Perspektive auf eine Frontalansicht um. In beiden Fällen blicken die Spielenden auf das eigene Flugzeug, aber niemals durch das Cockpit. Diese Aneinanderreihung der Sequenzen von Hangar, globalem und lokalem Anflug wiederholt sich solange, bis alle Abschusszentren eliminiert worden sind und der Angriff auf Moskau und die sowjetische Verteidigungszentrale beginnt. Hier verlassen sie das Flugzeug und steuern eine menschliche Spielfigur. In der ersten Sequenz blicken sie dabei in einer frontalen Perspektive auf diese Figur, die ihnen den Rücken zugewandt hat (vgl. Abbildung 23). Der Kreml, zu dem sich die Spielenden in diesen Abschnitten Zutritt zu verschaffen haben, bildet den Fluchtpunkt der Bildkomposition. Der letzte Abschnitt stellt, analog zur Darstellung im Hangar, in einer isometrischen Perspektive gewissermaßen das Nervenzentrum

Abb. 25: Screenshot vom Ende eines Spieldurchgangs

der sowjetischen Verteidigungsanlage dar (vgl. Abbildung 24). Der Blick geht auch hier auf eine menschliche Spielfigur, die hintereinander zwei abstrakte, geometrische Figuren, die, wie sich aus den Informationen im unteren Bildschirmdrittel schließen lässt, höchstwahrscheinlich Reaktorkerne darstellen sollen, ausschalten muss.

Der finale Bildschirm zeigt eine Totale der Silhouette von Moskau, dessen Zentrum explodiert, worauf ein Flugzeug, wie zu vermuten, das selbst gesteuerte, auf den Betrachter zufliegt. Die Spielenden sind in diesem letzten, der Funktion nach ebenfalls rein rahmenden Bildschirm wieder handlungsunfähig. Zuletzt friert das Bild ein und im unteren Bildschirmdrittel erscheint eine Pressemeldung, die über den erfolgreichen Ausgang der Mission informiert (vgl. Abbildung 25).

Die Spielarchitektur von *Raid over Moscow* erzeugt somit insgesamt eine Dramaturgie des Vordringens. Beginnend mit der Etablierung der Spielsituation aus einer globalen Übersichtsperspektive, verengt und lokalisiert sich der Raum, bis sich die Spielenden im Inneren der sowjetischen Verteidigungsanlage, dem zentralen Ziel, befinden. Nach der erfolgreichen Beendigung der Mission öffnet sich der Raum wieder und sie kehren in eine befriedete Welt zurück. Die Darstellung der Spielfigur unterstützt diese sich fortlaufend intensivierende Bewegung des Vordringens, indem zuerst ein Flugzeug dann eine menschliche Figur gesteuert wird. Dieser Personalisierung steht die tatsächliche Situierung zwischen globaler und lokaler bzw. persönlicher Perspektive gegenüber. Die im Handbuch suggerierte globale Kommandoposition wird allerdings spielmechanisch nicht umgesetzt, sondern findet sich im Online-Spielraum einzig in den Statusmeldungen im unteren Drittel des Bildschirmes wieder. Das Einspielen von globalen Daten durch ein Interface suggeriert einen globalen Point of View auf das Geschehen. Das zur Verfügung stehende Handlungsregister, der Point of Action, bezieht sich hingegen einzig auf die lokale Ebene des Flugzeuges bzw. des Soldaten. Die Spielenden befinden sich somit in einer dritten Position zwischen Kommando- und operativer Ebene. *Raid over Moscow* weist damit eine Architektur auf, die den Point of Action auf jene Prozesse der operativen Kriegsführung fokussiert, die in Strategiespielen weitgehend automatisiert sind, dabei aber einen globalen, aus eben diesen Kriegsspielen bekannten Point of View nahelegt.

Die für den Kalten Krieg so typische bzw. konstituierende Dimension des globalen Konfliktes konnte durch diese Spielarchitektur gewissermaßen auf die Ebene der subjektiven Handlung mitgenommen werden. Für die Spielenden wurde potenziell deutlich, dass sich ihre Handlungen vor dem Hintergrund einer globalen Spannungslage vollzogen, deren Eskalation bei einem Scheitern ihrer Mission auf dem Spiel stand.

Spielmodell – Actionfilm und Spielhalle

Raid over Moscow ist ein typisches Actionspiel seiner Entstehungszeit. Es lehnt seine zentralen Spielmechaniken an Prinzipien an, die aus dem Bereich der Arcade-, also der Spielhallenspiele, stammen. Das bedeutet folglich, dass die Spielenden, um erfolgreich zu sein, vor allem ihre Reaktionsgeschwindigkeit und Zielgenauigkeit schulen müssen. Das Spiel vergibt zudem Punkte für getroffene Gegner und verzeichnet einen Höchstpunktestand, einen Highscore. Durch das Punktesystem werden zwei grundsätzliche Varianten nahegelegt. Die Spielenden können *Raid over Moscow* mit dem Ziel spielen, es zu beenden, mithin also zu überleben, oder ihren Punktestand zu maximieren.

Das Handlungsregister und die Gewinnbedingungen korrespondieren mit diesen Grundvoraussetzungen. Die Spielenden haben in all jenen Sequenzen, die ihnen Aktionen erlauben, die Möglichkeit zu manövrieren und zu feuern. Diese Handlungsmöglichkeiten bestehen darin, abwechselnd das Flugzeug oder eine Figur zu steuern. Die Gestaltung der Abschnitte hebt ebenfalls die Nähe des Spielmodells von *Raid over Moscow* zu den gängigen Prinzipien der Spielhallenspiele hervor. Mit Ausnahme der Hangarsequenz, in der es einzig um das Manövrieren geht,[101] gleichen die Abschnitte Hindernisparcours, in denen das Prinzip der Berührungssensitivität gilt. Wird ein Hindernis oder ein Gegner mit der eigenen Figur berührt oder diese von einem gegnerischen Geschoss getroffen, verlieren die Spielenden ein Leben, was im Szenario gleichbedeutend mit dem Verlust eines Piloten und Flugzeugs der eigenen Fliegerstaffel ist. Damit endet die jeweilige Runde und der Abschnitt startet neu. Die Objekte, Fahrzeuge und Gebäude, die sich den Spielenden entgegenstellen, können dabei fast ausnahmslos beschossen und zum Zweck des Punktegewinns zerstört werden, was vielfältige Möglichkeiten zur Punktemaximierung bietet.

In Bezug auf die Perspektivierung und Konfiguration des Spielraumes stellt *Raid over Moscow* eine Verschmelzung der zu seiner Entstehungszeit gängigen Prinzipien des Actionspiels dar. Das Spiel kombiniert isometrisch dargestellte Abschnitte, die wie die Hangarsequenz statisch sind oder in denen sich der Bildschirmausschnitt von links nach rechts bewegt, also das sogenannte ‚side-scrolling'-Prinzip, mit Sequenzen, die nach dem Schießbudenprinzip eine Fluchtperspektive etablieren. Das der Bewegung der Spielfigur zugrundeliegende Muster bleibt über alle Abschnitte hinweg insofern

---

101 Die Spielmechanik bzw. Physik mit ihrer Hervorkehrung des Trägheitsmoments lässt hier übrigens an eine Referenz an Spacewar denken.

gleich, als es den Spielenden die Möglichkeit gibt, ihre Figur zu bewegen, um Hindernissen auszuweichen und sich selbst in günstige Schusspositionen zu bringen. Der Unterschied zwischen den einzelnen Spielsequenzen liegt darin, welche Raumachsen entsprechend dem Perspektivwechsel ansteuerbar sind. In den isometrisch dargestellten ‚side-scrolling'-Abschnitten können die Spielenden das Flugzeug, auf das sie seitlich blicken, auf der Z-Achse bewegen. In den zentralperspektivischen Abschnitten lassen sich Flugzeug und menschliche Spielfigur auf der X-Achse nach links und rechts steuern. In den Hangarsequenzen ist wiederum die Bewegung auf beiden Achsen relevant. *Raid over Moscow* ermöglicht zudem in den Abschnitten, in denen das Flugzeug gesteuert wird, durchgängig die Bewegung auf der Y-Achse. In Bezug auf die Steuerung des Tarnkappenjägers ergibt sich hierdurch eine Strategie des Fliegens unter dem Radar, die, wie bereits erwähnt, Teil der populärkulturellen Annahmen über die Funktionsweise des Stealth Fighters war.

Durch dieses auf die zeitkritischen Kriterien und Prinzipien der Spielhallenspiele seiner Zeit zurückgreifende Modell funktioniert *Raid over Moscow* auf der Ebene der Spielmechanik ähnlich wie auf der Ebene seiner Architektur. So wie sich die Dramaturgie des Spiels an das zeitgenössische Actionkino annähert, integriert und kombiniert seine Mechanik die gängigsten Prinzipien des Actionspiels.

Spielsituation – Infiltration als ‚closed world drama'

Raid over Moscow machte kein Geheimnis daraus, dass es Verbindungen zum politischen Geschehen seines Entstehungszeitraumes herstellen wollte. Das wurde zumindest denjenigen schlagartig klar, die sich die Beschreibung des Szenarios zu Spielbeginn durchlasen. Es beinhaltet beinahe alle für die Phase des Zweiten Kalten Krieges typischen Elemente. Mittels der narrativen Verknüpfung der SALT-Verhandlungen, der Idee eines im Weltraum platzierten Raketenabwehrschildes, also des SDI-Programmes, des Persischen Golfes als Krisenherd und des Stealth Fighter, zeichnete das Szenario von *Raid over Moscow,* das in seinem Kern aus Alarmismus und Hintergehungsparanoia besteht, ein Panorama des Zweiten Kalten Krieges. Diese Darstellung legte, ähnlich den Romanen von Tom Clancy, nahe, dass eine pazifistische oder zumindest von den Forderungen nach Abrüstung geleitete Grundhaltung auf dem internationalen Parkett zu Zeiten des Kalten Krieges gleichbedeutend mit Schwäche und sogar Verantwortungslosigkeit sei. Schwäche oder Naivität zu zeigen, provoziere in dieser Welt des nuklearen Nullsummenspiels geradezu einen Angriff. Sie warnte zudem davor, sich in Sachen Landesverteidigung allzu sehr auf automatisierte Militärtechnik zu verlassen. Der Raketenabwehrschild ist im Spielszenario disfunktional, der menschliche Faktor wird in der darauffolgenden Krise benötigt, um das Schlimmste zu verhindern. Mit der Betonung dieses menschlichen Faktors etablierte *Raid over Moscow* in zweifacher Hinsicht

Verbindungen zur Motivlage des zeitgenössischen Unterhaltungsfilms. In *WarGames* hatte sich die Krise genau dadurch entwickelt, dass die Landesverteidigung einem technologischen System blind anvertraut worden war. Dieses vom Menschen ausgelöste Dilemma konnte im Film auch nur ein Mensch wieder lösen. *WarGames* setzte dabei auf Intelligenz und Intuition als Mittel der Problemlösung. Das Spiel hingegen definierte den Aufgabenbereich des menschlichen Faktors in einem solchen Krisenszenario des Kalten Krieges als soldatisches, (einzel-)kämpferisches Handeln. Damit befand sich das Spiel zum einen in unmittelbarer Nähe zu Actionfilmen wie *Red Dawn*, die ebenfalls soldatische Tugenden einforderten bzw. davor warnten, diese angesichts eines weitgehend hypothetischen und technisierten Konfliktes zu vergessen und zu vernachlässigen.[102] Sowohl *Red Dawn* als auch *Raid over Moscow* schlossen damit aber auch an einen weiteren Diskurs an, der für den Zweiten Kalten Krieg typisch war und sich auf die Frage stützte, was zu tun sei, wenn die Strategie der gegenseitigen Abschreckung versage und wie sich eine Auseinandersetzung der Supermächte als Krieg führen lasse. Diese Denkfigur war, wie bereits ausgeführt, in vielen Computerkriegsspielen ebenfalls anzutreffen. Während diese Beispiele das Szenario, vor allem in Bezug auf den Einsatz von Nuklearwaffen, als Problem der Kommandoebene definierten, vollzog *Raid over Moscow* einen Perspektivwechsel in die operative Ebene des einzelnen Soldaten bzw. Piloten. Die Spielenden bewegen sich hier als menschlicher Faktor im blinden Fleck der technischen Großsysteme des Kalten Krieges. Das Versagen dieser Systeme hat im Spiel eine Krise hervorgerufen, die der Spielhandlung einen, vor allem auch zeitlichen, Rahmen gibt. Die Zeit, die ihnen zur Verfügung steht, um ihren Auftrag zu erfüllen, entspricht jener, welche die sowjetischen Atomraketen benötigen, um ihre US-amerikanischen Ziele zu erreichen.

Raid over Moscow etablierte durch das Zusammenspiel von Point of View und Point of Action, das die lokale und globale Perspektive verschränkt, ein ‚closed world drama'. Das Spiel hält die globale Bedeutung des individuellen Handelns ständig präsent. Die tatsächliche Position der Spielenden bleibt dabei uneindeutig und lässt sich in einer dritten Position zwischen lokaler und globaler Ebene situieren.

Der Zusammenbruch des Gleichgewichtes des Schreckens rechtfertigte in *Raid over Moscow* die Infiltration des feindlichen Gebietes als chirurgischen Eingriff, um das entstandene Ungleichgewicht im Kräfteverhältnis zu korrigieren. Das ist vielleicht die einzige Option die blieb, um unter den Bedingungen des Kalten Krieges die direkte Konfrontation zwischen den Supermächten aus soldatischer Perspektive als Heldengeschichte erzählen zu können. Daneben gab es noch das Szenario des Widerstandes gegen eine feindliche Besatzung – wie in *Red Dawn* –, das vielleicht ebenfalls als Kor-

---

102 Vgl. Shaw, Hollywood's Cold War, S. 270.

rektur eines aus dem Lot geratenen Kräftegleichgewichts interpretiert werden könnte. Der sowjetische Spielfilm *Im Alleingang* aus dem Jahr 1987 folgte beispielsweise genau diesem Muster, indem er die Geschichte eines heroischen KGB-Agenten erzählt, der auf eigene Faust den Dritten Weltkrieg verhindert.

In *Raid over Moscow* bleibt am Ende des Spiels aber weitgehend ungeklärt, was eigentlich auf einer größeren Ebene des Kalten Krieges genau erreicht wurde. Das sowjetische Abwehrzentrum wird in der Endsequenz aus dem Moskauer Stadtbild gesprengt. Ein am unteren Bildschirmrand eingeblendeter und als Meldung einer Presseagentur ausgewiesener Text bestätigt dies und nennt die Anzahl der Opfer auf (US-amerikanischer) Seite. Was das nun für die Zukunft des Spielszenarios und damit des Kalten Krieges in ihm bedeutet, bleibt völlig offen. Am Ende stehen sich die beiden Supermächte ohne bzw. mit noch nicht funktionierenden Verteidigungseinrichtungen gegenüber. Der Zukunft eines Kalten Krieges der Einzelkämpfer scheint somit auf globaler Ebene der Boden bereitet.

In seiner Spielmechanik bietet *Raid over Moscow* eine eindeutigere Schließung als in seinem Narrativ an. Das ergibt sich insbesondere aus dem Mechanismus der Punktevergabe, der sich mit dem Motiv der Infiltration des feindlichen Gebietes verbindet. Denn der Punktestand errechnet sich im Wesentlichen aus dem Grad der im feindlichen Gebiet angerichteten Zerstörung. Die Darstellung der sowjetischen Landschaft ist ganz auf diesen Mechanismus ausgerichtet. Wird mit dem Ziel, die höchstmögliche Punktzahl zu erreichen, gespielt, lässt sich, wie aus Spielhallenspielen ebenfalls bekannt, ein Spiel im Spiel freilegen, das auf der Ebene seiner prozessualen Rhetorik mit der Idee größtmöglicher Zerstörung im feindlichen Gebiet verbunden ist.

Raid over Moscow schuf auf diese Weise eine mehrfache Multiperspektivierung. Zum einen verknüpfte es die globale und lokale Perspektive, zum anderen kombinierte es eine chirurgisch zu nennende Infiltrationsmission mit einem Vernichtungsfeldzug. Das Spiel kann folglich in seiner Gesamtheit als spielgewordene prozessuale Anti-Anti-kriegsrhetorik verstanden werden. Es richtete sich auf diesen zwei somit umrissenen Ebenen diametral gegen die Forderungen der Friedensbewegungen seiner Entstehungszeit und ganz allgemein gegen die gängigen Diskurspositionen in Bezug auf die Eskalation des Konfliktes zwischen den Supermächten. Wie in Flugsimulationsspielen ist der Kalte Krieg hier wieder ein operativer Spielraum, allerdings nicht ausschließlich für Militärtechnologie, sondern vor allem für individuelle Heldentaten und damit für ein ‚closed world drama' im Stil populärer Actionfilme und -spiele seiner Entstehungszeit.

Entsprechend entstand damals ein Raum der sanktionsfreien Eskalation, in dem eine kleinräumige, kleinteilige Kampfhandlung gerechtfertigt erschien, um das globale Kräftegleichgewicht aufrecht zu erhalten. Im Grunde aus dem Bereich der Geheimdienstarbeit stammend, wurde dieses Muster nach und nach mit dem Personal des

Actionkinos, mit virilen kampferprobten Soldaten ausgestattet. In *Raid over Moscow* war dies aufgrund der Tatsache, dass die Spielenden einen Tarnkappenjäger steuerten, vielleicht noch nicht so klar ersichtlich. In den nachfolgenden Spielen eines ähnlichen Musters wurden die Spielfiguren zusehends zu soldatischen Einzelkämpfern. Insofern übersetzten Titel wie *Raid over Moscow* ein aus einigen zeitgenössischen Filmen bekanntes Muster und aktualisierten dem Zeitgeist entsprechend, der sich im US-amerikanischen Kontext besonders an dem Trauma von Vietnam und seiner Auswirkung auf das Bild soldatischer Männlichkeit abarbeitete, den Kalten Krieg als soldatischen Krieg. Die mediale Eigenheit bestand darin, dass Computerspiele diese Thematik mit aus der Spielhalle stammenden Spielmechaniken verknüpften, die mit ihrer Betonung von Reaktionsgeschwindigkeit und Kompetität als das Pendant zum Actionkino gelten können. Punkte- bzw. Highscore-Systeme ermöglichten es, aus dem narrativen Rahmen zu treten und sich ganz auf das Sammeln von Punkten zu konzentrieren. Das lässt vermuten, dass die eingangs erwähnte Einschätzung des Spielejournalisten Heinrich Lenhardt, der aus jüngerer Perspektive die Skandalwirkung von *Raid over Moscow* nicht mehr nachvollziehen konnte und darauf verwies, dass es eben nur ein Spiel sei, theoretisch auch zum Erscheinungszeitpunkt des Spiels möglich gewesen war. Mehr als bei anderen Beispielen scheint der Kalte Krieg hier potenziell nur eine Kulisse zu sein. Das Bild, das dabei vom Kalten Krieg entstand, entsprach einer Verschränkung von individueller und globaler Perspektive.

7.3.3. *Rush'n attack* – Soldatische Fantasien des Kalten Krieges in Computerspielen

Raid over Moscow scheint, insbesondere wenn man es mit Simulationsspielen wie *F-19 Stealth Fighter* vergleicht, am äußersten Rand dessen situiert zu sein, was man eine Form der Simulation nennen kann. Dieses und ähnlich gelagerte andere Beispiele übernahmen Muster und Motive aus der Populärkultur, in diesem Fall aus Actionfilmen, und übersetzten sie in die auf den Prinzipien der Simulation aufbauende Funktionsweise des Computerspiels. Titel, die den Kalten Krieg als soldatischen Einzeleinsatz imaginieren, stellen zwar eine geringe Anzahl im Gesamtkorpus dar, *Raid over Moscow* kommt im vollständigen Themenkomplex Kalter Krieg in Computerspielen aber dennoch ein beinahe ikonischer Status zu. Dieser Status steht in Verbindung mit ihrer Eigenschaft, den Kalten Krieg als Ernstfall, stufenlos von der subjektiven auf die globale Ebene und wieder zurück zu skalieren. Was diese Titel, die allesamt Varianten des Actiongenres sind, also vermögen und was sie potenziell so kontrovers macht, ist, dass sie ein ‚closed world drama' erzeugen. Actionfilme wie *Rambo III* und *Invasion U.S.A.* sowie die an solche Filme angelehnten Spiele arbeiten sich am Durchbrechen der geschlossenen synthetischen Welt des Kalten Krieges ab und setzen dieser geschlossenen Welt die individuelle Kriegsführung entgegen. Dadurch wurden diese um soldatische Fantasien kreisenden Spiele während des Zweiten Kalten Krieges unmittelbar problematisch, wie die Rezeptionsgeschichte von *Raid over Moscow* bereits gezeigt hat.

Das von der japanischen Firma Konami erstmals im Jahr 1985 veröffentlichte *Rush'n Attack*[103] teilte mit *Raid over Moscow* das Schicksal seiner Indizierung in Deutschland. In der Arcade-Version von *Rush'n Attack* wird die Aufgabe gestellt, feindliches Territorium zu durchqueren, um Kriegsgefangene zu befreien.[104] Das Spielsystem ist ebenfalls typisch für ein Actionspiel seiner Entstehungszeit. Bewegt wird eine Figur, die springen kann und mit einem Messer bewaffnet ist, mit dem sich eine Stichbewegung in Laufrichtung ausführen lässt, von links nach rechts. Ihre hauptsächliche Aufgabe besteht darin, durch mehrere Spielabschnitte immer weiter vorzudringen, um schließlich im letzten die Geiseln befreien zu können. Dabei stellen sich diverse Gegner in den Weg. Wie in den Actionspielen damals üblich, besteht ein zweites, paralleles Ziel darin, eine möglichst hohe Punktzahl zu erzielen. Die narrative Rahmung der Architektur von *Rush'n Attack* bleibt hinsichtlich des Schauplatzes und damit zugleich der Anbindung an den Kalten Krieg uneindeutig.

Die Levelarchitektur enthält jedoch genug visuelle Hinweise, etwa im zweiten einen roten Stern auf einem U-Boot im Bildvordergrund, um Russland bzw. die Sowjetunion als Schauplatz vermuten zu können. Auch der Titel selbst wird als lautmalerische Schreibung von ‚Russian Attack' interpretiert.[105] Die Architektur der Spielabschnitte, insbesondere ihre visuelle Gestaltung, legt also den Tabubruch der soldatischen Invasion des sowjetischen Territoriums als Lesart nahe. Die Aufgabe, im Alleingang Kriegsgefangene zu befreien, schließt dabei an den Diskurs der angeblich in Vietnam zurückgelassenen amerikanischen Soldaten an, der etwa auch im Film *Rambo II* eine Rolle spielte.[106]

Die 1988 veröffentlichte britische Produktion *GI Hero* verfuhr ähnlich. Zwischen ihr und *Rush' n Attack* erschienen einige für das Genre der Actionspiele einschlägige Titel, die das beschriebene Grundmuster einerseits variierten und andererseits das Genre fest etablierten. Zu den bekanntesten zählen *Ikari Warriors, Cabal, Commando* und *Operation Wolf.* Sie alle stellen den Spielenden die für Action- bzw. zeitkritische Spiele

---

103 In Japan erschien das Spiel unter dem Titel Green Beret.

104 Die Version für das NES stellt hingegen die Aufgabe, eine geheime Superwaffe des Gegners zu zerstören. In dieser Version wurden zudem die roten Sterne, wie im vorliegenden Bild auf dem U-Boot im Hintergrund zu sehen, und damit die Referenz auf den Kalten Krieg bzw. die Sowjetunion entfernt.

105 Vgl. Rush'n attack, in: Wikimedia Foundation (Hrsg.): Wikipedia. The Free Encyclopedia, 11.10.2019, URL: https://en.wikipedia.org/wiki/Rush'n_Attack (Stand: 01.08.2020).

106 Vgl. Bruce H. Franklin: M.I.A. or Mythmaking in America. How and why belief in live POWs has possessed a nation, New Brunswick, NJ 1993, S. 5f., der auch Computerspiele erwähnt.

paradigmatische Aufgabe, sich in einer bestimmten Anzahl von Abschnitten durch gegnerische Angriffswellen zu kämpfen. Die in der zweiten Hälfte der achtziger Jahre erschienenen Actiontitel, die auf soldatische Einzelgänge im Stil des zeitgenössischen Actionkinos fokussierten, entwickelten zudem eine Vorliebe für zumeist nicht explizit in der Realität verorteter Dschungellandschaften als Handlungsort.

GI Hero schließt an dieses Schema an, das zum Zeitpunkt seiner Veröffentlichung bereits hinreichend etabliert war. Die Spielenden haben hier die Aufgabe, als soldatischer Einzelkämpfer feindliches Gebiet zu betreten, um nicht näher definierte Geheimpläne der NATO, die von einer ebenfalls nicht näher definierten feindlichen Macht[107] gestohlen wurden, zurückzuholen und so den Frieden zu bewahren. Die Spielmechanik folgt im Wesentlichen der etablierten Formel des Vordringens durch feindliche Reihen. *GI Hero* findet, wie viele Spiele und Filme seiner Entstehungszeit, in einer nicht näher bestimmten Dschungellandschaft statt und verwies damit sowohl auf den Vietnamkrieg als auch auf die damals neuen US-amerikanischen Engagements in Mittel- und Südamerika.[108] Letztlich wurde das Spiel nicht sehr geschätzt und, was vielleicht noch entscheidender ist, es vermochte niemanden zu provozieren. Sogar die ansonsten in Punkto Kriegsspiele jeglicher Art sehr sensible deutsche Publikation *Aktueller Software Markt* reagierte relativ unbeeindruckt. In der Besprechung von *GI Hero* ließ sich der Rezensent im Wesentlichen darüber aus, wie langatmig das Spiel sei.[109]

Ähnlich wie *GI Hero,* allerdings mit einem Hubschrauber als zu steuernder ‚Spielfigur', stellt das im Jahr 1989 erschienene und von der britischen Firma Codemasters entwickelte Spiel *KGB Superspy* die Aufgabe, auf das Gebiet der DDR vorzudringen, um die Extraktion überlaufender ostdeutscher Wissenschaftler zu bewerkstelligen und damit einen dritten Weltkrieg zu verhindern.[110] Die Spielmechanik ist hier im Grunde identisch mit derjenigen von *Rush'n Attack*. Auch in *KGB Superspy* besteht die zentrale Aufgabe in der Bewegung durch mehrere Abschnitte und der Beseitigung sich in den Weg stellender Gegner. Mit diesem zugrundeliegenden Szenario ist es, wie *GI Hero* und die bereits erwähnten Computerkriegsspiele, ein Spiel, dessen kontroverses und somit kommerzielles Potenzial zum Zeitpunkt seiner Veröffentlichung bereits der Ge-

---

107 Die Uniformen der gegnerischen Soldaten lassen an die Sowjetunion denken.

108 Vgl. Odd Arne Westad: The Global Cold War, Cambridge 2007, S. 339–348; Greg Grandin: Empire's Workshop. Latin America, the United States, and the Rise of the New Imperialism, New York, NY 2006, S. 87–121; Klaas Voß: Plausibly deniable: mercenaries in US covert interventions during the Cold War, 1964–1987, in: Cold War History, Bd. 15, Nr. 1, 2016, S. 37–60, hier S. 37–42, 48f., 52–55.

109 Vgl. Manfred Kleimann: GI Hero. Ein Held, der auf die Schn… fiel, in: Aktueller Software Markt, Nr. 2, 1989, S. 34.

110 Vgl. Codemasters: KGB Superspy. Verpackungstext.

schichte zum Opfer gefallen war. Aus der einleitenden Beschreibung des Spielszenarios im Handbuch scheint bereits eine Reaktion auf diesen Umstand zu sprechen, da es dort deutlich selbstironisch heißt: „Completely authentic – actually written by an East German who defected to the West!"[111] *KGB Superspy* konnte wohl trotz der konfrontativen Grundkonstellation das Interesse der Fachpresse nicht wecken, was ebenfalls dafür spricht, dass das kontroverse Potenzial eines solchen Szenarios zum Zeitpunkt der Veröffentlichung bereits deutlich abgeschwächt war.

Ähnliches lässt sich über die 1990 veröffentlichte spanische Produktion *R.A.M.* sagen, die seine Spielenden, unter den nunmehr bekannten spielmechanischen Voraussetzungen, als Einzelkämpfer zur Gefangenenbefreiung auf sowjetisches Gebiet schickte. Bemerkenswert erscheint hier vor allem, dass die Formel des Einzelkämpfers offensichtlich globale Geltung entwickelte. *R.A.M.* folgte einer Formel, die vier bis fünf Jahre vor seinem Erscheinungsdatum vermutlich noch erfolgversprechend gewesen wäre. So teilte das Spiel offenbar das Schicksal von *KGB Superspy* und *GI Hero*.

Der Kalte Krieg funktionierte in den hier genannten Beispielen als Kontext und Bühne für die Mechanismen der in der zweiten Hälfte der achtziger Jahre populären Actionspiele. Die bekanntesten Vertreter dieser Kategorie definierten ihre Spielszenarien zwar nicht explizit, etablierten aber über visuelle Hinweise dennoch Anschlüsse an zeitgenössische Actionfilme und vergangene wie aktuelle Militärkampagnen. In Bezug auf den Kalten Krieg stellten diese Spiele eine nicht unbrisante Grundkonstellation des Vordringens auf feindliches Gebiet und damit des Tabubruchs der Invasion und Infiltration dar. Die Missionen, die als Einzelkämpfer auszuführen waren, dienten aber in beinahe allen Fällen nicht der Eroberung gegnerischen Territoriums, sondern dem höheren Zweck der Bewahrung des Friedens und der Ordnung. Damit vollzogen die Spiele einen Wandel nach, der sich in den zeitgenössischen Actionfilmen der Zeit ebenfalls beobachten ließ. Spätestens gegen Ende der achtziger Jahre ging die Bedrohung von Terroristen oder abtrünnigen, verbrecherischen Elementen aus, die sich gegen die herrschende und zu bewahrende globale Ordnung und Logik des Kalten Krieges als Gleichgewicht stellten.[112] Das Narrativ des bereits erwähnten sowjetischen Films *Im Alleingang* folgte beispielsweise diesem Muster. Der Film *Red Heat*, in dem die Jagd nach Drogendealern sogar für eine Möglichkeit der Kooperation zwischen den Supermächten sorgte, kann als Beispiel für die Einführung dritter, zumeist privater und krimineller Kräfte als Antagonisten und als Bedrohung für die herrschende Ordnung gelten. Den Tabubruch der Infiltration zu begehen, um den Kalten Krieg als Friedensordnung

---

111 Ebd.

112 Vgl. Shaw, Hollywood's Cold War, S. 293, der diesen Schluss vor allem in Bezug auf den Film Red Heat zieht.

zu bewahren, erschien in den Erzählungen dieser Spiele also letztlich als tolerierbares Vorgehen.[113]

Das spanische Spiel *Soviet* aus dem Jahr 1990 stellt einen für diese Konstellation konsequenten Schlusspunkt dar. Den Spielenden wird darin die Aufgabe gestellt, sich als sowjetischer Soldat in einem panzerähnlichen Einsatzfahrzeug durch die Wirren der Aufstände in Baku und Vilnius zu schlagen und Zivilisten zu retten. *Soviet* etablierte damit einen klaren Bezug zu seinem historischen Kontext. Es thematisierte die im Jahr 1989 in Baku stattgefundenen Aufstände, die auch ethnisch motivierte Gewalttaten beinhalteten, sowie die krisenhafte Entwicklung in Litauen nach der Unabhängigkeitserklärung.[114] Vor allem angesichts der Zuspitzung der Ereignisse in Litauen zum Vilniuser Blutsonntag[115] im Jahr 1991 lässt sich das Spielszenario bestenfalls als fragwürdig bezeichnen. Aus der Perspektive der hier besprochenen Verbindung von Actionspielmechanik und Kaltem Krieg erscheint die von *Soviet* vorgenommene Übertragung dieser Prinzipien auf das Szenario des Endes der Sowjetunion aber nur konsequent, beinahe logisch. „Das Fortbestehen der Sowjetunion", so das Handbuch, „hängt nur von dir ab."[116] Das Spiel demonstriert somit eine rekursive Anwendung des Prinzips des Rechts auf Infiltration zur Aufrechterhaltung des Gleichgewichts. Waren es in anderen Titeln US-amerikanische oder zumindest westliche Einzelkämpfer, die sich in feindliches Gebiet aufgemacht hatten, agieren die Spielenden in *Soviet* zum Schutz des sowjetischen Imperiums, indem sie in die Kampfzonen des Aufstandes und damit in die Zentren der Gefährdung der herrschenden Ordnung vordringen. Das Spiel schien sagen zu wollen, auch die Sowjetunion habe das Recht auf einen Actionhelden, der die Ordnung aufrechterhält. Mit dieser Position blieb es, so weit feststellbar, in seiner Entstehungszeit singulär, kann allerdings auch als ein Vorläufer der weiteren Entwicklung der Infiltrationsspiele nach dem Zerfall der Sowjetunion gelten.

Das Spiel *Soviet Strike*, das im Jahr 1996 von der US-amerikanischen Firma Electronic Arts veröffentlicht wurde, war diesbezüglich ein typisches Beispiel. Die Spielenden übernehmen in ihm die Kontrolle über militärisches Gerät, genauer über einen Hubschrauber der Apache-Klasse. Wieder besteht die Aufgabe darin, in feindliches oder besser fremdes Territorium vorzudringen, um Ordnung herzustellen. Analog zum Zusammenbruch des Ostblocks und der Sowjetunion hatte sich die Vorstellung dessen,

---

113 Vgl. nochmals Irsigler/Lembke/Strank, Fuzzy, hybrid und pornografisch, S. 17f.

114 Vgl. Bernd Stöver: Der Kalte Krieg. Geschichte eines radikalen Zeitalters 1947–1991, München 2011, S. 461.

115 Vgl. Serhii Plokhy: The Last Empire. The Final Days of the Soviet Union, London 2014, S. 117f.

116 Alessandro Grussu: Soviet. Manual (Re-typed), in: Computer Emozone (CEZ) Networks (Hrsg.): computer emuzone. Los juegos espanoles: the spanish games, URL: http://computeremuzone.com/ficha.php?id=375&pg=manual&l=en#menu (Stand: 01.08.2020). Übersetzung von Anita Winkler.

was als Ordnung verstanden wurde, aber geändert. Zu bewahren war nunmehr die postsowjetische Ordnung Russlands, die im Szenario des Spiels durch eine von einem ehemaligen Agenten des KGB geführte terroristische Organisation, welche die Sowjetunion restaurieren möchte, bedroht wird. Der heroische Einzelkämpfer trat hier also an, um den Kalten Krieg als beendet zu bestätigen und die neue geopolitische Ordnung zu verteidigen.

7.4. Kontrollierte Eskalationen

Computerspiele mit dem Undenkbaren des (Zweiten) Kalten Krieges bewegten sich mit dem Selbstverständnis der Medialität des Computerspiels als Simulation auf unsicherem diskursivem Terrain. Sie standen in einer Linie mit Kriegsbrettspielen und schrieben sich in das Kontinuum ein, das zwischen Amateur- und Profikriegsspielenden bereits existierte. Während nämlich Filme das Tabu des Undenkbaren zeigten und die Auswirkungen des Nuklearkrieges zumeist aus der Perspektive von Einzelschicksalen erzählten, vielleicht um abzuschrecken, auf jeden Fall um zu schockieren, stand den Generalstabsspielen eine eigentümliche Ebene der Verschränkung von Kommandoposition und subjektivem Erleben durch Handeln zur Verfügung. Computerspiele hoben sich hier von entsprechenden Brettspielen mit ähnlicher Thematik dadurch ab, dass die Rechenleistung der Computerhardware Unmittelbarkeit erzeugte, wo zuvor je nach Komplexitätsgrad lange Berechnungen nötig gewesen waren. Viele Spiele schreckten allerdings davor zurück, die nukleare Eskalation in ihre Spielsysteme einzubauen, was wohl unter anderem darin begründet lag, dass es sich um eine gestalterische Herausforderung handelte. Dennoch fanden sich auch einige Beispiele, die den Nuklearkrieg direkt behandelten und dabei die oben umrissene Position einnahmen, die in den Diskursen der Populärkultur des Zweiten Kalten Krieges ansonsten weitgehend unbesetzt war.

Der implizierte Rückzug auf eine relativ neutrale Position, die es ermöglichen sollte, das zukünftige Verhalten eines modellierten Systems zu betrachten, rechtfertigte aus Sicht der Entwicklerinnen und Entwickler die Eskalation. Wogegen sich solche Titel somit abgrenzten, war die Bezeichnung Spiel, die aber im Bedarfsfall aktiviert werden konnte, um die präsentierten kontroversen Inhalte abzuschwächen. In den Handbüchern stand des Öfteren zu lesen, dass Spielende wie auch die Verantwortlichen der Herstellerseite erleichtert sein sollten und könnten, dass sich die Eskalation hier nur als ein Spiel ereigne. Es sei außerdem zu hoffen, dass dies so bleibe.

Das ist vor dem Hintergrund der Eskalationsangst der ersten Hälfte der achtziger Jahre bemerkenswert. Viele Spiele hielten sich, vermutlich auch ihretwegen, mit dem

Einsatz von Nuklearwaffen bewusst zurück. Die Entwicklung der Generalstabsspiele spiegelte dabei die Geschwindigkeit des Umschwungs der achtziger Jahre wider, da einige Beispiele existieren, die offensichtlich noch im Eskalationsklima konzipiert worden waren, aber erst im bereits entspannteren Klima der zweiten Hälfte der achtziger Jahre erschienen. In diesem Kontext ließen sich außerdem andere Beispiele finden, die mit der nuklearen Eskalation bereits offener umgingen und diese als Science-Fiction-Fantasie oder Satire verarbeiteten.

Neben den Generalstabsspielen und ihren Strategien entweder auf den eigenen Spielcharakter zu verweisen, um Nuklearwaffen einsetzen zu können oder ganz wegzulassen, ereignete sich die Eskalation des Kalten Krieges überdies auf der Ebene der Fußsoldaten und Einzelkämpfer. Damit schlossen Computerspiele an dramaturgische Muster an, die im Kino, insbesondere im Action- und Agentenfilm, seit den späten siebziger Jahren festzustellen waren.

Filme, die diesen Mustern folgten, waren für die Friedensbewegung durchaus problematisch, da sie den Krieg im Kontext seiner scheinbaren Wahrscheinlichkeit verherrlichten und zur Verrohung der Jugend beitragen konnten. Computerspielen, den Actionspielen der soldatischen Eskalation, wurde dies ebenfalls zugetraut, wobei ihr Spielcharakter und die Nähe zur Computertechnologie ein mehr an Beeinflussungspotenzial denkbar machten. Der medienspezifische Rest an direkter Beeinflussung durch das praktische Lernen der Simulation schien potenziell größeres Unbehagen entstehen zu lassen als beispielsweise die bloße Betrachtung von John Rambos Einsätzen. Dieses Verständnis des Spiels erwies sich in den Beschlüssen der BPjS als ein Grund für Indizierungen, da es implizierte, potenziell relevantes und vor allem gefährliches Wissen an Kinder und Jugendliche weiter zu geben. Im Indizierungsbeschluss zu *Raid over Moscow* hieß es entsprechend:

„Im Bewußtsein und Erleben von Kindern und Jugendlichen nehmen Spielaktivitäten und Spielsituationen eine eigenständige Realität an, insbesondere dann, wenn ein Spiel wie ‚Raid over Moscow' aktives Handeln fordert und eine intensive gefühlsmäßige Einbindung in das Geschehen herbeiführt. [...] Es besteht daher die Gefahr, daß Kinder und Jugendliche die eingeübten aggressiven Verhaltensweisen übernehmen."[117]

Es war für die BPjS augenscheinlich also vor dem Hintergrund der wegen ihrer Medialität angenommenen Beeinflussungsmacht problematisch, dass Computerspiele mit

---

117 BPjS: Entscheidung Nr. 3497 vom 08.08.1985, bekanntgemacht im Bundesanzeiger Nr. 162 vom 31.08.1985, S. 7.

der ‚closed world' des Kalten Krieges spielen ließen, indem sie das Drama ihrer Durchbrechung ermöglichten. Dabei machten sich Computerspiele die Möglichkeit zunutze, zwischen globaler und lokaler Ebene zu wechseln, um individuelle Handlungen und globale Konsequenzen zu verbinden. Sie konnten somit die Logik und Motivik des zeitgenössischen Actionfilmes mit dem Blick auf den Kalten Krieg als System vereinen und die Bewahrung seines Systems als Heldentat inszenieren.

Als interessantes Detail zeigt sich, dass sich im vorliegenden Korpus zumindest drei Romanversoftungen finden, zwei davon aus Tom Clancys Werk, die nicht verfilmt worden waren. Obwohl der genaue Grund hierfür nicht eruiert werden konnte, kann aber vor allem im Hinblick auf diejenigen Spiele, welche die Eskalation als soldatische Einzelhandlung inszenierten, vermutet werden, dass die Medialität der Computerspiele eine Skalierung und einen Maßstabwechsel ermöglichte, der ein Drama maximaler geopolitischer Größenordnung persönlich erfahrbar machte und in dieser Form in anderen Medien nicht zur Verfügung stand.

Dieser Themenkomplex weist insgesamt auf die spezifische diskursive Position von Computerspielen in politisch brisanten Zeiten hin. Sie versuchten, sich eine Nische zu schaffen, die zwar über die Kategorie des Undenkbaren hinausweist, diese aber zugleich besonders deutlich werden lässt. Ihre Position ist die derjenigen, die etwas nicht ernst nehmen können oder müssen, weil sie wissen, dass nur gespielt wird, wobei das, womit im vorliegenden Fall gespielt wird, durchaus und vor allem deswegen potenziell ernst ist, weil es sich auf der Basis der Computersimulation ereignet. Computerspiele übernahmen die Funktion, das Zeitgeschehen zu beobachten und zu kommentieren, als ein Medium, das vor allem aufgrund seiner Medialität von sich behauptete, die Vorgänge eines Systems sachlich abzubilden, es daher zu verstehen und deshalb, wie auch wegen ihres Spielcharakters, letztlich harmlos vorzugehen und nicht etwa die Verlängerung militärischer Logiken ins Kinderzimmer darzustellen. Genau an diesen beiden Aspekten rieben sich aber mitunter die Menschen im Kontext der erhöhten Gefahr einer denkbaren nuklearen Auseinandersetzung zwischen den Supermächten und der relativen Neuheit und angenommenen Wirkkraft der Computertechnologie im privaten Bereich.

8. Die Ordnung der Welt

8.1. Der Kalte Krieg als geopolitisches und wirtschaftliches Spiel

Waren die Computerkriegsspiele des Kalten Krieges vor allem dadurch bestimmt, dass sie die Eskalation und damit den Zusammenbruch der geopolitischen Ordnung thematisierten, so sind die Spiele der folgenden Kategorie beinahe als ein Gegenentwurf dazu zu betrachten. Sie haben gemeinsam, dass sie den Kalten Krieg nicht primär als ein militärisches, sondern als ein politisches Problem, genauer eines der Regierungen verstanden. Diese Spiele modellierten somit Ordnungsgsvorstellungen der Weltpolitik und des Managements eines Staates vor dem Hintergrund der geopolitischen Lage des Kalten Krieges.

Wie das Beispiel *Balance of Power* zeigt, modellierten Computerspiele diese Konstellation zum einen als Regierung in einem geopolitischen Maßstab. Die Spielmodelle dieses Titels und des ähnlich gelagerten *Geopolitique 1990* dynamisierten Theorien internationaler Ordnung. Darüber hinaus beschäftigten sich einige Spiele mit der Frage optimaler Staatsführung und politischen Managements während des Kalten Kriegs als Verhältnis von politischer Freiheit und Ökonomie. Die Politik- bzw. Wirtschaftssimulationsspiele wie *Crisis in the Kremlin* und *Aufbau Ost* können hier als Musterbeispiele gelten.

Die betreffenden Spiele stellen innerhalb des Gesamtkorpus mit jeweils fünf Titeln eine verschwindend geringe Anzahl dar. Insbesondere was den Aspekt geopolitischer Regierung betrifft, gibt es außer *Balance of Power* und *Geopolitique 1990* keine weiteren, die sich eindeutig diesem Themenbereich zuordnen lassen. Die Gruppe der Politiksimulationsspiele ist dennoch nicht zuletzt deswegen erwähnenswert, weil sie die Grundfunktion der Medialität des Computerspieles ansprechen, die darin besteht, eine Perspektive zu definieren, die es ermöglicht, individuelle Handlungen auf einen gesamtstaatlichen oder sogar globalen Maßstab zu beziehen. Dieser Aspekt wurde bereits in Bezug auf Spionagespiele und ihrer Ermöglichung der Operationalisierung von SIGINT sowie Actiontitel mit ihrer Eskalation auf der Ebene der Fußsoldaten erwähnt. Indem Computerspiele (Geo-)Politik als stufenlose Skalierung erfahrbar machen, ergibt sich jedoch eine noch stärkere Korrespondenz der Skalierungsebenen. Die Spielerinnen und Spieler können die Skalierungsstufen durchschreiten und beobachten, wie politische Maßnahmen als lokale Handlungen globale Wirkungen haben. Die prozessuale Rhetorik, die mit Pias als konfigurationskritisch, also in ihrem Verlauf abhängig von spielendenseitig vorgenommenen Konfigurationen des Spielsystems, bezeichnet werden können, basiert entscheidend auf diesem Zusammenhang.

Der Kalte Krieg wurde in solchen Spielmodellen als globales System mit spezifischen Kausalbeziehungen fassbar. Die Spielenden begaben sich in eine deutlich abgehobene Position und überblickten ein globales System, das mithilfe vordefinierter Parameter beeinflussbar war. Das Bild des Kalten Krieges hing vor allem von diesen Parametern der Steuerung ab, welche die jeweiligen Titel erlaubten, und von den Grenzen, also der Art der Komplexitätsreduktion, welche sie vornahmen.

8.2. Computerspiele als geopolitische Spiele in globalem Maßstab

8.2.1. Geopolitik und die Durchsetzung des Globalen

Die Spiele dieser Kategorie repräsentieren eine Weiterführung des bereits behandelten Aspekts des Undenkbaren und zwar insofern, als sie es auf die Geopolitik des Kalten Krieges beziehen. Damit werden also zunächst die Bedenken und Abwägungen angesprochen, welche die Außenpolitik des Kalten Krieges auf beiden Seiten des Eisernen Vorhangs prägten. War die Ordnung der Welt bi- oder multipolar zu denken, hatte sie also zwei oder viele Machtzentren? Woran sollten sich Diplomatie und Außenpolitik orientieren? War der Systemwettstreit ein Nullsummenspiel um die Welt oder ein Balanceakt des Kräfteausgleichs? Der Wettstreit um globalen Einfluss im Rahmen des Systemkonfliktes nahm dabei ab ungefähr Mitte der siebziger Jahre wieder zunehmend konkretere Formen an. Die Sowjetunion engagierte sich in den Bürgerkriegen in Angola und Äthiopien und setzte mit der Invasion in Afghanistan ein deutliches Zeichen für ihre Bereitschaft zu außenpolitischen Interventionen. Unter dem Schlagwort der Reagan-Doktrin bauten die USA andererseits ihren außenpolitischen Einfluss vor allem in Lateinamerika wieder aus.[1]

Der Themenbereich der Geopolitik berührt zugleich ein grundlegendes Wesensmerkmal der Epoche des Kalten Krieges, das sich als die Etablierung und Durchsetzung des globalen Blicks charakterisieren lässt. Die von der Apollo 17-Mission im Jahr 1972 aufgenommene Fotografie der Erde, als ‚the Blue Marble‘ bezeichnet, erlangte innerhalb dieses Diskurses ikonischen Status. Sie war Referenzpunkt für Stewart Brand und sein Projekt des *Whole Earth Catalogue*, dessen Rückseite die Fotografie zierte und somit Bestandteil derjenigen gegenkulturellen Bewegungen und ihrer Diskurse, die auch zu Computerspielen führten.[2] An dieses Verständnis des Globalen konnte zudem die

---

1   Vgl. Odd Arne Westad: The Global Cold War, Cambridge 2007, S. 331–363.
2   Vgl. Fred Turner: From Counterculture to Cyberculture. Stewart Brand, the Whole Earth Network and the Rise of Digital Utopianism, Chicago, IL/London 2006, S. 79.

Friedensbewegung anschließen. Insbesondere die Debatte um den nuklearen Winter, also die Veränderung des Klimas als eine mögliche Folge eines Nuklearkrieges, hatte die Erde jenseits ideologischer Systemgrenzen als zusammenhängendes System gedacht.[3] Bereits in der Entwicklung von Thesen und Modellen eines nuklearen Winters hatten sowjetische und amerikanische bzw. westliche Wissenschaftlerinnen und Wissenschaftler zusammengearbeitet. Diese globale Sichtweise lieferte einen zusätzlichen Anknüpfungspunkt für die Kooperationsbemühungen zwischen den Supermächten. Davon abgesehen waren die achtziger Jahre eine Epoche der beschleunigten und sich intensivierenden wirtschaftlichen Globalisierung, die wohl ebenfalls dazu beitrug, den globalen Blick politisch und populärkulturell zu verankern.

Im Folgenden wird das Spiel *Balance of Power* als Beispiel für die Musteranalyse dienen, die wiederum nach der etablierten Vorgehensweise in drei Teilen erfolgt. Der weiter gefasste Überblick im anschließenden Kapitel fällt aufgrund der geringen Anzahl von Titeln dieser Kategorie etwas knapper aus.

8.2.2. *Balance of Power* – Wahrung des Gleichgewichts

Balance of Power wurde erstmals im Jahr 1985 von der US-amerikanischen Firma Mindscape für den Macintosh und MS-DOS veröffentlicht, danach für andere Plattformen aufbereitet und 1989 als erneuerte Version unter dem Titel *Balance of Power the 1990 Edition* wieder veröffentlicht. Das Spiel stammte von Chris Crawford, der als einer der ersten Autoren der Computerspielszene gelten kann. Crawford war zunächst Mitarbeiter bei Atari, bevor er sich als Spieleentwickler selbstständig machte. Er trat – und tritt – kolumnistisch und als Buchautor sehr engagiert dafür ein, Computerspiele als eine Kunstform zu betrachten.[4] Die mittlerweile nicht mehr aktive Firma Mindscape hatte sich auf den Vertrieb von Spielen und Lernsoftware spezialisiert.

Balance of Power gilt als Klassiker und eines ‚der‘ Beispiele für den Kalten Krieg in Computerspielen schlechthin. Als repräsentativ für Einschätzungen in diesem Sinne kann die folgende Beschreibung des Users ‚Raphael‘ auf der Plattform MobyGames gelten:

„This is easily one of the classiest games ever made... how did Chris Crawford do it almost single-handedly?? When I got this game back in the mid-80's I had recently

---

3   Vgl. Thomas Brandstetter: Der Staub und das Leben. Szenarien des nuklearen Winters, in: Archiv für Mediengeschichte, Bd. 5, 2005, S. 149–156, hier S. 152–156.

4   Vgl. die bereits zitierte Kolumne im Magazin Computer Gaming World; Chris Crawford: The Art of Computer Game Design. Reflections of a Master Designer, Berkeley, CA 1984.

become a teen-ager, and BOP helped me learn about the Cold War. I was able to see how 'geopolitics' worked. Plus, my friend and I had a great time bringing the world to the brink of nuclear war. ;) They should make students in 'World Since '45'-type classes play this game to learn about Cold War politics."[5]

Balance of Power ist ein Musterfall für ein Spiel, das Wissen vermitteln will, das auch für die Realität relevant ist. Es ist ein politisches Spiel, vielleicht sogar ein ‚serious game', also eines, dass konkret als Instrument der Wissensvermittlung entwickelt wurde.[6] Dass es sich in diesem Bereich bewegt, machte Crawford selbst deutlich. In *On Game Design,* seinem Buch über Theorie und Praxis der Spieleentwicklung, beschrieb er den Prozess, der ihn dazu geführt hatte, sich nach seiner Entlassung von Atari der Entwicklung von *Balance of Power* zu widmen, folgendermaßen:

„I was, and remain, a child of the 60's. Although I never marched in a demonstration, smoked dope, or took any kind of mind-altering drug, I embraced the core values of the 60's counterculture, the most prominent of which was pacifism. War, in that view, was the greatest evil mankind had ever created, and was to be avoided at all costs. As the 1984 electoral campaigns heated up, there was plenty of belligerent talk from the right wing, and a series of alarming events boded ill for the future of peace. And here I was, profiting from the sale of wargames, and contemplating designing even more. It was wrong, and I knew it. But what could I do? As soon as I had phrased the problem in that form, the answer was obvious: I would design an unwar game, a game about the prevention of war, a game about peace."[7]

Die Tatsache, dass Crawford das dem Spiel gewidmete Buch *Balance of Power. International Politics as the Ultimate Global Game* veröffentlichte, ist ein weiteres Indiz dafür, dass er den Titel als ernstes Spiel mit einer politischen Botschaft verstanden wissen wollte. Das Buch ist dabei wesentlich mehr als eine bloße Lösungshilfe oder

---

5   Nutzer ‚Raphael': Balance of Power (DOS), in: Blue Flame Labs (Hrsg.): MobyGames, Rubrik: Games, 25.09.1999, URL: http://www.mobygames.com/game/dos/balance-of-power/reviews/reviewe Id,246/ (Stand: 01.08.2020).

6   Zur Geschichte und Definition der ‚serious games' vgl. zum Beispiel Damien Djaouti/Julian Alvarez/Jean-Pierre Jessel/Oliver Rampnoux: Origins of Serious Games, in: Minhua Ma/Andreas Oikonomou/Lakhmi C. Jain (Hrsg.): Serious Games and Edutainment Applications, London 2011; Gundolf S. Freyermuth: Games. Game Design. Game Studies, Bielefeld 2015, S. 230–232. Bogost bezeichnet Balance of Power als politisches Spiel, vgl. Ian Bogost: Persuasive Games. The Expressive Power of Videogames, Cambridge, MA 2007, S. 101f.

7   Chris Crawford: Chris Crawford on Game Design, Boston, MA/Indianapolis, IN/London/München/New York, NY/San Francisco, CA 2003, S. 282f.

ein Ratgeber. Crawford versuchte darin vielmehr, die Beweggründe für seine Gestaltungsentscheidungen und die in die Entwicklung eingeflossenen, politischen und politiktheoretischen Quellen nachvollziehbar zu machen. Die von ihm offengelegten Inspirationsquellen umfassen dabei unter anderen Thukydides' Geschichte des Peloponnesischen Krieges und Henry Kissingers Memoiren.[8]

Entstehungsgeschichte, Inspirationsquellen und nicht zuletzt der Titel des Spiels lassen also bereits Rückschlüsse auf seine Situierung zu. Es sollte ein Antikriegsspiel sein, eine pazifistische Botschaft transportieren. Dazu bediente sich Crawford bei einem antiken Klassiker der Theorie menschlicher Konflikte, einem der diplomatischen Chefarchitekten der Phase der Détente sowie einem langgedienten, aber umstrittenen politiktheoretischen Konzept, das nach 1945 vor allem mit realistischen Theorien internationaler Politik in Verbindung gebracht wurde.[9]

Architektur – Ästhetik der Seriosität

Die Ernsthaftigkeit und Seriosität, die Chris Crawford mit *Balance of Power* erreichen wollte, prägt nicht nur das Spielmodell, sondern schon die Spielarchitektur. Zunächst ist die Schlichtheit der visuellen Gestaltung auffällig. Bis auf den Titelbildschirm, die Titelseite des Handbuches und die Verpackung verzichtet das Spiel weitgehend auf illustrative Bilder oder ikonografische Referenzen.

Die Verpackung (vgl. Abbildung 26) und die Titelseite des Handbuches zeigen einen Adler und einen Bären, als nationale Symbole der USA und der Sowjetunion, in einander attackierender Pose. Dass es sich hierbei um solche Symbole handelt, wird durch die Einarbeitung von Elementen aus den jeweiligen Nationalflaggen verdeutlicht. Im Zentrum des Bildes befindet sich, auf einem Holztisch platziert und dramatisch ausgeleuchtet, das Rote Telefon, mithin also das wohl bekannteste Symbol für die Kooperation zwischen den Supermächten. Die Titelbildschirme unterscheiden sich dabei je nach Plattform. Auf dem der Version für den Apple II werden die Nationalflaggen der USA und der UdSSR links und rechts von einem mittig gesetzten Atompilz platziert. In den Versionen des Spiels, die auf anderen Plattformen erschienen, zeigt der Titelbildschirm eine Kaskade sich überlagernder Miniaturbilder militärisch-politischer Sujets des Kalten Krieges.[10] Noch bezeichnender für die visuelle Zurückhaltung der

---

8 Vgl. Chris Crawford: Balance of Power. International Politics as the Ultimate Global Game, Redmond, WA 1986, S. 301–306.

9 Vgl. Xuewu Gu: Balance of Power, in: Carlo Masala/Frank Sauer/Andreas Wilhelm (Hrsg.): Handbuch der internationalen Politik, Wiesbaden 2010, S. 67–75; Richard Little: Balance of Power, in: Bertrand Badie/Dirk Berg-Schlosser/Leonardo Morlino (Hrsg.): International Encyclopedia of Political Science, Thousand Oaks, CA 2011, S. 129–135.

10 Zu sehen sind beispielsweise die Silhouette eines Stealth Fighters, ein überdimensionierter Kopf

BALANCE OF POWER

Abb. 26: Titelbild der Verpackung von *Balance of Power*

Spielarchitektur ist der beinahe schon als legendär zu bezeichnende Endbildschirm, den die Spielenden zu sehen bekommen, nachdem sie einen Nuklearkrieg ausgelöst und das Spiel somit verloren haben. In weißer Schrift auf schwarzem Grund stehen die nüchternen Worte: „You have ignited a nuclear war. And no, there is no animated display with parts of bodies flying through the air. We do not reward failure." Das Spiel oder das Spiel und sein Erschaffer – die genaue Referenz des „We" muss hier ungelöst bleiben – verdeutlicht mit diesem kurzen Satz seine grundsätzliche Haltung zur Visualität in Computerspielen und liefert nebenbei einen Kommentar zur damals aktuellen Lage des Mediums, der in ähnlicher Weise oft auch in der Gegenwart zu vernehmen ist: explizite und aufwendige bzw. realitätsnahe Darstellungen, insbesondere von Gewalt, sollten sich in den Gestaltungsentscheidungen der Entwicklerinnen und Entwickler nicht vor spielerische Elemente drängen.

Balance of Power verzichtete also bewusst und in durchaus selbstreflexiver Weise auf die unmittelbare Ausdruckskraft visueller Schauwerte. Was die Situierung der Spielenden angeht, ist es hingegen direkt. Bereits das Handbuch macht auf den ersten Seiten klar: „You are cast as the President of the United States or, if you wish, as the general secretary of the Soviet Union."[11] Dies können die Spielenden zu Beginn entscheiden, obschon es in den konkreten Konsequenzen, hier folgt *Balance of Power* seiner Logik der Sachlichkeit, aber nicht relevant ist. Viel wesentlicher als die Seite, auf die sie sich letztlich schlagen, ist der spezifische Modus des Regierens und der Regierungsentscheidungen, die das Spiel als universal und ideologie- und systemübergreifend setzt. Visualität und Architektur ordnen sich diesem universellen Prinzip unter und etablieren eine Ästhetik der Informationsvermittlung, die der Entscheidungsfindung in globalem Maßstab dient.

Vom Titelbildschirm und einigen Grundkonfigurationen zu Beginn geht es direkt zum Spielbildschirm, der die Spielenden in eine ideale Kommandoposition bringt. Der operative Online-Spielraum besteht aus einer stilisierten, abstrahierten und simplifizierten Weltkarte (vgl. Abbildung 27). Damit ist klar, dass der Kalte Krieg hier als globaler Konflikt verstanden wird. Die internationale Dimension der Systemauseinandersetzung in Stellvertreterkriegen und in der militärisch-ökonomischen Entwicklungshilfe, insbesondere in Lateinamerika und Afrika, ist in die Spielarchitektur integriert. Mit den Mitteln der an unterschiedlichen thematischen Gesichtspunkten orientierten politischen Kartographie präsentiert das Spiel den Kalten Krieg als globale geopolitische Lage und verweist damit auf die Periode der Détente, in der sich

---

Lenins, vermutlich Teil einer Statue, dem eine Gruppe von Menschen zujubelt, zwei Personen, vermutlich Politiker, an einem Tisch, vermutlich einem Verhandlungstisch, eine geballte Faust und überkreuzte Gewehre sowie ein Porträt Henry Kissingers.

11   Chris Crawford: Balance of Power. Geopolitics in the Nuclear Age (Handbuch), Northbrook, IL 1985, S. 5.

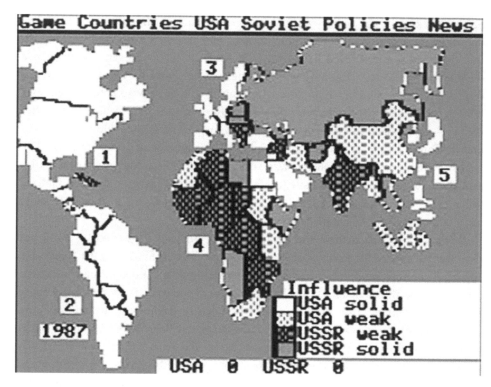

Abb. 27: Der zentrale Spielbildschirm von *Balance of Power*

der Konflikt zwischen den Supermächten zunehmend auf Nebenschauplätze und die Ebene internationaler Einsätze verlagerte. Dieser Rekurs auf die zum Zeitpunkt der Veröffentlichung des Spiels beinahe als klassisch zu bezeichnende politische Geografie kann als ein Statement gegen die konfrontative Rhetorik des Zweiten Kalten Krieges gelesen werden. Das ergab sich auch daraus, dass die präsentierte Karte dynamisch, also unterfüttert mit Daten, war. Sie visualisierte somit eine Datenbank und bediente sich damit einer Technologie, die prinzipiell identisch war mit den digitalen Karten, mit denen schon politische Entscheidungsträgerinnen und -träger seit den späten sechziger Jahren gearbeitet hatten. Die angestrebte Sachlichkeit der Darstellung erscheint zudem wie eine bewusste Gegenposition zu der in den achtziger Jahren auf Seiten der US-amerikanischen und sowjetischen Regierungen – und der Friedensbewegung – mehr oder weniger offen betriebenen politischen Verwendung von Kartografie.[12]

---

12 Vgl. Timothy Barney: Mapping the Cold War. Cartography and the Framing of America's International Power, Chapel Hill, NC 2015, S. 173–214, zur Digitalisierung insbes. S. 179–183.

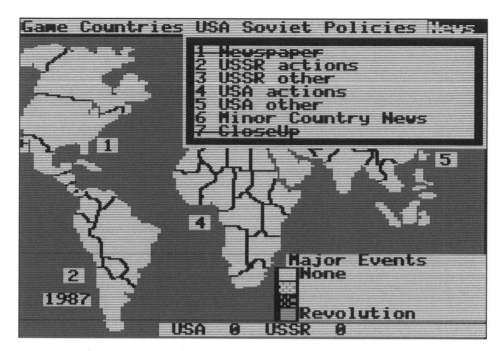

Abb. 28: Screenshot eines Drop-down Menüs

Die Erdteile sind, in der Version für den Apple II, mit Nummern versehen und dadurch direkt ansteuerbar. In der oberen Bildschirmzeile befindet sich eine Menüleiste, die, ähnlich wie in grafischen Betriebssystemen, als Drop-down Menü organisiert ist (vgl. Abbildung 28). Sie definiert den Handlungsspielraum, der sich im Wesentlichen in zwei große Bereiche unterteilen lässt: das Abrufen von Informationen über die Lage der Welt und das Ausführen von Aktionen. Der Zustand der Welt stellt sich einerseits als Einfärbung einzelner Staatsgebiete dar, die politische Zustände als grafische Markierungen eines Territoriums bezeichnet. In der rechten unteren Bildschirmhälfte findet sich hierzu eine Legende. Informationen über aktuelle Geschehnisse, Aktionen der eigenen und der Gegenseite sowie detailliertere Informationen zu einzelnen Staaten erscheinen andererseits in separaten Textfenstern.

Hier etabliert *Balance of Power* eine Funktionalität und Ästhetik sich überlagernder Felder bzw. Fenster, die zugleich charakteristisch für grafische Benutzeroberflächen in dieser Entwicklungsphase der Heimcomputer und ihrer Software waren. Das Spiel remedialisierte in diesen Informationsfenstern das gängige Nachrichtenmedium der Zeitung, dies allerdings ohne grafische Repräsentation nur über einen textuellen Verweis, in dem die abrufbaren Informationen über jeweils aktuelle Geschehnisse als

Zeitungsmeldungen bezeichnet wurden. Die Möglichkeiten für die Spielenden, aktiv zu werden und zu agieren, also selbst geopolitische Maßnahmen setzen zu können, führen schließlich ebenfalls über solche Menüfenster, die eine Auswahl entsprechender Aktionen enthalten.

Die Spielarchitektur von *Balance of Power* entspricht also im Wesentlichen einer navigierbaren Datenbank mit einer stilisierten Weltkarte als Interface.[13] Point of View und Point of Action implizieren die Position eines politischen Entscheidungsträgers und etablieren eine Art der globalen Kommandoübersicht, die stark der Art und Weise ähnelt, in der Kriegsstrategiespiele die Spielenden situieren. Sie entspricht damit auch im Kleinen der seit den späten sechziger Jahren zunehmend gängigen kartografischen Praxis in professionellen, zumeist militärischen Kontexten.

Spielmodell – informiertes Handeln

Balance of Power gilt als komplex, beruht aber auf einer relativ simplen Prämisse. Die Spielenden agieren im Namen einer der beiden Supermächte und haben die Aufgabe, im Laufe einer Legislaturperiode von sieben Jahren ihren Einflussbereich, gemessen in Prestigepunkten, zu vergrößern, ohne eine nukleare Eskalation auszulösen. Nach Ablauf der Spielzeit entscheidet die Anzahl der Prestigepunkte über Sieg oder Niederlage.

Das Spiel zählt zu den rundenbasierten Strategietiteln, die dadurch charakterisiert sind, dass sie nicht in Echtzeit verlaufen, also die Effekte der Konfigurationen, welche während eines Spielzuges vorgenommen werden, sich erst auf die Spielsituation auswirken, nachdem der Zug gemacht und vollzogen worden ist. Ein Zug entspricht in *Balance of Power* dabei einem Jahr, das Spiel besteht also aus sieben Zügen. Das Handlungsregister, das sich hier eröffnet, um Allianzen zu schmieden und Prestige zu gewinnen, konzentriert sich auf die Zuweisung finanzieller und militärischer Ressourcen an einzelne Staaten, wobei Staaten mit einem hohen Prestigewert und hoher militärischer Stärke präferierte Ziele darstellen. Diese Mittel können eingesetzt werden, um in verfeindeten Staaten aufständische Kräfte zu unterstützen, die einen Regierungswechsel herbeiführen können (offensive Strategie), oder um einen solchen Regierungswechsel in befreundeten Staaten zu verhindern (defensive Strategie). Das Handlungsregister erweitert sich mit dem gewählten Schwierigkeitsgrad. Während in der einfachsten Spielstufe nur Truppenkontingente und finanzielle militärische Hilfe verteilt werden können, führen die mittleren und hohen Schwierigkeitsgrade subtilere Methoden ein, um das Spielziel zu erreichen. Dazu zählt die Möglichkeit, Wirtschaftshilfe zu leisten, diplomatischen Druck auszuüben oder mithilfe des Geheimdienstes einen Staatsstreich herbeizuführen.

---

13   Vgl. Lev Manovich: The Language of New Media, Cambridge, MA 2001, S. 218–236.

In jedem Fall und für jeden Schwierigkeitsgrad ist es grundsätzlich spielstrategisch entscheidend, eine informierte Auswahl zu treffen. Das bedeutet, die zur Verfügung stehenden Mittel sollten so verteilt werden, dass der jeweils damit bedachte Staat in den eigenen Einflussbereich gezogen wird, ohne die gegnerische Supermacht zu provozieren und so eine, im schlimmsten Fall vielleicht sogar nukleare, Eskalation auszulösen. Dazu müssen die Spielenden um die Position des betreffenden Staates wissen, ob er also dem eigenen bzw. gegnerischen Einflussbereich zugerechnet wird, sie benötigen Informationen über den innenpolitischen Status, also aus welchen Fraktionen sich die politische Landschaft zusammensetzt und schließlich sind die eigenen und gegnerischen diplomatischen Beziehungen zu dem jeweiligen Staat entscheidend.

Hier wird die Verbindung zwischen der Spielarchitektur, die auf der Funktionalität und Ästhetik von Registerkarten und Datenbanken beruht, und dem Spielmodell wirksam. Ein Spielzug besteht typischerweise zunächst aus der Herausarbeitung und Identifikation von Interventionspotenzialen, so dass auf der stilisierten Weltkarte nach potenziell instabilen Staaten außerhalb des gegnerischen Einflussbereiches mit hohem Prestigewert und ausgeprägter militärischer Macht zu suchen ist. Durch die in den Registern bereitgestellten Informationen und die entsprechenden Einfärbungen der Weltkarte können Staaten, die sich als solche Interventionsobjekte eignen, identifiziert werden.

Das Handlungsregister in *Balance of Power* hat aber noch eine zweite Ebene, diejenige der Diplomatie, die für den Ausgang im Grunde noch entscheidender ist, da hier eine weit höhere Anzahl von Prestigepunkten auf dem Spiel steht. Zentraler Mechanismus auf dieser Ebene ist der Einspruch gegen Maßnahmen des Gegners. Das Spielfeld für diese Proteste ist ein Dialogfenster, das den jeweiligen Gegenstand des Protests, den konkreten Streitfall, beschreibt, über die Anzahl der möglichen Prestigepunkte informiert und die Spielenden schließlich vor die Wahl stellt, entweder eine Konfrontation zu wagen oder nachzugeben. Diese Protestsituation kann, je nach der (Un-)Nachgiebigkeit der beteiligten Parteien, mehrere Eskalationsstufen durchlaufen. Ab dem Zeitpunkt des Erreichens der als ,Defcon' bezeichneten Stufe tritt die Situation in eine entscheidende Phase ein. Dies geschieht insofern, als sich die Anzahl der Prestigepunkte, um die gespielt wird, erhöht und die Wahrscheinlichkeit, einen Nuklearkrieg auszulösen und damit das Spiel zu beenden, drastisch steigt. Auch in diesem diplomatischen Teilbereich des Spielmodells dieses Titels ist der Informationsstand das ausschlaggebende Kriterium, um das Spiel für sich entscheiden zu können. Erfolgreich gegen eine gegnerische Handlung protestieren zu können, setzt voraus, dass eine diplomatische Berechtigung für den Einspruch besteht, beispielsweise weil der Gegner in den eigenen Einflussbereich eingedrungen ist. Das gilt außerdem für die Weigerung, einen Protest des Gegners zu akzeptieren. Als Verlierer dieses Spiels im Spiel gilt diejenige Partei, die nachgibt. Die Verteilung der Prestigepunkte folgt in diesen Protestsituationen der Logik eines Nullsummenspiels, dem Gewinner wird diejenige Punkteanzahl angerechnet, die der Unterlegene verliert. *Balance of Power* verspricht, laut Handbuch, eine dynamische Spielumgebung bereitzustellen, die alle eigenen und gegnerischen Handlungen kontinuierlich in die Berechnung der Spielsituation einbezieht, um eine komplexe Welt zu schaffen, in welcher ein entscheidender spielstrategischer Fehler darin bestünde, von allzu simplen Kausalbeziehungen auszugehen.[14]

Das Modell führt hier demnach zu einer charakteristischen Spieldynamik, die zwischen Handlungen des Informierens in Form der Nutzung einer Datenbank und des Agierens, in Form der Zuteilung von militärischen und wirtschaftlichen Ressourcen und dem Einlegen diplomatischen Protests pendelt. Ein Spielzug besteht typischerweise aus dem Abrufen relevanter Informationen, eigenen Handlungen, dem Überprüfen und eventuellem Protestieren gegen Handlungen des Gegners und schließlich der Neuberechnung der globalen Ausgangslage und Situation durch den Computer für den nächsten Zug. Die Gewinnbedingungen sind eindeutig definiert. Der Endbildschirm nach einer erfolgreichen Beendigung des Spiels ähnelt dabei mit seiner betont nüchternen Gestaltung, die aus einer Übersicht über den gesamten und jährlichen Punktestand und der Botschaft „Congratulations, You have kept the peace!" besteht, demjenigen, der erscheint, nachdem ein Nuklearkrieg ausgelöst wurde. Mit diesem dem Spektakel bewusst abgewandten Design wird das Spielmodell zur eigentlichen Attraktion, das Spielen und nicht primär das Gewinnen zum zentralen Anreiz.

Spielsituation – rationaler Pazifismus

Balance of Power ist der seltene Fall eines Spiels, das seine Botschaft bereits einigermaßen klar im Titel trägt. Chris Crawford machte im Handbuch und in der begleitenden Publikation *Balance of Power. International Politics as the Ultimate Global Game* recht deutlich, dass er sich auf das politiktheoretische Konzept des Gleichgewichts der Mächte bezieht, das nach 1945 vor allem mit der Theorie des politischen Realismus in Verbindung gebracht wurde. Grundlegend für das Konzept ist die Annahme, dass internationale Politik als ein auf der Grundlage der Verteilung von Macht basierendes System funktioniert. So zentral der Faktor Macht hierbei platziert ist, so unbestimmt und in der praktischen Analyse abhängig von a priori gesetzten Voraussetzungen ist er auch.[15] Was Macht bedeutet bzw. woraus sich politische Macht ergibt, ist eine Definitionsfrage, der sich jedes realistische Erklärungsmodell stellen muss.[16]

---

14   Vgl. Crawford, Balance of Power (Handbuch), S. 5f.

15   Vgl. William Curti Wohlforth: The Elusive Balance. Power and Perceptions During the Cold War, Ithaca/London 1993, S. 4.

16   Vgl. ebd., S. 26–28, stellt etwa vier Aspekte heraus, darunter Prestige.

Balance of Power gibt eine relativ eindeutige Antwort auf diese Frage. Macht setzt sich hier vor allem aus globalem Prestige und geopolitischem Einfluss zusammen. Militärische oder finanzielle Kapazitäten reichen für sich als Gewinnfaktoren nicht aus, da das Spiel den Ernstfall der tatsächlichen kriegerischen Auseinandersetzung zwischen den Supermächten unmöglich macht. Bricht der Nuklearkrieg aus, so gilt das Spiel als verloren und endet. Macht entsteht hier somit erst, wenn militärische und finanzielle Kapazitäten so verteilt werden, dass das eigene Prestige erhöht wird, ohne den Gegner zu verärgern. Macht ist in dem Spiel, das geopolitisches Handeln in Zeiten des Systemkonfliktes als komplexen Balanceakt zwischen geopolitischer Einflussgewinnung durch die Allokation von Ressourcen und diplomatischem Geschick darstellt, somit ein dynamisches Phänomen.

Durch diesen Rückgriff auf ein dynamisches Prinzip eines geopolitischen Mächtegleichgewichts wollte das Spiel, wie der Entwickler Chris Crawford betonte, letztlich eine pazifistische Botschaft transportieren. Dies wird bereits zu Beginn im ersten Absatz des Handbuchs klar: „How are we to prevent, or at least avoid, the nuclear annihilation of our civilization? After forty years, we still have no clear answer to this fundamental question. Balance of Power is a game about this question. It presents the question; you must find the answer."[17] In diesem Kontext konkretisiert der Schriftzug, der auf dem Bildschirm erscheint, nachdem ein Atomkrieg ausgelöst und die Partie somit verloren wurde, nochmals die Haltung des Spiels, dass eben ein Scheitern nicht durch drastische Visualisierung der Folgen belohnt werde. Der Nuklearkrieg soll nicht zum Spektakel verkommen, sondern als Versagen simuliert werden – als ein nicht gelungenes Spiel. Damit begab sich *Balance of Power*, wie von Crawford angekündigt und intendiert, in direkte Opposition zu Kriegsspielen des eskalierten Kalten Krieges. Es verhielt sich wie die Antithese zur finalen Gegenrechnung, der nach einem Nuklearkrieg verbliebenen restlichen Bevölkerung, wie sie etwa in *Nukewar* präsentiert wurde.

Den Spielenden wurde also von Beginn an verdeutlicht, dass *Balance of Power* eine Antikriegssimulation und generell eine Simulation darstellte. Chris Crawford, ein Spielentwickler mit starker persönlicher Handschrift, gewissermaßen ein typischer Autor der Computerspielphase und Theoretiker der Spieleprogrammierung, machte das explizit. Er verwies im Handbuch und noch ausführlicher in der begleitenden Publikation darauf, wo er Auslassungen platziert und an welchen Stellen er komplexe politische Zusammenhänge zugunsten des Spielsystems vereinfacht hatte.

Als Antikriegstitel opponierte *Balance of Power* direkt gegen die Konfrontationsrhetoriken des Zweiten Kalten Kriegs. Es erschien zwar erst im Jahr 1987, als sich bereits ein Klima der Entspannung zwischen den Supermächten abzuzeichnen begann, der

---

17   Crawford, Balance of Power (Handbuch), S. 5.

Beginn der Entwicklung und Crawfords Entschluss, das Spiel zu konzipieren, fiel jedoch in den Zeitraum der Friedensbewegung und des Zweiten Kalten Kriegs, an dessen konfrontativem Klima sich der Titel offensichtlich abarbeitete.

Das Spiel präsentiert also eine mögliche Antwort auf die Frage, wie eine Antikriegssimulation funktionieren könnte. Die Spezifik liegt hierbei im Rückgriff auf das Konzept des Mächtegleichgewichts. Die von Crawford herausgestellte Bezugnahme auf Thukydides und die Arbeiten und Theorien von Henry Kissinger, der als Sicherheitsberater und Außenminister in Richard Nixons Kabinett besonders bekannt wurde, situierte die Antikriegsrhetorik des Spiels jedoch in einem spezifischen Theoriezusammenhang. Konfrontation, Gewalt und das Streben nach Dominanz sieht *Balance of Power* als absolute Werte, als Bestandteile der Conditio humana und, in Einklang mit dem Politikverständnis des Realismus, als Grundbedingungen der Geopolitik.

In diesem Zusammenhang ist der Umstand entscheidend, dass Crawford seine Einflüsse offenlegt und klar macht, dass es sich bei dem Titel um eine Simulation in Form eines Spiels handelt. Es ließe sich somit argumentieren, dass es dem Spiel weniger darum geht, mithilfe des Konzepts vom Mächtegleichgewicht die Welt, als vielmehr der (computerspielenden) Welt dieses Konzept zu erklären und es im Kontext der erneuten Konfrontation zu reaktualisieren. Die Signifikanz und konkrete Auswirkung von Kissingers Variante des politischen Realismus hatte unter anderem darin bestanden, dass seine multipolare Weltsicht das binäre Denken des Kalten Krieges der fünfziger Jahre abgelöst und die Phase der Détente geprägt hatte.[18] *Balance of Power* versuchte diese Haltung als Grundlage der geopolitischen Koexistenz zu reaktualisieren und zu rehabilitieren. In Aussagen wie der zu Beginn zitierten, dass das Spiel viele Möglichkeiten biete, etwas über die Funktionslogik des Kalten Krieges zu lernen, manifestiert sich der eigentliche diskursive Gehalt, der Cargo. Der Rückgriff auf Theoreme des politischen Realismus führte, trotz der radikalen Eindeutigkeit des Endbildschirmes, zu einer Haltung des kompromisslosen Rationalismus, der sich, wie das auch auf Kissinger zutraf, dem Vorwurf des Zynismus nicht ganz entziehen kann und an dem sich die angestrebte und offen propagierte Antikriegsbotschaft messen lassen muss.[19] In einem in *Der Spie-*

---

18   Vgl. zu den Merkmalen von Kissingers Realismus Mario Del Pero: The Eccentric Realist. Henry Kissinger and the Shaping of American Foreign Policy, New York, NY 2010, S. 66–76; Greg Grandin: Kissinger's Shadow. The Long Reach of America's Most Controversial Statesman, New York, NY 2015, S. 9; David Milne: Worldmaking. The Art and Science of American Diplomacy, New York, NY 2015, S. 350–356, 358–365.

19   Del Pero merkt an, dass Kissinger in seiner wissenschaftlichen Arbeit auf der Suche nach „the ahistorical and amoral codes and rules" gewesen sei. Del Pero, The Eccentric Realist, S. 49; Grandin kommt zu einem ähnlichen Schluss. Vgl. Grandin, Kissinger's Shadow, S. 11–14. Diese Haltung Kissingers scheint fast ideal für Computerspiele.

gel 1983 veröffentlichten, von Ernst Tugendhat verfassten fiktiven Gespräch zwischen Taube und Falke, Gegner und Befürworter der Nachrüstung und damit Idealfiguren des Zweiten Kalten Krieges, findet sich Kissinger eindeutig auf der Seite des realistisch eingestellten Falken und Nachrüstungsbefürworters.[20]

Dem Spiel fehlt somit die politische Imagination der umfassenden Abrüstung der Friedensbewegung.[21] Die Peripherien des Weltsystems, insbesondere der globale Süden, werden in ihm weitgehend zum Spielfeld der Supermächte. Trotz aller Berücksichtigung sogenannter softer Aspekte wie Prestige und Diplomatie beruht das Modell letztlich auf einer Kausalbeziehung zwischen politischem Einfluss und finanziellen und militärischen Ressourcen. Wie bereits ausgeführt, ist das Prinzip des Konflikts zudem als Urgrund menschlicher Politik vorausgesetzt. An dieser Stelle muss nochmals wiederholt werden, dass Crawford diese Voraussetzungen umfassend transparent machte und vor allem in der begleitenden Publikation minutiös die Elemente und Vorannahmen darlegte. Der pädagogische Anspruch des Spiels, das somit ganz klar den medienhistorischen Index der Computerspielphase trägt, ist jederzeit offensichtlich. Genauso evident wird aber auch, dass das Spiel nahelegt, eine radikal rationale Haltung, einzunehmen. Es handelt sich um eine leidenschaftslos analytische Position des Dazwischen, die primär daran interessiert ist zu verstehen, warum die Welt bzw. die Geopolitik notwendigerweise funktioniert wie sie funktioniert.

Der Kalte Krieg wurde somit zu einem Grundzustand, einer historisch spezifischen Manifestation des menschlichen Grundprinzips der Konfrontation und damit zu einem nicht überwindbaren Bestandteil des Spiels. Im Gegensatz zu idealistischen Antikriegsdiskursen entwickelte sich in *Balance of Power* eine sich rational gebende Position, welche die Computersimulation als Autoritätseffekt nutzen konnte.

8.2.3. *Geopolitique 1990* und *Shadow President* – Der globale Kalte Krieg in Computerspielen

Balance of Power kommt ein beinahe singulärer Status zu. Mit seinem spezifischen Blick auf die geopolitische globale Lage des Kalten Krieges ist es eine frühe Fallstudie für ein

20 Vgl. Ernst Tugendhat: „Und wenn die ganze Welt sowjetisch würde?" Die Argumente der Befürworter und Gegner der Nachrüstung – ein fiktives Gespräch, in: Der Spiegel, Jg. 37, Nr. 47, 21.11.1983, S. 80–95, hier S. 83.

21 Vgl. Marianne Zepp: Ratio der Angst: die intellektuellen Grundlagen der Friedensbewegung, in: Christoph Becker-Schaum/Philipp Gassert/Martin Klimke/Wilfried Mausbach/dies. (Hrsg.): „Entrüstet Euch!" Nuklearkrise, NATO-Doppelbeschluss und Friedensbewegung, Paderborn 2015, S. 135–150, hier S. 136–138.

Spiel, das ganz explizit auf seinen politischen Kontext reagierte. Der Kalte Krieg war somit genauso der Inhalt des Spiels wie das Spiel wohl auch nur im historischen Kontext
des Zweiten Kalten Krieges in dieser Form entstehen konnte. Es ist zudem ein typisches
Beispiel für ein Autorenspiel, ein frühes Indie-Game, in dem die Vision des Entwicklers
bzw. der Entwicklerin die Richtschnur für das Endprodukt bildet und kommerzielle
Interessen hintangestellt werden.[22] Vielleicht liegt es an diesen spezifischen Voraussetzungen, wozu nicht zuletzt auch zu zählen ist, dass Chris Crawford eine in der Computerspielszene bekannte Figur darstellte und kaum andere Beispiele auszumachen sind,
die den Kalten Krieg auf eine ähnliche Art und Weise verhandelten. Das Motiv der
Geopolitik bzw. der Anspruch, eine Simulation des globalen Kalten Krieges zu bieten,
scheint im beobachteten Zeitraum in dieser expliziten Form sonst nur noch im Spiel
Geopolitque 1990 vorzukommen, das bereits 1983 von der auf Kriegsspiele spezialisierten US-amerikanischen Firma Strategic Simulations Incorporated veröffentlicht wurde.

Erschienen im Krisenjahr des Zweiten Kalten Krieges ermöglichte es *Geopolitique
1990* eine in der hypothetischen Zukunft des Jahres 1990 liegende, entweder rein geopolitische oder auch militärisch eskalierte Auseinandersetzung mit der vom Computer
gesteuerten Sowjetunion zu führen – dies allerdings exklusiv aus der Sicht der USA. Es
besteht daher aus einem geopolitischen und einem militärischen Teil. Bricht ein Krieg
aus, imaginiert das Spiel diesen, wie es typisch für die Kriegsspiele der Zeit war, als limi-
tierten, konventionellen Krieg ohne den Einsatz von Atomwaffen. Handlungsregister
und Spielmodell unterscheiden sich im Wesentlichen nicht von *Balance of Power*. Visuell ist *Geopolitique 1990*, den technischen Möglichkeiten seiner Entstehungszeit geschuldet, noch reduzierter als *Balance of Power*, zeigt fast nur Statistiken und monochro-
matischen Text. In diesem Fall besteht das spielerische Grundprinzip wiederum aus der
Navigation durch Datenbanken und der anschließenden Zuteilung von Ressourcen
zum Zweck der Bildung von Allianzen sowie Entwicklung der eigenen Wirtschaft und
des Militärs. Das Spiel nimmt dabei seinerseits eine bewusste Komplexitätsreduktion
vor, was insbesondere durch die Weltkarte, die aus neunzehn Staaten bzw. zu Regionen
zusammengefassten Staatengruppen besteht, am deutlichsten sichtbar wird. Der geopolitische Teil des Spiels gilt als gewonnen, wenn ein vorgegebenes Entwicklungsziel
erreicht wurde, ohne einen Krieg auszulösen. Gewinnbedingung für die militärische
Phase ist es, in zwei hintereinander folgenden Zügen eine Anzahl von sechzig Punkten
zu erreichen. Der Computer gewinnt, wenn ihm ein Angriff auf US-amerikanisches
Gebiet gelingt. Der markanteste Unterschied besteht darin, dass *Geopolitique 1990* dort
weitermacht, wo *Balance of Power* endet, indem es den Krieg der Supermächte spielbar
macht und dabei im Wesentlichen den Prinzipien anderer Computerkriegsspiele folgt.

---

22 Vgl. Freyermuth, Games, S. 171f.

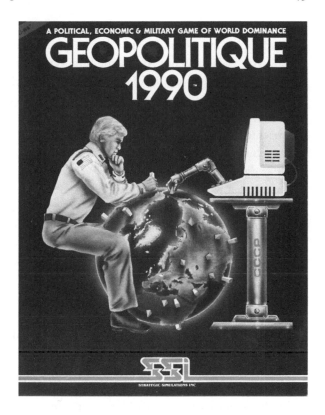

Was in *Nukewar*, dem als Muster für die Computerkriegsspiele gewählten Beispiel, nur nahegelegt wurde, nämlich dass die UdSSR mit der Rationalität eines Computers agiere, ist in *Geopolitique 1990* Teil des Cargos und wird bereits durch das Titelbild des Handbuches verdeutlicht (vgl. Abbildung 29).

Während *Geopolitique 1990* also ein mehr oder weniger herkömmliches Kriegsspiel mit einer Simulation geopolitischer Zusammenhänge zu einem Gesamtbild des Kalten Krieges verwob, trat *Balance of Power* als dezidiertes Antikriegsspiel auf. Gemeinsam ist beiden, dass das Bild des Kalten Krieges als einer Balance zwischen den Supermächten, die in den bisher angeführten Spielen eher impliziter Bestandteil war, im Vordergrund stand und das Spielmodell prägte. Beide Spiele sind zudem im vorliegenden Quellenkorpus weitgehend singuläre Erscheinungen. Den Kalten Krieg als geopolitische Konstellation bzw. als zu vermeidenden Ernstfall zu modellieren, konnte sich offensichtlich nicht als eigene Darstellungstradition etablieren. Zumindest was *Balance of Power* betrifft, kann angenommen werden, dass es die Friedensbewegung und die Rufe nach Abrüstung rezipierte und in sein Spielmodell integrierte. Aber auch *Geopolitique 1990* definierte den Kalten Krieg zumindest im geopolitischen Spielmodus als fragiles

Gleichgewicht und damit im Grunde als langen Frieden.[23] Ein Aspekt, der ebenfalls für beide Spiele zutrifft und sie mit ihrem historischen Kontext verbindet, ist ihr offen artikulierter pädagogischer Anspruch. Ihre Version des Kalten Krieges war diejenige einer geopolitischen Konstellation, die von den Spielenden analysiert werden sollte, vielleicht sogar analysiert werden musste. Das Handbuch zu *Geopolitique 1990* enthielt beispielsweise ein Kapitel mit Hinweisen zum Einsatz des Spiels im Rahmen des Schulunterrichtes.[24]

Das ebenfalls geopolitisch orientierte *Shadow President* kann schließlich bereits als Produkt des Überganges in eine neue Weltordnung nach dem Ende des Kalten Krieges verstanden werden. Das 1993 von der US-amerikanischen Firma D.C. True veröffentlichte Spiel, das sich bereits seit 1984 in der Planungs- und Entwicklungsphase befunden hatte, versetzte die Spielerinnen und Spieler in die Rolle des Präsidenten der USA im Jahr 1990.[25] Der Fokus liegt also bereits ausschließlich auf den USA als geopolitisch prägender Macht. Die UdSSR existierte zwar noch als computergesteuerter Gegner, kann aber nicht gewählt werden. *Shadow President* entwirft ein Szenario in dem Computertechnologie, das sogenannte „shadow network", also sein eigenes Interface, zu Regierungszwecken eingesetzt wird, ein Motiv, das in der Fortsetzung *Cyber Judas* weiter ausgebaut wurde. Abgesehen von diesem der Science-Fiction und hier dem Genre des Cyberpunk entlehnten Element strebte das Spiel nach einer möglichst realitätsgetreuen Modellierung von Geopolitik. Ähnlich wie im Fall von *Balance of Power* machten die Entwicklerinnen und Entwickler bereits im Handbuch klar, dass ihr Spiel mehr als ein Spiel sei und Aufschluss über geopolitische Zusammenhänge geben könne.[26] Dass es sich auf das *CIA World Factbook* als Datengrundlage bezog, war dabei als Teil einer Authentifizierungsstrategie[27] zu sehen. Das Handlungsregister entspricht im Wesentlichen den in *Balance of Power* etablierten Prinzipien, wobei *Shadow President* es den Spielenden außerdem freistellt, einen Nuklearkrieg zu beginnen.

---

23 Vgl. David Eugster/Sibylle Marti: Einleitung. Das Imaginäre des Kalten Krieges, in: dies. (Hrsg.): Das Imaginäre des Kalten Krieges. Beiträge zu einer Kulturgeschichte des Ost-West-Konfliktes in Europa, Essen 2015, S. 3–19, hier S. 3f., für eine kurze Kritik an dieser Sichtweise.

24 Vgl. Strategic Simulations Inc.: Geopolitique 1990. A Political, Economic & Military Game of World Dominance, Mountain View, CA 1983, S. 15.

25 Vgl. Brad Stock: The Forward, in: Shadow President. Operations Manual, Scotts Valley, CA 1992, S. 6f.

26 Vgl. ebd.

27 Vgl. generell zum Zusammenhang von Medien, Geschichte und Authentizität bzw. zur Bedeutung von Authentifizierung in dem Umfeld Angela Schwarz: Pastness in the making. Von der Touristifizierung der verräumlichten Zeit in der Vergangenheit, in: dies./Daniela Mysliwietz-Fleiß (Hrsg): Reisen in die Vergangenheit. Geschichtstourismus im 19. und 20. Jahrhundert, Köln/Wien/Weimar, S. 25–44, hier S. 31–34.

Die Rezensionen zu *Shadow President* akzentuierten einen Aspekt, der für alle hier vorgestellten Spiele und ihre Versionen des Kalten Krieges gilt und in der Besprechung des Titels in der Zeitschrift *Computer Gaming World* treffend zum Ausdruck kam: „a work of art that belongs in every civics classroom, but it sure won't drag me away from Dune II."[28] Die geopolitischen Regierungscomputerspiele schufen eine Version des Kalten Krieges in einem Medium, das in der damaligen Phase seiner Entwicklung zugleich ein Lehr- und Lernmedium sein konnte. Diese Spiele waren sozusagen weitgehend pure Computerspiele, für die es kaum Verbindungen zu anderen populärkulturellen Medien und Darstellungsformen gab. Am ehesten stellten sie Popularisierungen von politikwissenschaftlichem Spezialwissen dar. Als solches existierten sie primär, um geopolitische Zusammenhänge spielend nachvollziehen und verstehen zu lassen. Wie im Handbuch zu *Balance of Power* ausgeführt wurde, war der Kalte Krieg in diesen Titeln im Grunde eine Frage, ein Problem, das gelöst werden konnte bzw. sollte. Die Spiele kehrten ihren Simulationscharakter bewusst nach außen, indem sie offen dazu aufforderten, ihr Modell zur Erkenntnisgewinnung zu nutzen. Sie waren somit auch, die Verpackung von *Geopolitique 1990* deutete das bereits an, selbstbewusste Vertreter der Computerspiele als pädagogische Instrumente.

Computerspiele verstanden sich somit vor allem selbst als Medien, die etwas über den Zustand der Welt und die Funktionsweise von Politik lehren konnten. Simulationsspiele für den Schulunterricht waren aber in den achtziger Jahren nicht wirklich neu, da sie bereits vor dem Zeitalter der Heimcomputer als pädagogische Instrumente verwendet worden waren. Allerdings übernahm der Computer, um beim Verpackungsbild von *Geopolitique 1990* zu bleiben, nunmehr potenziell die Rolle des Mitspielenden und der Spielleitung.

In Simulationsspielen und durch sie bestand somit die Möglichkeit, den Kalten Krieg als System mit mehreren ausschlaggebenden Faktoren darzustellen, die über das rein Militärische hinausreichten bzw. betonten, dass die militärischen Aspekte in einen größeren Zusammenhang eingebettet waren. Die Spielenden konnten sich so thematisch auf eine Stufe über das weltpolitische Geschehen begeben und hoffen, einen Einblick in die Ursachen des Krieges und nicht, wie in den Generalstabsspielen, allein in seine Funktionsweise zu erlangen. Diese Spiele repräsentierten den Krieg als Teil eines weiter ausgreifenden, global verfassten geopolitischen Systems des Kalten Krieges.

---

28 Chuck Moss: Review. MS-DOS goes to Washington. D.C. True's Shadow President, in: Computer Gaming World, Nr. 108, 1993, S. 94–96, hier S. 96. Das Spiel Dune II gilt als Wegbereiter des Genres der Echtzeit-Strategiespiele, die Reaktionsgeschwindigkeit und Tempo bzw. Zeitdruck in das Strategiespielgenre einführten. Es kann damit als Gegenpol von Strategiespielen des Typs Shadow President gesehen werden.

8.3. Computerspiele und das Management des Staates im Kalten Krieg

8.3.1. Die Perspektive der Staatsregierungen und ihrer Trägerschaft

Statt auf Aspekte der Geopolitik fokussieren die Spiele der folgenden Gruppe auf die
politische Staatsführung während des Kalten Krieges. Es handelt sich ebenfalls um
konfigurationskritische Spiele, jedoch mit leicht verlagertem Schwerpunkt. Nicht der
Aspekt der Geopolitik vor dem Hintergrund der Staatsregierung, sondern die Staatsregierung vor dem Hintergrund der Geopolitik, steht hier im Mittelpunkt.

Die Frage nach der Funktionsweise und den Vorzügen und Schwächen der politischen
Systeme hinter dem Systemwettstreit war dabei durchgehend Teil der Auseinandersetzung. Mit der Öffnung der sowjetischen Gesellschaft nach innen und außen, die im Zuge
des Regierungsantrittes von Michail Gorbatschow graduell erfolgte, stellte sich diese aber
im Zeitraum der achtziger Jahre nochmals deutlicher und klarer. Für die Bürgerinnen
und Bürger sowie für die politische Führung der Sowjetunion und selbst westliche Beobachterinnen und Beobachter wurde im Laufe der zweiten Hälfte der Dekade immer
offensichtlicher, dass sich die Sowjetunion in einer Krise befand, welche die Grundsätze
ihres politischen Systems betraf.[29] Dabei darf nicht übersehen werden, dass im Zuge der
neoliberalen Wende auch im Westen, insbesondere den USA und Großbritannien, neue
Doktrinen der Staatsregierung erprobt und durchgesetzt wurden, die ebenfalls mitunter in krisenhafte Entwicklungen mündeten. Als prominenteste Beispiele seien hier die
Streiks der Bergarbeiter in Großbritannien und die Auseinandersetzungen zwischen Ronald Reagan und der Gewerkschaft der Fluglotsen erwähnt.[30] Im Kern zeigte sich hier bereits, dass auf lange Sicht eine Änderung der Theorie und Praxis der Staatsregierung stattfand, welche nunmehr zunehmend auf Prinzipien des Managements beruhte, wie sie aus
betriebswirtschaftlichen Zusammenhängen bekannt waren. Diese Form der Regierung
setzte wesentlich auf die Selbstregierung der Individuen, also die in Eigenverantwortung
vorzunehmende Internalisierung der Prinzipien neoliberaler Regierungsformen.[31]

Dieser Individualisierung auf der Ebene der Regierten stand eine Individualisierung
an der Staatsspitze gegenüber. Angesichts der offensichtlich geschichtsträchtigen Er-

---

29   Vgl. Vladislav M. Zubok: A Failed Empire. The Soviet Union in the Cold War. From Stalin to Gor-
     bachev, Chapel Hill, NC 2009, S. 303–311; David Remnick: Lenin's Tomb. The Last Days of the
     Soviet Union, New York, NY 1994, S. 324–340.
30   Vgl. David Harvey: A Brief History of Neoliberalism, Oxford 2005, S. 25, 59.
31   In Weiterführung der Ansätze Michel Foucaults wird dies als Gouvernementalität und Technologien
     des Selbst bezeichnet. Vgl. Ulrich Bröckling/Susanne Krasmann/Thomas Lemke (Hrsg.): Gouverne-
     mentalität der Gegenwart, Frankfurt am Main 2000.

eignisse rund um die Gipfeltreffen zwischen Gorbatschow und Reagan, Gorbatschows ‚Neuem Denken' und Reagans Vergangenheit als Schauspieler, rückten die Präsidenten verstärkt als Persönlichkeiten ins massenmediale Rampenlicht.[32]

Das Politiksimulationsspiel *Crisis in the Kremlin* wird als Musterbeispiel im Zentrum der folgenden Analyse stehen. Auf die Betrachtung des Produktionskontexts folgt, wie in den vorangegangenen Fällen, der Blick auf die formalen Charakteristika von Architektur und Modell des Titels, bevor im letzten Abschnitt des Kapitels auf die dadurch entstandene Spielsituation des Kalten Krieges eingegangen wird. Im Gesamtüberblick wird etwas mehr ausgeholt, da weitere Beispiele, die in das von *Crisis in the Kremlin* etablierte Muster fallen, eher rar sind. Wiederum darf angenommen werden, dass dies mit der relativen Komplexität der Spielinhalte zusammenhängt.

8.3.2. *Crisis in the Kremlin* – Verwaltung des Untergangs

Crisis in the Kremlin wurde 1992 von der US-amerikanischen Firma Spectrum HoloByte Inc. für MS-DOS veröffentlicht. Die Firma hatte sich mit Simulationsspielen einen Namen gemacht und war vor allem durch den Vertrieb von *Tetris* bekannt geworden. Entwickelt wurde *Crisis in the Kremlin* von Larry Barbu. Es scheint Barbus einziges Spiel geblieben zu sein. Informationen zu seiner Person sind zwar äußerst dürftig, lassen aber die Vermutung zu, dass es sich dabei um ein Liebhaberprojekt eines Amateurs handelte.[33]

Das Spiel stellte, analog zu *Balance of Power*, den Anspruch, komplexe politische Vorgänge zu simulieren, damit der spielenden Allgemeinheit zugänglich und die Komplexität politischer Entscheidungsfindung nachvollziehbar zu machen. Während *Balance of Power* einen globalen Spielraum eröffnete und Entscheidungen mit weltpolitischer Konsequenz abverlangte, wählte *Crisis in the Kremlin*, wie der Titel bereits vermuten lässt, die Sowjetunion in der letzten Phase ihres Bestehens ab 1985 als Spielfeld.

Crisis in the Kremlin fällt ebenfalls eindeutig in die Kategorie konfigurationskritischer Spiele. Es entstammt dem Kontext der etwa im Jahr 1985 einsetzenden Entspannungsphase zwischen den Supermächten und führt einige diskursive Aspekte dieses Zeitraumes mit sich. Seine Entwicklungsphase korrespondierte so mit einem wieder gesteigerten westlichen Interesse an der Sowjetunion, das sich im akademischen Spe-

---

32　Vgl. William Taubman: Gorbachev. His Life and Times, London/New York, NY 2017, S. 289.

33　Vgl. den Nachruf unter Lawrence Gregory Barbu, 24.07.2007, archiviert in: Hearst Communications (Hrsg.): SFGate, Rubrik: SFGate Obituaries, URL: http://www.legacy.com/obituaries/sfgate/obituary.aspx?n=lawrence-gregory-barbu&pid=91307789 (Stand: 01.08.2020), aus dem hervorgeht, dass er Mitarbeiter bei IBM, aber kein professioneller Spieleentwickler war.

zialbereich der Sowjetologie ebenso wie in entsprechenden medialen Angeboten widerspiegelte. Nicht zuletzt schloss die Tatsache, dass der US-Version von *Crisis in the Kremlin* das Buch *Klass: How Russians really live* von David K. Willis, von 1976 bis 1981 Leiter des Moskauer Büros des *Christian Science Monitor*, beilag, das Spiel ganz bewusst an entsprechende Diskurse an.[34]

Dass *Crisis in the Kremlin,* wie aus dem Veröffentlichungstermin geschlossen werden kann, in jedem Fall vor dem Zusammenbruch der Sowjetunion entwickelt wurde, bringt das Spiel zudem in einen Zusammenhang mit zeitgenössischen Prognosen über die mögliche Zukunft des sowjetischen Staates. Was die Sowjetologie während der achtziger Jahre betrifft, war der gemeinsame Nenner der unterschiedlichen Ansätze, dass sie, mit nur wenigen Ausnahmen, nicht den Zusammenbruch der Sowjetunion kommen sahen.[35] Diese, sich im Rückblick offenbarende Unsicherheit definierte den Markt, auf dem *Crisis in the Kremlin* platziert wurde. In den Inseraten wurde es als das Spiel präsentiert, das den Untergang der Sowjetunion vorhergesagt hatte.

Unterlegt mit Bildern aus der Berichterstattung über den versuchten Staatsstreich im August des Jahres 1991, die in diesem Fall dazu dienten, das Spielmodell zu authentifizieren, stellt der Text des Inserates in Aussicht, die Sowjetunion regieren zu können (vgl. Abbildung 30). Das Inserat bewarb das Spiel also als eine Variante von synthetischer Geschichte, die sich realweltlich bewahrheitet hatte und unterstrich so die Aussagekraft des Spielmodells. Die an die potenziellen Spielenden gerichtete Ankündigung, „[the game] challenges you to make it [i.e. die Sowjetunion] work", hat dabei einen spezifischen historischen Ort, der sich zwischen der Unsicherheit im Kontext der späten achtziger Jahre und damit dem vermutlichen Beginn der Entwicklung und dem Triumphalismus nach dem Zusammenbruch der Sowjetunion und Zeitpunkt der Veröffentlichung von *Crisis in the Kremlin* befindet. Der Rezensent der Besprechung in der Zeitschrift *Electronic Games* spannte diesen historischen Bogen folgendermaßen: „So much has happened in the past year in the Communist world and, particularly, what used to be known as the USSR. The Russia that Americans were taught to despise is quickly turning into a society not too different from our own. The only way to experience Russia the way it was is through books, magazine articles and now, Crisis in the Kremlin."[36] Aus dieser Passage spricht das ganze Selbstverständnis und Selbstvertrauen der Phase der Computerspiele. *Crisis in the Kremlin* wurde hier ohne weiteres zugetraut, gültige Aussagen zu einem weltpolitisch relevanten Thema treffen zu können, die

---

34   Vgl. Christopher Lehmann-Haupt: Books of the Times, in: New York Times, 08.07.1985, S. 15.

35   Vgl. David C. Engerman: Know your enemy. The Rise and Fall of America's Soviet Experts, New York, NY 2009, S. 312–332.

36   Russ Ceccola: Crisis in the Kremlin, in: Electronic Games, Bd. 1, Nr. 1, 1992, S. 78f., hier S. 78.

Abb. 30: Bewerbung von *Crisis in the Kremlin*

denselben Erkenntniswert wie die Äußerungen der gängigen Massenmedien der Zeit hatten. Vor allem stellte das Spiel ein Verständnis der unmittelbaren Vergangenheit Russlands als Erfahrung in Aussicht, verwies also auf die Evidenz der Simulation. Die Besprechung in *Aktueller Software Markt* resümierte: „Polit-Zocker, die schon Balance of Power gut fanden, werden ihren Spaß daran haben, das zu meistern, woran Gorbi letztlich gescheitert ist."[37]

Spielarchitektur – im historisierten Regierungssessel
Die Spielarchitektur von *Crisis in the Kremlin* weist grundsätzliche Analogien zu *Balance of Power* auf. Sie enthält einige zentrale Merkmale, die vielleicht auch als genrespezifisch für politische Simulationsspiele im Allgemeinen anzusehen sind. Die Spielenden nehmen im Regierungssessel der Sowjetunion Platz. Wiederum beginnt der Spielraum dabei bereits offline, und zwar im Handbuch: „This game puts you in charge of the Soviet Union starting in 1985, with your own political agenda to achieve. Can you successfully navigate your way through the treacherous waters of Soviet politics? Can you stay in power and still achieve your objectives? Can you accomplish what Gorbachev was un-

---

37   Martin Klugkist: Gorbi 2000, in: Aktueller Software Markt, Nr. 9, 1992, S. 97.

able to do?"[38] Das Handbuch legt damit zugleich die generelle Prämisse des Spiels offen, ein möglichst umfassender Informationsstand über das eigene Herrschaftsgebiet müsse die Voraussetzung sein, um erfolgreich regieren zu können. Es ist relativ detailliert, enthält einen historischen Teil mit einem Abriss der russisch-sowjetischen Geschichte, ein Glossar russischer Begriffe und eine Transkription des kyrillischen Alphabets.

Das Handbuch von *Crisis in the Kremlin* interpretiert die sowjetische Geschichte als Periode in einer weiter gefassten Geschichte Russlands, die wiederum als imperiale Geschichte großer Männer und Frauen verstanden wird. An den Seitenrändern des Handbuches werden bekannte Persönlichkeiten der russischen Geschichte in Kurzbiographien mitsamt ihren Porträts vorgestellt. Das Cover der Verpackung zeigt eine Fotografie Gorbatschows, auf der er mit erhobenen, geballten Fäusten zu sehen ist, die vermutlich während einer Rede aufgenommen wurde. Die Introsequenz, die nach dem Start des Spiels in den Online-Spielraum einführt, zeigt ein Bild des Kremls, auf den, in chronologisch aufsteigender Sequenz, Porträts russischer Herrscher projeziert werden. Die Spielarchitektur scheint somit suggerieren zu wollen, dass die Sowjetunion die jüngste Episode in einer länger dauernden Geschichte des russischen Imperiums ist.

Diese Personalisierung von Geschichte setzt sich in der Auswahl der politischen Fraktion nach der Introsequenz fort. Die Auswahl der eigenen politischen Ausrichtung wird als Durchblättern von Personalakten präsentiert, die einen Informationstext sowie ein Porträt Leonid Breschnews,[39] Boris Jelzins und Michail Gorbatschows als Symbolfiguren für die jeweilige konservative, nationalistische oder reformerische politische Orientierung enthalten. Hier wird der für das restliche Spiel maßgebliche Point of View etabliert. Die Spielenden werden in der Kommandozentrale der sowjetischen Regierungsmacht situiert und blicken durch die Augen des Generalsekretärs der KPdSU buchstäblich auf dessen Schreibtisch.

Nach der Wahl der Fraktion kommt die Aufforderung, einen Spielernamen zu vergeben und diesen in ein persönliches Logbuch einzutragen. Der Name der eigenen Figur in der Rolle des aktuellen Generalsekretärs der KPdSU ist frei wählbar. An dieser Stelle wird klar, dass es keine direkte Konvergenz der Spielfigur mit den Symbolfiguren der jeweiligen politischen Ausrichtung gibt. Man schlüpft nicht in die Rolle Gorbatschows, Breschnews, Ligatschows oder Jelzins. Diese sind zwar im Spiel durchgängig sichtbar, dienen aber nur als Symbol für die jeweilige politische Orientierung. Der Hauptbild-

---

38   Stephen Goldin: Crisis in the Kremlin (Manual), Alameda, CA 1992, S. 10.

39   In Bezug auf die damit markierte, konservative Position ergibt sich eine interessante Konstellation, da sie visuell durch ein Porträt Leonid Breschnews, ansonsten aber durch die Nennung Jegor Ligatschows, des Gegenspielers von Gorbatschow, repräsentiert wird.

Abb. 31: Zentraler Spielbildschirm
während des Bergarbeiterstreiks

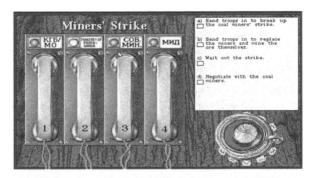

Abb. 32: Zentraler Spielbildschirm
mit einer Zeitungsmeldung

schirm, auf den danach weitergeleitet wird, zeigt eine Karte, die das rechte obere Drittel des Bildschirms ausfüllt. Sie wird gerahmt durch auf dem linken und dem unteren Bildschirmrand platzierte Informationstafeln mit sozioökonomischen Indikatoren, ein Aktionsmenü, ein Porträt der Symbolfigur der eigenen politischen Fraktion, eine Navigationsleiste für die Weltkarte, eine zentrale Informationsübersicht und Schaltern zur Konfiguration des Spiels. Der zentrale Spielbildschirm enthält also neben der Weltkarte im Grunde zwei Arten von Menüs: Aktionsmenüs (Budgetzuweisungen, Bestimmung der Regierungspolitik) und Informationsmenüs (Sammlung von Briefen, Ereignissen, Zeitungsausschnitten und Statistiken). Der Spielverlauf stellt sich dann visuell als Einspielung diverser Informations- und Nachrichtenmedien in den Spielbildschirm dar (vgl. Abbildungen 31 und 32).

Die Spielenden erhalten Faxnachrichten, Briefe, Telefonanrufe, ihnen werden Fernsehbeiträge als digitalisierte Videosequenzen[40] und Zeitungsmeldungen zugespielt, die archiviert werden und auf die sie mit entsprechenden Maßnahmen reagieren sollen. Visuell setzt *Crisis in the Kremlin* die Regierung des sowjetischen Staates als an den realen Vorlagen orientierte Darstellung zeitgenössischer Informationsmedien und bürokrati-

---

40 Das Handbuch nennt diesbezüglich den Fernsehsender CNN als Quelle. Vgl. Goldin, Crisis, S. 3.

scher Regierungsmedien um. Der Schreibtisch, Akten, Dokumente, Briefe, Computer, ein Videorecorder, ein Telefon, Zeitungen, Fernsehbeiträge, aber auch Graphen, Statistiken, Tabellen unterlegen die Interfaces des Spiels. Es simuliert mit diesen Strategien der Remediation den angenommenen Point of View und die Amtssituation des Generalsekretärs der KPdSU Mitte der achtziger Jahre.[41] Der Anspruch, ein Simulationsspiel zu sein, erstreckt sich in *Crisis in the Kremlin* somit bis in die Spielarchitektur hinein und berührt zugleich den visuellen Aspekt, der nach einer möglichst realitätsgetreuen Darstellung des Regierungsbüros und seiner Medien strebt.[42] Immer wieder erscheinen kyrillische Schriftzüge, was wohl eine Steigerung der Authentizität bewirken soll. Die Spielenden müssen zwar nicht kyrillisch lesen können, doch ermutigt *Crisis in the Kremlin* dazu, sich mit dem kyrillischen Alphabet auseinanderzusetzen. Dazu dient die Übersicht im Handbuch.

Der Point of View ist durchgängig subjektiv gehalten und durch den Blick auf den Schreibtisch in den Aktionsmenüs sowie eine gelegentlich sichtbare Hand außerdem eindeutig so markiert.[43] Besonders deutlich wird dies in den Spielsequenzen, die sich mit periodisch auftretenden Krisen befassen. Hinter dem entsprechenden Krisen-Menüpunkt verbirgt sich eine Darstellung, die den Schreibtisch frontal zeigt. Auf ihm befinden sich mehrere Telefonhörer, die Kanäle zu den wichtigsten Behörden darstellen. Ereignet sich eine Krise, erhalten die Spielenden zunächst einen Anruf. Darauf folgt eine Animation, die zeigt, wie die Hand der Spielfigur den Hörer abnimmt. Nach der Einblendung eines Informationstextes zum Sachverhalt der Krise werden den Spielenden die Handlungsoptionen in Form eines Blattes Papier, auf dem mehrere mögliche Maßnahmen zur Auswahl aufgelistet sind, auf den Schreibtisch gelegt (vgl. Abbildung 31). Im Gegensatz zu beispielsweise *Balance of Power* sind die Spielenden in *Crisis in the Kremlin* also nicht körperlos. Der globale oder zumindest das sowjetische Imperium und seinen Regierungsapparat umfassende Point of Action ist als ein Point of View markiert, der durch die Augen des am Schreibtisch sitzenden Generalsekretärs der KPdSU auf eine Weltkarte blicken lässt.

---

41   Dabei sind für den hier beschriebenen Effekt vor allem Strategien der „hypermediacy" ausschlaggebend. Vgl. Jay David Bolter/Richard Grusin: Remediation. Understanding New Media, Cambridge, MA 2000, S. 31–44.

42   Dafür sind natürlich auch die Einspielungen der Zeitungs- und Fernsehmeldungen als authentifizierende Elemente zu sehen. Vgl. Angela Schwarz: „Niedźwiedzie, które jeżdżą na rowerach jednokołowych"? Historia i jej funkcje w grach komputerowych o XX-wiecznych dziejach Europy Środkowo-Wschodniej", in: Miloš Řeznik/Magdalena Saryusz Wolska/Sabine Stach/Katrin Stoll (Hrsg.): Historia w kulturze ponowoczesnej. Koncepcje – metody – perspektywy badawcze, Krakau 2017, S. 165–190, hier S. 183f.

43   Hier verfährt Crisis in the Kremlin ähnlich wie F-19 Stealth Fighter.

Abb. 33: Bildschirm am Spielende

Insgesamt führt diese Konfiguration zu einer Architektur sich überlagernder Fenster. Diese Ästhetik ist typisch für den Kontext der frühen neunziger Jahre und damit für das Multimedia-Paradigma.[44] Das Bild, das die Spielenden nach einem verlorenen Spiel, also nach der Abdankung als Regierungschef, zu sehen bekommen, spitzt diese Ästhetik der Collage nochmals zu (vgl. Abbildung 33).

Er liefert die Innenansicht einer vermutlich sowjetischen Wohnung, in der, in einem beinahe surrealistisch anmutenden Ensemble, zwei Jugendliche, ein Hund oder Wolf, ein eingeschaltetes Fernsehgerät und ein Porträt Elvis Presleys versammelt sind. Das Tier blickt den Betrachter direkt an, einer der Jugendlichen ist im Profil auf dem Fensterbrett sitzend zu sehen, während der zweite in einem Stuhl sitzend, ebenfalls dem Betrachter zugewandt ist und den Mund zu einem Schrei geöffnet hat. Dieser trägt ein Sweatshirt mit dem Konterfei Stalins und dem Schriftzug „Just say Joe". In der linken Bildhälfte dominiert das Fernsehgerät, in dem ein Video läuft, das je nach Spielverlauf unterschiedliche Sequenzen zeigt. In diesem Fall sind Bilder des Zusammenbruchs der Sowjetunion sichtbar. Über dem Fernsehgerät ist ein Porträt Elvis Presleys angebracht. Durch das von einem Vorhang verhüllte Fenster dringt Sonnenlicht, was die Vermutung nahelegt, die Szene finde tagsüber statt. In diesem Bild verschränken sich mehrere Bedeutungsebenen, die im Grunde alle den Aspekt der Historisierung des Umbruches berühren. Die Figur des am Fensterbrett sitzenden Jugendlichen transportiert Ungewissheit angesichts des Neuanfanges, der wiederum durch die Morgen- oder Abendsonne symbolisiert und durch die Fernsehbilder konkretisiert wird. Die vom Spielverlauf abhängigen Videosequenzen verknüpfen diesen Blick in ein typisch sowjetisches Wohnzimmer mit dem Spielresultat, das hier als Fernsehmeldung erlebt wird. Die Figur des schreienden Jugendlichen und insbesondere sein Sweatshirt verweisen auf den Aspekt der Nostalgie und die Eingemeindung der sowjetischen Ideologie in die Populärkultur. Das Porträt von Elvis Presley und das Fernsehgerät unterstreichen

---

44   Vgl. Bolter/Grusin, Remediation, S. 31–33.

Abb. 34: Highscore-Liste von *Crisis in the Kremlin*

die zentrale Rolle von Massenmedien und Populärkultur, insbesondere der Popmusik, im Prozess der gesellschaftlichen Veränderungen während der letzten Phase der Sowjetunion.[45]

Der nach einer vollendeten Spielrunde erscheinende finale Bildschirm trägt ebenfalls historische Konnotationen.[46] Er zeigt eine Highscore-Liste, in die sich die Spielenden eintragen können und auf der sowohl die absolvierten Regierungsjahre als auch der Punktestand verzeichnet sind. Visuell scheint der Bildschirm an die Ikonographie der Oktoberrevolution angelehnt (vgl. Abbildung 34). An diesen beiden Endbildschirmen lässt sich also erkennen, wie die Spielarchitektur von *Crisis in the Kremlin* die Spielenden nicht nur in der Position des Generalsekretärs der KPdSU, sondern auch in der sowjetischen Geschichte als Teil der Geschichte Russlands situiert.

Spielmodell – Regieren mit Parametern
Crisis in the Kremlin definiert sich somit bereits mit seiner Spielarchitektur als Regierungssimulation. Es stellt folgerichtig die Hauptaufgabe zu regieren, genauer, die Sowjetunion unter den Bedingungen und in der historischen Situation ihres beginnenden Zerfalls zu führen. Wie der Titel bereits verrät, geht es in ihm in der Hauptsache um eine Form des Krisenmanagements.

Das Spiel ist rundenbasiert, wobei ein Zug einem Monat entspricht. Das Ziel besteht darin, möglichst lange an der Macht zu bleiben und eine möglichst hohe Punktezahl zu erreichen. Am Beginn steht die Auswahl der grundsätzlichen politischen Ausrichtung. Die hier wählbare konservative, reformerische oder nationalistische Orientierung definiert den Rahmen der Gewinnbedingungen. Das Ende ist regulär nach fünf Regierungsjahren erreicht, also dem Ende des Fünfjahresplans, mit einer Aufschlüsselung, die zeigt, mit welchem Grad diverse politische Ziele, wie etwa die Unterstützung der

---

45   Der in der Bildkomposition zentral gesetzte Hund oder Wolf bleibt allerdings ein Rätsel.
46   Vgl. auch Schwarz, Historia i jej funkcje, S. 185.

Bevölkerung, insgesamt also das Programm der eigenen politischen Fraktion erfüllt wurden. Hinzu kommt eine Prognose über die Wahrscheinlichkeit der Weiterführung des Amtes. An dieser Stelle gibt es die Möglichkeit, das Geschehen für maximal dreißig Jahre weiterzuführen oder es durch einen Rücktritt zu beenden. In jedem Fall kann das bloße Erreichen dieser ersten Wegmarke von fünf Regierungsjahren als Gewinn gewertet werden. Sollten die Spielenden vor Erreichen dieses Ziels zum Rücktritt gezwungen werden, gilt die Partie als verloren. In beiden Fällen, Gewinn wie Niederlage, endet das Spiel mit der bereits beschriebenen Liste, auf welcher der Punktestand in absteigender Reihenfolge verzeichnet ist und in welche die Spielenden sich eintragen können. Dieses Punktesystem eröffnet, zusätzlich zur bereits beschriebenen politischen Gewinnbedingung, die Möglichkeit, die Gewinnbedingung alternativ als Erreichen der höchsten Punktezahl zu definieren.[47]

Das zentrale Charakteristikum des Modells in *Crisis in the Kremlin* besteht darin, dass ein Abwehrkampf gegen ständige Einbrüche krisenhafter Entwicklungen in das mehr oder weniger stabile System des sowjetischen Staates geführt wird. Diese Krisen können durch Entscheidungen selbst ausgelöst werden, dem bekannten Verlauf der realen Ereignisgeschichte entsprechen, wozu etwa der sich in jeder Partie zur selben Zeit ereignende Unfall im Kernkraftwerk in Tschernobyl zählt oder zufällig, etwa in Form von Naturkatastrophen und sezessionistischen Bewegungen in den Teilrepubliken, auftreten, die nicht unbedingt ihrem historisch korrekten Verlauf entsprechen müssen. Das Handbuch spricht die von Krisen bestimmte Spieldynamik an: „Crises may still occur no matter how carefully thought out your Five Year Plan is."[48]

Wie bereits in der Beschreibung der Spielarchitektur angedeutet, etabliert *Crisis in the Kremlin* zwei grundlegende Handlungsoptionen des Regierens. Die Spielenden können das Interface zum einen nutzen, um sich über den Zustand und die Entwicklung des Staates zu informieren. Hierzu gibt es diverse Optionen, darunter ein privates Medienarchiv relevanter Zeitungs- und Fernsehnachrichten sowie Statistiken und Graphen, die Aufschluss über sozioökonomische Indikatoren wie die Versorgung der Bevölkerung mit Gütern und Nahrungsmitteln oder das Bevölkerungswachstum geben. Zum anderen besteht die Möglichkeit, aktiv Politik zu machen.

Hierfür sind zwei Instrumente entscheidend. Dazu gehört erstens die Bestimmung der politischen Ausrichtung in einigen Kernbereichen von Außen- bis Wirtschafts- und Medienpolitik, die als Listenmenü präsentiert wird. In diesem Menü lässt sich die jeweilige politische Orientierung auf einer numerischen Skala festlegen, die von maximal

---

47   Woraus sich diese berechnen bzw. auf welcher Grundlage sie vergeben werden, wird, soweit ersichtlich, nicht im Handbuch aufgeschlüsselt.
48   Goldin, Crisis, S. 45.

repressiver bis maximal liberaler Haltung reicht. Die Spielenden können die Parameter jederzeit justieren, werden aber am 1. Mai jeden Jahres, anlässlich der alljährlichen Mai-Ansprache, aufgefordert, die entsprechenden Einstellungen vorzunehmen. Entscheidend ist hierbei, Politik zu machen, ohne dabei politische Gegner vor den Kopf zu stoßen oder die eigene Fraktion durch ein zu zögerliches Vorgehen oder politische Kehrtwendungen zu verärgern.

Die zweite Möglichkeit, in *Crisis of the Kremlin* zu regieren, definiert sich über die Verwaltung des Budgets. Verschiedenen sozioökonomischen und administrativen Bereichen können in den entsprechenden Menüs finanzielle Mittel zugewiesen werden, wobei auf die Ausgeglichenheit des Staatshaushaltes zu achten ist. Diese Budgetposten korrespondieren mit den entsprechenden sozioökonomischen Indikatoren. Erhöht man beispielsweise die Ausgaben für Nahrungsmittel, steigt die Gesundheit der Bevölkerung. Allerdings folgen diese Zusammenhänge nicht immer linearen oder intuitiv nachvollziehbaren Mustern.[49] Insgesamt gilt in Bezug auf die Festlegung des Budgets das gleiche Prinzip wie für die politische Ausrichtung: Einmal jährlich werden die Spielenden aufgefordert, das Budget festzulegen, können es aber jederzeit justieren. Ebenfalls analog zu den politischen Kernfragen gilt, dass die Zuwendung der Budgetposten politische Folgen hat, und zwar insofern als Kürzungen zu politischen Verstimmungen führen können. Insbesondere das Militär reagiert äußerst sensibel auf Budgetkürzungen.

Die spielerische Herausforderung besteht nun darin, die Parameter so auszubalancieren, dass mindestens eine Regierungsperiode von fünf Jahren überstanden werden kann. Konkret bedeutet dies, Misstrauensbekundungen der eigenen oder gegnerischer politischer Fraktionen durch geeignete Maßnahmen abzuwehren, die Bevölkerung in materieller, politischer und kultureller Hinsicht zufrieden zu stellen und angemessen auf diverse krisenhafte Kontingenzen zu reagieren. Die grundsätzliche Spielmechanik besteht also in einer Art des Krisenmanagements als einer Schleife aus Aktion-Auswirkung-Reaktion. Es müssen eben Entscheidungen auf solider Informationsbasis getroffen werden. Ähnlich wie in *Balance of Power* geht es also um das Regieren als Kombination aus Informieren und Handeln.

Mit der Option des Fünfjahresplanes eröffnet *Crisis in the Kremlin* zudem die Möglichkeit, die Auswirkungen eines spielerseitig festgelegten budgetären und politischen Programmes im Sinne einer professionellen Simulation, ohne weitere spielerseitige Eingriffe zu berechnen. Das Spiel läuft nach Auswahl dieser Option eigenständig und prä-

---

49   Das Handbuch gibt Auskunft über die entsprechenden Zusammenhänge. Die nicht sonderlich intuitive Nachvollziehbarkeit war im Übrigen auch ein Grund für Beschwerden in Spielberichten, vgl. Nutzer ‚SoleSurvivor': Eintrag, in: alt.games.abandonware, Rubrik: Crisis in the Kremlin, 06.08.2001, archiviert in: Google.Gruppen, URL: https://groups.google.com/forum/#!search/crisis$20in$20the$-20kremlin/alt.games.abandonware/TkOF-XIpe6o/Y6EIATb_AccJ (Stand: 01.08.2020).

sentiert am Ende der Berechnung das fünf Spieljahre in der Zukunft liegende Resultat ihrer Entscheidungen.

Spielsituation – permanentes Krisenmanagement

Die im Handbuch enthaltene Einleitung bringt den Kern des Spiels und damit auch seinen Cargo in zwei Sätzen zum Ausdruck: „We know what happened in real life" und „Now you have a chance to change the course of history."[50] *Crisis in the Kremlin* bezog seinen Reiz und sein zentrales Versprechen also aus der Möglichkeit, selbst Geschichte zu machen bzw. die Geschichte zu ändern. Es präsentierte sich dabei zunächst, ähnlich wie auch *Balance of Power*, als Simulationsspiel, das in Aussicht stellte, relativ leidenschaftslos und neutral auf Fakten gestützte Zusammenhänge spielerisch nachvollziehbar zu machen. Die Option des puren Simulationsmodus, also eine Spielrunde nach dem Setzen einiger grundsätzlicher Parameter ohne weitere menschliche Einflussnahme vom Programm durchrechnen zu lassen, bringt diesen Anspruch des Spiels ebenfalls treffend zum Ausdruck.

Genauso deutlich, wie es sich als Simulation markierte, beinhaltete *Crisis in the Kremlin* außerdem eine Theorie, die bereits in der Art und Weise, wie es seinen Gegenstand kontextualisierte, offensichtlich wurde: Die Sowjetunion wurde als die damals aktuellste Inkarnation des russischen Imperiums verstanden. Insbesondere das Handbuch bemühte sich mit seinem Fokus auf historische Persönlichkeiten, eine entsprechende Kontinuität zu stiften.[51] Der Untergang der Sowjetunion war, zumindest wurde das nahegelegt, das Resultat imperialer Überdehnung, die in *Crisis in the Kremlin* vor allem auf ökonomische Ursachen zurückgeführt wurde.[52]

Dieser Fokus auf das Ökonomische zeigt sich am deutlichsten im Spielmodell und hier vor allem im Handlungsregister. Die Spielenden können zwar auch politische Entscheidungen treffen, letztlich bestimmt aber das Budget die Effektivität der gesetzten Maßnahmen. Das Handbuch gibt einen Einblick in die dazu vom Spielsystem vorgegebenen kausalen Verbindungen, die oftmals nicht unbedingt nachvollziehbar scheinen. So führt beispielsweise eine Erhöhung der finanziellen Mittel der Polizei automatisch zu einer Einschränkung ziviler Rechte.[53]

---

50 Goldin, Crisis, S. 10.
51 Engerman, Know your Enemy, S. 320.
52 Vgl. Stephen G. Brooks/William C. Wohlforth: Economic Constraints and the Turn towards Superpower Cooperation in the 1980s, in: Olav Njølstad (Hrsg.): The Last Decade of the Cold War. From Conflict Escalation to Conflict Transformation. London 2004, S. 83–118, hier S. 87f., 97–101, die die wachsende Kooperationsbereitschaft der Sowjetunion in der zweiten Hälfte der achtziger Jahre mit der wirtschaftlich schwachen Position erklären, welche wiederum nicht zuletzt aus dem kostspieligen internationalen Engagement des sowjetischen Staates resultiert hätte.
53 Vgl. Goldin, Crisis, S. 53–55.

Crisis in the Kremlin vertrat also, entgegen der Rhetorik des leidenschaftslosen Experiments und der Simulation, eine spezifische Theorie zur Erklärung des Untergangs der Sowjetunion, der nicht so eindeutig erklärt werden kann, wie das in so manchem zeitgenössischen Kommentar erschien.[54] Den Zusammenbruch als notwendige Folge ökonomischer Defizite zu interpretieren, wie das auch *Crisis in the Kremlin* nahelegte, verweist auf eine gewisse Nähe zu den auf das Ereignis folgenden triumphalistischen Diskursen.[55] In diesem Zusammenhang ist nicht zuletzt interessant, dass sich der Entwickler Larry Barbu selbst am Ende des Handbuches unter der Rubrik *About the Designer* folgendermaßen über die Sowjetunion äußerte: „It's like the world is living next door to a family on welfare, who owns a garage full of hand grenades, dynamite and Uzis. And you can't move to another neighborhood. Now what do you do? Invite them to dinner? Lend them some money? Cosign a loan? Help them get jobs? Quite a dilemma."[56] Das Spiel sieht also in der krisenhaften ökonomischen Entwicklung der Sowjetunion den primären Grund für ihre imperiale Überdehnung. Eine weitere Erklärung für die Notwendigkeit des Untergangs findet es in der ideologischen Erstarrung des sowjetischen politischen Systems. So heißt es im geschichtlichen Abriss, der im Handbuch enthalten ist, über eine vorgebliche Schwäche Gorbatschows: „he could not completely divorce himself from socialism."[57] Die sowjetische Ideologie wurde somit als ein weiterer Hinderungsgrund für Reformen und letztlich als Ursache für die krisenhafte wirtschaftliche Entwicklung gesetzt, eine Argumentation, die sich, wenngleich differenzierter, durchaus auch in der akademischen Auseinandersetzung mit der Thematik fand und teilweise noch findet.[58] Insbesondere die Spielarchitektur ist durchzogen von entsprechenden Hinweisen und Anspielungen. Die Highscore-Liste am Ende ist von sowjetisch-revolutionärer Ikonographie inspiriert. Der semantische Gehalt des Schriftzugs, auf dem in russischer Sprache und kyrillischer Schrift „Tetrisspieler aller Länder vereinigt euch" zu lesen ist, ironisiert die Ikonographie aber unmissverständlich. Im Handbuch finden sich ebenfalls ironisierende Anspielungen auf einige, bereits populärkulturell verarbeitete Motive repressiver Praktiken des politischen Systems der Sowjetunion, wenn beispielsweise in der Inventarliste neben Disketten und Handbuch auch Folgendes erwähnt

---

54 Vgl. Zubok, A Failed Empire, S. 305–311; Engerman, Know your Enemy, S. 322–332.

55 Vgl. Ellen Schrecker: Introduction. Cold War Triumphalism and the Real Cold War, in: dies. (Hrsg.): Cold War Triumphalism. The Misuse of History after the Fall of Communism, New York, NY 2004, S. 3–7. Die ökonomischen Schwierigkeiten der Sowjetunion in der Dekade können dabei natürlich nicht ignoriert werden. Die Frage ist nur, wie dieser Faktor in Bezug auf ihren Zusammenbruch zu bewerten ist.

56 Vgl. Goldin, Crisis, S. 145.

57 Ebd., S. 78.

58 Vgl. etwa Stephen Kotkin: Armageddon Averted. The Soviet Collapse 1970–2000, Oxford/New York, NY 2008, S. 31–58.

wird, „[a]n invisible monitoring device that broadcasts every game move you make to a secret basement listening post at the former KGB Headquarters in Moscow",[59] oder wenn in Bezug auf die im Online-Spielraum verfügbaren Informationsmedien und die Speicherung ihrer Inhalte angemerkt wird, „[a]nything earlier has been given to your pet historian to compile a flattering history of your administration."[60]

An diesen Punkten offenbart *Crisis in the Kremlin* seinen Cargo besonders plakativ. Die Krisen der Sowjetunion, und damit letztlich auch ihr Untergang, werden auf die in-härenten Konstruktionsfehler eines geschlossenen und isolierten Systems zurückgeführt. Ereignisse und politische Kräfte außerhalb des sowjetischen Einflussbereiches erscheinen hier nur illustrativ in Nachrichtenmeldungen, nehmen aber keinen Einfluss auf den Bereich des Handlungsspielraumes. Wenngleich das Spiel also in Aussicht stellt, es besser machen zu können als Gorbatschow, bleibt als tatsächlicher Handlungsspielraum zur Bewältigung dieser Aufgabe die Veränderung festgelegter Parameter innerhalb starrer Institutionen ohne die Möglichkeit, die Institutionen selbst verändern zu können. Die Reformpolitik erweist sich als bereits im Voraus in ein Kausalitätsverhältnis gestellt, das auf der Annahme eines bestimmten, populär geprägten Verständnisses repressiver und starrer sowjetischer Ideologie und Politik basiert. Nicht zuletzt deswegen empfiehlt das Handbuch sich als Anfänger am besten der konservativen Fraktion anzuschließen.[61]

Der Cargo des Spiels liegt demnach in der fehlenden Kontingenz bestimmter historischer Faktoren. Es entsteht der Eindruck, dass die Spielenden gegen das Unvermeidbare angehen müssen. Die Katastrophe in Tschernobyl etwa ist fest in den Verlauf eingebaut. Der Unfall ereignet sich in jeder Spielrunde im April des Jahres 1986. Wie Zubok ausgeführt hat, änderte Tschernobyl maßgeblich die Sicht der sowjetischen Regierung und hier vor allem auch des Militärs auf den Nuklearkrieg, dessen prinzipielle Führbarkeit angesichts der Folgen des Unfalls zusehends hinterfragt wurde.[62] Diesen Aspekt bedenkt *Crisis in the Kremlin* nicht. Tschernobyl ist eine Krise unter vielen, eine Wegmarke auf dem Weg zum Untergang, nicht aber eine politische Chance. Ähnliches gilt für Ereignisse und Zusammenhänge außerhalb des sowjetischen Einflussbereiches. Zu denken wäre hier insbesondere an das US-amerikanische SDI-Programm, das häufig als ein Grund für den Zusammenbruch der Sowjetunion angeführt wird und im Spiel ebenfalls einzig als historische Illustration erscheint, auf den Verlauf aber offenbar keinen Einfluss nimmt.[63] *Crisis in the Kremlin* hinterlässt so den Eindruck, dass die

---

59 Ebd., S. 12.
60 Ebd., S. 42.
61 Vgl. ebd., S. 18.
62 Vgl. Zubok, A Failed Empire, S. 288f.
63 Allerdings ist umstritten, inwiefern sie direkt zum Ende des Kalten Krieges beigetragen hat. Vgl. auch ebd., S. 286f.

Spielenden die krisenhafte Entwicklung des sowjetischen Systems bestenfalls mit minimalem Schaden höchstens überstehen können, dass ihnen aber nicht die Möglichkeit gegeben ist, dieses grundlegend zu ändern. Eine Reform des Systems ist aufgrund ideologischer Prämissen ausgeschlossen.

Vereinzelte *Usenet* Einträge und Rezensionen zu *Crisis in the Kremlin* weisen darauf hin, dass Spielerinnen und Spieler mit genau diesem Aspekt Probleme hatten, und das Gefühl entstand, gegen den vorgezeichneten Weg nicht ankommen zu können.[64] In einem Eintrag von 2002 schrieb beispielsweise eine Nutzerin oder ein Nutzer:

> „I will say that I never did win the game as the conservative faction since the economy ALWAYS leads to financial disaster given the economic model built into the game. Similarly I 'won' the game several times with the Reformist (e.g. Yeltsin) faction though by game end Russia was basically ancient Muscovy as even western Siberia seceded. Another knock on the game is that there is no possibility of any Soviet republic joining up with Russia once seceded – which is interesting given the present state of Belorus and the Caucasian republics. Overall it's a good GAME but if you think it's a simulation you probably think Panzer General is too. (Another game that I love – but not for the history behind it – as Germany I've conquered Washington DC several times).“[65]

In diesem Beitrag wurde *Crisis in the Kremlin* schließlich sogar der Status der Simulation abgesprochen, das Spiel hielt scheinbar nicht, was es versprach. Es ist die Frage, ob dies eine Einzelmeinung darstellte. In jedem Fall bestätigte sich in dieser Aussage der bereits angesprochene Aspekt, als Spielerin oder Spieler das Gefühl zu haben, gegen eine übermächtige, fast natürliche politisch-ökonomische Entwicklung angehen und zwangsläufig scheitern zu müssen.

Crisis in the Kremlin interpretierte das Ende der Sowjetunion also als einen Fall imperialer Überdehnung und den Kalten Krieg aus dieser Perspektive als eine Episode einer länger andauernden Geschichte russischer Hegemonialbestrebungen. Der Systemwettstreit wird durch den Fokus auf die Sowjetunion und ihre Modellierung als isolierte Entität nur indirekt adressiert. Indem Ökonomie und Ideologie als maßgebliche Faktoren des Zusammenbruchs der Sowjetunion eingeführt werden, kommt das Spiel dennoch zu einer Einschätzung des gesamten Konfliktes, der damit im Wesentlichen

---

64   Der englischsprachige Eintrag des Spiels auf Wikipedia spricht diesen Aspekt an. Vgl. Crisis in the Kremlin, in: Wikimedia Foundation (Hrsg.): Wikipedia. The Free Encyclopedia, 17.11.2019, URL: https://en.wikipedia.org/wiki/Crisis_in_the_Kremlin#Reception (Stand: 01.08.2020).

65   Nutzer ‚The Horny Goat‘: Save the superpower!, in: Newsgroup ‚soc.history.what-if‘, 27.07.2002.

auf einen Wettstreit zwischen zwei Regierungsformen zugespitzt wird, wobei sich der Faktor der politischen und regierungstechnischen Dynamik am Ende als entscheidend erweist. Die Sowjetunion, so These und Cargo des Spiels, musste notwendigerweise aufgrund ihrer ideologischen Erstarrung und Trägheit, die zu einer bestimmten Form der Regierung zwang, im Wettstreit der Regierungssysteme unterliegen. Das Spiel spitzte diesen Zusammenhang auf den Faktor der Ökonomie zu und sprach damit einen Regierungsbereich und dessen spezifisches Wissen an, der offensichtlich für die politische Führung der Sowjetunion tatsächlich ein Desiderat darstellte.[66] *Crisis in the Kremlin* kann also vielleicht auch als eine populärkulturelle Variante der These gelesen werden, nach der die Sowjetunion aufgrund ihrer wirtschaftlichen Entwicklung im Systemwettstreit notwendigerweise unterliegen musste.[67]

8.3.3. Von *Hidden Agenda* zu *Aufschwung Ost* – Staatsregierung unter den Bedingungen des Kalten Krieges in Computerspielen

Für diejenigen Spiele, die versprachen, hinter die Prinzipien der Staatsregierung unter den Bedingungen des Kalten Krieges blicken zu lassen, gilt, wie schon für die auf die Geopolitik fokussierten Beispiele, dass sie nicht besonders zahlreich waren. Das mag vielleicht daran liegen, dass es sich in der Regel um relativ komplexe und nicht besonders zugängliche Spiele handelte, die sich nicht unbedingt an ein breites Publikum richteten. In der Geschichte der Computerspiele insgesamt sind politische Managementspiele aber dennoch relativ konstante Erscheinungen. *Supreme Ruler* und *Supreme Ruler Plus*, die bereits die für das Genre wesentlichen spielerischen Merkmale etabliert hatten, erschienen in den Jahren 1982 und 1984. Ebenfalls im Jahr 1984 wurde das Spiel *President's Choice* veröffentlicht, das sich auf das politische Management der USA konzentrierte.

Die in groben Zügen unverändert gebliebenen Prinzipien des Genres legen den spielmechanischen Schwerpunkt im Wesentlichen darauf, ein Gemeinwesen in politischer und ökonomischer Balance zu halten, um vordefinierte Entwicklungsziele zu

---

66 Zubok verweist darauf, dass Gorbatschow wohl nur über geringe Kenntnisse makroökonomischer Zusammenhänge verfügte, vgl. Zubok, A Failed Empire, S. 299. Vgl. außerdem Mark Harrison: Economic information in the life and death of the Soviet command system, in: Silvio Pons/Federico Romero (Hrsg.): Reinterpreting the End of the Cold War. Issues, interpretations, periodizations, London/New York, NY 2005, S. 93–116.

67 Zu dieser Argumentationslinie vgl. etwa Stefan Karner: Von der Stagnation zum Verfall. Kennzeichen der sowjetischen Wirtschaft der achtziger Jahre, in: Hans Jürgen Küsters (Hrsg.): Der Zerfall des Sowjetimperiums und Deutschlands Wiedervereinigung, Köln/Weimar/Wien 2016, S. 15–47.

erreichen. Unvorhergesehene Konsequenzen der hierzu getroffenen Entscheidungen sowie kontingente Ereignisse stellen sich dem Erreichen dieser Ziele entgegen. Der Cargo dieser Spiele ergibt sich im Regelfall aus der Schnittmenge der vorgegebenen Ziele mit den gesetzten Voraussetzungen und Handlungsmöglichkeiten.

Der historische Kontext der achtziger Jahre ist nun für das Genre insbesondere deswegen interessant, da er reich an realen Beispielen aus der damals unmittelbaren oder nicht weit zurückliegenden Vergangenheit war, die als ein nicht funktionierendes Gleichgewicht staatlicher Regierung und damit eine nicht gelungene staatliche Entwicklung gelten konnten. Die Verbindung mit dem Kalten Krieg als geopolitischer Weltordnung lag dabei mehr oder weniger offen zutage. Zum einen bezog sich dies auf die seit den sechziger Jahren erlangte Unabhängigkeit zahlreicher ehemaliger Kolonialstaaten, die in vielen Fällen nicht den Entwicklungsweg in Richtung demokratischer Systeme westlichen Zuschnittes genommen hatte, wie er nach den von der Logik des Kalten Krieges geprägten Doktrinen entsprochen hätte.[68] Das bereits im Jahr 1982 veröffentlichte Spiel *Dictator* spielte auf diesen Umstand an, indem es die Spielenden als Regierungschef der fiktiven Nation Ritimba einsetzte und damit beauftragte, die Bevölkerung „glücklich zu halten", um die eigenen Taschen füllen zu können. Das französischsprachige Fachmagazin *Tilt* nannte das Spiel folgerichtig „Un bon jeu parfaitment immorale."[69]

Lateinamerika war als Schauplatz noch eindeutiger mit dem Kontext des Kalten Krieges der Epoche verbunden. Insbesondere Mittelamerika wurde im Zuge der Reagan-Doktrin zunehmend wieder als US-amerikanisches Interventionsgebiet begriffen. Anlass zur Intervention gaben zunächst sozialistisch orientierte und damit im Rahmen des Kalten Krieges als potenziell gefährlich geltende Kräfte wie die Sandinistas Nicaraguas und in den allerletzten Jahren des Kalten Krieges, jene autokratisch agierenden Regierungschefs wie Manuel Noriega, die im Zuge der Demokratisierung Lateinamerikas in Ungnade gefallen waren.[70] Computerspiele konnten an das in öffentlichen und

---

68   Vgl. Westad, Global Cold War, S. 110–157.

69   Dictator, in: Tilt, Nr. 24, 1985, S. 85.

70   Noch unter Richard Nixon und der Phase der Détente galt in Bezug auf Lateinamerika der Vorrang der politischen Stabilität und der Eigenverantwortung, was de facto bedeutete, dass in vielen Staaten Lateinamerikas Militärdiktaturen mit Duldung bzw. teilweise, wie in Chile, unter aktiver Mithilfe der USA etabliert wurden, die letzte in Argentinien im Jahr 1976. Anfang der achtziger Jahre begann sich aus US-amerikanischer Sicht die Lage, insbesondere in Zentralamerika, zu verschlechtern. Die politisch linksgerichtete Regierung der Sandinistas in Nicaragua stellte für die offen antikommunistische Rhetorik der Reagan-Administration eine Herausforderung dar, der mit indirektem militärischem Engagement, vor allem der Unterstützung der gegen die Regierung gerichteten Contra-Bewegung, begegnet wurde. Schließlich ermöglichten die Entspannung des Systemkonfliktes ab der zweiten Hälfte der achtziger Jahre und die Revolutionen von 1989 den USA, unliebsame latein-

populärkulturellen Diskursen präsente Bild scheiternder lateinamerikanischer Regierungen anschließen. Das im Jahr 1988 erstmals veröffentlichte Spiel *Hidden Agenda* ist ein Musterbeispiel für politische Managementspiele, die in Lateinamerika angesiedelt sind. Das Spiel, das sich selbst in einem Titelzusatz als „post-revolutionary game" bezeichnete, findet in einem fiktiven südamerikanischen Land namens „Chimerica" statt. Das Handbuch erklärt diese Vorgehensweise und Namensgebung mit der Absicht der Entwicklerinnen und Entwickler, einen repräsentativen Querschnitt geben zu wollen, ohne die Geschichte eines einzelnen Staates zu verzerren.[71] Die Spielenden nehmen die Rolle des Präsidenten von „Chimerica" nach dem Scheitern einer Militärdiktatur ein. Die Referenzen auf reale Vorbilder beispielsweise die Geschichte Chiles sind damit relativ eindeutig.[72] Die in den Datenbanken des Spiels enthaltenen Informationen über die während des Vorgängerregimes gewachsenen politischen, sozialen und ökonomischen Strukturen sind dabei charakteristisch für die Diktaturen Lateinamerikas und das damit verbundene öffentliche Bild. Dementsprechend ist dieses Land geprägt von Korruption, Gewalt, augenscheinlich ungleicher Verteilung von Reichtum und Ressourcen, hohen Militärausgaben, politischer Radikalisierung und schlechter infrastruktureller Versorgung. Die Aufgabe der Spielenden ist es nun, die postdiktatorische, politische Transformation des Staates zu gestalten und zu dirigieren. Diesbezüglich ist die Widmung im Vorwort des Handbuches vielsagend. Dort steht zu lesen, dass ein Entwickler das Spiel seinem Vater widmet, der, wie er sich erinnert, zu sagen pflegte: „young people today should train for careers that don't even exist yet."[73] Mit für das Genre typischer pädagogischer Motivation schien sich das Spiel also darauf konzentrieren zu wollen, Expertinnen und Experten für die Verwaltung politischer Übergangsphasen auszubilden. Die Spielmechanik, die es dafür entwirft, bringt das Handbuch selbst kurz und knapp in einer Kapitelüberschrift auf den Punkt: „Make decisions and watch time pass".[74] Grundlage dieser Entscheidungen sind in Datenbanken gespeicherte Informationen, die, wiederum typisch für das Genre, mittels einer von Nachrichtenmedien und bürokratischen Regierungsmedien dominierten Architektur zugänglich gemacht werden (vgl. Abbildung 35).

---

amerikanische Diktatoren fallen zu lassen bzw. in Richtung der Absetzung autokratisch regierender Staatsführungen, die zuvor noch als Garanten der Stabilität gefördert worden waren, zu intervenieren. Vgl. Greg Grandin: Empire's Workshop. Latin America, the United States, and the Rise of the New Imperialism, New York, NY 2006, S. 56–59, 69–86, 190–193.

71   TRANS Fiction Systems: Hidden Agenda. Face the challenge of leadership in Central America. Reference Manual, Minneapolis, MN 1989, S. 72.
72   Vgl. Grandin, Empire's Workshop, S. 192.
73   TRANS Fiction Systems, Hidden Agenda, o.P.
74   Ebd., S. 11.

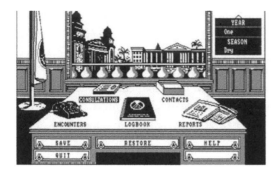

Abb. 35: Zentraler Spielbildschirm von
Hidden Agenda

Der Cargo ist vor allem in den Begrenzungen der Auswahlmöglichkeiten und im Balance-Akt zwischen individueller politischer Ausrichtung und internationaler Unterstützung zu finden. Hier kommt der Kalte Krieg in Form von Wirtschaftshilfe ins Spiel, die mit einer Blockausrichtung und allen damit verbundenen innen- wie außenpolitischen Konsequenzen einhergeht. Seiner pädagogischen Ausrichtung entsprechend, kennt das Spiel keine eindeutig definierte Gewinnbedingung, macht also wie *Balance of Power* das Spielen selbst zur Hauptattraktion. Am Ende einer Runde, nach einer dreijährigen Amtszeit, wird den Spielenden ‚das Urteil der Geschichte' in Form eines Eintrages in einer fiktiven Enzyklopädie präsentiert. Auf Grundlage der darin abgegebenen Charakterisierung der eigenen Amtszeit sind sie dann angehalten, selbst zu entscheiden, ob sie gewonnen oder verloren haben. Spielende von *Hidden Agenda* schreiben also ein Stück fiktiver, synthetischer Geschichte.

Anhand dieses Beispiels zeigt sich, dass der Kalte Krieg für Regierungsspiele vor allem dann interessant wurde, wenn es um Übergangsphasen oder Momente der Krise ging, wie in *Crisis in the Kremlin* oder dem im Jahr 1992 erschienenen *Ashes of Empire,* das die Aufgabe stellt, einen fiktiven Staat, der aber eindeutig als Sowjetunion erkennbar ist, vor dem Zerfall zu bewahren. Es scheinen sich hingegen keine Spiele zu finden, die beispielsweise versuchten, den realsozialistischen Regierungsalltag zu modellieren, und selbst die Versoftung des Regierungsalltages des US-amerikanischen Präsidenten scheint, abgesehen von *President's Choice,* auf der Entwicklerseite kaum auf Interesse gestoßen zu sein.

Für politische Managementspiele schienen Krisen also besonders ergiebige Szenarien darzustellen, da sie die Differenz zu dem politischen Idealzustand, der als zentrale Aufgabe erreicht werden soll, besonders deutlich markierten. Der Kalte Krieg kam in solchen Spielen zumeist als Grund und Anlass für Krisen vor, wenn beispielsweise in *Hidden Agenda* außenpolitische Ausrichtungen zu Verwerfungen führten. Der Zusammenbruch des Ostblocks und der Sowjetunion scheint dabei als ergiebigstes Szenario des Kalten Krieges eingeschätzt worden zu sein.

So lässt das Spiel *Solidarnosc*, eine polnische Produktion[75] der Firma California Dreams aus dem Jahr 1991[76] die Spielenden die Führung der gleichnamigen polnischen Oppositionsbewegung übernehmen. Es konzentrierte sich also, inhaltlich ähnlich wie *Crisis in the Kremlin*, aus Perspektive der Opposition, auf die Herrschaftskrise im Ostblock und in der Sowjetunion und funktionierte nach den erörterten genreüblichen Mustern. Sein Geschehen beginnt nach der Verhängung des Kriegsrechts in Polen im Jahr 1981 und versetzt die Spielenden in die Lage, die Solidarnosc-Bewegung zu managen. Das Handlungsregister scheint dabei primär aus der Möglichkeit zu bestehen, Ressourcen zu verteilen, um politische Aktionen zu mobilisieren, die öffentliche Meinung auf die eigene Seite zu bringen und letztlich die politische Macht zu übernehmen.[77] Wieder werden Datenbanknavigation und das Treffen von Entscheidungen zu den zentralen Spielprinzipien, wieder setzt das Spiel stark auf Intermedialität bzw. Remedialisierung sowie die Integration von zeitgenössischen Massenmedien. *Solidarnosc* präsentierte die Überwindung der kommunistischen Herrschaft damit als Ziel, auf das hinzuarbeiten war und schrieb die Geschichte des Zusammenbruches der Sowjetunion und des Ostblocks aus nationaler Perspektive. Ähnlich schien das im Jahr 1994 veröffentlichte *Moscow 1993*[78] zu verfahren, ebenfalls eine polnische Produktion. Hier übernahmen die Spielenden die Rolle eines fiktiven Oppositionsführers im Russland des Jahres 1991.

Schließlich brachte die deutsche Produktion *Aufschwung Ost* – dessen Titel an das zeitgenössische Schlagwort vom ‚Aufbau Ost‘ erinnert – den Kalten Krieg in Computerspielen auch in Deutschland zu einem Ende. Das Spiel wollte mit dem bereits aus

---

75 Die Firma California Dreams, das Label der US-amerikanischen Firma Logic Design Works Inc., veröffentlichte bereits 1987 die ersten Spiele, wobei diese von der polnischen Firma P.Z. Karen Co. Development Group entwickelt wurden. Vgl. California Dreams, in: Blue Flame Labs (Hrsg.): MobyGames, URL: https://www.mobygames.com/company/california-dreams (Stand: 01.08.2020). Dies ist ein weiteres Zeugnis für die Spieleszene im ehemaligen Ostblock. Vgl. auch Tristan Donovan: Replay. The History of Video Games, Lewes 2011, S. 199–211.

76 Es ist unklar, in welcher Form das Spiel letztlich veröffentlicht wurde. Ein Forumseintrag deutet an, dass es kein Handbuch gibt, zudem waren keine Besprechungen des Spiels auffindbar. Der Eintrag auf der Website GameFAQs lässt vermuten, dass es nicht veröffentlicht wurde. Vgl. Solidarnosc, in: CBS Interactive (Hrsg.): GameFAQs, URL: http://www.gamefaqs.com/pc/722608-solidarnosc (Stand: 01.08.2020). In der Spielesammlung der Website archive.org findet sich dennoch eine spielbare Version. Vgl. P.Z. Karen Co. Development Group/California Dreams: Solidarnosc, archiviert in: Internet Archive, Rubrik: Software Library: MS-DOS Games, 30.03.2016, URL: https://archive.org/details/msdos_Solidarnosc_1991 (Stand: 01.08.2020).

77 Da für das Spiel kein Handbuch auffindbar war, besteht kein eindeutiger Aufschluss über die tatsächlichen Handlungsmöglichkeiten und Spielziele.

78 Auch über dieses Spiel ist nicht viel herauszufinden. Es konnten keine Textberichte ermittelt werden, und es ist unsicher, ob und wie das Spiel tatsächlich erschienen ist.

den anderen Beispielen bekannten pädagogischen Impetus, die Probleme und Herausforderungen des vor allem wirtschaftspolitischen Managements nach der deutschen Wiedervereinigung aufzeigen und nachvollziehbar machen. Das Handbuch versprach dabei, in ebenfalls genreüblicher Rhetorik, eine authentische Datengrundlage und wies gleichzeitig auf die für Computersimulationen grundsätzliche Komplexitätsreduktion hin.[79]

Aufschwung Ost orientiert sich in seiner Architektur und seinem Spielsystem stark an *Sim City,* dem wahrscheinlich erfolgreichsten Managementspiel seiner Entstehungszeit. Die Hauptaufgabe besteht darin, die fünf neuen Bundesländer durch die Verteilung von Ressourcen und den Auf- und Ausbau der Infrastruktur in die marktwirtschaftliche Ordnung zu geleiten, dabei das eigene Prestige und Ansehen als Politikerin oder Politiker zu bewahren und zu erhöhen. *Aufschwung Ost* ist dabei auf kein klares Ziel festgelegt und läuft im Prinzip so lange, wie die Spielenden es laufen lassen wollen bzw. können. Es endet, wenn sie scheitern, also ihres Amtes enthoben werden. Ansonsten liefert es am Schluss eine Abrechnung, welche die Leistung anhand der Entwicklung in ökonomischen und sozialen Kernbereichen aufschlüsselt. Eine Gewinnbedingung im herkömmlichen Sinn gibt es somit nicht. Die Aufgabe lautet, politische Maßnahmen zu setzen, die das Spiel solange wie möglich am Laufen halten. In einer Besprechung im Nachrichtenmagazin *Der Spiegel,* im Übrigen unter der Rubrik „Deutschland", merkte der Rezensent hierzu an: „Am häufigsten endet das Spiel indes mit gigantischen Staatsschulden, wie der Spieler aus der Bonner Realität schon weiß."[80] *Aufschwung Ost* spitzte den Übergang zur Marktwirtschaft also im Wesentlichen auf ein Problem des wirtschaftspolitischen Managements zu. Wie der Rezensent in der Zeitschrift *Amiga Joker* bemerkte, „spielen weder die politischen Parteien noch die bekannten Treuhand-Probleme eine Rolle."[81] Die Wiedervereinigung Deutschlands erschien also als eine ökonomische Belastung und somit primär als ein wirtschaftspolitisches Problem. Damit lag *Aufschwung Ost* im Wesentlichen auf einer Linie mit den entsprechenden Diskursen seiner Entstehungszeit, in welchen der Zusammenbruch der DDR die Rückkehr zu einer scheinbar natürlichen Ordnung markierte. Die Zeit davor wurde primär als Periode wirtschaftlichen Mangels und zurückbleibender Entwicklung gekennzeichnet.[82]

Insbesondere im Bereich der Spielmechaniken gab es also im beobachteten Zeitraum wenig Bewegung im Genre der politischen Management- oder Regierungssimu-

---

79   Vgl. Jürgen Kiel: Aufschwung Ost – Deluxe Edition. Handbuch, o.O. 1995, S. 3f.

80   Spiele. Unruhen in Rostock, in: Der Spiegel, Nr. 47, 22.11.1993, S. 97–99, hier S. 99.

81   Aufschwung Ost, in: Amiga Joker, Nr. 1, 1994, S. 74.

82   Vgl. Philipp Ther: Die neue Ordnung auf dem alten Kontinent. Eine Geschichte des neoliberalen Europa, Berlin 2016, S. 286–288, 317–321, 326. Vgl. ebd., S. 94–99, für eine Darstellung der Transformationskrise der ehemaligen DDR.

lationsspiele. Das relativ fixierte spielmechanische Paradigma, das aus der Navigation durch Datenbanken mit relevanten Informationen und Entscheidungen aus der Perspektive einer in einer subjektiven Position zusammenlaufenden zentralen Staatsmacht besteht, wurde in Bezug auf den Kalten Krieg auf jeweils aktuelle Entwicklungen angewandt.

Nach dem Ende des Kalten Krieges bedeutete dies, dass sich die Frage der Stabilität postsowjetischer Demokratien als Sujet politischer Managementspiele etablieren konnte. *Tom Clancy's Politika,* ein weiteres Spiel aus der langen Reihe von direkten Versoftungen oder auf andere Art von Clancy inspirierten Computerspielen, wählte die Frage der weiteren Entwicklung Russlands nach dem Zusammenbruch der Sowjetunion und dem Tod Boris Jelzins zum Ausgangspunkt seines Szenarios. Die Spielenden greifen darin in den aufs Jelzins Ableben folgenden Machtkampf zwischen mehreren politischen Fraktionen ein. Unter den Konfliktparteien befindet sich auch eine von einem ehemaligen Mitarbeiter des KGB geführte Gruppierung. Die Bedrohung einer Restauration der Sowjetherrschaft bestimmte somit das Spielszenario.

Während hier also ein noch relativ eindeutiger Bezug zum Kalten Krieg als vielleicht vermeintlicher Vergangenheit festzustellen ist, ließe sich abschließend argumentieren, dass ein spezifischer Denkstil des Kalten Krieges nach seinem Ende in einigen politischen Managementspielen auf die Regierungssysteme westlicher Demokratien angewandt wurde. Es geht hierbei primär um die bereits erwähnte Figur des infiniten Regresses, also die Absicht, hinter ein Phänomen zu blicken und seine verborgene Funktionsweise aufzudecken, die sich in einer theoretisch unendlich fortsetzbaren Schleife der Kritik verfängt. Diese Haltung bildete eine Grundlage der Geheimdienstarbeit in der Epoche. In der rekursiven Anwendung auf westliche Regierungssysteme zeigte sie sich in Computerspielen beispielsweise in *Floor 13,* das davon ausgeht, dass die britische Regierung von einer geheimen Vereinigung dirigiert wird, welche die Spielenden, unter den etablierten genretypischen spielmechanischen Voraussetzungen übernehmen und steuern können. *Cyber Judas,* die Fortsetzung zu *Shadow President,* folgte einer ähnlichen Prämisse, indem es die Spielenden in die Rolle des US-amerikanischen Präsidenten versetzte, dem ein geheimer Regierungsrat zur Seite gestellt war, in dem sich ein Verräter befand. Als Anwendung des infiniten Regresses auf die jeweils eigene Regierung, mithin also in Form von Motiven der Staatsparanoia,[83] bestand der Kalte Krieg in politischen Managementspielen selbst nach seinem Ende weiter. Als direkte Referenz verlor er, schon in den achtziger Jahren ein eher selten verhandeltes Sujet, immer rascher an Bedeutung.

---

83   Der Begriff stammt von Eva Horn: Der geheime Krieg. Verrat, Spionage und moderne Fiktion, Frankfurt am Main 2007, S. 382.

8.4. Regierungsspiele

Die hier behandelten Regierungsspiele sind im Vergleich zu den Titeln der bereits genannten Kategorien in einer auffälligen Unterzahl. Sie sind in diesem Sinne Sonderfälle, weisen jedoch trotzdem eine enge Verflechtung mit dem historischen Kontext ihrer Entstehungszeit auf. Sowohl im Fall von *Balance of Power* wie auch von *Crisis in the Kremlin* wird relativ klar, dass es sich um politische Spiele handelt, vielleicht sogar frühe ‚serious games‘, die ganz bewusst auf ihren tagespolitischen Kontext reagierten und mit pädagogischem Anspruch versprachen, relevantes politisches Wissen zu vermitteln. Als medienspezifisches Merkmal strichen sie dabei die Elemente der Immersion und Simulation heraus, wiesen auf ihre Möglichkeiten, aber auch, in selbstreflexiver Art und Weise, auf ihre Begrenzungen im Rahmen dieses Lernprozesses hin. Sie zeichneten sich zudem dadurch aus, dass sie das Spielen selbst und nicht etwa das Erzielen eines möglichst hohen Punktestandes oder andere kompetitive Gewinnbedingungen als Hauptmotivation und -attraktion etablierten. Hierbei ergab sich, wie in den vorhergehenden Beispielen, eine Zusammenschaltung von umfassender Handlungsmacht und subjektiver Perspektive. In Bezug auf das Verständnis der Politik des Kalten Krieges war die prozessuale Rhetorik dieses scheinbar mühelosen Skalierens zwischen allmächtigem Point of Action und subjektivem Point of View vor allem insofern bedeutsam, als sie das Bild umfassend handlungsmächtiger Einzelpersonen erzeugte. Daneben, aber durchaus mit diesem Aspekt in Verbindung stehend, integrierten diese politischen Spiele die zahlreichen Medien der Regierungsarbeit ihrer Entstehungszeit, wie Telefone, Aktenschränke, Zeitungsmeldungen, Fernsehnachrichten usw. Sie remedialisierten damit den Schreibtisch des in Bezug auf seine Handlungsmöglichkeiten idealtypisch überhöhten Regierenden. Die prozessuale Rhetorik der hier behandelten Beispiele legte also eine jeweils bestimmte Form des gelingenden Regierens unter den Bedingungen des Kalten Krieges nahe.

Als Form des „Gouverntainment"[84] verarbeiteten die beiden hier vorgestellten Spiele den Kalten Krieg einmal als geopolitischen Balanceakt einer auf dem Prinzip des Machtgewinns gestützten globalen Ordnung und als vordergründig abwesenden Faktor, der sich allerdings über das Spielmodell und seine Vorannahmen wieder bemerkbar machte. An diesen Vorannahmen und Einschränkungen zeigten sich der Spielcharakter der Regierungsspiele und letztlich auch ihr Cargo. Gleichzeitig riefen gerade die hier genannten Beispiele ganz bewusst und explizit ihren Simulationscharakter in Erinne-

---

84 Vgl. Ramón Reichert: Government-Games und Gouverntainment. Das Globalstrategiespiel Civilization von Sid Meier, in: Rolf F. Nohr/Serjoscha Wiemer (Hrsg.): Strategie Spielen. Medialität, Geschichte und Politik des Strategiespiels, Münster 2008, S. 189–213, hier S. 203–208.

rung und untermauerten diesen Cargo mit dem Anspruch, sachlich und wertfrei über die weltpolitische Lage, die Zwänge und Möglichkeiten zeitgenössischer Politik und vor allem darüber, was gelingendes Regieren hieß, zu informieren.

Insofern ist es wahrscheinlich wenig überraschend, dass sich die Regierungsspiele des Kalten Krieges vor allem auf Beispiele konzentrierten, in welchen eine politische Krise zu meistern war. In solchen Szenarien der Krise konnte sich der jeweilige Cargo gelingenden Regierens gewissermaßen vor der Folie des Negativbeispiels entfalten. Der Kalte Krieg erschien hier zumeist als geopolitische Grundbedingung und außenpolitischer Faktor mit innenpolitischen Rückwirkungen. Nach dem Zusammenbruch der Sowjetunion spielte er für Regierungsspiele auf einer abstrakteren Ebene eine Rolle. Das maßgeblich am gegenseitigen Misstrauen des Systemkonfliktes geschulte Prinzip des infiniten Regresses wurde hierbei auf die westlichen politischen Systeme zurückgespiegelt, und der Kalte Krieg wirkte in Form der Staatsparanoia selbst nach seinem Ende in Regierungsspielen noch nach.

9. Spielarten der Erinnerung

9.1. Der Kalte Krieg als Spiel mit Geschichte

Ein relativ großer Teil des Spielekorpus, bestehend aus insgesamt sechsundfünfzig Titeln, widmete sich der Vergangenheit des Kalten Krieges und verhandelte ihn als Geschichte. Computerspiele wurden bereits als Medien interpretiert, die synthetische Geschichte, mithin also die Geschichte möglicher Zukünfte, schrieben. Sie funktionierten aber auch als Medien der Erinnerungs- und Geschichtskultur der Epoche, waren also Teil seiner populärkulturellen historischen Selbstreflexivität, die gerade während des Zweiten Kalten Krieges Konjunktur hatte, als es schien, ein überwunden geglaubtes Konfrontationsmuster würde wiederkehren.[1]

Sie erinnerten zum einen an die Vergangenheit des Kalten Krieges und hier insbesondere an seine vergangenen ‚heißen' Stellvertreterkriege. Einunddreißig Titel lassen sich dieser Kategorie zuordnen. Dabei nahm der Vietnamkrieg, der gerade in der Politik und Populärkultur der USA in der hier betrachteten Periode häufig und vor allem kontrovers diskutiert wurde, eine zentrale Stellung ein. Anhand des Spiels *19 Part One: Boot Camp* lassen sich einige der maßgeblichen Punkte der Verarbeitung des Vietnamkrieges in Computerspielen aufzeigen.

Der Themenkomplex Kalter Krieg und Geschichte wurde im Medium zum anderen außerdem als Zerlegen und Zusammensetzen von Geschichte selbst thematisiert, also als das aktive Eingreifen in den Zeitpfeil der Epoche und die Modifikation der Ereignisgeschichte, wie etwa in *Trinity*, oder als das spekulative Weiterschreiben der großen Erzählung des Kalten Krieges, wie in *SDI*. Mit fünf Titeln hat dieser Aspekt den kleinsten Anteil an den Computerspielen mit der Geschichte des Kalten Krieges.

Schließlich beteiligten sich auch Computerspiele an der populärkulturellen Verarbeitung des Zusammenbruchs der Sowjetunion, der zugleich das Ende der Epoche des

---

1 Vgl. Vadim Oswalt/Hans-Jürgen Pandel: Einführung, in: dies. (Hrsg.): Geschichtskultur. Die Anwesenheit von Vergangenheit in der Gegenwart, S. 7–14, hier S. 8–10; Thomas E. Fischer: Geschichte der Geschichtskultur. Über den öffentlichen Gebrauch von Vergangenheit von den antiken Hochkulturen bis zur Gegenwart, Köln 2000, S. 12; Barbara Korte/Sylvia Paletschek: Geschichte in populären Medien: Vom Historischen Roman zum Computerspiel, in: dies. (Hrsg.): History goes Pop. Zur Repräsentation von Geschichte in populären Medien und Genres, Bielefeld 2009, S. 9–60, S. 9–14, insbes. S. 13, für einen spezifischen Blick auf die Geschichtskultur der Populärkultur. Vgl. außerdem Angela Schwarz: Game Studies und Geschichtswissenschaft, in: Klaus Sachs-Hombach/Jan-Noël Thon (Hrsg.): Game Studies. Aktuelle Ansätze der Computerspielforschung, Köln 2015, S. 398–447, hier S. 407–411.

Kalten Krieges markierte. Insgesamt zehn Titel, darunter das bereits diskutierte Spiel *Crisis in the Kremlin*, widmeten sich dieser Thematik. Die französische Produktion *KGB* machte das Ende des Kalten Krieges anhand einer Konzentration der Narration auf die letzten Tage der Sowjetunion noch expliziter zum Thema. Es zeigt sich, dass Computerspiele den Zusammenbruch des Ostblocks und der Sowjetunion satirisch-nostalgisch verarbeiteten, die Unsicherheiten und das Misstrauen ob der Ereignisse reflektierten und im Zuge der Entstehung von Entwicklerstudios in den Ländern des ehemaligen Ostblocks auch erstmals systematisch die Seite wechselten. Computerspiele reagierten so mitunter schneller auf die Ereignisse als etwa die Filmindustrie, die erst etwas später begann, sich mit dem Zusammenbruch des Ostblocks und der Sowjetunion auseinanderzusetzen. In der Zeit unmittelbar nach den Ereignissen von 1989 und 1991 schien die Deutungshoheit weitgehend in der Hand der Nachrichtenmedien zu liegen.

Die gewählten Beispiele entstammen allen Genres. Sie sind zeit-, entscheidungs- und konfigurationskritisch.[2] Als Geschichte ereignete sich der Kalte Krieg in Computerspielen in genreübergreifender Form. Dieser thematische Schwerpunkt bietet sich somit nicht nur deswegen als Schlusspunkt an, weil er die Epochenschwelle anspricht, sondern weil er gerade das Zusammenspiel der bisher herausgearbeiteten Aspekte der Vermittlung von Spezialwissen, der Möglichkeit der Operationalisierung des Undenkbaren und des Einnehmens eines fiktiven allmächtigen Point of Action darstellt.

9.2. Vergangene heiße Kriege

9.2.1. Die Wiederaufführung der Geschichte des Kalten Krieges in Computerspielen

Die Spiele dieser Gruppe haben gemeinsam, dass sie einen Bezug zu vergangenen Ereignissen, hauptsächlich heißen Kriegen des Kalten Krieges herstellten. Sie bewegten sich potenziell somit in den Feldern der populärkulturellen Erinnerungs- und Geschichtskultur ihrer Entstehungszeit. Der Aspekt der Erinnerungskultur wirft dabei vorrangig die Frage auf, wie vergangene Ereignisse jeweils gesellschaftlich erinnert wurden, was sowohl Inhalte als auch Darstellungsformen umfasst. Das Konzept der Geschichtskultur sensibilisiert zusätzlich für die Fragestellung, wie und ob in solchen Prozessen jeweils Geschichte oder der Eindruck des Historischen aufgerufen wurde.[3]

---

2   Vgl. Claus Pias: Computer.Spiel.Welten, 2. Aufl., Zürich 2010, S. 11.
3   Vgl. Mario Wimmer: Der Geschmack des Archivs und der historische Sinn, in: Historische Anthropologie, Bd. 20, H. 1, 2012, S. 90–107, hier S. 106f.

Erinnerungs- und Geschichtskultur haben als Kampf um Erwähnung und Auslassung, weshalb, woran, wann, mit welchen Mitteln erinnert wird oder nicht, welches Wissen über die Vergangenheit also kanonisiert und ins kulturelle Gedächtnis aufgenommen wird und welches nicht, enorme gesellschaftliche Wirkung.[4]

Was die Geschichte des Kalten Krieges in den Computerspielen der beobachteten Periode betrifft, zeigte sich diese Dynamik besonders auffällig in Bezug auf die Erinnerung an den Vietnamkrieg. Wie sich bereits am Beispiel derjenigen Spiele, die sich Infiltrationsfantasien widmeten, angedeutet hat, war die Erinnerung an diesen Konflikt gerade im diskursiven Kontext des Zweiten Kalten Krieges und des Amtsantrittes von Ronald Reagan umstritten. Filme wie *Apocalypse Now* (1979) und *Platoon* (1986) setzten sich in kritischer Haltung mit dem US-amerikanischen Einsatz in Vietnam auseinander. Zum Gegenstand erhoben wurde in Filmen wie diesen oftmals das traditionelle Männlichkeitsbild, das in Bezug auf die Soldaten des Vietnamkrieges brüchig geworden war. Im Zuge der neokonservativen Wende nach Ronald Reagans Amtsantritt als Präsident der USA, der es auch darum ging, ein Bild US-amerikanischer Größe und das Selbstbewusstsein als Weltmacht wiederzubeleben, fand eine Kehrtwende der Erinnerungskultur statt, an der sich die Populärkultur ebenfalls beteiligte. Zugespitzt lässt sich dieser Richtungswechsel mit Reagans Aussage, es hätte sich bei dem US-amerikanischen Einsatz in Vietnam um einen ‚noble cause‘ gehandelt, verdeutlichen.[5] Diese Haltung war die Voraussetzung für eine Rehabilitierung der Soldaten, die in Vietnam gekämpft hatten. Phänomene wie der M.I.A.-Mythos, also die Annahme, dass sich noch Kriegsgefangene dort befänden, die vom eigenen Land vergessen worden seien, brachten das zum Ausdruck.[6] Die Filme der *Rambo*-Reihe, um hier nur das bekannteste Beispiel zu nennen, arbeiteten im populärkulturellen Bereich aktiv daran mit.[7] Das bedeutete aber selbstverständlich nicht, dass kritische Stimmen völlig verstummt wären.[8]

---

4 Vgl. Nicolas Pethes: Kulturwissenschaftliche Gedächtnistheorien. Zur Einführung, Hamburg 2008, S. 59–71.

5 Vgl. Fred Turner: Echoes of Combat. Trauma, Memory, and the Vietnam War, Minneapolis, MN/ London 2001, S. 15.

6 M.I.A. steht für ‚missing in action‘. Diese Behauptung konnte vollständig als Mythos entlarvt werden. Vgl. H. Bruce Franklin: M.I.A., or Mythmaking in America. How and why the belief in live POWs has possessed a nation, New Brunswick, NJ 1993, S. 6–35.

7 Vgl. ebd., S. 136–163, für die Verarbeitung des M.I.A.- bzw. POW-Motivs in der Populärkultur, vor allem in Filmen. Vgl. auch Fred Turner: Echoes of Combat. Trauma, Memory, and the Vietnam War, Minneapolis, MN/London 2001, S. 89–94.

8 Bereits 1979 begann mit Apocalypse Now und The Deer Hunter die dritte Welle der Vietnamfilme. In der zweiten Hälfte der achtziger Jahre war eine vierte Welle zu beobachten, zu der u.a. Platoon zählte. Wenngleich nicht immer explizit kritisch, hatten viele Filme dieser Wellen gemein, dass sie den Vietnamkrieg als komplexes, mitunter sinnloses oder absurdes Unternehmen darstellten. Vgl.

Ähnliche Fragen stellen sich gleichermaßen für andere Kriege des Kalten Krieges bzw. Aspekte seiner Vergangenheit. Hierbei ist von besonderem Interesse, welchem Teil der Vergangenheit des Kalten Krieges in der Populärkultur keine oder nur eingeschränkte Aufmerksamkeit zu Teil wurde. Als Musterbeispiel wird im Folgenden das im Vietnamkrieg bzw. um den Vietnamkrieg angesiedelte Spiel *19 Part One: Boot Camp* dienen, das unter der etablierten methodischen Vorgehensweise betrachtet wird, bevor die allgemeinere Betrachtung auf die Computerspiele mit der Geschichte des Kalten Krieges in seiner letzten Phase eingeht. Die Erinnerung an Vietnam wird sich dabei als das dominante Thema herausstellen.

9.2.2. *19 Part One: Boot Camp* – Bewältigung des Traumas[9]

19 Part One: Boot Camp wurde im Jahr 1988 von der britischen Firma Cascade Games entwickelt und für die Heimcomputer Commodore 64 und in weiterer Folge auch den ZX Spectrum veröffentlicht. Es erfüllte formal alle Kriterien eines Actionspiels seiner Entstehungszeit und war im Wesentlichen ein typischer Vertreter dieses Genres, ein zeitkritisches Spiel, das viele aus den Spielhallen bekannte Mechanismen integriert. Seine Entwicklungsgeschichte weist jedoch einige Besonderheiten auf, die es in gewisser Weise zu einem singulären Fall machen. *19 Part One: Boot Camp* ist die Versoftung des international erfolgreichen Songs *19* des britischen Musikers Paul Hardcastle aus dem Jahr 1985. Die Produktionsfirma Cascade Games hatte eine Lizenzvereinbarung abgeschlossen und das Spiel zum Song produziert. Auf der Verpackung des Spiels wird die Verbindung folgendermaßen erläutert: „Inspired by the Paul Hardcastle song of the same name, 19 is a tribute to the young men who fought in Vietnam." Das Musikstück war dabei vor allem durch den Einsatz der damals innovativen Technik des Sampling bekannt geworden. Hardcastle hatte Passagen der Fernsehdokumentation *Vietnam Requiem,* über den US-amerikanischen Einsatz in Vietnam mit einer Instrumentalspur zu einem Song montiert. Der Titel ist Teil dieser Referenz auf den Vietnamkrieg, bezieht er sich doch, wie aus einer der ersten zu hörenden Passagen deutlich wird, auf das Durchschnittsalter der eingezogenen US-amerikanischen Rekruten. Der weithin als gescheitert wahrgenommene Einsatz der USA in Vietnam war in den achtziger Jah-

---

Richard A. Schwartz: Cold War Culture. Media and the Arts, 1945–1990, New York, NY 2000, S. 343–351.

9   Dieses Kapitel ist eine überarbeitete Version des Artikels Clemens Reisner: Das Versprechen des Reenactment: Der Spiel-Körper im digitalen Spiel 19 Part One: Boot Camp, in: Raphaela Knipp/ David Sittler/Ilham Huynh/Anja Dreschke (Hrsg.): Medienpraktiken des Reenactment, Bielefeld 2016, S. 257–279.

ren Gegenstand diverser Zugriffe und Deutungen aller politischen Lager in Pop- und Hochkultur sowie Politik geworden, die vom ‚noble cause' bis zur Traumatisierung reichten.[10] Hardcastle wollte *19* als eine Widmung, einen Tribut an diejenigen jungen Soldaten verstanden wissen, die ihr Leben in einem Krieg, der als der Inbegriff der Sinnlosigkeit des Krieges verstanden werden konnte, gelassen hatten, und vertrat somit eine klare Antikriegshaltung.[11]

Das Spiel ist Teil eines intermedialen Verbundes, der durch die für Computerspiele relativ seltene Verbindung zu einem Popsong einen besonderen Status erhielt und von der Reportage, die die Vorlage bzw. Rohmaterial lieferte, über das Lied selbst zu *19 Part One: Boot Camp* führte. Als Versoftung des Songs *19* griff das Spiel dessen Bedeutungsebene des Tributs auf. Lied wie Spiel sind britische Produkte, die sich auf ein amerikanisches Thema beziehen. Die zahlreichen populärkulturellen Verarbeitungen des Vietnamkrieges und ihre Konventionen hatten also offensichtlich zur Entstehungszeit des Spiels bereits internationale, wenn nicht globale Geltung erlangt.

Spielarchitektur – Das spielbare Boot Camp
Der Architektur des Spiels *19 Part One: Boot Camp* kommt zum einen die Aufgabe zu, es selbst in den Diskursen der populärkulturellen Verarbeitung des Vietnamkrieges zu verorten, und zum anderen, die Spielenden als US-amerikanische Rekruten zu situieren. Der Bezug auf den Song *19* wird mehrfach hergestellt, in der Verwendung als Vorlage, in der Aufnahme in den Soundtrack und als Beilage zur Commodore 64-Version des Spiels als Audiokassette. Mit der für Spiele seiner Entstehungszeit typischen Ausdehnung des Spielraumes in den Offline-Raum kontextualisierte zudem bereits der Verpackungstext das Geschehen und sprach die Spielenden direkt an:

„Imagine it's 1965 and you're 19… an American kid in an American town. Your family and friends. College. Girl friends. The people and things you know. Comfortable… And then one morning your world is shattered. You're young… You're content… You're comfortable… but you're drafted. […] In 19 Part 1 – Boot Camp we take you through the rigours of basic training. The preparation for war. Never allowed to rest, your drill sergeant will take you through a series of exercises each assessing different characteristics."[12]

---

10   Vgl. Tom Engelhardt: The End of Victory Culture. Cold War America and the Disillusioning of a Generation, Amherst, MA 1998, S. 275–280.

11   Vgl. Dave Simpson: How We Made the Pop Song 19 by Paul Hardcastle and Ken Grunbaum, in: The Guardian, 24.09.2012, URL: http://www.theguardian.com/music/2012/sep/24/19-paul-hard castle-ken-grunbaum (Stand: 01.08.2020).

12   19 Part One: Boot Camp, Cascade Games, 1988, Text auf der Verpackungsrückseite.

Abb. 36: Frontcover der Verpackung von
19 Part One: Boot Camp

19 Part One: Boot Camp, der Titel macht dies, neben dem Verpackungstext und
-bild, hinreichend klar, etablierte die Verbindung zum Vietnamkrieg nicht, wie viele
andere Beispiele, durch die Darstellung des Dschungelkampfes, sondern schloss an die
Situation der für den Einsatz in Vietnam eingezogenen Rekruten in der Grundausbildung an. Das auf der Verpackung des Spiels zu sehende Bild und der Titelbildschirm
im Online-Spielraum definieren diese Situierung visuell weiter aus (vgl. Abbildung 36).
      Sie enthalten dasselbe Hauptmotiv eines jungen Soldaten mit kahlrasiertem Schädel,
der auf einer Art Holzblock oder einer Kiste sitzt. Sein Blick scheint leer und auf den
Boden gerichtet. Seine Hände sind locker auf einen Helm gestützt, der auf seinem Ober-
schenkel platziert ist. Geste und Blick scheinen Erschöpfung und Resignation auszudrücken. Der Titelbildschirm zeigt nur das Bild des jungen Rekruten. Die Verpackung fügt
diesem zentral gesetzten Motiv im Bildhintergrund noch einige Szenen aus dem Alltag
des Ausbildungslagers hinzu und platziert die Figur eines Ausbilders direkt hinter der
zentral gesetzten Figur des Rekruten. Im Online-Spielraum wird dieses Bild des Rekruten
hingegen kontextualisiert, indem ihm ein ergänzender Text nachgestellt wird, der den
ersten hörbaren Zeilen in Hardcastles Song entspricht. Auf der Verpackung ist nur der
erste Satz dieses Textes abgedruckt, in der Einleitungssequenz des Spieles lesen die Spielenden hingegen: „In 1965 Vietnam seemed like just another foreign war. But it wasn't.
It was different in many ways and so were those who did the fighting. In World War II

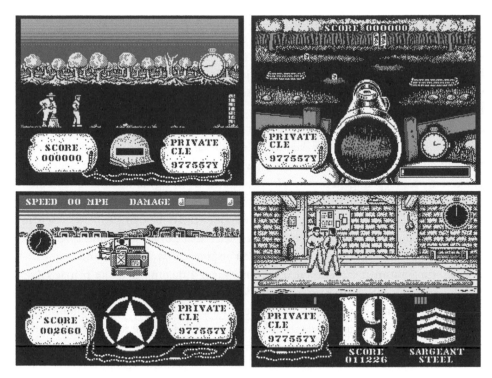

Abb. 37–40: Screenshots aus den vier Spielabschnitten

the average age of the combat soldier was 26. In Vietnam he was…" Mit dem letzten Satz leitet dieser Eingangstext, der von einer digitalisierten Version von Hardcastles Song untermalt ist, mit dieser Kombination von Text und Ton also den Song emuliert, zu einem Bild der mit den Farben der US-amerikanischen Flagge ausgefüllten Ziffer 19 über, worauf eine Liste der an der Entwicklung beteiligten Personen im Stil des Vorspanns eines Spielfilms folgt. Bereits im Offline-Spielraum, wie zu Beginn des Online-Spielraumes, wird also sichtbar, dass die Spielenden sich ins Ausbildungslager begeben und dabei die Perspektive eines jungen, vermutlich neunzehnjährigen Rekruten einnehmen.

Die Architektur des Online-Spielraumes ist aufgeteilt in vier spielmechanisch unterschiedliche Abschnitte, die jeweils einen Aspekt der Grundausbildung repräsentieren sollen. Am Beginn jedes Durchgangs sind die Spielfigur zu benennen und die Anzahl der Mitspielerinnen und -spieler festzulegen. Sobald der frei wählbare Name der Figur bestimmt ist, erhält sie eine Rekrutierungsnummer der im weiteren Verlauf keine spezifische oder spielmechanisch relevante Funktion zukommt. Insofern handelt es sich dabei um ein weiteres Element, das dazu beitragen soll, die Perspektive eines Rekruten zu veranschaulichen.

Die Abschnitte unterscheiden sich hingegen spielmechanisch und in Bezug auf die Perspektivierung voneinander. Durch diese Heterogenität und vor allem durch die unterschiedlichen Points of View wird die Identifikation als Rekrut erschwert. Die Spielenden blicken im ersten Abschnitt, der einen Hindernisparcour darstellt, sowie im vierten, in dem ein Boxkampf mit einem Ausbilder absolviert werden muss, im Profil bzw. Dreiviertelprofil auf ihre Figur. Im zweiten Abschnitt, der ‚shooting range‘, wird eine perspektivische Konvergenz von Point of View und Point of Action nahegelegt, wie man sie aus Ego-Shootern kennt, indem durch ein Zielfernrohr geblickt wird. Schließlich wird im dritten Abschnitt eine Perspektive hinter einem von der Spielfigur gesteuerten Jeep eingenommen. Name und Rekrutierungsnummer dienen insofern auch als Maßnahmen zur Stiftung von Kontinuität über die heterogene Architektur der einzelnen Spielabschnitte hinweg. Zumindest eines dieser beiden Elemente erscheint konstant am unteren Bildschirmrand, der zugleich den Punktestand und spielmechanisch relevante Statusanzeigen enthält. In den Sequenzen zwei bis vier sind Name und Rekrutierungsnummer zudem auf oder unter einer Erkennungsmarke platziert (vgl. Abbildungen 37–40). Das Erscheinungsbild der Spielfigur selbst ist dabei generisch – ein weißer, junger Mann in grüner Soldatenkleidung.[13] Diese Einschränkungen in Bezug auf die äußerlichen Charakteristika sind zweifellos auf die technischen Limitierungen der Plattformen zurückzuführen, für die das Spiel entworfen wurde.

Die Erkennungsmarke, dieses Schlüsselsymbol soldatischer Erfahrung und ihrer Erzählungen, ist in diesem Zusammenhang ein stärkeres Identifikationsmerkmal als die Figur selbst. Sie lädt die ansonsten vielleicht nicht unbedingt als spezifisch einem Ausbildungslager zuschreibbaren oder ganz allgemein als militärisch erkennbar gestalteten Abschnitte mit soldatisch-militärischen Konnotationen auf. Es zeigt sich hier also das für die Spiele dieser Phase charakteristische Zusammenspiel von Online- und Offline-Spielraum, welches in diesem Fall ein Gesamtbild des historischen Boot Camps erzeugte.

Spielmodell – Vorbereitendes Training

Das Modell von *19 Part One: Boot Camp* entspricht dem eines Actionspiels seiner Entstehungszeit und lehnt sich stark an Konventionen und Mechaniken von vor allem aus den Spielhallen der Zeit bekannten Vorbildern an. Die engste Verwandtschaft besteht mit dem Subgenre der Sportspielkompilationen oder Mini Games-Sammlungen, die eine Auswahl spielmechanisch unterschiedlicher Geschicklichkeitsspiele als Teildisziplinen einer umfassenden Veranstaltung (z.B. der Olympischen Spiele) versammeln.

---

13 Zumindest ist dies in der für den Commodore 64 erschienenen Version von 19 Part One: Boot Camp der Fall. In der Version für den ZX Spectrum ist die Spielfigur vollständig grün eingefärbt.

Das von der Firma Konami produzierte *Track and Field* ist eines der populärsten Spiele dieses Genres, *19 Part One: Boot Camp* stellt mehr oder weniger eine Variation mit militärischem und historisch spezifischem Thema dar.[14] Die zentrale Aufgabe besteht zunächst darin, die vier Spielabschnitte zu absolvieren. Der Auftrag muss innerhalb eines bestimmten Zeitlimits absolviert werden, das sich mit jeder Runde einer Sequenz so lange verkürzt, bis die Spielenden scheitern.

Die Spielmechanik von *19 Part One: Boot Camp* ist idealtypisch für ein zeitkritisches Spiel nach Pias' Klassifikation. Seine vier Abschnitte sind Variationen von Reaktionstests. Das zentrale Charakteristikum ist dabei die Betätigung eines oder mehrerer Knöpfe/Tasten, die eine Aktion der Spielfigur auslösen. Im ersten Abschnitt muss auf dieser Grundlage ein Hindernisparcours absolviert werden. Innerhalb eines vorgegebenen Zeitlimits sind diverse Hindernisse springend oder kletternd zu überwinden. Der Bildschirmausschnitt bewegt sich, den Lauf der Spielfigur begleitend, von links nach rechts. Entgegen der Belegung eines Aktionsknopfes mit einer direkt korrespondierenden Aktion laden die Spielenden hier durch das Drücken des entsprechenden Knopfes einen Balken auf, der zentral am unteren Bildschirmrand zu sehen ist. Dieser Balken muss sich, sobald die Figur an der richtigen Position vor dem jeweiligen Hindernis angelangt ist, an der richtigen Stelle befinden, um dieses zu überwinden. Sie reagiert nur, wenn dieses Verhältnis zwischen ihrer Position und der Füllung des Balkens richtig austariert ist.

Im zweiten Abschnitt steht das Training an der Waffe im Mittelpunkt. Das Spiel versetzt die Spielenden in die Egoperspektive, von der aus sie durch das Zielfernrohr einer Waffe blicken und auf Zielscheiben feuern. Auch hier bildet eine zeitliche Begrenzung, innerhalb der eine bestimmte, sich mit jeder Runde erhöhende Punktezahl, erreicht werden muss, das strukturierende Element. Werden Zielscheiben getroffen, die Zivilpersonen darstellen, zieht das Spiel Punkte ab.

Der dritte Abschnitt wechselt wiederum das Genre und stellt eine Variante eines Rennspiels dar. Die Spielenden müssen einen Jeep aus einer Perspektive, die über die Schulter der den Jeep steuernden Figur reicht und dabei das gesamte Fahrzeug und die Strecke mit dem Horizont als Fluchtpunkt zeigt, erneut innerhalb eines Zeitlimits durch ein mit Hindernissen versehenes Gelände steuern. Punkte können dabei durch Kollisionsvermeidung und das Sammeln von auf der Strecke verteilten Icons in Form militärischer Paraphernalien (Stiefel, Sterne, Abzeichen usw.) gesammelt werden.

Der letzte Spielabschnitt ist schließlich dem Genre des Kampfspiels zuzuordnen. Die Spielenden müssen sich, wiederum innerhalb eines vorgegebenen Zeitraumes, in einer Zweikampfsituation gegen einen Ausbilder behaupten. Ziel ist es, die Attacken

---

14   Es gab einige weitere Beispiele, die das Thema militärischer Grundausbildung behandelten, z.B. Boot Camp.

des Ausbilders zu überstehen bzw. sich buchstäblich mit Händen und Füßen dagegen zu wehren. Die erfolgreiche Absolvierung setzt voraus, dass der Energiebalken der Spielfigur am Ende des Trainingskampfes zumindest denselben Stand wie jener des Ausbilders aufweist. Bonuspunkte werden vergeben, wenn es gelingen sollte, den Ausbilder niederzustrecken.

Die primäre Gewinnbedingung besteht darin, den jeweiligen Spielabschnitt auf eine möglichst zufriedenstellende Art und Weise zu meistern, d.h. so lange, also so viele Runden wie möglich durchzuhalten. Gemessen wird dies anhand einer Bewertung bestimmter Aspekte der spielerischen Leistung in den Kriterien ‚Coordination, Stamina and Morale' auf einer Skala von 1 bis 10 (‚Abysmal' bis ‚Exceptional') sowie mit Punkten, die in den Runden vergeben werden. Allein die Punktzahl, die nach Beendigung des Spiels mitsamt der Rekrutierungsnummer und der Bewertung auf einer Liste verzeichnet wird, gibt im Vergleich mit anderen Spielenden oder der eigenen vorhergehenden Leistung, Aufschluss darüber, warum das Spiel gewonnen wurde. Der Faktor der Bewertungskriterien ergibt dabei nur im Hinblick auf die geplante, aber nie verwirklichte Fortsetzung zu *19 Part One: Boot Camp* Sinn. Ursprünglich war die Möglichkeit vorgesehen, die im ersten Teil antrainierten Werte in den zweiten Teil, der in Vietnam gespielt hätte, mitzunehmen, also mit der eigenen Spielfigur vom Boot Camp in den Krieg zu ziehen. Die Erfüllung der primären Gewinnbedingung ist in diesem Fall also auf einen zweiten Teil ausgelagert, der nie erschien. Bezogen auf *19 Part One: Boot Camp* bleibt als Beurteilung, ob gewonnen wurde, nur der Vergleich der eigenen Gesamtpunktezahl mit derjenigen anderer Spielerinnen und Spieler oder der vorhergehenden eigenen Durchläufe. Das Modell befindet sich dadurch in direkter Nähe zu den kompetitiven Prinzipien von Spielhallenspielen.

Spielsituation – Wiederaufführung und schwierige Kritik
19 Part One: Boot Camp führt den Umgang der Computerspiele mit dem Kalten Krieg als Vergangenheit und damit ihre Funktion als Medien der Erinnerungs- und Geschichtskultur in ihrem jeweils spezifischen historischen Kontext vor Augen. Insbesondere in den USA der achtziger Jahre, und hier am eindeutigsten in den entsprechenden Äußerungen Ronald Reagans, wurde der Vietnamkrieg in Verbindung zum größeren Systemkonflikt gebracht. Hinter Reagans Bezeichnung Vietnams als ‚noble cause' stand wohl auch die Absicht, globalen militärischen Interventionismus wieder als gangbares Mittel der Außenpolitik zu legitimieren, was außerdem als Reaktion auf entsprechende sowjetische Vorstöße erklärt werden kann. Die Erinnerung an Vietnam diente hier also zur Wiedererlangung alter Größe in der Gegenwart des Zweiten Kalten Krieges. Durch Reagans Äußerungen wurde überdies offensichtlich, dass die Erinnerung an den US-amerikanischen Einsatz in Vietnam in keiner Form neutral war und die Öffent-

lichkeit nach wie vor polarisierte.[15] Die populärkulturellen Formen der Erinnerung an Vietnam blieben ihrerseits nicht von diesem politischen Aspekt der Geschichtskultur verschont. Insbesondere der zeitgenössische Spielfilm bot von triumphalistischen Umdeutungen bis hin zu kritischen Erzählungen eine relativ große Bandbreite an erinnerungskulturellen Deutungsangeboten.

19 Part One: Boot Camp kann im Zusammenhang der populärkulturellen Erinnerung an Vietnam im Kontext der achtziger Jahre für die medienspezifischen Versprechen, die Computerspiele als Erinnerungsmedien geben, stehen. Sie bieten den Spielenden in den meisten Fällen an, die Vergangenheit wieder durchleben zu können, werben mithin also mit einer Form des Reenactment von Geschichte, das sich als eine Praktik der Wiederaufführung, des Nacherlebens oder der Revision begreifen lässt.[16] Computerspiele mit historischem Inhalt und erinnerungskulturellem Anspruch stellen häufig einen hohen Grad an Interaktivität und Immersion in Aussicht.[17] In *19 Part One: Boot Camp* wurde beides bereits durch den erwähnten Verpackungstext betont, der die Spielenden in die Rolle eines jungen Rekruten versetzte. Die Kombination dieser Aspekte der Spielarchitektur und dem zeitkritischen, auf Reaktionsgeschwindigkeit angelegten Spielmodell ließ zudem Aspekte der Körperlichkeit als zentrale Motive hervortreten. Körperlichkeit und Reenactment spielten in der US-amerikanischen Erinnerung an den Vietnamkrieg eine nicht zu unterschätzende Rolle. Dieser Krieg war ein Sinnbild der Brüchigkeit des traditionellen US-amerikanischen Männlichkeitsbildes und den damit verbundenen Formen von Körperlichkeit. Reenactment konnte im Zusammenhang mit Vietnam daher als rehabilitierende Praxis der Traumabewältigung gelten.[18]

Die in *19 Part One: Boot Camp* transportierte Form der Körperlichkeit fokussierte zunächst den Aspekt der Spezialisierung des Körperwissens auf Waffenbeherrschung. Das Spiel präsentierte eine körperlich fragmentierte Figur, die zumindest in zwei der vier Abschnitte mit den Waffen und Maschinen, die sie bedient, mehr oder weniger eins

---

15 Vgl. Patrick Hagopian: The Vietnam War in American Memory, Amherst, MA/Boston, MA 2009, S. 11–18.

16 Vgl. Anja Dreschke/Ilham Huynh/Raphaela Knipp/David Sittler: Einführung, in: dies. (Hrsg.): Reenactments. Medienpraktiken zwischen Wiederholung und kreativer Aneignung, Bielefeld 2016, S. 9–25, hier S. 10.

17 Zu Interaktivität und Immersion vgl. Britta Neitzel: Involvierungsstrategien des Computerspiels, in: GamesCoop (Hrsg.): Theorien des Computerspiels. Zur Einführung, Hamburg 2012, S. 75–103, hier S. 75–82, die den Begriff der Involvierung vorschlägt. Zum Versprechen des Wiederaufführens in historischen Computerspielen vgl. William Uricchio: Simulation, History, and Computer Games, in: Joost Raessens/Jeffrey Goldstein (Hrsg.): Handbook of Computer Game Studies, Cambridge, MA 2005, S. 327–338, hier S. 332; Adam Chapman: Digital Games as History. How Videogames Represent the Past and Offer Access to Historical Practice, New York, NY 2016, S. 186–188.

18 Vgl. Turner, Echoes of Combat, S. 81–95.

wird. In dem Teil, der die Navigation mit dem Jeep zum Inhalt hat, wird dies, vor allem visuell, evident (vgl. Abbildung 39). Hatten die Spielenden zuvor noch den Körper des Rekruten dirigiert, ist er hier mit dem Jeep verschmolzen. Der erste Abschnitt des Hindernisparcours erzeugt einen ähnlichen Eindruck. Dadurch, dass die Spielfigur, abgesehen von der Richtungsvorgabe und der einfachen Fortbewegung, nicht unmittelbar auf die Betätigung eines Aktionsknopfes reagiert, sondern der Umweg über das Austarieren des Energiebalkens genommen werden muss, entsteht streckenweise der Eindruck, ihr Körper sei eine autonom arbeitende Maschine, die im Gleichgewicht gehalten werden muss, um reibungsfrei zu laufen. Einzig der vierte Abschnitt, der den unbewaffneten Kampf repräsentiert, versucht eine möglichst unmittelbare Verbindung zur Figur herzustellen, indem jeweils eine Taste einer Aktion zugeordnet wird. Dieses Modell der Verschränkung von Mensch und Waffe bzw. Maschine verweist auf den in Erzählungen des Vietnamkrieges relativ häufig erwähnten Aspekt der Entmenschlichung des Kampfes durch den Einsatz von Waffen- und Militärtechnologie.[19] Das betraf einmal die US-amerikanischen Bombardements, die aufgrund der medialen Berichterstattung von weiten Teilen der Öffentlichkeit kritisch aufgenommen wurden und die südvietnamesischen Verbündeten entfremdeten.[20] Entmenschlichung konnte sich außerdem auf die Körperlichkeit der Soldaten beziehen. Ein ehemaliger Rekrut merkte in diesem Zusammenhang über seine Grundausbildung an, „by the time you get to the end of that whole process you feel like you are the baddest thing that ever walked the earth.“[21]

Das Verhältnis zwischen Waffentechnologie und Körperlichkeit war auch ein integraler Bestandteil des Wandels der populärkulturellen Wahrnehmung des Vietnamkrieges. Waren die Vietnamveteranen in den siebziger Jahren noch verstärkt als gebrochen, traumatisiert und mitunter sogar bedrohlich charakterisiert worden, wandelten sie sich in vielen populärkulturellen Geschichtsdarstellungen der achtziger Jahre zu heroischen Körpern im klassischen Sinn. An der Filmfigur John Rambo ist der in diesem Zusammenhang zentrale Aspekt der Betonung des menschlichen Faktors in der Kriegsführung abzulesen. Waffentechnologie, so ließe sich der Aussagegehalt der entsprechenden Darstellungen überspitzt auf den Punkt bringen, ist wertlos ohne die Seele und Menschlichkeit derer, die sie bedienen. Während des Vietnamkrieges hatten sich Fragen nach der Verhältnismäßigkeit des Einsatzes hochtechnisierten Kriegsgeräts gestellt.

---

19   Vgl. William Daniel Erhart: Ordinary Lives. Platoon 1005 and the Vietnam War, Philadelphia, PA 1999, S. 6f.; Steffen Bender: Virtuelles Erinnern. Kriege des 20. Jahrhunderts in Computerspielen, Bielefeld 2012, S. 179–187. Wie Bender am Beispiel des Hubschraubers in Vietnamkriegsspielen gezeigt hat, ist die technische Überlegenheit ein Motiv, das in neueren Spielen häufig gezielt gebrochen wird.
20   Vgl. George J. Church: Lessons from a Lost War, in: Time, Nr. 15, 15.04.1985, S. 38–41, hier insbes. S. 39.
21   Mark Baker: Nam, London 2000, S. 17.

Nach dem Krieg schien die Niederlage angesichts des massiven Einsatzes militärischer Hochtechnologie umso unfassbarer. John Rambos archaische Bewaffnung mit Bogen und Messer schien vor diesem Hintergrund zeigen zu wollen, dass es nicht die Unzulänglichkeit amerikanischer Soldaten war, die zur Niederlage geführt hatte, sondern im Gegenteil, äußere Umstände sie daran gehindert hätten zu zeigen, was sie, zur Not auch mit einfachen Mitteln, militärisch zu leisten im Stande gewesen wären.[22]

Filme wie *Rambo* etablierten somit eine Möglichkeit, der Auflösung von Individualität eine Erzählung von Vietnam entgegenzusetzen, die nicht unbedingt nur von traumatisierten, sondern auch von heroischen Soldaten handeln konnte. *19 Part One: Boot Camp* schloss an solche narrativen Muster an. Die Möglichkeit, die Spielfigur individuell zu benennen, die Vergabe einer Rekrutierungsnummer und einer Gesamtpunktezahl sowie die Leistungsbewertung am Ende des Spiels wirken der Fragmentierung der Spielfigur gezielt entgegen und schaffen schließlich eine individualisierte Spielfigur. Etwaige traumatisierende Erfahrungen des Ausbildungslagers spielen hier keine Rolle. Das Spiel hat kein Ende im Sinne eines geschlossenen Narrativs. Stattdessen bildet die Optimierung der Figur seinen hauptsächlichen Inhalt und den Cargo. Den Handlungen und Praktiken der historischen Boot Camp-Situation wurde damit ein operationaler Sinn zugeschrieben, nämlich die ,funktionierende' Vorbereitung auf den Einsatz im Kriegsgebiet. Diese Ausrichtung sollte in der ursprünglich geplanten Fortsetzung *Combat Zone* ihre Einlösung direkt an der Front erfahren.

19 Part One: Boot Camp stellt also in Aussicht, die Vorbereitung auf den Ernstfall des Vietnamkrieges durch Übung und Optimierung besser absolvieren zu können als diejenigen historischen Rekruten, an die das Spiel erinnern möchte. So transportierte es den individuellen, soldatischen Heroismus und schien damit Anschluss an eine Form der Erinnerung an den Vietnamkrieg zu suchen, die vor allem in Actionfilmen und spielmechanisch ähnlich gelagerten Titeln seiner Entstehungszeit zu finden war, die versuchten, der für die soldatische Männlichkeit so traumatisierenden Erfahrung in Vietnam doch noch Sinn zu verleihen bzw. diese als einen Reaktionstest zu modellieren, der sich bewältigen ließ. Gerade die Wahl des Boot Camps als Spielraum versprach durch intensives Training, einen korrigierenden Eingriff in die demütigende Erfahrung des Vietnamkrieges vornehmen zu können, und war vor allem in diesem Punkt in Bezug auf den historischen Kontext des Zweiten Kalten Krieges bedeutsam.

Damit bewegte sich *19 Part One: Boot Camp* aber auf einer eigentümlichen Grundlage zwischen einem Referenzprodukt, Hardcastles Song mit Antikriegsbotschaft und

---

22   Vgl. Turner, Echoes of Combat, S. 64–68, 89–95; Engelhardt, End of Victory Culture, S. 275; Susan Jeffords: Hard Bodies: Hollywood Masculinity in the Reagan Era, New Brunswick, NJ 2004, S. 28–52, insbes. S. 38–41.

der ökonomischen Logik des Anschlusses an potenziell gewinnträchtige Muster der
zeitgenössischen Populärkultur, darunter nicht zuletzt die Verwendung einer genretypischen Spielmechanik. In diesem Zusammenhang erscheint bemerkenswert, dass es sich
bei dem Spiel um eine britische Produktion handelt. Dieser Umstand lässt den Schluss
zu, dass das Entwicklerstudio Cascade dem unmittelbaren gesellschaftlichen Kontext
der Erinnerung an den Vietnamkrieg und dem damit verbundenen Druck entzogen
und deshalb vermutlich zunächst freier in der Gestaltung war. Wie aus zwei Ankün-
digungen in den Magazinen *Computer + Video Games* sowie *Sinclair User* hervorgeht,
hatte Cascade ursprünglich geplant, eine dreiteilige Serie mit dem hier vorgestellten
Spiel als erstem Teil zu entwickeln, wobei es eine Besonderheit geben sollte:

> „One innovative twist is that you will be able to dodge the draught. Cascade is cur-
> rently planning a sub-game where you wander around the streets of San Francisco,
> tumbling toward the underworld and avoiding the FBI. Apparently Cascade has
> been told that the game should strongly put across the message that war is wrong etc.
> by the record company from whom it bought the license."[23]

Offensichtlich hatten frühe Entwürfe die Spielenden vor die Entscheidung stellen
wollen: „Will you fight the war or will you fight the draft?"[24] Die Tatsache, dass Cascade
den zweiten Teil nicht mehr entwickeln konnte, lässt vermuten, dass die Firma sich
möglicherweise schon zu Produktionsbeginn in Schwierigkeiten befunden hatte und
sich deswegen gezwungen sah, die Lizenz möglichst lukrativ zu verwerten. Folglich
ignorierte Cascades spielerische Umsetzung von Hardcastles Song letztlich die auch
von den Lizenzgebern eingeforderte Antikriegshaltung zugunsten einer eher herkömmlichen, also dem Zielpublikum bekannten und damit potenziell besser verkäuflichen
Gestaltung des Spiels.

Die Ehrerweisung an die jungen Rekruten des Vietnamkrieges in *19 Part One: Boot
Camp* besteht somit hauptsächlich darin, dem gesellschaftlichen Trauma Vietnam einen Spielkörper entgegenzustellen, der wesentlich durch das Versprechen der Möglichkeit des personalisierten Durchlebens der Boot Camp-Situation unter auf Waffenge-
brauch fokussierten Bedingungen entsteht. Das bedeutet, der Cargo des Spiels macht
sich mit seiner Betonung des Soldatischen scheinbar zum Komplizen einer retroaktiven
Umdeutung des Vietnamkrieges im Sinne neokonservativer Politik. Bei genauerer Betrachtung ist diese Perspektive aber leer, beinahe sachlich, will nichts, außer der Optimierung des Soldatenkörpers, erreichen. Das ist sicherlich ganz entscheidend dem

---

23   Whodunwot, in: Sinclair User, Nr. 70, 1988, S. 8f.
24   News, in: Computer + Video Games, Nr. 69, 1987, S. 8.

erwähnten Umstand geschuldet, dass die geplante Fortsetzung zu diesem Titel nicht realisiert werden konnte. Mehr oder weniger zufällig zeigt sich an diesem Beispiel also das Grundmerkmal von Computerspielen und ihren Modellen, nämlich, dass ein Erkenntnisgewinn, hier vergangener Ereignisse, spielerseitig aktiv betrieben werden muss. In diesem Fall scheint es, bei allen in der Spielarchitektur angelegten Möglichkeiten der Einfühlung, eher unwahrscheinlich, dass sich die Spielenden von *19 Part One: Boot Camp* Aufschluss über die Situation der Rekruten im Ausbildungslager erhofften. Der Vietnamkrieg war in diesem Fall also hauptsächlich ein populärkulturell anschlussfähiges und damit kommerziell vielversprechendes Thema.

9.2.3. Die Geschichte des Kalten Krieges in Computerspielen

Gerade am Beispiel des US-amerikanischen Einsatzes in Vietnam lässt sich also nachvollziehen, dass die Geschichte des Kalten Krieges während des Zweiten Kalten Krieges an Relevanz gewann. In einer Phase, die als Wiederkehr einer bereits überwunden geglaubten Konfrontationslogik wahrgenommen wurde, waren es gerade diese konfliktbeladenen Episoden aus der Vergangenheit des Kalten Krieges, die wieder erklärungsbedürftig wurden. Die Intervention erwies sich dabei als dasjenige historische Ereignis, das auch populärkulturell wohl am häufigsten aufgegriffen und am intensivsten diskutiert wurde. In den achtziger Jahren wurde der Vietnamkrieg im Rückblick des Öfteren zu einer Notwendigkeit und die Veteranen zu Helden stilisiert. Durch diese Umdeutung eines Konfliktes, an dessen Sinnlosigkeit sich gerade die gesellschaftliche Opposition vor allem in den siebziger Jahre entzündet hatte, konnte der Vietnamkrieg prinzipiell in eine Reihe mit positiv und patriotisch konnotierten Kriegen gestellt werden und erhielt dadurch gleichermaßen historischen Sinn, der einen politischen Zweck erfüllen sollte.[25]

Als in diesem Zusammenhang verwendbares Vehikel, das auch in der populären Kultur Niederschlag fand, diente die Annahme, dass sich noch amerikanische Soldaten in Gefangenschaft befänden, also Missing in Action (M.I.A.) seien. Ungeachtet ihrer faktischen Widerlegbarkeit erfüllte diese Erzählung die Funktion, die Erinnerung an Vietnam wachzuhalten und zu formen.[26] Wie bereits erörtert, erscheint die Figur eines oder mehrerer zu rettender Kriegsgefangener sogar in einigen Computerspielen des Zweiten Kalten Krieges. Es lässt sich vermuten, dass der Diskurs um M.I.A., der nicht zuletzt im zeitgenössischen Actionkino geführt wurde, hier als Inspirationsquelle gedient hatte.

---

25   Vgl. Engelhardt, End of Victory Culture, S. 274–282.
26   Vgl. Franklin, M.I.A., S. 133–136.

Neben dieser eher indirekten Referenz beteiligten sich Computerspiele, wie das Beispiel von *19 Part One: Boot Camp* gezeigt hat, zudem als populärkulturelle Erinnerungsmedien direkt an der Aufarbeitung des Vietnamkrieges.[27] Computerspiele über den Vietnamkrieg sind gegenwärtig mehrheitlich im Genre der Ego-Shooter angesiedelt, zeigen den Konflikt damit hauptsächlich aus der Perspektive des Fußsoldaten auf dem Schlachtfeld.[28] In den achtziger Jahren, also im unmittelbaren Kontext von *19 Part One: Boot Camp,* zeigte sich hingegen ein eher uneinheitliches Bild. Vietnam wurde in unterschiedlichen Genres behandelt, die vom Strategiespiel bis zum Textadventure reichten. Sicherlich ist dieser Umstand als eine Folge der damaligen Entwicklungsphase von Computerspielen zu verstehen. Es liegt aber ebenso die Vermutung nahe, dass diese Diversität die zeitgenössischen, vor allem US-amerikanischen Diskurse über den Einsatz in Vietnam widerspiegelte.

Bereits im Jahr 1981 veröffentlichte die US-amerikanische Firma Adventure International das Textadventure *Saigon: The Final Days.* Der Verpackungstext versprach: „Now you too can experience the chaos that was Viet Nam, 1975",[29] und situierte das Spielgeschehen damit im Kontext der letzten Phase des Vietnamkrieges. Die Spielenden nehmen die Rolle eines US-amerikanischen Kriegsgefangenen auf der Flucht ein und müssen Saigon erreichen, um schließlich das Land verlassen zu können. Sie tun das im Übrigen, laut Spielberichten, indem sie sich selbst in einem Leichensack aus dem Land schmuggeln. Das Spiel gibt so einen etwas makabren Kommentar ab, der auf die hohen menschlichen Verluste des Einsatzes in Vietnam anspielt.

Analog zu der Bearbeitung des Vietnamkrieges in *19 Part One: Boot Camp* erschienen außerdem einige Actionspiele zur Thematik, darunter die Versoftung des kritischen Spielfilmes *Platoon.* Hier setzte sich der Fokus auf die Perspektive des Einzelkämpfers fort, die im Grunde als Genealogie direkt zu den aktuelleren Verarbeitungen des Sujets in Form von Ego-Shootern führt. Für *Platoon* galt, wie bereits für *19 Part One: Boot Camp,* dass die Antikriegshaltung des Referenzproduktes bei der Übersetzung in den Computerspielkontext weitgehend verloren ging.

Vietnam wurde überdies Gegenstand von Kriegsspielen, wie beispielsweise *VC,* das im Jahr 1982 von der Firma Avalon Hill veröffentlicht wurde, oder *NAM,* das die Firma Strategic Simulations Inc. 1986 auf den Markt brachte, oder in dem von Sid Meier entworfenen und im gleichen Jahr von MicroProse veröffentlichten *Conflict in Vietnam.* Daneben diente Vietnam als Schauplatz und Szenario in Flugsimulationsspielen wie *F-15 Strike Eagle I* und *II.*

---

27   Vgl. Bender, Virtuelles Erinnern, S. 167–187.
28   Vgl. ebd., S. 168.
29   Adventure International: Saigon: The Final Days (Verpackung), Longwood 1983.

Durch die Einbeziehung des Vietnamkrieges stellten diese Spiele ihn zum einen in eine Reihe mit anderen historischen Schauplätzen und so der relevanten Konflikte der gesamten Weltgeschichte, was entweder durch die Übernahme in das Genre im Allgemeinen geschah oder aber im buchstäblichen Sinn dadurch, dass ein Spiel, wie beispielsweise *Halls of Montezuma*, mehrere historische Szenarien enthielt, unter denen sich auch Vietnam befand. Andererseits stellte der Vietnamkrieg aufgrund seiner asymetrischen und unkonventionellen Natur aus gestalterischer Sicht eine Herausforderung und eine Besonderheit dar.[30] *VC* warb mit diesem unkonventionellen Charakter des Konfliktes, indem auf dem Verpackungstext festgestellt wurde: „It's the kind of battle you lose without ever being defeated."[31] Damit konnte an die im öffentlichen Diskurs virulente Frage angeschlossen werden, ob die USA den Vietnamkrieg verloren hätten und, falls ja, warum. Noch direkter adressierte der Verpackungstext des Spiels *NAM* den Aspekt der asymmetrischen Kriegsführung. „The key to victory in this unconventional war is firepower and more firepower. Or in less technical terms, blow the @#$*% out of the enemy... if you can find them."[32]

Die Computerkriegsspiele über den Vietnamkrieg brachten sich in die Diskurse um den Konflikt mit dem Anspruch ein, ihn in seinen wesentlichen Punkten realitätsgetreu simulieren und damit erklären und letztlich verstehen zu können. Am deutlichsten wird dieser pädagogische Anspruch in *Conflict in Vietnam*, dessen 118-seitiges Handbuch mit umfangreichen historischen Kontextualisierungen und einem historischen Nachwort versehen ist.[33] In diesem Spiel war es, im Gegensatz zu den anderen Beispielen, sogar möglich, die Seiten zu wechseln, und es enthält die Schlacht von Dien Bien Phu als ein spielbares Szenario, verdeutlicht dadurch also die im Handbuch vertretene Generalthese, die Geschichte Vietnams und seiner Kriege sei wesentlich von der Frage der Befreiung und ihren Folgen bestimmt gewesen.[34]

Dieser erklärende, analytische, letztlich mit Sachlichkeit werbende Ansatz schuf dementsprechende Positionen und Reibeflächen in der Rezeption und im weiteren Diskurs. Über *NAM* schrieb das US-amerikanische Magazin *Computer Gaming World* im Jahr 1991, also fünf Jahre nach der Veröffentlichung des Spiels, rückblickend: „its graphics were mediocre and its historical lessons were wrong, wrong, wrong. Mildly entertaining, but very misleading as to the effects of fire support and small unit tactics."[35]

---

30 Vgl. Pias, Computer.Spiel.Welten, S. 271–279.
31 Microcomputer Games: VC (Verpackung), Baltimore, MD 1982.
32 Strategic Simulations Inc.: NAM. A Tactical Wargame of U.S. and Allied Forces in Vietnam (Verpackung), 1985.
33 Vgl. MicroProse: Conflict in Vietnam (Handbuch), 1986.
34 Vgl. ebd., S. 106.
35 M. Ewan Brooks: The Modern Games 1950–2000, in: Computer Gaming World, Jg. 6, 1992, S. 124.

Der Redakteur des britischen Magazins *Zzap!64* bemerkte in seiner Besprechung des Spiels aus dem Jahr 1986 hingegen: „But most of all, I liked the absence of sensationalism (with the possible exception of the game's cover). A deep understanding of events and circumstances shows throughout the game and the result is a pleasantly educational but startingly horrific and compelling simulation."[36] Über *Conflict in Vietnam* urteilte *Computer Gaming World* ebenfalls im Jahr 1991: „[T]his simulation of campaigns in Vietnam teaches valid lessons in an enjoyable format. Yet, when all is said and done, Vietnam was an unattractive war and there is little opportunity for the player to really win. Without a doubt, the best computer simulation ever done on the period."[37] Die britische Zeitschrift *Computer + Video Games* hielt in ihrer Besprechung 1987 fest: „Microprose recognises the controversial nature of the war, and while the company hardly takes a pacifist stance, even those with hardened anti-war views could learn something of the problems of the war in South East Asia, from 1954 to 1972, in five scenarios."[38] Der pädagogisch-sachliche Ansatz, den die Kriegsspiele als Simulationen des Vietnamkrieges versprachen, wurde also nicht automatisch als politisch-neutrale Sicht auf den Konflikt wahrgenommen. Der Anspruch, den Konflikt erklären zu wollen, reichte allein aus, um Kontroversen hervorzurufen, und sei es nur im kleinen Rahmen der Fachpresse. In den vorliegenden Fällen spielten vermutlich nicht zuletzt die spezifischen Formen der nationalen Erinnerungskulturen eine Rolle, da das Thema in den USA wesentlich stärker vorbelastet war. Hier bestehen durchaus Ähnlichkeiten zu der Reaktion in deutschen Magazinen auf diejenigen Kriegsspiele, die einen hypothetischen dritten Weltkrieg zum Inhalt hatten. Die hier vorgestellten Spiele wurden im Übrigen niemals offiziell in Deutschland veröffentlicht bzw. landeten wie das Actionspiel *Lost Patrol* auf dem Index.[39]

Vietnam tauchte also als Sujet genreübergreifend in Computerspielen auf und wurde jeweils dementsprechend spielmechanisch verarbeitet. Ähnliches gilt für den Koreakrieg, den zweiten großen heißen Krieg des Kalten Krieges, der im Rahmen von Kriegsspielen und als Szenario in Simulationsspielen auftauchte. Daneben wurde der Koreakrieg im Spiel *MASH* behandelt, der Versoftung der gleichnamigen Fernsehserie und des Spielfilms. Die Spielmechanik ist zeitkritisch angelegt und kombiniert eine Sequenz, in der ein Helikopter zu steuern ist, mit einer als Geschicklichkeitsspiel aufgelösten Operation an einem menschlichen Körper. Hierin besteht eine grundsätzliche Ähnlichkeit zu Spielen wie *Platoon* oder *19 Part One: Boot Camp*. Das Spiel *MASH* orientierte sich also an zwei Hauptelementen der Serien- bzw. der Filmvorlage. Der erin-

---

36   Vietnam, in: Zzap!64 Magazine, Nr. 19, 1986, S. 44.

37   Brooks, The Modern Games, S. 121.

38   Conflict Vietnam, in: Computer + Video Games, Nr. 72, 1987, S. 34.

39   Vgl. Nutzer ‚80'/‚Alexander Schaefer'/‚MAT': Lost Patrol, in: Blue Flame Labs (Hrsg.): Moby-Games, Rubrik: Games, URL: http://www.mobygames.com/game/lost-patrol (Stand: 01.08.2020).

nerungskulturelle Hintergrund ist außerdem nur über diese Anbindung an die Vorlage zu erschließen. Ähnlich wie in *19 Part One: Boot Camp* legte die Spielmechanik eine beinahe konträre Lesart des Referenzproduktes nahe. Auf der Verpackung von *MASH* heißt es: „The pressure is on. You'll have to operate. And it's going to take a steady hand and a hawk eye."[40] Die Referenz auf „hawk eye", den Spitznamen des Protagonisten im Film *MASH*, wurde hier auf die Erfordernisse einer zeitkritischen Spielmechanik umgelegt. Die satirische Ausrichtung des Films bzw. der Serie blieb, wie schon die Antikriegsbotschaft im Fall von *19 Part One: Boot Camp*, unsichtbar und konnte, wie die Besprechung in der deutschen Zeitschrift *Telematch* erwähnte, nur mehr in der Abgleichung des Spiels mit seinem Referenzprodukt nachvollzogen werden.[41]

Die Form der spielmechanischen Implementierung erwies sich also als maßgeblich für die Art und Weise, wie die heißen Kriege des Kalten Krieges – andere Aspekte seiner Geschichte wurden von Computerspielen, mit Ausnahme der erwähnten nostalgischen Agentenspiele, soweit ersichtlich, nicht angesprochen – in Computerspielen erinnert wurden und wie sie dadurch an die zeitgenössischen erinnerungskulturellen Diskurse anschlossen. Sowohl die sachlich-pädagogisch orientierten Kriegsspiele, als auch die an Actionfilme erinnernden zeitkritischen Geschicklichkeitsspiele bargen kontroverses Potenzial in sich. Im Wesentlichen gründete sich dieses entweder darauf, dass sie – wie im Fall der Kriegsspiele – versprachen, eine zu umfassende Erklärung für die Ursache und Funktionsweise des jeweiligen Konfliktes zu liefern oder aber, wie im Fall vieler Actionspiele, sich zusätzlicher, kontextualisierender Erklärungen zu verweigern.

Abgesehen von Vietnam- und Koreakrieg, den populärkulturell mehr oder weniger ausführlich bearbeiteten Konflikten des Kalten Krieges, schien es wenig Interesse an der Verarbeitung anderer vergangener heißer Kriege in Computerspielen gegeben zu haben. Soweit ersichtlich, existierten in den achtziger und frühen neunziger Jahren keine Spiele über die Kubakrise oder die Stellvertreterkriege in Angola oder Äthiopien. Der sowjetische Einsatz in Afghanistan wurde in der Versoftung von *Rambo III* aus dem Jahr 1989 und dann erst wieder im Jahr 1996 in der Helikoptersimulation *HIND* angesprochen. Der Jom-Kippur-Krieg wurde in einigen Kriegsspielen behandelt, einige wenige etablierten vage gehaltene Referenzen zu Ereignissen in Lateinamerika. In Bezug darauf, was erinnert wird, scheinen sich Computerspiele also unabhängig vom Produktionsland vor allem am kulturellen Gedächtnis der USA, den Schauplätzen und Ereignissen ihrer heißen Kriege, orientiert zu haben. Die Geschichte des Kalten Krieges wurde durch diese Schwerpunktsetzung somit weitgehend aus westlicher, wenn nicht gleich US-amerikanischer Perspektive erzählt.

---

40   Fox Video Games, Inc.: MASH (Verpackung), Santa Clara, CA 1983.
41   M*A*S*H. Willkommen in Korea!, in: Telematch, Nr. 4, 1984, S. 21.

Am Beispiel von *Guerilla War* lässt sich dieser Zusammenhang abschließend verdeutlichen. Die japanische, von der Firma SNK entwickelte und erstmals 1987 veröffentlichte Produktion trug in der japanischen Originalversion den Titel *Gebara* (ゲ バラ), die japanische Schreibweise des Namens Guevara. Das spielmechanisch an die Actiontitel seiner Entstehungszeit angelehnte Spiel hatte sich offensichtlich zum Ziel gesetzt, das Spielprinzip des ‚run and gun‘ mit einer Referenz auf Fidel Castro, Che Guevara und die kubanische Revolution zu verbinden. Das aber schien in den USA zu Zeiten des Kalten Krieges und sicherlich auch angesichts des Wirtschaftsembargos gegen Kuba ein zu heikles Thema gewesen zu sein. In diesem Fall erwies sich also gerade das Umlegen der historischen Thematik auf genretypische Spielmechaniken als Politikum. Guevara und Castro als Actionhelden zu imaginieren, die unter dem Einsatz von Waffengewalt Kuba als Spielfeld mit dem Ziel durchquerten, den Diktator Fulgencio Batista zu stürzen, lag wohl nicht im Bereich des Tolerierbaren. Für die US-amerikanische und europäische Version wurden aus Castro und Guevara entweder Söldner oder Guerilleros, die gegen einen namenlosen Diktator vorgingen.[42] Durch diese Änderung der politischen Vorzeichen wurde theoretisch sogar der Anschluss an zeitgenössische lateinamerikanische Krisenherde wie Nicaragua möglich.

Das Beispiel *Guerilla War* zeigt also, indem es eine Leerstelle sichtbar macht, wie sich Computerspiele am erinnerungskulturellen Diskurs ihrer Zeit beteiligten. Durch die Aufnahme von Konflikten wie Vietnam und Korea in eine Reihe kanonisierter historischer Kriege stellten sie eine Art der historischen Vergleichbarkeit her. Gerade angesichts der zeitgenössischen Diskurse um den Vietnamkrieg und seiner vor allem von konservativer Seite betriebenen Auslegung als edler Tat und der Sicht auf die beteiligten Soldaten als Helden war die Tatsache bedeutsam, dass der Konflikt in eine solche historische Reihe des Funktionsgedächtnisses gestellt wurde.[43] Komplementär hierzu sorgten die Darstellungen des Vietnamkrieges aus soldatischer Perspektive für eine dementsprechende, an den Aktionen des einzelnen, zumeist heldenhaften Soldaten orientierte Aufladung. Spätestens mit der Etablierung des Dispositives des First-Person Shooters war es auch diese soldatische Perspektive, die sich als am häufigsten genutzte Darstellungskonvention für den Vietnamkrieg in Computerspielen und digitalen Spielen etablieren konnte.[44] Häufig setzte sich hier die im Grunde bereits in *19 Part One: Boot Camp* angesprochene eigentümliche Mischung aus Referenzen an traumatische Erfahrungen und damit kritische Perspektiven und actionorientierten Spielmechaniken

---

42 Vgl. Nutzer ‚Charlie2.0‘/‚Old man gamer‘/‚PCGamer77‘/‚Lain Crowley‘/‚666gonzo666‘/‚Kabushi‘/ ‚Martin Smith‘/‚Servo‘: Guerilla War, in: Blue Flame Labs (Hrsg.): MobyGames, Rubrik: Games, URL: http://www.mobygames.com/game/guerrilla-war (Stand: 01.08.2020).

43 Vgl. Pethes, Kulturwissenschaftliche Gedächtnistheorien, S. 67f.

44 Vgl. Bender, Virtuelles Erinnern, S. 168.

fort. In Strategie- und Kriegsspielen erschien Vietnam nach der Wende vor allem als ein Szenario in einer Reihe historischer Konflikte und nicht als Thema für ein einzelnes Spiel. Der Koreakrieg wurde, soweit ersichtlich, ausschließlich als Teil von Szenarien-sammlungen behandelt und diente nicht als alleiniges Szenario, wie das bei einigen Titeln über Vietnam der Fall war. Dieser Umstand deckt sich mit dem Befund: „The Korean War has all but disappeared."[45] Erst 2003 erschien wieder ein Spiel, das sich exklusiv dem Koreakrieg widmete. Das Strategiespiel trägt konsequenterweise den Titel *Korea: Forgotten Conflict.*

Die in der Atmosphäre des Zweiten Kalten Krieges der achtziger Jahre gewachsene Lesart der zwei wohl bekanntesten heißen Kriege des Kalten Krieges konnte sich also in Computerspielen weitestgehend durchsetzen. Vor allem der Vietnamkrieg wurde so zunehmend von einem Teil- zu einem eigenständigen Konflikt des Kalten Krieges. Das 1992 erschienene Kriegsspiel *The Perfect General: Greatest Battles of the 20th Century* konnte so Schlachten des Vietnam- und des Koreakrieges in eine Reihe mit hypothe-tischen Schlachten am Fulda Gap und damit die Erinnerung an den Kalten Krieg als synthetische Geschichte und eine vergangene Zukunft stellen. Andere heiße Kriege und Krisen des Kalten Krieges wurden, vielleicht mit Ausnahme des Jom-Kippur-Krie-ges und der Kubakrise, weitestgehend vergessen und warten noch auf ihre Versoftung und somit erinnerungskulturelle Aufarbeitung im Medium des Computerspiels. Die Wahrscheinlichkeit, dass diese Konflikte das Interesse der Populärkultur wecken, hat sich durch das Ende des Kalten Kriegs aber verringert.

9.3. Szenarien der Geschichte

9.3.1. Computerspiele mit der Vergangenheit und der Zukunft des Kalten Krieges

Auf den ersten Blick scheint diese Kategorie sich nicht wesentlich von der vorangegan-genen zu unterscheiden. Tatsächlich handelt es sich bei den Spielen, die ihr zuzuordnen sind, ähnlich wie bei den geo- und staatspolitischen Titeln, um eine relativ randstän-dige Gruppe. Sie besteht in diesem Fall aus den zwei Spielen *Trinity* und *S.D.I.*

Diese Kategorie zeichnet sich zunächst dadurch aus, dass hier eine unmittelbare Nähe zur Medialität der Simulation, genauer zum Prognosecharakter des Modells be-

---

45 Ellen Schrecker: Introduction. Cold War Triumphalism and the Real Cold War, in: dies. (Hrsg.): Cold War Triumphalism. The Misuse of History after the Fall of Communism, New York, NY 2004, S. 7–10, hier S. 9.

steht. Das Spiel erklärt sich also in diesen Beispielen, ähnlich den Gedankenspielen der Science-Fiction, zur konsequenzfreien und spekulativen Zone. Eine grundsätzliche Ähnlichkeit besteht hier aber auch zu dem Aspekt der Spielbarkeit des Undenkbaren, der anhand der bereits behandelten Computerkriegsspielen beleuchtet wurde. An dieser Stelle lässt sich aber trotz der Ähnlichkeiten die Eigenständigkeit der Spiele, um die es im Folgenden gehen soll, feststellen. Während Computerkriegsspiele das Verhalten ihrer Spielmodelle auf der Grundlage einer realweltlich möglichst fest verankerten Datenlage in die Zukunft extrapolieren und so synthetische Geschichte schreiben, betreten die hier behandelten Beispiele den Bereich der synthetischen als kontrafaktische Geschichte. Es geht mithin also nicht um den Kalten Krieg, wie er sich als Datenlage eines militärischen Kräfteverhältnisses darstellt, sondern um die atomare Situation, die geopolitische Pattstellung als historische Situation, als eingefrorene Zeit, um die Frage, ob es ein Entrinnen aus ihr gibt oder nicht,[46] und, angelehnt an die zahlreichen postapokalyptischen Erzählungen, darum, wie das Ende des Kalten Krieges sich darstellen ließe und was danach kommen könnte. Wie bereits in Bezug auf die akademische Disziplin der Sowjetologie festgestellt wurde, zeichneten sich auch die populärkulturellen Prognosen dadurch aus, dass sie den Zusammenbruch der Sowjetunion und damit des Systems des Kalten Krieges im Allgemeinen nicht antizipierten. Zumeist beschränkten sie sich auf Darstellungen des Systemkonflikts als eingefrorenes Zeitalter und Ende der Geschichte oder der Vernichtung des Planeten im Zuge seiner Eskalation. Sein Ende war damit in Bezug auf seine Darstellungen, seine Bilder und Imaginationen das eigentlich Undenkbare.

Die hier betrachteten Spiele näherten sich ihm in einem durchaus postmodern zu nennenden Sinn, indem sie ihn als historisches Narrativ begriffen. Sie standen damit in Verbindung mit entsprechenden literarischen und einzelnen filmischen Werken. Trotz der Verbindungen zur Fantastik resultierten aus diesem Ansatz durchaus konkrete Äußerungen über das Wesen des Kalten Krieges.

Das Spiel *Trinity* ist das Musterbeispiel für die folgende Analyse. Als Textadventure stellt es bereits in Bezug auf seine vollständige visuelle Abstraktion ebenso wie die Situation, die es durch seinen spezifischen Umgang mit der Geschichte des Kalten Krieges zeichnet, einen interessanten Fall dar. Der darauffolgende Querschnitt konzentriert sich auf einige Spiele, die in ähnlicher Art und Weise mit der spezifischen Zeitlichkeit der Epoche spielen und spielen lassen.

---

46 Zur atomaren Situation vgl. Eva Horn: Die apokalyptische Fiktion. Weltende und Zukunftsmodellierung im Kalten Krieg, in: Patrick Bernhard/Holger Nehring (Hrsg.): Den Kalten Krieg denken. Beiträge zur sozialen Ideengeschichte seit 1945, Essen 2014, S. 43–63; Christian Dries: „Zeitbomben mit unfestgelegtem Explosionstermin". Günther Anders und der Kalte (Atom-)Krieg, in: Bernhard/Holger, Den Kalten Krieg denken, S. 63–87, hier S. 72–75.

9.3.2. *Trinity* – Manövrierung durch die Zeit

Das Spiel *Trinity* erschien im Jahr 1986 auf den Plattformen Amiga, Apple II, Atari ST, Commodore 128, DOS und Macintosh. Es wurde von der US-amerikanischen Firma Infocom produziert und vertrieben. Infocom verfügte zu diesem Zeitpunkt bereits über einen hohen Bekanntheitsgrad in der Entwicklung und dem Vertrieb von Adventure-spielen, vornehmlich Textadventures, galt mitunter sogar als führende Firma in diesem Bereich und hatte mit *Zork* einen weithin anerkannten Klassiker des Genres im Angebot. Brian Moriarty, der Entwickler von *Trinity*, hatte zuvor bereits für Infocom das Textadventure *Wishbringer* entwickelt und wurde später vor allem für das Spiel *Loom* bekannt, das er für die Firma Lucas Arts entwickelte.[47] Wie die der Geschichte digitaler Spiele gewidmete Website *The Digital Antiquarian* darlegt, entstand *Trinity* unter dem Eindruck des Wettrüstens während des Zweiten Kalten Krieges.[48] Bereits durch die Abbildung auf dem Cover der Verpackung, welche die charakteristische Pilzwolke einer Atombombenexplosion zeigt, wurde unmissverständlich signalisiert, worauf sich der Titel des Spiels bezog, nämlich auf den Codenamen des ersten Nuklearwaffentests im Jahr 1945 in New Mexico. *Trinity* ist dem Genre der Adventurespiele zuzuordnen, entspricht damit der Familie der entscheidungskritischen Spiele nach Pias Klassifikation. Das Genre des Textadventures rückt es zugleich in die Nähe von (interaktiver) Literatur.[49] Wie vor allem zeitgenössische Rezensionen zeigen, erzeugte diese Kombination aus Thematik und Genre eine Wahrnehmung des Spiels als ernstzunehmende, d.h. hier vor allem detailliert recherchierte literarische Auseinandersetzung mit der Geschichte und den philosophischen Konsequenzen der Nuklearwaffen. Die deutsche Fachzeit-schrift *Happy Computer* hielt beispielsweise in ihrer Rezension, nach einem Hinweis auf die umfassende Rechercheleistung Moriartys, als Fazit fest: „Trinity ist nicht ohne politische Brisanz und gehört zu den wenigen Spielen, bei denen der Autor eine klare Aussage trifft."[50] In der britischen Zeitschrift *Commodore User Magazine* hieß es: „Thoroughly researched, this is the first game from Infocom to feature real places, accurately reproduced in Adventure format."[51]

---

47   Erik-André Vik Mamen/Philip Jong: Brian Moriarty, in: Adventure Classic Gaming (Hrsg.): Adventure Classic Gaming, 10.07.2011, URL: http://www.adventureclassicgaming.com/index.php/site/interviews/212/ (Stand: 01.08.2020).

48   Jimmy Maher: Trinity, in: ders. (Hrsg.): The Digital Antiquarian. A History of Computer Entertainment and Digital Culture by Jimmy Maher, 07.01.2015, URL: http://www.filfre.net/2015/01/trinity/ (Stand: 01.08.2020).

49   Vgl. Nick Montfort: Twisty Little Passages. An Approach to Interactive Fiction, Cambridge, MA 2005, S. 160.

50   Boris Schneider: Trinity, in: Happy Computer, 2. Spiele-Sonderheft, 1986, S. 59.

51   Trinity, in: Commodore User Magazine, August 1986, S. 70.

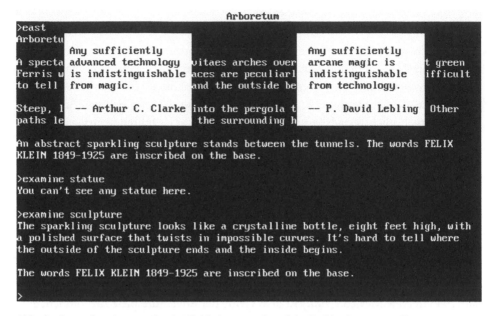

Abb. 41: Screenshot des zentralen Spielbildschirmes während der Einblendung zweier Zitate

Durch diese Fiktionalisierung einer Episode der Geschichte des Kalten Krieges ist *Trinity* zeitgenössischen Beispielen wie Don Delillos Roman *Libra* über das Attentat auf John F. Kennedy und dem Film *Fat Man and Little Boy* aus dem Jahr 1989, der sich mit der Geschichte des Trinity-Tests beschäftigte, nicht unähnlich. Der Titel kann aber auch mit Entwürfen alternativer historischer Realität, dem Experimentieren mit unterschiedlichen Zeitpfeilen und einem postmodernen Geschichtsverständnis in Verbindung gebracht werden. Für diesen Aspekt stellen vor allem Motive der Science-Fiction Referenzpunkte dar, wobei das im Jahr 1987 erschienene Comic *Watchmen* vielleicht eines der bekanntesten Beispiele für das populärkulturelle Spiel mit alternativen Geschichtsszenarien des Kalten Krieges ist.

Spielarchitektur – Welt aus Schrift
Die simple visuelle Oberfläche ist *Trinitys* hervorstechendstes Merkmal und typisch für das gesamte Genre des Textadventures. In Bezug auf seine Darstellungsmöglichkeiten bringt die äußerst schlicht gehaltene Visualität des Spiels eine etwas paradoxe Situation mit sich. Die grafische Oberfläche besteht ausschließlich aus Text und Textfenstern. Das führt zum einen dazu, dass alles, was beschrieben werden kann, auch dargestellt werden kann. Gleichzeitig muss die Spielarchitektur im Online-Spielraum gänzlich ohne Bilder bzw. Visualisierungen auskommen.

Abb. 42: Beigaben zu *Trinity*

Die grafische Oberfläche kennt nur eine Form der Variation, welche zwischen dem Textfeld, auf dem sich das Narrativ des Spiels ereignet, und kleineren Textfenstern, die an bestimmten Stellen erscheinen und zumeist literarische Zitate oder Äußerungen historischer Persönlichkeiten enthalten (vgl. Abbildung 41), unterscheidet. Abgesehen davon dominiert der reine Text als weiße Schrift auf schwarzem Hintergrund. Das bedeutet unter anderem auch, dass die Spielenden über keine Figur in Form eines Avatars verfügen. Der Text beschreibt die Spielfigur schlicht als einen Touristen in London. Der einzige Stellvertreter der Spielenden im Online-Spielraum ist das durch ein blinkendes Quadrat markierte Textfeld, in das die Befehle eingeben werden, um alles zu steuern.

Die Aufgabe einer Visualisierungshilfe kommt zum einen den Beigaben zu, die, wie bereits in ähnlichen Beispielen zuvor, die Spielarchitektur in den Offline-Spielraum verlagern und eine Kontextualisierungsfunktion erfüllen. Bevor die Spielenden den Online-Spielraum betreten, werden sie, so sie sich mit der Verpackung beschäftigen, einen Papierbausatz für das Modell einer Sonnenuhr, die dann später im Spiel vorkommt, ein ausführliches Handbuch inklusive einer Faltanleitung für einen Origami-Kranich, ebenfalls ein Element aus dem Spiel, und einen mehrseitigen Comicstrip zur Geschichte der Atombombe sowie Fotos und eine Karte des realen Trinity-Testgeländes registriert haben (vgl. Abbildung 42). Das Spiel beginnt, in Bezug auf die für das Genre typische Situierung der Spielenden, inmitten rätselhafter Umstände, also ganz klar bereits im Offline-Spielraum.

Was die Visualisierungshilfen im Online-Spielraum betrifft, werden die Spielenden bereits im Handbuch explizit dazu aufgefordert, selbst eine Karte der Spielwelt anzulegen. Es handelt sich hierbei um ein für das Genre typisches Verfahren, ohne das ein Fortkommen beinahe unmöglich wird. Diese Notwendigkeit eines spielerseitigen Outputs hängt wiederum mit der grundlegenden Architektur des Spiels zusammen.

Trinity funktioniert, wie die meisten Textadventures, nach dem Prinzip der ergodischen Literatur, d.h. „nontrivial effort is required to allow the reader to traverse the text."[52] Die Spielenden bewegen sich dabei durch eine modellierte Umgebung, mit der sie über das Eingabefeld interagieren können und so einen Kreislauf zwischen ihrem Input und dem Output des Programms etablieren.[53]

Trinity offeriert ein abgeschlossenes Narrativ, das vorangetrieben wird, indem die Spielenden Räume durchschreiten, darin Hinweise und Gegenstände sammeln und damit Rätsel und Probleme lösen, welche das Fortschreiten blockieren.[54] *Trinitys* Erzählung findet dabei im Wesentlichen in zwei Hauptbereichen, der realen und einer fantastischen Welt, dem sogenannten Nexus, statt. Das Spiel ist in drei Kapitel oder Akte eingeteilt.

Zu Beginn finden sich die Spielenden in der Rolle eines amerikanischen Touristen im London der Jetztzeit wieder, also in der Gegenwart der Veröffentlichung des Spiels, der gerade durch die Kensington Gardens spaziert, als plötzlich und unvermittelt der Dritte Weltkrieg ausbricht und Nuklearraketen auf die Stadt zufliegen. Werden alle gestellten Aufgaben dieses Abschnitts gelöst, entkommen die Spielenden durch eine sich plötzlich öffnende weiße Tür, hinter der die Fantasiewelt des Nexus liegt, von der aus man zu unterschiedlichen Szenen aus der Vergangenheit und Zukunft der Atomwaffen reisen kann.[55] Diese Zeitreisen ermöglichen, so sie in der richtigen Reihenfolge absolviert werden, den Zugang zum Gelände des Trinity-Atombombentests in New Mexico kurz vor der Initiierung der ersten Testsprengung im Jahr 1945. Hier gilt es, als letzte Aufgabe, diese Sprengung zu sabotieren. Gelingt dies, finden sich die Spielenden allerdings am Beginn des Spiels in Kensington Gardens wieder. Das Narrativ erweist sich also als Zirkel.

Ein abschließender Text erläutert unter Verweis auf die Qantentheorie, dass jede Atombombenexplosion ein Paradox erzeuge und wieder schließe (vgl. Abbildung 43). Im Zeitpfeil, in dem sich die Spielenden befinden, erweist sich die Sabotage des Trinity-Versuchs also als eine Voraussetzung für den Ausbruch des Dritten Weltkriegs, der wiederum Bedingung für die Sabotage des Trinity-Tests ist.

Mit dieser narrativen Struktur vereint *Trinitys* Architektur, also Linearität, das Öffnen von und Voranschreiten durch Räume, und Zyklizität. Dadurch werden die Spielenden

---

52   Espen J. Aarseth: Cybertext. Perspectives on Ergodic Literature, Baltimore, MD 1997, S. 1. Vgl. auch ebd., S. 97–128, dort spezifischer zum Genre der Adventures, wo er Textadventures nochmals genauer als „determinate cybertext" bezeichnet, wobei der Begriff „cybertext" den analytischen Blick auf das dynamische Zusammenspiel texterzeugender Faktoren richten soll und „determinate" die relative Geschlossenheit oder Linearität früher Textadventures bezeichnet.

53   Vgl. Montfort, Twisty Little Passages, S. 25–29.

54   Vgl. ebd., S. 3f.

55   Vgl. Maher, Trinity, für eine genaue Aufschlüsselung.

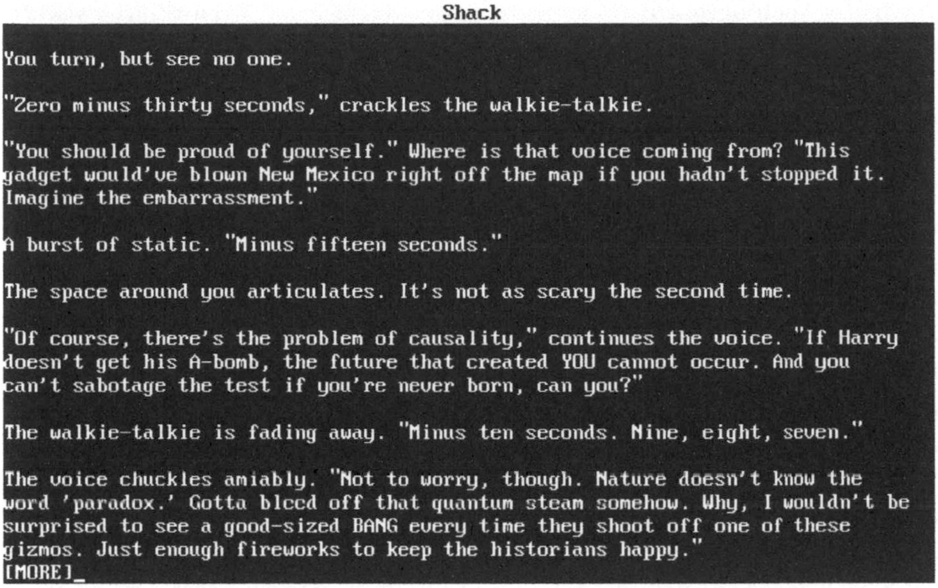

Shack

```
You turn, but see no one.

"Zero minus thirty seconds," crackles the walkie-talkie.

"You should be proud of yourself." Where is that voice coming from? "This
gadget would've blown New Mexico right off the map if you hadn't stopped it.
Imagine the embarrassment."

A burst of static. "Minus fifteen seconds."

The space around you articulates. It's not as scary the second time.

"Of course, there's the problem of causality," continues the voice. "If Harry
doesn't get his A-bomb, the future that created YOU cannot occur. And you
can't sabotage the test if you're never born, can you?"

The walkie-talkie is fading away. "Minus ten seconds. Nine, eight, seven."

The voice chuckles amiably. "Not to worry, though. Nature doesn't know the
word 'paradox.' Gotta bleed off that quantum steam somehow. Why, I wouldn't be
surprised to see a good-sized BANG every time they shoot off one of these
gizmos. Just enough fireworks to keep the historians happy."
[MORE]_
```

Abb. 43: Spielbildschirm am Ende eines Durchlaufes

in einer uneindeutigen, gleichzeitig extra- wie intradiegetischen Position in Bezug zum Narrativ situiert. Das wird spätestens nach dem ersten Durchlauf offensichtlich, in dem sich als Überraschungsmoment das Ende des Narrativs als sein Beginn (und vice versa) entpuppt. Bereits während des Spiels weist es auf diese Positionierung hin. Im Bereich des Nexus finden sie eine Hütte, in der sich unter anderen, letztlich wichtigeren Gegenständen ein Buch befindet. Öffnen sie das Buch und lesen sie darin, offenbart sich nach und nach, dass es die Geschichte des laufenden Spiels schreibt, in welcher der Protagonist, der ja deckungsgleich mit der eigenen Spielfigur ist, als ,Wabewalker' bezeichnet wird. Hier kommt also der zentrale Aspekt der Spielarchitektur und der Positionierung seiner Spielenden zum Ausdruck. Sie befinden sich innerhalb und außerhalb des Narrativs, durchleben und gestalten es gleichzeitig. Diese Situation ist generell konstitutiv für Computerspiele, erfährt aber in *Trinity* durch diese Elemente seiner Architektur einen selbstreflexiven Kommentar.

Spielmodell – Arbeit am Narrativ

Trinitys Spielmodell lässt sich im Wesentlichen mit den Konzepten des entscheidungskritischen Charakters von Adventurespielen und der ergodischen Literatur bzw. des Cybertext umreißen.[56] Das vorrangige Ziel ist das Vorantreiben des Narrativs, das

---

56 „Entscheidungskritisch ist die Navigation durch ein Zuhandenes in Adventurespielen: Sie fordern

durch das Vordringen durch eine Anzahl von Räumen im Wechselspiel zwischen menschlichem Input und maschinellem Output entsteht. Die Gewinnbedingung auf dieser grundsätzlichen Ebene besteht darin, alle Probleme zu lösen und alle Hindernisse zu überwinden, die den Spielverlauf und damit den Fortgang des Narrativs blockieren. Daneben verzeichnet *Trinity* aber auch den Punktestand, den Rang, der am Spielende erreicht ist, und die Anzahl der getätigten Züge. Dies ermöglicht prinzipiell, das Spiel auf eine andere Ebene zu heben, auf welcher die Gewinnbedingung modifiziert wird, und aus der Erzielung eines möglichst hohen Punktestandes bei einer möglichst geringen Anzahl von Zügen besteht bzw., wie es bei Punktesystemen üblich ist, den Spielenden Freiheiten in der Definition der Gewinnbedingung lässt. Das Spiel führt also Buch. Es verzeichnet sowohl den Weg, den das Narrativ nimmt, als auch die spielerische Leistung. Beides kann im Übrigen als Transkript des Spielverlaufes ausgedruckt werden.

Zu den zentralen Versprechen des Genres der (Text-)Adventures im Allgemeinen zählt die Nonlinearität.[57] Den Abschluss des Narratives als zentrale Gewinnbedingung zu setzen, fordert die Spielenden zwar von vornherein auf, einen linearen Fortgang der Erzählung festzuschreiben, im Idealfall lautet das Versprechen aber, dass ein Spieldurchgang nur einen von vielen möglichen Wegen vom Beginn bis zum Ende des Narratives darstellt. Diesem Versprechen und Prinzip entsprechend, legt das Handlungsregister *Trinity*s, wie das der meisten Textadventures, maximale Bewegungs- und Aktionsfreiheit nahe. Die Spielenden steuern die Figur durch die Eingabe von Wörtern, Phrasen und Sätzen in ein Eingabefeld. Sie interagieren folglich mit dem Spiel auf dieselbe Weise wie als Nutzerinnen und Nutzer mit Textverarbeitungsprogrammen und Betriebssystemen. Wenngleich hier, vor allem für Unerfahrene, auf den ersten Blick der Eindruck entsteht, die Figur alles Denk- und Schreibbare tun lassen zu können, erweist sich das Handlungsregister in der Spielpraxis nicht als völlig offen. Es setzt sich vielmehr aus einem begrenzten Katalog von Befehlen zusammen, welche das Programm verstehen und auf die die Figur somit reagieren kann.[58] Sie kann gemäß dieses Basisregisters Bewegungen ausführen, mit anderen Figuren und Gegenständen interagieren und diese Gegenstände kombinieren bzw. auf die Spielumgebung anwenden. Die Möglichkeit, das Spiel zu speichern und zu laden, ist ebenfalls Bestandteil des Handlungs-

---

optimale Urteile beim Durchlaufen der Entscheidungsknoten eines Diagramms." Pias, Computer. Spiel.Welten, S. 11. Vgl. auch Aarseth, Cybertext, S. 104f.

57   Vgl. Montfort, Twisty Little Passages, S. 12.

58   Über den Basisumfang dieser Befehlsliste herrscht im übrigen Genrekonsens, so dass erfahrenere Spielende diese nicht für jedes Spiel von Grund auf neu erlernen müssen. Wie das Programm mit Umschreibungen und Ausdrücken jenseits des vorgeschriebenen Wortschatzes umgeht, hängt, wie zudem etwaige Spezialausdrücke, vom individuellen Spielmodell ab.

registers. Außerdem steht ein Inventar der mitgeführten Gegenstände zur Verfügung, das jederzeit aufgerufen werden kann, aber in seiner Aufnahmekapazität begrenzt ist. Der Spielverlauf, der aus diesem Modell resultiert, entspricht somit einem Dialog zwischen Mensch und Programm. Auf Beschreibungstexte der jeweiligen Spielsituation im Programm folgen Interaktionstexte für die Spielerinnen und Spieler, die wiederum zu weiteren Beschreibungen führen, welche die gemachten Eingaben verarbeiten und die Situation aktualisieren.[59]

Der Wechsel zwischen Offenheit und Begrenzung ist somit grundlegend für *Trinity*s Spielmodell. Trotz des Versprechens der Nonlinearität und der scheinbar unbegrenzten Anzahl an Möglichkeiten durch das Narrativ zu navigieren, ist die tatsächliche Spielsituation durch eine räumliche Ordnung und ein vorgegebenes Handlungsregister mit klaren Begrenzungen versehen, durch die sich das zentrale Narrativ zuweilen als Korrektiv in den Spielverlauf einschaltet. Es besteht also durchaus eine Form der vorgegebenen korrekten Sequenz der Erzählung, deren Befolgung an vielen Stellen spielentscheidend wird. Dazu zählen die korrekte Ausführung bestimmter Befehle an bestimmten Orten bzw. die Absolvierung der Abschnitte in einer bestimmten Reihenfolge sowie die Mitführung der passenden Gegenstände für die jeweilige Situation. Als ein Nebeneffekt ergibt sich, dass der Entwickler des Spiels den Spielenden gegenüber in der Bringschuld einer narrativ schlüssigen Erklärung für bestimmte Formen der Begrenzung, wie z.B. nicht zugängliche Räume und ähnliches, steht. Eine weitere Konsequenz des Modells besteht darin, dass die Spielenden dazu angehalten sind, ihren Fortschritt regelmäßig zu speichern und dass die rückwärtsgewandte Bewegung, das Suchen des Fehlers in der Sequenz, beinahe in gleichem Maße wie das Voranschreiten zum Verlauf gehört. Die Anfertigung einer Karte stellt hierbei die wichtigste Form der Speicherung dar. Die Karte visualisiert und verräumlicht die narrative Sequenz, an deren schrittweiser Finalisierung die Spielenden arbeiten.

Spielsituation – paradoxe Schließung

*Trinity*s Architektur und Modell heben bereits Zeitlichkeit als sein Grundthema hervor. Das Spiel handelt im Wesentlichen von Geschichte und Schicksal, es dreht sich um Nonlinearität und Zyklizität, um narrative Offen- und Geschlossenheit. Insbesondere der in das Handbuch integrierte Comic *The Illustrated Story of the Atom Bomb* verdeutlicht diese Bedeutungsebene und bindet sie an die Geschichte der Nuklearwaffen und des Kalten Krieges an. Der Comic behandelt die Entwicklung der Nuklearwaffen anhand der szenischen Darstellung einiger Schlüsselmomente ihrer Geschichte. Am Ende extrapoliert er mit einem Blick auf das SDI-Programm diese Entwicklung in die unmit-

---

59   Das Spielmodell ist damit ein Beispiel für einen „Cybertext". Vgl. Aarseth, Cybertext, S. 17–23.

telbare Zukunft der Entstehungszeit des Spiels. Als roter Faden zieht sich der Satz „It'll never work", jeweils in einer historischen Schlüsselszene geäußert, durch die gesamte Erzählung (vgl. Abbildungen 44 bis 47). Der Comic endet mit dem Bild eines US-amerikanischen militärischen Funktionsträgers, der, auf eine Anhäufung nuklearer Sprengköpfe im Bildhintergrund zeigend, euphorisch erklärt, aufgrund des SDI-Programmes könnten Amerikas Kinder, angesichts der Tatsache, dass die tausenden und abertausenden Nuklearsprengköpfe nunmehr obsolet seien und nie verwendet werden müssten, in Sicherheit leben (vgl. Abbildung 48). Was auf den ersten Blick wie eine Befürwortung des SDI-Programmes wirken mag, wird ganz offensichtlich schon

Abb. 44–48: Auszüge aus dem *Trinity* beigefügten Comic *The Illustrated Story of the Atom Bomb*

auf visueller Ebene gebrochen. Die Nuklearraketen im Bildhintergrund sind im Halb-schatten gehalten, erzeugen eine Aura des Dunklen und Bedrohlichen. Die narrative Logik des Comics gibt aber eine noch viel spezifischere Brechung vor, die wiederum das Grundthema von Geschichte und Schicksal etabliert. Das SDI-Programm ist in eine narrative Reihe der Rüstungsspirale gestellt, die jeden Entwicklungsschritt der Atom-waffentechnologie mit dem Satz „It'll never work", also mit Zweifel einleitet oder be-gleitet und danach zunächst zur Realisierung der angezweifelten Idee führt, bevor diese wiederum durch eine neue gegnerische Entwicklung herausgefordert wird und nach einer neuen Entwicklung verlangt. In Bezug auf das SDI-Programm, die aktuelle Ge-genwart des Spiels, wird somit deutlich, dass es sich nicht um die letzte Entwicklungs-stufe der Atomwaffentechnologie handeln kann, sondern bestenfalls um eine vorläufig letzte. Die historische Zeit des Kalten Krieges, der Zeitpfeil der Nuklearwaffentechno-logie und der Rüstungsspirale scheint somit gefangen in einer zyklischen Bewegung auf jeweils höherer technischer Grundlage und damit unfähig zur Selbstreflexion, mithin auch unfähig, aus der Vergangenheit zu lernen.

Die während des Spielverlaufes in Textfenstern eingeblendeten Zitate, die Querver-weise zu literarischen und religiösen Quellen sowie Äußerungen historischer Persönlich-keiten enthalten, rahmen das Narrativ in Hinblick auf dieses übergreifende Thema. The-matisch fokussieren diese Rahmungen auf Zerstörung, parallele Realitäten, das Wesen der Zeit und auf das Verhältnis von Mystik und Wissenschaft. Der letzte Absatz, bevor sich der narrative Zirkelkreis schließt und die Spielenden sich am Ende des Spiels am Anfang des Narrativs wiederfinden, subsumiert das Generalthema treffend. Eine körper-lose Stimme, die während des Spielens als leitende Stimme des Schicksals an mehreren Stellen aufgetaucht ist, verkündet darin, nachdem sie das grundsätzliche Paradox, dass die Entwicklung der Atombombe Teil des Zeitpfeils des Protagonisten ist und dadurch von ihm selbst nicht verhindert werden kann: „Not to worry, though. Nature doesn't know the word paradox. Gotta bleed off that quantum steam somehow. Why, I wouldn't be surprised to see a good-sized BANG every time they shoot off one of these gizmos. Just enough fireworks to keep the historians happy." An dieser Stelle verortet *Trinity* sein Narrativ an der Kontaktzone von Wissenschaft, Natur und Mystik. Aus der für das Spiel charakteristischen Metaperspektive leitet es die Schließung seines Narrativs ab, das als solches keine Paradoxien und Uneindeutigkeiten mehr enthalten soll. Im Zitat gilt das auch für Geschichte, d.h. die Geschichte des Kalten Krieges, die als von Paradoxien bereinigte Ansicht einer Reihe von Feuerwerken erscheint. Sie nimmt in *Trinity* somit die Form eines zyklischen Gleichgewichts an, aus dem es kein Entkommen gibt.

Die damit implizierte Grundfrage, ob Geschichte linear oder zyklisch ist, behan-delt *Trinity* außerdem auf spielmechanischer Ebene. Der Punktestand nach dem ersten Durchlauf illustriert, dass das Spiel beendet wurde, er korrespondiert nicht mehr mit dem Rang ‚Tourist‘, der anzeigt, dass die Spielenden am Beginn des Spiels stehen. Spätestens ab diesem Zeitpunkt befinden sie sich somit in einer paradoxen Endlosschleife. Je mehr Spieldurchläufe sie absolvieren, umso mehr Wissen werden sie sammeln und umso schneller und variantenreicher werden sie durch die Spielwelt navigieren. Am grundsätzlichen Ausgang des Narrativs werden sie dadurch aber nichts ändern können, einzig der Punktestand und die Anzahl der Spielzüge werden so lange weiter veränder- und optimierbar sein, bis ein perfektes Spiel vorliegt.

Nimmt man all diese Faktoren und Wesensmerkmale zusammen, lässt sich *Trinity* als postmoderne, interaktive Literatur verstehen. Sein Narrativ widersetzt sich der eindeutigen Schließung, indem es Beginn und Ende in eins setzt. Es enthält das Element des plötzlichen Einbruches des Ernstfalles in die Realität, den Zusammenstoß fiktionaler und realer Welten, und es verhandelt die Unwilligkeit oder Unmöglichkeit des persönlichen Aufbegehrens gegen unbekannte strukturelle Kräfte. All diese Elemente gelten in der einen oder anderen Form als typisch für die postmoderne Auseinandersetzung mit dem Kalten Krieg bzw. als Beleg dafür, wie die nukleare Situation die postmoderne Literatur geprägt hat.[60]

Diese Motivik findet sich auch in anderen populärkulturellen Beispielen der Zeit wieder. Die Episode *A Little Peace and Quiet* der Neuauflage der US-amerikanischen Fernsehserie *The Twilight Zone* entwarf beispielsweise 1985 ein Narrativ rund um eine Hausfrau, die ein Amulett entdeckt, mit der sie die Zeit einfrieren kann. Zunächst nutzt die Protagonistin das Amulett, um sich persönliche Vorteile, etwa Inseln der Ruhe in ihrem hektischen Alltag, zu schaffen. Als jedoch unvermittelt der nukleare Ernstfall eintritt und sie das Amulett benutzt, um die sich nähernden sowjetischen Atomraketen aufzuhalten, friert die gesamte Erzählung in dieser Situation kurz vor der Detonation ein. Die Episode endet mit dem Bild einer im Himmel hängenden Rakete.[61] Das Narrativ verweigert also ebenfalls eine Schließung auf höherer Ebene bzw. stellt ihre Möglichkeit in Frage. Am Ende der Erzählung steht der Stillstand von Zeit und damit von Geschichte.

Trinity hingegen geht es darum, mit den Mitteln interaktiver Literatur auf historische Zyklizität hinzuweisen. Der Kalte Krieg ist hier als der Ernstfall im Verhältnis zu historischer Zeit zu begreifen, als die buchstäbliche Endzeit. Die Entwicklung der Atombombe firmiert quasi als Urgrund dieser Zyklizität der Geschichte des Kalten Krieges, die am Ende zur Aufeinanderfolge einiger sich wiederholender Grundmotive wird, aus

---

60   Vgl. Daniel Cordle: Beyond the Apocalypse of Closure. Nuclear Anxiety in Postmodern Literature of the United States, in: Andrew Hammond (Hrsg.): Cold War Literature. Writing the Global Conflict, London/New York, NY 2006, S. 63–78, hier S. 66f., 71. Vgl. auch ders.: Late Cold War Literature and Culture. The Nuclear 1980s, London 2017, S. 183–193.

61   Die Szene enthält über die Ankündigungstafel eines Kinos einen selbstreferenziellen Verweis auf Dr. Strangelove und Fail Safe, zwei Klassiker des Nuklearkriegsfilms.

der es kein Entrinnen gibt. Für viele Menschen entstand in den frühen achtziger Jahren der Eindruck, in einer Schleife gefangen zu sein, Zeugen einer Wiederkehr der Aufrüstung und Konfrontationsrhetorik zu sein.[62] In diesem Kontext kann die Schleife, mit der *Trinity* sein Narrativ schließt, die im Übrigen von Spielenden durchaus als unbefriedigend wahrgenommen wurde, zugleich als ein Mittel der Selbstreflexion begriffen werden.[63] Das Spiel zeigt an einigen Stellen, dass es selbstreflexiv genug ist zu wissen, dass sein eigenes Narrativ die Schleife nicht durchbrechen, also keine Schließung bieten kann. Stattdessen nutzt es die Medialität von Computerspielen, um auf diese Schleife hinzuweisen. Formal operiert *Trinity* dadurch in einem Modus, der in Bezug auf die so erzielte Selbstreflexivität dem Tropus der Ironie nach Hayden White ähnelt.[64] In einer Engführung von ergodischer und postmoderner Literatur sieht sich das Spiel durch die Konstruktion des Kalten Krieges als historischen ‚loop‘ und die damit einhergehende Weigerung, eine narrative Schließung im Sinne eines befriedigenden Endes zur Verfügung zu stellen, selbst als Mittel zur Reflexion eben dieses Verständnisses des Kalten Krieges. Diese offenkundige Provokation der Spielenden am Ende/Beginn des Spiels weist aus dem Online- in den Offline-Raum. Sie findet ihre idealtypische Korrespondenz in der umfangreichen Auseinandersetzung mit den Kontexten des Spiels, wie sie auf der Website *The Digital Antiquarian* zu beobachten ist.[65] Hier wird beinahe jeder Spur gefolgt, die *Trinity* legt, was zu einer subjektiven Aufarbeitung der Geschichte des Kalten Krieges bis zur Entstehungszeit des Spiels führt. Der Kalte Krieg in *Trinity* ist so am Ende die beständige Arbeit an seinem Text, ist die Anwendung des Modellierens als Rezeptionspraxis auf sein historisches Narrativ.

9.3.3. *Wasteland* und *S.D.I.* – Vom Einfrieren der historischen Zeit

Trinity zeichnete also eine Bild der atomaren Situation des Kalten Krieges als einer Zeitschleife, aus der es kein Entrinnen gab. Der Cargo des Spiels war ein Echo der Charakterisierung der atomaren Bedrohung in der Phase des Zweiten Kalten Krieges als Gefähr-

---

62 Vgl. Fred Inglis: The Cruel Peace. Everyday Life and the Cold War, New York, NY 1991, S. 338–346; Fred Halliday: The Making of the Second Cold War, London 1986, S. 1–19.

63 Vgl. zum Beispiel Nutzer ‚Brian‘: Eintrag vom 09.04.2006, in: rec.games.int-fiction, Rubrik: Infocom's Trinity Ending, 09.04.2006, archiviert in: Google.Gruppen, URL: https://groups.google.com/forum/#!search/Trinity$20Infocom/rec.games.int-fiction/d9hwEgLgWo4/anW1AquYhGAJ (Stand: 01.08.2020).

64 Vgl. Hayden White: Metahistory. Die historische Einbildungskraft im 19. Jahrhundert in Europa, 2. Aufl., Frankfurt am Main 2008, S. 55–57.

65 Vgl. Maher, Trinity.

dung der Zukunft. *Trinity* warf damit eine Frage auf, die auch von der zeitgenössischen Literatur angesprochen wurde und angesichts des Genres des Textadventures unmittelbar schlüssig ist. Im Vorwort zu der erstmals im Jahr 1987 erschienenen Kurzgeschichtenanthologie *Einstein's Monsters* schrieb der britische Schriftsteller Martin Amis:

„Our time is different. All times are different, but our time is different. A new fall, an infinite fall, underlies the usual – indeed traditional – presentiments of decline. To take only one example, this would help to explain why something seems to have gone wrong with time – with modern time; the past and the future, equally threatened, equally cheapened now huddle in the present. The present feels narrower, the present feels straightened, discrepant, as the planet lives from day to day."[66]

Die Gegenwart erschien hier angesichts der drohenden nuklearen Eskalation als ewiger Moment des Stürzens, als „infinite fall". Da diese Eskalation potenziell gleichbedeutend mit der Vernichtung der Menschheit und so mit dem Ende historischer Zeit war, blieb nur mehr der Stillstand als Ausweg. Die nukleare Situation implizierte das Ende der modernen Vorstellung von Geschichte als Fortschritt. Damit benannte Amis diejenige diskursive Figur, die für die folgenden Beispiele maßgeblich war und die sich dadurch definierte, dass sie die Idee einer eingefrorenen Zeit mit der Idee eines Endes der Geschichte im modernen Sinn verband. Es handelte sich hierbei zudem um eine, typisch für den Zweiten Kalten Krieg, reaktualisierte Denkfigur, die im Klima der nuklearen Bedrohung während der Blütezeit des Kalten Krieges der fünfziger Jahre formuliert worden war.

Bereits im Jahr 1959 hatte der Philosoph Günther Anders die Wirkung der Atomwaffen auf die historische Zeit diagnostiziert: „Die Zeitrechnung, die mit dem Jahre 45 begann, ist endgültig. Entweder leben wir in dieser unserer Epoche weiter, oder wir leben überhaupt nicht weiter. Tertium non datur."[67] Auf einer weiteren Ebene reflektierte *Trinity* mit seinem narrativen Zirkel aber auch dieses Tertium non datur, das Undenkbare in den Prognosen beispielsweise der Sowjetologie und ihre Unfähigkeit, das Ende des Kalten Krieges bzw. den Zusammenbruch der Sowjetunion zu denken. Die Grundfrage des Spiels, was für eine Zukunft angesichts der atomaren Bedrohung noch vorstellbar ist, markiert dabei einen auffälligen Unterschied zu der Mehrzahl der Computerkriegsspiele, denen es zumeist um das Spielen mit synthetischer Geschichte, im Grunde also um das Fortspinnen einer Versuchsanordnung ging. Spiele wie *Trinity* setzten sich dagegen zum Ziel, darüber zu reflektieren, was mit der Geschichte der

---

66 Martin Amis: Einstein's Monsters, London 2003, S. 22.
67 Günther Anders: Endzeit und Zeitenende. Gedanken über die atomare Situation, München 1972, S. 55.

Menschheit unter der ständigen Bedingung ihrer permanenten Auslöschung passieren konnte. In seiner besonderern Zuspitzung war der Cargo *Trinitys* singulär.

Eine Gruppe von Spielen imaginierte, im Anschluss an entsprechende Darstellungs-traditionen vor allem im Film und der Science-Fiction-Literatur, die Zeit und Gesell-schaft nach einem dritten Weltkrieg.[68] Das im Jahr 1988 von der US-amerikanischen Firma Electronic Arts veröffentliche Rollenspiel *Wasteland* kann in diesem Kontext als Referenzprodukt angesehen werden. Es gilt außerdem als Inspiration oder Vorläufer aktueller postapokalyptischer Spiele wie der *Fallout*-Reihe. Die nukleare Apokalypse ist in solchen Szenarien die einzige Möglichkeit, den Kalten Krieg, d.h. die atomare Pattstellung, zu beenden. Das Handbuch zu *Wasteland* leitet die Vorgeschichte der Apokalypse folgendermaßen ein:

> „The following is an excerpt from The History of the Desert Rangers, The Early Years, by Karl Allard, 2087, Allard Press, Ranger Center. Hardbound pp. 293, $20 gold. Tensions grew with the coming of 1998. The United States' Citadel Starstation was slated to be fully operational by March, Soviet charges that the space station was merely a military launching platform alarmed a number of non-aligned nations. The right-wing governments in the South and Central Americas, many of them set up by the U.S. during the Drug Wars (1987–1993), pledged their support to the U.S. The NATO nations, including the new African members, also declared their alliance with the U.S. That move forced most of the remaining neutral powers to join the Soviet protest. In six short weeks, only Switzerland, Sweden, and Ireland continued to declare themselves neutral nations. Two weeks before Citadel was due for full operation, the station transmitted a distress signal. Immediately after the message was sent, most of the satellites orbiting the planet were swept clean from the sky, leaving the great powers blind. In military panic, each sent 90 percent of their nuclear arsenals skyward. Although the destruction was tremendous, it was not complete. Pockets of civilization remained, some even oblivious to the military exchange."[69]

Die fiktive Citadel Space Station und die Erwähnung des als Drogenkrieg bezeichneten ‚War on Drugs' der US-amerikanischen Innen- und Außenpolitik der Epoche verweisen auf den historischen Kontext, in dem *Wasteland* entstand. Dadurch wird der Blick, den das Handbuch zurück aus einer fiktionalen Zukunft wirft, zugleich zur Gegenwartsdiagnose. Die US-amerikanische Großmachtpolitik im lateinamerikanischen ‚Hinterhof' wird ebenso adressiert wie die Fantasie des perfekten Raketenabwehrschilds

---

68   Vgl. Schwartz, Cold War Culture, S. 9–16.
69   Zina J. Yee: Wasteland. Manual, San Mateo, CA 1988, S. 1.

SDI, die hier zum Disaster und zur Eskalation führt. Letztlich ist es eine Panikreaktion nach technischem Versagen, die den nuklearen Schlagabtausch auslöst. Der Systemkonflikt präsentierte sich in *Wasteland* also bereits als technisierte Auseinandersetzung, in der die Kontrahenten ohne Satelliten gewissermaßen blind losschlugen. Die Gefahr geht in diesem Szenario von der militärischen Technisierung aus.

Bemerkenswert erscheint an dieser Passage zudem die Einbettung dieses Narrativs in eine fiktive, zukünftige Geschichtskultur durch die Nennung einer fiktiven Quelle am Beginn des Textes. Die Spielenden blicken somit durch die Augen eines Chronisten auf das Ende des Kalten Krieges, der aus derjenigen apokalyptischen Zukunft spricht, die dieses Ende hinterlassen hat. Martin Amis Charakterisierung eines ‚infinite fall‘ ist hier also einer Vision gewichen, die es vermag, eine Zukunft nach dem Nuklearkrieg zu denken, der die Gesellschaft aber buchstäblich atomisierte, also nur ‚pockets of civilization‘ inmitten eines nuklearen Ödlandes ließ, von denen manche sogar so hartnäckig in der eingefrorenen Zeit des Kalten Krieges verharrten, dass sie den Atomkrieg verpassten. In *Wasteland* ist die historische Zeit durch den Nuklearkrieg, wie die Spielenden aus dem fiktiven historischen Bericht erfahren, also zunächst aus den Fugen geraten. Was sie durch diesen Bericht und die Tatsache, dass er überhaupt geschrieben wurde, aber ebenso erfahren, ist dass die historische Zeit in der Gegenwart des Spiels bereits wieder geordnet wird. Die Aufgabe der Spielenden besteht in einem gewissen Sinn auch genau darin, historische Zeit zu erzeugen. Durch ihr Spiel und das dadurch entstandene Narrativ geht die Menschheitsgeschichte weiter. Gleichzeitig bleibt aber der Umstand, dass der Kalte Krieg in *Wasteland* und vielen ähnlichen Szenarien nur unter der Bedingung der Apokalypse als Geschichte zu denken ist.

Für den weiteren Verlauf der Menschheitsgeschichte spielte der Kalte Krieg in solchen Szenarien der Endzeit oft nur mehr als vage Erinnerung eine Rolle oder er wurde, wie in den Reminiszenzen der *Fallout*-Reihe an den Kalten Krieg der fünfziger Jahre, zum Sinnbild der naiven Unbekümmertheit angesichts der atomaren Bedrohung und derjenigen Normalität des Wahnsinns, die überhaupt erst zur Apokalypse führen konnte.[70] In der zertrümmerten Welt nach dem atomaren Holocaust geht die Menschheitsgeschichte in den meisten Fällen als Variation auf das Einstein nachgesagte Diktum, der vierte Weltkrieg werde mit Stöcken und Steinen ausgetragen, als Prozess des Wiederaufbaus bzw. des Wiedererlangens von Zivilisation weiter.

Anstatt die menschliche Zivilisation zu opfern, um den Kalten Krieg zu beenden, folgte *S.D.I.*, das die US-amerikanischen Firma Cinemaware 1986 veröffentlichte,

---

70 Vgl. Joseph A. November: Fallout and Yesterday's Impossible Tomorrow, in: Matthew Wilhelm Kapell/Andrew B.R. Elliott (Hrsg.): Playing with the Past. Digital Games and the Simulation of History, New York, NY 2013, S. 297–313, hier S. 301–304.

Günther Anders' Diagnose und verlängerte das Gleichgewicht des Schreckens in das Jahr 2017. Sein Szenario entwarf eine Zukunft des Kalten Krieges, in der sich die atomare Pattstellung bis in den Weltraum ausgebreitet hatte. Wie der Name des Spiels verrät, ist, wie bereits in *Raid over Moscow*, die SDI hier Realität geworden bzw. steht kurz vor der Fertigstellung, als eine Gruppe von Verschwörern aus den Reihen des KGB einen umfassenden Angriff auf die USA und dieses neue System starten. Die Spielenden schlüpfen in die Rolle des US-amerikanischen Soldaten Sloan McCormick und sind mit der Aufgabe betraut, diesen Angriff abzuwehren. Der Plot des Spiels entwirft dabei eine relativ differenzierte Sicht auf die sowjetische Gegenseite. Die sowjetische Regierung gerät durch die Attacke der Verschwörer ebenfalls in Bedrängnis. Eine der Aufgaben besteht sogar darin, eine sowjetische Raumstation zu verteidigen und dadurch ihrer Kommandantin zu helfen, die als ‚love interest‘ des Protagonisten eingeführt wird. Es findet sich in diesem Fall ein Echo der Entspannungsphase wieder, indem der Kalte Krieg als kooperativ zu bewahrendes Gleichgewicht gezeichnet wird. *S.D.I.* funktioniert auf narrativer Ebene ähnlich wie das Science-Fiction-Subgenre der Weltraumoper.[71] Das Handbuch stellt den Protagonisten in eine Reihe mit Han Solo und Flash Gordon.[72] Die Spielmechanik kommt diesem Aufrufen der Motivik des Action-, Abenteuer- und Science-Fiction-Films entgegen.

Das Spiel besteht aus drei zeitkritischen Abschnitten. Einmal müssen die Spielenden mit ihrem Raumschiff die Satelliten der SDI-Anlage gegen attackierende Schiffe des Gegners verteidigen. Dann müssen sie das Raketenabwehrsystem selbst bedienen, um Interkontinentalraketen, die sich den USA nähern, aufzuhalten (vgl. Abbildung 49). Im dritten Abschnitt müssen sie die sowjetische Basis entern und in den Korridoren auftauchende Gegner eliminieren, um der in Bedrängnis geratenenen sowjetischen Kommandantin zur Hilfe zu kommen. Der Point of Action ist damit, zumindest im zweiten Spielabschnitt, global, der Point of View hingegen durchgehend auf den Protagonisten zentriert.

Das Handbuch enthält, trotz der eindeutigen Verortung des Spiels im Bereich der Science-Fiction – oder vielleicht gerade deswegen – den beinahe schon als klassisch für Computerspiele des Kalten Krieges zu bezeichnenden Satz von der Hoffnung, das hier präsentierte Spiel möge nicht zur Realität werden.[73] Der Text bezieht sich dabei vermutlich auf die im Plot behandelte Beinahe-Eskalation des Konflikts. Für die Entscheidung der BPjS, es in Deutschland auf den Index zu setzen, war interessanterweise

---

71   Der Firmenname Cinemaware verrät bereits, dass sich diese auf die Versoftung klassischer Kinomotive und Stoffe verlegt hatte und ihre Spiele demgemäß vor allem in audiovisueller Hinsicht filmisch gestaltete. Cinemaware ist damit zugleich eine typische Firma des frühen Multimediazeitalters.

72   Vgl. Master Designer Software Inc.: S.D.I. (Handbuch), Westlake Village, CA 1986, o.P.

73   Vgl. ebd.

Abb. 49: Screenshot des zweiten Spielabschnittes in *S.D.I.*

nicht (mehr) dieses Element der hauptsächliche Grund, sondern die von ihr festgestellten gewaltverherrlichenden Züge des Titels.[74] Das Undenkbare der Eskalation war angesichts der eindeutigen Verortung im Bereich der Science-Fiction anscheinend nicht weiter problematisch.

Das Undenkbare des Kalten Krieges als seine Unüberwindbarkeit zu sehen, dass er sich nicht einmal durch die Implementierung des SDI-Systems beenden lässt, konnte im Entstehungskontext des Spiels als eine recht eindeutige Äußerung verstanden werden. Mit dieser Charakterisierung des Kalten Krieges als dauerhaftem Zustand, der nicht beendet werden kann, entwarf *S.D.I.* ein Narrativ, das sich mit der etwas paradox anmutenden Bezeichnung kontrafaktische synthetische Geschichte fassen ließe. Synthetische Geschichte ist zwar spekulativ, basiert aber auf einer möglichst faktengestützten Datengrundlage. Diese wird durch eine gezielte Komplexitätsreduktion erreicht, um eine Aussage über das wahrscheinliche, zukünftige Verhalten des damit umrissenen Teilbereiches der Realität treffen zu können. Der Aussagemodus synthetischer Geschichte ist ‚was-wäre-wenn‘, entspricht damit einer in die Zukunft gerichteten Extrapolation eines Sets historischer Daten und Fakten. *S.D.I.* ist hingegen kontrafaktisch

---

74 Vgl. BPjS: Entscheidung Nr. 3023 (V) vom 31.08.1987, bekanntgemacht im Bundesanzeiger Nr. 177 vom 23.09.1987, S. 3–5.

Abb. 50: Screenshot
des Spielbildschirms
am Ende von *S.D.I.*

und zwar insofern, als das hier in die Zukunft extrapolierte System den gesamten Kalten Krieg umfasst, ein System, das zu komplex ist, um eine bearbeitbare Datengrundlage zu generieren. Das Spiel begreift die historische nukleare Situation des Kalten Krieges als statisch und erzählt eine synthetische Geschichte des Raketenabwehrschildes im kontrafaktischen Modus des „Was-wird-gewesen-sein". Einschränkend muss hier allerdings hinzugefügt werden, dass *S.D.I.* – und das gilt für die Produkte der Firma Cinemaware generell – relativ linear verläuft. Es ist deshalb also von vornherein fraglich, ob das Spielsystem überhaupt ergebnisoffene, synthetische Geschichte generieren kann. Im Grunde lässt sich davon höchstens auf der Mikroebene des Verhaltens des spekulativen SDI-Systems sprechen. Das Spiel ist insgesamt wohl eher als interaktive Variante einer Motivik zu begreifen, die auch in Film und Literatur zu finden ist.[75] Sein Ende situiert es dabei eindeutig in diesem Zusammenhang des spielbaren, interaktiven Films, indem es den Spielbildschirm als Kinoleinwand rahmt (vgl. Abbildung 50).

Nach dem Zusammenbruch der Sowjetunion funktionierten Szenarien, die von ihrem Weiterbestehen ausgingen, als kontrafaktische Geschichte im herkömmlichen Sinn. Die verschiedenen Entwürfe des ‚Was-wäre-gewesen-wenn' des Kalten Krieges reichten dabei vom vollständig Irrealen, das in die Vergangenheit des Kalten Krieges verlegt wurde, wie in *Command & Conquer: Red Alert*, bis hin zu einer Zukunft, in der die Sowjetunion noch existierte und, wie in *Battlezone: Rise of the Black Dogs*, als Kontrahent in einem Zukunftsszenario erschien.

---

75   In Def-Con 4, einem B-Movie aus dem Jahr 1985, übersteht die Besatzung einer Raumstation die nukleare Apokalypse. In Don DeLillos Kurzgeschichte Human Moments in World War III aus dem Jahr 1983 wird ein ähnliches Szenario gezeichnet.

Die Spezifik der hier näher behandelten Beispiele eröffnet sich vor allem durch den Blick auf den historischen Kontext ihrer Entstehungszeit. Sie erweisen sich damit als beinahe symbiotisch verbunden mit dem (Zweiten) Kalten Krieg. Die nukleare Situation des Kalten Krieges bedeutete – als Anwendung seiner militärischen Logik des erzwungenen Stillstandes auf die historische Zeit – grundsätzlich das Einfrieren und damit selbst das vorläufige Ende der Geschichte. Computerspiele mit dieser Konstellation dynamisierten die eingefrorene historische Zeit des Zweiten Kalten Krieges, ließen mit ihr spielen und extrapolierten sie, ganz im Sinne der synthetischen Geschichte, in die Zukunft, ohne ihre Grundprinzipien anzutasten.

9.4. Erinnerungen an das Ende

9.4.1. Nostalgie und Sinngebung in Computerspielen über das Ende des Kalten Krieges

Die Spiele dieser letzten Gruppe setzten sich auf unterschiedliche Art und Weise mit dem Zusammenbruch der Sowjetunion und dem Ende des Kalten Krieges auseinander. Es geht also abschließend noch einmal um Computerspiele als Teil der Erinnerungskultur.

Die Ereignisse der Jahre 1989, die Revolutionen in den Staaten des ehemaligen Ostblocks, die zum Zusammenbruch der kommunistischen Regime führten, bis 1991, dem Jahr des Putschversuches konservativer Kräfte und der formalen Auflösung der Sowjetunion, bildeten den Bezugspunkt für die hier behandelten Beispiele. Diese Prozesse waren zudem verbunden mit dem vorausgehenden gesellschaftlichen Wandel in der Sowjetunion, der die zweite Hälfte der achtziger Jahre geprägt hatte.

Die Geschwindigkeit und Intensität der gesellschaftlichen Transformationen und des epochemachenden Ereignisses des Endes der sowjetischen Herrschaft überraschten westliche Analysten ebenso wie die unmittelbar betroffenen kommunistischen Bürgerinnen und Bürger, die es mitunter als Einbruch des Neuen wahrnahmen, der nicht immer nur begrüßt wurde.[76] Die letzte Phase des Kalten Krieges sowie der Zusammenbruch der Sowjetunion und die unmittelbar darauffolgenden Jahre warfen aufgrund dieser Unvorhersehbarkeit der Gleichzeitigkeit alter, an der Logik des Kalten Krieges geschulter Denkweisen und neuer, noch nicht absehbarer Entwicklungen eine Reihe

---

76   Vgl. z.B. David Remnick: Lenin's Tomb. The Last Days of the Soviet Union, New York, NY 1994, S. 70–85. Vgl. außerdem Juri Lewada: Die Sowjetmenschen 1989–1991. Soziogramm eines Zerfalls, München 1993, S. 48–52.

von Fragen auf. War der Kalte Krieg wirklich zu Ende? Hatte der Westen gewonnen? Wie würden sich der Umbau und die weitere Entwicklung der postsowjetischen Gesellschaften gestalten? Was sollte mit den alten Eliten geschehen und welche neuen Ordnungen waren denkbar und wünschenswert?

Einige Computerspiele versuchten, Antworten auf diese Fragen zu geben, und beteiligten sich daran, den damals unmittelbar vergangenen Ereignissen Sinn zu verleihen. Es scheint, dass der Zugriff der Populärkultur auf die Ereignisse der Jahre 1989 und 1991 – einmal abgesehen von Musikvideos – relativ spät erfolgte und eine Dominanz der tagesaktuellen Nachrichtenmedien festzustellen war. Im Filmbereich kündigte sich das Ende des Systemkonfliktes bestenfalls in einzelnen Beispielen an, wie dem bereits erwähnten *The Fourth War*, die alte Darstellungskonventionen durchaus kritisch betrachteten. Als der Untergang der Sowjetunion gekommen war, hatte der Film, ein Schlüsselmedium des Systemkonfliktes, nach vorliegendem Erkenntnisstand relativ wenig zu sagen. Das Fernsehen übernahm die Hauptrolle als Kommentator des Geschehens, und Computerspiele traten, obschon nicht unbedingt zahlreich, ebenfalls in Erscheinung. Die Frage, die sich für alle Kommentatoren der Ereignisse stellte, lautete, ob der Westen, insbesondere die USA, den Kalten Krieg nun gewonnen hatten. Computerspiele kamen dabei zu einem durchaus differenzierten Bild.

Im Folgenden dient die französische Produktion *KGB* als Musterbeispiel. Wieder folgt auf die Betrachtung der formalen Kriterien eine Auseinandersetzung mit dem Cargo des Spiels, das sich in Bezug auf die darin behandelten Ereignisse als durchaus weitsichtig erweisen sollte.

9.4.2. *KGB* – Verständnis für das Ende

Das Spiel *KGB* kam erstmals 1992 für die Plattformen Amiga und DOS auf den Markt. Es war von der französischen Firma Cryo Interactive entwickelt worden, die vor allem durch die Versoftung des als Roman und Spielfilm erschienenen *Dune* bekannt geworden war, und wurde von der britischen Firma Virgin Games vertrieben. *KGB* ist ein seltenes Beispiel für eine relativ schnelle populärkulturelle Reaktion auf die letzten Tage und den Zusammenbruch der Sowjetunion. Die Entwicklung des Spiels hatte auf Anregung von Virgin Games 1990 begonnen. *KGB* lässt sich in gewissen Aspekten beinahe als ein semi-dokumentarisches Produkt interpretieren, das eine zwar fiktionale Geschichte erzählt, die aber fest in der Realität der letzten Jahre der Sowjetunion verankert ist. Das bedeutet, dass der Titel die Kontexte der ökonomischen Instabilität aufrief, der steckengebliebenen Reformpolitik und ungewissen Zukunft, die für die sowjetische

Gesellschaft der späten achtziger Jahre signifikant waren.[77] Der Geheimdienst KGB galt in diesem Zusammenhang als Inbegriff des alten, repressiven Systems und seiner Reformunwilligkeit bzw. Unreformierbarkeit.[78] Das Spiel erwies sich zudem insofern als vorausschauend, als sein Plot einen versuchten Staatsstreich konservativer Kräfte enthält, es damit den realen Ereignissen des Jahres 1991 vorgriff. Yves Lamoreux, einer der Entwickler von *KGB*, erinnerte sich daran, dass der Autor des Spiels angesichts der Ereignisse im August des Jahres 1991, als sich *KGB* gerade am Ende seiner Entwicklung befand, schockiert gewesen sei und die Produktion stoppen wollte.

KGB ist, wie *The Fourth Protocol* und *Trinity*, dem Genre der Adventurespiele zuzurechnen. Es handelt sich nach Pias Klassifikation also um ein entscheidungskritisches Spiel. Gemäß den darstellerischen und spielmechanischen Konventionen und Innovationen seiner Entstehungszeit ist es als sogenanntes ,point and click adventure' gestaltet, bietet also, im Gegensatz zu *Trinitys* reiner Textform, einen durchgängig in bildlicher Visualität ausgestalteten Spielraum. Die Wiederveröffentlichung auf CD-ROM unter dem Titel *Conspiracy* nutzte die erweiterten Speichermöglichkeiten des Mediums, um das ursprüngliche Spiel um Videosequenzen zu ergänzen, und hob damit hervor, dass *KGB* ein typisches Produkt der Multimedia-Phase war.

Architektur – Das sowjetische Schaufenster
Als typisches Adventure der beginnenden Multimedia-Phase zeichnete sich *KGB* dadurch aus, dass seine Spielarchitektur Elemente aus Film und Comicstrip integrierte. Das wird bereits anhand des Vorspanns ersichtlich, in dem die Namen der hauptsächlich an der Produktion beteiligten Personen aufgelistet werden. Darunter findet sich auch die Angabe „directed by", die üblicherweise im Film- und Theaterbereich verwendet wird und die auf die bewusste Annäherung des Spiels an filmische bzw. dramatische Konventionen hinweist. Auf Kontextualisierungsleistungen durch Verpackungsbeigaben und Handbucheinträge, wie sie in anderen Beispielen zu beobachten waren, verzichtet *KGB* weitgehend. Auch dies kann als ein Merkmal des beginnenden Multimediazeitalters gesehen werden, in dessen Verlauf die Verpackungen und damit der Anteil des Offline-Spielraumes an der Architektur immer weiter reduziert wurden. Stattdessen lautete die zentrale Zukunftserwartung und -hoffnung, das Speichermedium CD-ROM werde das audiovisuelle, filmische Potenzial der Computerspiele entfesseln und schließlich „a new electronic artform" entstehen lassen.[79] Lediglich das

---

77 Vgl. Remnick, Lenin's Tomb, S. 306–340.
78 Vgl. David Satter: It Was a Long Time Ago, and It Never Happened Anyway. Russia and the Communist Past, New Haven, CT/London 2012, S. 11–28.
79 Vgl. CD Interactivated, in: ACE, Nr. 21, Juni 1989, S. 25–30.

Abb. 51–52: Screenshots des zentralen Menüs und des Spielbildschirms

Handbuch stellt durch einige Schriftzüge und einzelne Elemente seiner visuellen Aufbereitung eine Nähe zur Ästhetik der Spionage und Geheimdienstarbeit bzw. zu populären Vorstellungen von ihnen her.

KGB benötigt für die kontextuelle Rahmung also keinen Verweis auf Offline-Elemente wie das Handbuch oder etwaige Verpackungsbeigaben. Einzig der Kopierschutzmechanismus basiert auf dem Zusammenspiel von Offline- und Online-Spielraum, indem die Spielenden zu Beginn nach der Zahl der Seite, auf der sich im Handbuch eine bestimmte Abbildung befindet, gefragt werden. Das Spiel beginnt mit einer kurzen Videosequenz. Der Hauptteil ist sodann in einem visuellen Stil gehalten, der an Comics erinnert, wobei die Hintergründe, gewissermaßen die Bühnenbilder, auf eine realistische Darstellung abzielen, während die Figuren überzeichnet dargestellt werden. Als Überleitung zwischen den Handlungsorten zeigt es digitalisierte Fotografien von Moskau.

Grundsätzlich besteht *KGB*s Architektur aus einzelnen Räumen oder Szenen, zwischen denen sich die Spielenden bewegen und in denen sie mit dem zur Verfügung gestellten Handlungsrepertoire agieren können, sowie aus einem zentralen Menü, welches am unteren Bildschirmrand sichtbar und aufrufbar ist und das die Handlungsoptionen, das Inventar und eine Übersicht über den Status der eigenen Spielfigur enthält (vgl. Abbildung 51). Die Spielenden blicken seitlich oder frontal auf das Geschehen. Es handelt sich dabei weder um eine Third-Person- noch um eine Egoperspektive (vgl. Abbildung 52). Am ehesten wäre der Point of View der Spielenden mit demjenigen des Publikums in einer Theater- oder Filmaufführung zu vergleichen, deren Handlung sie durch ihr Eingreifen vorantreiben können. Auch in der Situierung zeigt sich also der in Richtung Multimedialität orientierte Charakter des Spiels.

Dieser Eindruck wird durch die narrative Struktur zusätzlich verstärkt. *KGB* ist in vier Kapitel unterteilt, die linear durchschritten werden müssen. Jede gelöste Spielaufgabe bringt das Narrativ dabei um einen Schritt weiter. Thematisch ist *KGB* im Jahr 1991, den letzten Monaten der Sowjetunion, angesiedelt und erzählt diese Peri-

Abb. 53: Screenshot einer Dialogsequenz

ode der sowjetischen Geschichte aus der Perspektive von Maksim Rukov, einem Agenten des KGB, bzw. dessen – vermutlich fiktiven – Department P, das interne Korruption bekämpft. Das Narrativ dreht sich im Wesentlichen um eine Kriminalgeschichte rund um illegale Tätigkeiten auf dem Schwarzmarkt, Drogenhandel und Pornografie, die zunächst die Frage der Korruption in den eigenen Reihen und somit den höchsten Ebenen der letzten regimetreuen Institutionen, adressiert. Im Zuge der Ermittlungen deckt der Protagonist aber eine noch weiter reichende Verschwörung innerhalb des KGB auf, die sich zum Ziel gesetzt hat, Gorbatschow zu stürzen und eine kommunistische Regierung alten Schlages einzusetzen. Zur Umsetzung dieses Planes haben die Verschwörer, die unter dem Namen New Birth agieren, vor, einen Doppelgänger Gorbatschows namens Protopopov einzusetzen, der das Ende der Reformpolitik und die Rückkehr zu einem Regierungssystem alten Stils öffentlich verkünden soll. Das Spiel endet im Keller einer Kunstgalerie, in dem Protopopov ausfindig gemacht wird. In der letzten Sequenz spricht Gorbatschows Doppelgänger diejenigen Worte, die ihm die Verschwörer ins Gedächtnis gebrannt haben, um eine Beendigung der Reformpolitik zu erwirken. Rukov, der Protagonist, und sein Onkel Vanya sind die einzigen Zeugen dieser Ansprache, die Geschichte hätte machen sollen.

Innerhalb dieses Narratives platziert *KGB*, vor allem in den Dialogsequenzen, zahlreiche Referenzen auf die gängigen Erzählungen des Niederganges der Sowjetunion, um das Bild einer zerbrechenden planwirtschaftlichen Gesellschaft zu zeichnen, die bereits von marktwirtschaftlichen Alltagspraktiken, einem florierenden Schwarzmarkt, etwa für Videokassetten, und Vertrauensverlust, etwa in die eigene Währung, durchzogen ist. In diesen Situationen sticht vor allem hervor, dass sich viele der Gesprächspartnerinnen und -partner, welchen man im Verlauf des Spiels begegnet, sehr versiert in der Kunst zeigen, redend zu schweigen (vgl. Abbildung 53). Lange Gespräche können oft mit hohlen Phrasen geführt werden, deren Leere sich konkret daran zeigt, dass sie keine für den Spielverlauf relevanten Informationen erzeugen.

Spielmodell – Die interaktive Erzählung
Als typischer Vertreter des Genres der ‚point and click adventures‘ zu Beginn ihrer multimedialen Entwicklungsphase ist *KGB* als interaktive Erzählung angelegt, die in dieser Periode des beginnenden CD-ROM Zeitalters Konjunktur hatten. Für das Spielmodell

bedeutet dies, dass es in seinen wesentlichen Eckpunkten dem Modell der ergodischen Literatur folgt. Spielen bedeutet hier vorrangig an einem übergeordneten, relativ linearen Narrativ zu arbeiten, das durch die Lösung einzelner Aufgaben vorangetrieben wird. Der ideale Spielverlauf besteht aus aufeinander aufbauenden Entscheidungen, die eine narrative Sequenz freilegen. Wenngleich das Handbuch verspricht, dass einzelne Aufgaben auf unterschiedlichen Wegen gelöst werden können, enthält *KGB* in der Spielpraxis zahlreiche unhintergehbare Knotenpunkte, die durchlaufen werden müssen, um ein Fortkommen zu ermöglichen. Des Öfteren erweisen sich einzelne Elemente erst relativ lange Zeit, nachdem sie entdeckt wurden, als solche Knotenpunkte, was es im konkreten Verlauf häufig notwendig macht, zu diesen zurückzugehen. Das Spielmodell hat dies antizipiert und diese Möglichkeit als fixen Bestandteil in das Handlungsrepertoire integriert. In ihrer Darstellung und Funktionsweise remediert diese Handlungsoption die von Video- und Audiorecordern geläufige Rückspultaste.

Die Aufgaben, die *KGB* stellt, bestehen darin, Rätsel unterschiedlicher Art zu lösen, die sich im Wesentlichen auf ein Zusammenspiel zweier Hauptelemente reduzieren lassen. Zum einen stehen die Spielenden vor der Aufgabe, relevante Informationen aus Dialogsequenzen herauszufiltern. Zum anderen hängt die Lösung vieler Aufgaben von der Kombination bzw. der Verwendung gesammelter Gegenstände in konkreten Situationen ab. Die Gewinnbedingung besteht aus der Überwindung aller Hindernisse, die das Voranschreiten und den Abschluss des Narrativs blockieren. Das Erreichen des Endes der Erzählung bedeutet zugleich den erfolgreichen Abschluss des Spiels.

Das Handlungsregister, mit dem dieses Ziel erreicht werden soll, ist, wie für Adventurespiele üblich, über Menüs anwählbar. Neben den hier aufgelisteten, körperlichen Basisfunktionen wie sprechen, (einen Gegenstand) verwenden, schauen etc. können die Spielenden außerdem ein Inventar der im Spielverlauf eingesammelten, verwend- und kombinierbaren Gegenstände aufrufen. Zudem haben sie in den Dialogsequenzen die Option, aus mehreren vorgegebenen Äußerungen, praktisch Gesprächsbausteinen, zu wählen. Die Wahl der korrekten Äußerung ist dabei mitunter spielentscheidend.

Trotz des Bemühens, die spielentscheidenden Hilfsmittel gemäß der Logik der Multimediaperiode hauptsächlich in den Online-Spielraum zu verlegen, zeigt die Spielpraxis, dass dennoch auf Medien des Offline-Raumes als Hilfe nicht völlig verzichtet werden kann. Als Gedächtnisstütze oder als Möglichkeit, skizzierend potenzielle Problemlösungen zu erproben, ist ein Notizblock beispielsweise nahezu unerlässlich. Spielte man *KGB* wirklich gründlich, wäre vermutlich sogar eine Kartografierung der handelnden Personen und ihrer Beziehungen untereinander hilfreich. Das Spielmodell besteht somit insgesamt aus der Arbeit am Abschluss eines Narrativs, das einem großen umfassenden Rätsel entspricht, welches sich als eine Serie von zu lösenden Problemen, kleineren Rätseln und Denkaufgaben, darstellt.

Spielsituation – Am Ende sowjetischer Herrschaft

Analog zu anderen bereits behandelten Beispielen, insbesondere *Crisis in the Kremlin*, etablierte *KGB* über seine Spielarchitektur einen direkten Bezug zu historischen Ereignissen. Die Handlung ereignet sich im August 1991, der entscheidenden Phase der letzten Tage der Sowjetunion. Während Michail Gorbatschow Urlaub am Schwarzen Meer machte, bereiteten konservativ-restaurative Kräfte einen gegen ihn gerichteten Putschversuch vor, der am 18. August begann, letztlich aber scheiterte. Die Revolte gegen Gorbatschow bot jedoch Boris Jelzin, dem späteren Präsidenten Russlands, eine politische Bühne und führte letztlich direkt in den Kollaps des Systems.[80] *KGB* positionierte sein Narrativ genau in dieser heißen Phase und wählte mit dem KGB eine Institution, deren Führung, vor allem in Person von Wladimir Krjutschkow, den Putsch maßgeblich mitgetragen hatte, die als eine der letzten linientreuen Organisationen im sowjetischen Staat galt und damit insbesondere von den reformorientierten Kräften verachtet wurde.[81]

Mit dieser bereits an der Spielarchitektur ersichtlichen, eindeutigen Verortung in der Geschichte des Zusammenbruches der Sowjetunion knüpfte *KGB* an vergleichbare andere Medienprodukte an, die versuchten, die Ereignisse im Land mehr oder weniger in Echtzeit oder zumindest möglichst rasch nach dem Putsch und dem Zusammenbruch in ein Narrativ zu überführen.[82] Yves Lamoreux erinnerte sich in Bezug auf die Entwicklungsgeschichte von *KGB* daran, dass das Spiel in der ursprünglich vom Publisher Virgin Games vorgeschlagenen Version von einem CIA-Agenten, der den KGB infiltriert, hätte handeln sollen. Autor Johan Robson habe aber argumentiert, dieses Motiv sei schon zu oft behandelt worden, und habe stattdessen eine Innensicht auf den KGB im Stil John le Carrés vorgeschlagen. Die Kongruenz des Plots mit den realweltlichen Ereignissen war laut Lamoreux reiner Zufall und hatte Robson sogar dazu veranlasst, über den Abbruch der Produktion nachzudenken. Lamoreux charakterisiert Robson in seiner Erinnerung als gewissenhaften und vor allem gründlich recherchierenden Autor. *KGB* kann somit als eine Form der gelungenen synthetischen Geschichte, der korrekten historischen Prognose gesehen werden.

---

80 Vgl. Vladislav M. Zubok: A Failed Empire. The Soviet Union in the Cold War. From Stalin to Gorbachev, Chapel Hill, NC 2009, S. 331. Eine direkte Kausalität zwischen dem Aufstieg Jelzins und dem Ende der Sowjetunion sollte allerdings nicht hergestellt werden. Zu viele Elemente von Gorbatschows Reformpolitik hatten bereits zu einer maßgeblichen Destabilisierung des Systems beigetragen. Und wie Plokhy resümiert, war die Auflösung der Sowjetunion von Jelzin und seinen Mitstreitern zumindest bis zum Putschversuch gegen Gorbatschow nicht als Ziel formuliert worden. Vgl. Serhii Plokhy: The Last Empire. The Final Days of the Soviet Union, London 2014, S. 396–398.

81 Vgl. ebd., S. 139f.

82 So erschien die Quellensammlung Der Putsch in Moskau. Berichte und Dokumente wie erwähnt bereits 1992.

Trotz seiner eindeutig fiktionalen Anteile konnte das Spiel somit zu einem Angebot an die Spielenden werden, sich mit den Ereignissen des August 1991 auseinanderzusetzen. Die von einem Fan betriebene Website *The KGB File* ist ein Beleg dafür, dass dieses Angebot wahrgenommen wurde und mitunter zu einer über das Spiel hinausgehenden Beschäftigung mit den letzten Tagen der Sowjetunion führen konnte.[83] Wie bereits im Fall von *Trinity* entstand hier der Eindruck, dass das Spiel dazu einladen wollte, etwas über die Sowjetunion in ihrer letzten Phase zu erfahren und zu lernen. *KGB* wählte als passende Architektur dafür den Modus eines Schaufensters, das Einblicke in den Zustand der sowjetischen Gesellschaft erlaubte. Diese Perspektive wurde schon durch die Wahl des Protagonisten als Mitarbeiter des KGB nahegelegt. Mit der Untersuchung der eigenen Institution beschäftigt, stand er somit für eine erklärende und forschende Innenschau auf die eigene Gesellschaft. Auch die Architektur in den Spielabschnitten, die mit den Augen des Protagonisten auf einzelne Szenen blicken ließ, etablierte eine solche Perspektive. Um ein Bild der sowjetischen Gesellschaft in ihren letzten Tagen zu zeichnen, setzte *KGB* zunächst bei den ökonomischen Verhältnissen an. Die Spielerinnen und Spieler entdecken eine von Schwarzmarkt und Mangel durchzogene Gesellschaft, in der die staatstragende Ideologie nur mehr als Fassade vorhanden ist, hinter der sich marktwirtschaftliche und damit ideologiefeindliche Elemente ausbreiten.

Der Fokus auf die krisenhafte Entwicklung der sowjetischen Wirtschaft lässt sich außerdem im Spiel *Crisis in the Kremlin* beobachten und entspricht einem gängigen, durchaus auch in wissenschaftlichen Betrachtungen vorgebrachten Erklärungsmuster für den Zusammenbruch der Sowjetunion.[84] Die marktwirtschaftlichen Aktivitäten auf dem Schwarzmarkt betreffen in *KGB* allerdings hauptsächlich Produkte und Praktiken, die selbst aus kapitalistisch-westlicher Perspektive moralisch fragwürdig erscheinen bzw. illegal sind, wie Drogenhandel und die Herstellung oder auch den Vertrieb von Snuff-Filmen. Das Spiel scheint also den Verfall der sowjetischen Wirtschaft durchaus zu nutzen, um kritisch auf die Übernahme eines schrankenlosen Kapitalismus hinzuweisen, der sich nach dem Ende der Sowjetunion ausbreiten konnte.[85]

---

83   Vgl. Nutzer ‚ManiacMansionFan': The KGB File. A comprehensive analysis of the game KGB developed by Cryo and released in 1992 on PC and Amiga, URL: http://thekgbfile.50webs.com/index. html (Stand: 01.08.2020).

84   Vgl. Stefan Karner: Von der Stagnation zum Verfall. Kennzeichen der sowjetischen Wirtschaft der 1980er Jahre, in: Hans Jürgen Küsters (Hrsg.): Der Zerfall des Sowjetimperiums und Deutschlands Wiedervereinigung, Köln/Weimar/Wien 2016, S. 15–47, hier S. 24; Stephen G. Brooks/William C. Wohlforth: Economic Constraints and the Turn towards Superpower Cooperation in the 1980s, in: Olav Njølstad (Hrsg.): The Last Decade of the Cold War. From Conflict Escalation to Conflict Transformation, London 2004, S. 83–118.

85   Das ist eine Befürchtung und Einschätzung, die viele ehemals regimekritische Kräfte nach dem Zusammenbruch der Sowjetunion teilten. Vgl. Remnick, Lenin's Tomb, S. 533–542.

Die Befragungen durch die Vorgesetzten bzw. die Missionsberichte, denen sich die Spielenden als Agent des KGB zu stellen haben, ebenso die Dialoge, die geführt werden, versuchen die Hohlheit und Leere der offiziellen sowjetischen Sprache zu simulieren. Eine falsch gewählte Antwort bedeutet oft das Ende des Spiels. Das Ende der Sowjetunion ist in *KGB* somit auch als ein Ende der Herrschaft durch Sprache, letztlich also durch Ideologie markiert.[86] Insbesondere die letzte Szene, in welcher Gorbatschows Doppelgänger Protopopov die ihm von den Verschwörern eingepflanzten Worte, die sich an das sowjetische Volk hätten richten sollen, nunmehr nur zum Protagonisten und seinem Onkel spricht, erzählt davon:

„Comrades! It is with a heavy heart that I speak to you. My health, already weakened by years of selfless if misguided toil, has worsened considerably. I can no longer assume the functions of my office and must resign. The chaotic and reckless adventures of Perestroika and Glasnost, for which I accept shameful responsibility, have at least taught us this: only through communism can we hope to survive! The emergency committee of tried and trusted communist patriots who have generously accepted to replace me at the head of the Soviet Union expect full cooperation from all citizens. The time has come to root out unsocial elements and all enemies of the state! Death to imperialist warmongers!"

Der Gestus der Selbstkritik und die starre Sowjetrhetorik, welche die Figur Protopopov hier demonstriert, erscheinen seltsam hohl, nicht mehr zeitgemäß, das Unternehmen der Verschwörer also allein deshalb zum Scheitern verurteilt, weil sie nicht mehr die richtige Sprache finden können.

Grundsätzlich folgt *KGB* mit diesem Plot der Verschwörung der Nomenklatur und ihrem Plan, Gorbatschow durch einen Doppelgänger zu ersetzen, einer Motivik, die charakteristisch für die Zeit kurz vor und nach dem Ende der Sowjetunion war und die angesichts der Unwahrscheinlichkeit der Ereignisse eine skeptische Haltung einnahm.[87] Das Spiel verdeutlichte mit der Figur des Protopopov, wie unwahrscheinlich der Verlauf

---

86 Vgl. Boris Groys: Das kommunistische Postskriptum, Frankfurt am Main 2006, S. 7–15, 58f.; Lewada, Die Sowjetmenschen, S. 290–293. Vgl. auch Victoria E. Bonnell/Gregory Freidin: Televorot. The Role of Television Coverage in Russia's August 1991 Coup, in: Ronald Grigor Suny (Hrsg.): The Structure of Soviet History. Essays and Documents, New York, NY/Oxford 2014, S. 472–488, die anhand der sowjetischen Fernsehberichterstattung über den Putschversuch des Jahres 1991 das Ende des kommunistischen Regimes illustrieren.

87 Vgl. Paul Boyer: Fallout. A Historian Reflects on America's Half-Century Encounter with Nuclear Weapons, Columbus, OH 1998, S. 208–225, das eine Typologie der in der Populärkultur behandelten, potenziellen Bedrohungen nach dem Ende des Kalten Krieges enthält. Vgl. außerdem Lewada, Die Sowjetmenschen, S. 22f.

des Zusammenbruches der Sowjetunion war. Seine Worte, die zur kommunistischen Restauration aufrufen, verhallen zwar von der Öffentlichkeit ungehört, in der Leere des isolierten Kellerraumes, in dem die Spielenden ihn am Ende antreffen. Sie erinnerten aber auch daran, was hätte geschehen können.

Der Titel führte den Zusammenbruch der Sowjetunion aber nie explizit vor, was auch nicht möglich gewesen wäre, da das Spiel zu diesem Zeitpunkt bereits in der Endphase seiner Produktion war. *KGB* endet mit Protopopovs Worten, die im historischen Kontext zur Zeit der Veröffentlichung zu einer Aufforderung an die Spielenden wurden, sie in ihre Gegenwart zu extrapolieren. Erst in diesem Kontext handelte *KGB* zugleich vom Ende der Sowjetunion. Die Worte Protopopovs entwerfen einen alternativen Geschichtsverlauf. Es ist aber anzunehmen, dass die Spielenden zum Zeitpunkt der Veröffentlichung über den tatsächlichen Ausgang der Geschichte Bescheid wussten. Hier wird der Abschluss des Narrativs der Sowjetunion und damit des Kalten Krieges nicht, wie bei *Trinity*, mittels einer Schleife nahegelegt, sondern durch ein offenes Ende.

KGB transportierte also eine narrative Schließung in Bezug auf das Ende der Sowjetunion, obschon es dieses nie explizit zeigte. Das Spiel drehte sich um die Verarbeitung dessen, was in den letzten Monaten ihres Bestehens geschah, und es handelte, als ein frühes populärkulturelles Beispiel, bereits von der Beantwortung der Frage, was die Sowjetunion war und was nach dem Ende des Kalten Kriegs als Wettstreit der Ideologien kommen mochte. Der Cargo erzählt somit vom Kalten Krieg als Sieg des teils vulgären, teils moralisch fragwürdigen Konsumismus und Kapitalismus, auch von der Repression und schließlich von der Unhaltbarkeit der sowjetischen Ideologie und dem Versagen der Eliten des sowjetischen Staates. Vor dem Hintergrund des historischen Kontextes seiner Veröffentlichungszeit erweiterte sich der Cargo um den Aspekt, seinen Spielerinnen und Spielern zu ermöglichen, Sinn zu stiften, also aus dem Ende der Sowjetunion ein Narrativ zu generieren und den Kalten Krieg so zur Geschichte zu machen. Der Kalte Krieg als eine Auseinandersetzung der Ideologien war am Ende des Spiels also zu wenig mehr als leeren Worten aus dem Mund von Gorbatschows Doppelgänger geworden, die ganz ausgerichtet auf eine antizipierte historische Wirkung waren, für die der passende historische Zeitpunkt längst vergangen war.

9.4.3. *The Big Red Adventure, Zhadnost* und *Soviet Strike* – Computerspiele und das Ende des Kalten Krieges

Mit den Revolutionen des Jahres 1989 und dem darauffolgenden Zusammenbruch der Sowjetunion begann eine Phase der Unsicherheit in Bezug auf die Erklärung dieser Ereignisse und ihre möglichen Auswirkungen, zumal selbst die mit der Analyse der weltpolitischen Lage befassten Institutionen nichts in der Art vorausgesehen hatten.[88] Die historische Situation schuf einen Bedarf nach Erklärungen, nach Sinn, die von zügig reagierenden politischen Analysten wie Francis Fukuyama bedient wurde und Raum für entsprechende populärkulturelle Angebote ließ. Computerspiele zählten zu denjenigen populärkulturellen Produkten, die aus und mit den Ereignissen buchstäblich Sinn machten, also sich an der Herstellung von Geschichte nach ihrem vermeintlichen Ende beteiligten.

Der Zusammenbruch der kommunistischen Herrschaft in Europa und Russland erschien als Gegenstand in Computerspielen gemäß dem Status der Ereignisse als historische Zäsur, hauptsächlich unter dem Aspekt der Schließung. *Moscow 1993*, das bereits angesprochen wurde, definierte die Wende bzw. den Zusammenbruch der Sowjetunion beispielsweise als Ziel, auf das die Spielenden hinzuarbeiten hatten. Als polnische Produktion veranschaulicht der Titel zudem, dass Computerspiele sich offensichtlich bereits unter kommunistischer Herrschaft als kulturelle Ausdrucksform etablieren konnten und nach der Wende als Instrumente populärkultureller Sinnbildung zur Verfügung standen. *Franko: The Crazy Revenge* von 1994, ebenfalls eine polnische Produktion, ist ein weiteres Beispiel für diese Funktion von Computerspielen. Die Ereignisse von 1989 selbst wurden in ihm zwar nicht thematisiert, denn der sehr geradlinige Plot dreht sich um einen Rachefeldzug der Protagonisten. Das Spiel wurde allerdings in Bezug auf die Gestaltung der einzelnen Abschnitte und seine Mechanik bzw. Genrezuordnung als Medium der Verarbeitung der Ereignisse von 1989 bis 1991 bedeutsam.

Franko: The Crazy Revenge spielt in Polen, genauer in Szczecin (Stettin), in der Zeit unmittelbar nach den Ereignissen von 1989. Die Spielenden durchqueren die postsozialistische Stadt, dargestellt als eine Stadtlandschaft bestehend aus mit Graffitis beschmierten Plattenbauten, und treffen dabei auf allerlei zwielichtige Gestalten, die sich ihnen in den Weg stellen (vgl. Abbildung 54).

Die Architektur der Spielabschnitte spiegelte also die offensichtlich von den Entwicklerinnen und Entwicklern wahrgenommene Trostlosigkeit postkommunistischer Städte wider. Die heruntergekommen, teilweise verschmierten Häuserfassaden und die gewalttätigen Banden auf den Straßen zeichneten zudem ein Bild zusammengebrochener, gesellschaftlicher Ordnung. In diesem Zusammenhang ist das Genre des Spiels von Bedeutung. Der Titel ist den scrollenden Kampfspielen, den sogenannten

---

88 Vgl. Michael Cox: The 1980s Revisited or the Cold War as History – Again, in: Njølstad, The Last Decade of the Cold War, S. 3–28, hier S. 18–21; David Arbel/Ran Edelist: Western Intelligence and the Collapse of the Soviet Union. 1980–1990. Ten Years that did not shake the World, London/Portland, OR 2003, S. 296–312.

Abb. 54: Zentraler Spielbildschirm von
Franko: The Crazy Revenge

‚Brawlern‘, zuzurechnen, die den Spielenden die Aufgabe stellen, die Spielwelt zu durchqueren und unter Einsatz von Kampftechniken alle sich dabei in den Weg stellenden Gegner auszuschalten. Das Genre kann mit einiger Berechtigung als die Versoftung eines, vor allem in entsprechenden Actionfilmen wie *Dirty Harry* präsentierten Narratives der Selbstjustiz, kombiniert mit Einflüssen des Kampfsportkinos, gedeutet werden.[89] Brawler schaffen dadurch diskursive Anschlüsse an die Entwicklungen in US-amerikanischen Großstädten in den späten siebziger und frühen achtziger Jahren und hier insbesondere in New York. Das von ökonomischen und politischen Krisen geprägte Jahrzehnt der siebziger Jahre manifestierte sich in maroder und teilweise kollabierender Infrastruktur und von Straßengangs dominierten Stadtteilen.[90] Solche Szenarien urbanen Verfalls finden sich in der Spielarchitektur fast aller bekannten Beispiele des Brawler-Genres. *Franko: The Crazy Revenge* übersetzte diese Merkmale in das postsozialistische Polen und übernahm das Grundmuster des Zusammenbruchs oder Fehlens von Ordnung vor allem auch im moralischen und politischen Sinn, welche die Spielerinnen und Spieler mit ihrem persönlichen Rachefeldzug wiederherstellen. Computerspiele boten also in diesem Fall eine Formsprache an, um die unsichere Lage nach dem Zusammenbruch kommunistischer Herrschaft zu verdeutlichen und auf die Verlierer dieses Prozesses hinzuweisen.

Das von der italienischen Entwicklerfirma Dynabyte produzierte und erstmals 1995 veröffentlichte Spiel *The Big Red Adventure* warf ebenfalls einen kritischen Blick auf die Ereignisse von 1989 bis 1991. In dem Adventure dominierte allerdings ein insgesamt satirisch angelegter Darstellungsmodus. Der humoristische, deutlich überzeichnete audiovisuelle Stil wies zudem bereits auf eine gewisse nostalgische Haltung gegenüber sowjetischer Ästhetik hin. Typisch für *The Big Red Adventure* ist die Vermischung von sowjetischen bzw. russischen und kapitalistischen bzw. westlichen d.h. US-amerikanischen Begriffen der Konsumkultur. Dies führt zu Neuschöpfungen

---

89   Vgl. Harvey O'Brien: Action Movies. The Cinema of Striking Back, London/New York, NY 2012, S. 18–28.

90   Vgl. David Harvey: The Condition of Postmodernity. An Enquiry into the Origins of Cultural Change, Cambridge, MA/Oxford 1990, S. 145; Daniel T. Rodgers: Age of Fracture, Cambridge, MA 2011, S. 200f.

wie „Vodkacola", einem „Great Bear"
genannten Burger aus Bärenfleisch, der
Rockband „Rolling Soviets", der Fast-
food-Kette „McRomanov" usw. Die
Spielenden schlüpfen in die Rolle von
verschiedenen Figuren, und zwar in die
eines Meisterdiebes, eines Matrosen und
einer Opernsängerin, und arbeiten, mit
der für das Genre charakteristischen
Spielmechanik an der Vervollständigung
eines Narrativs durch die Lösung von
Rätseln. Alle drei sind aus unterschied-

Abb. 55: Screenshot der letzten Minute eines
Spieldurchgangs von *The Big Red Adventure*

lichen Gründen im postsowjetischen Russland gelandet, treffen schließlich im Ori-
ent-Express aufeinander und geraten in ein Komplott der alten sowjetischen Nomen-
klatura, das die Wiedererweckung Lenins mithilfe eines Wissenschaftlers vorsieht.
Die Spielenden begeben sich auf das Anwesen dieses Wissenschaftlers, wo sie Zeuge
werden, wie diese in der Inszenierung deutlich an den Frankenstein-Stoff angelehnte
Revitalisierung Lenins tatsächlich gelingt. Der ständig anwesende Assistent des Wissenschaftlers entpuppt sich schließlich als ein Talentscout des Fernsehsenders KGB,
der dem auferstandenen Lenin sofort einen Vertrag als Moderator einer Quizshow an-
bietet. Lenin nimmt mit folgenden Worten an: „My dear friend, after many years of
struggle I think I deserve too a bit of comfort…after all this capitalism is not so bad…
if you are rich!" Das letzte Bild des Spiels zeigt die Protagonisten auf einem Dromedar
Richtung Nahen Osten reitend. In nunmehr an das arabische und nicht wie zuvor an
das kyrillische Alphabet angelehnter Schrift ist schließlich als finaler Schriftzug „The
End?" zu lesen (vgl. Abbildung 55).

The Big Red Adventure lieferte mit seinem Plot und den zahlreichen satirischen Zwi-
schentönen also einen sehr spezifischen Rückblick auf die Transformationsprozesse in
postsowjetischen Gesellschaften. Das Spiel wählte, ähnlich wie *KGB*, eine dritte Position, die sich zwischen einer kritischen Sicht auf die Folgen der rapiden sozioökonomischen Umgestaltung nach der Wende und einer positiven Bewertung des Endes des
repressiven sowjetischen Regimes befand. Spielmechanisch blieb *The Big Red Adventure*
dabei weitgehend unauffällig und genretypisch, der Cargo konzentrierte sich im Wesentlichen an seinem Ende. Das Fragezeichen, mit dem der Schriftzug „The End?"
versehen ist, verschränkte die spielmechanisch angelegte Schließung eines Narrativs mit
der Frage, ob das Ende der Sowjetunion das Ende des (Kalten) Krieges bedeute. 1995,
dem Erscheinungsjahr, konnte diese Frage bereits angesichts des zweiten Golfkrieges
eindeutig verneint werden. Das Spiel erzählte das Ende der Sowjetunion und damit

des Kalten Krieges als Sieg des Westens, allerdings mit positiven wie negativen Implikationen. Die Distanz zu den Ereignissen ermöglichte hier eine Form der kritischen Reflexion und bereits eine Art nostalgischer Sowjetästhetik.

Das im selben Jahr wie *The Big Red Adventure* veröffentlichte *Zhadnost: The People's Party* nutzte die zeitliche Distanz zu den Ereignissen von 1989 auf ähnliche Weise. Es wurde exklusiv für die Konsole 3DO entwickelt, die versuchte, sich durch die Verwendung von CD-ROMs als Speichermedium und den Fokus auf interaktive Filme bzw. die Integration von Videosequenzen in die Spielarchitekturen als die im Multimediazeitalter beste Plattform zu etablieren. Diesem Prinzip folgend enthält *Zhadnost*s Architektur zahlreiche Videosequenzen, korrespondierte dadurch zudem mit dem zugrundeliegenden Spielszenario. Die Spielerinnen und Spieler nehmen in *Zhadnost* an einer Quizshow im fiktiven postsozialistischen Staat ‚Bizarnia' teil. Die zur Auswahl stehenden Figuren, die zu Beginn vorgestellt werden, entsprechen dabei Archetypen und westlichen Klischeevorstellungen der Bürgerinnen und Bürger realsozialistischer Gesellschaften. Es finden sich unter anderem eine Spitzenathletin, ein Kleinkrimineller und eine Wissenschaftlerin. Die Teilnahme an der Show geschieht unfreiwillig, denn die Kandidatinnen und Kandidaten wurden allesamt entführt und im Studio mit kompromittierenden Aufnahmen von Überwachungskameras konfrontiert, die ihre geheimen Träume enthüllen, welche sich allesamt um die Emigration in den Westen drehen. Sie treten in der Show an, um ihre Freiheit und die Möglichkeit zur Erfüllung ihrer Träume zu erlangen. Spielmechanisch ist *Zhadnost* relativ herkömmlich als Sammlung mehrerer kleiner Aufgaben gestaltet, die vor allem auf Reaktionsgeschwindigkeit setzen. Es ist darauf ausgelegt, von mehreren gespielt zu werden, wodurch sich in Bezug auf den Titelzusatz *The Peoples' Party* ein Wortspiel ergibt, das sich aus der Polysemie des Wortes party (= Feier oder politische Partei) ergibt. Aus der Partei des Volkes wird die Feier des Volkes, womit der Cargo bereits sehr treffend umrissen ist.

Noch deutlicher als *The Big Red Adventure* markierte *Zhadnost* die Eingemeindung sowjetischer und postsowjetischer Ästhetik in die Populärkultur bzw. in den Kanon populärkulturell geprägter Nostalgie. Besonders augenscheinlich wurde das im Intro des Spiels. Es zeigt eine Videosequenz in der die Quizshow *Zhadnost* beim Zappen entdeckt wird. Die anderen Sendungen, in die in dieser Sequenz für einige Sekunden Einblick gewährt wird, bestehen hauptsächlich aus Material, das aus den fünfziger Jahren stammen dürfte oder zumindest an die Ästhetik dieser Zeit angelehnt ist und die Paranoia der klassischen Phase des Kalten Krieges in den USA bedient. Auf diese kurzen Clips folgt eine Einführung in die Show *Zhadnost* und ihre Kandidatinnen und Kandidaten mit Verweisen auf staatliche Repression, Überwachung der eigenen Bevölkerung, Sprechverbote, schlechten Geschmack insbesondere in Bezug auf Kleidung, den Traum nach Freiheit und klischeehaft überhöhten typisch-amerikanischen Karrieren. Im Intro werden somit die US-amerikanischen fünfziger Jahre und die (post-)sowjetischen späten achtziger bzw. frühen neunziger Jahre zusammengeführt.

Diese Kombination bzw. die Einspielung von audiovisuellem Material der fünfziger Jahre, darunter auch Werbeclips, zieht sich durch das gesamte Spiel. Der darstellerische Modus dieses audiovisuellen Aspekts der Spielarchitektur ist die Collage, wobei wesentlich zu sein scheint, dass die Ästhetik, Visualität und das Zeichenrepertoire der Sowjetunion und des Ostblocks, inklusive derjenigen repressiven politischen Praktiken des real existierenden Sozialismus, die kurz zuvor noch Anlass zu ernsthafter Kritik gegeben hatten, nunmehr zu populärkulturell einsetzbaren Mustern und Formen der Nostalgie wurden. Das Spiel fand somit ebenfalls eine dritte Position und erzählte den Transformationsprozess postsowjetischer Gesellschaften aus kritischer Perspektive als emphatische und unhinterfragte Übernahme kapitalistisch-westlicher Prinzipien, hier in Form einer Fernsehsendung, die tieferliegende gesellschaftliche Reformen zugunsten der Erzeugung von warenförmigen Oberflächen umgeht. Im Spiel stehen hinter der schillernden Oberfläche der Show *Zhadnost* die alten, überwunden geglaubten Mechanismen politischer Repression. Das Format der Quizshow kann hier somit als Metapher für die neue Ordnung nach der Wende gelesen werden. Der Cargo des Spiels *Zhadnost* transportierte, wie auch *The Big Red Adventure*, eine potenziell kritische Sicht auf die These eines durch das Ende des Kalten Krieges erreichten ‚Endes der Geschichte‘. Die Spielarchitektur, welche die Show *Zhadnost* in eine lange Liste von Fernsehangeboten einreiht, implizierte die Aufnahme postsowjetischer Gesellschaften in eine globale Konsumkultur.

In *The Big Red Adventure* und *Zhadnost* war das Echo des Kalten Krieges nach seinem als ideologischer Sieg des Westens verstandenen Ende in Form wirtschaftlicher, kultureller und sozialer Konsequenzen zu vernehmen. Diese Form des Nachhalls des Kalten Krieges war in Computerspielen auch, wie bereits angedeutet, als Misstrauen gegenüber den politischen Transformationsprozessen in postsowjetischen Gesellschaften und insbesondere als Besorgnis über die Stabilität der fragilen neuen demokratischen Ordnungen zu verstehen.

Diese Unsicherheit teilten außerdem das 1996 veröffentlichte *Soviet Strike* sowie *Tom Clancy's Politika* von 1997, die beide damit ihrerseits die Eindeutigkeit eines Endes des Kalten Krieges in Frage stellten. In diesen Fällen sollten die Spielenden allerdings die neue, postsozialistische Ordnung bewahren. Insbesondere *Soviet Strike* mit seinem Szenario eines drohenden Staatsstreiches in Russland durch ehemalige kommunistische Kräfte setzte den Kalten Krieg unmittelbar fort. Das Ende der Sowjetunion bedeutete hier nicht automatisch das Ende des Kalten Krieges, denn dieser wurde nun unter dem Paradigma der Prävention des Rückfalls weitergeführt.

9.5. Geschichte zwischen Spekulation und Erinnerung

Computerspiele fungierten während des Kalten Krieges als Erinnerungsmedien des Kalten Krieges. Sie konzentrierten sich zum ersten auf die heißen Kriege der Epoche. Der US-amerikanische Einsatz in Vietnam stellte in der untersuchten Periode dabei das wohl am häufigsten behandelte Thema dar. In der US-amerikanischen populärkulturellen Diskussion des Konflikts fand in den achtziger Jahren eine Veränderung statt, die den auf die Traumata der Vietnamerfahrung konzentrierten Erzählungen eine Möglichkeit, den Einsatz US-amerikanischer Truppen in Vietnam zu rechtfertigen und als heldenhaft zu betrachten, zur Seite stellte. Diese Tendenz war selbstverständlich nicht absolut, aber relativ neu und spezifisch für die neokonservative Sicht der achtziger Jahre. Die rehabilitierende Stoßrichtung im Umgang mit der Thematik war der Populärkultur der siebziger Jahre noch weitgehend fremd gewesen. Von den Konflikten des Kalten Krieges scheint der US-amerikanische Einsatz in Vietnam am ehesten zu einem global bzw. transnational populärkulturell erinnerten heißen Krieg geworden zu sein, was vermutlich damit zusammenhängt, dass er zu einem Gutteil auch in den weltweit vertriebenen Kinofilmen Hollywoods diskutiert wurde. Andere Konflikte wie der Koreakrieg wurden populärkulturell selten, mitunter so gut wie gar nicht behandelt. Auch im Medium des Computerspiels trat der Vietnamkrieg als am häufigsten erinnerter Krieg hervor.

Wie für alle erinnerungskulturellen Debatten stellte sich für die Computerspiele mit der Vergangenheit der Epoche ebenso die Frage nach den Auslassungen und medialen Zurichtungen. Der Modus, den sie hierbei oft wählten und wählen, bestand in dem Versprechen des Wiederdurchleben-Könnens, also eines Reenactments historischer Situationen unter den Bedingungen der Medialität der Simulation, was zu dem mehr oder weniger ausgeprägten Anspruch eines Reenactments auf sachlicher Grundlage führte. Ähnlich wie bereits in Bezug auf das Undenkbare festgestellt wurde, versprachen Computerspiele eine sachlich neutrale Haltung, die es den Spielenden erlauben sollte, historische Situationen zu erleben. Was in diesen Versprechen zudem mitschwingen konnte, war die vermeintliche Wertfreiheit der Simulation. Gerade in Bezug auf die Erinnerung an den Vietnamkrieg erwiesen sich Computerspiele abermals als Medien, die in Aussicht stellten, einen dritten Weg, einen zwischen heroisierender Verklärung und weitreichender Kritik, einschlagen zu können.

Dieser Zusammenhang trat am deutlichsten in Computerkriegsspielen hervor. Er war grundsätzlich aber auch in zeitkritisch orientieren Spielen zu finden, in denen er mitunter dazu führte, dass sich bei Versoftungen von Referenzprodukten, die einer Antikriegshaltung folgten oder satirisch orientiert waren, mediale Übersetzungsschwierigkeiten ergaben. Etwaige Verweise, beispielsweise in den Spielanleitungen oder auf

den Verpackungen, wurden in den Fällen – das Beispiel *19 Part One: Boot Camp* hat
dies exemplarisch gezeigt – durch die Simplizität der Spielsysteme gebrochen, die mitunter der Notwendigkeit von Marktkonformität geschuldet gewesen sein mochten. Die
Zwischentöne eines Films, der Gewalt darstellte, um Gewalt zu kritisieren, vermochten
Computerspiele in der Regel nicht zu treffen. Oder es hätte der Kenntnis von Referenzprodukten auf Seiten der Spielenden bedurft. Ob diese vorhanden war, lässt sich weder
grundsätzlich annehmen noch ausschließen. In der Regel verharrte der spielmechanische Schwerpunkt in diesen Titeln in der Funktionsweise des Kampfes.

Schwierigkeiten ergaben sich außerdem in Bezug auf die Versoftung historischer
Ereignisse oder Epochen, die in Produktions- und Rezeptionsländern unterschiedlich
bewertet wurden. Bei aller Transnationalität der Computerspielkultur machten sich gerade in Bezug auf ihre Funktion als Medien der Erinnerungskultur teilweise nationale
Grenzen bemerkbar. Insbesondere in solchen Fällen trat hervor, dass sich Computerspiele einer politischen Beurteilung ihrer Inhalte nie völlig entziehen konnten. Die dem
Medium eigentümliche Mischung aus anarchischem Spiel und sachlicher Simulation
machte aber in vielen Fällen eine spezifische, für die Diskurse des Kalten Krieges neue
politische Position zumindest vorstellbar.

Computerspiele unterhielten zum zweiten ein Verhältnis zur Geschichte des Kalten
Krieges als eines spezifischen Verständnisses historischer Zeit. Der von Literatur und
Philosophie angesichts der Bedrohung durch Nuklearwaffen diagnostizierte Stillstand,
das Einfrieren historischer Zeit sprachen die sie ihrerseits an, indem sie, wie beispielsweise *Trinity*, mit den Mitteln der interaktiven Literatur darauf hinwiesen oder, wie
S.D.I., eine Form der kontrafaktischen, synthetischen Geschichte schrieben. Letzteres
bedeutete, dass Geschichte nicht, wie oftmals in Computerkriegsspielen, als Datengrundlage für die Simulation einer relativ engen, unmittelbaren Zukunft betrachtet
wurde, sondern als weitergefasste Extrapolation der historischen Zeit des Kalten Krieges als eingefrorene Zeit in die Zukunft. In diesen Fällen machte sich das Undenkbare
des Kalten Krieges als negative Größe geltend, indem es als Verhinderungsgrund historischen Fortschritts im modernen Sinn auftrat, der zugleich den Systemkonflikt auf
beiden Seiten entscheidend ideologisch stützte.

Computerspiele bestätigten diesen Befund der eingefrorenen historischen Zeit also,
traten aber auch im Sinne der Postmoderne als Medien der subjektiven Machbarkeit
von Geschichte auf. *Trinity* verwendete diesen Ansatz auf medial selbstreferentielle Art
und Weise, um zu einer Gegenwartsdiagnose zu gelangen. Durch die Arbeit an einer
Erzählung führten die Spielenden sich darin selbst, wie am Ende des Spiels offenbar
wird, an der Nase herum und geradewegs in die Leere der eingefrorenen Zeit, die der
Schriftsteller Martin Amis als ‚infinite fall‘ bezeichnete. Diese Arbeit an einer Erzählung, das Schreiben von Geschichte mittels Durchquerung und Handeln in einer Spiel-

welt, erlaubte es Computerspielen außerdem, die diskursive Figur einer eingefrorenen Zeit zu synthetisieren und damit spielen zu lassen.

Zum dritten verliehen sie dem Ende des Kalten Krieges und dem Zusammenbruch der Sowjetunion Sinn, indem sie sich um die Einnahme einer dritten Position zwischen Triumphalismus und nostalgischer Verklärung bemühten. Diese Position erlaubte es, sowohl einen kritischen Blick auf die kommunistische Herrschaft nach ihrem Ende zu werfen, als auch die Transformationsprozesse nach den Ereignissen von 1989 bis 1991 zu problematisieren. Vergleichbare Ansätze lassen sich unter den großen zeitgenössischen Produktionen der Populärkultur, soweit ersichtlich, nicht finden. Die bereits angedeutete diskursive Position, die sich über spielbare Sachlichkeit definierte, bestimmte auch in diesen Fällen und erlaubte mitunter relativ pointierte Aussagen über den Systemwechsel in den Ländern des Ostblocks bzw. der Sowjetunion. In diesem Kontext meldeten sich überdies osteuropäische Entwicklerinnen und Entwickler zu Wort und nutzten das Medium zur Reflektion der Vorgänge.

Insbesondere diejenigen Spiele, welche den Zusammenbruch der Sowjetunion thematisierten, erwiesen sich als relativ eng an ihren historischen Kontext gebunden. Entsprechende Titel erschienen nach 1991 bis zur Mitte der Dekade, in Variationen bis in die späten neunziger Jahre, etablierten aber, soweit ersichtlich, kein feststehendes Sujet. Ähnliches galt für Spiele mit der historischen Zeit des Kalten Krieges. Der Vietnamkrieg blieb hingegen, als am häufigsten in Computerspielen erinnerter heißer Krieg der Zeit, selbst nach dem Ende des Kalten Krieges ein fixer Bestandteil der in ihnen behandelten Konflikte.

10. Die Konstruktion des Kalten Krieges in Computerspielen – Von den Spielsituationen zum Kontext

Wie die vorangegangenen Beispiele demonstrieren, traten Computerspiele in der Phase des Zweiten Kalten Krieges in den interdiskursiven, von der Spezial- in die Alltagsebene und zurückreichenden Verbund von Institutionen und Akteuren der Wissensproduktion ein, der seinen Zeitgenossen den Systemkonflikt, d.h. die weltpolitische und damit zugleich ihre persönliche Lage erklärte. Zu Zeiten des wiedererstarkenden, dann abflauenden und schließlich endenden Kalten Krieges und seines unmittelbaren Nachspiels, vor allem aber im Kontext der Durchsetzung informationstechnologischer Neuerungen, die sich anschickten, sowohl die geopolitische Ordnung des Systemkonfliktes als auch die gesellschaftliche Ordnung bis hin zur Freizeitgestaltung zu prägen, entwickelten sich Computerspiele somit zu populärkulturellen Sinngebungsmedien.

In der Themenausgabe *Serious Games* von 2014 des deutschen Computerspielemagazin *Retro* berichtete Jan Claas von Treeck, einer der Autoren, unter dem Titel *Bunkermentalität* über die Erfahrung, die er mit dem Spiel *Red Storm Rising* zur Zeit seiner Veröffentlichung im Jahr 1988 gemacht hatte. Um seine damalige Situation zu charakterisieren, verwendete er das Bild des Bunkers und der Bunkermentalität, das er gleichermaßen auf die militärische Aufrüstung des Zweiten Kalten Krieges in der Bundesrepublik und die Situation in seinem Kinder- bzw. Jugendzimmer bezog:

„Ungeachtet elterlicher Anweisungen, doch endlich mal wieder was ‚an der frischen Luft' zu machen, bunkerte ich mich ein und passte mich so unbewusst geistig der realen Landschaft da draußen an. Wo meine Eltern noch die frische Luft imaginierten, fürchteten die anderen die kommende Verseuchung und den Fallout. Stubenhocker zu sein, war damit so etwas wie eine taktische Vorbereitung auf eventuell kommende Zeiten geworden."[1]

Für van Treeck scheint also ein direktes Verhältnis zwischen seiner damaligen Spielsituation und der Situation des Kalten Krieges der achtziger Jahre vorzuliegen. *Red Storm Rising* wird für ihn in diesem Fall als ein Spiel von vielen, zum Erinnerungsmedium der Situation des Kalten Krieges, der in ihm auch direkt als Spielsituation angesprochen wird:

---

1 Jan Claas van Treeck: Bunkermentalität: Red Storm Rising – Der Kalte Krieg als Ernstfall im Kinderzimmer, in: Retro. Computer – Spiele – Kultur, Nr. 32, 2014, S. 28f., hier S. 28.

„Bei ‚Red Storm Rising' starrt man nämlich wirklich die meiste Zeit auf den Bild-schirm, auf dem auch nur Bildschirme dargestellt werden, die Bildschirme von So-nar und ikonographisierter Schiffssteuerung – sozusagen totale realistische Isolation vom ‚echten' Kriegsgeschehen. Die Schreie der sterbenden Besatzungen blieben mir genauso erspart, wie sie den echten amerikanischen U-Boot-Besatzungen erspart worden wären, in ihren stählernen Röhren unter der Meeresoberfläche. Spielerische Simulation traf hier beeindruckend auf Realität, die im Falle des Kalten Krieges glücklicherweise nie eintrat, also nur beständig simuliert wurde, von den Militärs und von mir zu Hause vor dem Bildschirm. […] Dass man aber den ganzen Front-verlauf eben nicht beeinflusst, nur weil man mal eben einen mickrigen Konvoi im Nordmeer ausgeschaltet hat, ging mir bereits damals auf den sprichwörtlichen Keks. Aber das wurde wie die kreuzdämliche Introgeschichte von mir ignoriert. Ich ergab mich einfach der Simulationslogik der Einzelszenarien, versteckte mein Boot unter der sich permanent sonarabsorbierenden Thermalschicht, pirschte mich lautlos he-ran, löschte einen Russen nach dem anderen aus und trainierte mich selbst in mei-nem Kopf für den Krieg, der nie kam. Aber damit tat ich es ja eigentlich nur genauso wie alle anderen um mich herum. Irgendwie kam man damals vielleicht einfach zu selten raus aus dem Bunker.“[2]

Diese Betrachtungen und Erinnerungen weisen auf einige grundsätzliche Aspekte der Rolle von Computerspielen in der kulturellen Konstruktion des Kalten Krieges hin. Zunächst untermauert der Autor mit der Betonung des simulativen Charakters des von ihm gespielten *Red Storm Rising* die These einer spezifischen Stabilisierungs-phase und Medialität der Computerspiele, die sich von denen der Video- und digitalen Spiele abheben lässt. Damit wurde eine von etwa 1980 bis 1994 reichende Zeitspanne bezeichnet, in welcher der Heimcomputer als Spielplattform entdeckt, Computerspiele also in einer breiteren Öffentlichkeit zum Spiel erklärt wurden. Die entscheidende Be-sonderheit dieser Phase bestand darin, dass Computerspiele mit der Computersimu-lation und damit einer im zeitgenössischen Kontext brisanten und prägenden Wis-senstechnik spielen ließen. Wie die Ausführungen van Treecks zu *Red Storm Rising* verraten, konnte dieser Umstand in Bezug auf den Kalten Krieg besonders offen zutage treten, da hier der Eindruck einer Doppelung und damit einer augenscheinlichen und brisanten Realitätsnähe entstand. In der Computersimulation fanden Kalter Krieg und Computerspiel eine grundlegende Gemeinsamkeit. Spiele über den Kalten Krieg ver-sprachen auf dieser medialen Basis eine spielerisch lernende Sicht auf grundsätzliche Funktionsweisen und Zusammenhänge des Systemkonfliktes, ermöglichten aber zu-

---

2   Ebd., S. 29.

gleich Grenzüberschreitungen und selbst Tabubrüche. In dieser Weise lassen sie als historische Quellen Rückschlüsse auf das populäre Verständnis der Funktionsweisen der Computersimulation in Zeiten des Kalten Krieges zu bzw. prägten dieses Verständnis mit. Computerspiele folgten hierin den Konjunkturen des Systemkonflikts in seiner letzten Phase und trugen einerseits dazu bei, Motive zu stabilisieren, die auch aus anderen populärkulturellen Zusammenhängen bekannt waren. Andererseits etablierten sie kritische und kontroverse Sichtweisen auf den Kalten Krieg, die häufig eine medienspezifische Position des Dritten einnahmen, der gewissermaßen mit dem nüchtern sachlichen Blick der Simulation auf den Konflikt der Ideologien schaute.

Diese Position resultierte aus einigen formalen Besonderheiten, die der Medialität von Computerspielen geschuldet waren und die die in ihnen entstandenen Varianten des Kalten Krieges von denjenigen anderer populärkultureller Medien abhoben. Den Kalten Krieg in Computerspielen zu modellieren, hatte zunächst darstellerische, ästhetische Implikationen. Die analysierten Beispiele folgten dabei in ihrer Mehrzahl einer Logik der Intermedialität und der Remediation.[3] Manche der behandelten Spiele, wie etwa das eingangs erwähnte *Red Storm Rising* oder *The Fourth Protocol*, waren Teil eines sich über mehrere Medien erstreckenden Verbundes. Computerspiele etablierten neben diesen offensichtlichen inhaltlichen Verbindungen außerem tieferliegende funktionale Analogien zu anderen Medien, wie das Beispiel *Raid over Moscow* als Variation der Prinzipien des zeitgenössischen Actionfilms gezeigt hat. Sie remedialisierten zudem mit dem Kalten Krieg verbundene Kommunikations- und Militärtechnologien, wie ‚war rooms‘ und ‚control rooms‘, Massenmedien wie Zeitung und Fernsehen, welche die öffentlichen Diskurse der Epoche mitgetragen hatten, sowie bürokratische Regierungstechnologien und -medien. Insbesondere der letzte Aspekt führt zur Remediation von Graphen und Datenbanken, die es Computerspielen ermöglichte, die Ästhetik und Axiomatik und damit die diskursive Wirkung der Computersimulation bzw. des Computers als Arbeitsinstrument aufzurufen. Zudem ermöglichte die spezifische Medialität des Mediums, Graphen und Statistiken sowohl als authentifizierende bzw. autorisierende Elemente zu verwenden, d.h. auf ihre ikonische Wirkung zu setzen und sie auch als funktionale Elemente in die Spielsysteme einzubauen. In diesem Zusammenhang können Computerspiele auch als Simulationen von Simulationen betrachtet werden. Im weiteren Kontext anderer populärkultureller Deutungsangebote ergab sich in ihnen somit der für die Populärkultur wohl weitgehend neue bzw. überraschende Aspekt, sich

---

3 Vgl. Jens Schröter: Intermedialität. Facetten und Probleme eines aktuellen medienwissenschaftlichen Begriffs, in: montage AV. Zeitschrift für Theorie und Geschichte audiovisueller Kommunikation, Bd. 7, Nr. 2, 1998: Lust am Dokument, S. 129–154, hier S. 136–146; Jay David Bolter/ Richard Grusin: Remediation. Understanding New Media, Cambridge, MA 2000, S. 44–50.

als Spielerin oder Spieler mit Statistiken und Graphen vergnügen zu können. Die zahlreichen Brettkriegs- bzw. Brettrollenspiele hatten zwar zuvor schon ähnliche Möglichkeiten geboten, blieben jedoch in punkto Spielfluss und damit eben auch Vergnügen hinter den Computern mit ihrer Rechenkapazität zurück.

Dieser Aspekt wird durch die auf Prozessualität beruhende Medialität der Computerspiele nochmals zugespitzt, die sich in ihren Spielmodellen und dem Zusammenspiel von Modell und Architektur zeigt. Typisch ist hier die zuweilen produzentenseitig aktiv geschaffene Möglichkeit des spielerseitigen Weiterdenkens der durch die Spielmodelle demonstrierten Zusammenhänge und des Extrapolierens in die außerspielerische Realität. Die Spielenden waren aus dieser Perspektive immer auch zu einem gewissen Grad Produzentinnen und Produzenten.[4] Wenn Titel wie *Balance of Power* ihren Status als Simulationsspiele offenlegten und zu einer Auseinandersetzung mit der geopolitischen Realität des Kalten Krieges aufforderten, sprach daraus nicht zuletzt die an das Medium gerichtete Hoffnung, als pädagogische Instrumente des Lehrens und Lernens fungieren zu können. Augenscheinlich wird dieser Zusammenhang auch in *Trinity*, das eine Irritation hervorrufen wollte, die zur Schließung seines Narratives einlud. Die spezifische Medialität des Computerspiels machte es möglich, dass der Kalte Krieg in diesen Beispielen zu einer Frage wurde, auf welche eine Antwort gefunden werden musste. Im Vergleich mit anderen populärkulturellen Angeboten erwies sich der Begriff der Interaktivität hier als zentral. Ungeachtet all der Unzulänglichkeiten und uneingelösten Versprechen dieses Konzeptes waren die damit verbundenen Hoffnungen und Ängste nicht nur durch reine Anschauung oder Demonstration, sondern ebenso durch Handeln und persönliche Erfahrung lehren und lernen zu können, Alleinstellungsmerkmale der Computerspiele. Ähnlich der Proteste gegen die Brettspiele des Kalten Krieges, von denen befürchtet wurde, sie bereiteten auf den drohenden Nuklearkrieg vor, ruhte ein Großteil des problematischen, gleichwohl reizvollen Potenzials des Mediums in der Interaktivität. Zudem ereigneten sich Computerspiele in den Augen der Menschen damals gerade auf derselben technischen Infrastruktur wie diejenigen militärischen Kriegsspiele, in denen sich die Realitätsvergessenheit politischer und militärischer Entscheidungsträger auszudrücken schien.[5]

Computerspiele ermöglichten zudem die Einnahme einer spezifischen Position, die in Bezug auf die Handlungsmöglichkeiten die globale mit der subjektiven Sicht

---

4   Vgl. Henry Jenkins: Convergence Culture. Where Old and New Media Collide, New York, NY 2006, S. 251–270.

5   Vgl. Fred Krahulec: War Games im Fulda Gap, in: Neue Hanauer Zeitung, Sondernummer 1, 1983: Warum ausgerechnet Hessen: Hanau, Gelnhausen, Fulda, Giessen. Neue US-Militär-Strategien am Beispiel Ost-Hessen, S. 26f.; Dirk Cornelsen: Wo fängt die Waffe Computer an und wo hört sie auf?, in: Frankfurter Rundschau, 04.06.1984.

verschaltete. Sie modellierten somit eine medienspezifische Variante eines ‚closed world drama' des Kalten Krieges, die es unter anderem erlaubte, das Motiv des Einzelkämpfers, wie es aus zeitgenössischen Actionfilmen bekannt war, nahtlos auf eine globale Ebene hochzuskalieren, ohne die subjektive Position der Spielenden zu durchbrechen. Diese spezifische Art der Perspektivierung fand Anwendung insbesondere in Spielen, die das Regierungswissen des Kalten Krieges in Form des ‚Gouverntainment' verhandelten, wie in den Computerspielen mit der Militärtechnologie des Kalten Krieges.[6]

Eine solche Perspektive einzunehmen, wäre für andere populärkulturelle Darstellungsformen vermutlich nicht dramatisch genug gewesen. Populärkulturelle Szenarien eines dritten Weltkrieges wechselten mitunter wie im Roman *Red Storm Rising* zwar ebenfalls zwischen verschiedenen Schauplätzen und Charakteren, um ein Panorama zu entwerfen, selbst Filme wie *Threads* und *The Day After* gingen ähnlich vor. Die Dramatik wurde aber in diesen Fällen durch Einzelschicksale erzeugt, die in eine systemische Handlung eingewoben waren, der sie sich ausgeliefert sahen. Das dramatische Prinzip beruhte hier auf Ohnmacht und Handlungsunfähigkeit. Dem setzten Computerspiele eine Medialität und Dramaturgie der Handlungsfähigkeit entgegen, der vor dem Hintergrund der durch den Systemkonflikt bedingten militärischen Lähmung, diskursives Potenzial zukam. Die prozessuale Medialität der Computerspiele erlaubte so die Operationalisierung von Modellen und damit das Ausagieren von Prognosen. Militärtechnologien des Kalten Krieges, die, wie das behandelte Beispiel der F-19 oder das Raketenabwehrschild SDI, mehr oder weniger spekulativ waren, erhielten in Computerspielen einen operativen Möglichkeitsraum. Und die Eskalation des Systemkonfliktes als heißen Krieg zwischen den Supermächten zu spielen, erlaubte es an der synthetischen Geschichte mitzuschreiben, die letztlich auch die Archive derjenigen Institutionen füllten, die professionelle Kriegsspiele betrieben. Der Kalte Krieg erschien so im diskursiv durchaus auch problematischen Modus seiner Machbarkeit. Durch den Anschluss an bereits etablierte und erprobte Konventionen der Spielarchitekturen und -systeme konnten Computerspiele zudem dazu beitragen, Prognosen, Szenarien und spekulative Technologien zu plausibilisieren. Die Spielenden konnten auf diesem Weg zu einer Meinungsbildung gelangen, die nicht auf reiner Anschauung oder Erklärung beruhte, sondern versprach, aus eigenem Handeln und spielerischem Experimentieren zu resultieren. Dies wirkte sich wiederum potenziell auf das Selbstverständnis der mit der Kultur der Computerspiele verbundenen Akteurinnen und Akteure innerhalb

---

6   Vgl. Ramón Reichert: Government-Games und Gouverntainment. Das Globalstrategiespiel Civilization von Sid Meier, in: Rolf F. Nohr/Serjoscha Wiemer (Hrsg.): Strategie Spielen. Medialität, Geschichte und Politik des Strategiespiels, Münster 2008, S. 189–213, hier S. 195–209.

des Systemkonfliktes aus. Die Medialität dieses Mediums versprach einen Wissensvorsprung über die Funktionsweise des Systemkonfliktes.

Daraus resultierte eine diskursive Position, die sich als Modus oder Haltung der Sachlichkeit beschreiben ließe. In ihr drückte sich die Hoffnung und der Anspruch aus, durch Computerspiele ein leidenschaftsloses, neutrales Lehren und Lernen zu ermöglichen, beispielsweise zwar spielerisches, aber dennoch realweltlich relevantes Wissen über den Kalten Krieg als geopolitisches System zu generieren. Dass dabei, wie im angesprochenen Fall *Balance of Power*, auch widersprüchlich erscheinende Positionen wie z.B. die Antikriegshaltung und der Rekurs auf die politischen Ideen Henry Kissingers in einem Spielsystem vereint werden konnten, bringt den Aspekt Machbarkeit und Sachlichkeit gerade zum Ausdruck. Zentral war hier das Versprechen, mit und in Computerspielen eine Sicht auf die Funktionsweise eines Gesamtsystems erhalten zu können, die wiederum erlaubte, ein Verständnis dieses Systems, in diesem Fall des Kalten Krieges, zu entwickeln.

An dieser Stelle machte sich überdies der Spielcharakter der Computerspiele geltend, der potenziell kontroverse Diskurspositionen ermöglichte. In der außerspielerischen Realität heftig diskutierte Fragen, wie die Einsetzbarkeit von Nuklearwaffen, schienen sich durch einen expliziten Rekurs auf den Spielcharakter entschärfen und damit ermöglichen zu lassen. Die diesbezüglichen Verweise, die in einigen Spielhandbüchern, vor allem von Computerkriegsspielen, zu finden waren, sprachen in Bezug auf den Nuklearkrieg typischerweise von einem Spiel, das niemals in der Realität gespielt werden dürfe.

Der Modus der Sachlichkeit und das Versprechen der Realitätsnähe funktionierten aber auch als Werbefaktor und authentifizierendes Element für eindeutig als fiktional markierte Spielinhalte. Hier schließt sich ein weiterer Aspekt an, der die Position der Spielenden im Prozess der Verschränkung von Spiel und Ernst betrifft und sich als Verteilung von moralischer Verantwortung beschreiben ließ. Insbesondere in den Handbüchern von Computerkriegsspielen hinterließen die Entwicklerinnen und Entwickler mitunter ausführliche Offenlegungen der Vorannahmen und Verfahren, auf denen ihre Spielmodelle basierten. Der verantwortungsvolle Umgang mit den derart transparent gemachten Spielsystemen, die somit gleichermaßen als Erkenntnismittel verstanden werden konnten, wurde typischerweise schließlich in die Hände der Spielenden gelegt. Diese Strategien der verteilten Verantwortung funktionierten aber nicht immer reibungslos. Die konkrete Anklage lautete in der Regel, dass Computerspiele ihre Nutzerschaft und damit, wie in den meisten Fällen angenommen, Kinder und Jugendliche, aktiv auf den Ernstfall der nuklearen Auseinandersetzung vorbereiteten.

Was diesen Aspekt betraf, befanden sich so unterschiedliche Akteure wie die in der DDR erschienene Zeitschrift *Funkamateur* und die westdeutsche Bundesprüfstelle für jugendgefährdende Schriften in ansonsten vermutlich eher seltener harmonischer Übereinstimmung. Unter der Überschrift *„Krieg der Sterne" in der Kinderstube* hielt ein Autor im *Funkamateur* fest:

„Mit den Telespielen auf Video wird der Krieg in unterhaltsamen Formen in die Privatsphäre des Alltags gebracht. Wer von klein auf so dressiert wird, der soll erst gar nicht auf den Gedanken kommen, beispielsweise die Friedensvorschläge der Sowjetunion und der anderen sozialistischen Länder zu erfassen. […] Spielzeugperversionen haben bei uns keinen Platz und es wäre besser, sie hätten auch in der BRD keine Konjunktur."[7]

Als Illustration wählte der Artikel ein Bild der Verpackung des Spiels *Theatre Europe*, das, den abschließenden Wunsch des Autors berücksichtigend, in der BRD indiziert worden war. Die BPjS hielt im dazugehörigen Bescheid fest: „Krieg sei zu einem Spiel verkommen, bei dem es lediglich um taktisch-strategische Überlegungen gehe. Maßstäbe jugendlicher Spielanwender müßten dadurch zwangsläufig in Mitleidenschaft gezogen werden."[8] Im Zentrum der Kritik stand also die durch Computerspiele vermutete Verharmlosung ernster Zusammenhänge. Dies schloss an die häufig vorgebrachten Vorwürfe an, militärisch-politische Entscheidungsträger würden ‚nur Spiele spielen', die implizierten, eine der Realität enthobene Führungsschicht treffe ihre Entscheidungen mithilfe artifizieller Instrumente und damit ohne Rücksichtnahme auf die reale Lage der Bevölkerung. Angesichts der atomaren Situation schien es, mit Günther Anders gesprochen, moralisch verwerflich, vielleicht sogar frivol, davon auszugehen, ‚nur' zu handeln, in diesem Fall ‚nur' zu spielen.

Die Kontroversen entspannen sich ebenso rund um die Gefährlichkeit des Spiels zu Zeiten seiner Herrschaft als militärischem Paradigma. Die Vorwürfe gingen implizit also davon aus, dass Computerspiele tatsächlich relevantes Wissen vermitteln konnten. Ohne diese Annahme wäre die vermutete spielerische Verharmlosung schließlich nicht so problematisch gewesen.

Während solche Reaktionen im Fall der angeführten Institutionen und Medien vielleicht zu erwarten waren, fanden sich ähnliche Haltungen außerdem in Rezensionen von Fachmagazinen, wobei dabei vor allem deutsche Magazine und hier wiederum die Publikation *Aktueller Software Markt* durch eine relativ hohe Kritikbereitschaft für sensible Spielinhalte hervortraten. Das mag zum einen mit der Tatsache zusammenhän-

---

7   E. Halentz: Krieg der Sterne in der Kinderstube, in: Funkamateur, Nr. 11, 1986, S. 533.
8   BPjS, Entscheidung Nr. 2675 (V) vom 26.09.1986, bekanntgemacht im Bundesanzeiger Nr. 181 vom 30.09.1986, S. 3.

gen, dass man sich in Deutschland auf dem zentralen Schlachtfeld eines hypothetischen dritten Weltkriegs befand, es könnte aber ebenso gut eine indirekte Folge der Praxis der Indizierung und, ganz allgemein, des unbestimmten gesellschaftlichen Status von Computerspielen gewesen sein. Dieser Zusammenhang erscheint insofern plausibel, als sich die Fachmagazine darum bemüht haben könnten, Ernsthaftigkeit und moralische Gefestigtheit zu demonstrieren, um Computerspiele kulturell zu nobilitieren.

Auch in diesen Diskussionen bot der Rekurs auf den Spielcharakter die Möglichkeit, kontroverse Diskurspositionen einzunehmen. In der Zeitschrift *Aktueller Software Markt* entspann sich beispielsweise rund um das Spiel *Silent Service* eine sich über mehrere Ausgaben erstreckende Diskussion, die sich genau um diese Frage drehte. Den Auftakt bildeten zwei Leserbriefe, die zum einen die allzu subjektive Rezension des im Zweiten Weltkrieg angesiedelten Spiels zunächst folgendermaßen kritisierten: „In einem Spieletest möchte man schließlich etwas über das Spiel erfahren, nicht über die Meinung des Autors und dessen Hintergründe."[9] Danach setzten sie anhand dieses Beispiels zu einem Generalangriff auf die gesamte Blattlinie an: „Ihr scheint ja eine krankhafte Abneigung gegen sogenannte ‚Kriegsspiele' zu haben […] Eine objektive Berichterstattung ... wäre für die Zukunft dringend angebracht, und ihre Voreingenommenheit sollten Sie bei den nächsten Tests bitte herauslassen!"[10]

Die unmittelbare Reaktion auf diese Vorwürfe bestand aus einer Verteidigung von einem Teil der Leserschaft,[11] worauf als Antwort eine Argumentationslinie verfolgt wurde, die auf die Medialität des Computerspiels rekurrierte, um problematische, in diesem Fall kriegerische Inhalte zu rechtfertigen:

> „Krieg ist schlimm, das wissen Sie so gut wie ich. Trotzdem finde ich es auf der einen Seite schwachsinnig, über Kriegsspiele herzufahren und dann auf der anderen Seite noch Actiongames zu spielen […]. Ich jedenfalls spiele Kriegssimulationen (ich betone: Simulation) ‚gerne', d.h. genauer: Sie interessieren mich, denn ich interessiere mich für den 2. Weltkrieg."[12]

> „Seit man sich zurückerinnern kann, befindet sich Kriegsspielzeug in den Kinderzimmern. Früher waren es Holzschwerter und Zinnsoldaten. Diesen Platz hat jetzt der Computer übernommen."[13]

---

9   Rainer Duvel: Kriegerisches, in: Aktueller Software Markt, Nr. 2, 1987, S. 21.
10   Ebd.
11   Vgl. Reinhard Brumm: Kriegsspiele, in: Aktueller Software Markt, Nr. 4, 1987, S. 20; Jürgen Henning: Krieg kaum als Spielthema geeignet, in: Aktueller Software Markt, Nr. 4, 1987, S. 21.
12   Bernd Brämer: Thema: Kriegsspiele, in: Aktueller Software Markt, Nr. 5, 1987, S. 21.
13   Michael John: Die Finger davon lassen, in: ebd.

Computerspiele erlaubten also den Rekurs auf die Medialität der Simulation, die Betonung, dass die Spiele nur zeigen würden, wie es wirklich ist, als Ausweg aus potenziellen moralisch-politischen Dilemmata. Der Verfasser des oben zitierten Leserbriefes kann seine Vorliebe für Kriegsspiele über den Zweiten Weltkrieg so mit seinem Interesse an der Materie rechtfertigen. Und auch aus den eingangs zitierten Erinnerungen an *Red Storm Rising* spricht ein ausgeprägtes Bewusstsein für die Simulation als Teil der Medialität des Computerspiels. Wenngleich in diesem Fall die rückblickende Konstruktion nicht auszuschließen ist, tritt hier dennoch der Simulationscharakter als Ermöglichung problematischer Diskurse des Kalten Krieges auf.

Zwar nimmt Deutschland aufgrund der Praxis der Indizierung von Computerspielen eine internationale Sonderstellung ein, doch gab es auch in anderen Ländern Reibungen entlang ähnlicher Diskussionspunkte. Das Beispiel der britischen Rezeption des Spiels *Theatre Europe* hat das diesbezügliche Potenzial von Computerspielen angedeutet. In der Ausgabe vom Februar 1985 der britischen Zeitschrift *Computer + Video Games* finden sich überdies einige Leserbriefe zu dem sehr kontrovers aufgenommenen Spiel *Raid over Moscow*, die ebenfalls Rückschlüsse auf die Rezeption zulassen. Die kritischen Stimmen empörten sich dabei hauptsächlich über die Verharmlosung des Nuklearkrieges. Eine andere Person vermerkte unter dem Pseudonym *Sauron* beispielsweise: „What a nasty little number! The horrors of the nuclear holocaust all in the name of good fun. […] I myself have played it and I think I'll stick to torturing Hobbits if I feel like a bit of fun."[14] Sie wies mit dem Kunstgriff seines bzw. ihres Pseudonyms darauf hin, dass Gewalt und Krieg im Bereich des Fantastischen verbleiben sollten. Eine andere fand in Bezug auf eine Werbeanzeige für *Raid over Moscow* noch eindeutigere Worte:

„I'm sorry – that sort of trash I can do without… and to think that a few years ago I used to think that a war with the Communists was totally unthinkable and that Western governments were concerned with finding any sort of peaceful solution. Now it seems that War is inevitable… and we're preparing for it… and preparing our children too! BUT NOT MINE!"[15]

Anhand dieser Einschätzungen lässt sich das spezifisch kontroverse Potenzial der Computerspiele des Zweiten Kalten Krieges nochmals klar herausstellen. Eine bloße Werbeschaltung konnte demnach dazu veranlassen, Gedanken über die weltpolitische Lage und den Aspekt des Lehrens und Lernens problematischer Inhalte anzustellen. In

---

14 Sauron: The Horrors of the Holocaust, in: Computer and Videogames, Nr. 40, 1985, S. 5.
15 Jeff Stones: What will it do for peace?, in: ebd.

Kontrast zu diesen kritischen Äußerungen fand sich in derselben Ausgabe nun ein weiterer Leserbrief, der den Rekurs auf den Spielcharakter zur Rechtfertigung nutzte: „A brilliant game should not be marred by comments about whether it is questionable or not. You really must put a game and reality into their own perspective."[16] Indem durch den Verweis auf den Spielcharakter die inhaltliche von der spielerischen Ebene bewusst abgekoppelt wurde, entstand hier diskursiver Raum für kontroverse Thematiken. Dass es sich ‚nur' um ein Spiel handelte, war in solchen Positionen unausgesprochene Voraussetzung.

Der Kalte Krieg war dabei nur eines von vielen Tabus, mit denen Computerspiele spielen ließen und lassen. Vor allem die zahlreichen rechtsextremen Inhalte verwiesen auf die entsprechende Problematik. Als Reaktion auf einen Artikel über rechts- und linksextreme Spiele in der Zeitschrift *Aktueller Software Markt* behauptete ein anonymer Leser, der sich selbst als „a former member of EXACT" vorstellte, vermutlich eine Gruppe in der Cracker-Szene, die das im Artikel angesprochene Spiel *Kohl Diktator* entwickelt hatte, dass der politische Inhalt dieses Spiels nur ein Vehikel sei, um Aufmerksamkeit zu erregen:

> „wie Sie gesehen haben liegen Sie sehr daneben mit ihrer Vermutung, ‚daß hinter den <professionellen> Spielen Gruppen stehen, die bewußt politische Meinung machen wollen.' Nein, es sind Lamer, die an die Spitze in der Szene wollen, da sie es nicht durch schnelle Cracks usw. packen. […] Alle linken und rechten Games, die ich kenne, wurden von Lamer-Gruppen gecodet!"[17]

Aus solchen Positionen schien ein Echo der Hacker-Ethik vernehmbar, insbesondere der Aspekt der Meritokratie, der sich primär an der Praxis als moralischer Richtschnur orientierte.[18] Im Anschluss an diese Äußerung wird, mit allen Vorbehalten bezüglich der Erfassung der Wirkung und Rezeption von Computerspielen, prinzipiell denkbar, dass die Medialität der Computerspiele nicht nur grundsätzlich kontroverse Positionen ermöglichte, sondern es mit und in ihnen auch möglich wurde, in Bezug auf den Kalten Krieg, Vergnügen am Tabubruch und der Provokation zu empfinden.[19]

---

16 Andrew Wyles: The graphics are great anyway, in: ebd.

17 A former member of EXACT: Rechts- und linksextremistische Software, in: Aktueller Software Markt, Nr. 7, 1989, S. 19. Anzunehmen ist, dass Lamer eine vom englischen Wort ‚lame' abgeleitete Bezeichnung ist.

18 Vgl. Steven Levy: Hackers. Heroes of the Computer Revolution, Sebastopol, CA 2010, S. 27–39.

19 Systematisch nachzuvollziehen, wie die betreffenden Spiele ankamen, war aus mehreren Gründen nicht möglich. Schriftliche Zeugnisse über die damaligen Spielerfahrungen sind eine Seltenheit, Erinnerungen wie die eingangs zitierten Passagen bleiben eher rar. Aufgrund der Schnelllebigkeit der technischen

Was sich dennoch halbwegs gesichert sagen lässt, ist, dass sich die Grenzen des Darstellbaren bzw. Spielbaren der Computerspiele über den Kalten Krieg während des Zweiten Kalten Krieges als alles andere als ausverhandelt erwiesen. Entscheidend für die interdiskursiven Positionen scheint aber, dass sie gleichzeitig sub auspiciis ludis und simulationis eingenommen wurden. Mit Claus Pias ließe sich also von der Popularisierung der Episteme der Simulation mithilfe von Computerspielen sprechen, die sich für den kleinen Teilbereich der Spiele über den Kalten Krieg als eine spezifische Haltung in einem politisch-populärkulturellen Diskurs manifestierte.[20]

Für die Darstellung des Kalten Krieges ergaben sich in einem weiter gefassten Kontext hieraus mehrere charakteristische Aspekte. Computerspiele waren einmal Produkte der beginnenden Globalisierung der achtziger und neunziger Jahre. Es scheint, als hätte es in der Übernahme und Verarbeitung der Motive des Kalten Krieges in diesem Medium prinzipiell keine scharf gezogenen nationalen Grenzen gegeben. Allerdings muss bedacht werden, dass nicht alle hier behandelten Spiele weltweit veröffentlicht wurden, teilweise also nur in ihrem jeweiligen Produktionsland auf den Markt kamen. In Deutschland wurden einige der betreffenden Titel indiziert, waren also nicht offiziell erhältlich. Dennoch verschafften sich Interessierte häufig durch die Praktik des Raubkopierens Zugang. Der Kalte Krieg in Computerspielen war somit eine durchaus globale Angelegenheit mit kulturellen Transfers, aber ebenso mit Kontroversen.

Dieser Aspekt zeigte sich nachdrücklich bei Spielen, die – sogar schon vor dem Zusammenbruch der Sowjetunion – als Erinnerungsmedien des Kalten Krieges fungierten. Dabei ist im Untersuchungszeitraum ein Fokus auf diejenigen heißen Konflikte festzustellen, die vor allem für einen US-amerikanischen Kontext Bedeutung besaßen. Wie betont, stellte der Vietnamkrieg ein dominantes Motiv dar. Da die entsprechenden Titel nicht ausschließlich in den USA produziert worden waren, sich aber oftmals, wie beispielsweise die Versoftung des Films *Platoon*, an US-amerikanischen Vorbildern orientierten, kamen Eigenes und Fremdes hier in ein dynamisches Verhältnis. Britische Produktionsfirmen entwickelten Spiele über den Vietnamkrieg, eine japanische Firma veröffentlichte eines über Che Guevara, das für den westlichen Markt entschärft wurde, indem der südamerikanische Revolutionskämpfer zum Söldner umfunktioniert wurde. Die Titel folgten in der Regel aber Darstellungskonventionen und spielmechanischen Prinzipien, die einem globalen, oftmals US-amerikanisch geprägten Muster entsprachen. Konkret bedeutete dies, dass sie sich in der Mehrzahl auf die Perspektive der

---

Grundlagen erschwert die zeitliche Distanz zudem die Rekonstruktion der damaligen Spielsituationen. Und vor allem gilt für Computerspiele wie für andere Medien eine prinzipielle subjektive Offenheit der Rezeption, ein Aspekt der durch die spezifische Medialität des Computerspiels, die jeden Durchlauf ganz bewusst zu einem persönlichen Erkenntnisprozess macht, noch verstärkt wird.

20 Vgl. Claus Pias: Computer.Spiel.Welten, 2. Aufl., Zürich 2010, S. 306–309.

US-amerikanischen Soldaten und den Kampf im Dschungel konzentrierten und diesen spielmechanisch mit den Mitteln der gängigen Action- oder Kriegsspiele umsetzten.

Genau deswegen ergaben sich, wie am Beispiel *19 Part One: Boot Camp* gezeigt werden konnte, insbesondere in Bezug auf Versoftungen von Romanen, Filmen oder in diesem Fall einer Musikvorlage, teils paradoxe Spielsituationen, in welchen die Grundintentionen der Vorlagen nicht adäquat umgesetzt werden konnten bzw. durch die Spielprinzipien unterlaufen wurden. Insbesondere Antikriegshaltungen und satirische Positionen erwiesen sich mit den kommerziell etablierten Formeln der Spielgestaltung nicht oder nur eingeschränkt kompatibel. Hier zeigt sich die bereits beschriebene spezifische diskursive Position der Computerspiele in der kulturellen Konstruktion des Kalten Krieges. Ihr Versprechen und ihre Strategie bestanden aus auf Daten gestützter gesicherter Spekulation, die sich selbst nicht als normativ, sondern deskriptiv verstand. Darin fanden Computerspiele sowohl ihren Reiz als auch ihre Zuflucht.

Der Kalte Krieg in Computerspielen führte die Diskurse um ‚push-button warfare‘, also der ferngesteuerten Kriegsführung und der damit verbundenen Bedenken und Fantasien, auf dieser spezifischen Grundlage in die Populärkultur ein. Die Durchsetzung der Informationstechnologien hatte die Befürchtung genährt, dass die politisch-militärische Entscheidungsfindung an Maschinen delegiert werden könnte, die entweder in ethischer oder kreativer Hinsicht inhuman agieren und damit geopolitische Krisen auslösen könnten. Der Film *WarGames* lieferte eine populäre Mustererzählung eines solchen Szenarios. Computerspiele funktionierten in solchen Diskursen als Metamedien, die eine Versöhnung mit militärischer Computertechnologie transportieren konnten. Ihnen stand die Option zur Verfügung das schlichte Funktionieren von Technik in den Vordergrund zu rücken. Den spekulativen Szenarien anderer populärkultureller Angebote, die während des Zweiten Kalten Krieges im Kontext von Technikspionage und technischen Innovationen entstanden, waren sie dabei nicht unähnlich. Während diese die Technologien aber zumeist als bloße dramatische Elemente einführten, konnten sich Computerspiele auch primär um die technischen Artefakte drehen.

Der Kalte Krieg wurde in diesem Medium somit zu einem Möglichkeitsraum, einem Betätigungsfeld für spielerische Operationalisierungen von Technologie. In und mit Computerspielen wurden spekulative Militärtechnologien der Epoche operationalisiert und plausibilisiert. Die betreffenden Titel erhielten ihre Attraktivität dadurch, dass sie Zugang zu geheimem Wissen versprachen bzw. Geheimprojekte wie die F-19 und SDI als steuer- und spielbare und damit real existierende Technologien in die Populärkultur einführten. Auf ähnliche Art halfen sie ein populärkulturelles Bild über die Arbeit der Geheimdienste zu erzeugen. Ihre Medialität bot sich dafür an, den Einfluss der Informationstechnologie auf die Geheimdienstarbeit zu veranschaulichen und mit dem klassischen Bild des Spions als Frontkämpfer des Kalten Krieges zu versöhnen.

Mit diesen Operationalisierungen von Technik reflektierten Computerspiele die historische Dynamik des beobachteten Zeitraumes. Die erneute Détente ab der zweiten Hälfte der Dekade zeigte sich unter anderem daran, dass gegen Ende der achtziger Jahre begannen, sowjetisches Militärgerät in den Mittelunkt zu stellen und damit einzugemeinden. Spiele wie *Hacker II* verdeutlichen hingegen die Reaktion der Geheimdienstspiele auf den etwa Mitte der Achtziger einsetzenden Wandel. Geheimdienstarbeit erscheint darin als von staatlichen Institutionen entkoppelt, die sich, vor allem angesichts der Dominanz der Informationstechnologie, an private Spezialistinnen und Spezialisten wenden müssen, um eine terroristische Bedrohung des geopolitischen Gleichgewichtes des Kalten Krieges abzuwehren. Im Spielszenario von *Hacker II* trat mithin auch ein ganz grundsätzliches Merkmal der populärkulturellen Reaktion auf die Entspannung und in weiterer Folge auf die Ereignisse der Jahre 1989 und 1991 hervor. Es bestand darin, dass nicht mehr die USA oder die Sowjetunion als Hauptkontrahenten fungierten, sondern eine dritte, gewissermaßen privat agierende Partei, welche die internationale Ordnung bedrohte, als feindliche Macht auftrat. Der Kalte Krieg erschien hier als eine Form des Friedens, als zu bewahrende Kooperationsleistung der Supermächte. Zum anderen erlangten Informationstechnologien in *Hacker II* eine im Vergleich zum Musterbeispiel *The Fourth Protocol* nochmals größere Relevanz für das Verständnis praktischer Geheimdienstarbeit, eine Tendenz, die sich in späteren Spielen wie *The Cardinal of the Kremlin* fortsetzte und festigte. Letzteres Beispiel war zwar noch, wie die Romanvorlage, auf der es basierte, fest in der Logik des Kalten Krieges verankert und damit in seinem Erscheinungsjahr 1990 beinahe als anarchronistisch zu bezeichnen. Der Fokus auf die Informationstechnologien der Geheimdienstarbeit, der in *Cardinal of the Kremlin* durch die Perspektivierungsmöglichkeiten des Mediums verstärkt wurde, verwies jedoch zugleich auf grundsätzliche Entwicklungen und Tendenzen globaler Überwachung, die in Bezug auf die Geheimdienstarbeit in Computerspielen, wie in der Realität, bereits über den Kalten Krieg hinauswiesen.

Während Film, Fernsehen, Radio und Literatur fest in das Geflecht des Systemkonfliktes verwoben waren und beinahe untrennbar damit verbunden schienen, konnten Computerspiele im Ansatz also schon auf die politischen Umstände eines Zeitalters nach dem vermeintlichen Ende der Ideologien verweisen. Einigen Initiativen aus dem Umfeld der Friedens- und Abrüstungsbewegungen nicht unähnlich, bemühten sie sich um eine diskursive Position des globalen Blicks.[21] Das Resultat war allerdings, soweit ersichtlich, nicht ethisch-normativ, sondern sachlich-analytisch. Computerspiele lieferten damit eine Sicht auf die Welt, die einer populärkulturellen Variante von Panajotis Kondylis Konzept der planetarischen Politik entsprach. Sie sollten die Regierung auf

---

21 Vgl. Daniel Cordle: Late Cold War Literature and Culture. The Nuclear 1980s, London 2017, S. 19.

globalem Maßstab mit Fluchtpunkt auf die Spielenden an den Hebeln der Macht ermöglichen und die Spielenden nachvollziehen lassen, wie das System der Weltpolitik
funktionierte. Selbstverständlich verbargen sich hinter der zur Schau gestellten sachlichen Haltung zahlreiche Vorannahmen. Das Spiel *Crisis in the Kremlin* demonstrierte
dies mit seinem notwendig zur Krise hinziehenden Spielsytem ebenso wie das allerdings
ungleich selbstreflektivere *Balance of Power*, das einen bewussten Rückgriff auf die politische Lage der siebziger Jahre machte. *Balance of Power* entfaltet seine ganze Brisanz
und seinen Cargo im Grunde also nur, wenn auf den historischen Kontext seiner Entstehungszeit geblickt wird. Die Politik der Dètente der siebziger Jahre erschien vor dem
Hintergrund des Zweiten Kalten Krieges als ein erstrebenswerter Zustand des geopolitischen Gleichgewichts. Das System des Kalten Krieges mit politischen Mitteln durchbrechen und damit überwinden zu können, wie es die Friedensbewegungen durchaus
forderten, war dabei aber scheinbar nicht vorgesehen. Das Ende des Kalten Krieges
bedeutete in *Balance of Power* automatisch die Katastrophe. Das Spiel bewegte sich damit im Konsens der gängigen politischen Prognosen der Zeit, die in ihrer Mehrzahl den
Zusammenbruch der Sowjetunion nicht antizipiert hatten. Auch in Computerspielen
mit der historischen Zeit des Kalten Krieges, wie beispielsweise dem Spiel *Trinity*, erschien er als eine unüberwindbare Epoche im historischen Sinn. Wie *Balance of Power* entfaltete es seinen Cargo am eindrücklichsten, wenn die nukleare Bedrohung des
Zweiten Kalten Krieges beim Spielen mitgedacht wurde. Die in *Trinity* angewandten
erzählerischen Strategien der Selbstreferentialität erinnerten dabei an den postmodernen Umgang mit Geschichte. Die atomare Situation fror in solchen Beispielen die historische Zeit gewissermaßen ein. Eine Zukunft nach dem Einsatz von Nuklearwaffen
ließ sich, wie in analogen Szenarien populärer Filme und der Science Fiction-Literatur,
wenn überhaupt, dann nur als kollabierte Zivilisation denken. Das historische Narrativ
des Kalten Krieges, seine große Erzählung, galt somit ebenso in den Computerspielen
durchaus als statisch und damit aufgehoben. Die Spiele wendeten dieses postmoderne
Prinzip allerdings produktiv. Das Spiel mit dem und die Arbeit am Text wurden beispielsweise in *Trinity* zu einem Erkenntnisprozess und zu einer Maschine, die wieder
konkreten Text, eine Erzählung erzeugte.

Dynamisch wurde der Kalte Krieg in Computerspielen aber vor allem als Schauplatz von Szenarien einer hypothetischen direkten Auseinandersetzung zwischen den
Supermächten. Das Medium popularisierte damit das aus professionellen militärischen
Kriegsspielen bekannte Prinzip der synthetischen Geschichte mit ihrem Extrapolieren
einer Datenlage in mögliche Zukünfte. Bewusst oder unbewusst erinnerten die Spiele
an den Ernstfall und an die Bedrohungslage der atomaren Situation, indem sie reale
Datenlagen, Prognosen und Strategien prozessierten. Die betreffenden Titel zeichneten
sich vor allem dadurch aus, dass in ihnen der Kalte Krieg auch als Ernstfall denkbar

war. Der Nuklearkrieg bzw. die Möglichkeit, Nuklearwaffen einzusetzen, war in Bezug auf Computerkriegsspiele des Kalten Krieges dabei der zentrale und kontroverse Aspekt. Es scheint, als wäre es ein Effekt der Entspannungsphase gewesen, dass Nuklearwaffen ab der Mitte der achtziger Jahre offener und, wie in *Nuclear War,* sogar mit satirischer Absicht in die Spielsysteme integriert werden konnten. Insgesamt galt aber durchgängig, dass Nuklearwaffen, schon aus gestalterischer Perspektive, eher ein Problem darstellten, weswegen sich durchgängig Spiele fanden, die in ihren Szenarien des dritten Weltkrieges ganz auf diese verzichteten. Die Varianten einer synthetischen Geschichte des Kalten Krieges begannen um die Zeit des Zusammenbruches des Ostblocks und der Sowjetunion selbst historisiert zu werden. Computerspiele machten diese zu einem Erinnerungsmedium des Kalten Krieges, indem sie die Szenarien einer militärischen Konfrontation zwischen dem Warschauer Pakt und der NATO, wie etwa in *Command H.Q.,* in eine Reihe mit anderen historischen Auseinandersetzungen, wie etwa dem Zweiten Weltkrieg, stellten.

Neben solchen Kriegsspielen aus der Generalstabsperspektive ermöglichten Computerspiele eine besondere Form des ‚closed world drama‘, das aus der Infiltration feindlichen Gebietes als Einzelkämpfer bestand. Sie nahmen hier offensichtlich Anleihen am kommerziellen Actionkino, das in den achtziger Jahren zu einer ausdefinierten Form fand und dessen darstellerische und dramaturgische Motive und Formeln sich, wie insbesondere am Beispiel von *Raid over Moscow* sichtbar wurde, stufenlos von der Einzel- zur Globalperspektive und zurück skalieren ließen. Diese Spiele spiegelten aber auch eine historische Periode wider, in der verdeckte Operationen wieder zu einem gängigen Mittel der US-amerikanischen Außenpolitik geworden waren. In der für sie häufig gewählten Kulisse des Dschungels fielen Referenzen auf den Dschungelkampf in Vietnam als Trauma des heroischen Soldaten mit solchen auf die Dschungel Lateinamerikas als Bühnen seiner Rehabilitierung zusammen. Es handelte sich hierbei in der Mehrzahl um Actionspiele, die als Genre nach dem Wechsel zur Stabilisierungsphase des digitalen Spiels mehr oder weniger obsolet und vom Genre der Ego- und Third-Person-Shooter abgelöst wurden, mit denen sie aber in genealogischer Verbindung stehen. Im Jahr 1990, also inmitten der Ereignisse von 1989 und 1991, erschien mit *Soviet* ein Spiel, das nach vorliegendem Erkenntnisstand insofern einen Einzelfall bildete, als es das Einzelkämpferprinzip auf Unruhen in der Sowjetunion umlegte. Ein vergleichbares Szenario war im zeitgenössischen Actionkino nicht zu finden. Computerspiele sprachen also auch im weiteren Kontext des Endes der Sowjetunion und des Kalten Krieges aus einer dritten Position. Besonders an den vergleichsweise wenigen Spielen, die nach dem Zusammenbruch bzw. während des Endes der Sowjetunion erschienen, wird dieser Zugang gut sichtbar. In Hinblick auf diese Ereignisse am Ende des Kalten Krieges fiel die übrige Populärkultur, insbesondere die Filmindustrie, eher durch Schweigsamkeit auf. Erst in den zweitausender Jahren begann eine teils nostalgische, teils satirische populärkulturelle Aufarbeitung der sozialistischen Vergangenheit.

Angesichts der Geschwindigkeit der Ereignisse der Epochenwende von 1989 bis 1991 war es Computerspielen, ebenso wie anderen Medien der Populärkultur, nur in Ausnahmefällen möglich, Schritt zu halten. *Crisis in the Kremlin* stilisierte sich rückwirkend prophetisch zum Spiel, das den Zusammenbruch der Sowjetunion prognostiziert hatte. Was es mit seinem Spielmodell tatsächlich akkurat vorhergesehen hatte, waren die triumphalistischen Diskurse eines Sieges des Westens und seiner ökonomischen Ordnung, die sich in den Voraussetzungen des Modells von *Crisis in the Kremlin* verbargen. Dem Adventure *KGB* schien hingegen tatsächlich die Prognose des Putschversuches gegen Gorbatschow geglückt zu sein. Inhaltlich erwies es sich wesentlich kritischer gegenüber den in der Phase von Glasnost und Perestroika erfolgenden Prozessen des ökonomischen Umbaus der sowjetischen Gesellschaft. Nach dem Zusammenbruch der Sowjetunion stellten noch andere Computerspiele, gewissermaßen der Stoßrichtung von *KGB* folgend, die Frage, ob der Kalte Krieg damit überhaupt beendet sei und ob von einem Sieg des Westens gesprochen werden könne. In einigen wenigen Beispielen bildeten die Ereignisse der Jahre 1989 und 1991, der sozioökonomische Umbau der Sowjetunion und seine Konsequenzen, den Spielinhalt. Titel wie *The Big Red Adventure* und *Zhadnost: The People's Party* erwiesen sich dabei als – oft auch satirische – Kommentatoren des neoliberal geprägten, rapiden Umbaus realsozialistischer Gesellschaften, den sie als vulgären ungezügelten Kapitalismus zu entlarven versuchten. Zum anderen überdauerte auch in Computerspielen das an der Logik des Kalten Krieges geschulte Misstrauen sein Ende und wandelte sich in eine Furcht vor der Fragilität der postsowjetischen Ordnung die, wie in *Soviet Strike*, bewahrt werden musste. All diese Beispiele sind im Übrigen, soweit ersichtlich, in ähnlicher Weise wie *Balance of Power* und *Trinity*, in ihrem historischen Kontext singuläre Erscheinungen. Als vielleicht wichtigste Tendenz der Verarbeitung des Zusammenbruches des Sowjetsystems in Computerspielen erschienen einige Titel, die in ehemaligen Ostblockländern, im vorliegenden Korpus in Polen, produziert worden waren. Sie demonstrierten, dass das Medium aktiv zur Aufarbeitung der Geschehnisse verwendet wurde, sie verweisen nicht zuletzt auf eine wohl bereits vor dem Zusammenbruch in den Ländern des Ostblocks und der Sowjetunion aktive Szene.

Die diskursive Position in den Prozessen der kulturellen Konstruktion des Kalten Krieges war also wesentlich bestimmt davon, dass sie den Systemkonflikt in seinen Grundlagen spiel- und damit begreifbar machten. In die populärkulturelle Konstruktion dieser Epoche führten Computerspiele die Möglichkeit ein, ihn durch Handeln zu erfahren. Ihre spezifische Medialität verbreiterte die Darstellungsmöglichkeiten dabei im Vergleich zum prinzipiell ähnlich gelagerten Medium der Brettspiele entscheidend.

Audiovisuelle Elemente, theoretische Konzepte, narrative Konventionen des Systemkonfliktes in sämtlichen Ausformungen konnten in Computerspielen erscheinen und wurden vor allem dynamisiert und operationalisiert, also den Spielenden verfügbar gemacht. Der synthetische Kalte Krieg, der als dramatisches Element der Populärkultur bekannt war, wurde zum Spielraum und damit zur diskursiv adressierbaren Realität. Computerspiele erklärten auf diese Weise eine geopolitische Totalität, ein weltumspannendes System, zu einer „area of contrived contingency"[22] und erlaubten Zugriff auf sie.

Prinzipiell schufen sie die Möglichkeit, eine Diskursposition des spielenden und mitunter auch lachenden Dritten zu etablieren. In ihrer Verarbeitung des Systemkonfliktes schlugen sie sich entweder nicht explizit auf eine Seite, sondern suchten einen systemischen, analytischen Blick, der auch Tabus zu integrieren suchte oder konzentrierten sich sogar auf solche Tabus und rechtfertigten dies durch einen Hinweis auf ihren Spielcharakter. Neben den Kontroversen, die sich aus dieser Situierung des Kalten Krieges nährten, versprachen Computerspiele somit auch all denjenigen eine Diskursposition, die sich im Systemkonflikt auf keine Seite schlagen wollten bzw. des Kalten Krieges überdrüssig waren. Mit Karl Hörning ließe sich diesbezüglich von einer Position des reflexiven Mitspielenden sprechen, die Computerspiele ermöglicht hatten und die schon aus den eingangs zitierten Passagen zu *Red Storm Rising* spricht.[23] Den reflexiven Mitspielerinnen und Mitspielern ist in diesem Fall bewusst, dass das jeweilige Spiel den durch seine Medialität gesetzten Grenzen unterliegt, wenn es die Weltordnung bzw. Ordnung des Kalten Krieges erklärt. Die Titel boten die Möglichkeit, die Situation des Systemkonflikts analysierend zu verstehen und gleichzeitig spielend in den Bereich des Irrealen, mitunter sogar Absurden zu verschieben. Damit durchbrachen sie die systemische Pattstellung und boten sich bereits als populärkulturelle Medien an, die über den Kalten Krieg hinauswiesen. Das Versprechen dieser diskursiven Position unterlag allerdings ganz spezifischen Bedingungen und Limitierungen. Während Computerspiele zwar den Einzug des ‚game' der Computersimulation in die Populärkultur signalisierten und damit im vorliegenden Fall den Kalten Krieg als System scheinbar neutral erfahrbar machten, erwies sich der Kalte Krieg als Spielsystem im konkreten Fall oftmals ebenso als durch relativ konventionelle Vorannahmen geprägt.

Der Blick auf die Computerspiele im und zum Kalten Krieg hat somit eindrucksvoll belegt, dass und wie sich dieses Medium spätestens von den achtziger Jahren an mit konkreten Äußerungen in die diskursive Gestaltung der sie umgebenden, politischen

---

22 Vgl. Thomas M. Malaby: Beyond Play: A New Approach to Games, in: Games and Culture, Bd. 95, Nr. 2, 2007, S. 95–113, hier S. 96.

23 Vgl. Karl H. Hörning: Soziale Praxis zwischen Beharrung und Neuschöpfung. Ein Erkenntnis und Theorieproblem, in: ders./Julia Reuter (Hrsg.): Doing Culture. Neue Positionen zum Verhältnis von Kultur und sozialer Praxis, Bielefeld 2004, S. 19–40, hier S. 36.

und sozialen Realität einschaltete. Es entwickelte sich damit schon sehr früh zu einer wichtigen Stimme in zentralen gesellschaftlichen Debatten ebenso wie zu einer ernstzunehmenden Quelle in der Rekonstruktion dessen, was in der Epoche des Kalten Krieges unter diesem kaum greifbaren, vielschichtigen Phänomen verstanden und hineininterpretiert werden konnte. Ein Abstraktum konnte in Computerspielen zu etwas sehr Konkretem werden. Bis heute haben sie diese Funktion innerhalb des gesellschaftlichen Diskurses stetig erweitert und ausdifferenziert.

Anhang

Quellenverzeichnis

1. Spieleverzeichnis (Quellengrundlage)
19 Part One: Boot Camp, Cascade, 1988
A-10 Tank Killer, Dynamix, 1989
Adventure, William Crowther, 1976
Ashes of Empire, Midnight/Mirage Technologies, 1992
Aufschwung Ost, Sunflowers, 1993
B-1 Nuclear Bomber, Microcomputer Games/Avalon Hill, 1980
Balance of Power, Mindscape, 1985
Battlezone: Rise of the Black Dogs, Climax/Crave Entertainment, 2000
Boot Camp, Konami/Ocean, 1987
Border Zone, Infocom, 1987
Cabal, Tad Corporation/Capcom, 1988
Command and Conquer: Red Alert, Westwood/Virgin, 1996
Command H.Q., Ozark Softscape/Microplay, 1990
Commando, Capcom/Elite, 1985
Conflict: Europe, Personal Software Services/Mirrorsoft, 1989
Conflict in Vietnam, MicroProse, 1986
Conflict, Vic Tokai, 1989
Crisis in the Kremlin, Barbu Corporation/Spectrum HoloByte, 1992
Cyber Judas, D.C. True/Merit Studios, 1996
Dictator, Gladstone Electronics, 1982
Dune II, Westwood/Virgin, 1992
F-19 Stealth Fighter, MicroProse, 1987
Fighter Wing, Gemsoft/Merit Studios, 1995
Floor 13, PSI Software Designers/Virgin, 1991
Franko: The Crazy Revenge, World Software/Mirage, 1994
Geopolitique 1990, Strategic Simulations Inc., 1983
GI Hero, Blitter Animations/Firebird, 1988
Guerilla War, SNK/Data East, 1987
Hacker II: The Doomsday Papers, Activision, 1986
Halls of Montezuma: A Battle History of the United States Marine Corps, Strategic
    Studies Group, 1987
Hidden Agenda, Trans Fiction Systems/Springboard Software, 1988
High Frontier, Software Studios/Activision, 1987
HIND: The Russian Combat Helicopter Simulation, Digital Integration, 1996

Hunt the Wumpus, Texas Instruments, 1981
Ikari Warriors, SNK/Data East, 1986
James Bond 007, On Time Software/Parker Brothers, 1983
Jet Fighter the Adventure, Velocity, 1988
KGB, Cryo Interactive Entertainment/Virgin Games, 1992
KGB Superspy, Codemasters, 1989
Lost Patrol, Shadow Development/Ocean, 1990
Lunar Lander, Atari, 1979
M1 Tank Platoon, MPS Labs/MicroProse, 1990
MASH, Fox Video Games/Romox, 1982
MIG-29 Fulcrum, Simis/Domark, 1991
Missile Command, Atari, 1980
Moscow 1993, Sikor Soft, 1994
NAM, TNT/Brasoft, 1998
NATO Commander, MicroProse, 1983
Nuclear War, New World Computing, 1989
Nukewar, Avalon Hill, 1980
Operation Wolf, Taito, 1987
Platoon, Ocean,1988
President's Choice, Spinnaker, 1984
Raid over Moscow, Access, 1984
R.A.M., Topo Soft, 1990
Red Storm Rising, MicroProse, 1988
Rush'n Attack/Green Beret, Konami, 1985
Shadow President, D.C. True, 1993
Saigon: The Final Days, Adventure International, 1981
S.D.I., Master Designer Software/Cinemaware, 1986
Solidarność, P.Z. Karen/California Dreams, 1991
Soviet, Opera Soft, 1990
Soviet Strike, Electronic Arts, 1996
Spacewar!, 1962
Spy's Demise, Penguin, 1982
Supreme Ruler Plus, JMG, 1983
Team Yankee, Oxford Digital Enterprises/Empire, 1990
Theatre Europe, Personal Software Services, 1985
The Big Red Adventure, Dynabyte/Core Design, 1995
The Cardinal of the Kremlin, Capstone/Intracorp, 1990
The Final Conflict, Plato/Impressions, 1990
The Fourth Protocol, Electronic Pencil/Hutchinson Computer Publishing, 1985

The Perfect General: Greatest Battles of the 20th Century, White Wolf/Quantum Quality, 1992

The Third Courier, Manley & Associates, Synergistic Software/Accolade, 1989

Third World War, Micronet/Extreme Entertainment, 1994

Tom Clancy's Politika, Red Storm Entertainment, 1997

Trinity, Infocom, 1986

VC, Microcomputer Games/Avalon Hill, 1982

Wasteland, Interplay/Electronic Arts, 1988

When Superpowers Collide Germany 1985, Strategic Simulations Inc., 1982

When Superpowers Collide RDF 1985, Strategic Simulations Inc., 1983

When Superpowers Collide Baltic 1985, Strategic Simulations Inc., 1984

When Superpowers Collide Norway 1985, Strategic Simulations Inc., 1985

Zhadnost: The People's Party, Studio 3DO, Strategic Simulations Inc., 1995

2. Weitere Computerspiele zum Kalten Krieg

688 Attack Sub, Electronic Arts, 1989

A-10 Attack!, Parsoft Interactive, 1995

Abrams Battle Tank, Dynamix/Electronic Arts, 1989

Air Duel: 80 Years of Dogfighting, Vektor Grafix/MicroProse, 1993

Air Power: The Cold War, Alpha Simulations, 2001

Armor Assault, Automated Simulations, 1982

Balance of Power: The 1990 Edition, Mindscape, 1988

Berlin 1948, Time Warp/Rainbow Arts, 1989

Berlin Connection, eku interactive, 1998

Birds of Prey, Argonaut/Electronic Arts, 1991

Bravo Romeo Delta, Frankenstein/Free Spirit, 1992

Butcher Hill, Imagitec Design/Gremlin Graphics, 1989

Buzz Aldrin's Race into Space, Strategic Visions/Interplay, 1993

Campaign II, Empire, 1993

Chuck Yeager's Air Combat, Electronic Arts, 1991

Cobra Command, Data East, 1988

Cold War Warfare, Sonoma Multimedia, 1998

Combat: Conflict Simulation, PC-SIG, 1985

Conflict, Vic Tokai, 1989

Conflict: Korea – The First Year 1950–51, Strategic Simulations Inc., 1992

Defcon 5, Cosmi Corporation, 1987

F-15 Strike Eagle, MicroProse, 1984

F-15 Strike Eagle II, MicroProse, 1989

F29 Retaliator, Digital Image Design/Ocean, 1989

F-117A Nighthawk Stealth Fighter 2.0, MPS Labs/MicroProse, 1991

F-117A Stealth Fighter, MicroProse, 1992

F-117 Night Storm, Electronic Arts, 1993

F/A-18 Interceptor, Intellisoft/Electronic Arts, 1988

Falcon, Sphere/Spectrum HoloByte, 1987

Falcon Operation: Firefight, Rowan/Sphere/Spectrum HoloByte, 1990

First Strike, Elite Systems, 1989

Flight of the Intruder, Rowan/Mirrorsoft, 1990

Frigate, MK Systems, 1988

Green Berets, Take-Two Interactive, 2001

Gunboat, Accolade, 1990

Gunship, MicroProse, 1986

Harpoon, Applied Computing Services/Three-Sixty Pacific, 1989

Harpoon II: BattleSet 3 – Cold War, U.S. Gold, 1995

Harpoon 3 Pro, Advanced Gaming Systems, 2001

Harpoon Classic '97, Alliance Interactive, 1996

Harrier 7, Tiger Developments/Again Again, 1989

Havoc, Players Premier, 1990

James Bond 007 in The Living Daylights: The Computer Game, Sculptured/Domark, 1987

Jane's Combat Simulations: AH-64D Longbow, ORIGIN Skunkworks/Electronic Arts, 1996

Jane's Combat Simulations: Fleet Command, Sonalysts/Electronic Arts, 1998

Jane's Combat Simulations: U.S. Navy Fighters '97, Electronic Arts, 1996

Jet, subLOGIC, 1985

JETPilot, Vulcan, 1996

LHX: Attack Chopper, Electronic Arts, 1990

MacArthur's War: Battles for Korea, Strategic Studies Group Pty, 1988

M.I.A.: Missing In Action, Glass Ghost/GT Interactive, 1998

MiG-29: Deadly Adversary of Falcon 3.0, Spectrum HoloByte, 1993

MiG-29 Fulcrum, NovaLogic, 1998

Mig-29 Soviet Fighter, Codemasters, 1993

MiG Alley Ace, MicroProse, 1983

Mig Alley, Rowan/Empire, 1999

'Nam 1965–1975, The Kremlin/Domark, 1991

NAM, Strategic Simulations Inc., 1986

NAM-1975, SNK, 1990

Norm Koger's the Operational Art of War Vol 1: 1939–1955, TalonSoft, 1998

Operation Berlin, Wrightchoice, 1987

Operation Flashpoint: Cold War Crisis, Bohemia Interactive/Codemasters, 2001

Overrun!, Strategic Simulations Inc., 1989

Perfect General II, Quantum Quality Productions, 1994

P52 Sea Battle, Watara, 1992

Rambo III, Ocean, 1989

Red Heat, Special FX/Ocean, 1989

Ring of Red, Konami, 2001

Russki Duck, Gebelli/Softsmith, 1982

SDI: Strategic Defense Initiative, SEGA/Activision, 1987

Seal Team, Electronic Arts, 1993

Secret Mission, Microids/Philips Média France, 1996

Semper Fi, Stanley Associates/Interactive Magic, 1998

Silent Thunder: A-10 Tank Killer II, Dynamix/Sierra On-Line, 1996

Squad Battles: Vietnam, HPS Simulations, 2001

Stealth Mission, subLOGIC, 1987

Steel Thunder, Accolade, 1988

Stormovik: SU-25 Soviet Attack Fighter, Electronic Arts, 1990

Strike Fleet, Lucasfilm Games/Electronic Arts, 1988

Sub Hunt, Ollysoft/Budgie UK, 1989

The Hunt for Red October, Oxford Digital Enterprises/Argus Press, 1987

The Operational Art of War II: Modern Battles 1956–2000, TalonSoft, 1999

The Operative: No One Lives Forever, Fox Interactive/Monolith, 2000

The Soviet Union Strikes Again, Ben Pettengill, 2001

Thud Ridge: American Aces in 'Nam, Acme Animation/Three-Sixty Pacific, 1988

Top Gun: Fire at Will!, Spectrum HoloByte/MicroProse, 1996

UMS II: Nations at War – Planet Editor, Intergalactic Development/Microplay, 1992

Vietnam: Black Ops, Fused/ValuSoft, 2000

Vietnam 2: Special Assignment, Single Cell/ValuSoft, 2001

WarGames, Coleco Industries/CBS Electronics, 1984

WarGames, Interactive Studios/MGM Interactive, 1998

3. Gedruckte Quellen

Adamo, Susan: Journey to the Center of EPCOT, in: Video Games, Bd. 1, Nr. 7, 1983, S. 57–60

A former member of EXACT: „Rechts und linksextremistische Software", in: Aktueller Software Markt, Nr. 7, 1989, S. 19

Ahl, David H.: 101 Basic Computer Games, Maynard 1975

Amis, Martin: Einstein's Monsters, London 2003

Anders, Günter: Endzeit und Zeitenende. Gedanken über die atomare Situation, München 1972

Archibald: Computer Warfare. Five Games from Avalon Hill, in: Creative Computing Magazine, Bd. 7, Nr. 6, 1981, S. 36–40

Aufschwung Ost, in: Amiga Joker, Nr. 1, 1994, S. 74

Baeseler, Frank: So wird man ein Spielemacher, in: Telematch, Nr. 4, 1985, S. 50f.

Bidwell, Shelford: World War 3. A Military Projection founded on today's facts, Hamlyn, 1978

Blum, Torsten: Von Bananen, Trabbis und überhaupt, in: Aktueller Software Markt, Nr. 1, 1990, S. 107

Ders.: Gnadenlos, in: Aktueller Software Markt, Nr. 12, 1988, S. 76

Bores, Leo D.: AGAT: A Soviet Apple II Computer, in: BYTE. The small systems journal, Bd. 9, Nr. 12, 1984, S. 134–140

Brämer, Bernd: Thema: Kriegsspiele, in: Aktueller Software Markt, Nr. 5, 1987, S. 21

Brand, Stewart: Spacewar. Fanatic Life and Symbolic Death Among the Computer Bums, in: Rolling Stone, 07.12.1972, URL: http://www.wheels.org/spacewar/stone/rolling_stone.html (Stand: 01.08.2020)

Brooks, M. Ewan: The Modern Games 1950–2000, in: Computer Gaming World, Nr. 95, 1992, S. 120–125

Brumm, Reinhard: „Kriegsspiele", in: Aktueller Software Markt, Nr. 4, 1987, S. 20

Buciak, Bohdan: Red Storm Rising, in: Commodore User, Oktober 1988, S. 30f.

Bundesprüfstelle für jugendgefährdende Schriften, Entscheidung Nr. 3023 (V) vom 31.08.1987, bekanntgemacht im Bundesanzeiger Nr. 177 vom 23.09.1987

Dies.: Entscheidung Nr. 2675 (V) vom 26.09.1986, bekanntgemacht im Bundesanzeiger Nr. 181 vom 30.09.1986

Dies.: Entscheidung Nr. 3497 vom 08.08.1985, bekanntgemacht im Bundesanzeiger Nr. 162 vom 31.08.1985

Ceccola, Russ: Crisis in the Kremlin, in: Electronic Games, Bd. 1, Nr. 1, 1992, S. 78f.

Church, George J.: Lessons from a Lost War, in: Time, Nr. 15, 15.04.1985, S. 38–41

Clancy, Tom: Red Storm Rising, New York, NY 1986

Ders.: The Cardinal of the Kremlin, New York, NY 1988

Conflict Vietnam, in: Computer + Video Games, Nr. 72, 1987, S. 34

Crawford, Chris: So you want to write a computer game, in: Computer Gaming World, Bd. 2, Nr. 2, 1982, S. 10f.

Ders.: So you still want to write a computer game, in: Computer Gaming World, Bd. 4, Nr. 2, 1984, S. 11

Ders.: The Art of Computer Game Design. Reflections of a Master Designer, Berkeley, CA 1984

Ders.: Balance of Power. International Politics as the Ultimate Global Game, Redmond, WA 1986

Ders.: Balance of Power. Geopolitics in the Nuclear Age, Northbrook, IL 1985

Daglow, Don: Over the river and through the woods. The changing role of computer game designers, in: Computer Gaming World, Nr. 50, 1988, S. 18, 42

Der Geheimdienst hat sich gut erholt, in: Der Spiegel, Jg. 38, Nr. 1, 02.01.1984, S. 94–101

Dictator, in: Tilt, Nr. 24, 1985, S. 85

Duffy, Al/Meier, Sid: NATO Commander, 1984, o.P. (Überschrift: News Summary)

Duvel, Rainer: Kriegerisches, in: Aktueller Software Markt, Nr. 2, 1987, S. 21

Fest verschlossen: Bei der Entwicklung des hochgeheimen Kampfflugzeugs F-19 sind viele Arbeiter auf mysteriöse Weise erkrankt, in: Der Spiegel, Jg. 42, Nr. 39, 28.09.1988, S. 180–184

Fine, Gary Alan: Fantasy Games and Social Worlds: Simulation as Leisure, in: Simulation & Gaming, Bd. 12, Nr. 3, 1981, S. 252–279

Fuchser, Dirk: Glasnost in den Lüften, in: Aktueller Software Markt, Nr. 1, 1991, S. 132

Ders.: Amis gegen Russen, in: Aktueller Software Markt, Nr. 1, 1991, S. 54

Gervasi, Tom: Soviet Military Power. The Pentagon's Propaganda Document, Annotated and Corrected, New York, NY 1988

Goldene Äpfel, in: Der Spiegel, Jg. 37, Nr. 31, 01.08.1983, S. 136

Goldin, Stephen: Crisis in the Kremlin (Manual), Alameda, CA 1992

Goldrand verblaßt, in: Der Spiegel, Jg. 37, Nr. 48, 28.11.1983, S. 217

Golitsyn, Anatoliy: The Perestroika Deception. The world's slide towards the 'Second October Revolution' [Weltoktober], London/New York, NY 1995

Goodman, Danny: The fleeting fame of the video game designer, in: Joystik, Bd. 1, Nr. 6, 1983, S. 54

Goodman, Frederick L.: The Computer as Plaything, in: Simulation & Gaming, Bd. 15, Nr. 1, 1984, S. 65–73

Goodman, Seymour E.: The Information Technologies and Soviet Society: Problems and Prospects, in: IEEE Transactions on Systems, Man, and Cybernetics, Bd. 17, Nr. 4, 1987, S. 529–552

G.R.H.: Strategy, in: Computer Gamer, Nr. 19, 1986, S. 66

Halentz, E.: Krieg der Sterne in der Kinderstube, in: Funkamateur, Nr. 11, 1986, S. 533

Harmetz, Aljean: U.S. and Soviet Film Makers Debate Stereotypes, in: New York Times, 25.03.1987, S. 19

Henning, Jürgen: „Krieg kaum als Spielthema geeignet", in: Aktueller Software Markt, Nr. 4, 1987, S. 21

Heppenheimer, T.A.: Stealth – first glimpses of the invisible aircraft under construction, in: Popular Science, Bd. 229, Nr. 3, 1986, S. 74–80

Hiersekorn, Werner: Red Lightning, in: Amiga Joker, Nr. 12, 1989, S. 37

Investment Package, in: Personal Computer Games, Nr. 1, Summer 1983, S. 8–12

Invisible Airplane bombs Washington, in: New Scientist, Nr. 1219, 1980, S. 837

Irvine, Mat: Models make a stealthy impact, in: New Scientist, Nr. 1557, 1987, S. 61f.

John, Michael: Die Finger davon lassen, in: Aktueller Software Markt, Nr. 5, 1987, S. 21

Kakutani, Michiko: Books of the Times, in: New York Times, 30.08.1984, S. 20

Karon, Tony: Gorbachevs Cheesy Legacy, in: Time USA LLC (Hrsg.): Time, 03.12.1997, URL: http://content.time.com/time/nation/article/0,8599,9972,00.html (Stand: 01.08.2020)

Kiel, Jürgen: Aufschwung Ost – Deluxe Edition. Handbuch, o.O. 1995

Kleimann, Manfred: Konvertierungen auf einen Blick, in: Aktueller Software Markt, Nr. 4, 1990, S. 54–58

Ders.: Was wäre wenn?, in: Aktueller Software Markt, Nr. 10, 1989, S. 88

Ders.: GI Hero. Ein Held der auf die Schn… fiel, in: Aktueller Software Markt, Nr. 2, 1989, S. 34

Klugkist, Martin: Gorbi 2000, in: Aktueller Software Markt, Nr. 9, 1992, S. 97

Königliches Geheimnis, in: Der Spiegel, Jg. 40, Nr. 30, 21. Juli 1986, S. 87–90

Krahulec, Fred: War Games im Fulda Gap, in: Neue Hanauer Zeitung, Sondernummer 1, 1983: Warum ausgerechnet Hessen: Hanau, Gelnhausen, Fulda, Giessen. Neue US-Militär-Strategien am Beispiel Ost-Hessen, S. 26f.

Kunkel, Bill: The Great Game Designer Talent Hunt, in: Electronic Games, November 1984, S. 21–23

Le Carré, John: Lebewohl dem Kalten Krieg, in: Der Spiegel, Jg. 43, Nr. 47, 20.11.1989, S. 247f.

Lehmann-Haupt, Christopher: Books of the Times, in: New York Times, 08.07.1985, S. 15

Locker, Anatol: Conflict Europe, in: Power Play, Nr. 11, 1989, S. 50

Mace, Scott: „Wild" Bill, MicroProse Flying High, in: InfoWorld, Bd. 7, Nr. 49, 1985, S. 1, 8

Magenauer, Max: Red Storm Rising, in: Amiga Joker, Nr. 10, 1990, S. 44

Magyarsoft, in: The Economist, 19.11.1983, S. 78

M*A*S*H. Willkommen in Korea!, in: Telematch, Nr. 4, 1984, S. 21

Master Designer Software Inc.: S.D.I. (Handbuch), Westlake Village, CA 1986

Microcomputer Games Inc., Division of the Avalon Hill Game Co.: Nukewar. Nukewar Rules, Baltimore, MD 1980, o.P.

Dies.: VC (Verpackung), Baltimore, MD 1982

MicroProse Software Ltd.: F-19 Stealth Fighter. Computer Simulation, Tetbury 1988

Dies.: Red Storm Rising. Nuclear Attack Submarine Combat Operations, Hunt Valley, MD 1988.

Dies.: Conflict in Vietnam (Handbuch), Hunt Valley, MD 1986.

Mit dem eigenen Terminal direkt an der Börse handeln, in: Frankfurter Allgemeine Zeitung, 26.09.1987, S. 18

Moore, Alan/Gibbons, Dave/Higgins, John: Watchmen, New York, NY 2014

Moscow, in: Computer + Video Games, Nr. 12, 1984, S. 43

Moss, Chuck: Review. MS-DOS goes to Washington. D.C. True's Shadow President, in: Computer Gaming World, Nr. 108, 1993, S. 94–96

News, in: Computer + Video Games, Nr. 69, 1987, S. 8

Norbert Allgemeingut, in: Der Spiegel, Jg. 36, Nr. 32, 06.08.1984, S. 49

Petersen, Sandy/Kaufman, Douglas: Command H.Q. Rules of Play, Hunt Valley, MD 1990

Presidential Directive/NSC-59 vom 25.07.1980, Nuclear Weapons Employment Policy, in: P.S.S.: The Ultimate Conflict Simulation. Theatre Europe. Wargamers Series. Instruction Booklet, Coventry 1985

Red Hot Games, in: ACE Magazine, Nr. 36, 1990, S. 20–22

Roques, Valeska von: „Die Vorfreude hob mich vom Bürgersteig", in: Der Spiegel, Jg. 41, Nr. 50, 07.12.1987, S. 134–138

Sauron: The Horrors of the Holocaust, in: Computer & Videogames, Nr. 40, 1985, S. 5

Schell, Jonathan: The Fate of the Earth, New York, NY 1982

Schneider, Boris: Trinity, in: Happy Computer Spielesonderheft 2, 1986, S. 59

Spiele. Unruhen in Rostock, in: Der Spiegel, Jg. 47, Nr. 47, 22.11.1993, S. 97–99

Strategic Simulations Inc.: Player Manual. When Superpowers collide. Germany 1985, Mountain View, CA 1981

Dies.: NAM. A Tactical Wargame of U.S. and Allied forces in Vietnam (Verpackung), 1985

Dies.: Geopolitique 1990. A Political, Economic & Military Game of World Dominance, Mountain View, CA 1983

Stock, Brad: The Forward, in: Shadow President. Operations Manual, Scotts Valley, CA 1992, S. 6f.

Stones, Jeff: What will it do for Peace?, in: Computer & Videogames, Nr. 40, 1985, S. 5

Test. The Fourth Protocol, in: Zzap!64 Magazine, Nr. 4, 1985, S. 96–98

TRANS Fiction Systems: Hidden Agenda. Face the challenge of leadership in Central America. Reference Manual, Minneapolis, MN 1989

Treeck, Jan Claas van: Bunkermentalität: Red Storm Rising – Der Kalte Krieg als Ernstfall im Kinderzimmer, in: Retro. Computer – Spiele – Kultur, Nr. 32, 2014, S. 28f.

Trinity, in: Commodore User Magazine, August 1986, S. 70

Tugendhat, Ernst: „Und wenn die ganze Welt sowjetisch würde?" Die Argumente der Befürworter und Gegner der Nachrüstung – ein fiktives Gespräch, in: Der Spiegel, Jg. 37, Nr. 47, 21.11.1983, S. 80–95

Tyler, Jenny/Oxlade, Chris: Computer Spy Games, London 1984

US-Atommanöver: Für Europa geheim, in: Der Spiegel, Jg. 34, Nr. 5, 01.02.1982, S. 14f.

Vietnam, in: Zzap!64 Magazine, Nr. 19, 1986, S. 44

Webb, Trenton: F-19 Stealth Fighter, in: Amiga Format, Nr. 16, 1990, S. 48f.

Ders.: Red Storm Rising, in: ST Format, Nr. 5, 1989, S. 33

Weitz, Volker: Hilfe die Russen kommen. Team Yankee, in: Power Play, Nr. 12, 1990, S. 38

Whodunwot, in: Sinclair User, Nr. 70, 1988, S. 8f.

Williams, Gregg: Editorial. New Games. New Directions in: BYTE. The Small Systems Journal, Bd. 6, Nr. 12, 1981, S. 6–10

Ders.: The Coinless Arcade, in: BYTE. The small systems journal, Bd. 6, Nr. 12, 1981, S. 36f.

Winstanley, Pat: Ace New Worlds, in: ACE Magazine, Nr. 34, 1990, S. 83f.

Wright, Patricia/Hoff, Jeff: The Third Courier. Mission Overview: IBM PC, Tandy, Amiga, Apple IIGS and Atari ST, San Jose, CA o.J.

Wyles, Andrew: The Graphics are great anyway, in: Computer & Videogames, Nr. 40, 1985, S. 5

Yee, Zina J.: Wasteland. Manual, San Mateo, CA 1988

4. Internetquellen

Access Software Inc. & US Gold Ltd.: Loading Instructions, 1985, o.P., archiviert in: Internet Archive, 10.02.2015, URL: https://archive.org/details/agm_Raid_Over_Moscow (Stand: 01.08.2020)

Burr, William: Jimmy Carter's Controversial Nuclear Targeting Directive PD-59 Declassified. Document 12, in: The National Security Archive (Hrsg.): The Nuclear Vault. Resources form the National Security Archive's Nuclear Documentation Project, 14.09.2012, URL: https://nsarchive2.gwu.edu/nukevault/ebb390/ und https://nsarchive2.gwu.edu/nukevault/ebb390/docs/7-25-80%20PD%2059.pdf (beide Stand: 01.08.2020)

California Dreams, in: Blue Flame Labs (Hrsg.): MobyGames, URL: https://www.mobygames.com/company/california-dreams (Stand: 01.08.2020)

Crawford, Chris: Chris Crawford on Game Design, Boston, MA/Indianapolis, IN/London/München/New York, NY/San Francisco, CA 2003

Game Browser 1989, in: Blue Flame Labs (Hrsg.): MobyGames, URL: http://www.mobygames.com/browse/games/1989/list-games/ (Stand: 01.08.2020)

Grussu, Alessandro: Soviet. Manual (Re-typed), in: Computer Emozone (CEZ) Networks (Hrsg.): computer emuzone. Los juegos espanoles – the spanish games, URL: http://computeremuzone.com/ficha.php?id=375&pg=manual&l=en#menu (Stand: 01.08.2020)

Historical Conflict: Cold War, in: Blue Flame Labs (Hrsg.): MobyGames, URL: http://www.mobygames.com/game-group/historical-conflict-cold-war, 23.04.2019, archiviert in: Internet Archive. Wayback Machine, 23.04.2019, URL: https://web.archive.org/web/20190423145353/https://www.mobygames.com/game-group/historical-conflict-cold-war (Stand: 01.08.2020)

Lawrence Gregory Barbu, 24.07.2007, archiviert in: Hearst Communications (Hrsg.): SFGate, Rubrik: SFGate Obituaries, URL: http://www.legacy.com/obituaries/sfgate/obituary.aspx?n=lawrence-gregory-barbu&pid=91307789 (Stand: 01.08.2020)

Lenhardt, Heinrich: Raid over Moscow für den Commodore 64 – Die Russen kommen, in: André Eymann (Hrsg.): Videospielgeschichten.de, 06.02.2015, URL: https://www.videospielgeschichten.de/raid-over-moscow-die-russen-kommen/ (Stand: 01.08.2020)

Nutzer ‚80'/‚Alexander Schaefer'/‚MAT': Lost Patrol, in: Blue Flame Labs (Hrsg.): MobyGames, Rubrik: Games, URL: http://www.mobygames.com/game/lost-patrol (Stand: 01.08.2020)

Nutzer ‚Brian': Eintrag vom 09.04.2006, in: rec.games.int-fiction, Rubrik: Infocom's Trinity Ending, 09.04.2006, archiviert in: Google.Gruppen, URL: https://groups.google.com/forum/#!search/Trinity$20Infocom/rec.games.int-fiction/d9hwEgLgWo4/anW1AquYhGAJ (Stand: 01.08.2020)

Nutzer ‚docster'/‚Druid2000'/‚Swiffer25'/‚Atari7800'/‚Rektum'/‚StephanK'/‚Commodus'/‚hubu'/‚Spielenarr': Einträge, in: Michael Schmitzer (Hrsg.): Kultboy.com, Rubrik: Spiele-Datenbank. F-19 Stealth Fighter. Project Stealth Fighter, 28.04.2013/06.01.2013/23.06.2011/03.04.2011/23.03.2008/02.11.2007, URL: http://www.kultboy.com/testbericht-uebersicht/1963/ (Stand: 01.08.2020)

Nutzer ‚The Horny Goat': Save the superpower! in: soc.history.what-if., 27.07.2002, archiviert in: Google.Gruppen, URL: https://groups.google.com/forum/?hl=de#!search/%22crisis$20in$20the$20kremlin%22/soc.history.what-if/qstbOLNCkgo/tp0nL3WtFr8J (Stand: 24.02.2018) [gesperrt]

Nutzer ‚EboMike'/‚Kabushi'/‚Martin Smith': Dictator, in: Blue Flame Labs (Hrsg.): MobyGames, Rubrik: Games, URL: http://www.mobygames.com/game/dictator (Stand: 01.08.2020)

Nutzer ‚Jo ST'/‚Alaka'/‚Kabushi'/‚Pseudo_Intellectual'/‚Servo'/‚Jeanne': Missile Command, in: Blue Flame Labs (Hrsg.): MobyGames, Rubrik: Games, URL: http://www.mobygames.com/game/missile-command_ (Stand: 01.08.2020)

Nutzer ‚Tomer Gabel'/‚mobster_lobster': Nuclear War, in: Blue Flame Labs (Hrsg.): MobyGames, Rubrik: Games, URL: http://www.mobygames.com/game/nuclear-war (Stand: 01.08.2020)

Nutzer ‚Olivier Masse'/‚Charly2.0'/‚NGC 5194'/‚ektoutie'/‚Terok Nor': F-19 stealth fighter, in: Blue Flame Labs (Hrsg.): MobyGames, Rubrik: Games, URL: http://www.mobygames.com/game/f-19-stealth-fighter (Stand: 01.08.2020)

Ders.: F-19 Stealth Fighter. Reviews, in: Blue Flame Labs (Hrsg.): MobyGames, Rubrik: Games, URL: http://www.mobygames.com/game/f-19-stealth-fighter/mobyrank (Stand: 01.08.2020)

Nutzer ‚Shawn McDonie'/‚80'/‚William Shawn McDonie'/‚Terok Nor': Red Storm Rising. Reviews, in: Blue Flame Labs (Hrsg.): MobyGames, Rubrik: Games, URL: http://www.mobygames.com/game/amiga/red-storm-rising/mobyrank (Stand: 01.08.2020)

Nutzer ‚Charlie2.0'/‚Old man gamer'/‚PCGamer77'/‚Lain Crowley'/‚666gonzo666'/ ‚Kabushi'/‚Martin Smith'/‚Servo': Guerilla War, in: Blue Flame Labs (Hrsg.): MobyGames, Rubrik: Games, URL: http://www.mobygames.com/game/guerrilla-war (Stand: 01.08.2020)

Nutzer ‚Raphael': Balance of Power (DOS), in: Blue Flame Labs (Hrsg.): MobyGames, Rubrik: Games, 25.09.1999, URL: http://www.mobygames.com/game/dos/balance-of-power/reviews/reviewerId,246/ (Stand: 01.08.2020)

Nutzer ‚SoleSurvivor': Eintrag, in: alt.games.abandonware, Rubrik: Crisis in the Kremlin, 06.08.2001, archiviert in: Google.Gruppen, URL: https://groups.google.com/ forum/#!searchin/alt.games.abandonware/SoleSurvivor%7Csort:date/alt.games. abandonware/TkOF-XIpe6o/RiF9SItTnH0J (Stand: 01.08.2020)

P.Z. Karen Co. Development Group/California Dreams: Solidarnosc, archiviert in: Internet Archive, Rubrik: Software Library: MS-DOS Games, 30.03.2016, URL: https://archive.org/details/msdos_Solidarnosc_1991 (Stand: 01.08.2020)

Reagan, Ronald: Address to the Nation and Other Countries on United States-Soviet Relations 16.01.1984, in: The U.S. National Archives and Records Administration: Ronald Reagan Presidential Library & Museum (Hrsg.): Ronald Reagan. Presidential Library & Museum, Rubrik: Presidential Speeches. Major Speeches, 1964–1989, URL: https://www.reaganlibrary.gov/research/speeches/11684a (Stand: 01.08.2020)

Ders.: Remarks During a Visit to Walt Disney World's EPCOT Center Near Orlando, Florida, March 8, 1983, in: Gerhard Peters/John T. Woolley (Hrsg.): The American Presidency Project, URL: https://www.presidency.ucsb.edu/documents/ remarks-during-visit-walt-disney-worlds-epcot-center-near-orlando-florida (Stand: 01.08.2020)

Schwabe William: SAM and IVAN: Automated Agents for Analytical War Gaming, Santa Monica, CA 1988, in: RAND Corporation (Hrsg.): RAND Corporation, Rubrik: Published Research. Papers, URL: http://www.rand.org/pubs/papers/P7443. html (Stand: 01.08.2020)

Thompson, E.P.: Protest and Survive, London 1980, in: Wilson Center (Hrsg.): Wilson Center Digital Archive. International History Declassified, URL: http:// digitalarchive.wilsoncenter.org/document/113758 (Stand: 01.08.2020)

Literaturverzeichnis

Aarseth, Espen J.: Allegories of Space. The Question of Spatiality in Computer Games, in: Friedrich von Borries/Steffen P. Walz/Matthias Böttger (Hrsg.): Space Time Play. Computer Games, Architecture and Urbanism: The Next Level, Basel 2007, S. 44–56

Ders.: Cybertext. Perspectives on Ergodic Literature, Baltimore, MD 1997

Adamowsky, Natascha: Spiel und Wissenschaftskultur. Eine Anleitung, in: dies. (Hrsg.): Die Vernunft ist mir noch nicht begegnet. Zum konstitutiven Verhältnis von Spiel und Erkenntnis, Bielefeld 2005, S. 11–31

Adams, Jefferson: Strategic Intelligence in the Cold War and Beyond, London/New York, NY 2015

Ahl, David H.: 101 Basic Computer Games, Maynard, MA 1975

Aldrich, Richard: Intelligence, in: Saki R. Dockrill/Geraint Hughes (Hrsg.): Palgrave Advances in Cold War History, New York, NY 2006, S. 210–240

Allen, Thomas B.: Wargames. Inside the Secret World of the Men who Play at World War III, London 1989

Arbel, David/Edelist, Ran: Western Intelligence and the Collapse of the Soviet Union. 1980–1990. Ten Years that did not Shake the World, London/Portland, OR 2003

Arrighi, Giovanni: The World Economy and the Cold War, 1970–1990, in: Melvyn P. Leffler/Odd Arne Westad (Hrsg.): The Cambridge History of the Cold War, Bd. 3: Endings, Cambridge 2010, S. 23–45

A.V. Club: The Cold War. A Pop-Culture Timeline, in: Onion Inc. (Hrsg.): A.V. Club, URL: http://www.avclub.com/special/cold-war/timeline (Stand: 01.08.2020)

Baker, Mark: Nam, London 2000

Barbrook, Richard/Cameron, Andy: The Californian Ideology, in: Richard Barbrook (Hrsg.): Imaginary Futures. From Thinking Machines to the Global Village, Rubrik: The HRC Archive, URL: http://www.imaginaryfutures.net/2007/04/17/the-californian-ideology-2/ (Stand: 01.08.2020)

Barney, Timothy: Mapping the Cold War. Cartography and the Framing of America's International Power, Chapel Hill, NC 2015

Barrass, Gordon S.: The Great Cold War. A Journey through the Hall of Mirrors. Stanford, CA 2009

Baudrillard, Jean: Agonie des Realen, Berlin 1978

Ders.: Kool Killer, Berlin 1978

Bearden, Milt/Risen, James: The Main Enemy. The Inside Story of the CIA's Final Showdown with the KGB, New York, NY 2003

Beil, Benjamin: Genrekonzepte des Computerspiels, in: GamesCoop (Hrsg.): Theorien des Computerspiels. Zur Einführung, Hamburg 2012, S. 13–31

Belletto, Steven: Inventing other Realities: What the Cold War means for Literary Studies, in: Joel Isaac/Duncan Bell (Hrsg.): Uncertain Empire. American History and the Idea of the Cold War, Oxford 2012, S. 75–91

Ders.: No Accident, Comrade. Chance and Design in Cold War American Narratives, Oxford 2012

Ders./Grausam, Daniel: Introduction: Culture and Cold Conflict, in: dies. (Hrsg.): American Literature and Culture in an Age of Cold War, Iowa City, IA 2012, S. 5–8

Bender, Stefan: Virtuelles Erinnern. Kriege des 20. Jahrhunderts in Computerspielen, Bielefeld 2012

Berger, Peter L./Luckmann, Thomas: Die gesellschaftliche Konstruktion der Wirklichkeit, 23. Aufl., Frankfurt am Main 2010

Bernhard, Patrick/Nehring, Holger/Rohstock, Anne: Der Kalte Krieg im langen 20. Jahrhundert. Neue Ansätze, Befunde und Perspektiven, in: Patrick Bernhard/ Holger Nehring (Hrsg.): Den Kalten Krieg denken. Beiträge zur sozialen Ideengeschichte seit 1945, Essen 2014, S. 11–43

Bernstein, Charles: Play It Again, Pac-Man, in: Wolf, Mark J.P. (Hrsg.): The Medium of the Video Game, Austin, TX 2001, S. 155–169

Bidwell, Shelford: World War 3. A Military Projection founded on today's facts, Englewood Cliffs, NJ 1978

Bilton, Alan: Matter and Mammon: Fiction in the Age of Reagan, in: Kimberley R. Moffitt/Duncan A. Campbell (Hrsg.): The 1980s. A Critical and Transitional Decade, Lanham, MD 2011, S. 417–437

Bivens, Danny: Nintendo's Expansion Ports. Famicom Modem and NES Teleplay Modem, in: NINWR, LLC. (Hrsg.): NintendoWorldReport, 26.10.2011, URL: http://www.nintendoworldreport.com/feature/27666/nintendos-expansion-ports-famicom-modem-and-nes-teleplay-modem (Stand: 01.08.2020)

Bogost, Ian: Persuasive Games. The Expressive Power of Videogames, Cambridge, MA 2007

Ders.: Unit Operations. An Approach to Videogame Criticism, Cambridge, MA 2006

Bolter, Jay David/Grusin, Richard: Remediation. Understanding New Media, Cambridge, MA 2000

Bonnell, Victoria E./Freidin, Gregory: Televorot. The Role of Television Coverage in Russia's August 1991 Coup, in: Ronald Grigor Suny (Hrsg.): The Structure of Soviet History. Essays and Documents, New York, NY/Oxford 2014, S. 472–488

Booker, M. Keith: Monsters, Mushroom Clouds, and the Cold War. American Science Fiction and the Roots of Postmodernism, 1946–1964, Westport, CT 2001

Boyer, Paul: Fallout. A Historian Reflects on America's Half-Century Encounter with Nuclear Weapons, Columbus, OH 1998

Brandstetter, Thomas: Der Staub und das Leben. Szenarien des nuklearen Winters, in: Archiv für Mediengeschichte, Bd. 5, 2005, S. 149–156

Brendebach, Jonas/Dolinsek, Sonja/Falasca, Anina/Kathmann, Leonie: Cold War Studies, transnationale Geschichte und internationale Organisationen, Version: 1.0, in: Docupedia-Zeitgeschichte, 14.10.2011, URL: https://docupedia.de/zg/Cold_War_Studies_-_Kommentar (Stand: 01.08.2020)

Briggs, Asa/Burke, Peter: A Social History of the Media. From Gutenberg to the Internet, Cambridge 2014

Bröckling, Ulrich/Krasmann, Susanne/Lemke, Thomas (Hrsg.): Gouvernementalität der Gegenwart, Frankfurt am Main 2000

Brooks, Stephen G./Wohlforth, William C.: Economic Constraints and the Turn towards Superpower Cooperation in the 1980s, in: Olav Njølstad (Hrsg.): The Last Decade of the Cold War. From Conflict Escalation to Conflict Transformation, London 2004, S. 83–118

Brooks, M. Ewan: The Modern Games 1950–2000, in: Computer Gaming World, 6, 1992, S. 124

Brown, Archie: The Gorbachev Revolution and the End of the Cold War, in: Melvyn P. Leffler/Odd Arne Westad (Hrsg.): The Cambridge History of the Cold War, Bd. 3: Endings, Cambridge 2010, S. 244–267

Bührmann, Andrea D./Schneider, Werner: Vom Diskurs zum Dispositiv. Eine Einführung in die Dispositivanalyse, Bielefeld 2008

Caillois, Roger: Die Spiele und die Menschen. Maske und Rausch, München/Wien 1958

Category: Cold War video games, in: Wikimedia Foundation (Hrsg.): Wikipedia. The Free Encyclopedia, 18.05.2013, URL: https://en.wikipedia.org/wiki/Category:-Cold_War_video_games (Stand: 01.08.2020)

Caute, David: The Dancer Defects. The Struggle for Cultural Supremacy during the Cold War, Oxford 2003

Ceruzzi, Paul E.: A History of Modern Computing, Cambridge, MA 2003

Chapman, Adam: Digital Games as History. How Videogames Represent the Past and Offer Access to Historical Practice, New York, NY 2016

Chapman, James: The BBC and the Censorship of The War Game (1965), in: Journal of Contemporary History, 41, Nr. 1, 2006, S. 75–94

Christiansen, Agnete: Teenage Soldiers of World War III, in: Irina Gradinari/Stefan Höltgen (Hrsg.): Heiße Drähte. Medien im Kalten Krieg, Bochum/Freiburg 2014, S. 171–191

Clarke, Adele E.: Situationsanalyse. Grounded Theory nach dem Postmodern Turn, Wiesbaden 2012

Connelly, Matthew/Fay, Matt/Ferrini, Giulia/Kaufman, Micki/Leonard, Will/Monsky, Harrison/Musto, Ryan/Paine, Taunton/Standish, Nicholas/Walker, Lydia: „General I have fought as many Nuclear Wars as You Have": Forecasts, Future Scenarios, and the Politics of Armageddon, in: The American Historical Review, Bd. 117, Nr. 5, 2005, S. 1431–1460

Cordle, Daniel: Beyond the apocalypse of closure. Nuclear anxiety in postmodern literature of the United States, in: Andrew Hammond (Hrsg.): Cold War Literature. Writing the Global Conflict, London/New York, NY 2006, S. 63–78

Ders.: Late Cold War Literature and Culture. The Nuclear 1980s, London 2017

Cortada, James W.: The Digital Hand, Bd. 2: How Computers Changed the Work of American Financial, Telecommunications, Media, and Entertainment Industries, Oxford 2006

Cox, Michael: The 1980s Revisited or the Cold War as History – Again, in: Olav Njølstad (Hrsg.): The Last Decade of the Cold War. From Conflict Escalation to Conflict Transformation, London 2004, S. 3–28

Craig, Campbell/Logevall, Fredrik: America's Cold War. The Politics of Insecurity, Cambridge, MA/London 2012

Crisis in the Kremlin, in: Wikimedia Foundation (Hrsg.): Wikipedia. The Free Encyclopedia, 17.11.2019, URL: https://en.wikipedia.org/wiki/Crisis_in_the_Kremlin#Reception (Stand: 01.08.2020)

Crivellari, Fabio/Kirchmann, Kay/Sandl, Marcus/Schlögl, Rudolf: Einleitung: Die Medialität der Geschichte und die Historizität der Medien, in: dies. (Hrsg.): Die Medien der Geschichte, Konstanz 2004, S. 9–49

Crogan, Patrick: Gameplay Mode. War, Simulation and Technoculture, Minneapolis, MN 2011

Csikszentmihalyi, Mihaly/Bennett, Stith: An Exploratory Model of Play, in: American Anthropologist, Bd. 73, Nr. 1, 1971, S. 45–58

Cumings, Bruce: Time of Illusion: Post-Cold War Visions of the World, in: Ellen Schrecker (Hrsg.): Cold War Triumphalism. The Misuse of History after the Fall of Communism, New York, NY 2004, S. 71–99

Dang-Anh, Mark/Pfeifer, Simone/Reisner, Clemens/Vilioth, Lisa: Medienpraktiken situieren, erforschen reflektieren. Eine Einleitung, in: dies. (Hrsg.): Medienpraktiken. Situieren, erforschen, reflektieren. Navigationen. Zeitschrift für Medien- und Kulturwissenschaften, Jg. 17, H. 1, 2017, S. 7–37

Danyel, Jürgen: Zeitgeschichte der Informationsgesellschaft, in: Zeithistorische Forschungen/Studies in Contemporary History, 9, H. 2, 2012, S. 186–211

De Grazia, Victoria: Irresistible Empire. America's Advance through Twentieth-Century Europe, Cambridge, MA/London 2005

Delanda, Manuel: Philosophy and Simulation. The Emergence of Synthetic Reason, New York, NY 2011

DeLillo, Don: Human Moments in World War III, in: ders.: The Angel Esmeralda. Nine Stories, New York, NY 2011, S. 25–45

Ders.: Sieben Sekunden, Reinbek 1991

Del Pero, Mario: The Eccentric Realist. Henry Kissinger and the Shaping of American Foreign Policy, New York, NY 2010

Deleuze, Gilles: Was ist ein Dispositiv?, in: François Ewald/Bernhard Waldenfels (Hrsg.): Spiele der Wahrheit. Michel Foucaults Denken, Frankfurt am Main 1991, S. 153–163

Desmondhalgh, David: The Cultural Industries, London 2013

Deterding, Sebastian: Living Room Wars: Remediation, Boardgames, and the Early History of Video Wargaming, in: Nina B. Huntemann/Matthew Thomas Payne (Hrsg.): Joystick Soldiers: The Politics of Play in Military Video Games, London 2009, S. 21–39

Djaouti, Damien/Alvarez, Julian/Jessel, Jean-Pierre/Rampnoux, Olivier: Origins of Serious Games, in: Minhua Ma/Andreas V. Oikonomou/Lakhmi C. Jain (Hrsg.): Serious Games and Edutainment Applications, London 2011, S. 25–43

Docker, John: Postmodernism and Popular Culture. A Cultural History, Cambridge 1994

Doering-Manteuffel, Anselm/Raphael, Lutz: Nach dem Boom. Perspektiven auf die Zeitgeschichte seit 1970, Göttingen 2010

Doherty, Thomas: Cold War Cool Medium. Television, McCarthyism, and American Culture, New York, NY 2003

Donovan, Tristan: Replay. The History of Video Games, Lewes 2011

Dries, Christian: „Zeitbomben mit unfestgelegtem Explosionstermin". Günther Anders und der Kalte (Atom-)Krieg, in: Patrick Bernhard/Holger Nehring (Hrsg.): Den Kalten Krieg denken. Beiträge zur sozialen Ideengeschichte seit 1945, Essen 2014, S. 63–87

Dyer-Witheford, Nick/Peuter, Greig de: Games of Empire. Global Capitalism and Video Games, Minneapolis, MN 2009

Edwards, Paul N.: The Closed World. Computers and the Politics of Discourse in Cold War America, Cambridge, MA 1996

Elsässer, Thomas/Hagener, Malte: Filmtheorie. Zur Einführung, Hamburg 2007

Ellsberg, Daniel: The Doomsday Machine. Confessions of a Nuclear War Planner, New York, NY 2017

Engell, Lorenz: Zeit und Zeichen, Welt und Wahl. Das amerikanische Fernsehen und der Kalte Krieg, in: Archiv für Mediengeschichte, Bd. 4, 2004, S. 231–249

Ders./Siegert, Bernhard: Editorial, in: Zeitschrift für Medien- und Kulturforschung, Nr. 1, H. 1, 2010, S. 5–9

Engelhardt, Tom: The End of Victory Culture. Cold War America and the Disillusioning of a Generation, Amherst, MA 1998

Engelmann, Peter: Einführung: Postmoderne und Dekonstruktion. Zwei Stichwörter zur zeitgenössischen Philosophie, in: ders. (Hrsg.): Postmoderne und Dekonstruktion. Texte französischer Philosophen der Gegenwart, Stuttgart 1990, S. 5–33

Engerman, David C.: Know Your Enemy. The Rise and Fall of America's Soviet Experts, New York, NY 2009

Erhart, William Daniel: Ordinary Lives. Platoon 1005 and the Vietnam War, Philadelphia, PA 1999

Erickson, Paul/Klein, Judy L./Daston, Lorraine/Lemov, Rebecca M./Sturm, Thomas/ Gordon, Michael D. (Hrsg.): How Reason almost lost its Mind. The Strange Career of Cold War Rationality, Chicago, IL/London 2013

Eskelinen, Markku: The Gaming Situation, in: Game Studies. The international journal of computer game research, Bd. 1, Nr. 1, 2001, URL: http://www.gamestudies. org/0101/eskelinen/ (Stand: 01.08.2020)

Eugster, David/Marti, Sibylle: Einleitung. Das Imaginäre des Kalten Krieges, in: dies. (Hrsg.): Das Imaginäre des Kalten Krieges. Beiträge zu einer Kulturgeschichte des Ost-West-Konfliktes in Europa, Essen 2015, S. 3–19

F-19 Stealth Fighter, in: Wikimedia Foundation (Hrsg.): Wikipedia. The Free Encyclopedia, 18.05.2013, URL: http://en.wikipedia.org/wiki/F-19_Stealth_Fighter (Stand: 01.08.2020)

Fahlenbrach, Kathrin/Stapane, Laura: Mediale und visuelle Strategien der Friedensbewegung, in: Christoph Becker-Schaum/Philipp Gassert/Martin Klimke/Wilfried Mausbach/Marianne Zepp (Hrsg.): „Entrüstet Euch!" Nuklearkrise, NATO-Doppelbeschluss und Friedensbewegung, Paderborn 2015, S. 229–247

Felsch, Philipp: Der lange Sommer der Theorie. Geschichte einer Revolte 1960–1990, München 2015

Fischer, Benjamin B.: The Soviet-American War Scare of the 1980s, in: International Journal of Intelligence and Counterintelligence, Bd. 19, Nr. 3, 2006, S. 480–518

Fischer, Beth A.: US Foreign Policy under Reagan and Bush, in: Melvyn P. Leffler/Odd Arne Westad (Hrsg.): The Cambridge History of the Cold War, Bd. 3: Endings, Cambridge 2010, S. 267–289

Dies.: The Reagan Reversal. Foreign Policy and the End of the Cold War, Columbia, MO 1997

Fischer, Thomas E.: Geschichte der Geschichtskultur. Über den öffentlichen Gebrauch von Vergangenheit von den antiken Hochkulturen bis zur Gegenwart, Köln 2000

Forsyth, Frederick: The Fourth Protocol, London 2011

Franklin, H. Bruce: M.I.A., or Mythmaking in America. How and why belief in live POWs has possessed a nation, New Brunswick, NJ 1993

Frasca, Gonzalo: Simulation vs. Narrative. Introduction to Ludology, in: Mark J.P. Wolf/Bernard Perron (Hrsg.): The Video Game Theory Reader, New York, NY 2003, S. 221–235

Freedman, Lawrence: The Evolution of Nuclear Strategy, New York, NY 2003

Freyermuth, Gundolf S.: Games. Game Design. Game Studies, Bielefeld 2015

Friedman, Ted: Electronic Dreams. Computers in American Culture, New York, NY 2005

Fuchs, Matthias: Gamen, in: Heiko Christians/Matthias Birkenbach/Nikolaus Wegmann (Hrsg.): Historisches Wörterbuch des Mediengebrauchs, Köln 2014, S. 288–296

Fukuyama, Francis: The End of History and the Last Man, New York, NY 2006

Fullerton, Tracy: Documentary Games. Putting the Player in the Path of History, in: Zach Whalen/Laurie N. Taylor (Hrsg.): Playing the Past. History and Nostalgia in Video Games, Nashville, TN 2008, S. 215–238

Gallagher, Scott/Park, Seung Ho: Innovation and Competition in Standard-Based Industries: A Historical Analysis of the U.S. Home Video Game Market, in: IEEE Transactions on Engineering Management, Bd. 49, Nr. 1, 2002, S. 67–82

Galloway, Alexander: Gaming. Essays on Algorithmic Culture, Minneapolis, MN 2006

Garthoff, Raymond L.: The US Role in Winding Down the Cold War, in: Olav Njølstad (Hrsg.): The Last Decade of the Cold War. From Conflict Escalation to Conflict Transformation, London 2004, S. 179–196

Ders.: The Great Transition. American-Soviet Relations and the End of the Cold War Washington, DC 1994

Ders.: Foreign Intelligence and the Historiography of the Cold War, in: Journal of Cold War Studies, Bd. 6, Nr. 2, 2004, S. 21–56

Gassert, Philipp/Geiger, Tim/Wentker, Hermann: Zweiter Kalter Krieg und Friedensbewegung: Einleitende Überlegungen zum historischen Ort des NATO-Doppelbeschlusses von 1979, in: dies. (Hrsg.): Zweiter Kalter Krieg und Friedensbewegung. Der NATO-Doppelbeschluss in deutsch-deutscher und internationaler Perspektive, München 2011, S. 7–31

Geertz, Clifford: Deep Play: Notes on the Balinese Cockfight, in: Daedalus, Bd. 134, Nr. 4, 2005, S. 56–86

Gervasi, Tom: Soviet Military Power. The Pentagon's Propaganda Document, Annotated and Corrected, New York, NY 1988

Ghamari-Tabrizi, Sharon: Simulating the Unthinkable: Gaming Future War in the 1950s and 1960s, in: Social Studies of Science, Bd. 30, Nr. 2, 2000, S. 163–223

Gitlin, Todd: Blips, Bytes and Savy Talk, in: Nicolaus Mills (Hrsg.): Culture in an Age of Money. The Legacy of the 1980s in America, Chicago, IL 1990, S. 29–47

Glaubitz, Nicola/Groscurth, Henning/Hoffmann, Katja/Schäfer, Jörgen/Schröter, Jens/Schwering, Gregor/Venus, Jochen: Eine Theorie der Medienumbrüche 1900/2000, Siegen 2011

Goedde, Petra: Globale Kulturen, in: Akira Iriye/Jürgen Osterhammel (Hrsg.): Geschichte der Welt, Bd. 6: 1945 bis heute – Die globalisierte Welt, München 2013, S. 535–642

Goertz, Hans-Jürgen: Unsichere Geschichte. Zur Theorie historischer Referentialität, Stuttgart 2001

Goldberg, Marty/Vendel, Curt: Atari Inc. Business is Fun, Carmel, NY 2012

Goodman, Seymour E.: The Information Technologies and Soviet Society: Problems and Prospects, in: IEEE Transactions on Systems, Man, and Cybernetics, 17, Nr. 4, 1987, S. 529–552

Gorbatschow, Michail: Perestroika. Die zweite russische Revolution. Eine neue Politik für Europa und die Welt, München 1989

Gradinari, Irina/Höltgen, Stefan: Vorwort-Medien im Kalten Krieg, in: dies. (Hrsg.): Heiße Drähte. Medien im Kalten Krieg, Bochum/Freiburg 2014, S. 7f.

Grandin, Greg: Kissinger's Shadow. The Long Reach of America's most controversial Statesman, New York, NY 2015

Ders.: Empire's Workshop: Latin America, the United States, and the Rise of the New Imperialism, New York, NY 2007

Grant, Matthew/Ziemann, Benjamin (Hrsg.): Understanding the Imaginary War. Culture, Thought and Nuclear Conflict, 1945–90, Manchester 2016

Gregory, Jason: Game Engine Architecture, 2. Aufl., Boca Raton, FL/London/New York, NY 2014

Greiner, Bernd: Kalter Krieg und „Cold War Studies", Version: 1.0, in: Docupedia-Zeitgeschichte, 11.02.2010, URL: https://docupedia.de/zg/Cold_War_Studies (Stand: 01.08.2020)

Ders.: Angst im Kalten Krieg. Bilanz und Ausblick, in: ders./Christian Th. Müller/ Dierk Walter (Hrsg.): Angst im Kalten Krieg, Hamburg 2009, S. 7–34

Greiner, Florian (Hrsg.): Coldwar-Games, URL: https://coldwar-games.de/index.php? title=Hauptseite (Stand: 01.08.2020)

Groys, Boris: Das kommunistische Postskriptum, Frankfurt am Main 2006

Gu, Xuewu: Balance of Power, in: Carlo Masala/Frank Sauer/Andreas Wilhelm (Hrsg.): Handbuch der internationalen Politik, Wiesbaden 2010, S. 67–75

Gugerli, David: Der Programmierer, in: Alban Frei/Hannes Mangold (Hrsg.): Das Personal der Postmoderne, Bielefeld 2015, S. 17–33

Ders.: Suchmaschinen. Die Welt als Datenbank, Frankfurt am Main 2009

Günzel, Stephan: Von der Zeit zum Raum. Geschichte und Ästhetik des Computerspielmediums, in: Rabbit Eye – Zeitschrift für Filmforschung, Nr. 2, 2010, S. 90–108

Ders.: Video Game Space as Architectural Metaphors, in: Andri Gerber/Brent Patterson (Hrsg.): Metaphors in Architecture and Urbanism. An Introduction, Bielefeld 2013, S. 3–12

Guyatt, Nicholas: The End of the Cold War, in: Richard H. Immerman/Petra Goedde (Hrsg.): The Oxford Handbook of the Cold War, Oxford 2013, S. 605–623

Hackett, General Sir John et al.: The Third World War: August 1985, London 1978

Hagopian, Patrick: The Vietnam War in American Memory, Amherst, MA/Boston, MA 2009

Haigh, Thomas: We have never been digital. Reflections on the intersection of computing and the humanities, in: Communications of the ACM, Bd. 57, Nr. 9, 2014, S. 24–28

Halliday, Fred: The Making of the Second Cold War, London 1986

Halter, Ed: From Sun Tzu to Xbox. War and Video Games, New York, NY 2006

Halverson, Thomas E.: The Last Great Nuclear Debate. NATO and Short-Range Nuclear Weapons in the 1980s, Houndmills/London/New York, NY 1995

Hanson, Stephen E.: Sovietology, Post-Sovietology, and the Study of Postcommunist Democratization, in: Demokratizatsiya. The Journal of Post-Soviet Democratization, Bd. 11, Nr. 1, 2003, S. 142–149

Harrison, Mark: Economic Information in the Life and Death of the Soviet Command System, in: Silvio Pons/Federico Romero (Hrsg.): Reinterpreting the End of the Cold War. Issues, Interpretations, Periodizations, London/New York, NY 2005, S. 93–116

Harvey, David: A Brief History of Neoliberalism, Oxford 2005

Ders.: The Condition of Postmodernity. An Enquiry into the Origins of Cultural Change, Cambridge, MA/Oxford 1990

Hecken, Thomas: Pop. Geschichte eines Konzepts 1955–2009, Bielefeld 2009

Hertzberg, Hendrik: The Short Happy Life of the American Yuppie, in: Nicolaus Mills (Hrsg.): Culture in an Age of Money. The Legacy of the 1980s in America, Chicago, IL 1990, S. 66–83

Herz, J.C.: Joystick Nation. How Videogames Ate Our Quarters, Won Our Hearts, and Rewired Our Minds, Boston, MA 1997

Heuser, Beatrice: Victory in a Nuclear War? A Comparison of NATO and WTO War Aims and Strategies, in: Contemporary European History, Bd. 7, Nr. 3, 1998, S. 311–327

Hilgers von, Philipp: Kriegsspiele. Eine Geschichte der Ausnahmezustände und Unberechenbarkeiten, München 2008

Hitz, Frederick P.: The Great Game. The Myth and Reality of Espionage, New York, NY 2004

Hoffman, Steve G.: How to Punch Someone and Stay Friends: An Inductive Theory of Simulation, in: Sociological Theory, Bd. 24, Nr. 2, 2006, S. 170–193

Höltgen, Stefan: Strange Games, in: Irina Gradinari/ders. (Hrsg.): Heiße Drähte. Medien im Kalten Krieg, Bochum/Freiburg 2014, S. 39–71

Ders.: Missbrauch von Heeresgut. Wie aus Ernst Spiel wurde, in: Retro. Computer. Spiele. Kultur, Nr. 32, 2014, S. 11–14

Horelick, Arnold L.: The West's Response to Perestroika and Post-Soviet Russia, Santa Monica, CA 1995

Hörning, Karl H.: Soziale Praxis zwischen Beharrung und Neuschöpfung. Ein Erkenntnis- und Theorieproblem, in: ders./Julia Reuter (Hrsg.): Doing Culture. Neue Positionen zum Verhältnis von Kultur und sozialer Praxis, Bielefeld 2004, S. 19–40

Horn, Eva: Der geheime Krieg. Verrat, Spionage und moderne Fiktion, Frankfurt am Main 2007

Dies.: Die apokalyptische Fiktion. Weltende und Zukunftsmodellierung im Kalten Krieg, in: Patrick Bernhard/Holger Nehring (Hrsg.): Den Kalten Krieg denken. Beiträge zur sozialen Ideengeschichte seit 1945, Essen 2014, S. 43–63

Huizinga, Johan: Homo Ludens. Vom Ursprung der Kultur im Spiel, 18. Aufl., Hamburg 2001

Ikenberry, John G.: The restructuring of the international system after the Cold War, in: Melvyn P. Leffler/Odd Arne Westad (Hrsg.): The Cambridge History of the Cold War, Bd. 3: Endings, Cambridge 2010, S. 535–556

Inglis, Fred: The Cruel Peace. Everyday Life and the Cold War, New York, NY 1991

Irsigler, Ingo/Lembke, Gerrit/Strank, Willem: Fuzzy, hybrid und pornografisch. Elf Thesen zum Actionfilm, in: dies. (Hrsg.): Actionkino. Moderne Klassiker des populären Films, Berlin 2014, S. 7–22

Jackson, Tony: Postmodernism, Narrative and the Cold War Sense of an Ending, in: Narrative, Bd. 8, Nr. 3, 2000, S. 324–338

Jameson, Frederic: Postmodernism. Or, the Cultural Logic of Late Capitalism, Durham 1991

Jeffords, Susan: Hard Bodies. Hollywood Masculinity in the Reagan Era, New Brunswick, NJ 2004

Jenkins, Henry: Game Design as Narrative Architecture, in: Noah Wardrip-Fruin/Pat Harrigan (Hrsg.): First Person. New Media as Story, Performance and Game, Cambridge, MA 2004, S. 118–130

Ders.: Convergence Culture. Where Old and New Media Collide, New York, NY 2006

Jones, Marshall B.: Video Games as Psychological Tests, in: Simulation & Gaming, Bd. 15, Nr. 2 1984, S. 131–157

Judt, Tony: Postwar. A History of Europe since 1945, London 2007

Juul, Jesper: Half-Real. Video Games between Real Rules and Fictional Worlds, Cambridge, MA 2005

Kanderske, Max: Das Spiel mit der Perspektive. Blick und Handlung im perspektivkritischen Spiel, in: Astrid Deuber-Mankowsky (Hrsg.): onlinejournal kultur & geschlecht, Ausgabe 15, 2015, S. 1–20, URL: https://kulturundgeschlecht.blogs.ruhr-uni-bochum.de/wp-content/uploads/2015/08/kanderske_perspektive.pdf (Stand: 01.08.2020)

Kaplan, Fred: The Wizards of Armageddon, New York, NY 1983

Karner, Stefan: Von der Stagnation zum Verfall. Kennzeichen der sowjetischen Wirtschaft der 1980er Jahre, in: Hans Jürgen Küsters (Hrsg.): Der Zerfall des Sowjetimperiums und Deutschlands Wiedervereinigung, Köln/Weimar/Wien 2016, S. 15–47

Kerr, Aphra: The Business and Culture of Digital Games, London 2006

Kent, Steven L.: Super Mario Nation, in: Mark J.P. Wolf (Hrsg.): The Medium of the Video Game, Austin, TX 2001, S. 35–48

Ders.: The Ultimate History of Video Games, New York, NY 2001

King, Brad/Borland, John: Dungeons and Dreamers. The Rise of Computer Game Culture from Geek to Chic, Emeryville, CA 2003

Kirkpatrick, Graeme: Constitutive Tensions of Gaming's Field: UK Gaming Magazines and the Formation of Gaming Culture 1981–1995, in: Game Studies. The International Journal of Computer Game Research, Bd. 12, Nr. 1, 2012, URL: http://gamestudies.org/1201/articles/kirkpatrick (Stand: 01.08.2020)

Ders.: Computer Games and the Social Imaginary, Cambridge 2013

Kittler, Friedrich: Computergrafik. Eine halbtechnische Einführung, in: Herta Wolf (Hrsg.): Paradigma Fotografie. Fotokritik am Ende des fotografischen Zeitalters, Frankfurt am Main 2002, S. 178–195

Kline, Stephen/Dyer-Witheford, Nick/Peuter, Greig de: Digital Play. The Interaction of Technology, Culture and Marketing, Montreal 2003

Knoblauch, William M.: Strategic Digital Defense: Video Games and Reagan's „Star Wars" Program, 1980–1987, in: Matthew Wilhelm Kapell/Andrew B.R. Elliott (Hrsg.): Playing with the Past. Digital Games and the Simulation of History, New York, NY 2013, S. 279–297

Korte, Barbara/Paletschek, Sylvia: Geschichte in populären Medien und Genres: Vom Historischen Roman zum Computerspiel, in: dies. (Hrsg.): History goes Pop. Zur Repräsentation von Geschichte in populären Medien und Genres, Bielefeld 2009, S. 9–60

Koselleck, Reinhart: Vergangene Zukunft. Zur Semantik geschichtlicher Zeiten, Frankfurt am Main 2013

Köstlbauer, Josef: The Strange Attraction of Simulation: Realism, Authenticity, Virtuality, in: Matthew Wilhelm Kapell/Andrew B.R. Elliott (Hrsg.): Playing with the Past. Digital Games and the Simulation of History, New York, NY 2013, S. 169–185

Kotkin, Stephen: Armageddon Averted. The Soviet Collapse 1970–2000, Oxford/New York, NY 2008

Kushner, David: Masters of Doom. How Two Guys created an Empire and transformed Pop Culture, New York, NY 2004

Kwon, Heonik: The Other Cold War, New York, NY/Chichester 2010

Landwehr, Achim: Historische Diskursanalyse, Frankfurt am Main 2008

Law-Yone, Hubert: Simulation/Gaming in a Postmodern World, in: Simulation & Gaming, Bd. 31, Nr. 1, 2000, S. 93–99

Lenoir, Tim: All but War is Simulation: The Military-Entertainment Complex, in: Configurations, Bd. 8, Nr. 3, 2000, S. 289–335

Levy, Steven: Hackers. Heroes of the Computer Revolution 25th Anniversary Edition, Sebastopol, CA 2010

Lieven, Dominic: Western Scholarship on the Rise and Fall of the Soviet Régime: The View from 1993, in: Journal of Contemporary History, Bd. 29, Nr. 2, 1994, S. 195–227

Lilkendey, Martin: 100 Jahre Musikvideo. Eine Genregeschichte vom frühen Kino bis YouTube, Bielefeld 2017

Lindenberger, Thomas: Einleitung, in: ders. (Hrsg.): Massenmedien im Kalten Krieg. Akteure, Bilder, Resonanzen, Köln 2006, S. 9–23

Link, Jürgen: Warum Diskurse nicht von personalen Subjekten ‚ausgehandelt‘ werden. Von der Diskurs- zur Interdiskurstheorie, in: Reiner Keller/Andreas Hirseland/Werner Schneider/Willy Viehöver (Hrsg.): Die diskursive Konstruktion von Wirklichkeit. Zum Verhältnis von Wissenssoziologie und Diskursforschung, Konstanz 2005, S. 77–100

Little, Richard: Balance of Power, in: Bertrand Badie/Dirk Berg-Schlosser/Leonardo Morlino (Hrsg.): International Encyclopedia of Political Science, Thousand Oaks, CA 2011, S. 129–135

Loftus, Geoffrey R./Loftus, Elizabeth F.: Mind at Play. The Psychology of Video Games, New York, NY 1983

Loth, Wilfried: Staaten und Machtbeziehungen im Wandel, in: Akira Iriye/Jürgen Osterhammel (Hrsg.): Geschichte der Welt, Bd. 6: 1945 bis heute – Die globalisierte Welt, München 2013, S. 15–158

Lowood, Henry: Videogames in Computer Space: The Complex History of Pong, in: IEEE Annals of the History of Computing, Bd. 31, Nr. 3, 2009, S. 5–19

Lukacs, John: Geschichte des Kalten Krieges, Gütersloh 1962

Lyotard, Jean François: Randbemerkungen zu den Erzählungen, in: Peter Engelmann (Hrsg.): Postmoderne und Dekonstruktion. Texte französischer Philosophen der Gegenwart, Stuttgart 1990, S. 49–53

Magnuson, Ed: Very serious losses, in: Time, Nr. 24, 17.06.1985, S. 6–10

Maher, Jimmy: Trinity, in: ders. (Hrsg.): The Digital Antiquarian. A History of Computer Entertainment and Digital Culture by Jimmy Maher, 07.01.2015, URL: http://www.filfre.net/2015/01/trinity/ (Stand: 01.08.2020)

Ders.: The Future Was Here. The Commodore Amiga, Cambridge, MA 2012

Mahnken, Thomas G.: Technology and the American Way of War since 1945, New York, NY 2008

Mahr, Bernd: Cargo. Zum Verhältnis von Bild und Modell, in: Ingeborg Reichle/Steffen Siegel/Achim Spelten (Hrsg.): Visuelle Modelle, Paderborn 2008, S. 17–41

Ders.: Formalisierende Anordnung. Notat, Zeichen und Modell, in: Archiv für Mediengeschichte, Bd. 14, 2014, S. 115–129

Major, Patrick/Mitter, Rana: East is East and West is West? Towards a Comparative Socio-Cultural History of the Cold War, in: dies. (Hrsg.): Across the Blocs. Cold War Cultural and Social History, London/New York, NY 2012, S. 1–18

Mikojan-Gurewitsch MiG-29, in: Wikimedia Foundation (Hrsg.): Wikipedia. The Free Encyclopedia, 19.09.2019, URL: https://de.wikipedia.org/wiki/Mikojan-Gurewitsch_MiG-29 (Stand: 01.08.2020)

Mikoyan MiG-29, in: Wikimedia Foundation (Hrsg.): Wikipedia. The Free Encyclopedia, 28.11.2019, URL: https://en.wikipedia.org/wiki/Mikoyan_MiG-29 (Stand: 01.08.2020)

Mitter, Rana: Culture, in: Saki R. Dockrill/Geraint Hughes (Hrsg.): Palgrave Advances in Cold War History, New York, NY 2006, S. 240–263

Malaby, Thomas M.: Beyond Play: A New Approach to Games, in: Games and Culture, Bd. 95, Nr. 2, 2007, S. 95–113

Mamen, Erik-André Vik/Jong, Philip: Brian Moriarty, in: Adventure Classic Gaming (Hrsg.): Adventure Classic Gaming, 10.07.2011, URL: http://www.adventureclassicgaming.com/index.php/site/interviews/212/ (Stand: 01.08.2020)

Manchanda, Arnav: When truth is stranger than fiction: the Able Archer incident, in: Cold War History, Bd. 9, Nr. 1, 2009, S. 111–133

Nutzer ,ManiacMansionFan': The KGB File. A comprehensive analysis of the game KGB developed by Cryo and released in 1992 on PC and Amiga, URL: http://thekgbfile.50webs.com/index.html (Stand: 01.08.2020)

Manovich, Lev: The Language of New Media, Cambridge, MA 2001

Marcuse, Herbert: Soviet Marxism. A Critical Analysis, New York, NY 1958

Markoff, John: What the Dormouse said. How the Sixties Counterculture Shaped the Personal Computer Industry, New York, NY 2005

Marsh, Dave: Bruce Springsteen, Hamburg 2009

Mattelart, Armand: Kleine Geschichte der Informationsgesellschaft, Berlin 2003

May, Lary: Introduction, in: ders. (Hrsg.): Recasting America. Culture and Politics in the Age of Cold War, Chicago, IL 1989

McLuhan, Marshall: Understanding Media. The Extensions of Man. Critical Edition. Edited by W. Terrence Gordon, Berkeley, CA 2002

Mead, George Herbert: The Relation of Play to Education. Address delivered at the Chicago Commons. May 1, 1896, in: Lloyd Gordon Ward (Hrsg.): The Mead Project, Toronto 2007, URL: https://brocku.ca/MeadProject/Mead/pubs/Mead_1896.html (Stand: 01.08.2020)

Meiler, Matthias: Diskurse – Medien – Dispositive oder: Die Situationen des Diskurses. Anmerkungen zur postfoucaultschen Diskussion um die Medialität von Diskursen, in: Linguistik Online, Bd. 67, 2014, S. 85–131

Miller, Jay: Lockheed's Skunk Works. The First Fifty Years, Arlington, TX 1993

Milne, David: Worldmaking. The Art and Science of American Diplomacy, New York, NY 2015

Mitchell, Nancy: The Cold War and Jimmy Carter, in: Melvyn P. Leffler/Odd Arne

Westad (Hrsg.): The Cambridge History of the Cold War, Bd. 3: Endings, Cambridge 2010, S. 66–89

Moebius, Stephan: Kultur, Bielefeld 2009, S. 14–19

Moffitt, Kimberly R./Campbell, Duncan A.: Introduction: The 80s as a Decade, in: dies. (Hrsg.): The 1980s. A Critical and Transitional Decade, Lanham, MD 2011, S. 1–17

Montfort, Nick/Bogost, Ian: Racing the Beam. The Atari Video Computer System, Cambridge, MA 2009

Ders.: Twisty Little Passages. An Approach to Interactive Fiction, Cambridge, MA 2005

Moran, Christopher: Ian Fleming and the Public Profile of the CIA, in: Journal of Cold War Studies, Bd. 15, Nr. 1, 2013, S. 119–146

Nadel, Alan: Flatlining on the Field of Dreams, New Brunswick, NJ 1997

Ders.: Containment Culture. American Narratives, Postmodernism and the Atomic Age, Durham/London 1995

Nanz, Tobias/Pause, Johannes: Das Undenkbare filmen. Einleitung, in: dies. (Hrsg.): Das Undenkbare filmen. Atomkrieg im Kino, Bielefeld 2013, S. 7–25

Neitzel, Britta: Spielerische Aspekte digitaler Medien – Rollen, Regeln, Interaktionen, in: Caja Thimm (Hrsg.): Das Spiel: Muster und Metapher der Mediengesellschaft, Wiesbaden 2010, S. 107–127

Dies.: Point of View und Point of Action – Eine Perspektive auf die Perspektive in Computerspielen, in: Repositorium Medienkulturforschung, Nr. 4, 2013, S. 2–20, DOI: https://doi.org/10.25969/mediarep/622 (Stand: 01.08.2020)

Dies.: Involvierungsstrategien des Computerspiels, in: GamesCoop (Hrsg.): Theorien des Computerspiels. Zur Einführung, Hamburg 2012, S. 75–103

Newman, James: The Myth of the Ergodic Videogame. Some thoughts on player-character relationships in videogames, in: Game Studies. The International Journal of Computer Game Research, Bd. 2, Nr. 1, 2002, URL: http://www.gamestudies.org/0102/newman/ (Stand: 01.08.2020)

Nichols, Randy: The Video Game Business, London 2014

Nieborg, David B./Graaf, Shenja van der: The mod industries? The industrial logic of non-market game production, in: European Journal of Cultural Studies, Bd. 11, Nr. 2, 2008, S. 177–195

Njølstad, Olav: The Carter Legacy: Entering the Second Era of the Cold War, in: ders. (Hrsg.): The Last Decade of the Cold War. From Conflict Escalation to Conflict Transformation. London 2004, S. 196–225

Ders.: The Collapse of Superpower Détente, 1975–1980, in: Melvyn P. Leffler/Odd Arne Westad (Hrsg.): The Cambridge History of the Cold War, Bd. 3: Endings, Cambridge 2010, S. 135–156

Nohr, Rolf F.: Die Natürlichkeit des Spielens. Vom Verschwinden des Gemachten im Computerspiel, Medien'Welten, Bd. 10, Münster 2008

Ders.: Game Studies und Kritische Diskursanalyse, in: Klaus Sachs-Hombach/Jan-Noël Thon (Hrsg.): Game Studies. Aktuelle Ansätze der Computerspielforschung, Köln 2015, S. 373–397

Nohr, Rolf F./Wiemer, Serjoscha (Hrsg.): Strategie spielen. Medialität, Geschichte und Politik des Strategiespiels, Medien'Welten, Bd. 9, Münster 2008

November, Joseph A.: Fallout and Yesterday's Impossible Tomorrow, in: Matthew Wilhelm Kapell/Andrew B.R. Elliott (Hrsg.): Playing with the Past. Digital Games and the Simulation of History, New York, NY 2013, S. 297–313

O'Brien, Harvey: Action Movies. The Cinema of Striking Back, London/New York, NY 2012

Oberdorfer, Don: From the Cold War to a New Era. The United States and the Soviet Union, 1983–1991, Baltimore, MD/London 1998

Obermair, Gilbert: Telespiele Report '84, München 1983

Oplatka, Andreas: Hungary 1989: Renunciation of Power and Power-Sharing, in: Wolfgang Müller/Michael Gehlen/Arnold Suppan (Hrsg.): The Revolutions of 1989. A Handbook, Wien 2015, S. 77–113

Oswalt, Vadim/Pandel, Hans-Jürgen: Einführung, in: dies. (Hrsg.): Geschichtskultur. Die Anwesenheit von Vergangenheit in der Gegenwart, Schwalbach/Ts. 2009, S. 7–14

Oushakine, Serguei Alex: „We're nostalgic but we're not crazy": Retrofitting the Past in Russia, in: The Russian Review, Bd. 66, Nr. 3, 2007, S. 451–482

Page, Ray L.: Brief History of Flight Simulation, in: The College of Information Sciences and Technology/Pennsylvania State University (Hrsg.): CiteSeerX, URL: http://citeseerx.ist.psu.edu/viewdoc/download?doi=10.1.1.132.5428&rep=rep1&type=pdf (Stand: 01.08.2020)

Palmer, Diego A. Ruiz: The NATO-Warsaw Pact competition in the 1970s and 1980s: a revolution in military affairs in the making or the end of a strategic age?, in: Cold War History, Bd. 14, Nr. 4, 2014, S. 533–573

Parker, J.R./Becker, Katrin: The Simulation-Game Controversy: What is a Ludic Simulation, in: International Journal of Gaming and Computer-Mediated Simulations, Bd. 5, Nr. 1, 2013, S. 1–12

Pasanen, Tero: Gaming the Taboo in the Finlandization Era Finland: The Case of Raid over Moscow, in: Dawn Stobbart/Monica Evans (Hrsg.): Engaging with Videogames: Play, Theory and Practice, Leiden 2014, S. 121–131

Pause, Johannes: Will the Survivors watch TV? Peter Watkins' The War Game (1965), in: Tobias Nanz/ders. (Hrsg.): Das Undenkbare filmen. Atomkrieg im Kino, Bielefeld 2013, S. 53–85

Pethes, Nicolas: EDV im Orwellstaat. Der Diskurs über Lauschangriff, Datenschutz und Rasterfahndung um 1984, in: Irmela Schneider/Christina Bartz/Isabell Otto (Hrsg.): Medienkultur der 70er Jahre, Wiesbaden 2004, S. 57–75

Ders.: Kulturwissenschaftliche Gedächtnistheorien. Zur Einführung, Hamburg 2008

Pfister, Eugen: Cold War Games™. Der Kalte-Krieg-Diskurs im digitalen Spiel. Schwerpunkt Krieg im Computerspiel, hg. v. Martin Clauss/Martin Munke/Markus Pöhlmann, in: Portal Militärgeschichte, 10. April 2017, http://portal-militaergeschichte.de/pfister_coldwargames (Stand: 01.08.2020)

Pias, Claus: Computer.Spiel.Welten, 2. Aufl., Zürich 2010

Ders.: ‚Children of the revolution‘. Video-Spiel-Computer als Kreuzungen der Informationsgesellschaft, in: ders. (Hrsg.): Zukünfte des Computers, Zürich 2005, S. 217–241

Ders.: „One-Man Think Tank". Herman Kahn, oder wie man das Undenkbare denkt, in: Zeitschrift für Ideengeschichte, H. 3, 2009, S. 5–17

Ders.: Wirklich problematisch. Lernen von „frivolen Gegenständen", in: Christian Holtorf/ders. (Hrsg.): Escape! Computerspiele als Kulturtechnik, Köln 2007, S. 255–271

Ders.: Synthetic History, in: Archiv für Mediengeschichte, Bd. 1, 2001, S. 1–8

Picard, Martin: The Foundation of Geemu: A Brief History of Early Japanese Video Games, in: Game Studies. The International Journal of Computer Game Research, Bd. 13, Nr. 2, 2013, URL: http://gamestudies.org/1302/articles/picard (Stand: 01.08.2020)

Plokhy, Serhii: The Last Empire. The Final Days of the Soviet Union, London 2014

Plotnik, Rachel: Predicting push-button warfare: US print media and conflict from a distance, 1945–2010, in: Media Culture & Society, Bd. 34, Nr. 6, 2012, S. 655–672

Ponce de Leon, Charles Leonard: Review: The New Historiography of the 1980s, in: Reviews in American History, Bd. 36, Nr. 2, 2008, S. 303–314

Popitz, Heinrich: Spielen, Göttingen 1994

Poremba, Cindy: JFK Reloaded. Documentary Framing and the Simulated Document, in: Loading…, Bd. 3, Nr. 4, 2009, URL: http://journals.sfu.ca/loading/index.php/loading/article/view/61 (Stand: 01.08.2020)

Poundstone, William: Prisoner's Dilemma. John von Neumann, Game Theory, and the Puzzle of the Bomb, New York, NY 1993

Project Stealth Fighter, in: C-64 Wiki, URL: https://www.c64-wiki.de/wiki/Project_Stealth_Fighter (Stand: 01.08.2020)

Raphael, Lutz: Geschichtswissenschaft im Zeitalter der Extreme. Theorien, Methoden, Tendenzen von 1900 bis zur Gegenwart, München 2010

Ders.: Typische Jahre „nach dem Boom", in: Aus Politik und Zeitgeschichte, Jg. 65, Bd. 46, 2015, S. 8–12

Reichert, Ramón: Government-Games und Gouverntainment. Das Globalstrategiespiel Civilization von Sid Meier, in: Rolf F. Nohr/Serjoscha Wiemer (Hrsg.): Strategie Spielen. Medialität, Geschichte und Politik des Strategiespiels, Medien'Welten, Bd. 9, Münster 2008, S. 189–213

Reimer, Jeremy: Total share: 30 years of personal computer market share figures, in: Wired Media Group (Hrsg.): ars technica, 15.12.2005, URL: https://arstechnica. com/features/2005/12/total-share/ (Stand: 01.08.2020)

Reisner, Clemens: Das Versprechen des Reenactment: Der Spiel-Körper im digitalen Spiel 19 Part One: Boot Camp, in: Raphaela Knipp/David Sittler/Ilham Huynh/Anja Dreschke (Hrsg.): Medienpraktiken des Reenactment, Bielefeld 2016, S. 257–279

Remnick, David: Lenin's Tomb. The Last Days of the Soviet Union, New York, NY 1994

Rich, Ben/Janos, Leo: Skunk Works, New York, NY 1994

Ricker Schulte, Stephanie: "The WarGames Scenario": Regulating Teenagers and Teenaged Technology (1980–1984), in: Television & New Media, Bd. 9, Nr. 6, 2008, S. 487–513

Roberts, Adam: An 'incredibly swift transition': reflections on the end of the Cold War, in: Melvyn P. Leffler/Odd Arne Westad (Hrsg.): The Cambridge History of the Cold War, Bd. 3: Endings, Cambridge 2010, S. 513–535

Rockwell B-1, in: Wikimedia Foundation (Hrsg.): Wikipedia. The Free Encyclopedia, 12.05.2006, URL: https://de.wikipedia.org/wiki/Rockwell_B-1 (Stand: 01.08.2020)

Rodgers, Daniel T.: Age of Fracture, Cambridge, MA 2011

Röger, Maren/Greiner, Florian (Hrsg.): Kampf der Systeme. Brett- und Computerspiele zum Kalten Krieg in West- und Osteuropa, in: Zeitgeschichte-online, Dezember 2017, URL: http://www.zeitgeschichte-online.de/thema/kampf-der-systeme (Stand: 01.08.2020)

Dies.: Den Kalten Krieg spielen. Brett- und Computerspiele in der Systemkonfrontation, in: Zeithistorische Forschungen/Studies in Contemporary History, Online-Ausgabe, 16 (2019), H. 1, URL: https://zeithistorische-forschungen.de/1-2019/5679 (Stand 01.08.2020), Druckausgabe: S. 46–73

Röhr, Matthias: „Wargames" – wie die westdeutschen Medien 1983 die Hacker entdeckten, in: ders. (Hrsg.): Stummkonzert. Kein Ton. Nirgends! Oder: Wenn 140 Zeichen nicht ausreichen… (um das zu sagen, was gesagt werden muss!), 16.08.2012, URL: http://blog.stummkonzert.de/2012/08/wargames-wie-die-westdeutschen-medien-1983-die-hacker-entdeckten/ (Stand: 01.08.2020)

Rosenberg, Emily S.: Consumer Capitalism and the End of the Cold War, in: Melvyn P. Leffler/Odd Arne Westad (Hrsg.): The Cambridge History of the Cold War, Bd. 3: Endings, Cambridge 2010, S. 489–513

Rubens, Alex: The Creation of Missile Command and the Haunting of its Createor, Dave Theurer, in: Vox Media Inc. (Hrsg.): Polygon, 15.08.2013, URL: http://www.polygon.com/features/2013/8/15/4528228/missile-command-dave-theurer (Stand: 01.08.2020)

Rush'n attack, in: Wikimedia Foundation (Hrsg.): Wikipedia. The free Encyclopedia, 11.10.2019, URL: https://en.wikipedia.org/wiki/Rush'n_Attack (Stand: 01.08.2020)

Ryan, David: Mapping Containment: The Cultural Construction of the Cold War, in: Douglas Field (Hrsg.): American Cold War Culture, Edinburgh 2005, S. 50–69

Salen, Katie/Zimmerman, Eric: Rules of Play. Game Design Fundamentals, Cambridge, MA 2004

Sarasin, Philipp: Geschichtswissenschaft und Diskursanalyse, Frankfurt am Main 2003

Sarotte, Mary Elise: 1989. The Struggle to Create Post-Cold War Europe, Princeton, NJ/Oxford 2009

Schabacher, Gabriele: Medium Infrastruktur. Trajektorien soziotechnischer Netzwerke in der ANT, in: Zeitschrift für Medien- und Kulturforschung, Bd. 4, Nr. 2, 2013, S. 129–148

Schäffner, Wolfgang: Elemente architektonischer Medien, in: Zeitschrift für Medien- und Kulturforschung, Bd. 1, Nr. 1, 2010, S. 137–149

Schalk, Helge: Diskurs. Zwischen Allerweltswort und philosophischem Begriff, in: Archiv für Begriffsgeschichte, Bd. 40, 1999, S. 56–104

Schell, Jonathan: The Fate of the Earth, New York, NY 1982

Schenk, Ralf: Die DDR im deutschen Film nach 1989, in: Aus Politik und Zeitgeschichte, Nr. 44, 2005, S. 31–38

Schrecker, Ellen: Introduction. Cold War Triumphalism and the Real Cold War, in: dies. (Hrsg.): Cold War Triumphalism. The Misuse of History after the Fall of Communism, New York, NY 2004, S. 7–10

Schregel, Susanne: Konjunktur der Angst. „Politik der Subjektivität" und „neue Friedensbewegung", 1979–1983, in: Bernd Greiner/Christian Th. Müller/Dierk Walter (Hrsg.): Angst im Kalten Krieg, Hamburg 2009, S. 495–521

Schröder, Jens: Auferstanden aus Platinen. Die Kulturgeschichte der Computer- und Videospiele unter besonderer Berücksichtigung der ehemaligen DDR, Stuttgart 2010

Schröter, Jens: Computer/Simulation. Kopie ohne Original oder das Original kontrollierende Kopie?, in: Gisela Fehrmann/Erika Linz/Eckhard Schumacher/Brigitte Weingart (Hrsg.): Originalkopie. Praktiken des Sekundären, Köln 2004, S. 139–156

Ders.: Intermedialität. Facetten und Probleme eines aktuellen medienwissenschaftlichen Begriffs, in: montage AV. Zeitschrift für Theorie und Geschichte audiovisueller Kommunikation, Bd. 7, Nr. 2, 1998, S. 129–154

Ders./Ernst, Christoph (Hrsg.): Medien, Interfaces und implizites Wissen, Navigationen. Zeitschrift für Medien- und Kulturwissenschaften, Jg. 17, H. 2, 2017

Schuhmann, Annette: Der Traum vom perfekten Unternehmen. Die Computerisierung der Arbeitswelt in der Bundesrepublik Deutschland (1950er- bis 1980er-Jahre), in: Zeithistorische Forschungen/Studies in Contemporary History, Bd. 9, H. 2, 2012, S. 231–256

Schultzke, Marcus: Refighting the Cold War: Video Games and Speculative History, in: Matthew Wilhelm Kapell/Andrew B.R. Elliott (Hrsg.): Playing with the Past. Digital Games and the Simulation of History, New York, NY 2013, S. 261–277

Schüttpelz, Erhard: Die medienanthropologische Kehre der Kulturtechniken, in: Archiv für Mediengeschichte, Bd. 6, 2006, S. 87–111

Ders./Sebastian Gießmann: Medien der Kooperation. Überlegungen zum Forschungsstand, in: Navigationen. Zeitschrift für Medien- und Kulturwissenschaften, Jg. 15, H. 1, 2015, S. 7–57

Schwarz, Angela: Computerspiele – ein Thema für die Geschichtswissenschaft?, in: dies. (Hrsg.): „Wollten Sie auch immer schon einmal pestverseuchte Kühe auf Ihre Gegner werfen?" Eine fachwissenschaftliche Annäherung an Geschichte im Computerspiel, 2. Aufl. Münster 2012, S. 7–33

Dies.: Game Studies und Geschichtswissenschaft, in: Klaus Sachs-Hombach/Jan-Noël Thon (Hrsg.): Game Studies. Aktuelle Ansätze der Computerspielforschung, Köln 2015, S. 398–447

Dies.: Geschichte im Computerspiel: Ein „interaktives Geschichtsbuch" zum Spielen, Erzählen, Lernen?, in: Vadim Oswalt/Hans-Jürgen Pandel (Hrsg.): Handbuch Geschichtskultur im Unterricht, Frankfurt am Main (im Druck für 2021)

Dies.: Narration and Narrative: (Hi)story Telling in Computer Games, in: Florian Kerschbaumer/Tobias Winnerling (Hrsg.): Early Modernity and Video Games, Newcastle 2014, S. 140–161

Dies.: „Niedźwiedzie, które jeżdżą na rowerach jednokołowych"? Historia i jej funkcje w grach komputerowych o XX-wiecznych dziejach Europy Środkowo-Wschodniej, in: Miloš Řeznik/Magdalena Saryusz Wolska/Sabine Stach/Katrin Stoll (Hrsg.): Historia w kulturze ponowoczesnej. Koncepcje – metody – perspektywy badawcze, Krakau 2017, S. 165–190

Dies.: Pastness in the making. Von der Touristifizierung der verräumlichten Zeit in der Vergangenheit, in: dies./Daniela Mysliwietz-Fleiß (Hrsg): Reisen in die Vergangenheit. Geschichtstourismus im 19. und 20. Jahrhundert, Köln/Wien/Weimar 2019, S. 25–44

Dies.: Per Mausklick in die Geschichte, in: Stiftung Haus der Geschichte der Bundesrepublik Deutschland (Hrsg.): Inszeniert. Deutsche Geschichte im Spielfilm, Bielefeld/Berlin 2016, S. 20–30

Dies.: „Tor in eine komplett neue Welt"? Computerspiele(n) in der DDR – eine Annäherung, in: Jahrbuch für Historische Kommunismusforschung 2021, Themenheft Zwischen Sozialdisziplinierung und Vergnügen: Politik und Praktiken des Spielens im Staatssozialismus, hrsg. von Juliane Brauer/Maren Röger/Sabine Stach, Berlin (im Druck für 2021)

Dies.: „Wollen Sie wirklich nicht weiter versuchen, diese Welt zu dominieren": Geschichte in Computerspielen, in: Barbara Korte/Sylvia Paletschek (Hrsg.): History goes Pop. Zur Repräsentation von Geschichte in populären Medien und Genres, Bielefeld 2009, S. 313–340

Schwartz, Richard A.: Cold War Culture. Media and the Arts, 1945–1990, New York, NY 2000

Schwoch, James: Global TV. New Media and the Cold War, 1946–69, Urbana, IL/ Chicago, IL 2009

Seed, David: American Science Fiction and the Cold War. Literature and Film, Edinburgh 1999

Selwyn, Neil: Learning to love the Micro: The Discursive Construction of ‚Educational‘ Computing in the UK. 1979–89, in: British Journal of Sociology of Education, Bd. 23, Nr. 3, 2002, S. 427–443

Service, Robert: The End of the Cold War. 1985–1991, London 2015

Shaw, Tony: Hollywood's Cold War, Edinburgh 2007

Ders.: Review Essay. The Politics of Cold War Culture, in: Journal of Cold War Studies, Bd. 3, Nr. 3, 2001, S. 59–76

Sheesley, John: Image Gallery: Flying a stealth fighter – 80's style in F-19 Stealth Fighter, in: CBS Interactive (Hrsg.): Techrepublic, 30.04.2008, URL: http://www. techrepublic.com/pictures/image-gallery-flying-a-stealth-fighter-80s-style-in-f-19- stealth-fighter/1/ (Stand: 01.08.2020)

Siebold, Angela: So nah und doch so fern? Die 1980er Jahre historisch erforschen, in: Aus Politik und Zeitgeschichte, Jg. 65, Bd. 46, 2015, S. 3–8

Simpson, Christopher: Science of Coercion. Communication Research & Psychological Warfare 1945–1960, Oxford 1994

Simpson, Dave: „How We Made the Pop Song 19 by Paul Hardcastle and Ken Grunbaum“, in: The Guardian, 24.09.2012, URL: http://www.theguardian.com/music/ 2012/sep/24/19-paul-hardcastle-ken-grunbaum (Stand: 01.08.2020)

Solidarnosc, in: CBS Interactive (Hrsg.): Gamefaqs, URL: http://www.gamefaqs.com/ pc/722608-solidarnosc (Stand: 01.08.2020)

Stachniak, Zbigniew: Red Clones: The Soviet Computer Hobby Movement of the 1980s, in: IEEE Annuals of the History of Computing, Bd. 37, Nr. 1, 2015, S. 12–23

Slayton, Rebecca: Arguments that Count. Physics, Computing, and Missile Defense, 1949–2012, Cambridge, MA 2013

Dies.: Discursive Choices: Boycotting Star Wars Between Science and Politics, in: Social Studies of Science, Bd. 37, Nr. 1, 2007, S. 27–66

Smith, Keith: Nutting Associates, Dave Nutting Associates, Nutting Industries – What the…?, in: ders. (Hrsg.): The Golden Age Arcade Historian. A Blog dedic[a]ted to the history of arcade video games from the bronze and golden ages (1971–1984), 02.09.2012, http://allincolorforaquarter.blogspot.de/2012/09/nutting-associates-dave- nutting.html (Stand: 01.08.2020)

Spangenberg, Peter M.: Der unaufhaltsame Aufstieg zum ‚Dualen System'. Diskursbeiträge zu Technikinnovation und Rundfunkorganisation, in: Irmela Schneider/Christina Bartz/Isabell Otto (Hrsg.): Medienkultur der 70er Jahre, Wiesbaden 2004, S. 21–41

Steinbicker, Jochen: Zur Theorie der Informationsgesellschaft. Ein Vergleich der Ansätze von Peter Drucker, Daniel Bell und Manuel Castells, Wiesbaden 2011

Stephanson, Anders: Fourteen Notes on the Very Concept of the Cold War, in: H-Diplo Essays, New York, NY 1996, überarbeitete Fassung 2007, URL: http://h-diplo. org/essays/PDF/stephanson-14notes.pdf (Stand: 01.08.2020)

Ders.: Cold War Degree Zero, in: Joel Isaac/Duncan Bell (Hrsg.): Uncertain Empire. American History and the Idea of the Cold War, Oxford/New York, NY 2012

Ders.: Manifest Destiny. American Expansion and the Empire of Right, New York, NY 1995

Stöver, Bernd: Der Kalte Krieg. Geschichte eines radikalen Zeitalters 1947–1991, München 2011

Sudnow, David: Pilgrim in the Microworld, New York, NY 1983

Sutton-Smith, Brian: The Ambiguity of Play, Cambridge, MA/London 1997

Swaine, Michael/Freiberger, Paul: Fire in the Valley. The Birth and Death of the Personal Computer, 3. Aufl., Dallas, TX/Raleigh, TX 2014

Szczepaniak, John: A basic history of BASIC on its 50th birthday, in: Informa PLC (Hrsg.): gamasutra, 01.05.2014, URL: http://www.gamasutra.com/view/news/216469/A_basic_history_of_BASIC_on_its_50th_birthday.php (Stand: 01.08.2020)

Taubman, William: Gorbachev. His Life and Times, London/New York, NY 2017

Theatre Europe, in: Wikimedia Foundation (Hrsg.): Wikipedia. The Free Encyclopedia, 29.09.2019, URL: https://en.wikipedia.org/wiki/Theatre_Europe (Stand: 01.08.2020)

Ther, Philipp: Die neue Ordnung auf dem alten Kontinent. Eine Geschichte des neoliberalen Europa, Berlin 2016

Ders.: 1989 – Eine verhandelte Revolution, Version 1.0, in: Docupedia-Zeitgeschichte, 11.02.2010, URL: http://docupedia.de/zg/1989 (Stand: 01.08.2020)

Thomsen, Mike: History of the Unreal Engine. The Epic evolution of gaming's most influential engine, from Gears of War to Mass Effect 2, in: IGN, 14.06.2012, URL: http://www.ign.com/articles/2010/02/23/history-of-the-unreal-engine?page=1 (Stand: 01.08.2020)

Thompson, Nicholas: Nuclear War and Nuclear Fear in the 1970s and 1980s, in: Journal of Contemporary History, Bd. 46, Nr. 1, 2011, S. 136–149

Tismaneanu, Vladimir: The Revolutions of 1989: Causes, Meanings, Consequences, in: Contemporary European History, Bd. 18, Nr. 3, 2009, S. 271–288

Trenner, Patricia: A Short (Very Short) History of the F-19. What airplane came in a little box and never flew?, in: Air & Space Magazine, Januar 2008, URL:

http://www.airspacemag.com/military-aviation/a-short-very-short-history-of-the-f-19-23036383/ (Stand: 01.08.2020)

Turkle, Sherry: Simulation and its Discontents, Cambridge, MA 2009

Dies.: Die Wunschmaschine. Vom Entstehen der Computerkultur, Hamburg 1984

Turner, Fred: From Counterculture to Cyberculture. Stewart Brand, the Whole Earth Network and the Rise of Digital Utopianism, Chicago, IL/London 2006

Ders.: Echoes of Combat. Trauma, Memory, and the Vietnam War, Minneapolis, MN/London 2001.

Ders.: Why Study New Games?, in: Games & Culture, Bd. 1, Nr. 1, 2006, S. 1–4

Tyler, Jenny/Oxlade, Chris: Computer Spy Games, London 1984

Uricchio, William: Simulation, History, and Computer Games, in: Joost Raessens/Jeffrey Goldstein (Hrsg.): Handbook of Computer Game Studies, Cambridge, MA 2005, S. 327–338

Végsö, Roland: The Naked Communist. Cold War Modernism and the Politics of Popular Culture, New York, NY 2013

Vishnevetsky, Ignatiy: The villain gap: Why Soviet movies rarely had American bad guys, in: Onion Inc. (Hrsg.): A.V. Club, 31.03.2016, URL: http://www.avclub.com/article/villain-gap-why-soviet-movies-rarely-had-american--234481 (Stand: 01.08.2020)

Voß, Klaas: Plausibly deniable: mercenaries in US covert interventions during the Cold War, 1964–1987, in: Cold War History, Bd. 15, Nr. 1, 2016, S. 37–60

Vowinckel, Annette/Payk, Marcus M./Lindenberger, Thomas: European Cold War Culture(s)? An Introduction, in: dies (Hrsg.): Cold War Cultures. Perspectives on Eastern and Western European Societies, New York, NY/Oxford 2014, S. 1–20

Warnke, Martin: Simulation wilder Spekulationen. Oder: Wie einmal Paul Baran mit einem falschen Modell das Internet erfand, in: Archiv für Mediengeschichte, Bd. 14, 2014, S. 23–33

Weiner, Tim: CIA. Die ganze Geschichte, Frankfurt am Main 2009

Wendler, Reinhard: Das Modell. Zwischen Kunst und Wissenschaft, Paderborn 2013

Werner, Michael/Zimmermann, Bénédicte: Vergleich, Transfer, Verflechtung. Der Ansatz der Histoire croisée und die Herausforderung des Transnationalen, in: Geschichte und Gesellschaft, Jg. 28, H. 4, 2002, S. 607–636

Westad, Odd Arne: The Cold War and the International History of the Twentieth Century, in: Melvyn P. Leffler/ders. (Hrsg.): The Cambridge History of the Cold War. Volume 1: Origins, Cambridge 2010, S. 3–8

Ders.: The Global Cold War, Cambridge 2007

White, Hayden: Metahistory. Die historische Einbildungskraft im 19. Jahrhundert in Europa, 2. Aufl., Frankfurt am Main 2008

Whitfield, Stephen J.: The Culture of the Cold War, 2. Aufl., Baltimore, MD 1996

Wilentz, Sean: The Age of Reagan. A History 1974–2008, New York, NY 2009

Williams, Dmitri: The Video Game Lightning Rod. Constructions of a new media technology, 1970–2000, in: Information, Communication & Society, Bd. 6, Nr. 4, 2003, S. 523–550

Wimmer, Mario: Der Geschmack des Archivs und der historische Sinn, in: Historische Anthropologie, Bd. 20, H. 1, 2012, S. 90–107

Winkler, Hartmut: Diskursökonomie. Versuch über die innere Ökonomie der Medien, Frankfurt am Main 2004

Winsberg, Eric: Sanctioning Models. The Epistemology of Simulation, in: Science in Context, Bd. 12, Nr. 2, 1999, S. 275–292

Ders.: Science in the Age of Computer Simulation, Chicago, IL 2010

Winthrop-Young, Geoffrey: Cultural Techniques: Preliminary Remarks, in: Theory, Culture & Society, Bd. 30, Nr. 1, 2013, S. 3–19

Wirsching, Andreas (Hrsg.): Forum. The 1970s and 1980s as a Turning Point in European History?, in: Journal of Modern European History, Bd. 9, Nr. 1, 2011, S. 8–26

Wright, Patrick: Iron Curtain. From Stage to Cold War, Oxford 2007

Wohlforth, William Curti: Oral History: The Princeton Conference. The Unification of Germany, in: ders. (Hrsg.): Cold War Endgame. Oral History. Analysis. Debate, University Park, PA 2003, S. 49–77

Ders.: The Elusive Balance. Power and Perceptions During the Cold War, Ithaca, NY/London 1993

Xenakis, Christopher I.: What Happened to the Soviet Union? How and Why American Sovietologists Were Caught by Surprise, Westport, CT 2002.

Zeiler, Thomas W.: Offene Türen in der Weltwirtschaft, in: Akira Iriye/Jürgen Osterhammel (Hrsg.): Geschichte der Welt, Bd. 6: 1945 bis heute – Die globalisierte Welt, München 2013, S. 183–357

Zubok, Vladislav: Cold War Strategies/Power and Culture – East. Sources of Soviet Conduct Reconsidered, in: Richard H. Immerman/Petra Goedde (Hrsg.): The Oxford Handbook of the Cold War, Oxford 2013, S. 305–323

Ders.: A Failed Empire. The Soviet Union in the Cold War. From Stalin to Gorbachev, Chapel Hill, NC 2009

Abbildungsverzeichnis

in: YouTube, 06.06.2015, URL: https://www.youtube.com/watch?v=Fs-sJiMokKg (Stand: 01.08.2020), 01:56:15

Abb. 13: Nutzer ‚RZX Archive': The Fourth Protocol Walkthrough, ZX Spectrum, in: YouTube, 06.06.2015, URL: https://www.youtube.com/watch?v=Fs-sJiMokKg (Stand: 01.08.2020), 01:56:57

Abb. 14: Jenny Tyler/Chris Oxlade: Computer Spy Games, London 1984, Frontcover. Die Druckvorlage wurde freundlicherweise bereitgestellt von Usborne Children's Books unter https://drive.google.com/file/d/0Bxv0SsvibDMTdGY0VEQzSGZnelU/view (Stand: 01.08.2020). Abgedruckt mit freundlicher Genehmigung von Usborne Children's Books

Abb. 15: Hacker II – The Doomsday Papers, PC-Version, Vertrieb: Activision, Entwicklung: Activision, 1986, Screenshot des zentralen Spielbildschirmes. Abgedruckt mit freundlicher Genehmigung von Activision Publishings, Inc.

Abb. 16: Nukewar, Apple II-Version, Vertrieb: Avalon Hill, Entwicklung: Avalon Hill, 1980, Screenshot des Bildschirms am Ende eines Spiels

Abb. 17: Conflict: Europe, Atari-ST-Version, Vertrieb: Mirrorsoft, Entwicklung: Personal Software Services, 1989, Frontcover

Abb. 18: Nuclear War, PC-Version, Vertrieb: New World Computing, Entwicklung: New World Computing, 1989, Screenshot des zentralen Auswahlmenüs

Abb. 19: Raid over Moscow, ZX-Spectrum-Version, Vertrieb: U.S. Gold, Entwicklung: Access Software, 1985, Frontcover. Die Druckvorlage wurde freundlicherweise bereitgestellt von Nutzer ‚Jason Scott' im Internet Archive, Rubrik: Software, 22.06.2014, URL: https://archive.org/details/zx_Raid_over_Moscow_1985_U.S._Gold_a (Stand: 01.08.2020)

Abb. 20: Nutzer ‚The C64-Gamevideoarchive': C64-Gamevideoarchive 200 – 50+10 Longplays from 1982–84, Video-Nr. 43: Raid over Moscow, in: Internet Archive, Rubrik: Video, 10.06.2009, URL: https://archive.org/details/C64Videoarchive200-50longplays_part1/C64GVA200-43-RaidOverMoscow.avi (Stand: 01.08.2020), 00:00:14

Abb. 21: Nutzer ‚The C64-Gamevideoarchive': C64-Gamevideoarchive 200 – 50+10 Longplays from 1982–84, Video-Nr. 43: Raid over Moscow, in: Internet Archive, Rubrik: Video, 10.06.2009, URL: https://archive.org/details/C64Videoarchive200-50longplays_part1/C64GVA200-43-RaidOverMoscow.avi (Stand: 01.08.2020), 00:00:28

Abb. 22: Nutzer ‚The C64-Gamevideoarchive': C64-Gamevideoarchive 200 – 50+10 Longplays from 1982–84, Video-Nr. 43: Raid over Moscow, in: Internet Archive, Rubrik: Video, 10.06.2009, URL: https://archive.org/details/C64Videoarchive200-50longplays_part1/C64GVA200-43-RaidOverMoscow.avi (Stand: 01.08.2020), 00:01:10

Abb. 23: Nutzer ‚The C64-Gamevideoarchive': C64-Gamevideoarchive 200 – 50+10 Longplays from 1982–84, Video-Nr. 43: Raid over Moscow, in: Internet Archive, Rubrik: Video, 10.06.2009, URL: https://archive.org/details/C64Videoarchive200-50longplays_part1/C64GVA200-43-RaidOverMoscow.avi (Stand: 01.08.2020), 00:05:16

Abb. 35: Hidden Agenda, Macintosh, Vertrieb: Springboard Software, Entwicklung:
Trans Fiction Systems, 1988, Screenshot des zentralen Spielbildschirms

Abb. 36: 19 Part One: Boot Camp, C64-Version, Vertrieb: Cascade Games, Entwicklung: Cascade Games, 1988, Frontcover

Abb. 37: 19 Part One: Boot Camp, ZX-Spectrum-Version, Vertrieb: Cascade Games,
Entwicklung: Cascade Games, 1988, Screenshot des ersten der vier Spielabschnitte

Abb. 38: 19 Part One: Boot Camp, ZX-Spectrum-Version, Vertrieb: Cascade Games,
Entwicklung: Cascade Games, 1988, Screenshot des zweiten der vier Spielabschnitte.

Abb. 39: 19 Part One: Boot Camp, ZX-Spectrum-Version, Vertrieb: Cascade Games,
Entwicklung: Cascade Games, 1988, Screenshot des dritten der vier Spielabschnitte

Abb. 40: 19 Part One: Boot Camp, ZX-Spectrum-Version, Vertrieb: Cascade Games,
Entwicklung: Cascade Games, 1988, Screenshot des vierten der vier Spielabschnitte

Abb. 41: Trinity, DOS-Version, Vertrieb: Infocom, Entwicklung: Brian Moriarty/In-
focom, 1986, Screenshot des Spielbildschirms während der Einblendung zweier Zitate. Abgedruckt mit freundlicher Genehmigung von Activision Publishings, Inc.

Abb. 42: Trinity: A Nuclear Time Warp, in: The New Zork Times/****/The Status Line,
Bd. 5, Nr. [2], 1986, S. 1. Die Druckvorlage wurde freundlicherweise bereitgestellt
von Nutzer ‚Jason Scott‘ im Internet Archive, Rubrik: Books, 28.05.2013, URL:
https://archive.org/details/Status_Line_The_Vol._V_No._2_1986-06_Infocom_
US/mode/2up (Stand: 01.08.2020). Abgedruckt mit freundlicher Genehmigung
von Activision Publishings, Inc.

Abb. 43: Trinity, DOS-Version, Vertrieb: Infocom, Entwicklung: Brian Moriarty/Info-
com, 1986, Screenshot des Spielbildschirms am Ende eines Spieldurchganges. Abgedruckt mit freundlicher Genehmigung von Activision Publishings, Inc.

Abb. 44: Instruction Manual for Trinity. The Illustrated Story of the Atom Bomb, o.O.
1986, S. 5. Abgedruckt mit freundlicher Genehmigung von Activision Publishings,
Inc.

Abb. 45: Instruction Manual for Trinity. The Illustrated Story of the Atom Bomb, o.O.
1986, S. 6. Abgedruckt mit freundlicher Genehmigung von Activision Publishings,
Inc.

Abb. 46: Instruction Manual for Trinity. The Illustrated Story of the Atom Bomb, o.O.
1986, S. 11. Abgedruckt mit freundlicher Genehmigung von Activision Publishings,
Inc.

Abb. 47: Instruction Manual for Trinity. The Illustrated Story of the Atom Bomb, o.O.
1986, S. 12. Abgedruckt mit freundlicher Genehmigung von Activision Publishings,
Inc.

Abb. 48: Instruction Manual for Trinity. The Illustrated Story of the Atom Bomb, o.O.
1986, S. 13. Abgedruckt mit freundlicher Genehmigung von Activision Publishings,
Inc.

Personenregister

Sachregister